Dieter Leipold

BGB I: Einführung und Allgemeiner Teil

Ein Lehrbuch mit Fällen
und Kontrollfragen

9., neubearbeitete Auflage

Mohr Siebeck

Dieter Leipold, Dr. jur., Dr. h. c. (Städtische Universität Osaka), Dr. h. c. (Demokritos Universität Thrazien), o. Professor (em.) für Bürgerliches Recht und Zivilprozessrecht an der Universität Freiburg. – Homepage: www.jura.uni-freiburg.de/leipold.

1. Auflage 1999
2. Auflage 2002
3. Auflage 2004
4. Auflage 2007
5. Auflage 2008
6. Auflage 2010
7. Auflage 2013
8. Auflage 2015
9. Auflage 2017

ISBN 978-3-16-155630-2

Die Deutsche Nationalbibliothek verzeichnet diese Publikation in der Deutschen Nationalbibliographie; detaillierte bibliographische Daten sind im Internet über *http://dnb.dnb.de* abrufbar.

Das Buch wurde von Gulde-Druck in Tübingen aus der Rotation gesetzt, auf alterungsbeständiges Werkdruckpapier gedruckt und gebunden.

Vorwort zur 9. Auflage

Auf die lebhafter gewordene Diskussion über „Digitalisierung und BGB“ war in der Neuauflage an mehreren Stellen einzugehen, auch wenn etwa die Rechtsfähigkeit von Robotern derzeit noch Zukunftsmusik darstellt. Realität sind zahlreiche neue Entscheidungen zu recht unterschiedlichen Themen, von der Online-Versteigerung über den europäischen Namenstourismus bis zur Grundbuchfähigkeit des nicht eingetragenen Vereins.

Die didaktische Zielsetzung des Buches blieb unverändert. Es ist vor allem für Studentinnen und Studenten rechtswissenschaftlicher Studiengänge an Universitäten oder Fachhochschulen bestimmt, kann aber auch im Rahmen wirtschaftswissenschaftlicher Studiengänge Verwendung finden. Als Lehr- und Arbeitsbuch ermöglicht es dem Studienanfänger den Einstieg in das Bürgerliche Recht und bereitet den Allgemeinen Teil in einer Weise auf, die auch zur Examensvorbereitung geeignet ist. Definitionen, Merksätze, Schaubilder und Prüfungsschemata sollen das Verständnis und die Einprägung des Stoffes erleichtern.

Im einführenden Teil werden – eine Besonderheit dieses Lehrbuchs – auch die Grundbegriffe des Schuldrechts und des Sachenrechts dargestellt. Diese Kenntnisse sind erforderlich, um die Wirkungsweise der Vorschriften des Allgemeinen Teils zu verstehen und zivilrechtliche Fälle korrekt lösen zu können. Auch für die Teilnahme an zivilrechtlichen Übungen oder Grundkursen wird auf diese Weise das nötige Rüstzeug vermittelt.

Die anschließende Darstellung des Allgemeinen Teils legt den Schwerpunkt auf die Rechtsgeschäftslehre, erörtert aber den Gesamtbereich des Ersten Buches des BGB mit dem Ziel, den examensrelevanten Stoff voll abzudecken. Zu den vorangestellten Fällen sind am Ende des zugehörigen Abschnittes ausformulierte Lösungen zu finden. Den meisten Abschnitten wurden Fälle und Kontrollfragen angefügt. Sie sollen dem Leser ermöglichen, den Stoff zu wiederholen und die Umsetzung des gewonnenen Wissens in die Lösung konkreter Fälle zu üben. Da die eigene Darstellung den Studierenden verständlicherweise oft Schwierigkeiten bereitet, sind auch hier die Lösungen verhältnismäßig ausführlich formuliert. Der erwünschte didaktische Erfolg wird sich freilich nur einstellen, wenn die Leserinnen und Leser sich zunächst selbst um die Lösung bemühen, diese skizzieren und sie erst dann mit den im Buch enthaltenen Lösungen vergleichen. Einige etwas schwierigere Fälle wurden mit einem * gekennzeichnet – wer mit diesen Sternchen-Fällen nicht auf Anhieb zurechtkommt, sollte sich nicht entmutigen lassen.

Methodische und praktische Hinweise zur schriftlichen Bearbeitung zivilrechtlicher Fälle und eine Zusammenstellung wichtiger Begriffsbestimmungen finden sich am Schluss des Buches.

Freiburg, im Mai 2017 *Dieter Leipold*

Inhalt

2. Abschnitt: Die Rechtssubjekte

3. Abschnitt: Grenzen der Rechtsdurchsetzung

4. Abschnitt: Sachen

Dritter Teil

Arbeitshinweise

Abkürzungsverzeichnis

aaO	am angegebenen Ort
abl.	ablehnend
Abs.	Absatz
AbzG	Abzahlungsgesetz
AcP	Archiv für die civilistische Praxis
a. E.	am Ende
AEUV	Vertrag über die Arbeitsweise der Europäischen Union
aF	alte Fassung
AG	Aktiengesellschaft, Amtsgericht
AGB	Allgemeine Geschäftsbedingungen
AGBG	Gesetz zur Regelung des Rechts der Allgemeinen Geschäftsbedingungen
AGG	Allgemeines Gleichbehandlungsgesetz
AktG	Aktiengesetz
allg.	allgemein
allg. M.	allgemeine Meinung
Alt.	Alternative
a. M.	anderer Meinung
AnfG	Anfechtungsgesetz
Anm.	Anmerkung
AnwBl	Anwaltsblatt
AP	Arbeitsrechtliche Praxis, Nachschlagewerk des Bundesarbeitsgerichts
ArbGG	Arbeitsgerichtsgesetz
Aufl.	Auflage
BAG	Bundesarbeitsgericht
BAGE	Entscheidungen des Bundesarbeitsgerichts
BauGB	Baugesetzbuch
BayObLG	Bayerisches Oberstes Landesgericht
BayObLGZ	Entscheidungen des Bayerischen Obersten Landesgerichts in Zivilsachen
BB	Betriebsberater
Bd.	Band
BeckRS	Beck-Rechtsprechung (online)
Begr.	Begründung
bestr.	bestritten
BetrVG	Betriebsverfassungsgesetz
BeurkG	Beurkundungsgesetz
BFH	Bundesfinanzhof
BGB	Bürgerliches Gesetzbuch
BGBl.	Bundesgesetzblatt
BGH	Bundesgerichtshof
BGHZ	Entscheidungen des Bundesgerichtshofs in Zivilsachen
BImSchG	Bundesimmissionsschutzgesetz

BNotO	Bundesnotarordnung
BRAO	Bundesrechtsanwaltsordnung
BT-Drs.	Bundestagsdrucksache
BVerfG	Bundesverfassungsgericht
BVerfGE	Entscheidungen des Bundesverfassungsgerichts
BVerfGG	Bundesverfassungsgerichtsgesetz
BVerwG	Bundesverwaltungsgericht
c.i.c.	culpa in contrahendo
CR	Computer und Recht
DB	Der Betrieb
DCFR	Draft Common Frame of Reference
DDR	Deutsche Demokratische Republik
DJZ	Deutsche Juristenzeitung
DNotZ	Deutsche Notar-Zeitschrift
DRiZ	Deutsche Richterzeitung
DStR	Deutsches Steuerrecht
EG	Einführungsgesetz, Europäische Gemeinschaft
EGBGB	Einführungsgesetz zum Bürgerlichen Gesetzbuch
EGMR	Europäischer Gerichtshof für Menschenrechte
EGV	Vertrag zur Gründung der Europäischen Gemeinschaft
EheG	Ehegesetz
ErbbauRG	Erbbaurechtsgesetz
EU	Europäische Union
EuGH	Gerichtshof der Europäischer Union
EuGVO	Europäische Gerichtsstands- und Vollstreckungsverordnung
EUV	Vertrag über die Europäische Union
EuZW	Europäische Zeitung für Wirtschaftsrecht
e.V.	eingetragener Verein
EWG	Europäische Wirtschaftsgemeinschaft
EWIV	Europäische wirtschaftliche Interessenvereinigung
f., ff.	folgende
FamRZ	Zeitschrift für das gesamte Familienrecht
Festschr.	Festschrift
FGG	Gesetz über die Angelegenheit der freiwilligen Gerichtsbarkeit
Fn.	Fußnote
FS	Festschrift
GBO	Grundbuchordnung
GenG	Genossenschaftsgesetz
GewO	Gewerbeordnung
GG	Grundgesetz für die Bundesrepublik Deutschland
GmbH	Gesellschaft mit beschränkter Haftung
GmbHG	Gesetz betreffend die Gesellschaften mit beschränkter Haftung
GVG	Gerichtsverfassungsgesetz
GRUR	Gewerblicher Rechtsschutz und Urheberrecht
GWB	Gesetz gegen Wettbewerbsbeschränkungen

HGB	Handelsgesetzbuch
h.M.	herrschende Meinung
Hrsg.	Herausgeber
idF	in der Fassung
InsO	Insolvenzordnung
IPR	Internationales Privatrecht
i.S.	im Sinne
i.S.v.	im Sinne von
i.V.m.	in Verbindung mit
JA	Juristische Arbeitsblätter
JR	Juristische Rundschau
Jura	Juristische Ausbildung
JuS	Juristische Schulung
JW	Juristische Wochenschrift
JZ	Juristenzeitung
KG	Kammergericht, Kommanditgesellschaft
KO	Konkursordnung
krit.	kritisch
KunstUrhG	Gesetz betreffend das Urheberrecht an Werken der bildenden Künste und der Photographie
lat.	lateinisch
LG	Landgericht
LM	Lindenmaier-Möhring, Nachschlagewerk des Bundesgerichtshofs
Lit.	Literatur
LPartG	Lebenspartnerschaftsgesetz
LS	Leitsatz
MDR	Monatsschrift für Deutsches Recht
m.E.	meines Erachtens
Mot.	Motive zum Entwurf eines BGB
mwN	mit weiteren Nachweisen
Nachw.	Nachweise
NdsRpfl	Niedersächsische Rechtspflege
nF	neue Fassung
NJOZ	Neue Juristische Online-Zeitschrift
NJW	Neue Juristische Wochenschrift
NJW-RR	Neue Juristische Wochenschrift, Rechtsprechungsreport
NZA	Neue Zeitschrift für Arbeitsrecht
NZG	Neue Zeitschrift für Gesellschaftsrecht
OGHZ	Entscheidungen des Obersten Gerichtshofs für die britische Zone in Zivilsachen
OHG	Offene Handelsgesellschaft

OLG	Oberlandesgericht
OLGZ	Entscheidungen der Oberlandesgerichte in Zivilsachen
OWiG	Ordnungswidrigkeitengesetz
ParteienG	Parteiengesetz
PatG	Patentgesetz
PBefG	Personenbeförderungsgesetz
PflVersG	Pflichtversicherungsgesetz
PostG	Postgesetz
ProdHaftG	Gesetz über die Haftung für fehlerhafte Produkte (Produkthaftungsgesetz)
ProstG	Gesetz zur Regelung der Rechtsverhältnisse der Prostituierten
Prot.	Protokolle der 2. Kommission zum Entwurf des BGB
PStG	Personenstandsgesetz
pVV	positive Vertragsverletzung
RabelsZ	Zeitschrift für ausländisches und internationales Privatrecht
RegE	Regierungsentwurf
RG	Reichsgericht
RGBl.	Reichsgesetzblatt
RGZ	Entscheidungen des Reichsgerichts in Zivilsachen
Rn.	Randnummer
Rspr.	Rechtsprechung
RVG	Rechtsanwaltsvergütungsgesetz
S.	Seite
s.	siehe
SAE	Sammlung arbeitsrechtlicher Entscheidungen
ScheckG	Scheckgesetz
Slg.	Sammlung der Rechtsprechung des Gerichtshofes und des Gerichts erster Instanz der Europäischen Gemeinschaften
sog.	sogenannt
StGB	Strafgesetzbuch
StPO	Strafprozessordnung
str.	streitig
StVG	Straßenverkehrsgesetz
u. a.	unter anderem
ü. M.	überwiegende Meinung
u. U.	unter Umständen
UrhG	Gesetz über Urheberrecht und verwandte Schutzrechte (Urheberrechtsgesetz)
UWG	Gesetz über den unlauteren Wettbewerb
VerbrKrG	Verbraucherkreditgesetz
VerglO	Vergleichsordnung
VersAusglG	Versorgungsausgleichsgesetz
VerschG	Verschollenheitsgesetz

VersR	Versicherungsrecht
vgl.	vergleiche
VO	Verordnung
VVG	Versicherungsvertragsgesetz
VwGO	Verwaltungsgerichtsordnung
VwVfG	Verwaltungsverfahrensgesetz
WEG	Wohnungseigentumsgesetz
WiStG	Wirtschaftsstrafgesetz
WG	Wechselgesetz
WM	Wertpapiermitteilungen
ZEuP	Zeitschrift für Europäisches Privatrecht
ZEV	Zeitschrift für Erbrecht und Vermögensnachfolge
ZGB (DDR)	Zivilgesetzbuch der Deutschen Demokratischen Republik
ZGR	Zeitschrift für Unternehmens- und Gesellschaftsrecht
ZHR	Zeitschrift für das gesamte Handelsrecht und Wirtschaftsrecht
ZIP	Zeitschrift für Wirtschaftsrecht
ZNR	Zeitschrift für neuere Rechtsgeschichte
ZPO	Zivilprozessordnung
ZRP	Zeitschrift für Rechtspolitik
zust.	zustimmend
zutr.	zutreffend
ZVG	Gesetz über die Zwangsversteigerung und die Zwangsverwaltung
ZZP	Zeitschrift für Zivilprozess

Literatur

Lehrbücher zum Allgemeinen Teil des BGB

Bitter/Röder, BGB Allgemeiner Teil, 3. Aufl., 2016.
Boecken, BGB Allgemeiner Teil, 2. Aufl., 2012.
Boemke/Ulrici, BGB Allgemeiner Teil, 2. Aufl., 2014.
Bork, Allgemeiner Teil des BGB, 4. Aufl., 2016.
Brehm, Allgemeiner Teil des BGB, 6. Aufl., 2008.
Brox/Walker, Allgemeiner Teil des BGB, 40. Aufl., 2016.
Diederichsen, Der Allgemeine Teil des Bürgerlichen Gesetzbuches für Studienanfänger, 5. Aufl., 1984.
Faust, Bürgerliches Gesetzbuch, Allgemeiner Teil, 5. Aufl., 2016.
Flume, Allgemeiner Teil des Bürgerlichen Rechts, 1. Bd., 1. Teil: Die Personengesellschaft, 1977; 1. Bd., 2. Teil: Die Juristische Person, 1983; 2. Bd.: Das Rechtsgeschäft, 4. Aufl., 1992 (dieser Bd. zitiert: Flume).
Giesen, BGB Allgemeiner Teil: Rechtsgeschäftslehre, 2. Aufl., 1995.
Hirsch, Der Allgemeine Teil des BGB, 7. Aufl., 2012.
Hübner, Allgemeiner Teil des Bürgerlichen Gesetzbuches, 2. Aufl., 1996.
Köhler, BGB Allgemeiner Teil, 40. Aufl., 2016.
Kötz, Vertragsrecht, 2. Aufl., 2012.
Leenen, BGB Allgemeiner Teil: Rechtsgeschäftslehre, 2. Aufl., 2015.
Löwisch/Neumann, Allgemeiner Teil des BGB, Einführung und Rechtsgeschäftslehre, 7. Aufl., 2004.
Medicus/Petersen, Allgemeiner Teil des BGB, 11. Aufl., 2016.
Pawlowski, Allgemeiner Teil des Bürgerlichen Rechts, 7. Aufl., 2003.
Peters, BGB Allgemeiner Teil, 3. Aufl., 1997.
Rüthers/Stadler, Allgemeiner Teil des BGB, 18. Aufl., 2014.
Schack, BGB – Allgemeiner Teil, 15. Aufl., 2016.
Wertenbruch, BGB Allgemeiner Teil, 3. Aufl., 2014.
Wolf/Neuner, Allgemeiner Teil des Bürgerlichen Rechts, 11. Aufl., 2016.

Einführungen und Grundkurse zum Bürgerlichen Recht

Eisenhardt, Einführung in das Bürgerlichen Recht, 6. Aufl., 2011.
Hattenhauer, Grundbegriffe des Bürgerlichen Rechts, Historisch-dogmatische Einführung, 2. Aufl., 2000.
Klunzinger, Einführung in das Bürgerliche Recht, 16. Aufl., 2013.
Musielak/Hau, Grundkurs BGB, 14. Aufl., 2015.
Schapp/Schur, Einführung in das bürgerliche Recht, 4. Aufl., 2007.
Schmidt/Brüggemeier, Zivilrechtlicher Grundkurs, 7. Aufl., 2006.
Schwab/Löhnig, Einführung in das Zivilrecht, 20. Aufl., 2016.

Westermann, Grundbegriffe des BGB, Eine Einführung an Hand von Fällen, 17. Aufl., 2013.

Fall- und Entscheidungssammlungen zum Allgemeinen Teil

Armbrüster, Examinatorium BGB AT, 2. Aufl., 2015.
Brehm, Fälle und Lösungen zum Allgemeinen Teil des BGB, 3. Aufl., 2011.
Fezer, Klausurenkurs zum BGB Allgemeiner Teil, 9. Aufl., 2013.
Fritzsche, Fälle zum BGB – Allgemeiner Teil, 6. Aufl., 2016.
Gottwald, Examens-Repetitorium BGB – Allgemeiner Teil, 3. Aufl. 2013.
Grigoleit/Herresthal, BGB Allgemeiner Teil, 3. Aufl., 2015.
Köhler, Prüfe dein Wissen, BGB, Allgemeiner Teil, 27. Aufl., 2015.
Lindacher/Hau, Fälle zum Allgemeinen Teil des BGB, 5. Aufl., 2010.
Marburger, Klausurenkurs BGB – Allgemeiner Teil, Fälle und Lösungen nach höchstrichterlichen Entscheidungen, 8. Aufl., 2004.
Martinek/Omlor, Grundlagen-Fälle zum BGB für Anfänger – Die Wilhelm-Busch-Fälle, 3. Aufl., 2017.
Peters, BGB – Allgemeiner Teil, 88 Fälle mit Lösungen, 2. Aufl., 1998.
Säcker/Mohr, Fallsammlung zum BGB Allgemeiner Teil mit Verbindungslinien zum Schuld- und Sachenrecht, 2010.
Schack/Ackmann, Das Bürgerliche Recht in 100 Leitentscheidungen, 6. Aufl., 2011.
Werner, Fälle mit Lösungen für Anfänger im Bürgerlichen Recht, 12. Aufl., 2008.
Werner/Neureither, 22 Probleme aus dem BGB Allgemeiner Teil, 7. Aufl., 2005.

Weitere Studienliteratur

Braun, Der Zivilrechtsfall, 5. Aufl., 2012.
Diederichsen/Wagner, Die BGB-Klausur, 9. Aufl., 1998.
Diederichsen/Wagner/Thole, Die Zwischenprüfung im Bürgerlichen Recht, 4. Aufl., 2011.
Grunewald, Bürgerliches Recht, 9. Aufl., 2014.
Medicus/Petersen, Bürgerliches Recht, 25. Aufl., 2015.
Medicus/Petersen, Grundwissen zum Bürgerlichen Recht, 10. Aufl., 2014.
Musielak/Hau, Examenskurs BGB, 3. Aufl., 2014.
Olzen/Maties, Zivilrechtliche Klausurenlehre mit Fallrepetitorium, 8. Aufl., 2015.
Schwab/Löhnig, Falltraining im Zivilrecht, Bd. 1, Ein Übungsbuch für Anfänger, 6. Aufl., 2016.
Werner/Saenger, Fälle für Fortgeschrittene im Bürgerlichen Recht, 5. Aufl., 2015.

Kommentare zum BGB

Bamberger/Roth (und Bearbeiter), Kommentar zum BGB (BeckOK BGB), Stand 2017.
Erman (und Bearbeiter), Handkommentar zum BGB, 14. Aufl., 2014.
Handkommentar zum BGB, 9. Aufl., 2017 (zit. Hk-BGB und Bearbeiter).
Historisch-kritischer Kommentar zum BGB, Bd. I, Allgemeiner Teil, 2003.

Jauernig (und Bearbeiter), BGB, 16. Aufl., 2015.
Jacoby/ von Hinden (und Bearbeiter), Studienkommentar BGB, 15. Aufl., 2015.
Juris Praxiskommentar (und Bearbeiter), BGB, 7. Aufl., 2014.
Münchener Kommentar zum BGB (zit. MünchKomm und Bearbeiter), 7. Aufl., 2015 ff.
Nomoskommentar (und Bearbeiter), BGB, 3. Aufl., 2016.
Palandt (und Bearbeiter), BGB, 76. Aufl., 2017.
Prütting/Wegen/Weinreich (zit. PWW und Bearbeiter), BGB, 11. Aufl., 2016.
RGRK (und Bearbeiter), BGB, 12. Aufl., 1975 ff.
Soergel (und Bearbeiter), BGB, 13. Aufl., 1999 ff.
Staudinger (und Bearbeiter), BGB, neue Bearbeitungen mit Angabe des Erscheinungsjahres.

Erläuterung der Zitierweise

Die Zitate beziehen sich auf die hier angegebenen Auflagen. Lehrbücher zum Allgemeinen Teil und Kommentare zum BGB sind nur mit den Namen der Verfasser zitiert.

Paragraphen ohne Angabe des Gesetzes sind Bestimmungen des BGB.

Erster Teil

Einführung in das Bürgerliche Recht

1. Abschnitt: Grundlagen

§ 1 Das Bürgerliche Recht im Rahmen der gesamten Rechtsordnung

I. Recht und Rechtsquellen – nationales und europäisches Recht

1. Begriff des Rechts

Was das **Recht** seinem Wesen nach ist, wie man Recht und Unrecht unterscheidet und wie man die Wirkungsweise des Rechts zu verstehen hat – auf diese Grundfragen gibt es keine kurzen, einfachen Antworten. Rechtsphilosophie, Rechtstheorie und Rechtssoziologie bieten hierzu vielfältige, freilich niemals abschließende Erkenntnisse. Rechtsgeschichte und Rechtsvergleichung zeigen uns das Recht in mannigfachen Erscheinungsformen und als Gegenstand eines ständigen Entwicklungsprozesses. Im Rahmen dieser Einführung in das deutsche Bürgerliche Recht kann von einer recht groben Begriffsbestimmung ausgegangen werden. 1

Definition:
Das Recht ist die für alle verbindliche, nach Gerechtigkeit strebende Ordnung des menschlichen Zusammenlebens in einem konkreten Gemeinwesen.

2. Die staatliche Rechtsordnung

Das angesprochene Gemeinwesen ist dabei in erster Linie der (nationale) **Staat**, so dass bei der Beschäftigung mit dem geltenden Recht sehr schnell der Blick auf die in einem Staat – hier in der Bundesrepublik Deutschland – geltende Rechtsordnung gelenkt wird. Sie wird durch geschriebenes Recht (vor allem staatliche Gesetze und Verordnungen), aber auch durch die Rechtsprechung 2 und zum Teil auch durch Gewohnheitsrecht[1] bestimmt. Diese Erscheinungsformen des geltenden Rechts werden als **Rechtsquellen** bezeichnet.

3 Bei näherem Zusehen erweist sich heute das System der geschriebenen (gesetzten) Rechtsquellen (man bezeichnet sie auch als **positives Recht**) als vielschichtiges Gebilde. In der Bundesrepublik Deutschland als einem Bundesstaat ist neben dem **Bundesrecht** auch das Recht der einzelnen Bundesstaaten, also das **Landesrecht**, zu beachten. Auf dem Gebiet des Bürgerlichen Rechts ist dies jedoch von geringer Bedeutung, denn hier können die Länder nur insoweit eigenes Recht erlassen, als das Bundesrecht einen Vorbehalt zugunsten des Landesgesetzgebers enthält, näher s. § 3 Rn. 12 f.

3. Das Europäische Recht (Unionsrecht)

4 Erhebliche und ständig zunehmende Bedeutung besitzt neben, genauer über dem staatlichen Recht das – supranationale – Recht der **Europäischen Union** (EU). Das Unionsrecht, für das sich die Bezeichnung Europäisches Recht[2] eingebürgert hat, besitzt Vorrang vor dem staatlichen Recht. Dies gilt sowohl für das **Primärrecht** der EU, d. h. den Vertrag über die Europäische Union (EUV) und den Vertrag über die Arbeitsweise der Europäischen Union (AEUV), als auch für das **sekundäre Unionsrecht**, d. h. für die von der EU gesetzten Rechtsnormen. Zu diesen Gesetzgebungsakten der Union gehören insbesondere die **Europäischen Verordnungen** und die **Europäischen Richtlinien.** Näher zu den Wirkungen des Europäischen Rechts und seiner Bedeutung im Bereich des Bürgerlichen Rechts s. § 4 Rn. 15 ff.

---

1 Gewohnheitsrecht erfordert eine ständige tatsächliche Übung und die Überzeugung, dass es sich dabei um die Befolgung von Recht handelt; näher, auch zur Aufhebung von Gewohnheitsrecht, BGH NJW 2014, 387, 388 f.

2 Der Begriff Europäisches Recht kann allerdings auch in einem weiteren Sinne verstanden werden, so dass er z. B. auch die Satzung des Europarats und die Europäische Menschenrechtskonvention (beides sind völkerrechtliche Verträge) umfasst. Eine Kompetenz zur Setzung unmittelbar geltenden Rechts hat der Europarat nicht.

Aufbau der Rechtsordnung

- **Europäisches Recht (Unionsrecht)**
  - Primäres Gemeinschaftsrecht
    - Vertrag über die Europäische Union
    - Vertrag über die Arbeitsweise der Europäischen Union
  - Sekundäres Gemeinschaftsrecht
    - Europäische Verordnungen
    - Europäische Richtlinien
- **Deutsches Recht**
  - **Bundesrecht**
    - Grundgesetz
    - Bundesgesetze
    - Rechtsverordnungen des Bundes
  - **Landesrecht**
    - Landesverfassungen
    - Landesgesetze
    - Rechtsverordnungen des Landes

II. Grundgesetz und Bürgerliches Recht

5 Das **Grundgesetz** ist **höherrangig** als das Bürgerliche Recht, das zum sog. einfachen Gesetzesrecht gehört. Sowohl der Gesetzgeber als auch die Rechtsprechung haben die Vorgaben der Verfassung zu beachten. Wenn dem Verfassungsrecht heute größte Bedeutung für die Fortentwicklung des Bürgerlichen Rechts zukommt, so hat dies zweierlei Gründe. Der eine liegt in der modernen Interpretation der **Grundrechte**, die nicht mehr bloß als Abwehrrechte des Bürgers gegen den Staat verstanden werden, sondern denen auch Bedeutung im Bereich des Privatrechtsverkehrs, also für die Rechtsverhältnisse zwischen den Rechtssubjekten des Privatrechts zugemessen wird. Man kann dies als **mittelbare Drittwirkung der Grundrechte** bezeichnen.[3]

6 Zur Begründung werden vor allem zwei Argumentationslinien verwendet, die sich nicht ausschließen, sondern sich gegenseitig ergänzen.[4] Zum einen werden die Grundrechte als Ausdruck einer **objektiven Wertordnung** verstanden, die bei der Auslegung des Privatrechts zu beachten ist.[5] Dies gilt insbesondere bei der Anwendung der zivilrechtlichen Generalklauseln wie § 138 (Nichtig-

3 Von der Drittwirkung zu unterscheiden ist, dass die öffentliche Hand selbst (also Bund, Länder, Gemeinden usw.) auch dann an die Grundrechte gebunden ist, wenn sie in den Formen des Privatrechts handelt, s. Rn. 12a.

4 Zusammenfassend MünchKomm/Säcker, Bd. I, Einl. Rn. 60 ff., 67.

5 Grundlegend BVerfGE 7, 198 (Lüth-Urteil). – Näher zur Bedeutung der Grundrechte als

keit sittenwidriger Rechtsgeschäfte) oder § 242 (Grundsatz von Treu und Glauben). In seiner neueren Rechtsprechung betont das BVerfG, dass sich der Einfluss der Grundrechte auf die Auslegung und Anwendung der zivilrechtlichen Normen nicht auf die Generalklauseln beschränkt, sondern sich auf alle auslegungsfähigen und auslegungsbedürftigen Tatbestandsmerkmale der zivilrechtlichen Vorschriften erstreckt.[6] An die Lehre von der objektiven Wertordnung anknüpfend wird aus den Grundrechten zum anderen die Verpflichtung des Staates entnommen, den objektiven Gehalt der Grundrechte durch die Gestaltung der Rechtsordnung zu sichern,[7] und zwar auch im Privatrechtsverkehr.[8] Diese **Schutzpflichtlehre** appelliert zunächst an den Gesetzgeber und dient der Überprüfung der Verfassungsmäßigkeit auch privatrechtlicher Normen. Der verfassungsrechtlich gebotene Schutz von Grundrechten kann durch konkrete gesetzliche Bestimmungen, aber auch durch die zivilrechtlichen Generalklauseln erfolgen, in deren Rahmen der objektive Gehalt der Grundrechte zu beachten ist.[9] Den Schutzpflichten des Staates hat auch die Rechtsprechung, die nach Art. 1 Abs. 3 GG unmittelbar an die Grundrechte gebunden ist, bei der Auslegung und Anwendung der einfachgesetzlichen Rechtssätze des Privatrechts Rechnung zu tragen.

7 Der zweite Grund für den großen praktischen Einfluss des Grundgesetzes auf die Entwicklung des Privatrechts ist in den weitreichenden **verfahrensrechtlichen Kompetenzen des BVerfG** zu sehen, das nicht nur dazu berufen ist, Gesetze auf ihre Verfassungsmäßigkeit zu kontrollieren, sondern das aufgrund von Verfassungsbeschwerden auch die Akte der konkreten Rechtsanwendung, insbesondere rechtskräftige Urteile, auf Verletzungen von Grundrechten zu überprüfen hat.

8 Ob und in welchem Umfang das Bürgerliche Recht geradezu in Abhängigkeit vom Verfassungsrecht gerät, wird vor allem von der Spruchpraxis des BVerfG bestimmt. Das BVerfG hat sich wiederholt auch in Bereiche eingeschaltet, die zuvor eher als Domäne des Bürgerlichen Rechts und der Zivilgerichte betrachtet wurden. Die **Entscheidungen des BVerfG** können zur **Weiterentwicklung des Bürgerlichen Rechts** bedeutende Beiträge leisten, zuweilen auch, indem sie eingefahrenen, um nicht zu sagen verkrusteten Denkweisen der Zivilgerichte neue Impulse entgegensetzen. Als Beispiel sei etwa die

---

Elemente objektiver Ordnung Zippelius/Würtenberger, Deutsches Staatsrecht, 32. Aufl. (2008), § 17 Rn. 19 ff.; Kingreen/Poscher, Grundrechte, 32. Aufl. (2016), Rn. 97 ff.

6 BVerfGE 129, 78 Rn. 86 = NJW 2011, 3428; BVerfG NJW 2016, 2247 Rn. 82. Dazu Kulick NJW 2016, 2236.

7 Allgemein zu den Schutzpflichten des Staates Zippelius/Würtenberger (Fn. 5), § 17 Rn. 29 ff.; Kingreen/Poscher (Fn. 5), Rn. 107 ff.

8 Dazu aus der äußerst umfangreichen Lit. nur Starck, Wie kommen die Grundrechte ins Privatrecht und wie wirken sie dort? FS Stürner, Bd. I (2013), S. 61; Voßkuhle, Zur Einwirkung der Verfassung auf das Zivilrecht, FS Stürner, Bd. I (2013), S. 79.

9 Als Beispiel s. BVerfGE 97, 169 (insbes. Rn. 25, 34, 35) = NJW 1998, 1475, 1476 zur Schutzpflicht des Staates aus Art. 12 Abs. 1 GG (freie Wahl des Arbeitsplatzes) gegenüber Kündigungen des Arbeitgebers, konkret zur Verfassungsmäßigkeit der „Kleinbetriebsklausel“, durch die Betriebe mit geringer Beschäftigtenzahl vom Geltungsbereich des Kündigungsschutzgesetzes ausgenommen werden.

Rechtsprechung des BVerfG zur Bürgschaftsübernahme durch vermögenslose Angehörige des Schuldners erwähnt (näher s. § 20 Rn. 32 f.). Doch sollte auch die Eigenständigkeit des Bürgerlichen Rechts beachtet und insofern das Verhältnis zwischen Grundgesetz und BGB nicht als Einbahnstraße, sondern als Wechselwirkung verstanden werden.

III. Privatrecht und Öffentliches Recht

1. Gleichordnung und Unterordnung

Kauft jemand einen Anzug, mietet er eine Wohnung oder nimmt er eine Stelle 9
in einem Unternehmen an, so begegnet er seinem Partner – dem Verkäufer, Vermieter, Arbeitgeber – auf der Ebene der **Gleichordnung**. Das gilt jedenfalls rechtlich gesehen; ob von den wirtschaftlichen Gegebenheiten her und damit in tatsächlicher Hinsicht von einer Gleichrangigkeit gesprochen werden kann, steht auf einem anderen Blatt. Erst durch den Vertragsschluss werden gegenseitige Rechte und Pflichten begründet, der Anspruch auf Lieferung der gekauften Sache etwa und die Pflicht zur Zahlung des Kaufpreises, um beim Kaufvertrag als dem einfachsten Beispiel zu bleiben. Solche Rechtsbeziehungen zwischen den Bürgern regelt das Privatrecht, und dessen typische Erscheinungsform ist der **Vertrag**, also z. B. der Kaufvertrag, Mietvertrag oder Arbeitsvertrag. Der **Anspruch** ist die wichtigste Rechtsfolge des Privatrechts. Er besteht nach der Legaldefinition in § 194 Abs. 1 in dem Recht, von einem anderen ein Tun oder Unterlassen zu verlangen. Eine Vorschrift, aus der sich ein Anspruch ergibt (z. B. § 433 Abs. 2) bezeichnet man als **Anspruchsgrundlage**.

Definition:
Ein Anspruch ist das Recht, von einem anderen ein Tun oder Unterlassen zu verlangen

Der Staat dagegen tritt dem Bürger oft als Fordernder gegenüber, ohne auf des- 10
sen Zustimmung angewiesen zu sein. Der Bürger muss Steuern zahlen, polizeilichen Anordnungen folgen, vielleicht auch die Enteignung eines Grundstücks über sich ergehen lassen, auch wenn er damit nicht einverstanden ist. Er ist der **hoheitlichen Gewalt** unterworfen, die dem Staat und seinen Organen (vor allem den Verwaltungsbehörden) nach den einschlägigen Gesetzen etwa des Steuerrechts, des Polizeirechts oder des Enteignungsrechts usw. zukommt. Hier geht es um öffentliches Recht. Die typische Handlungsform des Staates zur Regelung des Einzelfalles ist dabei der **Verwaltungsakt.**[10] Auch das Strafrecht gehört in diesen Bereich – kaum irgendwo wird die Unterordnung deut-

---

10 Gleichwohl gibt es auch öffentlich-rechtliche Verträge, auch im Verhältnis zwischen Staat und Bürger, s. §§ 54 ff. VwVfG.

licher als wenn der Bürger mit einer Geld- oder gar Freiheitsstrafe belegt wird – wobei freilich im Regelfall erst das gerichtliche Urteil im Rahmen eines Strafprozesses die konkrete Strafe auszusprechen vermag. Auch das Prozessrecht selbst – sei es das Straf- oder das Zivilprozessrecht – ist dem öffentlichen Recht zuzuordnen, regelt es doch das Verhältnis der Prozessbeteiligten zum Gericht als hoheitlich tätigem Organ des Staates.

Recht

	Öffentliches Recht	**Privatrecht**
Kennzeichen:	Über- und Unterordnung	Gleichordnung
Wichtigste Handlungsform:	Verwaltungsakt	Vertrag

2. Abgrenzung zwischen Öffentlichem Recht und Privatrecht

a) Bedeutung

11 Wie man öffentliches Recht und Privatrecht im Einzelnen voneinander abgrenzt, darüber gehen die Meinungen auseinander. Die Frage ist keineswegs nur von theoretischer Bedeutung. In der Bundesrepublik Deutschland ist sie für die Wahl des richtigen **Zweiges der Gerichtsbarkeit** (des **Rechtsweges**) wesentlich. Die ordentlichen Gerichte[11] sind nach § 13 GVG für Zivilsachen (d. h. für die bürgerlichen Rechtsstreitigkeiten, die Familiensachen und die Angelegenheiten der freiwilligen Gerichtsbarkeit) zuständig. Dagegen ist bei öffentlich-rechtlichen Streitigkeiten in der Regel der Weg zu den Verwaltungsgerichten (§ 40 Abs. 1 Satz 1 VwGO) bzw. den Finanz- oder Sozialgerichten gegeben. Hier gewinnt die Abgrenzung große praktische Bedeutung, und es hat sich denn auch gerade im Zusammenhang mit der Zuständigkeitsfrage eine sehr umfangreiche Kasuistik entwickelt.

12 Auch bei der **Haftung des Staates** für rechtswidriges Handeln seiner Organe spielt es eine wesentliche Rolle, ob im Bereich des öffentlichen Rechts oder des Privatrechts gehandelt wurde. Während nämlich bei hoheitlichem Handeln die Haftung des Staates nach § 839 BGB i. V. m. Art. 34 GG (Haftung für Amtspflichtverletzungen) zu beurteilen ist, bleibt es bei privatrechtlichen Tätig-

---

11 Das sind nach § 12 GVG die Amtsgerichte, Landgerichte, Oberlandesgerichte und der Bundesgerichtshof.

keiten bei der Anwendung der allgemeinen delikts- und vertragsrechtlichen Bestimmungen des BGB, wie sie für jedermann gelten, also außerhalb von Verträgen vor allem bei der Haftung nach § 823 Abs. 1 und 2, § 831 BGB.

Dagegen hängt die Bindung der öffentlichen Hand (Bund, Länder, Gemein- 12a
den usw.) an die **Grundrechte** (Art. 1 Abs. 3 GG) nicht davon ab, ob sie in den Formen des öffentlichen Rechts oder des Privatrechts handelt. Auch öffentliche Unternehmen in Privatrechtsform sind an die Grundrechte gebunden,[12] sowohl wenn sie vollständig im Eigentum der öffentlichen Hand stehen als auch, wenn es sich um gemischt-wirtschaftliche, aber von der öffentlichen Hand beherrschte Unternehmen handelt.[13]

b) Abgrenzungskriterien

Wie sich gerade an der Haftungsfrage zeigt, kann die Beurteilung, ob öffentli- 13
ches Recht oder Privatrecht vorliegt, nicht einfach danach vorgenommen werden, ob der Staat oder eine Privatperson tätig geworden ist. Einer solchen Abgrenzung (man kann sie als „**ältere Subjektstheorie**" bezeichnen) steht entgegen, dass der Staat (also Bund und Länder) und die anderen Rechtssubjekte des öffentlichen Rechts (also z. B. Gemeinden, Universitäten) auch privatrechtlich tätig werden können, indem sie etwa Kauf-, Miet- oder Arbeitsverträge abschließen, Kredite aufnehmen, Wertpapiere ausgeben und dergleichen mehr. Man sieht hieran sogleich, dass die Abgrenzung auch nicht danach erfolgen kann, ob ein Handeln in öffentlichem oder privatem Interesse vorliegt (sog. **Interessentheorie**); denn im öffentlichen Interesse liegt es gewiss, wenn der Staat ein Grundstück kauft, um darauf eine Strafanstalt zu errichten, aber gleichwohl tritt der Staat bei diesem Geschäft nicht anders in Erscheinung, als wenn eine Privatperson das Grundstück erwirbt, um für sich ein Wohngebäude zu erstellen.[14]

Anders wird es erst, wenn der Staat ein Grundstück enteignet, weil dies zur 14
Erfüllung öffentlicher Aufgaben unabweisbar notwendig ist und eine gütliche Einigung mit dem bisherigen Eigentümer nicht gelingt (die Einzelheiten sind in den Enteignungsgesetzen zu finden). Solche Möglichkeiten stehen einem privaten Interessenten nicht zur Verfügung, vielmehr setzt hier der Staat seine spezifische Macht – wir nennen sie **hoheitliche Gewalt** – ein, die ihm im Verhältnis zu den Bürgern zukommt. So lässt sich das Wesen des öffentlichen

---

12 Auf den von der öffentlichen Hand verfolgten Zweck kommt es dabei nicht an, so dass die Grundrechtsbindung auch bei rein fiskalischem Handeln besteht, BVerfG NJW 2016, 3153 (eine Preisgestaltung in einem kommunalen Freibad, die Einheimische bevorzugt, verstößt gegen das aus Art. 3 Abs. 1 GG folgende Diskriminierungsverbot).

13 Dazu ausführlich BVerfGE 128, 226 = NJW 2011, 1201 (die Versammlungsfreiheit nach Art. 8 Abs. 1 GG ist von der den Flughafen Frankfurt betreibenden AG, deren Aktien sich zu 70 % in öffentlicher Hand befinden, zu beachten).

14 BGH NJW 2012, 3654.

Rechts weitgehend dadurch kennzeichnen, dass das Über- und Unterordnungsverhältnis zwischen dem Staat und seinen Bürgern in Erscheinung tritt. Allein hierauf abzustellen (so die „**Subordinationstheorie**“), erweist sich allerdings insofern als zu eng, als damit Rechtsverhältnisse nicht erfasst werden, bei denen mehrere Hoheitsträger miteinander in gleichrangige rechtliche Beziehungen treten. Das gilt etwa für den großen Bereich der völkerrechtlichen Verträge, die (bi- oder multilateral) von den Staaten untereinander abgeschlossen werden. Aber auch zwischen den Ländern eines Bundesstaates oder zwischen einzelnen Gemeinden sind solche Vereinbarungen auf Feldern anzutreffen, bei denen es um die Ausübung hoheitlicher Gewalt geht, etwa Staatsverträge der Länder über die Vergabe von Studienplätzen oder Zweckverbände von Gemeinden, um die Wasserversorgung gemeinsam sicherzustellen.

15 Die Unterscheidung muss also danach erfolgen, ob **in Ausübung hoheitlicher Gewalt** (dann öffentliches Recht) oder mit den jedem Bürger zustehenden Mitteln (dann Privatrecht) gehandelt wurde. Man kann dies als „**modifizierte Subjektstheorie**“ (oder auch als Kombination von Subjekts- und Subordinationstheorie) bezeichnen.

Merksatz:[15]
Öffentliches Recht liegt dann vor, wenn an einem Rechtsverhältnis ein Träger hoheitlicher Gewalt als solcher beteiligt ist.

16 Mit den Worten des Gemeinsamen Senats der Obersten Gerichtshöfe des Bundes[16] kommt es regelmäßig darauf an, ob die am Rechtsverhältnis Beteiligten zueinander in einem Verhältnis der Über- und Unterordnung stehen und ob sich der Träger der hoheitlichen Gewalt der besonderen, ihm zugeordneten Rechtssätze des öffentlichen Rechts bedient, oder ob er sich den für jedermann geltenden zivilrechtlichen Regeln unterstellt. Insoweit kann man auch von einer **Sonderrechtstheorie** sprechen. Sie ist zur Abgrenzung im konkreten Fall nützlich (vor allem in den Bereichen, in denen dem Staat usw. eine Wahlmöglichkeit zwischen öffentlich-rechtlichem und privatrechtlichem Handeln zur Verfügung steht), setzt aber voraus, dass die in Betracht kommenden Rechtssätze bereits als öffentlich-rechtlich oder privatrechtlich qualifiziert sind.

IV. Das Bürgerliche Recht als Teilgebiet des Privatrechts

17 Dem aufmerksamen Leser mag es schon aufgefallen sein: es war bislang von der Abgrenzung zwischen öffentlichem Recht und Privatrecht die Rede, aber

---

15 Ein (banaler) Hinweis an Erstsemester: ganz ohne Auswendiglernen kommt man auch im Studium der Rechtswissenschaft nicht aus. Die Kunst besteht in der richtigen Auswahl.

16 BGHZ 102, 280 = NJW 1988, 2295. Zur Erklärung: Der Gemeinsame Senat der Obersten Gerichtshöfe des Bundes wird tätig, um die Einheitlichkeit der Rechtsanwendung zu wahren. Im konkreten Fall waren Divergenzen zwischen dem BGH und dem Bundessozialgericht aufgetreten.

bei der Zuständigkeitsfrage wurde dann von den bürgerlichen Rechtsstreitigkeiten gesprochen. Ist also Privatrecht und Bürgerliches Recht ein und dasselbe? Die Antwort fällt kompliziert aus, da die Begriffe – leider – nicht immer im selben Sinn verwendet werden. Die bürgerlichen Rechtsstreitigkeiten im Sinne des § 13 GVG sind in der Tat mit den Streitigkeiten auf dem Gebiet des Privatrechts zu identifizieren, und auch sonst wird heute nicht selten der Begriff Bürgerliches Recht (seinerseits wiederum mit Zivilrecht gleichzusetzen) im selben Sinn wie derjenige des Privatrechts gebraucht. Andererseits verwendet man aber den Begriff Bürgerliches Recht auch dann, wenn es darum geht, innerhalb des großen Bereichs des Privatrechts einzelne Rechtsgebiete voneinander zu unterscheiden. In diesem – engeren – Sinn ist das **Bürgerliche Recht** der **Kernbereich des Privatrechts**, der die Grundlagen für alle privatrechtlichen Verhältnisse regelt. Man kann daher den Begriff des Bürgerlichen Rechts im engeren Sinn weitgehend mit dem Regelungsbereich des BGB gleichsetzen, zu dem freilich im Laufe der Zeit einige Nebengesetze hinzugetreten sind. Dies gilt z.B. für das Produkthaftungsgesetz oder das Wohnungseigentumsgesetz.

Vom Bürgerlichen Recht als dem Kernbereich des Privatrechts sind **andere** 18
Gebiete des Privatrechts zu unterscheiden, die für bestimmte Personengruppen gelten, so vor allem das **Handelsrecht** als Recht der Kaufleute (oder der kaufmännischen Unternehmen), oder die besondere Sachgebiete in einer gewissen Eigenständigkeit regeln, wie etwa das **Gesellschaftsrecht**, das **Patent- und Urheberrecht**, das **Wettbewerbsrecht** oder das **Privatversicherungsrecht**.

Privatrecht	Bürgerliches Recht (i. e. S.)	BGB Nebengesetze	z.B. ProdHaftG, WEG, LPartG
	Handelsrecht	HGB	
	Gesellschaftsrecht	z.B. AktG GmbHG GenG	
	Immaterialgüterrecht	UrhG PatG	
	Wettbewerbsrecht	UWG	
	Privatversicherungsrecht	VVG	

Sonderlich griffig ist die Unterscheidung zwischen dem Bürgerlichen Recht (im engeren 19
Sinn) und den anderen Teilen des Privatrechts (man spricht auch von **Sonderprivatrecht**) zugegebenermaßen nicht; sie ist zu einem guten Teil auch historisch bedingt. Die Unter-

scheidung ist nicht so zu verstehen, als ob auf ein bestimmtes Rechtsverhältnis entweder das Bürgerliche Recht oder das Handelsrecht, Wertpapierrecht usw. anzuwenden wäre. Vielmehr enthalten die Sondergebiete ergänzende und teils auch abweichende Regeln, doch bleibt im Übrigen das Bürgerliche Recht anwendbar, so dass beispielsweise Kaufverträge zwischen Kaufleuten nach dem BGB und dem HGB zu beurteilen sind.

20 Differenziert muss die Zuordnung des **Arbeitsrechts** ausfallen.[17] Diejenigen Regeln, die das einzelne Arbeitsverhältnis betreffen (das **Individualarbeitsrecht**), sind dem Privatrecht zuzurechnen (s. auch §3 Rn.22). Das Arbeitsrecht umfasst aber auch Vorschriften, die eine behördliche Tätigkeit, z.B. die staatliche Überwachung der Einhaltung des **Arbeitsschutzrechts**, regeln und daher dem öffentlichen Recht zuzuordnen sind. Einer eindeutigen Zuordnung entziehen sich dagegen das Betriebsverfassungsrecht und das Tarifvertragsrecht sowie das Arbeitskampfrecht (diese Gebiete werden unter dem Begriff **kollektives Arbeitsrecht** zusammengefasst), da sie weithin andere Wesensmerkmale aufweisen als das Privatrecht, sich aber mangels Einsatzes hoheitlicher (staatlicher) Gewalt auch nicht dem öffentlichen Recht im oben erläuterten Sinn zurechnen lassen. So wird man insoweit eine Sondernatur des Arbeitsrechts anerkennen müssen. Da juristische Begriffe Zweckcharakter haben, also keine Naturgesetze wiedergeben, ist dies erträglich, zumal etwa die Abgrenzung im Bereich der Gerichtsbarkeit durch die Zuweisung der individual- und kollektivrechtlichen Streitigkeiten an die Arbeitsgerichte (§§2ff. ArbGG) in den Grundlinien klar geregelt ist.

V. Bürgerliches Recht und Strafrecht

21 Nicht selten wird ein und derselbe Sachverhalt, z.B. eine Sachbeschädigung oder Körperverletzung, sowohl vom Bürgerlichen Recht als auch vom Strafrecht erfasst. Die Rechtsfolgen des Bürgerlichen Rechts und des Strafrechts sind strikt zu unterscheiden. Dem Bürgerlichen Recht geht es darum, den Eingriff in die Güterordnung wieder auszugleichen, also durch die Gewährung von Ansprüchen dem Geschädigten zu dem Vermögensstand zu verhelfen, wie er ihn ohne die Verletzung seines Rechts oder Rechtsguts gehabt hätte. Das **Strafrecht** betrifft dagegen das **Verhältnis zwischen dem Staat und dem Täter**. In der Bestrafung kommt die Missbilligung durch die Gemeinschaft zum Ausdruck, womit zugleich die Absicht verknüpft ist, den bestraften Täter in Zukunft von derartigen Taten abzuhalten.

22 Verkauft z.B. jemand seinen gebrauchten PKW, wobei er wahrheitswidrig behauptet, das Fahrzeug habe einen neuen Austauschmotor erhalten, zu einem überhöhten Preis, so kann der Käufer den Kaufvertrag wegen arglistiger Täuschung nach §123 Abs.1 anfechten (näher s. §19 Rn.1ff.) und den bezahlten Kaufpreis zurückfordern. Auch ein Rücktrittsrecht nach §437 Nr.2 oder ein Schadensersatzanspruch des Käufers gegen den Verkäufer nach §437 Nr.3 kommen in Betracht (vgl. §6 Rn.40). Zugleich stellt aber das Verhalten des Verkäufers einen Betrug nach §263 StGB dar, so dass der Verkäufer in einem Strafprozess etwa zu einer Geldstrafe verurteilt werden kann.

17 Dazu Löwisch/Caspers/Klumpp, Arbeitsrecht, 11.Aufl. (2017), Rn.71ff.; Waltermann, Arbeitsrecht, 18.Aufl. (2016), Rn.3ff.

VI. Bürgerliches Recht und Verfahrensrecht

Dass das BGB dem Verkäufer einer Sache einen Anspruch auf Zahlung (§ 433 Abs. 2), dem von einem Radfahrer fahrlässig verletzten Fußgänger einen Anspruch auf Schadensersatz (§ 823 Abs. 1) zubilligt, nutzt dem Gläubiger wenig, wenn der andere sich weigert, den Anspruch zu erfüllen. In solchen Fällen bleibt dem Gläubiger letztlich[18] nur übrig, das zuständige ordentliche Gericht (je nach Höhe der Forderung das Amts- oder das Landgericht) anzurufen. Wie dies geschieht und nach welchen Regeln dann das gerichtliche **Verfahren** abläuft, ist nicht im BGB, sondern in der **Zivilprozessordnung** (ZPO) geregelt. Hier finden sich Bestimmungen über die Erhebung der Klage, über ein schriftliches Vorverfahren und über die mündliche Verhandlung vor dem Gericht, auch Bestimmungen über die Beweisaufnahme, die Beweiswürdigung und schließlich über den Erlass des Urteils sowie über die dagegen möglichen Rechtsmittel (Berufung, Revision). Ein zweites wichtiges Verfahrensgesetz ist das Gesetz über das Verfahren in Familiensachen und in den Angelegenheiten der freiwilligen Gerichtsbarkeit (**FamFG**). Es regelt u. a. das Verfahren in Scheidungs-, Kindschafts- und Abstammungssachen. 23

Selbst an das rechtskräftige Urteil kann sich noch ein weiteres Verfahren anschließen, nämlich die **Zwangsvollstreckung**, sofern der verurteilte Beklagte nicht bereit ist, seine Verpflichtung freiwillig zu erfüllen. Auch dieser Bereich ist in der ZPO geregelt. Die Zivilprozessordnung umfasst also sowohl das **Erkenntnisverfahren** als auch den Bereich des **Vollstreckungsverfahrens**. 24

Das Verfahrensrecht wird auch als **formelles Recht**, im Unterschied zum Bürgerlichen Recht (bzw. allgemeiner dem Privatrecht) als dem **materiellen Recht** bezeichnet. Damit ist gemeint, dass das Verfahrensrecht die Art und Weise der Rechtsdurchsetzung (in diesem Sinne die Form) betrifft, während der Inhalt der zu treffenden Entscheidung (die Materie) vom Privatrecht bestimmt wird. Unser Rechtssystem ist von einer scharfen Trennung zwischen dem materiellen Recht und dem formellen Recht geprägt. Das BGB geht regelmäßig vom Vorliegen eines bestimmten Sachverhalts aus und knüpft daran Ansprüche, ohne sich etwa um die gerichtliche Durchsetzung, einschließlich der praktisch so wichtigen Frage des **Beweises**, groß zu kümmern. Effektiv wird die Rechtsordnung jedoch erst, wenn neben die Sätze des materiellen Rechts auch ein gerichtliches Verfahren tritt, das dazu geeignet ist, das Recht zu erkennen und gegebenenfalls durchzusetzen. Die Trennung im System unserer Rechtsordnung und damit auch in den einzelnen Gesetzbüchern darf also nicht darüber hinwegtäuschen, dass zwischen dem materiellen Recht und dem Verfahrensrecht ein enger Sinnzusammenhang besteht. Beide Rechtsgebiete müssen zusammenwirken, um bei der Bewältigung von Konflikten zu einem möglichst gerechten Ergebnis zu gelangen. 25

---

18 Zuvor ist, je nach dem Inhalt der Streitigkeit, auch an außergerichtliche Schlichtungs- oder Mediationsmöglichkeiten zu denken.

Kontrollfragen und Fälle zu § 1

1) Welche beiden großen Teilgebiete werden in unserer Rechtsordnung unterschieden?

2) Nennen Sie einige Bereiche, die das Privatrecht zu regeln hat!

3) Nennen Sie einige Materien des öffentlichen Rechts!

4) Gehört § 242 StGB – Strafbarkeit des Diebstahls – zum privaten oder zum öffentlichen Recht?

5) In einem vom Norddeutschen Rundfunk, einer Anstalt des öffentlichen Rechts, ausgestrahlten Filmbericht wurde über Auseinandersetzungen des Kling mit einem Bundesland über bestimmte Abgaben berichtet. Dabei wurde die Meinung geäußert, aufgrund persönlicher Beziehungen sei Vermögen der öffentlichen Hand zu Unrecht an Kling verschenkt worden; auch seien ihm Grunderwerb- sowie Schenkungsteuer rechtswidrig erlassen worden. Kling sieht sich durch diesen Bericht in seiner Ehre und seinem Persönlichkeitsrecht verletzt und will den Norddeutschen Rundfunk auf Unterlassung und Widerruf der nach seiner Ansicht unwahren Äußerungen verklagen. Sind für eine solche Klage die ordentlichen Gerichte oder die Verwaltungsgerichte zuständig?

6) Was versteht man unter einem Anspruch? Nennen Sie Beispiele!

Lösungen

26 1) Privatrecht und öffentliches Recht.

2) Kauf, Miete, Ehe, Verhältnis zwischen Eltern und Kindern, Erbrecht, Gesellschaftsrecht, Handelsrecht.

3) Staatsrecht (Verfassungsrecht), Verwaltungsrecht, Steuerrecht, Strafrecht, Prozessrecht.

4) § 242 StGB schützt zwar das private Eigentum, doch besteht die Rechtsfolge in einer Strafsanktion des Staates gegen den Täter, wobei der Staat als **Träger hoheitlicher Gewalt** in Erscheinung tritt. Daher ist § 242 StGB systematisch dem öffentlichen Recht zuzuordnen.

27 5) Die ordentlichen Gerichte sind nach § 13 GVG zuständig, wenn es sich um eine bürgerliche Rechtsstreitigkeit handelt. Dagegen sind die Verwaltungsgerichte gemäß § 40 Abs. 1 VwGO für alle öffentlich-rechtlichen Streitigkeiten nichtverfassungsrechtlicher Art zuständig, soweit nicht eine andere gesetzliche Zuweisung vorliegt. Es kommt daher darauf an, ob das streitige Rechtsverhältnis zwischen Kling und dem Norddeutschen Rundfunk dem Privatrecht oder dem öffentlichen Recht zuzuordnen ist. Um eine dem öffentlichen Recht zugehörige Angelegenheit handelt es sich, wenn an dem Rechtsverhältnis ein Träger hoheitlicher Gewalt als solcher beteiligt ist. Als Anstalt des öffentlichen Rechts ist der Norddeutsche Rundfunk zu hoheitlichen Akten ermächtigt und auch das Nutzungsverhältnis zwischen der Rundfunkanstalt und dem Rundfunkhörer bzw. Fernsehzuschauer ist öffentlich-rechtlich ausgestaltet. Hier geht es jedoch um den Schutz der Ehre und des Persönlichkeitsrechts des Kling. In diesem Bereich besteht **kein Verhältnis der Über- und Unterordnung**; vielmehr treten sich der Betroffene und die Rundfunkanstalt gleichberechtigt auf der Ebene des Privatrechts gegenüber. Es besteht insoweit auch kein öffentliches Sonderrecht, vielmehr gelten dieselben Rechtsnormen, wie sie auch zwischen einem Betroffenen und einem privaten Sender oder einem privaten Presseorgan gelten würden. Daher ist das Rechtsverhältnis dem **Privatrecht** zuzuordnen, so dass die Zuständigkeit der ordentlichen Gerichte, nicht der Verwaltungsgerichte, gegeben ist.[19]

28 6) Ein Anspruch ist das Recht, von einem anderen ein Tun oder Unterlassen zu verlangen (Legaldefinition in § 194 Abs. 1).

Beispiele: Anspruch des Verkäufers gegen den Käufer auf Kaufpreiszahlung, Anspruch der Bank gegen den Kreditnehmer auf Rückzahlung eines Darlehens, Anspruch des Vermieters gegen den Mieter auf Räumung (Herausgabe) der Wohnung nach Beendigung der Mietzeit, Anspruch eines Unternehmens gegen ein anderes auf Unterlassung einer Patentverletzung usw.

---

19 Ebenso BGHZ 66, 182; BVerwG NJW 1994, 2500.

§ 2 Vorgeschichte und Entstehung des BGB

I. Die Wurzeln des deutschen Bürgerlichen Rechts

Das heutige Bürgerliche Recht beruht auf einer jahrhundertelangen Entwicklung, die vor allem auf das **Römische Recht** zurückgeht. Dessen Besonderheit und zugleich die Quelle seiner Weiterwirkung war, dass es sich um ein wissenschaftliches Recht handelte, das vom Bemühen um klare begriffliche Durchdringung getragen war. Den Schlusspunkt der Gestaltung des Römischen Rechts bildete die zusammenfassende Gesetzgebung des Kaisers Justinian in den Jahren 529 bis 534, für die sich (später) die Bezeichnung **Corpus iuris civilis** einbürgerte. 1

Das **germanische Recht** fand seinen Ausdruck zunächst in Gestalt der Volksrechte der einzelnen germanischen Stämme, ferner im Lehensrecht (dem Recht der Lehensmänner, die Besitz und Amt vom Lehnsherrn – oberster Lehensherr war der König – erhielten) und im Recht der Städte. Private Rechtssammlungen entstanden vor allem im 13. Jahrhundert, von denen der **Sachsenspiegel** des Eike von Repgow (entstanden zwischen 1220 und 1225) besondere Verbreitung erlangte. 2

Herausragende Bedeutung kommt der **Rezeption des römischen Rechts** zu, die mit der Entdeckung einer vollständigen Handschrift des corpus iuris im 11. Jahrhundert begann, zu einer wissenschaftlichen Beschäftigung mit diesem Recht und zur Ausbildung eines Rechtsstudiums in Italien (vor allem an der Universität Bologna) führte und schließlich auch die Verbreitung und Übernahme des fortentwickelten römischen Rechts in Deutschland im 15. und 16. Jahrhundert zur Folge hatte. Auch das Recht der katholischen Kirche (kanonisches Recht) war Gegenstand der Rezeption. 3

In Gestalt des **gemeinen Rechts** (d. h. allgemeinen Rechts) galt das weiterentwickelte römische und kanonische Recht in den deutschen Gebieten weiter, soweit dort keine besonderen Gesetze erlassen wurden. Die partikularen Gesetze hatten stets den Vorrang. Die Rechtslage war damit gerade umgekehrt, als wir dies heute nach dem Grundsatz „Bundesrecht bricht Landesrecht“ (Art. 31 GG) gewohnt sind. 4

II. Die Rechtslage vor Erlass des BGB

Bis zum Ende des 19. Jahrhunderts war das Recht und insbesondere auch das Privatrecht in den deutschen Ländern durch **starke Zersplitterung** gekenn- 5 zeichnet.[1] In verschiedenen Territorien galten in erster Linie landesrechtliche Kodifikationen. Hinzu trat eine Fülle von **Partikularrechten** mit oft sehr begrenztem Anwendungsbereich.

Insgesamt ließen sich vor allem folgende **Hauptgebiete** unterscheiden:
- In **Preußen** war das **Allgemeine Landrecht** (erlassen durch Friedrich den Großen im Jahre 1794) in Geltung.
- **Links des Rheins** galt seit der napoleonischen Zeit der 1804 unter dem maßgeblichen Einfluss Napoleons erlassene französische **Code civil**.
- Auch in **Baden** war der Code civil in der Form des **badischen Landrechts** (1809) in Geltung geblieben, das im Wesentlichen eine Übersetzung des Code civil darstellte.
- In **Sachsen** galt seit 1865 das **Bürgerliche Gesetzbuch für das Königreich Sachsen**, in **Bayern** schon seit 1756 der **Codex Maximilianeus Bavaricus Civilis**.
- Im Übrigen gab es große Gebiete, in denen das **gemeine Recht** (s. Rn. 4) weiter in Geltung war.

III. Das Streben nach Rechtsvereinheitlichung im 19. Jahrhundert

6 In einer bis heute berühmten literarischen Kontroverse zwischen **Anton Friedrich Justus Thibaut,**[2] der sich schon 1814, unmittelbar nach dem Ende der napoleonischen Herrschaft, vehement für die Schaffung eines einheitlichen Bürgerlichen Rechts einsetzte, und dem überragenden Rechtswissenschaftler **Friedrich Carl von Savigny**[3] behielt Savigny die Oberhand, der die Zeit noch nicht für reif für die Schaffung eines Gesetzbuchs hielt und es zunächst als Aufgabe der Wissenschaft (verstanden als historische Rechtswissenschaft) ansah, die richtigen Rechtsinhalte zu erarbeiten.

7 Gleichwohl blieb die Forderung nach einem einheitlichen Bürgerlichen Recht für Deutschland im ganzen 19. Jahrhundert aktuell, zumal die starke Rechtszersplitterung den Handelsverkehr über die Grenzen der damaligen Teilstaaten hinweg sehr erschwerte. Es gab jedoch mangels staatlicher Einheit Deutschlands keine Möglichkeit zu einer zentralen Gesetzgebung. Der **Deutsche Bund**, der von 1815 bis 1866 bestand, war lediglich ein Staatenbund, dagegen kein Bundesstaat. Immerhin konnten sich aber die einzelnen Staaten auf ein einheitliches Gesetz einigen, das sodann in jedem Staat durch einen gesonderten Gesetzgebungsakt in Kraft gesetzt wurde. Auf diese Weise wurde 1848 die **Allgemeine Deutsche Wechselordnung** geschaffen und 1861 folgte das **Allgemeine Deutsche Handelsgesetzbuch**.

---

1 Einen Eindruck vom Ausmaß dieser Rechtszersplitterung vermittelt die Zusammenstellung bei MünchKomm/Säcker, Bd. I, Einl. Rn. 12.

2 Thibauts Abhandlung trug den Titel „Über die Notwendigkeit eines allgemeinen bürgerlichen Rechts in Deutschland".

3 Der Titel seiner ebenfalls 1814 erschienenen Schrift „Vom Beruf unserer Zeit für Gesetzgebung und Rechtswissenschaft" ist geradezu zu einer Redewendung geworden.

Noch zu Zeiten des Deutschen Bundes wurde auch die Erstellung eines allgemeinen **Obligationenrechts** (also des Schuldrechts) beschlossen. Die dazu eingesetzte Kommission veröffentlichte den sog. **Dresdener Entwurf**, und zwar im Jahre 1866, unmittelbar vor der Auflösung des Deutschen Bundes. Dieser Entwurf ist daher nicht mehr zum Gesetz geworden. 8

IV. Die Schaffung des BGB[4]

1. Der Entstehungsprozess

Erst die Gründung des Bismarck'schen Deutschen Reichs im Jahre 1871 eröffnete den Weg zu einem einheitlichen Bürgerlichen Recht. Zwar hatte die neue Verfassung zunächst nur Reichsgesetze für Teilgebiete des Privatrechts vorgesehen, doch wurde im Jahre 1873 dem Reich die Gesetzgebungskompetenz für das gesamte Bürgerliche Recht zugewiesen.[5] 9

Die Schaffung des BGB nahm fast ein Vierteljahrhundert in Anspruch. Nach der Tätigkeit einer Vorkommission arbeitete die durch den Bundesrat eingesetzte **erste Kommission**, in der die Rechtswissenschaft großen Einfluss ausübte,[6] einen Entwurf des BGB aus. Dieser, meist als **E I** bezeichnete Entwurf wurde 1888 zusammen mit den so genannten **Motiven**, der Begründung des Entwurfs, veröffentlicht. 10

Nachdem dieser Entwurf eine **Fülle kritischer Äußerungen** hervorgerufen hatte (etwa in der Richtung, der Entwurf sei zu romanistisch, doktrinär, undeutsch, unsozial) wurde im Jahre 1890 eine **zweite Kommission** eingesetzt, der Juristen und Vertreter des Wirtschaftslebens angehörten. Die Umarbeitung des ersten Entwurfs verfolgte vor allem das Ziel, den Erfordernissen der Gegenwart besser gerecht zu werden. 1895 wurde der **zweite Entwurf** (übliche Bezeichnung **E II**) vorgelegt. In den **Protokollen** der zweiten Kommission, die ebenfalls veröffentlicht wurden, sind die für die vorgenommenen Änderungen maßgeblichen Erwägungen zusammengestellt. 11

Im damaligen Bundesrat wurde der Entwurf 1896 mit geringen Änderungen angenommen. Die Gestalt, die der Entwurf nun aufwies und in der er dem Reichstag präsentiert wurde, pflegt man als **Reichstagsvorlage** zu bezeichnen. Der Entwurf wurde im Reichstag beraten, wozu eine **Reichstagskommission** eingesetzt wurde. Deren Überlegungen sind in den Kommissionsberichten veröffentlicht. 1896 wurde der Entwurf im Reichstag angenommen. Der Bundesrat stimmte ebenfalls zu, und der deutsche Kaiser Wilhelm II. unterschrieb am 18. August 1896[7] das neue Gesetz. 12

---

4 Dazu Wieacker, Privatrechtsgeschichte der Neuzeit, 2. Aufl. (1967), S. 468 ff.; Schlosser, Grundzüge der neueren Privatrechtsgeschichte, 10. Aufl. (2005), S. 180 ff.

5 Nach den für den Gesetzesantrag federführenden Abgeordneten Miquel und Lasker wird diese Kompetenzänderung als lex Miquel-Lasker bezeichnet.

6 Eines der bedeutendsten Mitglieder war Bernhard Windscheid, Verfasser eines berühmten Lehrbuchs des Pandektenrechts. Relativierend zur Rolle Windscheids jedoch Schröder/Thiessen JZ 2002, 325, 326. Allgemein zur Bedeutung Windscheids Rückert JZ 2017, 662.

7 Dieses Datum ist bei der Verkündung des BGB im Reichsgesetzblatt 1896, S. 195 angegeben. Zum 100. Geburtstag des BGB Stürner JZ 1996, 741; Schmoeckel NJW 1996, 1697; Schulte-Nölke NJW 1996, 1705.

2. Inkrafttreten des BGB und Einführungsgesetz

13 Als Tag des Inkrafttretens bestimmte man erst den **1. Januar 1900** – das neue Jahrhundert sollte mit dem neuen Recht eröffnet werden. Freilich wollte man – ein vom heutigen Gesetzgeber oft vernachlässigter Aspekt – auf diese Weise den Juristen auch genügend Zeit geben, sich mit dem neuen Gesetz vertraut zu machen.

14 Die Bestimmungen über das Inkrafttreten und die zeitlichen Übergangsregeln (intertemporales Recht) finden sich im **Einführungsgesetz zum BGB** (EGBGB), das zugleich mit dem BGB erlassen wurde. Das EGBGB enthält auch die Regeln über das Verhältnis zum Landesrecht (s. § 3 Rn. 12f.) und über den Geltungsbereich des BGB im Verhältnis zu ausländischen Rechtsordnungen, also das **Internationale Privatrecht** (heute weitgehend durch Unionsrecht ersetzt). Seit 1990 sind im EGBGB ferner die Übergangsregeln aus Anlass der Wiederherstellung der deutschen Einheit enthalten (s. § 4 Rn. 14). Hinzugetreten sind umfangreiche Vorschriften über die Informationspflichten des Unternehmers im Verbraucherschutzrecht (Art. 242ff. EGBGB), s. auch § 13 Rn. 15 zur Belehrung über das Widerrufsrecht).

3. Die Gesetzgebungsmaterialien

15 Für das Verständnis und die Auslegung des BGB sind die Entwürfe und Begründungen (E I mit Motiven; E II mit Protokollen usw.) von großer Bedeutung. Man pflegt diese Begleittexte aus der Entstehung eines Gesetzes als **Gesetzgebungsmaterialien** zu bezeichnen. Für das BGB wurden sie frühzeitig in dem Werk Mugdan, Die gesamten Materialien zum BGB (5 Bände) veröffentlicht. In neuerer Zeit wurden weitere Materialien (Vorentwürfe usw.) publiziert.[8]

8 Jakobs/Schubert (Hrsg.), Die Beratung des Bürgerlichen Gesetzbuchs in systematischer Zusammenstellung der unveröffentlichten Quellen (1978ff. – zahlreiche Bände); Schubert (Hrsg.), Die Vorlagen der Redaktoren für die erste Kommission zur Ausarbeitung des Entwurfs eines Bürgerlichen Gesetzbuchs (1980ff. – zahlreiche Bände).

§ 3 System und rechtspolitische Grundlagen des BGB

I. Aufbau und Regelungsbereich

Eine kursorische Betrachtung der fünf Bücher des BGB soll den Inhalt veranschaulichen und zugleich das System des BGB aufzeigen. 1

1. Allgemeiner Teil

Die Idee des Allgemeinen Teils ist es, solche Regeln vorweg zu formulieren, die 2 **für alle Bereiche des BGB gelten**, so dass eine Wiederholung erspart wird. Ein gutes Beispiel für einen in dieser Weise **vor die Klammer gezogenen Rechtssatz** bietet schon § 1, wonach die Rechtsfähigkeit des Menschen mit der Vollendung der Geburt beginnt. Die Rechtsfähigkeit ist im Schuldrecht, im Sachenrecht, im Familien- und Erbrecht gleichermaßen Voraussetzung dafür, Rechte und Pflichten haben zu können.

Seiner Funktion entsprechend regelt der Allgemeine Teil nicht abschließend 3 bestimmte Rechtsverhältnisse, sondern erlaubt es erst **zusammen mit Rechtssätzen aus anderen Teilen des BGB** (etwa aus dem Schuldrecht oder dem Sachenrecht), einen Rechtsfall zu beurteilen. Darauf beruht es auch, dass das Verständnis des Allgemeinen Teils dem Studienanfänger nicht selten Schwierigkeiten bereitet. Die in diesem Buch folgende Einführung in die Grundbegriffe des BGB soll dem entgegenwirken.

Allerdings ist es dem Gesetzgeber nur bedingt gelungen, die Zielsetzung des Allgemei- 4 nen Teils zu verwirklichen.[1] Der Abschnitt über Vereine und Stiftungen (§§ 21 bis 89) enthält eine **geschlossene Regelung** dieser Rechtsinstitute, nicht bloß allgemeine, vor die Klammer gezogene Normen. Die Vorschriften über Sachen (§§ 90 bis 103) sind ihrem Inhalt nach fast ausschließlich dem Sachenrecht zuzuordnen, also nicht als allgemeine Bestimmungen im Sinne einer Geltung für alle Bücher des BGB zu kennzeichnen. Dass die Methode, dem Gesetz einen Allgemeinen Teil voranzustellen, erhebliche Vorteile bei der Rechtsanwendung bietet, zeigt ein Blick auf den zersplitterten Zustand des Europäischen Rechts (Unionsrechts), das sich genötigt sieht, in die einzelnen Richtlinien und Verordnungen immer wieder gesonderte Begriffsbestimmungen (z.B. für den Begriff des Verbrauchers) aufzunehmen.[2]

---

1 Vgl. Wieacker, Privatrechtsgeschichte der Neuzeit, 2. Aufl. (1967), S. 486 ff., der sowohl das mit dem Allgemeinen Teil angestrebte Ziel als auch seine konkrete Verwirklichung kritisch beurteilt. – Grundsätzlich positiv zum Konzept des Allgemeinen Teils Wolf/Neuner § 7 Rn. 16 ff.

2 Näher zum Europäischen Privatrecht s. § 4 Rn. 15 ff., zu Reformplänen § 4 Rn. 23 ff.

2. Schuldrecht

5 Das zweite Buch des BGB ist dem Recht der **Schuldverhältnisse** gewidmet. Für den Begriff des Schuldverhältnisses ist kennzeichnend, dass der Gläubiger berechtigt ist, vom Schuldner eine Leistung zu fordern, § 241 Abs. 1 Satz 1. Die Leistung kann in einem Tun (z.B. Zahlung, Warenlieferung, Arbeitsleistung) oder auch Unterlassen (z.B. Unterlassung der Verwendung einer Marke) bestehen, § 241 Abs. 1 Satz 2. **Leistungspflichten** und damit Schuldverhältnisse können durch **Vertrag** (Verpflichtungsvertrag) oder **kraft Gesetzes** entstehen. Das Schuldrecht behandelt in den ersten sieben Abschnitten (§§ 241 bis 432) allgemeine Fragen, sodann im umfangreichen achten Abschnitt (§§ 433 bis 853) die besonderen Schuldverhältnisse. Daher hat sich die Unterteilung in **Allgemeines Schuldrecht** und **Besonderes Schuldrecht** eingebürgert. Bei den besonderen Schuldverhältnissen regelt das Gesetz zunächst die verschiedenen Typen der Verpflichtungsverträge, beginnend mit dem Kaufvertrag (§§ 433 ff.). Nach den Schuldverhältnissen aus Verträgen folgen – als gesetzliche Schuldverhältnisse – die ungerechtfertigte Bereicherung (§§ 812 ff.) und das Recht der unerlaubten Handlungen (§§ 823 ff.).

6 Die Erfüllung der schuldrechtlichen Verpflichtungen muss zumeist durch **sachenrechtliche Geschäfte** (Verfügungen) erfolgen, z.B. durch Übereignung der gekauften Sache vom Verkäufer an den Käufer. Das Schuldverhältnis stellt die **rechtliche Grundlage** für die sachenrechtliche Verfügung dar.

Definition:
Ein Schuldverhältnis ist ein Rechtsverhältnis, aufgrund dessen der Gläubiger vom Schuldner eine Leistung fordern kann.

3. Sachenrecht

7 Das Sachenrecht beginnt mit Vorschriften über den **Besitz** als der tatsächlichen Herrschaft über eine Sache, §§ 854 ff. Es folgen die Regeln über den Inhalt des **Eigentums** als umfassender rechtlicher Herrschaftsmacht über eine Sache (§§ 903 ff.) sowie über den rechtsgeschäftlichen Erwerb des Eigentums an unbeweglichen und beweglichen Sachen (§§ 925 ff. bzw. §§ 929 ff.).

8 Neben dem Eigentum als dem vollen Herrschaftsrecht an einer Sache kennt das Sachenrecht **sonstige dingliche Rechte**, die einen beschränkten Inhalt haben. Hierzu gehören etwa die Grunddienstbarkeiten (§§ 1018 ff.), das **Pfandrecht** an beweglichen Sachen und Forderungen (§§ 1204 ff.) sowie die **Hypothek** (§§ 1113 ff.) und die **Grundschuld** (§§ 1191 ff.) als Grundpfandrechte.

4. Familienrecht

Während die Einteilung der ersten drei Bücher auf systematischen Gesichtspunkten beruht, fassen das Familienrecht und das Erbrecht die für bestimmte **Lebenssachverhalte** geltenden Regeln zusammen. Die Gesamteinteilung des BGB in fünf Bücher ist also insgesamt nicht nach einem einheitlichen Kriterium erfolgt. Man spricht insoweit von einer „**Kreuzeinteilung**".[3] 9

Das Familienrecht regelt die rechtlichen Beziehungen im Rahmen von Ehe und Familie. Hierzu gehören die **Eheschließung** (§§ 1303 ff.) und die Eheauflösung, vor allem die **Scheidung der Ehe** samt den Scheidungsfolgen, §§ 1564 ff. Das **eheliche Güterrecht** (§§ 1363 ff.) ist im Familienrecht ebenso geregelt wie die Beziehungen zwischen **Eltern und Kindern** (Abstammung, §§ 1591 ff.; Unterhaltspflichten, §§ 1601 ff.; elterliche Sorge samt Vertretung des Kindes, §§ 1626 ff.). Das 2001 neu geschaffene Institut der **Eingetragenen Lebenspartnerschaft**, das zwei Personen gleichen Geschlechts die Eingehung einer rechtlich geregelten Lebensgemeinschaft ermöglicht, wurde nicht in das BGB eingefügt, sondern im Lebenspartnerschaftsgesetz (LPartG) geregelt. (Zur neuen „Ehe für alle" s. § 4 Rn. 2.) 10

5. Erbrecht

Das fünfte Buch Erbrecht enthält die Rechtsfolgen des Todes auf dem Gebiet des privaten Vermögensrechts. Es regelt z.B. die **gesetzliche Erbfolge** (§§ 1924 ff.), aber auch Zulässigkeit und Form der Verfügungen von Todes wegen (**Testamente**, §§ 2064 ff., und **Erbverträge**, §§ 2274 ff.). Im **Pflichtteilsrecht** (§§ 2303 ff.) ist festgelegt, welchen Personen eine Mindestbeteiligung am Nachlass des Erblassers zukommt. Die Abwicklung des Erbfalls (Annahme und Ausschlagung, §§ 1942 ff.; Erbscheinserteilung, §§ 2353 ff.) sowie das Recht der Erbengemeinschaft (§§ 2032 ff.) bilden weitere wichtige Materien. 11

II. Das Verhältnis des BGB zum Landesrecht

Das BGB, das ursprünglich ein Reichsgesetz war, gilt seit der Gründung der Bundesrepublik (1949) als **Bundesrecht** fort. Die Gesetzgebungskompetenz für das Bürgerliche Recht steht nach Art. 74 Abs. 1 Nr. 1 GG in Form der konkurrierenden Zuständigkeit (dazu s. Art. 72 Abs. 1 GG) dem Bund zu. Das Bundesrecht hat nach Art. 31 GG Vorrang vor dem Landesrecht. Da das BGB eine **Kodifikation** darstellt, d.h. eine grundsätzlich abschließende Regelung der behandelten Materie, sind mit seinem Erlass alle Landesgesetze auf dem Gebiet des Bürgerlichen Rechts außer Kraft getreten, Art. 55 EGBGB, soweit nicht be- 12

3 Vgl. Staudinger/Boehmer, BGB, 11. Aufl. (1954), Band V, Einleitung, § 1 Rn. 14 f.

sondere Vorbehalte zugunsten des Landesgesetzgebers geschaffen wurden. Abgesehen von diesen Vorbehaltsbereichen kann der Landesgesetzgeber auch heute keine vom BGB abweichenden oder es ergänzenden gesetzlichen Vorschriften schaffen. Es können z.B. nicht etwa durch den Landesgesetzgeber weitere Vorschriften über den Kaufvertrag geschaffen werden, um Lücken im BGB zu füllen; vielmehr wäre dazu allein der Bundesgesetzgeber in der Lage.

13 **Vorbehalte zugunsten des Landesgesetzgebers** finden sich z.B. für den Bereich des Höferechts (Anerbenrechts), d.h. des Rechts der Vererbung landwirtschaftlicher Betriebe (Art. 64 EGBGB), des Fischereirechts (Art. 69 EGBGB), teilweise auch des Nachbarrechts (Art. 124 EGBGB, z.B. Grenzabstände von Bäumen und Sträuchern). Auf diesen Gebieten blieben bei Inkrafttreten des BGB die alten Landesgesetze in Geltung und es konnten bzw. können neue Landesgesetze erlassen werden. Dies gilt aber nur, soweit nicht Bundesrecht entgegensteht. Der „Vorbehalt" bedeutet also nicht etwa, dass auf diesen Gebieten generell nur Landesrecht möglich ist, sondern bringt lediglich zum Ausdruck, dass trotz des BGB Landesgesetze zulässig blieben. Soweit aber die Materie unter Art. 74 GG fällt (z.B. als Bürgerliches Recht oder Wirtschaftsrecht), hat der Bund auch in diesem Bereich die konkurrierende Gesetzgebungskompetenz.

III. Gesetzesstil und rechtspolitische Grundlagen des BGB

1. Gesetzestechnik und Sprache

a) Abstrahierend-generalisierender Gesetzesstil

14 Während ein kasuistischer Stil dadurch geprägt ist, dass der Gesetzgeber möglichst alle im Leben vorkommenden Geschehnisse zusammenzustellen und ausdrücklich zu regeln versucht, bevorzugt das BGB abstrakt-generelle Tatbestände. Durch möglichst scharf umrissene Begriffe (oft auch in Form von im Gesetz selbst enthaltenen Begriffsbestimmungen, sog. **Legaldefinitionen**) soll die Subsumtion erleichtert werden. Als Beispiel sei auf den Begriff des Zubehörs verwiesen, den § 97 Abs. 1 Satz 1 durch Aufstellung allgemeiner, abstrakter Merkmale regelt: die Sache muss dem wirtschaftlichen Zweck der Hauptsache dienen und zu ihr in einem entsprechenden räumlichen Verhältnisse stehen (näher s. § 38 Rn. 19f.). Eine kasuistisch formulierte Bestimmung nennt dagegen die einzelnen Dinge beim Namen. So spricht etwa § 98 (eine Vorschrift, die erläuternd zu § 97 hinzutritt) ganz konkret von einer Mühle, einer Schmiede, einem Brauhaus als den bei Erlass des BGB gängigen gewerblichen Betrieben. Kasuistische Bestimmungen erweisen sich später oft als lückenhaft, da der Gesetzgeber die lebensmäßige Entwicklung nie voll übersehen kann. Die abstrakte Methode vermeidet dies und erlaubt es zudem, das Gesetz wesentlich kürzer und übersichtlicher zu fassen. Freilich verliert das Gesetz durch Abstrahierung an Lebensnähe und damit an Verständlichkeit für den Nichtjuristen.

b) Generalklauseln

Zwar vermitteln scharf umrissene abstrakte Begriffe Rechtssicherheit, doch verhindern sie die Berücksichtigung der Umstände des Einzelfalles. Dem dient aber im BGB eine Reihe von wichtigen **Generalklauseln**, bei denen der Rechtsprechung ein erheblicher Spielraum zusteht. Generalklauseln sind Vorschriften, die mit **unbestimmten, wertausfüllungsbedürftigen Begriffen** arbeiten. Wichtige Beispiele sind die §§ 138, 826 mit ihrer Verweisung auf die **guten Sitten** sowie §§ 157, 242, die auf **Treu und Glauben** Bezug nehmen. Obwohl zuweilen kritisch von einer Flucht des Gesetzgebers in die Generalklauseln die Rede war, hat sich insgesamt das Nebeneinander von Bestimmungen mit exakt definierten Begriffen auf der einen und Generalklauseln auf der anderen Seite durchaus bewährt. Im Grunde ist dadurch in das BGB selbst die Möglichkeit zu seiner Fortentwicklung durch die Rechtspraxis (**Rechtsfortbildung**) eingebaut worden. Gerade im Rahmen der Generalklauseln (wie etwa der vorhin genannten §§ 138, 826 oder 242), hat die Rechtsprechung eine Fülle von neuen Rechtsaussagen geschaffen. Auf diese Weise bildet sich, legitimiert durch eine Generalklausel, neues Recht heraus, das schließlich in vergleichbarer Weise wie konkrete gesetzliche Bestimmungen angewendet wird. 15

c) Fachsprache

Weitestgehend bedienten sich die Verfasser des BGB einer **juristisch geprägten Fachsprache**, die exakt, sorgfältig durchdacht und präzise ist. Das Zusammenwirken der einzelnen Normen ist technisch gut durchgearbeitet, insbesondere was das Verhältnis zwischen allgemeinen Normen (im Allgemeinen Teil etwa) und den spezielleren Bestimmungen angeht. 16

Das Streben nach begrifflicher Schärfe führte allerdings zu einer recht **trockenen und unanschaulichen** Sprache. Nicht zuletzt sind hier auch der Einfluss der gemeinrechtlichen Wissenschaft und die Auswirkung des lateinischen Sprachstils spürbar. Vergleicht man aber damit die oft ebenso weitschweifigen wie ungenauen Formulierungen des heutigen Gesetzgebers, so lernt man die Formulierungskunst der Verfasser des ursprünglichen BGB zu schätzen.

2. Rechtspolitische Grundlagen des ursprünglichen BGB

a) Bürgerlich-liberale Grundhaltung

Das BGB misst dem **Eigentum** und der **Privatautonomie** zentrale Bedeutung bei. Die Freiheit zur wirtschaftlichen Betätigung, zum Abschluss von Verträgen und zum Erwerb von Eigentum, steht jedermann gleichermaßen zu. Der Liberalismus vertraut auf die selbstverantwortliche Persönlichkeit und beschränkt staatliche Eingriffe so weit wie möglich. Der Vorstellung von der 17

Selbstverantwortung des Einzelnen entspricht es, den **Vertrag** zum zentralen Instrument des Privatrechts zu machen. Dabei geht das BGB davon aus, dass der Vertrag selbst eine Richtigkeitsgarantie enthält – wäre er nicht nach Meinung beider Parteien interessengerecht, so käme die vertragliche Einigung nicht zustande.

18 Dem Grundsatz der Privatautonomie entsprechend war das BGB im Schuldrecht weitgehend **dispositives (nachgiebiges) Recht**, das nur gilt, soweit die Parteien nichts anderes vereinbaren. Die Parteien können andere Vertragstypen schaffen als die im Gesetz vorgesehenen; sie können aber auch innerhalb der gesetzlich geregelten Verträge die gesetzlichen Bestimmungen durch andere, vertraglich vereinbarte Regeln ersetzen. Ursprünglich waren nur wenige Normen des Schuldrechts **zwingend**, also der Parteiherrschaft entzogen.

19 Kaum berücksichtigt wurde dagegen von den Schöpfern des BGB, dass die formale Freiheit, die jedem Bürger gleichermaßen zusteht, aufgrund wirtschaftlichen, intellektuellen oder auch situationsbezogenen **Ungleichgewichts der Beteiligten** nur auf dem Papier stehen kann. Der Gedanke, die eine (schwächere) Seite in besonderem Maße zu schützen, hatte im BGB in seiner ursprünglichen Fassung nur wenig Niederschlag gefunden.[4]

b) Konservative Vorstellungen

20 Während die bürgerlich-liberale Grundhaltung vor allem das Schuld- und Sachenrecht kennzeichnete, traten in anderen Teilen des BGB – es ist hier immer von der ursprünglichen, im Jahr 1900 in Kraft getretenen Fassung die Rede – konservative Vorstellungen stärker hervor. Das gilt vor allem für die **patriarchalische Gestalt des damaligen Ehe- und Familienrechts**, das den Mann als Haupt der Familie sah. Auch die Diskriminierung des unehelichen Kindes und seiner Mutter entsprach ganz den konservativen Wertvorstellungen.

c) Kein Gesetz der sozialen Reform

21 Bei der Schaffung des BGB ging es in erster Linie darum, das **Recht zu vereinheitlichen**. Man konzentrierte sich bei der Gesetzgebung darauf, zunächst das geltende Recht zu sammeln und zu sichten, die vorhandenen Lösungen abzuwägen, und – im Allgemeinen – eine der bereits geltenden Regelungen zu übernehmen. Eigentliche Neuschöpfungen enthielt das BGB dagegen kaum.

22 Es war nicht die Absicht der Gesetzesverfasser, grundlegende Änderungen innerhalb der Gesellschaft, etwa eine Verbesserung der Stellung der Arbeitnehmer, durchzusetzen. Diese Grundhaltung hat dem BGB von Anfang an her-

4 Gleichwohl fehlte die soziale Komponente keineswegs völlig, vgl. bereits Planck DJZ 1899, 181, 184 („Schutz des wirtschaftlich Schwachen"). In der neueren Lit. betonen dies u.a. Schwab ZNR 2000, 325, 350f.; Repgen ZNR 2000, 406, 412ff.; Schröder/Thiessen JZ 2002, 325, 328f.; Meder JZ 2010, 477, 480.

be Kritik eingetragen. Es muss allerdings beachtet werden, dass die Verfasser des Gesetzes nicht etwa Reformbestrebungen von vornherein eine Absage erteilen wollten. Vielmehr ging man davon aus, dass, soweit erforderlich, entsprechende **neue Regelungen außerhalb des BGB** geschaffen werden sollten. Dies ist vor allem im **Arbeitsrecht**, wenn auch erst im Zuge einer langen Entwicklung, in einer ganzen Reihe von Einzelgesetzen geschehen. Erst 2017[5] wurde durch den neuen § 611a der **Arbeitsvertrag** als Vertragstyp ausdrücklich im BGB definiert.

---

5 Gesetz vom 21.2.2017, BGBl. I S. 258, in Kraft seit 1.4.2017.

Kontrollfragen zu § 2 und § 3

1) Welche bürgerliche Rechtsordnung galt in Deutschland vor Inkrafttreten des BGB?

2) Was war der Hauptvorteil, den der Erlass des BGB mit sich brachte?

3) Was versteht man unter dispositivem Recht? Wie lautet der Gegenbegriff?

4) Was versteht man unter einer Generalklausel? Nennen Sie Beispiele!

5) Kennzeichen Sie mit einigen Stichworten die rechtspolitische Grundeinstellung des (ursprünglichen) BGB!

Lösungen

23 1) Vor Inkrafttreten des BGB galt in Deutschland **kein einheitliches Bürgerliches Recht** (Rechtszersplitterung). In Preußen galt das ALR, links des Rheins der Code civil, in Baden das Badische Landrecht (Übersetzung des Code civil), in Bayern der Codex Maximilianeus Bavaricus Civilis, in Sachsen das Sächsische Bürgerliche Gesetzbuch. In weiten Teilen, in denen kein besonderes Gesetz in Geltung war, kam das gemeine Recht, d. h. das rezipierte und weiterentwickelte römische Recht, zur Anwendung.

24 2) Der Hauptvorteil war die **Rechtseinheit** für das Deutsche Reich. Die Kodifikation brachte zugleich ein erhebliches Maß an **Rechtsklarheit** mit sich.

25 3) **Dispositives Recht** (ius dispositivum) bedeutet abdingbares, nachgiebiges Recht. Gemeint sind Rechtssätze, deren Anwendung durch Parteivereinbarung ausgeschlossen werden kann. Den Gegenbegriff bildet das **zwingende Recht** (ius cogens), bei dem eine Abbedingung ausgeschlossen ist. Dispositives Recht findet sich insbesondere im Schuldrecht (s. Rn. 18 sowie § 6 Rn. 10).

26 4) Eine Generalklausel ist durch **allgemeine, wertausfüllungsbedürftige Begriffe** gekennzeichnet. Beispiele bilden die §§ 138, 157, 242, 826 mit den darin enthaltenen Begriffen von Treu und Glauben, guten Sitten und Sittenwidrigkeit.

27 5) Kennzeichnend für das BGB ist zum einen die **bürgerlich-liberale Grundhaltung**. Sie zeigt sich in der zentralen Stellung der Privatautonomie und des privaten Eigentums. Die Betonung der Selbstverantwortung des Einzelnen wird vor allem im Schuldrecht deutlich, das (in seiner ursprünglichen Fassung) ganz auf den Vertrag als Mittel des Interessenausgleichs vertraut.

Eine **konservative Orientierung** trat vor allem im Ehe- und Familienrecht in Erscheinung, etwa in Form der Stellung des Ehemannes als Haupt der Familie.

Das BGB war insgesamt **kein Gesetz der sozialen Reform**. Diese sollte nach Ansicht der Verfasser des BGB, soweit erforderlich, besonderen Gesetzen vorbehalten bleiben.

§ 4 Die Entwicklung des deutschen Bürgerlichen Rechts seit Erlass des BGB und die zunehmende Europäisierung

I. Gesetzliche Änderungen

1. Weitreichender Wandel

Durch **zahlreiche Reformgesetze** sind seit dem Jahre 1900 alle Bücher des BGB erheblich verändert worden, wenn auch in unterschiedlichem Maß. Die Reformen erfolgten zum Teil durch neben dem BGB stehende Sondergesetze, wobei in neuerer Zeit ein klarer Trend erkennbar ist, diese Regelungen in das BGB zurückzuführen. 1

Besonders häufig wurde, dem gesellschaftlichen Wandel, aber auch den verfassungsrechtlichen Vorgaben durch das Grundgesetz Rechnung tragend, das **Familienrecht** reformiert. So waren es über mehrere Etappen hinweg wichtige Ziele der Gesetzgebung, die Gleichberechtigung von Frauen und Männern zu verwirklichen und die Diskriminierung nichtehelicher Kinder zu beseitigen. Das neue Rechtsinstitut der eingetragenen Lebenspartnerschaft (für Partner gleichen Geschlechts) findet man außerhalb des BGB im 2001 erlassenen Lebenspartnerschaftsgesetz. Weitergehend wurde 2017 durch Änderung des § 1353 Abs. 1 Satz 1 die **gleichgeschlechtliche Ehe** zugelassen (Gesetzentwurf BT-Drs. 18/6665, vom Bundestag am 30.6.2017, vom Bundesrat am 7.7.2017 beschlossen). 2

Ebenso hat das **Schuldrecht** tiefgreifende Wandlungen erfahren. Dabei wurde die Schutzfunktion des Privatrechts (als Schlagwort formuliert: der Schutz des Schwächeren) immer stärker betont. So ist z.B. das Mietrecht widerholt unter dem Gesichtspunkt des Mieterschutzes verändert worden. Besondere Bedeutung gewann in den letzten Jahrzehnten der **Verbraucherschutz**, etwa in Gestalt der neuen Bestimmungen über Allgemeine Geschäftsbedingungen, außerhalb von Geschäftsräumen geschlossene Verträge, Verbrauchsgüterkauf und Verbraucherkreditvertrag. Weite Teile des allgemeinen und des besonderen Schuldrechts erhielten durch die **große Schuldrechtsreform** des Jahres 2001 (s. Rn. 5) ein neues Gesicht. 3

Die anderen drei Bücher des BGB erwiesen sich als wesentlich zeitloser, waren aber ebenfalls Gegenstand zahlreicher gesetzlicher Änderungen. So wurde der **Allgemeine Teil** in jüngerer Zeit z.B. durch Einfügung der Definitionen des Verbrauchers (§ 13) und des Unternehmers (§ 14) (s. § 10 Rn. 29 ff.) sowie durch Schaffung der elektronischen Form (§ 126a) und der Textform (§ 126b) (s. § 16 4

Rn. 5ff.) weiter entwickelt. Das **Sachenrecht** wurde auf einem praktisch sehr wichtigen Gebiet durch das **Wohnungeigentumsgesetz** (1951) ergänzt. Das Erbrecht wurde vor allem im Zusammenhang mit den Reformen des Familienrechts geändert, so etwa im Bereich des Ehegattenerbrechts oder des Erbrechts des nicht aus einer Ehe stammenden Kindes.

2. Die große Schuldrechtsreform 2001 und die Neubekanntmachung des BGB

5 Das Gesetz zur Modernisierung des **Schuldrechts** vom 26. November 2001 (BGBl. I S. 3138), das am 1. Januar 2002 in Kraft getreten ist, ragt unter den vielen Änderungen, die das BGB in den über einhundert Jahren seiner bisherigen Geltung erfahren hat, nicht nur wegen der großen Anzahl neuer oder geänderter Vorschriften heraus, sondern auch, weil in grundlegenden systematischen Fragen, vor allem des Rechts der Leistungsstörungen und der Gewährleistung beim Kauf- und Werkvertrag, ein neuer Weg eingeschlagen wurde. Zugleich wurden eine Reihe von Sondergesetzen wie das Gesetz über Allgemeine Geschäftsbedingungen, das Haustürwiderrufsgesetz und das Verbraucherkreditgesetz in das BGB integriert.

6 Das BGB wurde auf der Grundlage des Schuldrechtsmodernisierungsgesetzes insgesamt **neu bekannt gemacht**,[1] wobei die einzelnen Vorschriften mit zum Gesetzestext gehörenden **Überschriften** versehen wurden.[2]

3. Neuere gesetzliche Reformen

7 Auch nach der Neubekanntmachung 2002 wurde das BGB durch zahlreiche neue Gesetze verändert. Schwerpunkte bildeten weiterhin das Familienrecht und das Verbraucherschutzrecht (meist im Kielwasser des Europäischen Rechts, näher s. Rn. 15ff.). Als Beispiel für die verstärkte Schutzfunktion des Privatrechts verdient Erwähnung, dass im Jahre 2012 mit dem **Behandlungsvertrag** (§ 630a bis 630h) ein neuer Vertragstyp in das Schuldrecht eingefügt wurde, bei dem die Rechte des Patienten im Vordergrund stehen.

8 Im **Allgemeinen Teil** wurden u.a. 2002 die Vorschriften über die rechtsfähige Stiftung des Privatrechts (§§ 80ff., dazu s. § 31 Rn. 53ff.) neu gestaltet. Neu eingefügt wurde im selben Jahr § 105a, der volljährigen geschäftsunfähigen Personen den Abschluss von Geschäften des täglichen Lebens ermöglicht (s. § 11 Rn. 19f.). Das Recht der Verjährung wurde 2009 stark verändert. Die Flut der Gesetze, die auch das BGB erfassen, hält auch in der Gegenwart an. So wurden 2017 u.a. die „Ehe für alle" (s. Rn. 2), das

1 Bekanntmachung vom 2. Januar 2002, BGBl. I, S. 42. – Das BGB ist m.E. nunmehr insgesamt als nachkonstitutionelles Recht anzusehen, näher s. § 11 Rn. 73 Fn. 55.

2 Solche offizielle Überschriften können für die Auslegung des Gesetzes eine Rolle spielen. Sie sind daran zu erkennen, dass sie – anders als inoffizielle, vom Herausgeber oder Verlag stammende Überschriften – nicht in eckigen Klammern stehen.

Verbot der Kinderehe (s. § 11 Rn. 8), das Hinterbliebenengeld (s. § 9 Rn. 10a) und das Beistandsrecht der Ehegatten in Angelegenheiten der Gesundheitssorge (s. § 23 Rn. 7a) gesetzlich geregelt.

II. Neuschöpfungen der Rechtspraxis

Die Rechtsfortbildung durch die Rechtsprechung und die Rechtswissenschaft hat gerade im Bürgerlichen Recht erhebliche Bedeutung. Es entstanden eine ganze Reihe von Rechtsfiguren, die im Text des BGB nicht zu finden waren. 9

Die schuldrechtlichen „Erfindungen" der **positiven Vertragsverletzung**, der **culpa in contrahendo**, des **Vertrags mit Schutzwirkung zugunsten Dritter** oder des **Wegfalls der Geschäftsgrundlage** wurden so selbstverständlich angewendet, als ob sie ausdrücklich im Gesetz stünden. Erst durch die große Schuldrechtsreform (2001) erhielten diese Institute auch eine (mehr oder weniger deutliche) Verankerung im Gesetzestext. Auch das Sachenrecht kennt solche Neuschöpfungen durch die Rechtsprechung, etwa das **Anwartschaftsrecht des Käufers** beim Kauf unter Eigentumsvorbehalt. Selbst dort, wo der Gesetzestext und die daraus zu entnehmende Lösung über lange Zeit für eindeutig gehalten wurden, ist eine Änderung durch die Rechtsprechung, regelmäßig vorbereitet durch die Diskussion in der Rechtswissenschaft, keineswegs ausgeschlossen. Als Beispiel sei die Anerkennung der **Rechts- und Parteifähigkeit einer BGB-Gesellschaft** durch den BGH genannt (s. § 31 Rn. 4). 10

Auslegung und Fortbildung des Bürgerlichen Rechts werden durch die Entwicklung der Technik, der wirtschaftlichen Gegebenheiten und der sozialen Verhältnisse entscheidend geprägt. Aber auch die Vorgaben des Grundgesetzes, vor allem die dort verankerten Grundrechte, üben wesentlichen Einfluss aus. So wurde etwa das **Allgemeine Persönlichkeitsrecht** (das bis heute im Gesetzestext nicht zu finden ist) vom BGH[3] nicht zuletzt im Blick auf Art. 1 und 2 GG geschaffen. 11

Die Rechtsprechung, besonders der obersten Gerichte, trägt zur Rechtsfortbildung so entscheidend bei, dass man geradezu vom **Richterrecht** als einer neben dem **Gesetzesrecht** und dem **Gewohnheitsrecht** stehenden Rechtsquelle sprechen darf. Freilich besitzen nur das Gesetzesrecht und das Gewohnheitsrecht verbindliche Geltung, während gerichtliche Entscheidungen, selbst solche des BGH,[4] keine über den Fall hinausreichende Bindungswirkung entfalten. Das ist aber ein eher theoretischer Unterschied – praktisch gilt eine ständige Rechtsprechung wie ein Gesetz. Zu den Grenzen der richterlichen Rechtsfortbildung s. § 5 Rn. 14b.

---

3 So bereits BGHZ 13, 334 = NJW 1954, 1404.

4 Anderes gilt für Entscheidungen des BVerfG, denen in den Fällen des § 31 Abs. 2 Sätze 1 u. 2 BVerfGG Gesetzeskraft zukommt.

III. Ein Rückblick: das Zivilrecht in der ehemaligen DDR

12 Auch als nach dem Ende des Zweiten Weltkriegs (1945) und der anschließenden Besatzungszeit zwei Staaten – die Bundesrepublik Deutschland und die Deutsche Demokratische Republik (DDR) – auf dem Gebiet Deutschlands entstanden waren, galt zunächst das BGB in beiden Teilen weiter. 1966 wurde in der DDR das Familienrecht durch das Familiengesetzbuch unter Aufhebung des 4. Buches des BGB neu geregelt. Erst verhältnismäßig spät, mit Wirkung ab 1. Januar 1976, löste das **Zivilgesetzbuch (ZGB)** der DDR das BGB völlig ab.

13 Die entscheidende Differenz zwischen der westdeutschen und der ostdeutschen Rechts- und Gesellschaftsordnung lag in der (längst vor der Schaffung des ZGB) radikal umgestalteten **Eigentumsordnung**. Getreu der marxistisch-leninistischen Theorie wurde in der DDR das Eigentum an den **Produktionsmitteln** im Wesentlichen vergesellschaftet, d.h. auf den **Staat** oder „volkseigene Betriebe" überführt. Das „persönliche Eigentum" war dagegen in der DDR grundsätzlich auf die Gegenstände des persönlichen Gebrauchs und Verbrauchs beschränkt. Das Bürgerliche Recht verlor auf diese Weise einen großen Teil der Bedeutung, die es – in Verbindung mit dem Handels- und Gesellschaftsrecht sowie dem Wirtschaftsrecht – in einem System der Marktwirtschaft hat.

14 Nach dem Zusammenbruch des sozialistischen Wirtschaftssystems und des Einparteienstaats war ein grundlegender Wandel unausweichlich. So wurde bei der Wiederherstellung der deutschen Einheit durch den **Einigungsvertrag** das ZGB der DDR mit Wirkung vom 3. 10. 1990 auch in den neuen Bundesländern durch das BGB (in der in der Bundesrepublik Deutschland zu diesem Zeitpunkt geltenden Fassung) abgelöst, Art. 230 EGBGB. Umfangreiche Übergangsregeln finden sich in den Art. 231ff. EGBGB.

IV. Der zunehmende Einfluss des Europäischen Rechts – das Europäische Privatrecht

1. Die Europäischen Rechtsnormen

15 Das Privatrecht allein unter dem Blickwinkel des nationalen, hier des deutschen Rechts zu betrachten, entspricht längst nicht mehr der Realität. Vielmehr hat das Recht der Europäischen Union (EU) immer größere Bedeutung gewonnen. Da die primäre Zielsetzung der EU darin besteht, einen einheitlichen Binnenmarkt zu schaffen, erfasst das europäische Recht in erster Linie das **Wirtschaftsrecht.**[5] Aber auch das Bürgerliche Recht als allgemeines Privatrecht wird, besonders mit dem Ziel des **Verbraucherschutzes,** in erheblichem Maß durch europäisches Recht gestaltet.[6]

---

5 Dazu umfassend Kilian/Wendt, Europäisches Wirtschaftsrecht, 5. Aufl. (2016).

6 Zum Einfluss des Europäischen Rechts auf das Allgemeine Privatrecht Kilian/Wendt (Fn. 5) Rn. 1136ff. Eine Zusammenstellung der einschlägigen Bestimmungen des Unionsrechts bieten Schulze/Zimmermann (Hrsg.), Europäisches Privatrecht, Basistexte, 5. Aufl. (2016).

Das europäische Recht wirkt in vielfältiger Form auf das nationale Recht ein. 16
Zunächst einmal ist der nationale Gesetzgeber an das **primäre Unionsrecht,** d.h. den Vertrag über die Europäische Union (EUV) und den Vertrag über die Arbeitsweise der Europäischen Union (AEUV), gebunden. Ein deutsches Gesetz darf z.B. nicht gegen die im EU-Vertrag garantierten Grundfreiheiten[7] (Warenverkehrsfreiheit, Dienstleistungsfreiheit, Niederlassungsfreiheit, Freizügigkeit, Kapital- und Zahlungsverkehrsfreiheit) verstoßen. In viele Einzelbereiche hinein greift das **sekundäre Unionsrecht,** das die von den Unionsorganen erlassenen Gesetzgebungsakte (so die zusammenfassende Bezeichnung der Verordnungen, Richtlinien und Beschlüsse in Art. 289 Abs. 3 AEUV) umfasst. Diese Rechtsakte kommen in der Regel im ordentlichen Gesetzgebungsverfahren zustande, d.h. durch gemeinsame Annahme durch das Europäische Parlament und den Rat auf Vorschlag der Kommission (Art. 289 Abs. 1 AEUV).

Dabei ist hinsichtlich der Wirkung vor allem zwischen Verordnungen und 17
Richtlinien zu unterscheiden. **Europäische Verordnungen**[8] haben **unmittelbare Geltung** in den Mitgliedstaaten der EU (Art. 288 Abs. 2 AEUV). Sie entsprechen also in der Wirkungsweise einem Gesetz. **Europäische Richtlinien**[9] verpflichten dagegen die Mitgliedstaaten, die darin enthaltenen Vorgaben in das innerstaatliche Recht zu übernehmen (Art. 288 Abs. 3 AEUV). In der Regel geschieht diese Umsetzung durch einen Akt der nationalen Gesetzgebung, in Deutschland also durch den Erlass eines Bundesgesetzes. Viele Richtlinien, gerade auf dem Gebiet des Privatrechts, gehen sehr ins Detail und lassen den Mitgliedstaaten bei der Umsetzung nur noch geringen inhaltlichen Spielraum.

2. Der Einfluss des Europäischen Rechts auf das deutsche Bürgerliche Recht

Zahlreiche neuere deutsche Gesetzgebungsakte auf dem Gebiet des Bürger- 18
lichen Rechts dienen der **Umsetzung von europäischen Richtlinien**. Auch die große Schuldrechtsreform 2001 (s. Rn. 5f.) und das Allgemeine Gleichbehandlungsgesetz 2006 (s. §6 Rn. 3ff.) wurden zu einem guten Teil durch europäische Richtlinien motiviert. Während die Umsetzung zunächst meistens in der Gestalt besonderer Gesetze erfolgte (so weiterhin durch das Produkthaftungsgesetz), bemühte sich der Gesetzgeber später verstärkt um Integration in das BGB. Das hat freilich Licht- und Schattenseiten. So machte die am 11. 6. 2010

---

7 Dazu Kilian/Wendt (Fn. 5) Rn. 228ff.; Haratsch/Koenig/Pechstein, Europarecht, 10. Aufl. (2016) Rn. 823ff.; Herdegen, Europarecht, 18. Aufl., (2016) §14.

8 Dazu Haratsch/Koenig/Pechstein (Fn. 7) Rn. 380f.; Kilian/Wendt (Fn. 5) Rn. 107; Herdegen (Fn. 7) §8 Rn. 40.

9 Dazu Haratsch/Koenig/Pechstein (Fn. 7) Rn. 382ff.; Kilian/Wendt (Fn. 5) Rn. 108ff.; Herdegen (Fn. 7) §8 Rn. 41ff.

in Kraft getretene Umsetzung[10] der Verbraucherkreditrichtlinie[11] und der Zahlungsdiensterichtlinie[12] eine Fülle neuer Bestimmungen erforderlich, wobei die das gesamte Alphabet ausschöpfende Paragraphenzählung von § 675a bis § 675z einen neuen Rekord darstellen dürfte! Zu einer weiteren Aufblähung des Normenbestands im BGB und im EGBGB führte die Umsetzung der Verbraucherrechte-Richtlinie, s. Rn. 19.

19 Dem Verbraucherschutz (auf dem Gebiet des Warenkaufs und der Dienstleistungen) dient eine ganze Reihe von Richtlinien, was zu einer starken Rechtszersplitterung führt. Immerhin wurden die Haustürgeschäftsrichtlinie und die Fernabsatzrichtlinie später durch die zusammenfassende **Verbraucherrechte-Richtlinie**[13] ersetzt. Darin ist, ebenso wie bereits in der Verbraucherkreditrichtlinie (s. Rn. 18), an die Stelle des bisherigen Mindestharmonisierungskonzepts (die Mitgliedstaaten mussten die verbraucherschützenden Vorgaben des Europäischen Rechts übernehmen, konnten aber für den Verbraucher günstigere Normen erlassen, also ein höheres Niveau des Verbraucherschutzes realisieren) eine **Vollharmonisierung** getreten (Art. 4 Verbraucherrechte-Richtlinie). Danach dürfen die Mitgliedstaaten keine von der Richtlinie abweichenden Rechtsvorschriften beibehalten oder einführen, soweit die Richtlinie nichts anderes bestimmt. Die Verbraucherrechte-Richtlinie gilt für Verträge, die nach dem 14. Juni 2014 geschlossen wurden. Die Umsetzung in das deutsche Recht[14] führte zu erheblichen Änderungen im BGB, u. a. zum Widerrufsrecht des Verbrauchers, s. § 13 Rn. 5 ff.

19a Die Umsetzung der **Wohnimmobilienkreditrichtlinie**[15] brachte zahlreiche neue Vorschriften, vor allem zu den Verbraucherdarlehensverträgen (§§ 491 ff.),[16] Hervorzuheben ist die Einführung einer zivilrechtlichen Pflicht des Kreditinstituts zur Prüfung der Kreditwürdigkeit des Darlehensnehmers (§§ 505a ff.). Ein Verstoß gegen diese Pflicht führt nicht zur Nichtigkeit des gleichwohl abgeschlossenen Kreditvertrags (kein gesetzliches Verbot iSv § 134), sondern zu den Rechtsfolgen des § 505d (Zinsermäßigung, Recht des Darlehensnehmers zur fristlosen Kündigung des Vertrags).

---

10 Durch das Gesetz zur Umsetzung der Verbraucherkreditrichtlinie und des zivilrechtlichen Teils der Zahlungsdiensterichtlinie sowie zur Neuordnung der Vorschriften über das Widerrufs- und Rückgaberecht vom 29. 7. 2009, BGBl. I S. 2355.

11 Richtlinie 2008/48/EG des Europäischen Parlaments und des Rates vom 23. 4. 2008 über Verbraucherkreditverträge.

12 Richtlinie 2007/64/EG des Europäischen Parlaments und des Rates vom 13. 11. 2007 über Zahlungsdienste im Binnenmarkt.

13 Richtlinie 2011/83/EU des Europäischen Parlaments und des Rates vom 25. Oktober 2011 über die Rechte der Verbraucher (usw.). Die weitergehenden Pläne zur Zusammenfassung der verbraucherschützenden Richtlinien wurden nicht verwirklicht.

14 Durch das Gesetz zur Umsetzung der Verbraucherrechterichtlinie und zur Änderung des Gesetzes zur Regelung der Wohnungsvermittlung vom 20.9.2013, BGBl. I S. 3642.

15 Richtlinie 2014/17/EU des Europäischen Parlaments und des Rates vom 4. Februar 2014 über Wohnimmobilienkreditverträge für Verbraucher (usw.); Gesetz zur Umsetzung der Wohnimmobilienkreditrichtlinie und zur Änderung handelsrechtlicher Vorschriften vom 11. März 2016, BGBl. I S. 396. Änderungen des Umsetzungsrechts s. BGBl. I 2017, S. 1495; dazu Omlor NJW 2017, 1633.

16 Dazu Buck-Heeb NJW 2016, 2065.

3. Der Geltungsvorrang des Europäischen Rechts, die Auslegungskompetenz des Europäischen Gerichtshofs und die unionsrechtskonforme Auslegung

Das Europäische Recht hat vorrangige Geltung gegenüber dem nationalen Recht. Vorschriften des nationalen Rechts, die dem primären Unionsrecht oder europäischen Verordnungen widersprechen, dürfen nicht angewendet werden.[17] Über die Auslegung des europäischen Rechts hat in oberster Instanz der **Gerichtshof der Europäischen Union** in Luxemburg (EuGH) zu entscheiden. Bekommt es der BGH mit einer noch ungeklärten Auslegungsfrage zu tun, so hat er im Wege eines **Vorabentscheidungsverfahrens** den EuGH anzurufen (Art. 267 AEUV). Gerichte der unteren Instanzen sind ebenfalls zur Vorlage berechtigt, aber (anders als die letztinstanzlichen Gerichte) nicht dazu verpflichtet.[18] Jedoch besteht auch für die Instanzgerichte eine Vorlagepflicht, wenn sie Vorschriften des Unionsrechts für ungültig halten.[19] 20

Um den Geltungsvorrang des Europäischen Rechts zu wahren, sind nationale Gesetze im Zweifel so auszulegen, dass sie mit dem Europäischen Recht übereinstimmen. Dieser allgemeine Grundsatz der **unionsrechtskonformen Auslegung** spielt bei denjenigen Gesetzen, die zur Umsetzung einer europäischen Richtlinie ergangen sind, in Gestalt der **richtlinienkonformen Auslegung** eine besonders große Rolle.[20] Ebenso gilt der Grundsatz der richtlinienkonformen Auslegung, wenn eine Richtlinie nicht rechtzeitig in nationales Recht umgesetzt wurde; das innerstaatliche Recht muss dann soweit wie möglich so ausgelegt werden, dass der Zweck der Richtlinie erreicht wird.[21] Mittelbar kann sich aus Zweifeln über die Auslegung des deutschen Rechts auch Anlass zur **Anrufung des EuGH** ergeben. Denn aufgrund des Grundsatzes der richtlinienkonformen Auslegung hängt die richtige Auslegung des deutschen Gesetzes nicht selten von der Auslegung der Richtlinie ab. 21

Die Grenzen der richtlinienkonformen Auslegung wurden durch die neuere Rechtsprechung des BGH stark erweitert. Wurde zuvor betont, die richtlinienkonforme Auslegung dürfe nicht contra legem, also entgegen dem Wortlaut des Gesetzes und dem klaren Willen des Gesetzgebers erfolgen,[22] so hält der BGH[23] nunmehr eine **richtlinienkonforme Rechtsfortbildung** im Wege der teleologischen Reduktion dann für zulässig und geboten, wenn der deutsche Gesetz- 22

---

17 EuGH NJW 2010, 427 Rn. 54.
18 EuGH NJW 2010, 427 Rn. 52ff.
19 EuGH NJW 2006, 351.
20 Dazu EuGH NJW 2010, 427 Rn. 48.
21 EuGH NJW 2006, 2465.
22 EuGH NJW 2006, 2465 Rn. 110; BGH NJW 2006, 2465 Rn. 12 u. 15; übereinstimmend BVerfG NJW 2012, 669 Rn. 56.
23 BGH NJW 2009, 427 im Anschluss an EuGH NJW 2008, 1433. – Neues Beispiel für die große Reichweite der richtlinienkonformen Auslegung: BGH NJW 2017, 1093 (Aufgabe der bisherigen Auslegung des § 476 BGB wegen EuGH NJW 2015, 2237).

geber zwar einerseits eindeutige Bestimmungen schuf, aber andererseits ausdrücklich die Absicht bekundete, damit eine richtlinienkonforme Regelung zu treffen, während sich danach (insbesondere aufgrund einer Entscheidung des EuGH im Vorlageverfahren) herausstellte, dass die getroffene Regelung nicht europarechtskonform ist.

4. Zur künftigen Entwicklung

23 Schon seit geraumer Zeit hat es sich aufgrund der großen Bedeutung des EU-Rechts eingebürgert, zusammenfassend von **Europäischem Privatrecht** zu sprechen. Jedoch handelt es sich bisher um eine zwar insgesamt umfangreiche, aber jeweils lediglich punktuelle, auf bestimmte Einzelgebiete bezogene europäische Rechtssetzung, während es im Übrigen bei der Geltung der unterschiedlichen nationalen Zivilgesetzbücher (des deutschen BGB, des französischen code civil, des italienischen codice civile, des niederländischen Nieuw Burgerlijk Wetboek usw.) verbleibt. Die Bestrebungen, das Privatrecht auf europäischer Ebene umfassend, also in Form einer Kodifikation („Europäisches Zivilgesetzbuch"), zu vereinheitlichen, haben in den letzten Jahren einen Dämpfer erfahren. Selbst eine Vereinheitlichung des gesamten Vertragsrechts[24] (Obligationenrechts) ist in unmittelbarer Zukunft nicht zu erwarten. Um der gegenwärtigen Zersplitterung der europäischen Gesetzgebungsakte entgegenzuwirken, wurde es immerhin unternommen, einen „Gemeinsamen Referenzrahmen" (Common Frame of Reference = CFR) für das Vertragsrecht zu erarbeiten, der übergreifende Definitionen und Prinzipien enthalten soll. Ein sehr umfangreicher wissenschaftlicher Entwurf hierfür (Draft Common Frame of Reference = DCFR)[25] liegt bereits vor.

24 Auf der Grundlage dieser Arbeiten konzentrierte man sich dann auf die Entwicklung eines optionalen europäischen Kaufrechts für grenzüberschreitende Verträge. Die Europäische Kommission legte 2011 einen Vorschlag zur Schaffung eines **Gemeinsamen Europäischen Kaufrechts** (abgekürzt GEK oder CESL – Common European Sales Law) vor.[26] Dieses Recht sollte nicht die mitgliedstaatlichen Gesetze (in Deutschland das Kaufrecht nach dem BGB) erset-

---

24 Von verschiedenen Forschergruppen wurden bereits bemerkenswerte Entwürfe vorgelegt, die veranschaulichen, wie eine Vereinheitlichung etwa auf dem Gebiet des Vertragsrechts aussehen könnte. S. die Grundregeln des Europäischen Vertragsrechts der sog. Lando-Kommission, aber auch die Grundregeln der internationalen Handelsverträge (Unidroit-Prinzipien), beide (ebenso wie weitere Entwürfe) abgedruckt bei Schulze/Zimmermann (Fn. 6), Teil III.

25 von Bar/Clive, Principles, Definitions and Model Rules of European Private Law, Draft Common Frame of Reference (DCFR), Full Edition, Vol. 1–6 (2009).

26 Vorschlag für eine Verordnung des Europäischen Parlaments und des Rates über ein Gemeinsames Europäisches Kaufrecht, vom 11. 10. 2011, KOM(2011) 635 endgültig. Zum Inhalt Staudenmayer NJW 2011, 3491.

zen, sondern als zweite (fakultative) Vertragsrechtsregelung hinzutreten, die von den Vertragsparteien gewählt werden kann.

Dieses viel diskutierte[27] Projekt ist jedoch am Widerstand vieler Mitglied- 25
staaten gescheitert. Die Kommission hat nunmehr zwei Richtlinien vorgeschlagen, die im Inhalt erheblich eingeschränkt sind, aber nicht nur wahlweise, sondern zwingend gelten sollen. Die Richtlinie über den **Online-Warenhandel**[28] soll sowohl den Online-Handel als auch sonstige Wege des Fernabsatzes (etwa per Post oder Telefon) erfassen und nicht auf grenzüberschreitende Verträge beschränkt sein. Sie soll nur für Verträge zwischen Unternehmern und Verbrauchern gelten und sich auf Regeln über die Gewährleistungsrechte bei Sach- oder Rechtsmängeln beschränken. Der zweite Richtlinienvorschlag[29] betrifft Verträge zwischen Unternehmern und Verbrauchern über die **Bereitstellung digitaler Inhalte** (Video- und Audiodateien, Software, Cloud-Dienste usw.). Diese Richtlinie ist nicht auf Verträge im Fernabsatz beschränkt. Sie konzentriert sich ebenfalls auf die Rechtsfolgen vertragswidriger Leistungen. Ob diese Vorschläge in einer Zeit verbreiteter Europa-Skepsis Anklang finden werden, erscheint offen.[30]

V. Digitalisierung und BGB

Zunehmend wird darüber diskutiert, ob die alle Lebensbereiche erfassende Di- 26
gitalisierung Anlass zu einer Modernisierung des BGB gibt. So befasste sich der 71. Deutsche Juristentag in Essen 2016 mit dem Thema: „Digitale Wirtschaft – Analoges Recht: Braucht das BGB ein Update?“.[31] Erörtert wurden vor allem schuldrechtliche Fragen. etwa (parallel zu den oben erwähnten unionsrechtlichen Vorschlägen) ob es geboten ist, neue Vertragstypen über die Bereitstellung von digitalen Inhalten zu schaffen, und unter welchen Voraussetzungen durch die Inanspruchnahme von unentgeltlichen Leistungen im Internet ein Schuldverhältnis entsteht. Fragen des Allgemeinen Teils spielten nur am Rande

27 Z. B. Eidenmüller/Jansen/Kieninger/Wagner/Zimmermann JZ 2012, 269; Referate von Stadler, Grundmann, Zöchling-Jud, Looschelders und Lorenz auf der Sondertagung der Zivilrechtslehrervereinigung im April 2012, veröffentlicht in AcP Bd. 212 (2012 – Sonderheft), 467 ff.

28 Vorschlag für eine Richtlinie des Europäischen Parlaments und des Rates über bestimmte vertragsrechtliche Aspekte des Online-Warenhandels und andere Formen des Fernabsatzes von Waren vom 9.12.2015, KOM (2015) 635 endg.

29 Vorschlag für eine Richtlinie des Europäischen Parlaments und des Rates über bestimmte vertragsrechtliche Aspekte der Bereitstellung digitaler Inhalte vom 9.12.2015, KOM (2015) 634 endg.

30 Kritisch Ostendorf ZRP 2016, 69; teils auch Maultzsch JZ 2016, 236; positiv bewertend Wendland EuZW 2016, 126.

31 S. Faust, Gutachten zum oben genannten Thema, Verhandlungen des 71. Deutschen Juristentags, Bd. I, Gutachten (2016), Teil A.

herein. So wurde im Rahmen der Frage nach dem Rechtsschutz von Daten auch über deren Rechtsnatur diskutiert. Erörtert würde auch die Auswirkung der Minderjährigkeit auf Verträge über digitale Inhalte samt Einwilligung in die Nutzung von Daten. Die allgemeine Diskussion greift wesentlich weiter aus[32] und reicht bis zu Überlegungen, autonomen Maschinen (Robotern) die Rechtsfähigkeit einzuräumen. Auf einige dieser Fragen wird in diesem Buch im konkreten Sachzusammenhang eingegangen, s. zur Abgabe von Willenserklärungen durch Roboter und zur Rechtsfähigkeit § 10 Rn. 21a; zur datenschutzrechtlichen Einwilligung Minderjähriger § 11 Rn. 11d; zum Bindungswillen bei Internetnutzung § 10 Rn. 11b; zum Sachbegriff im Hinblick auf Daten § 38 Rn. 2b.

32 Einen Überblick bietet Wendehorst, Die Digitalisierung und das BGB, NJW 2016, 2609.

§5 Methodische Hinweise zur Anwendung des Gesetzes

I. Ziel der Gesetzesanwendung

Um zu beurteilen, welche Rechtsfolgen gelten oder auch nicht gelten sollen, 1
müssen die Bestimmungen des Gesetzes, hier des BGB, auf den konkreten Fall angewendet werden. Das ist notwendig, wenn bereits ein Konflikt (ein Streitfall) eingetreten ist, über den ein Gericht zu entscheiden hat. Aber auch schon beim Abschluss eines Vertrages ist es oft erforderlich, das Gesetz anzuwenden, um zu beurteilen, ob der beabsichtigte Vertrag rechtswirksam sein wird und ob seine Rechtsfolgen den von den Vertragsparteien angestrebten Zielen gerecht werden. Die **Anwendung des Gesetzes auf konkrete Lebenssachverhalte** ist mit anderen Worten die alltägliche Aufgabe der Juristen. Zur Methode der Gesetzesanwendung werden im Folgenden einige erste Hinweise gegeben; hinsichtlich aller Einzelheiten ist auf die Lehrbücher der Methodenlehre zu verweisen. – Hinweise zur Bearbeitung von Fällen finden sich gegen Ende dieses Buches (§39).

II. Subsumtion

Auf den ersten Blick erscheint die Sache recht einfach. Man vergleicht den Le- 2
benssachverhalt mit der gesetzlichen Vorschrift und stellt fest, ob deren Voraussetzungen erfüllt sind, um dann, je nach Ergebnis, die Rechtsfolgen der Norm bejahen oder verneinen zu können. Dieser Vorgang der Zuordnung des konkreten Geschehens zu den Voraussetzungen der Rechtsvorschrift wird als **Subsumtion** bezeichnet. Nicht selten ergeben sich aber Zweifel darüber, ob die konkreten Tatsachen wirklich von der Vorschrift, wie sie der Gesetzgeber formuliert hat, erfasst werden. Dann erweist es sich als erforderlich, das Gesetz auszulegen.

III. Auslegung des Gesetzes

1. Notwendigkeit

Der Zweck der Gesetzesauslegung ist es, den **rechtlich maßgeblichen Sinn** ei- 3
ner Vorschrift zu bestimmen. Natürlich sollte der Gesetzgeber bemüht sein, sich so klar wie möglich auszudrücken, damit Zweifel über den Sinn des Ge-

setzes gar nicht erst auftreten. Das gelingt aber keineswegs immer, schon weil den an der Schaffung von Gesetzen Beteiligten auch zweifelhafte oder widersprüchliche Formulierungen unterlaufen. Vor allem aber kann man bei Erlass eines Gesetzes oft nicht voraussehen, welche Sachverhalte später einmal auftreten und die Frage nach der Anwendbarkeit einer Norm aufwerfen werden. Man vergegenwärtige sich nur, welche technischen und wirtschaftlichen Veränderungen seit dem Inkrafttreten des BGB am 1. 1. 1900 eingetreten sind! So ist die Auslegung der Gesetze eine ständige Aufgabe, um die Rechtsordnung wirksam zu erhalten.

4 Die Auslegung des Gesetzes ist von der **Auslegung von Rechtsgeschäften**, insbesondere von Verträgen, zu unterscheiden. Auch dort geht es um die Ermittlung des maßgeblichen Sinnes, jedoch bezogen auf die Willenserklärungen der Parteien. Dazu, auch zu den Auslegungsregeln der § 133 und § 157, s. ausführlich unten § 15.

2. Auslegungsmethoden

5 Das BGB äußert sich nicht zur Methode der Gesetzesauslegung. Bei der Suche nach dem maßgeblichen Sinn einer Vorschrift sind recht unterschiedliche Gesichtspunkte zu berücksichtigen, deren Gewicht nicht im Voraus festgelegt werden kann. Das Auslegungsergebnis geht auf einen **wertenden Vorgang** zurück, der dem Auslegenden einen gewissen Spielraum lässt. So ist die Fülle der verschiedenen Ansichten über die Auslegung des BGB zu erklären, von denen die umfangreichen Kommentare zum BGB ein beredtes Zeugnis ablegen. Die bei der Auslegung zu beachtenden Umstände lassen sich immerhin unter bestimmten Aspekten zusammenfassen und zugleich auch transparent machen. Im Allgemeinen werden die folgenden Auslegungsmethoden unterschieden.

a) Grammatische Auslegung

6 Dabei geht es um die Bedeutung auf rein sprachlicher Ebene, also vor allem um den vom Wortlaut und von der Satzkonstruktion her möglichen und vielfach auch nahe liegenden Sinn einer gesetzlichen Formulierung.

b) Systematische Auslegung

7 Schon die Stellung einer Vorschrift im (äußeren) System des Gesetzes kann wichtige Anhaltspunkte für das richtige Verständnis liefern. Ob sich also beispielsweise eine Norm im Allgemeinen Teil, im Schuldrecht oder im Sachenrecht befindet, kann ebenso Bedeutung gewinnen wie die Nähe zu anderen Vorschriften, die etwa zusammen mit der auszulegenden Norm ein bestimmtes Rechtsinstitut (z.B. die Haftung für vertragliche Pflichtverletzungen) regeln.

Vor allem aber geht es bei der systematischen Auslegung darum, die konkrete Auslegungsfrage in eine sinnvolle und widerspruchsfreie Beziehung zum sonstigen (anerkannten) Inhalt der Rechtsnormen und der Rechtsprinzipien (dem „inneren System“) zu setzen.

c) Historische Auslegung

Stets ist von Interesse, wie der Gesetzgeber selbst, genauer die im Rahmen des 8
Gesetzgebungsverfahrens beteiligten Personen, die Vorschrift verstanden und welche Ziele sie damit verbunden haben. Um dies zu klären, ist auf die **Gesetzesmaterialien**, also die Begründung des Gesetzentwurfs, die Protokolle über parlamentarische Beratungen u.ä., zurückzugreifen. Zu den Materialien zum BGB s. §2 Rn. 15. Auf den ersten Blick erscheint es selbstverständlich, dass der **Wille des Gesetzgebers** für die Auslegung zentrale Bedeutung besitzt. Andererseits muss man sich vergegenwärtigen, dass es „den Gesetzgeber“ als Person nicht gibt und zwischen den Vorstellungen der im Einzelnen an der Gesetzgebung beteiligten Personen durchaus Unterschiede bestehen können. So ist es verständlich, dass man immer auch prüfen muss, ob der entsprechende Wille im Gesetz zum Ausdruck gekommen ist. Im Übrigen gewinnt eine stärker objektivierte, d.h. den subjektiven Willen in den Hintergrund drängende Auslegung um so mehr an Bedeutung, als der Gesetzgebungsakt zeitlich zurückliegt. Es ist dann bei der Auslegung auch den veränderten Umständen, sei es innerhalb der Rechtsordnung, im wirtschaftlichen und technischen Umfeld oder in den gesellschaftlichen Wertvorstellungen, Rechnung zu tragen.

d) Teleologische Auslegung

Die teleologische Auslegung fragt nach dem Zweck (griechisch *telos*) einer Vor- 9
schrift (dem Gesetzeszweck, lateinisch *ratio legis*) und legt sie so aus, dass sie diesem Zweck in bestmöglicher Weise gerecht wird. Da es im Privatrecht um die Interessen der beteiligten Personen geht, ist zugleich nach der typischen Interessenlage zu fragen. Soweit ein Widerspruch zwischen dem, was sich aus den anderen Auslegungsmethoden ergeben würde, und der teleologischen Auslegung eintreten würde, verdient die teleologische Auslegung den Vorrang. Oft ist es aber so, dass der Zweck einer Vorschrift seinerseits erst ermittelt werden muss, und zwar mit den Mitteln der grammatikalischen, systematischen und historischen Auslegung. So gesehen haben diese anderen Auslegungsmethoden eine Hilfsfunktion, um überhaupt erst eine teleologische Auslegung vornehmen zu können. Im Übrigen hat auch die teleologische Auslegung dort ihre Grenze, wo der mögliche Wortsinn einer Bestimmung auch bei weitester Erstreckung das fragliche Auslegungsergebnis nicht mehr abdeckt. Dann kommt immer noch eine analoge Anwendung in Betracht, s. Rn. 12ff.

e) Verfassungskonforme und unionsrechtskonforme Auslegung

10 Der starke Einfluss des **Grundgesetzes** auf das Privatrecht (s. § 1 Rn. 5 ff.) wird auch bei der Auslegung erkennbar. Wenn das Gesetz verschiedene Auslegungen zulässt,[1] von denen eine der Verfassung widerspricht, während die andere den verfassungsrechtlichen Anforderungen gerecht wird, so ist diese zweite Auslegung zu wählen. Die verfassungskonforme Auslegung ist auch deshalb gerechtfertigt, weil man von einem Willen des Gesetzgebers ausgehen darf, wonach die Vorschriften so zu verstehen sind, dass sie mit den Vorgaben des Grundgesetzes übereinstimmen.

11 Eine Normenhierarchie, d.h. Vorschriften, die dem (nationalen) Gesetz übergeordnet sind, findet man auch im Bereich des **Europäischen Rechts** (Unionsrechts), s. § 1 Rn. 4 u. § 4 Rn. 15 ff. Auch hier ist der Wille des nationalen Gesetzgebers zu unterstellen, mit seinem Gesetzgebungsakt den verbindlichen Vorgaben des Europäischen Rechts zu entsprechen. Daher ist das deutsche Recht im Zweifel so auszulegen, dass es mit dem vorrangigen Recht der Europäischen Union übereinstimmt. Dieser Grundsatz der **unionsrechtsfreundlichen Auslegung** ist in der Ausprägung als **richtlinienkonforme Auslegung und Rechtsfortbildung** besonders zu beachten, wenn das nationale Recht der Umsetzung europäischer Richtlinien dient. Näher s. § 4 Rn. 21 f.

IV. Analoge Anwendung gesetzlicher Vorschriften; gesetzesübersteigende Rechtsfortbildung

12 Schon die Auslegung gewährt dem Rechtsanwender einen erheblichen Spielraum. Sie kann den Anwendungsbereich gegenüber dem, was sich auf den ersten Blick aus dem Text der Vorschrift erschließt, sowohl einschränken (**restriktive Auslegung**) als auch ausdehnen (**extensive Auslegung**). Eine Grenze ist aber erreicht, wenn man eine Vorschrift auch auf Sachverhalte anwenden will, die beim besten Willen nicht mehr unter den Wortlaut des Gesetzes gebracht werden können. Dann ist aber im Privatrecht (anders als im Strafrecht, das in erheblichem Umfang ein Analogieverbot kennt!) immer noch die **analoge** (= entsprechende[2]) **Anwendung** denkbar. Sie kommt vor allem dann in Betracht, wenn es um Sachverhalte geht, die der Gesetzgeber noch nicht kennen konnte, weil sie erst aufgrund einer späteren Entwicklung eingetreten sind. Vom Gesetzgeber des Jahres 1900 kann man keine Regeln über Computer-

1 Die verfassungskonforme Auslegung darf nicht mit dem Wortlaut und dem klar erkennbaren Willen des Gesetzgebers in Widerspruch treten. Zusammenfassend zu den Grenzen der verfassungskonformen Auslegung BGH NJW 2005, 1508, 1510.

2 Damit nicht zu verwechseln sind die Fälle, in denen das Gesetz selbst (im Interesse der Abkürzung) eine entsprechende Anwendung bestimmter Vorschriften anordnet (z.B. in § 86 Satz 1 oder in § 124 Abs. 2 Satz 2).

programme oder Internet-Adressen erwarten! Man darf sich aber, wenn man in solchen Fällen eine Vorschrift analog auf einen anderen Sachverhalt anwendet, nicht in Widerspruch mit dem Willen des Gesetzgebers setzen, sondern diesen lediglich im Hinblick auf den neuartigen Anwendungsfall weiterentwickeln.

Voraussetzung einer analogen Anwendung ist daher immer zweierlei: 13

- es muss eine **Lücke im Gesetz**, genauer eine planwidrige Unvollständigkeit der gesetzlichen Regelung, vorliegen;
- der zu entscheidende Fall muss nach der **Interessenlage** mit dem gesetzlich geregelten Fall hinreichend **vergleichbar** sein.

Die erstgenannte Voraussetzung (planwidrige Regelungslücke) sollte nicht übersehen werden; man darf in Falllösungen nicht zu schnell mit einer Analogie zur Hand sein. Wenn etwa das BGB eine bestimmte Vorschrift zwar für die Ehe bereit hält, nicht aber für den Fall eines unverheirateten Zusammenlebens von Personen verschiedenen Geschlechts (nichteheliche Lebensgemeinschaft), so kann man von einer unbeabsichtigten Unvollständigkeit in aller Regel nicht sprechen, sondern eher davon, dass der moderne Gesetzgeber in Kenntnis der Verbreitung unverheirateten Zusammenlebens bewusst von einer Gleichstellung mit der Ehe abgesehen hat.[3]

Die **Abgrenzung** zwischen ausdehnender Auslegung und Analogie ist oft unscharf. So wird man die Anwendung des §12 (Namensschutz) auf die Firma als Handelsnamen des Kaufmanns noch als Auslegung, die Anwendung auf ein Wappen aber wohl schon als Analogie anzusehen haben (s. dazu §33 Rn. 12ff.). Zu weiteren Beispielen einer Analogie s. §11 Rn. 63 (§§108, 109 bei einseitigen Rechtsgeschäften) oder §32 Rn. 3 (Anwendung von Vorschriften über den eingetragenen Verein auf den nicht eingetragenen Verein). Werden durch Analogie gewonnene Rechtssätze allgemein anerkannt und ständig beachtet, so werden sie zu **Gewohnheitsrecht.** Dies wird man etwa bei der Lehre von der Anscheinsvollmacht (s. §24 Rn. 36) annehmen können. 14

Über die Analogie, die sich am Plan des Gesetzes orientiert, hinausgehend, kommt unter besonderen Umständen eine **gesetzesübersteigende Rechtsfortbildung** in Betracht, wenn sich die aus dem Gesetz zu entnehmende rechtliche Regelung im Hinblick auf die Verfassung, insbesondere die Grundrechte, oder auf unabweisbare Bedürfnisse des Rechtsverkehrs als unzureichend erweist.[4] 14a

Bei der Rechtsfortbildung durch analoge Anwendung gesetzlicher Normen oder sogar durch gesetzesübersteigende Rechtsfortbildung haben die Gerichte die Grundsätze der **Gewaltenteilung** (Art. 20 Abs. 2 GG) und der **Bindung an Gesetz und Recht** (Art. 20 Abs. 3 GG) zu beachten. Der Richter darf sich, wie das BVerfG formuliert, nicht dem vom Gesetzgeber festgelegten Sinn und Zweck des Gesetzes entziehen[5] und nicht seine eigene materielle Gerechtig- 14b

3 So lehnt z.B. BGH NJW 2007, 992 eine analoge Anwendung des §1362 (Eigentumsvermutung) auf die nichteheliche Lebensgemeinschaft mangels planwidriger Regelungslücke ab.
4 Zusammenfassend BGH NJW 2007, 992, 994.
5 BVerfG NJW 2011, 836, 838 Rn. 53.

keitsvorstellung an die Stelle derjenigen des Gesetzgebers setzen.[6] Die richtige Begrenzen der richterlichen Rechtsfortbildung ist immer wieder Gegenstand der Diskussion.[7]

V. Umkehrschluss

15 Der Analogie pflegt man als Gegenstück den Umkehrschluss (lateinisch: argumentum e contrario) gegenüber zu stellen. Hier zieht man aus dem Umstand, dass der Gesetzgeber eine bestimmte Sachlage in einer Vorschrift nicht erwähnt hat, gerade umgekehrt den Schluss, dass die jeweilige Rechtsfolge für diesen Fall nicht gewollt war. Das kann man sogar als den Regelfall ansehen, denn im Grunde sind die Tatbestände der einzelnen Vorschriften zunächst einmal so gemeint, dass die Rechtsfolge jeweils *nur* dann eintreten soll, wenn gerade der umschriebene Sachverhalt verwirklicht ist.

VI. Teleologische Reduktion

16 Eine erwähnenswerte Figur der Methodenlehre ist schließlich noch die teleologische Reduktion. Hier geht es um Sachverhalte, die vom Wortlaut einer Vorschrift recht eindeutig erfasst werden (so dass man sie auch nicht mit einer restriktiven Auslegung aus dem Anwendungsbereich entfernen kann), deren Einbeziehung in den Bereich der Norm jedoch in Widerspruch zum Zweck der Bestimmung geraten würde. So wie bei einer Analogie die Norm auf einen an sich nicht von ihr erfassten Fall übertragen wird, nimmt man sich bei einer teleologischen Reduktion umgekehrt die Freiheit, der Vorschrift einen engeren Bereich zuzuweisen als es dem insoweit misslungenen Wortlaut entspricht. Als Beispiel sei auf § 27 Rn. 9 (Verbot des Insichgeschäfts nach § 181 gilt nicht für Geschäfte, die für den Vertretenen lediglich rechtlich vorteilhaft sind) hingewiesen.

17 Auch bei der teleologischen Reduktion muss der Richter die aus dem Grundsatz der Gewaltenteilung und der Bindung an das Gesetz folgenden **Grenzen der Rechtsfortbildung** (s. Rn. 14b) beachten. Dies steht aber einer teleologischen Reduktion, die dem Willen des Gesetzgebers gegenüber dem Wortlaut den Vorrang gibt, nicht entgegen.[8]

---

6 BVerfG NJW 2012, 669, 670 Rn. 45.

7 S. etwa zu BVerfG NJW 2011, 836 (unzulässige Rechtsfortbildung durch den BGH bei der Anwendung des Unterhaltsrechts nach Scheidung und Wiederheirat): zust. Rüthers NJW 2011, 1856; krit. dagegen Rieble NJW 2011, 819.

8 Dazu BVerfG NJW 2012, 669, 672 (auch der aus dem Rechtsstaatsprinzip folgende allgemeine Vertrauensschutz stellt kein generelles Hindernis dar).

2. Abschnitt: Grundbegriffe des Bürgerlichen Rechts

§ 6 Der schuldrechtliche Vertrag

I. Vertragsfreiheit im Schuldrecht

1. Abschlussfreiheit

Beispiel: Kühn sieht im Schaufenster des Modehauses Pfau eine besonders schöne Krawatte. Er betritt den Laden und erklärt, er kaufe die Krawatte. Der Verkäufer antwortet, er könne ihm die Krawatte nicht geben, da er sonst die Schaufensterdekoration beeinträchtigen würde. Allenfalls könne er dem Kühn die Krawatte für später reservieren. Kühn besteht jedoch auf sofortiger Aushändigung. Mit Recht?

Ein Anspruch (zum Begriff s. § 1 Rn. 9) des Kühn gegen Pfau auf Übergabe und Übereignung der Krawatte aus § 433 Abs. 1 Satz 1 setzt den Abschluss eines Kaufvertrags voraus. Der Vertrag kommt durch **Angebot (Antrag)** und **Annahme** zustande. Die Ausstellung im Schaufenster ist noch kein bindendes Angebot, sondern nur eine Aufforderung zur Abgabe von Angeboten (invitatio ad offerendum), näher s. § 14 Rn. 5 ff. Das Angebot kam also von Kühn, doch wurde es vom Verkäufer nicht angenommen. Eine Pflicht zur Annahme besteht nicht. Vielmehr besitzt jeder die grundsätzliche Freiheit, ob und mit wem er einen Vertrag abschließen will. Die Vertragsfreiheit, zunächst in Gestalt der Abschlussfreiheit, ist ein wesentlicher Teil der Privatautonomie. Eine allgemeine Pflicht zur Gleichbehandlung möglicher Vertragspartner lässt sich auch nicht aus Art. 3 Abs. 1 GG i. V. m. § 138 oder § 242 herleiten.[1] Auch sonst ist bei der Bejahung eines ungeschriebenen Kontrahierungszwangs Zurückhaltung geboten. So ist ein Presseverlag selbst bei regionaler Monopolstellung nicht verpflichtet, Zeitungsanzeigen einer politischen Partei abzudrucken.[2] 1

Freilich gibt es Ausnahmen von der Abschlussfreiheit, d. h. Fälle eines sog. **Kontrahierungszwanges**. Ein Anspruch auf Vertragsschluss ist teils durch gesetzliche Vorschriften eingeräumt (etwa bei der Eisenbahn, bei Energieversorgungsunternehmen), kann sich aber auch ohne ausdrückliche gesetzliche Bestimmung aus § 826 ergeben. Eine Abschlusspflicht besteht dann, wenn die 2

1 BGH NJW 2013, 1519 (zur Kündigung eines Girovertrages).
2 BVerfG NJW 2016, 788 unter Betonung der Pressefreiheit (Art. 5 Abs. 1 Satz 2 GG).

Ablehnung des Vertragsschlusses eine sittenwidrige Schädigung darstellen würde. Dies ist zu bejahen, wenn der Anbieter eine **Monopolstellung** innehat und es um lebenswichtige Güter oder Dienstleistungen geht. Im Beispielsfall kann davon nicht die Rede sein, so dass es beim Nichtzustandekommen eines Vertrages verbleibt.

2. Schutz vor Diskriminierungen: das Allgemeine Gleichbehandlungsgesetz

Beispiel: Popp betreibt eine viel besuchte Diskothek. Der Eintritt kostet pro Person 8 €. Popp beschäftigt den Hart als Türsteher. Dieser soll Personen, die betrunken sind oder aus sonstigen Gründen Ärger befürchten lassen, nicht einlassen. Hart verwehrt dem dunkelhäutigen Niro den Zutritt. Auf die Frage nach einer Begründung erklärt Hart, in letzter Zeit hätten dunkelhäutige Personen verschiedentlich Rauschgift in der Diskothek zu verkaufen versucht. Niro verweist auf seine deutsche Staatsangehörigkeit, wird aber trotzdem nicht eingelassen und begibt sich daher in eine andere Diskothek. Wie ist der Vorfall nach dem AGG zu beurteilen?

3 Bei einem Blick auf den Grundsatz der Vertragsfreiheit im Privatrecht, insbesondere im Schuldrecht, darf das 2006 erlassene Allgemeine Gleichbehandlungsgesetz (AGG) nicht unerwähnt bleiben. Das AGG dient der Umsetzung mehrerer Europäischer Richtlinien, die in verschiedener Hinsicht einen Schutz vor Diskriminierungen vorschreiben. Zwei davon erstreben die Verwirklichung des Grundsatzes der Gleichbehandlung von Männern und Frauen, einerseits im Berufsleben,[3] andererseits beim Zugang zu Gütern und Dienstleistungen.[4] Eine dritte Richtlinie[5] schreibt (allgemein) die Gleichbehandlung ohne Unterschied von Rasse oder ethnischer Herkunft vor. In der vierten Richtlinie[6] wird im Arbeitsleben ein Schutz vor Diskriminierungen aus Gründen der Religion oder der Weltanschauung, einer Behinderung, des Alters oder der sexuellen Identität gewährt.

4 Das AGG enthält nach allgemeinen Bestimmungen (§§ 1 bis 5 AGG) einen Abschnitt über den Schutz der Beschäftigten (also vor allem im Arbeitsrecht) vor Benachteiligung (§§ 6 bis 18 AGG) und sodann den hier interessierenden Abschnitt (§§ 19 bis 21 AGG) über den **Schutz vor Benachteiligung im Zivilrechtsverkehr**, d.h. bei der Begründung, Durchführung und Beendigung zivilrechtlicher Schuldverhältnisse (§ 19 Abs. 1 AGG). Das europäische Recht verbietet in diesem Bereich eine Benachteiligung wegen des Geschlechts, der Rasse und

---

3 Richtlinie 2006/54/EG des Europäischen Parlaments und des Rates vom 5. Juli 2006 zur Verwirklichung des Grundsatzes der Chancengleichheit und Gleichbehandlung von Männern und Frauen in Arbeits- und Beschäftigungsfragen.

4 Richtlinie 2004/113/EG des Rates vom 13. Dezember 2004 zur Verwirklichung des Grundsatzes der Gleichbehandlung von Männern und Frauen beim Zugang zu und bei der Versorgung mit Gütern und Dienstleistungen.

5 Richtlinie 2000/43/EG des Rates vom 29. Juni 2000 zur Anwendung des Gleichbehandlungsgrundsatzes ohne Unterschied der Rasse oder der ethnischen Herkunft.

6 Richtlinie 2000/78/EG des Rates vom 27. November 2000 zur Festlegung eines allgemeinen Rahmens für die Verwirklichung der Gleichbehandlung in Beschäftigung und Beruf.

der ethnischen Zugehörigkeit. Das AGG geht darüber erheblich hinaus und erstreckt den Schutz vor einer Diskriminierung beim Zugang zu öffentlich angebotenen Gütern und Dienstleistungen (einschließlich der Versorgung mit Wohnraum) auch auf die Merkmale Religion, Alter, Behinderung und sexuelle Identität. Ein Schutz vor Benachteiligung aus Gründen der Weltanschauung wird dagegen hier nicht gewährt.[7] Kritische Stimmen fragten, was eigentlich noch von der Vertragsfreiheit übrig bleibe, etwa von der Freiheit eines Vermieters, sich unter mehreren Bewerbern nach eigenem Gutdünken den ihm am geeignetsten erscheinenden auszusuchen. Auch wurde eingewandt, es könne nicht Aufgabe eines Gesetzes sein, den in jeder Hinsicht „guten Menschen" im Zivilrechtsverkehr zu erzwingen. Der Gesetzgeber suchte solchen Einwendungen durch verschiedene Einschränkungen der Benachteiligungsverbote im Zivilrechtsverkehr Rechnung zu tragen. Die meisten Diskriminierungsverbote gelten nur bei schuldrechtlichen[8] Massengeschäften (§ 19 Abs. 1 Nr. 1 AGG); beim Vermietungsgeschäft kraft besonderer Vorschrift erst dann, wenn der Vermieter insgesamt mehr als 50 Wohnungen vermietet (§ 19 Abs. 5 Satz 3 AGG). Benachteiligungen aus Gründen der Rasse oder der ethnischen Herkunft sind jedoch nicht nur bei Massengeschäften, sondern generell bei Schuldverhältnissen über öffentlich angebotene Güter und Leistungen untersagt (§ 19 Abs. 2 AGG). Im Geltungsbereich der Benachteiligungsverbote ist eine Verletzung nicht gegeben, wenn für eine unterschiedliche Behandlung wegen der Religion, einer Behinderung, des Alters, der sexuellen Identität oder des Geschlechts ein sachlicher Grund vorliegt (§ 20 AGG). Wann ein sachlicher Grund vorliegt, wird im Gesetz im Einzelnen erläutert. Für Benachteiligungen aus Gründen der Rasse oder der ethnischen Herkunft gelten keine derartigen Ausnahmen.

Wichtig sind die **Rechtsfolgen**, die eine unzulässige Diskriminierung nach 5
sich zieht. Das Gesetz gewährt dem Benachteiligten Ansprüche gegen den Benachteiligenden auf Beseitigung und (bei Wiederholungsgefahr) auf Unterlassung der Beeinträchtigung, § 21 Abs. 1 AGG. Dagegen billigt das AGG (anders als frühere Entwürfe) dem Benachteiligten bei einer unzulässigen Vertragsverweigerung **keinen Anspruch auf Abschluss des Vertrages** zu.[9] Durch den Un-

---

7 Das ergibt sich aus § 19 Abs. 1 AGG, der die Weltanschauung nicht als unzulässigen Diskriminierungsgrund nennt. Der Gesetzgeber wollte vermeiden, dass Anhänger extremer politischer Anschauungen (z. B. Neonazis) durch ein Benachteiligungsverbot im Zivilrechtsverkehr geschützt werden. Näher MünchKomm/Thüsing § 19 AGG Rn. 132. Ein Hotelbetreiber wird also durch das AGG (und im Allgemeinen auch durch andere zivilrechtliche Gründe) nicht gehindert, aus politischen Gründen eine Person nicht als Gast anzunehmen, näher s. BGH JZ 2012, 686.

8 Der Schutz vor Benachteiligungen im Zivilrechtsverkehr gilt nach § 19 Abs. 4 AGG nicht für familien- und erbrechtliche Schuldverhältnisse.

9 Armbrüster NJW 2007, 1494; Jauernig/Mansel, 15. Aufl., § 21 AGG Rn. 3. – Nach anderer Ansicht soll sich aber aus dem Beseitigungsanspruch (§ 21 Abs. 1 Satz 1 AGG) auch ein An-

terlassungsanspruch kann aber mittelbar darauf hingewirkt werden, mit dem Benachteiligten einen Vertrag zu schließen. Hat der Benachteiligte einen Vollstreckungstitel auf Unterlassung der Benachteiligung erwirkt, so wird auf seinen Antrag bei Zuwiderhandlungen, also bei erneuter diskriminierender Ablehnung des Vertragsschlusses, Ordnungsgeld oder Ordnungshaft verhängt, § 890 ZPO.

6 Außerdem hat der Benachteiligte einen Anspruch auf Ersatz des entstandenen **Schadens** gegen den Benachteiligenden, es sei denn dass dieser die Pflichtverletzung (d.h. die Benachteiligung) nicht zu vertreten hat (§ 21 Abs. 2 Sätze 1 u. 2). Neben dem Ersatz von Vermögensschaden kann auch eine angemessenen Entschädigung in Geld für erlittenen **immateriellen Schaden** verlangt werden, § 21 Abs. 2 Satz 3 AGG. Diese Entschädigung soll der Genugtuung für den Geschädigten dienen, aber auch eine abschreckende Wirkung haben.[10] Die Rechtsverfolgung wird durch eine **Beweislastregelung** zugunsten des (nach seiner Behauptung) Betroffenen erleichtert: wenn dieser Indizien beweist, die eine Benachteiligung wegen eines der verbotenen Unterscheidungsmerkmale vermuten lassen, so trägt der andere Teil die Beweislast dafür, dass kein Verstoß gegen die Bestimmungen zum Schutz vor Benachteiligungen vorgelegen hat, § 22 AGG.

Neben Ansprüchen nach dem AGG kommen auch Schadensersatzansprüche aus § 826 (sittenwidrige Schädigung, s. § 9 Rn. 15ff.) und aus § 823 Abs. 1 (vor allem wegen Verletzung des allgemeinen Persönlichkeitsrechts,[11] s. § 33 Rn. 8) in Betracht.

7 **Lösung zum Beispielsfall:**[12] Die Zurückweisung wegen der dunklen Hautfarbe ist eine **Benachteiligung aus Gründen der Rasse** (§ 1 AGG) beim Zugang zu öffentlich angebotenen Gütern und Dienstleistungen (§ 2 Abs. 1 Nr. 8 AGG). Niro ist unmittelbar benachteiligt (§ 3 Abs. 1 Satz 1 AGG), da ihm im Gegensatz zu anderen Personen der Zutritt zur Diskothek verwehrt wurde. (Ein Beweisproblem ergibt sich aus dem Sachverhalt nicht, so dass auf die Beweislastregel des § 22 AGG nicht weiter einzugehen ist.) Eine Benachteiligung aus Gründen der Rasse ist bei einem Massengeschäft, wie es hier vorliegt, gemäß § 19 Abs. 1 Nr. 1 AGG unzulässig. (Selbst wenn kein Massengeschäft vorläge, würde das Benachteiligungsverbot gemäß § 19 Abs. 2 AGG gelten.)

---

spruch auf Abschluss eines unzulässig verweigerten Vertrags ergeben, so MünchKomm/Thüsing § 21 AGG Rn. 17ff.; Thüsing/von Hoff NJW 2007, 21; Wendt/Schäfer JuS 2009, 206. Heese NJW 2012, 572, 575 bejaht einen Kontrahierungszwang, wenn keine Schadensersatzsanktion eingreift.

10 OLG Stuttgart NJW 2012, 1085, 1086.

11 Beispiel: OLG Köln NJW 2010, 1676 (Ablehnung einer Wohnungsbesichtigung, weil die Wohnung nicht an Neger vermietet werde). Die Anwendbarkeit des AGG wurde (vom LG Aachen als erster Instanz) verneint, da die Klage nicht gegen den Vermieter, sondern gegen ein Wohnungsverwaltungsunternehmen gerichtet war.

12 Vergleichbarer Fall OLG Stuttgart NJW 2012, 1085; s. auch AG Oldenburg NdsRpfl 2008, 398 (Schadensersatzanspruch auch dann, wenn vom Betroffenen als „Testfall" Eintritt begehrt wurde).

Ein Fall einer zulässigen unterschiedlichen Behandlung (§ 20 AGG) kommt hier nicht in Betracht, denn diese Regelung gilt für Benachteiligungen aus Gründen der Rasse (oder der ethnischen Herkunft) von vornherein nicht. Der von Hart verfolgte Zweck, Rauschgifthandel in der Diskothek zu unterbinden, ändert nichts am Vorliegen einer unzulässigen Diskriminierung. Anders wäre es, wenn Niro abgewiesen würde, weil gegen ihn persönlich ein Verdacht des Rauschgifthandels besteht; dann wäre die Ablehnung des Zutritts nicht aus Gründen der Rasse erfolgt.

Während ein Beseitigungsanspruch mangels fortbestehender Beeinträchtigung (§ 21 Abs. 1 Satz 1 AGG) nicht in Betracht kommt, kann Niro gegen Popp auf künftige Unterlassung der Beeinträchtigung, also der Verweigerung des Zutritts wegen seiner Hautfarbe, klagen, sofern weitere Beeinträchtigungen zu besorgen sind, § 21 Abs. 1 Satz 2 AGG. Insoweit wird es darauf ankommen, ob sich Popp bereit erklärt, in Zukunft Niro den Zutritt zu gestatten. Ein Anspruch auf Abschluss des verweigerten Vertrages besteht nicht;[13] auf die künftige Gewährung des Zutritts kann aber mittelbar über den erwähnten Unterlassungsanspruch hingewirkt werden. Niro hat ferner nach § 21 Abs. 2 Sätze 1 u. 2 AGG einen Anspruch auf Schadensersatz gegen Popp, wenn dieser die Pflichtverletzung (d. h. die Benachteiligung) zu vertreten hat.[14] Popp hat den Hart als seinen Gehilfen bei den Vertragsverhandlungen (Gewährung des Zutritts) eingesetzt und muss sich daher dessen Verschulden nach § 278 zurechnen lassen.[15] Insoweit hat dasselbe zu gelten wie bei Ansprüchen aus Verschulden beim Vertragsschluss (s. Rn. 45). Ein Vermögensschaden ist für Niro durch die Verweigerung des Zutritts nicht entstanden. Jedoch liegt in der Ablehnung aus Gründen der Hautfarbe eine Verletzung der Ehre und des allgemeinen Persönlichkeitsrechts. Daher kann Niro nach § 21 Abs. 2 Satz 3 AGG für diesen immateriellen Schaden eine angemessene Entschädigung[16] in Geld verlangen. 8

3. Gestaltungsfreiheit

a) Typenfreiheit

Im **Schuldrecht** besteht **keine Bindung an die im Gesetz geregelten Vertragstypen**. Obwohl also das Schuldrecht eine ganze Reihe verschiedener Verträge regelt (Kauf, Tausch, Schenkung, Leihe, Mietvertrag, Behandlungsvertrag, 9

---

13 S. aber zu Gegenansicht Fn. 9.

14 Nach anderer Ansicht besteht beim Anspruch auf Ersatz des immateriellen Schadens keine Exkulpationsmöglichkeit, so z. B. Däubler/Bertzbach/Deinert, AGG, 3. Aufl. (2013), § 21 Rn. 57; Jauernig/Mansel, 15. Aufl., § 21 AGG Rn. 9 (mit Zusatz „problematisch"); Wagner/Potsch JZ 2006, 1085, 1098. Das überzeugt nicht, denn auch der immaterielle Schaden ist ein Schaden und wird daher von § 21 Abs. 2 Satz 1 und 2 AGG erfasst, während Satz 3 nur die Frage des Geldersatzes regelt. Ebenso Palandt/Grüneberg § 21 AGG Rn. 6.

15 OLG Stuttgart NJW 2012, 1085; AG Oldenburg NdsRpfl 2008, 398, 399. Auch wer einen verschuldensunabhängigen Anspruch annimmt (s. Fn. 14), muss die Zurechnung des Verhaltens eines Dritten begründen, am besten dann analog § 278, so MünchKomm/Thüsing § 21 AGG Rn. 52.

16 OLG Stuttgart (Fn. 15) billigt 900 € zu; AG Oldenburg (Fn. 15) 500 €, wobei es berücksichtigt, dass der Betroffene angesichts des Testcharakters seines Vorgehens selbst mit der Zurückweisung rechnete.

Werkvertrag, Reisevertrag usw.), besteht keine Beschränkung auf diese Formen. Auch Verträge mit anderem Inhalt sind möglich, ebenso Verträge, die eine Mischung aus den im Gesetz geregelten Vertragstypen enthalten. In der Praxis sind solche Verträge keineswegs selten. Schon die Buchung eines Zimmers mit Vollpension in einem Hotel enthält zum einen Elemente des Mietvertrages (Zimmer), des Dienstvertrages (Bedienung), aber auch des Werk- oder Kaufvertrags (Herstellung bzw. Lieferung der Speisen).

Anders ist die Regelung im **Sachenrecht**. Hier können nur die gesetzlich vorgesehenen dinglichen Rechte bestellt werden. Man spricht daher vom **numerus clausus der dinglichen Rechte**.

b) Weitgehende Abdingbarkeit der gesetzlichen Einzelregeln

10 Die Bestimmungen des Schuldrechts sind grundsätzlich **dispositiv**, d.h. es kann von den Vorschriften des Gesetzes durch eine **Vereinbarung** der Beteiligten abgewichen werden, soweit im Gesetz nichts anderes gesagt ist.

Wenn etwa an ein Unternehmen Maschinen verkauft werden, so kann im Kaufvertrag vereinbart werden, dass der Käufer bei auftretenden Sachmängeln zunächst nur einen Anspruch auf Beseitigung des Mangels geltend machen kann. Dadurch wird von §439 Abs.1 abgewichen, denn danach könnte der Käufer grundsätzlich zwischen der Beseitigung des Mangels und der Lieferung einer anderen, mangelfreien Sache wählen.

11 Die Gestaltungsfreiheit ist aber keineswegs unbegrenzt. Eine allgemeine Schranke stellt das **Verbot sittenwidriger Rechtsgeschäfte** dar (§138 Abs.1). Verschiedentlich (und angesichts der Verstärkung des Verbraucherschutzes, Mieterschutzes usw. in zunehmendem Maße) erklärt das Gesetz ausdrücklich, dass eine vertragliche Abweichung von bestimmten Regelungen nicht möglich ist, dass es sich also um **zwingende Bestimmungen** handelt. So gilt z.B. bei einem Kaufvertrag ein vertraglicher Ausschluss der Haftung für Sachmängel nicht für den Fall, dass der Verkäufer einen Mangel arglistig verschwiegen oder eine Garantie für die Beschaffenheit der Sache übernommen hat, §444. Bei einem Verbrauchsgüterkauf (Verkauf einer beweglichen Sache durch einen Unternehmer an einen Verbraucher, §474 Abs.1 Satz1) kann die Haftung des Verkäufers für Sachmängel überhaupt nicht ausgeschlossen werden, §475 Abs.1 Satz1.

12 Bei **verbraucherschützenden** oder **mieterschützenden Vorschriften** ist im Gesetz oft gesagt, dass hiervon nicht durch Vereinbarungen *zum Nachteil* des Verbrauchers bzw. Mieters abgewichen werden kann, so z.B. §361 Abs.2 Satz1 hinsichtlich des Widerrufsrechts des Verbrauchers (s. §13 Rn.5ff.), §512 hinsichtlich der Rechte des Verbrauchers bei Darlehensverträgen, Teilzahlungsgeschäften und Ratenlieferungsverträgen. Im Wohnraummietrecht sind u.a. Vereinbarungen unwirksam, die zum Nachteil des Mieters von den gesetzlichen Regeln über die Kündigung abweichen, §569 Abs.5, §571 Abs.3, §573 Abs.4 usw. Vereinbarungen *zugunsten* des Verbrauchers oder Mieters,

etwa die Einräumung längerer Widerrufs- oder Kündigungsfristen, bleiben also zulässig. Solche nur in einer Richtung nicht der Parteidisposition unterstehenden Vorschriften können als **einseitig zwingendes Recht** bezeichnet werden.

Besondere Schranken gelten für **Allgemeine Geschäftsbedingungen** bzw. Formularverträge, die zu Lasten des Vertragspartners des Verwenders gestaltet sind. So kann z.B. in AGB ein Recht des Verkäufers zur Preiserhöhung nicht wirksam vereinbart werden, wenn die Lieferung innerhalb von vier Monaten nach Vertragsschluss zu erfolgen hat, § 309 Nr. 1. 13

Insgesamt ist auf diese Weise im Zuge der Entwicklung des Bürgerlichen Rechts die Freiheit zur inhaltlichen Gestaltung der Schuldverhältnisse mehr und mehr eingeschränkt worden – der Grundsatz von der Dispositivität des Schuldrechts verkehrt sich praktisch allmählich in sein Gegenteil. 14

4. Änderungs- und Aufhebungsfreiheit

Eine einseitige Aufhebung eines schuldrechtlichen Vertrags durch eine Vertragspartei ist nur möglich, wenn sich aus dem Gesetz oder dem Vertrag ein Recht dazu ergibt, sei es ein Widerrufs-, Rücktritts- oder Kündigungsrecht. Davon zu unterscheiden ist die Freiheit der Vertragsparteien, einen schuldrechtlichen Vertrag im Einvernehmen inhaltlich zu ändern oder aufzuheben. Diese **Änderungs- und Aufhebungsfreiheit** ist ebenso ein Teil der Privatautonomie wie die Abschluss- und Gestaltungsfreiheit. Die Vertragsparteien sind mit anderen Worten Herren des schuldrechtlichen Vertrags. 14a

Ob die Aufhebungsfreiheit ihrerseits vertraglich ausgeschlossen werden kann, erscheint zweifelhaft. Für **Spielsperrverträge** wurde dies bejaht. Es geht dabei um einen Vertrag, in dem sich der Betreiber einer Spielbank auf Antrag eines Spielers verpflichtet, ihn nicht mehr zum Spiel zuzulassen. Zweck ist der Schutz des Spielers vor sich selbst. Ein Spielbankbetreiber, der auf Antrag eines Spielers die Sperre aufhebt, ohne dass ihm ein hinreichend sicherer Nachweis über den Wegfall der Spielsucht vorliegt, verletzt seine vertraglichen Pflichten und muss den für den Spieler durch weiteres Glückspiel entstandenen Schaden ersetzen. Der BGH[17] rechtfertigt diese Beurteilung mit dem Zweck der rechtlichen Regeln für den Betrieb einer Spielbank,[18] die vor allem das Ziel hätten, die Spiel- und Wettsucht zu bekämpfen. Daher sei, so der BGH, „die Gewichtung der Privatautonomie im Verhältnis zwischen Spielbank und Spieler von vorneherein eine andere als im klassischen rechtsgeschäftlichen Verkehr".[19] Wenn der Betreiber der Spielbank durch Rechtsnormen verpflichtet ist, auf Antrag 14b

17 BGH NJW 2012, 48.

18 Diese ergeben sich vor allem aus dem Glückspielstaatsvertrag der Bundesländer und den Ausführungsgesetzen dazu.

19 BGH NJW 2012, 48 Rn. 10.

des Spielers den Sperrvertrag abzuschließen und die Sperre unter bestimmten Voraussetzungen auch gegen den Willen des Spielers aufrecht zu erhalten, wird man dieser Wertung zustimmen können.

II. Wesensmerkmale am Beispiel eines Kaufvertrags

Beispiel: Der Fahrradhändler Vollrad bestellt bei der Fahrradfabrik Fixbau GmbH 50 Citybikes des nur von Fixbau gefertigten Typs „Megafix". Fixbau sichert zu, die Bestellung so schnell wie möglich auszuführen. Es wird vereinbart, dass Vollrad den Preis von insgesamt 20 000 € binnen acht Wochen nach Erhalt der Fahrräder zu bezahlen hat. Welche Rechtsfolgen treten ein
- bei Abschluss des Vertrags;
- wenn Fixbau dem Vollrad zwei Wochen nach Vertragsschluss die Fahrräder sendet;
- wenn Vollrad nach weiteren acht Wochen den Kaufpreis bezahlt?

1. Verpflichtungsgeschäft

15 Mit dem Abschluss des Kaufvertrags entstehen die Pflicht des Verkäufers zur Lieferung (genauer zur Übereignung und Übergabe) der Fahrräder (§ 433 Abs. 1 Satz 1) und die Pflicht des Käufers zur Zahlung des Kaufpreises und zur Abnahme der Fahrräder (§ 433 Abs. 2). Schuldverträge, hier der Kaufvertrag, sind **Verpflichtungsgeschäfte**; sie begründen schuldrechtliche Ansprüche (gleichbedeutend spricht man von Forderungen). Dagegen bleiben das Eigentum der Fixbau GmbH an den Fahrrädern einerseits und die Rechte des Vollrad an seinen Zahlungsmitteln andererseits durch den Kaufvertrag unberührt.

16 Die Wirksamkeit eines Verpflichtungsgeschäfts wie des Kaufvertrags ist nicht davon abhängig, ob dem Verkäufer das Eigentum an der verkauften Sache zusteht. Man kann mit anderen Worten durch wirksamen Vertrag Sachen verkaufen, die einem Dritten gehören. Nur wird es dem Verkäufer dann (wenn er nicht zuvor die Sache von dem Dritten erwirbt) nicht möglich sein, den Vertrag durch Übereignung zu erfüllen. Er muss dann wegen Pflichtverletzung Schadensersatz leisten. Da die Wirkung eines Kaufvertrags allein in der Begründung von Verpflichtungen beruht, kann ein Verkäufer auch ein und dieselbe Sache mehrfach verkaufen. Alle diese Kaufverträge sind rechtswirksam, doch kann der Verkäufer nur einen der Verträge erfüllen, während er von den anderen Käufern nach den Grundsätzen der Haftung für Pflichtverletzung in Anspruch genommen werden kann. Zur Trennung von Verpflichtungs- und Erfüllungsgeschäft s. näher § 8 Rn. 1 ff.

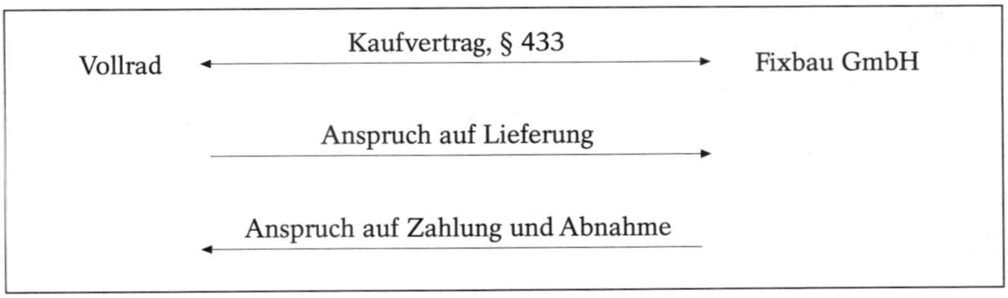

2. Gegenseitiger Vertrag

Der Kaufvertrag gehört zu den **gegenseitigen Verträgen**. Dies sind Verträge, 17
die auf einen **Austausch von Leistung und Gegenleistung** abzielen.[20] Es gilt mit anderen Worten der Grundsatz des „do ut des" (wörtlich: ich gebe, damit du gibst). Gegenseitige Verträge sind z.B. auch der Mietvertrag (Austausch der Gebrauchsüberlassung gegen die Zahlung der Miete), der Werkvertrag (Erstellung des Werks gegen die Vergütung), der Dienstvertrag (Dienstleistung gegen Geldlohn) oder das verzinsliche Darlehen (Überlassung des Kapitals gegen Zinszahlung).

Definition:
Gegenseitige Verträge sind Verträge, bei denen Leistung und Gegenleistung im Austauschverhältnis stehen.

Der Begriff des gegenseitigen Vertrages ist nicht zuletzt deswegen wichtig, weil 18
für diese Verträge bei **Pflichtverletzungen (Leistungsstörungen)** einige besondere Vorschriften, die §§ 320 ff., zur Anwendung kommen. Der Begriff des gegenseitigen Vertrags darf nicht mit dem Begriff des **zweiseitigen Rechtsgeschäfts** verwechselt werden. Jeder Vertrag ist ein zweiseitiges Rechtsgeschäft, da (mindestens[21]) zwei Personen als Vertragsparteien den Vertrag abschließen müssen. Aber nicht jeder Vertrag ist auch ein gegenseitiger Vertrag, wie die Beispiele des Leihvertrags und des Schenkungsversprechens zeigen. Bei diesen unentgeltlichen Geschäften handelt es sich nicht um **gegenseitige Verträge**, da der Entleiher[22] oder der Empfänger des Schenkungsversprechens keine Verpflichtung zu einer Gegenleistung übernehmen.

---

20 Das vertragliche Austauschverhältnis wird auch als „Synallagma" (griechisch) bezeichnet. Ein synallagmatischer Vertrag ist also nichts anderes als ein gegenseitiger Vertrag.

21 Es können auch mehrere Personen an einem Vertrag beteiligt sein, so vor allem bei Gesellschaftsverträgen.

22 Der Entleiher ist zwar aufgrund des Leihvertrages zur Rückgabe der geliehenen Sache nach Ablauf der für die Leihe geltenden Zeit verpflichtet, § 604 Abs. 1, aber die Rückgabe stellt keine Gegenleistung für die Überlassung der Sache dar.

19 Der gegenseitige Vertrag als **Austauschvertrag** ist die zentrale Figur der **Marktwirtschaft**. Durch Angebot und Nachfrage – sie zielen auf den Austausch von Leistungen – wird nicht nur die Höhe des Preises (der Gegenleistung) ermittelt, sondern überhaupt (jedenfalls im Grundsatz) der Markt reguliert. Leistungen, die nicht nachgefragt werden, werden nicht mehr produziert. Die gesetzlichen Regeln des Wirtschaftsrechts haben vor allem die Aufgabe, die Funktionsfähigkeit des Marktes zu gewährleisten, so etwa das Kartellrecht (Gesetz gegen Wettbewerbsbeschränkungen). Gesetzliche Preisvorschriften darf es dagegen in einer Marktwirtschaft im Allgemeinen nicht geben.

III. Die reguläre Erfüllung des Kaufvertrags

20 Wenn im Beispielsfall die Fixbau GmbH dem Vollrad zwei Wochen nach Vertragsabschluss die Fahrräder übersendet, so liegt darin die Übereignung nach § 929 Satz 1 durch Einigung und Übergabe (von einem Eigentumsvorbehalt ist im Sachverhalt nicht die Rede). Die Übereignung ist ein **Verfügungsgeschäft**. Diese Verfügung erfolgt auf der Grundlage des schuldrechtlichen Geschäfts, nämlich zur **Erfüllung** der Verpflichtung. Die Auswirkung auf das schuldrechtliche Geschäft ergibt sich aus § 362 Abs. 1: Mit der Erfüllung **erlischt der Anspruch** des Vollrad auf die Lieferung.

21 Bezahlt Vollrad nach weiteren acht Wochen den Kaufpreis, so handelt es sich wiederum um ein Verfügungsgeschäft. Bei Barzahlung liegt eine Übereignung des Geldes (der Geldscheine) nach § 929 Satz 1 vor. Erfolgt die Zahlung durch Überweisung, so wird dadurch dem Empfänger eine Forderung gegen seine kontoführende Bank verschafft. Mit der Zahlung erlischt auch der Anspruch der Fixbau gemäß § 362 Abs. 1.

22 Damit ist aber das **Schuldverhältnis insgesamt noch nicht erloschen.** Dem Vollrad können z. B. noch Ansprüche oder ein Rücktrittsrecht wegen Sachmängeln bei den gelieferten Fahrrädern zustehen, § 437. Die Formulierung des § 362 Abs. 1 ist also ungenau. Mit der Bewirkung der geschuldeten Leistung an den Gläubiger erlischt nicht das gesamte Schuldverhältnis, sondern nur jeweils die **einzelne Forderung**, die erfüllt wurde.

IV. Pflichtverletzungen (Leistungsstörungen)

Beispiel: Welche Rechtsfolgen treten im „Fahrräder-Fall" ein,

a) wenn Fixbau GmbH trotz einer vier Wochen nach Vertragsschluss erfolgten Aufforderung die Fahrräder immer noch nicht geliefert hat;
b) wenn Fixbau nicht liefern kann, da die Fabrik einige Tage nach Vertragsschluss durch einen von dem Unternehmen und seinen Mitarbeitern nicht verschuldeten Brand zerstört wurde;
c) wenn sich der Brand bereits einige Stunden vor dem Vertragsschluss ereignete, wovon aber der für Fixbau auftretende Vertreter nichts wusste;

d) wenn bei den gelieferten Fahrrädern die Lackierung so schlecht ist, dass die Farbe schon an verschiedenen Stellen abblättert?
e) Fixbau unterlässt es, dem Vollrad mitzuteilen, dass vor dem Verkauf der Fahrräder eine für den Transport angebrachte Sicherung aus der Kette entfernt werden muss. Zwei Kunden des Vollrad stürzen mit den neu gekauften Rädern. Vollrad muss Schadensersatz leisten. Kann er sich an Fixbau halten?

1. Begriff und Arten der Pflichtverletzung

Wenn, wie in den verschiedenen Alternativen des Beispielsfalls, die vertraglich geschuldete Leistung nicht ordnungsgemäß erbracht wird, spricht man zusammenfassend von **Leistungsstörungen**. Das BGB regelte ursprünglich nur die Unmöglichkeit der Leistung und den Verzug des Schuldners.[23] Die Haftung für positive Vertragsverletzung und für Verschulden beim Vertragsschluss waren ohne ausdrückliche gesetzliche Grundlage durch Rechtsprechung und Lehre entwickelt worden. 23

Die große Schuldrechtsreform 2001 (s. § 4 Rn. 5 f.) hat das gesetzliche System und zum Teil auch die Rechtsfolgen bei Leistungsstörungen grundlegend verändert. Es stellt den umfassenden Begriff der **Pflichtverletzung** (Verletzung einer Pflicht aus dem Schuldverhältnis) in den Vordergrund, § 280 Abs. 1. Dieser Begriff ist (sprachlich nicht gerade glücklich) **rein objektiv zu verstehen**, besagt also nichts anderes, als dass der Schuldner die ihm obliegende Leistung nicht so erbracht hat, wie es seiner Leistungspflicht entsprach. Auf diese Weise werden alle Leistungsstörungen auf Seiten des Schuldners, gleich wie weit sie reichen, worin sie ihre Ursache haben und ob sie vom Schuldner zu vertreten sind oder nicht, mit dem Begriff der Pflichtverletzung abgedeckt. 24

Wie weit es sich auch nach der Einführung dieses Oberbegriffs in das Gesetz empfiehlt, weiterhin zwischen den verschiedenen **Arten (Typen) der Pflichtverletzung** zu unterscheiden, hängt davon ab, ob sich im geltenden Recht entsprechende Unterschiede der Voraussetzungen und Rechtsfolgen ausmachen lassen. Dies ist zweifellos für den **Verzug** des Schuldners der Fall, den das Gesetz auch als Begriff weiterhin kennt, § 286 Abs. 1 Satz 1. Aber auch die **Unmöglichkeit der Leistung** findet man (gegenüber dem früheren Recht in erweiterter Form) in § 275 wieder. Dabei ist es sinnvoll, zwischen der *ursprünglichen*, in § 311a besonders geregelten Unmöglichkeit und der erst nach Abschluss des Vertrages eingetretenen *nachträglichen* Unmöglichkeit der Leistung zu unterscheiden. Die Pflichtverletzungen, die nicht als Unmöglichkeit oder Verzug des Schuldners einzuordnen sind, lassen sich als **sonstige Pflichtverletzungen** bezeichnen. Zu ihnen gehören die Fälle der früheren positiven Vertragsverlet- 25

---

23 Im weiteren Sinne kann man zu den Leistungsstörungen auch den Verzug des Gläubigers mit der Annahme der Leistung (Annahmeverzug, § 293) rechnen, auf den hier nicht weiter eingegangen werden kann.

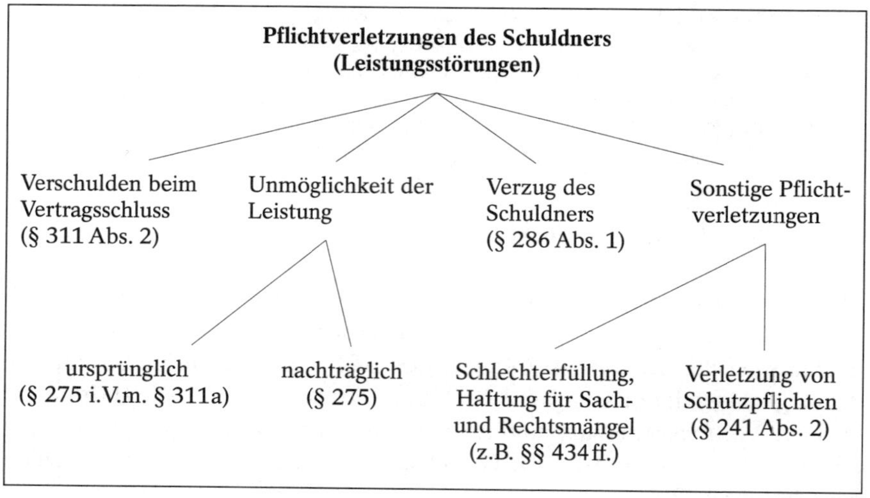

zung (Schlechterfüllung sowie Verletzung von vertraglichen Schutzpflichten). Die Haftung für Sach- und Rechtsmängel beim Kaufvertrag und beim Werkvertrag stellt nunmehr einen Fall der Schlechterfüllung dar, s. Rn. 37ff. Als besonderer Tatbestand im Rahmen der Pflichtverletzungen ist weiterhin die Haftung für **Verschulden beim Vertragsschluss** (culpa in contrahendo) anzusehen, die jetzt durch §311 Abs.2 gesetzlich geregelt ist. Die genannten Arten von Pflichtverletzungen zu unterscheiden,[24] ist nicht zuletzt bei der Lösung von Fällen zu empfehlen, da man nur auf diese Weise zu einer präzisen Prüfung der in Betracht kommenden Anspruchsvoraussetzungen gelangt.

2. Verzug des Schuldners

26 Verzug kann bei der Erfüllung von Ansprüchen jeglicher Art eintreten. Besonders häufig wird das für eine Warenlieferung oder eine sonstige Leistung vertraglich vereinbarte Entgelt nicht termingerecht bezahlt, wodurch für den Gläubiger erhebliche Probleme, etwa die Gefährdung seiner eigenen Zahlungsfähigkeit, entstehen können. Die europäische Richtlinie zur Bekämpfung von

---

24 Ebenso halten an der Unterscheidung verschiedener Typen von Leistungsstörungen fest z.B. Brox/Walker, Allgemeines Schuldrecht, 40.Aufl. (2016), §21 Rn.3f. u. 7; Medicus/Lorenz, Schuldrecht I, Allgemeiner Teil, 20.Aufl. (2012), §28 II (Rn.334ff.); Musielak/Hau, Grundkurs BGB, 14.Aufl. (2015), Rn.445. Strikt ablehnend dagegen Schlechtriem/Schmidt-Kessel, Schuldrecht Allgemeiner Teil, 6.Aufl. (2005) Rn.448, 455. S. auch Looschelders, Schuldrecht, Allgemeiner Teil, 14.Aufl. (2016), Rn.414, der im geltenden Leistungsstörungsrecht ein Mischsystem sieht.

Zahlungsverzug im Geschäftsverkehr[25] sowie deren Umsetzung durch den deutschen Gesetzgeber in das BGB[26] versuchen, durch strengere Rechtsfolgen vom Zahlungsverzug abzuschrecken und einen „Wandel hin zu einer Kultur der unverzüglichen Zahlung" (Erwägungsgrund 12 zur Zahlungsverzugs-Richtlinie) zu bewirken.

Voraussetzungen des Schuldnerverzugs (§ 286) sind: **26a**

- Fälligkeit der Leistung
- Nicht rechtzeitige Erbringung der Leistung
- Mahnung oder anderer Verzugsauslöser
- Vertretenmüssen

26b Für die **Fälligkeit** einer Leistung ist nach § 271 Abs. 1 in erster Linie die vertragliche Vereinbarung maßgebend. Ist eine Leistungszeit weder vereinbart noch aus den Umständen zu entnehmen, so kann der Gläubiger die Leistung sofort verlangen. Der **Vereinbarung von Zahlungsfristen** für vertragliche Entgeltforderungen setzt der 2014 (s. Fn. 26) neu eingefügte § 271a zum Schutz des Gläubigers Grenzen. Die Vereinbarung einer Zahlungsfrist von mehr als 60 Tagen nach Lieferung ist nur wirksam, wenn sie ausdrücklich getroffen und nicht grob unbillig ist. Ist der Schuldner ein öffentlicher Auftraggeber, so ist schon die Vereinbarung einer Zahlungsfrist von mehr als 30 Tagen nur wirksam, wenn sie ausdrücklich getroffen und auf Grund der besonderen Natur oder der Merkmale des Schuldverhältnisses sachlich gerechtfertigt ist. Noch etwas strengere Schranken gelten nach den ebenfalls neuen § 308 Nr. 1a und 1b für Klauseln in Allgemeinen Geschäftsbedingungen (AGB), durch die sich der Verwender der AGB eine lange Zeit für die Erfüllung einer Entgeltforderung des Vertragspartners vorbehält: hier wird eine Zahlungsfrist von mehr als 30 Tagen im Zweifel als unangemessen lang bewertet. Alle diese neuen Einschränkungen der Vertragsfreiheit zugunsten des Gläubigers gelten jedoch nicht, wenn der Schuldner der Entgeltforderung (§ 271a Abs. 5 Nr. 2) bzw. der Verwender der AGB (§ 308 Nr. 1a und 1b) ein Verbraucher (§ 13, s. unten § 10 Rn. 31) ist.

27 Unter der **Mahnung** (§ 286 Abs. 1) ist eine eindeutige und bestimmte Aufforderung des Gläubigers an den Schuldner zu verstehen, die Leistung jetzt zu erbringen.[27] Die verzugsbegründende Bedeutung der Mahnung ist zurückgegangen, da in vielen Fällen schon ohne Mahnung der Verzug eintritt. Dies gilt, wenn die Zeit für die Leistung im Vertrag nach dem Kalender bestimmt ist (§ 286 Abs. 2 Nr. 1), oder wenn sie sich von einem bestimmten Ereignis an nach

---

25 Richtlinie 2011/7/EU des Europäischen Parlaments und des Rates vom 16. Februar 2011 zur Bekämpfung von Zahlungsverzug im Geschäftsverkehr.

26 Gesetz zur Bekämpfung von Zahlungsverzug im Geschäftsverkehr und zur Änderung des Erneuerbare-Energien-Gesetzes vom 22.7.2014, BGBl. I 1218, in Kraft seit 29.7.2014.

27 Zu den Anforderungen vgl. BGH NJW 2008, 50: erstmalige Zusendung einer Rechnung genügt in der Regel nicht (soweit nicht Verzug nach § 286 Abs. 3 eintritt).

dem Kalender berechnen lässt (§ 286 Abs. 2 Nr. 2), wenn also z. B. vereinbart ist, dass der Kaufpreis 3 Wochen nach Lieferung fällig wird. Der Mahnung bedarf es auch nicht, wenn der Schuldner die Leistung ernsthaft und endgültig verweigert (§ 286 Abs. 2 Nr. 3) oder wenn der sofortige Eintritt des Verzugs aus besonderen Gründen unter Abwägung der beiderseitigen Interessen gerechtfertigt ist[28] (§ 286 Abs. 2 Nr. 4).Wichtig ist auch § 286 Abs. 3, wonach der Schuldner einer Entgeltforderung spätestens 30 Tage nach Fälligkeit und Zugang einer Rechnung in Verzug kommt. Ist der Schuldner Verbraucher, so muss er in der Rechnung auf diese Folge besonders hingewiesen werden.

Dass die Verzugsfolgen vom **Vertretenmüssen** des Schuldners abhängen, ergibt sich aus § 286 Abs. 4 (wobei die negative Formulierung zu erkennen gibt, dass es im Streitfall Sache des Schuldners ist, das Nichtvertretenmüssen zu beweisen). Vertretenmüssen, ein zentraler Begriff im Bereich der Pflichtverletzungen, verlangt entweder **eigenes Verschulden**, also Vorsatz oder Fahrlässigkeit (§ 276) des Schuldners, oder Verschulden eines **Erfüllungsgehilfen** des Schuldners (§ 278).

28 Der Schuldnerverzug führt zur Pflicht zum Ersatz des **Verzugsschadens**, § 280 Abs. 1 u. 2. Bei Verzug mit einer Geldschuld kann der Gläubiger zumindest Verzugszinsen verlangen, § 288 Abs. 1 Satz 1. Der Verzugszins beträgt bei Geldforderungen jeglicher Art 5 Prozentpunkte mehr als der in § 247 geregelte (derzeit negative!) Basiszinssatz, § 288 Abs. 1 Satz 2. Bei Verzug mit Entgeltforderungen aus Rechtsgeschäften ohne Beteiligung eines Verbrauchers sind jetzt (Rechtsänderung 2014, s. Fn. 26) sogar 9 Prozentpunkte mehr als der Basiszinssatz zu zahlen, § 288 Abs. 2. Neben den Verzugszinsen kann der Gläubiger einer Entgeltforderung, wenn der Schuldner kein Verbraucher ist, nunmehr nach § 288 Abs. 5 einen Pauschalbetrag von 40 € für seine Rechtsverfolgungskosten verlangen (oder einen tatsächlich entstandenen höheren Schaden geltend machen). Darüber hinaus kann der Gläubiger dem Schuldner eine angemessene Frist zur Leistung setzen und nach deren erfolglosem Ablauf **Schadensersatz statt der Leistung** verlangen (§ 281 Abs. 1 Satz 1; der Anspruch auf die Leistung wird durch das Schadensersatzverlangen ausgeschlossen, § 281 Abs. 4). Beim gegenseitigen Vertrag steht dem Gläubiger nach einer erfolglosen Fristsetzung auch ein **Recht zum Rücktritt** zu, § 323 Abs. 1.

29 Im **Beispiel** (Frage a) ist zwar keine genaue Leistungszeit vereinbart worden, aber nach dem Inhalt des Vertrages und den Umständen (§ 271 Abs. 1) ist jedenfalls vier Wochen nach Vertragsschluss die Fälligkeit des Lieferungsanspruchs zu bejahen. Da die Aufforderung zur Lieferung eine Mahnung darstellt (das Wort Mahnung muss nicht verwendet werden), sind die Verzugsvoraussetzungen nach § 286 Abs. 1 Satz 1 gegeben. Dass die Fixbau die Nichtleistung nicht zu vertreten hätte (§ 286 Abs. 4), ist

---

28 BGH NJW 2011, 2871 bejaht dies überzeugend, wenn ein Kunde nach dem Tanken das Tankstellengelände verlässt, ohne bezahlt zu haben.

dem Sachverhalt nicht zu entnehmen. Vollrad kann nach §280 Abs.1 Satz1, Abs.2 den Verzugsschaden ersetzt verlangen, also z.B. den Schaden, der ihm dadurch entstanden ist, dass er seinerseits die Bestellung eines Kunden nicht rechtzeitig erfüllen konnte. Auch Kosten der Rechtsverfolgung (z.B. durch Einschaltung eines Rechtsanwalts) sind zu ersetzen; einen Pauschalbetrag kann Vollrad dafür nicht verlangen, da §288 Abs.5 nur den Verzug mit Entgeltforderungen betrifft. Vollrad kann der Fixbau ferner eine Frist für die Lieferung setzen und nach deren erfolglosem Ablauf den aufgrund Ausbleibens der Lieferung entgangenen Gewinn als Schaden ersetzt verlangen (§281 Abs.1 Satz1) oder vom Vertrag zurücktreten, §323 Abs.1. Vollrad gewinnt auf diese Weise auch Klarheit darüber, keine Lieferung der Fixbau mehr entgegennehmen zu müssen, so dass er z.B. anderweitig bestellen kann.

3. Nachträgliche Unmöglichkeit der Leistung

Die Leistungspflicht ist nach §275 Abs.1 ausgeschlossen, wenn die Leistung für den Schuldner oder sogar für jedermann **unmöglich** ist. Ferner steht dem Schuldner ein Leistungsverweigerungsrecht zu, wenn die Leistung nur mit einem Aufwand zu erbringen wäre, der in grobem Missverhältnis zum Leistungsinteresse des Gläubiger steht, §275 Abs.2. Diese Fälle kann man als **faktische Unmöglichkeit** bezeichnen. Außerdem hat der Schuldner ein Recht zur Verweigerung der Leistung, wenn es sich um eine persönlich zu erbringende Leistung handelt, die dem Schuldner angesichts besonderer Umstände **nicht zuzumuten** ist, §275 Abs.3. 30

Der Wegfall der Leistungspflicht in diesen Fällen gilt unabhängig davon, ob das Leistungshindernis schon bei Vertragsschluss bestand oder später eingetreten ist. Die weiteren Rechtsfolgen, insbesondere Schadensersatzansprüche des Gläubigers, sind aber bei nachträglicher und ursprünglicher Unmöglichkeit (dazu s. Rn.35) an unterschiedliche Voraussetzungen geknüpft. 31

Bei der nachträglich eingetretenen Unmöglichkeit kommt es darauf an, wer den entsprechenden Tatbestand **zu vertreten hat**: 32

– Hat der **Schuldner** den Ausschluss der Leistungspflicht zu vertreten (§§276, 278), so kann der Gläubiger **Schadensersatz statt der Leistung**[29] verlangen, §280 Abs.1, §283. Der Anspruch des Schuldners auf die Gegenleistung entfällt, §326 Abs.1. Doch bleibt bei der Höhe des Schadensersatzes, den der Gläubiger verlangen kann, zu beachten, dass er bei Erhalt der ursprünglich geschuldeten Leistung auch die Gegenleistung hätte erbringen müssen.

– Trifft die Verantwortung dagegen den **Gläubiger**, so behält der Schuldner, obwohl er selbst nicht mehr zu leisten braucht und auch nicht zum Schadensersatz verpflichtet ist, den Anspruch auf die Gegenleistung, §326 Abs.2 (abzüglich ersparter Aufwendungen).

---

29 Zum Begriff s. §18 Rn.63.

– Hat **weder der Schuldner noch der Gläubiger** den Ausschluss der Leistungspflicht zu vertreten, so treffen den Schuldner keine Verpflichtungen mehr und zugleich entfällt die Gegenleistungspflicht des Gläubigers, § 326 Abs. 1.

33 Beim gegenseitigen Vertrag kann der Gläubiger nach § 326 Abs. 5 auch vom Vertrag **zurücktreten**, wenn die Leistungspflicht des Schuldners ausgeschlossen ist. Dies gilt aber gemäß § 326 Abs. 5, § 323 Abs. 6 nicht, wenn der Gläubiger den Ausschluss der Leistungspflicht zu vertreten hat – er kann sich nicht durch Rücktritt der nach § 326 Abs. 2 weiter bestehenden Verpflichtung zur Gegenleistung entziehen.

34 Im **Beispielsfall** (Frage b) ist der Anspruch auf Leistung ausgeschlossen, weil die Lieferung aufgrund des Brandes für die Fixbau GmbH unmöglich geworden ist, § 275 Abs. 1. Zwar handelt es sich um eine Gattungsschuld (§ 243), doch war die Gattung auf die von Fixbau gefertigten Räder beschränkt. Der Sachverhalt ergibt keinen Anhaltspunkt dafür, dass sich Fixbau etwa die Räder anderweitig beschaffen könnte. Vollrad hat auch keinen Anspruch auf Schadensersatz statt der Leistung (§ 283 Satz 1, § 280 Abs. 1 Satz 1 u. 2), da Fixbau den unverschuldeten Brand nicht zu vertreten hat. Dafür ist Vollrad seinerseits auch nicht zur Zahlung des Kaufpreises verpflichtet, § 326 Abs. 1 Satz 1.

4. Ursprüngliche Unmöglichkeit der Leistung

35 Gemäß § 311a Abs. 1 wirkt sich ein schon bei Vertragsschluss vorliegendes Leistungshindernis, also die Unmöglichkeit der Leistung, nicht auf die Wirksamkeit des Vertrages aus. Der Anspruch auf Leistung ist freilich, genauso wie bei einer nachträglichen Unmöglichkeit, nach § 275 Abs. 1 ausgeschlossen, s. Rn. 30. Der Gläubiger hat wahlweise Anspruch auf Schadensersatz statt der Leistung oder auf Ersatz seiner Aufwendungen, es sei denn, dass der Schuldner das Leistungshindernis nicht kannte und diese Unkenntnis auch nicht zu vertreten hat, § 311a Abs. 2 Satz 1 u. 2.

36 Im **Beispielsfall** (Frage c) war die Leistung der Fixbau GmbH schon bei Vertragsschluss unmöglich, und zwar (wegen der Beschränkung der Gattungsschuld auf die von Fixbau hergestellten Räder, s. Rn. 34) für jedermann. Nach § 275 Abs. 1 ist der Anspruch auf die Lieferung ausgeschlossen. Die Wirksamkeit des Vertrages wird davon jedoch nicht berührt, § 311a Abs. 1. In Betracht kommt ein Schadensersatzanspruch des Vollrad aus § 311a Abs. 2 Satz 1. Jedoch kannte der Vertreter der Fixbau (auf dessen Wissen nach § 166 Abs. 1 abzustellen ist, s. § 25 Rn. 5) die eingetretene Unmöglichkeit nicht und es gibt auch keinen Anhaltspunkt dafür, dass diese Unkenntnis auf Fahrlässigkeit beruhte. Dies steht nach § 311a Abs. 2 Satz 2 dem Schadensersatzanspruch entgegen. Vollrad hat somit keine Ansprüche. Zugleich entfällt andererseits der Anspruch der Fixbau auf den Kaufpreis als Gegenleistung, § 326 Abs. 1 Satz 1.

5. Sonstige Pflichtverletzungen

a) Schlechterfüllung, insbesondere Haftung für Sachmängel beim Kaufvertrag

Eine Pflichtverletzung kann auch darin liegen, dass zwar die Leistung erbracht wird (anders als bei Verzug oder Unmöglichkeit), aber nicht den geschuldeten Anforderungen entspricht. Hierher gehört insbesondere die Haftung des Verkäufers bei Lieferung einer mangelhaften Sache; denn zu den Pflichten des Verkäufers gehört es auch, dem Käufer die Sache frei von Sach- und Rechtsmängeln zu verschaffen, §433 Abs.1 Satz2. Die Lieferung einer anderen als der geschuldeten Sache oder einer zu geringen Menge wird durch §434 Abs.3 einem Sachmangel gleichgestellt. 37

Entscheidend für das Vorliegen eines **Sachmangels** ist in erster Linie, ob die Sache bei Gefahrübergang (d.h. im Regelfall bei Übergabe der Sache an den Käufer, §446) die **vereinbarte Beschaffenheit** hat, §434 Abs.1 Satz1. Liegt keine solche Vereinbarung vor, so kommt es nach §434 Abs.1 Satz2 Nr.1 darauf an, ob sich die Sache für die **nach dem Vertrag vorausgesetzte Verwendung** eignet. Wenn dem Kaufvertrag auch insoweit nichts Besonderes zu entnehmen ist, gilt §434 Abs.1 Satz2 Nr.2. Danach ist eine Sache mangelfrei, wenn sie sich für die **gewöhnliche Verwendung** eignet und die bei Sachen gleicher Art übliche und vom Käufer zu erwartende Beschaffenheit aufweist. Dabei sind nach Maßgabe des §434 Abs.1 Satz3 auch Angaben in der Werbung für das Produkt zu beachten. 38

Der Käufer, dem eine mangelhafte Sache geliefert wurde, kann in erster Linie **Nacherfüllung** verlangen, §437 Nr.1. Das bedeutet, dass der Käufer nach seiner Wahl entweder Nachbesserung oder Lieferung einer anderen, mangelfreien Sache beanspruchen kann, §439 Abs.1. Wenn die vom Käufer gewählte Art der Nacherfüllung unverhältnismäßige Kosten verursachen würde, kann sie allerdings vom Verkäufer verweigert werden, §439 Abs.3. 39

Der Verkäufer hat im Regelfall ein „**Recht zur zweiten Andienung**“ – er muss nicht sogleich den Rücktritt des Käufers und damit den Wegfall des Anspruchs auf den Kaufpreis hinnehmen. Zu einem Recht zum **Rücktritt** vom Vertrag kann der Käufer über §437 Nr.2 im Allgemeinen erst gelangen, wenn er dem Verkäufer erfolglos eine Frist zur Nacherfüllung gesetzt hat (§323 Abs.1), oder aber, wenn die Nacherfüllung vom Verkäufer verweigert wurde, fehlgeschlagen ist oder dem Käufer nicht zugemutet werden kann, §440. In diesen Fällen ist der Käufer auch berechtigt, statt des Rücktritts eine **Minderung** (Herabsetzung) des Kaufpreises zu verlangen, §441. Einen Weg zum **Schadensersatz statt der Leistung** eröffnet §437 Nr.3, jedoch im Regelfall erst nach erfolgloser Fristsetzung für die Nacherfüllung, §281 Abs.1 Satz1, ohne Fristsetzung unter den Voraussetzungen des §440. Dabei sollte man nicht übersehen, dass der Anspruch auf Schadensersatz nach §280 Abs.1 Satz2 voraussetzt, dass der Schuldner die Pflichtverletzung zu vertreten hat. 40

41 Im **Beispielsfall** (Frage d) hat der Verkäufer zwar die Fahrräder geliefert, also dem Vollrad Besitz und Eigentum daran verschafft, wie es seiner Verpflichtung nach § 433 Abs. 1 Satz 1 entsprach. Jedoch fehlt es aufgrund der Lackschäden an der üblichen Beschaffenheit neuer Fahrräder, die vom Käufer angesichts der Bedeutung für die Haltbarkeit auch erwartet werden kann (§ 434 Abs. 1 Nr. 2). Fixbau ist daher der Pflicht zur Lieferung einer mangelfreien Sache (§ 433 Abs. 1 Satz 2) nicht nachgekommen. Als Folge des Sachmangels kann Vollrad gemäß § 437 Nr. 1, § 439 Abs. 1 nach seiner Wahl Beseitigung des Mangels oder Lieferung mangelfreier Räder verlangen. Er wird eher an der Lieferung anderer Räder interessiert sein, da bloßes Überlackieren vielleicht den Mangel doch nicht nachhaltig beseitigt. Fixbau wird die Neulieferung auch kaum als unverhältnismäßig kostenträchtig nach § 439 Abs. 3 Satz 1 und 2 ablehnen können. Weitere Rechte, insbesondere ein Rücktrittsrecht, kommen für Vollrad zunächst noch nicht in Betracht.

b) Verletzung von Schutzpflichten (Sorgfalts- und Aufklärungspflichten)

42 Neben den Hauptpflichten können aus dem Schuldverhältnis auch Verpflichtungen zur Rücksicht auf die Rechte, Rechtsgüter und Interessen des anderen Teils hervorgehen, § 241 Abs. 2. Diese **Nebenpflichten** (Schutzpflichten) umfassen vor allem Sorgfalts- und Aufklärungspflichten des Schuldners, die den Zweck haben, Schäden für den Gläubiger zu vermeiden. Ihr Umfang ist aus dem Inhalt des Vertrags unter Berücksichtigung des Grundsatzes von Treu und Glauben und der Verkehrssitte zu entnehmen (§ 242). Eine vom Schuldner zu vertretende Verletzung solcher Schutzpflichten führt zum Schadensersatzanspruch nach § 280 Abs. 1.

43 Im Allgemeinen beschränkt sich die Schadensersatzpflicht bei derartigen sonstigen Pflichtverletzungen auf den Ersatz des Schadens, der durch Verletzung der Nebenpflicht entstanden ist (man kann ihn als **Begleitschaden** bezeichnen), während die Hauptleistungspflicht des Schuldners und die Verpflichtung des Gläubigers zur Gegenleistung unberührt bleiben. Wenn allerdings dem Gläubiger aufgrund der Pflichtverletzung nicht mehr zuzumuten ist, die Leistung des Schuldners zu akzeptieren, so kann er **Schadensersatz statt der Leistung** verlangen, § 282.

44 Im **Beispielsfall** (Frage e) liegt weder Schuldnerverzug noch Unmöglichkeit der Leistung oder mangelhafte Leistung vor – vielmehr hat die Fixbau GmbH die Hauptleistung ordnungsgemäß erbracht. Jedoch wäre die Fixbau GmbH nach Treu und Glauben verpflichtet gewesen, den Vollrad auf die Notwendigkeit der Entfernung der Transportsicherung hinzuweisen; denn da der Verkäufer die Art und Weise dieser Vorkehrungen bestimmt, kann man von ihm nach der Verkehrssitte auch eine **Information** darüber im Interesse des Käufers erwarten. Nach § 280 Abs. 1 kann Vollrad Schadensersatz von Fixbau verlangen, wenn diese die Pflichtverletzung zu vertreten hat. Die Angestellten der Fixbau haben fahrlässig i. S. des § 276 Abs. 2 gehandelt. Da sie als Erfüllungsgehilfen der Fixbau tätig wurden, ist ihr Verschulden von Fixbau

nach § 278 zu vertreten. Damit ist der Anspruch auf Ersatz des Schadens begründet, der dem Vollrad durch seine Zahlungspflicht gegenüber den Kunden entstanden ist.

Denkbar wäre im Beispielsfall auch ein **Mitverschulden** des Vollrad, falls dieser (bzw. seine Angestellten) die Transportsicherung bei sorgfältiger Prüfung der Räder auch ohne Hinweis hätten bemerken können und müssen. Dies kann nach § 254 Abs. 1 zur Herabsetzung oder gar zum Wegfall des Schadensersatzanspruchs führen. Dabei wird dem Vollrad das Verschulden seiner Erfüllungsgehilfen zugerechnet, § 254 Abs. 2 Satz 2.[30]

6. Verschulden beim Vertragsschluss (culpa in contrahendo)

Beispiel: Beim Besuch eines Vertreters der Fixbau GmbH, der dem Vollrad Unterlagen über die derzeit lieferbaren Räder vorlegt, stellt Vollrad fest, dass alle Räder deutlich schwerer sind als neueste, von anderen Händlern hergestellte Leichtbaumodelle. Der Vertreter befürchtet, einen Kunden zu verlieren und erklärt (ohne Genaueres zu wissen), in spätestens vier Wochen könne auch Fixbau ein entsprechendes Produkt zu günstigeren Konditionen als die Konkurrenz liefern; Vollrad solle sich noch etwas gedulden. Später stellt sich heraus, dass derartige Räder bei Fixbau erst in der Entwicklung sind und frühestens in einem halben Jahr auf den Markt kommen. Vollrad ist verärgert, da nun einige Interessenten an solchen Rädern von ihm nicht kurzfristig beliefert werden können. Er verlangt Ersatz des entsprechenden Schadens von der Fixbau. Mit Recht?

Auch wenn noch kein Vertrag geschlossen wurde, kommt bereits eine Haftung **45**
aufgrund Verschuldens beim Vertragsschluss (culpa in contrahendo) in Betracht. Die Voraussetzungen dieser Haftung sind in § 311 Abs. 2 geregelt. Zwischen den Beteiligten muss ein vorvertragliches Schuldverhältnis entstanden sein, sei es durch Aufnahme von Vertragsverhandlungen, Anbahnung eines Vertrags oder ähnliche geschäftliche Kontakte. Solche Schuldverhältnisse aufgrund Vertragsanbahnung zeichnen sich dadurch aus, dass keine Hauptleistungspflichten bestehen. Es können jedoch Schutzpflichten i. S. v. § 241 Abs. 2 hieraus hervorgehen. Da der rechtsgeschäftliche Entstehungstatbestand des Vertrages noch fehlt, handelt es sich um ein gesetzliches Schuldverhältnis ohne primäre Leistungspflichten. Werden vom einen Teil (Schuldner) Pflichten aus diesem Verhältnis verletzt, so kann der andere Teil (Gläubiger) nach § 280 Abs. 1 Satz 1 und 2 **Ersatz des hierdurch verursachten Schadens** verlangen, sofern der Schuldner die Pflichtverletzung zu vertreten hat. Dabei ist, ebenso wie bei den anderen Pflichtverletzungen, nicht nur Verschulden des Schuldners in eigener Person (§ 276), sondern auch Verschulden von Erfüllungsgehilfen (§ 278) relevant.

---

30 Wer das Gesetz genau liest, wird vielleicht fragen, ob denn die in § 254 Abs. 2 Satz 2 enthaltene Verweisung auf § 278 auch für § 254 Abs. 1 gilt. Nach h. M. ist dies entgegen der systematischen Stellung des § 254 Abs. 2 Satz 2 zu bejahen; man geht von einem Redaktionsversehen des Gesetzgebers aus.

46 Im **Beispielsfall** waren aufgrund des Vertreterbesuchs Vertragsverhandlungen i. S. v. § 311 Abs. 2 Nr. 1 aufgenommen worden. Dabei hätte die Fixbau GmbH im Rahmen der Schutzpflichten nach § 241 Abs. 2 auf das erkennbare Interesse des Vollrad Rücksicht nehmen müssen, auf dem Markt mit Leichträdern präsent zu sein. Die Fixbau hätte daher keine falschen Auskünfte über bevorstehende Liefermöglichkeiten erteilen dürfen. Dabei muss sich die Fixbau das Verschulden (mindestens Fahrlässigkeit) des Vertreters als Erfüllungsgehilfen (§ 278 Satz 1) zurechnen lassen. Damit ist der Schadensersatzanspruch des Vollrad nach § 280 Abs. 1 begründet.

Kontrollfragen und Fälle zu § 6

1) Welche Teilaspekte umfasst die schuldrechtliche Vertragsfreiheit?

2) Was versteht man unter einem gegenseitigen Vertrag? Nennen Sie Beispiele!

3) Ist der Kaufvertrag ein Verfügungs- oder ein Verpflichtungsgeschäft?

4) Welche hauptsächlichen Arten der Pflichtverletzungen (auf Seiten des Schuldners) sind zu unterscheiden?

5) Frau Jung sieht am Montag im Kunstsalon des Fred Hängi ein Bild eines zeitgenössischen Malers, das ihr sehr gut gefällt. Frau Jung vereinbart mit Fred Hängi, dass ihr das Bild am nächsten Samstag in die Wohnung geliefert und der Kaufpreis in Höhe von 8 000 € dort von ihr bar bezahlt werden solle. Am Dienstag kommt Herr Fix, ein anderer Kunstfreund, und will dasselbe Bild kaufen. Ein Angestellter des Fred Hängi, der von den mit Frau Jung getroffenen Vereinbarungen nichts weiß, willigt ein. Fix bezahlt 8 000 € und nimmt das Bild gleich mit. Welche Ansprüche kann Frau Jung geltend machen, die noch dazu das Bild für 9 500 € hätte weiterverkaufen können?

Lösungen

47 1) Abschlussfreiheit und inhaltliche Gestaltungsfreiheit.

2) Gegenseitige Verträge sind Verträge, bei denen **Leistung und Gegenleistung im Austauschverhältnis** stehen. Beispiele: Kaufvertrag, Werkvertrag, Mietvertrag, Arbeitsvertrag, verzinsliches Darlehen.

3) Der Kaufvertrag ist ein **Verpflichtungsgeschäft**, da er nur Ansprüche und Verpflichtungen begründet, aber nicht die dingliche Zuordnung (das Eigentum) ändert.

4) Die hauptsächlichen Arten der **Pflichtverletzungen** (Leistungsstörungen) auf Seiten des Schuldners sind: Verschulden beim Vertragsschluss (culpa in contrahendo), Verzug des Schuldners, Unmöglichkeit der Leistung (mit den Unterarten der ursprünglichen und der nachträglichen Unmöglichkeit), sonstige Pflichtverletzung (mit den Unterarten der Schlechterfüllung und der Verletzung von Schutzpflichten).

48 5) **I. Ansprüche der Frau Jung gegen Fred Hängi**

1. Auf Übergabe und Übereignung des Bildes aus § 433 Abs. 1 Satz 1. – In den Vereinbarungen zwischen Frau Jung und Fred Hängi kam der beiderseitige Bindungswille zum Ausdruck, so dass hierin bereits der **Abschluss eines Kaufvertrags** über das Bild zu einem Preis von 8 000 € zu sehen ist. Aus dem Kaufvertrag ergab sich der Anspruch der Frau Jung gegen Fred Hängi auf Übergabe und Übereignung des Bildes, § 433 Abs. 1 Satz 1. Denkbar wäre, dass der Anspruch bereits durch Erfüllung erloschen ist, § 362 Abs. 1. Jedoch wurde das Bild weder bei Abschluss des Kaufvertrages noch später gemäß § 929 Satz 1 durch Einigung und Übergabe von Hängi an Jung übereignet. Auch ohne Übergabe wäre allerdings schon bei Abschluss des Kaufvertrages eine Übereignung nach § 930 (Einigung und Verschaffung des mittelbaren Besitzes, sog. Besitzkonstitut) möglich gewesen, doch ist hier **kein entsprechender Wille** erklärt worden. Gerade wenn der Kaufpreis erst bei Lieferung bezahlt werden soll, entspricht es auch nicht der Interessenlage, im Wege der Auslegung stillschweigende, auf Übereignung gemäß § 930 gerichtete Erklärungen anzunehmen. Der Anspruch ist also nicht erfüllt worden. Bevor es zu einer Übergabe und Übereignung an Frau Jung kam, wurde das Bild durch den Angestellten des Fred Hängi nach § 929 Satz 1, also aufgrund Einigung und Übergabe, an Fix **übereignet**. Die dabei vom Angestellten als Stellvertreter des Fred Hängi abgegebenen Willenserklärungen wirken nach § 164 Abs. 1 Satz 1 unmittelbar für und gegen den Vertretenen. Der Übereignung an Fix stand nicht entgegen, dass das Bild bereits an Frau Jung verkauft war. Der Kaufvertrag ist ein Verpflichtungsgeschäft, der die dingliche Rechtslage, d. h. das Eigentum des Fred Hängi und dessen Verfügungsbefugnis, unberührt ließ. Durch die Übergabe und die Übereignung des Bildes an Fix wurde es dem Fred Hängi **unmöglich**, seine Verpflichtung gegenüber Frau Jung zu erfüllen. Der Kaufvertrag war allein auf dieses Bild gerichtet, kann also nicht etwa durch Lieferung eines anderen Bildes erfüllt werden. Somit ist der Anspruch der Frau Jung auf Leistung nach § 275 Abs. 1 ausgeschlossen. Dies gilt, wie sich aus dem Wortlaut dieser Vorschrift unmittelbar entnehmen lässt, auch dann, wenn die Leistung nur für den Schuldner, nicht für jedermann unmöglich geworden ist.

2. Auf Schadensersatz statt der Leistung aus § 275 Abs. 4, § 280 Abs. 1 u. 3, § 283. – 49
Frau Jung kann nach diesen Vorschriften Schadensersatz statt der Leistung verlangen, es sei denn, dass Fred Hängi die Pflichtverletzung, hier das Unmöglichwerden der Leistung, nicht zu vertreten hat, § 280 Abs. 1 Satz 2. Fred Hängi hat die Unmöglichkeit zwar nicht vorsätzlich herbeigeführt, doch hat er es unterlassen, seinen Angestellten über den bereits erfolgten Verkauf zu informieren oder das Bild entsprechend zu kennzeichnen, um dadurch eine zweite Veräußerung des Bildes zu verhindern. Damit hat er die im Verkehr erforderliche Sorgfalt nicht beachtet und daher **fahrlässig** gehandelt, § 276 Abs. 2. Damit sind die Voraussetzungen eines Anspruchs auf Schadensersatz statt der Leistung erfüllt. Da Frau Jung das Bild für 9 500 € hätte weiterverkaufen können, während sie selbst nur 8 000 € hätte bezahlen müssen, ist ihr ein Schaden in Höhe von 1 500 € entstanden (entgangener Gewinn, § 252), den sie von Fred Hängi ersetzt verlangen kann.

II. Ansprüche der Frau Jung gegen Herrn Fix 50

1. Auf Herausgabe des Bildes, § 985. – Der Anspruch scheitert daran, dass Frau Jung nicht Eigentümerin des Bildes geworden ist.

2. Auf Schadensersatz. – a) Aus Kaufvertrag. Der Kaufvertrag zwischen Frau Jung und Fred Hängi wirkt als schuldrechtlicher Vertrag (Verpflichtungsvertrag) nur zwischen den Vertragsparteien. Ansprüche gegen Fix, etwa wegen einer Pflichtverletzung (§ 280), können aus diesem Vertrag nicht hergeleitet werden.

b) Aus § 823 Abs. 1. Ein Schadensersatzanspruch aus § 823 Abs. 1 würde bestehen, wenn Fix das Eigentum der Frau Jung widerrechtlich und schuldhaft verletzt hätte. Da aber Frau Jung das **Eigentum** an dem Bild **nicht erlangt** hatte, scheidet diese Möglichkeit aus. Frau Jung hatte lediglich den schuldrechtlichen Anspruch auf Übergabe und Übereignung des Bildes gegen Fred Hängi. Dieser Anspruch stellt kein sonstiges Recht i. S. v. § 823 Abs. 1 dar, da hierunter nur absolut (gegenüber jedermann) geschützte Rechte fallen.

c) Aus § 826. Anhaltspunkte für eine vorsätzliche sittenwidrige Schädigung der Frau Jung durch Fix (wie sie etwa bei bewusster Verleitung des Fred Hängi zum Vertragsbruch zu Lasten der Frau Jung in Frage kommen würden) enthält der Sachverhalt nicht.

Somit hat Frau Jung keine Ansprüche gegen Fix.

§ 7 Besitz und Eigentum sowie die Arten der subjektiven Rechte

I. Der Unterschied zwischen Besitz und Eigentum

1. Die Begriffe Besitz und Eigentum

1 Im Alltagssprachgebrauch werden **Eigentum** und **Besitz** weitgehend gleichgesetzt. Man spricht etwa davon, jemand habe einen schönen Besitz erworben; es gibt einen Verein der Haus- und Grundbesitzer usw. Nach dem Sprachgebrauch des bürgerlichen Rechts müsste dagegen in beiden Fällen vom Eigentum bzw. von den Eigentümern gesprochen werden. Das BGB unterscheidet nämlich scharf zwischen dem **Besitz** als der **tatsächlichen Sachherrschaft** (§ 854 Abs. 1: tatsächliche Gewalt über die Sache) und dem **Eigentum** als der **rechtlichen Herrschaftsmacht** über eine Sache (§ 903 Satz 1: der Eigentümer darf grundsätzlich mit seiner Sache nach Belieben verfahren und andere von jeder Einwirkung ausschließen). Besitzer ist also, wer eine Sache rein tatsächlich hat, Eigentümer dagegen, wem die Sache gehört. Der Besitzer genießt nach §§ 859 ff. rechtlichen Schutz gegenüber verbotener Eigenmacht, die nach § 858 Abs. 1 in einer Wegnahme der Sache oder einer Störung des Besitzes bestehen kann.

2 Sachen sind nach § 90 körperliche Gegenstände, seien es bewegliche oder unbewegliche (d. h. Grundstücke), näher s. § 38 Rn. 2 ff. **Eigentum** gibt es nach dem BGB **nur an Sachen**. Bei anderen Rechten spricht man vom Rechtsinhaber oder (bei Forderungen) vom Gläubiger. Zum abweichenden Eigentumsbegriff des Verfassungsrechts s. Rn. 6.

Merksatz:
Besitz ist die tatsächliche Gewalt, Eigentum die rechtliche Herrschaftsmacht über Sachen.

2. Zusammentreffen und Auseinanderfallen von Besitz und Eigentum

3 Oft sind Besitz und Eigentum in derselben Person vereinigt. Beim Erwerb einer beweglichen Sache gegen Barzahlung wird **Besitz und Eigentum gleichzeitig erlangt**, so etwa wenn jemand ein Fernsehgerät kauft, bar bezahlt und das Gerät mitnimmt. Der Erwerber ist unmittelbarer Besitzer und Eigentümer geworden.

Jedoch können die **Eigentümerstellung** und die **Besitzerstellung** auch **auseinander fallen**. Sobald der Eigentümer sein Auto für einige Tage einem Freund leiht, es ihm also unentgeltlich zum Gebrauch überlässt (§ 598), ist der Freund unmittelbarer Besitzer des Wagens, während das Eigentum in der bisherigen Hand geblieben ist. Die tatsächliche Sachherrschaft, also der unmittelbare Besitz, kann auch widerrechtlich erworben werden. Wenn ein Dieb ein parkendes Auto aufbricht und damit wegfährt, so hat er den unmittelbaren Besitz des Fahrzeugs erlangt, nicht dagegen das Eigentum. Bei der Frage, wer den Besitz innehat, kommt es nicht darauf an, ob die tatsächliche Herrschaft über die Sache berechtigt oder unberechtigt erlangt wurde.

II. Der Inhalt des Eigentums

1. Das Eigentum als umfassende Herrschaftsmacht

Nach § 903 Satz 1 kann der Eigentümer mit seiner Sache **nach Belieben verfahren**, freilich nur, solange nicht das **Gesetz** oder **Rechte** Dritter entgegenstehen. 4
§ 903 Satz 1 gilt sowohl für bewegliche als auch für unbewegliche Sachen (Grundstücke). Zu den Rechten des Eigentümers gehört es beispielsweise, seine Sache zu nutzen, zu vermieten oder auch zu veräußern. Er ist auch zur Veränderung bis hin zur Zerstörung der Sache berechtigt.

2. Schranken des Eigentums

a) Verfassungsrechtliche Garantie und Sozialbindung des Eigentums

Nach Art. 14 Abs. 1 Satz 1 GG wird das **Eigentum gewährleistet**. Diese Eigen- 5
tumsgarantie ist ein zentraler Bestandteil der freiheitlichen Ordnung. Gemeint ist damit das Eigentum in privater Hand. Es wäre also z.B. mit der Verfassung nicht vereinbar, wenn das Eigentum an Grundstücken grundsätzlich dem Staat vorbehalten bliebe.

Der **Begriff des Eigentums** in Art. 14 GG ist **weiter** als derjenige des BGB.[1] 6
Nicht nur das Sacheigentum, sondern auch andere private Rechte mit Vermögenswert, z.B. Gesellschaftsanteile oder Forderungen, werden vom verfassungsrechtlichen Schutz erfasst.

Die verfassungsrechtliche Garantie bedeutet nicht, dass der Eigentümer kei- 7
nerlei rechtlichen Bindungen unterliegen würde. Gemäß Art. 14 Abs. 1 Satz 2 GG werden **Inhalt und Schranken des Eigentums** durch die Gesetze bestimmt. Art. 14 Abs. 2 GG betont zudem ausdrücklich den verpflichtenden Charakter des Eigentums (Satz 1) und stellt (in Satz 2) die Forderung auf, der Gebrauch des Eigentums solle zugleich dem Wohle der Allgemeinheit dienen. Zahlreiche Ge-

---

1 Vgl. BVerfGE 83, 201, 208f. = NJW 1991, 1807; Stein/Frank, Staatsrecht, 21. Aufl. (2010), § 42 II 1; Kingreen/Poscher, Grundrechte Staatsrecht II, 32. Aufl. (2016), Rn. 1000ff.

setze des öffentlichen Rechts beschränken die Befugnisse des Eigentümers oder legen ihm besondere Pflichten auf. Das gilt z. B. für die Frage der Bebaubarkeit eines Grundstücks. Ob überhaupt auf einem Stück Land gebaut werden darf und wenn ja, welche Art von Gebäuden zulässig ist, richtet sich u. a. nach dem Baugesetzbuch und dem Bebauungsplan, der von der Gemeinde aufgestellt wird. Der Eigentümer braucht zudem in der Regel eine Baugenehmigung durch die Verwaltungsbehörde und muss für die Einzelheiten des Baues zahlreiche Vorschriften (etwa über Abstandsflächen, über Garagen und Abstellplätze usw.) einhalten, die in den landesgesetzlichen Bauordnungen enthalten sind.

8 Auch den schärfsten Eingriff in das Eigentum, nämlich die **Enteignung**, schließt das Grundgesetz nicht aus. Jedoch kann eine Enteignung gemäß Art. 14 Abs. 3 GG nur zum Wohle der Allgemeinheit und nur durch Gesetz oder aufgrund eines Gesetzes erfolgen, das Art und Ausmaß der Entschädigung regelt.

b) Die in § 903 erwähnten Schranken

9 Zu den in § 903 Satz 1 genannten entgegenstehenden Rechten eines Dritten gehören z. B. die Rechte der **Grundstücksnachbarn**. Das Eigentum rechtfertigt es nicht, das Grundstück in einer Weise zu gebrauchen, die für den Nachbarn unerträglich ist, etwa wegen der damit verbundenen Lärmbelästigung oder wegen gesundheitsschädigender Abgase. Im Einzelnen ist das Nachbarrecht in den §§ 906 ff. geregelt. Die privatrechtlichen Schranken des Eigentums, die sich aus Rechten Dritter ergeben, werden heute durch weitreichende öffentlichrechtliche Vorschriften ergänzt, etwa über die Zulässigkeit von Immissionen.

III. Die wichtigsten Ansprüche aus dem Eigentum

1. Der Herausgabeanspruch des Eigentümers gegen den Besitzer

Beispiel: Müller hat dem Maier übers Wochenende (bis Sonntagabend) sein Auto überlassen. Maier hat dafür 150 € bezahlt. Als sein zweiter Wagen den Dienst versagt, verlangt Müller das Auto schon am Samstagabend von Maier zurück. Mit Recht?

10 § 985 gibt dem **Eigentümer** das Recht, vom **Besitzer** die **Herausgabe der Sache** zu verlangen. Diese wichtige Anspruchsgrundlage scheint im Beispielsfall zunächst erfüllt zu sein, denn schließlich ist Müller Eigentümer und Maier aufgrund der Überlassung des Autos unmittelbarer Besitzer. Jedoch würde der Herausgabeanspruch am Samstagabend im Widerspruch zu dem abgeschlossenen Mietvertrag (§ 535) stehen. Dem trägt § 986 Rechnung. Nach § 986 Abs. 1 Satz 1 kann der Besitzer die Herausgabe der Sache verweigern, wenn er dem Eigentümer gegenüber zum Besitz berechtigt ist. Ein solches **Recht zum Besitz**

ergibt sich vielfach aus einem schuldrechtlichen Vertrag mit dem Eigentümer, im Beispielsfall aus dem Mietvertrag. Solange Maier aufgrund des Mietvertrags zum Besitz berechtigt ist, also bis zum Sonntagabend, ist er zur Herausgabe nicht verpflichtet.

§ 985 und § 986 ergeben erst zusammen die **drei Voraussetzungen des Herausgabeanspruchs:** 11
- Eigentum des Anspruchsgläubigers
- Besitz des Anspruchsgegners
- kein Recht des Anspruchsgegners zum Besitz.

2. Anspruch des Eigentümers auf Beseitigung oder Unterlassung einer Störung

Beispiel: Grün pflegt das in seinem Garten anfallende Schnittgut über den Zaun auf die angrenzende Wiese zu werfen. Was kann der Eigentümer der Wiese dagegen unternehmen?

a) Beseitigungsanspruch

Aus § 1004 Abs. 1 Satz 1 ergibt sich der Anspruch des Eigentümers, von einem **Störer** die **Beseitigung der Beeinträchtigung** zu verlangen. Der Eigentümer der Wiese hat also einen Anspruch darauf, dass Grün das über den Zaun geworfene Schnittgut wieder entfernt. 12

Freilich ist Voraussetzung dieses Anspruchs eine **rechtswidrige Störung**. Wenn dagegen der Eigentümer zur Duldung verpflichtet ist, ist der Anspruch nach § 1004 Abs. 2 ausgeschlossen. Eine solche **Duldungspflicht** kann sich im Verhältnis der Nachbarn aus § 906 ergeben, nämlich bei unwesentlichen oder durch ortsübliche Benutzung herbeigeführten Beeinträchtigungen. Würde also z. B. beim Rasenmähen ein kleiner Teil der Halme durch die Luft gewirbelt und auf diese Weise auf das andere Grundstück geweht, so wäre dies gewiss eine unwesentliche Beeinträchtigung. Bei dem über den Zaun geworfenen Schnittgut lässt sich dies aber nicht mehr bejahen.

b) Unterlassungsanspruch

Nach § 1004 Abs. 1 Satz 2 kann der Eigentümer den Störer auf **Unterlassung** verklagen, wenn weitere Beeinträchtigungen zu besorgen sind. In diesem Recht zur Klage kommt ebenfalls ein Anspruch, gerichtet auf Unterlassung, zum Ausdruck. Damit kann zukünftigen Störungen vorgebeugt werden. Im Beispiel wäre der Unterlassungsanspruch etwa begründet, wenn Grün sein Verhalten wiederholt, obgleich ihn der Eigentümer des Nachbargrundstücks bereits aufgefordert hat, dies zu unterlassen. 13

3. Anspruch auf Schadensersatz

Beispiel: Rot hat am Balkon seiner Wohnung einige Blumenkästen angebracht. Bei einem Gewittersturm löst sich einer der Kästen und beschädigt das ordnungsgemäß geparkte Auto der Frau Pech. Muss Rot den Schaden ersetzen?

14 Aus rechtswidrigen und vorsätzlichen oder fahrlässigen, also schuldhaften Verletzungen des Eigentums erwächst gemäß § 823 Abs. 1 ein Anspruch des Eigentümers gegen den Verletzer auf Ersatz des entstandenen Schadens. Es handelt sich dabei um einen **Anspruch aus unerlaubter Handlung** (gleichbedeutend: Delikt).

Im **Beispielsfall** hat Rot gewiss nicht vorsätzlich gehandelt, doch kommt eine Haftung für fahrlässige Beschädigung des Autos aus § 823 Abs. 1 in Betracht. Was **Fahrlässigkeit** bedeutet, umschreibt § 276 Abs. 2. Danach kommt es darauf an, ob die im Verkehr erforderliche Sorgfalt eingehalten wurde. Zu fragen ist daher, ob die Befestigung der Blumenkästen hinreichend solide war. Mit Gewitterstürmen muss man in unseren Breiten rechnen. Wenn die Befestigung dem nicht standhielt, spricht alles dafür, dass Rot hierbei nicht mit der objektiv notwendigen Sorgfalt vorgegangen ist. Der Schadensersatzanspruch der Frau Pech ist also zu bejahen.

IV. Der Erwerb des Eigentums an beweglichen Sachen

1. Reichweite dieser Vorschriften

15 Die Sachen, also die körperlichen Gegenstände (§ 90), werden eingeteilt in die **beweglichen** und die **unbeweglichen Sachen (Grundstücke)**, näher s. § 38 Rn. 5. Der Eigentumserwerb ist bei beweglichen Sachen und bei unbeweglichen Sachen verschieden geregelt. Für **Tiere** gelten nach § 90a Satz 3 die Vorschriften über den Eigentumserwerb an beweglichen Sachen entsprechend.

2. Rechtsgeschäftlicher Erwerb vom Berechtigten

Beispiel: Alm kauft im Laden des Tick eine Standuhr für 800 €. Er zahlt 400 € bar und verspricht, den Rest binnen 14 Tagen zu überweisen. Die Uhr gibt Tick dem ihm gut bekannten Alm gleich mit. Ist Alm Eigentümer geworden?

a) Eigentumserwerb durch Einigung und Übergabe

16 Die nach § 929 Satz 1 für den Eigentumswechsel erforderliche **Einigung** stellt genauer betrachtet einen (dinglichen) Vertrag dar, der durch zwei übereinstimmende Willenserklärungen zustande kommt: die Erklärung des bisherigen Eigentümers, das Eigentum übertragen zu wollen, und die Erklärung des Erwerbers, Eigentümer werden zu wollen. Diese Einigung über den Eigentumsübergang braucht nicht ausdrücklich geäußert zu werden; es genügt, wenn der entsprechende Wille der Beteiligten aus den Umständen unter Berücksichtigung der Verkehrsauffassung erkennbar ist. Im Beispiel kommt die Einigung dadurch zum Ausdruck, dass Tick dem Alm die Standuhr mitgibt.

Neben der Einigung setzt der Eigentumsübergang nach § 929 Satz 1 die **Übergabe** der Sache voraus. Darunter ist im Regelfall die Verschaffung des unmittelbaren Besitzes für den Erwerber zu verstehen. Der Besitz wird im BGB als äußeres Anzeichen für das Eigentum betrachtet. Dies kommt auch in der Vermutung des § 1006 Abs. 1 Satz 1 (zugunsten des Besitzers einer beweglichen Sache wird vermutet, dass er Eigentümer ist) zum Ausdruck. 17

Im **Beispielsfall** sind Einigung und Übergabe gegeben. Der Eigentumserwerb hängt nicht davon ab, dass der Kaufpreis vollständig bezahlt ist. Anders wäre es, wenn bei der Übereignung ein **Eigentumsvorbehalt** vereinbart worden wäre. Dieser stellt, wie sich aus der Auslegungsregel in § 449 Abs. 1 entnehmen lässt, eine **aufschiebende Bedingung** (§ 158 Abs. 1) dar. Der Eigentumsübergang soll danach solange aufgeschoben sein, bis der Kaufpreis vollständig bezahlt ist. Eine solche Bedingung muss aber vereinbart werden, also in den Erklärungen zum Ausdruck kommen. Man kann nicht einfach aufgrund der noch nicht vollständig erfolgten Zahlung einen solchen Eigentumsvorbehalt unterstellen. Auch die Umstände (Alm ist dem Tick bekannt) sprechen nicht für einen (stillschweigend erklärten) Eigentumsvorbehalt. 18

Die **schuldrechtliche Grundlage** des Übereignungsvorgangs bildet im Beispiel der Kaufvertrag zwischen Alm und Tick. Ob der Eigentumswechsel eintrat, ist aber allein nach § 929 Satz 1 zu beurteilen. Diese Trennung zwischen dem schuldrechtlichen Grundgeschäft und dem sachenrechtlichen Erfüllungsgeschäft wird später (s. § 8 Rn. 1 ff.) näher erläutert. 19

b) Ersatz der Übergabe durch Begründung des mittelbaren Besitzes

Beispiel: Die Unternehmerin Stark möchte an das Bankhaus Beifuß Maschinen aus ihrem Betrieb zur Sicherung für ein Darlehen übereignen, aber weiter damit arbeiten. Auf welchem Wege ist dies möglich?

Die Übergabe, die nach § 929 Satz 1 neben der Einigung Voraussetzung des Eigentumserwerbs ist, kann nach § 930 dadurch ersetzt werden, dass für den neuen Eigentümer **mittelbarer Besitz** im Sinne des § 868 begründet wird. Beim mittelbaren Besitz übt der mittelbare Besitzer über das Rechtsverhältnis Einfluss auf den unmittelbaren Besitzer aus (Besitzmittlungsverhältnis, auch Besitzkonstitut genannt). Rechtsverhältnisse, die einen mittelbaren Besitz begründen, sind z. B. die Leihe (für den Verleiher), der Mietvertrag (für den Vermieter) oder, so im Beispielsfall, eine Sicherungsvereinbarung, die dem 20

Sicherungsgeber das Recht belässt, die Sache weiterhin zu nutzen, solange die Verpflichtungen aus dem gesicherten Darlehen ordnungsgemäß erfüllt werden. Auf diese Weise erhält der Sicherungsnehmer (hier das Bankhaus) den mittelbaren Besitz. So ist eine **Sicherungsübereignung** möglich, ohne dass der Eigentümer den unmittelbaren Besitz verliert. Die Sicherungsübereignung beweglicher Sachen in dieser Form gehört im Wirtschaftsleben zu den gängigen Formen der Kreditsicherung.

3. Gutgläubiger Erwerb vom Nichtberechtigten

Beispiel: Anton hat ein Auto gemietet. Da er Geld braucht, verkauft und übergibt er das Fahrzeug an Berta, die ihn für den Eigentümer hält. Ist Berta Eigentümerin geworden?

21 Nach § 929 Satz 1 muss der bisherige Eigentümer die Sache dem Erwerber übergeben und sich mit ihm über den Eigentumswechsel einigen. Daran fehlt es im Beispiel, da Anton selbst nicht Eigentümer des Autos war. § 932 Abs. 1 Satz 1 ermöglicht jedoch einen **gutgläubigen Erwerb vom Nichteigentümer**. Der gutgläubige Erwerb knüpft an den Besitz des Veräußerers an. Der Erwerber soll sich auf den durch den Besitz begründeten Anschein des Eigentums des Veräußerers verlassen können. Der Erwerb tritt aber nicht ein, wenn der **Erwerber bösgläubig** ist, d.h. wenn er weiß oder infolge grober (d.h. schwerer) Fahrlässigkeit[2] nicht weiß, dass es dem Veräußerer am Eigentum mangelt, § 932 Abs. 2.

22 Im **Beispielsfall** wusste Berta nicht, dass Anton nicht Eigentümer war. Jedoch ist zu bedenken, dass Anton als Mieter des Fahrzeugs nicht in der Lage war, Berta die **Zulassungsbescheinigung, Teil II** (früher: Kraftfahrzeugbrief) vorzulegen. Die Übergabe der Zulassungsbescheinigung ist zwar keine Voraussetzung für den Eigentumswechsel; es handelt sich nicht um ein echtes Wertpapier, sondern nur um eine Urkunde zum Nachweis der Zulassung auf eine bestimmte Person[3] (auf die § 952 analog anzuwenden ist). Aber nach der Verkehrsauffassung hat der Erwerber eines gebrauchten Kraftfahrzeugs allen Anlass zum Zweifel am Eigentum des Veräußerers, wenn dieser die Zulassungsbescheinigung nicht vorlegt.[4] Daher scheitert der Eigentumserwerb an der Bösgläubigkeit der Berta in Form **grob fahrlässiger Unkenntnis** vom fehlenden Eigentum des Anton, § 932 Abs. 2.

23 Eine wichtige Schranke für den gutgläubigen Erwerb enthält § 935 Abs. 1 Satz 1. Wenn die Sache dem bisherigen Eigentümer **abhanden gekommen** ist, d.h. wenn er den unmittelbaren Besitz ohne seinen Willen verloren hat, so ist

2 Zum im Gesetz nicht definierten Begriff der groben Fahrlässigkeit vgl. § 35 Rn. 11 Fn. 6.
3 Das Eigentum am Fahrzeug wird dadurch nicht nachgewiesen, OLG Saarbrücken NJW 2016, 344.
4 Näher MünchKomm/Oechsler § 932 Rn. 54.

daran kein gutgläubiger Erwerb möglich. Auf diese Weise ist insbesondere an gestohlenen Sachen der gutgläubige Erwerb ausgeschlossen. Gemäß § 935 Abs. 2 steht aber das Abhandenkommen einem gutgläubigen Erwerb nicht entgegen, wenn es sich um **Geld** oder Inhaberpapiere handelt oder wenn die Veräußerung im Wege **öffentlicher Versteigerung** erfolgt.

Im **Beispielsfall** würde § 935 Abs. 1 Satz 1 einem gutgläubigen Eigentumserwerb nicht entgegenstehen. Da der Eigentümer das Auto an Anton mietweise überlassen hat, hat er den unmittelbaren Besitz nicht unfreiwillig verloren; das Auto ist dem Eigentümer nicht abhanden gekommen.

4. Erwerb des Eigentums durch Verbindung, Vermischung und Verarbeitung

Bisher wurde der Eigentumserwerb durch Rechtsgeschäft dargestellt. Dagegen stellt der Eigentumserwerb durch Verbindung mehrerer beweglicher Sachen zu einer neuen Sache (§ 947), durch Vermischung oder Vermengung beweglicher Sachen (§ 948) oder durch Verarbeitung (§ 950) einen **nicht rechtsgeschäftlichen Erwerb** dar, da hier keine Einigung über den Eigentumswechsel, ja überhaupt keine Willenserklärung des Erwerbers nötig ist. Eine Folge davon ist, dass für einen Erwerb dieser Art keine Geschäftsfähigkeit erforderlich ist, s. als Beispiel § 10 Rn. 36. 24

5. Erwerb durch Erbfolge

Mit dem Erbfall geht gemäß § 1922 das **gesamte Vermögen des Erblassers** auf dessen Erben oder – falls mehrere Erben berufen sind – auf die Erbengemeinschaft über. Das gilt auch für das Eigentum an beweglichen Sachen. 25

V. Der Erwerb des Eigentums an Grundstücken

1. Rechtsgeschäftlicher Erwerb vom Berechtigten

Die Voraussetzungen eines rechtsgeschäftlichen Erwerbs des Eigentums an Grundstücken ergeben sich aus § 873 i. V. m. § 925: **Auflassung und Eintragung in das Grundbuch**. Auch hier ist eine Einigung (ein dinglicher Vertrag) über den Eigentumswechsel zwischen dem bisherigen und dem neuen Eigentümer erforderlich. Das Gesetz nennt diese Einigung Auflassung, § 925 Abs. 1 Satz 1. Sie muss wegen der Wichtigkeit eines solchen Geschäfts vor dem Notar bei gleichzeitiger Anwesenheit beider Teile (das schließt eine Stellvertretung nicht aus) erklärt werden, § 925 Abs. 1 Satz 1 u. 2. 26

An die Stelle der Übergabe bei beweglichen Sachen tritt die **Eintragung in das Grundbuch**. Dieses ist ein staatliches Register, das bei den Amtsgerichten geführt wird. Durch das Grundbuch soll **Publizität** erzielt werden, d. h. die 27

Rechtslage an den Grundstücken offen gelegt werden. In das Grundbuch werden sowohl das Eigentum als auch beschränkte dingliche Rechte, etwa Hypotheken oder Grundschulden, eingetragen. Wer im Grundbuch als Inhaber eines Rechts eingetragen ist, kann sich im Streitfall auf die **Vermutung der Richtigkeit des Grundbuchs** stützen, § 891 Abs. 1. Die Grundbucheintragung gewinnt damit eine ähnliche Funktion wie der unmittelbare Besitz bei beweglichen Sachen (vgl. § 1006).

2. Gutgläubiger Erwerb vom Nichtberechtigten

Beispiel: Frau Arg hat aufgrund gefälschter Unterlagen ihre Eintragung als Eigentümerin eines Grundstücks erreicht, das in Wirklichkeit dem Herrn Claus gehört. Frau Arg übereignet das Grundstück durch Auflassung und Eintragung an die Baufix GmbH. Wie ist die Rechtslage?

28 Einen gutgläubigen Erwerb von Grundstücken von demjenigen, der zu Unrecht in das Grundbuch eingetragen ist, ermöglicht § 892. Das **Grundbuch** genießt **öffentlichen Glauben**. Wer sich auf seinen Inhalt verlässt, wird durch § 892 geschützt, solange nicht ein Widerspruch gegen die Richtigkeit bereits im Grundbuch eingetragen ist oder dem Erwerber die Unrichtigkeit des Grundbuchs bekannt ist. Anders als bei § 932 Abs. 2 macht nur die positive Kenntnis von der Unrichtigkeit des Grundbuchs bösgläubig, während selbst grob fahrlässige Unkenntnis dem gutgläubigen Erwerb nicht entgegensteht.

Im **Beispiel** erlangt die Baufix GmbH über § 892 Abs. 1 Satz 1 das Eigentum an dem Grundstück, wenn ihr (d. h. ihren Organen) nicht bekannt ist, dass es in Wahrheit dem Herrn Claus gehört, dass also das Grundbuch unrichtig ist.

3. Verbindung

29 Das Eigentum am Grundstück erstreckt sich auch auf die wesentlichen Bestandteile des Grundstücks. Vor allem sind **Gebäude** regelmäßig keine selbständigen Sachen, sondern **wesentliche Bestandteile des Grundstücks**, auf dem sie errichtet wurden, § 94 Abs. 1 Satz 1 (näher s. § 38 Rn. 14 f.). Es gibt daher im Regelfall kein Eigentum an einem Haus als solchem, sondern nur das Eigentum am Grundstück, und dieses Eigentum erfasst auch das Haus als wesentlichen Bestandteil des Grundstücks.

30 Wird eine **bewegliche Sache** mit dem Grundstück so **verbunden**, dass sie wesentlicher Bestandteil wird, so fällt das Eigentum damit an den Grundstückseigentümer, § 946. Wenn bei der Errichtung eines Gebäudes Ziegelsteine eingemauert oder Fenster eingesetzt werden (wesentliche Bestandteile des Gebäudes und damit des Grundstücks

nach §94 Abs. 2), so verliert der bisherige Eigentümer das Eigentum, und das Grundstückseigentum erstreckt sich nun auch auf diese Steine und Fenster. Der bisherige Eigentümer kann aber für seinen Rechtsverlust einen Ausgleich in Geld verlangen, §951 Abs. 1 Satz 1.

4. Erwerb durch Erbfolge

Auch Grundstücke fallen mit dem Erbfall automatisch an den oder die Erben, 31
§1922. Es handelt sich um einen Eigentumsübergang **außerhalb des Grundbuchs**, so dass das Grundbuch mit dem Erbfall zunächst unrichtig wird.

VI. Begriff und Arten der subjektiven Rechte

1. Der Begriff des subjektiven Rechts

Der Begriff „Recht" wird im objektiven und im subjektiven Sinn gebraucht. 32
Recht im objektiven Sinn ist eine Gesamtheit von Rechtsnormen, die unter einem bestimmten Gesichtspunkt zusammengefasst werden. Man spricht in diesem Sinn z.B. vom Recht der Bundesrepublik Deutschland, womit die Gesamtheit der in der Bundesrepublik Deutschland geltenden Rechtsnormen gemeint ist. Das Privatrecht umfasst alle Normen, die privatrechtliche Beziehungen regeln; das Kaufrecht stellt die Gesamtheit der Rechtsnormen dar, aus denen sich die Rechtsfolgen eines Kaufvertrags ergeben.

Dagegen bezeichnet das **Recht im subjektiven Sinn** eine dem Einzelnen zu- 33
gewiesene und seinem Willen unterstellte Rechtsposition. Ist jemand Eigentümer einer Sache, so hat er das Eigentum als sein subjektives Recht inne. Das subjektive Recht folgt aus der Anwendung des objektiven Rechts, d.h. der Rechtsnormen, auf einen Sachverhalt. Kennzeichnend für das subjektive Recht ist die Berechtigung auf der einen, die Zuordnung einer Sache oder die Verpflichtung einer Person auf der anderen Seite.

Über den begriffsprägenden **Inhalt des subjektiven Rechts** bestanden und 34
bestehen Meinungsverschiedenheiten. Im 19. Jahrhundert stellte etwa *Bernhard Windscheid* die *Willensmacht* oder *Willensherrschaft* in den Vordergrund, während *Rudolf von Ihering* den *Zweck* des Rechts hervorhob und daher das subjektive Recht als „geschütztes Interesse" definierte. Doch gehört beides zusammen: das subjektive Recht ist **Zuweisung einer Willensmacht zum Schutz eines bestimmten Interesses**.

Definition:
Ein subjektives Recht ist eine dem Einzelnen zum Schutz bestimmter Interessen zugewiesene und seinem Willen unterstellte Rechtsposition.

2. Der Begriff des Rechtsverhältnisses

35 Vom Begriff des subjektiven Rechts ist der Begriff des Rechtsverhältnisses zu unterscheiden. Das Rechtsverhältnis kann in einem *einzelnen* subjektiven Recht (z.B. dem Eigentum an einer Sache) bestehen, doch ist das Rechtsverhältnis der weitere Begriff. Ein Rechtsverhältnis kann mehrere subjektive Rechte umfassen. Dies gilt vor allem für die **Schuldverhältnisse** (s. § 3 Rn. 5 f.) als Rechtsverhältnisse. So begründet z.B. der Kaufvertrag ein Schuldverhältnis, aus dem sich sowohl das subjektive Recht (der Anspruch) des Verkäufers auf Zahlung des Kaufpreises als auch das subjektive Recht des Käufers auf Lieferung der verkauften Sache ergibt. Darüber hinaus können aus dem Kaufvertrag weitere subjektive Rechte hervorgehen. So kann etwa ein Sachmangel zu Ansprüchen des Käufers auf Nacherfüllung oder Schadensersatz oder auch zu einem Rücktrittsrecht führen.

Definition:
Ein Rechtsverhältnis ist eine rechtlich geregelte Beziehung einer Person zu einer anderen Person oder zu einer Sache.

3. Absolute und relative Rechte

36 Die subjektiven Rechte können in verschiedener Weise eingeteilt werden.[5] Die wichtigste Unterscheidung betrifft absolute und relative Rechte.

Das Eigentum ist **gegenüber jedermann geschützt**. Es ist daher ein absolutes Recht. Den Gegensatz bilden Rechte, die sich **nur gegen eine einzelne Person** richten und nur dieser gegenüber geltend gemacht werden können, d.h. relative Rechte. Hierzu gehören vor allem die **Ansprüche**, wie sie in der Legaldefinition in § 194 Abs. 1 umschrieben sind. Schuldrechtliche Ansprüche werden als **Forderungen** bezeichnet. So ist etwa die Forderung des Verkäufers auf Zahlung des Kaufpreises ein relatives subjektives Recht, da sie nur gegen den Käufer gerichtet ist. Dritte Personen können ein solches relatives Recht seinem Inhalt nach nicht verletzen.

Aus dem **Eigentum** oder aus sonstigen absoluten Rechten können **Einzelansprüche** erwachsen, die ihrerseits relative Rechte darstellen. Wird eine Sache schuldhaft zerstört oder beschädigt, so ist der Anspruch des Eigentümers gegen den Täter auf Schadensersatz (§ 823 Abs. 1) ein relatives Recht.

---

5 Zum Teil werden weitere Arten von subjektiven Rechten unterschieden, z.B. Anwartschaftsrechte, Aneignungsrechte und Mitwirkungsrechte (letztere im Vereins- und Gesellschaftsrecht).

4. Arten der absoluten Rechte

Die absoluten Rechte kann man in folgende Arten unterteilen: 37

a) **Herrschaftsrechte an Sachen** (Eigentum, Pfandrecht, dingliches Nießbrauchsrecht usw.).
b) **Persönlichkeitsrechte** (allgemeines Persönlichkeitsrecht, besondere Persönlichkeitsrechte wie z. B. das Namensrecht, § 12, und das Recht am eigenen Bild, § 22 KunstUrhG).
c) **Immaterialgüterrechte** (Herrschaftsrechte an unkörperlichen Gütern: Urheberrecht, Patentrecht).

5. Gestaltungsrechte

Neben den absoluten und den relativen Rechten gehören zu den subjektiven Rechten auch die **Gestaltungsrechte.**[6] Zu nennen sind beispielsweise das Recht zur **Anfechtung** eines durch Irrtum oder Täuschung zustande gekommenen Rechtsgeschäfts, das **Kündigungsrecht** (bei einem Miet- oder Arbeitsvertrag) sowie vertragliche und gesetzliche **Rücktrittsrechte**. Auch das Widerrufsrecht des Verbrauchers gehört hierher (s. § 13 Rn. 19). Diese Rechte heißen Gestaltungsrechte, weil sie dem Berechtigten die Macht einräumen, durch einseitige Erklärung die Rechtslage zu ändern, beispielsweise einen Vertrag zu beenden. 38

Die Gestaltungsrechte lassen sich nicht ohne weiteres in das Schema absolute oder relative Rechte einordnen. Ihre Wirkungen können sich entweder auf absolute oder relative Rechte beziehen. So kann eine Anfechtung mit der Folge der rückwirkenden Vernichtung des Rechtsgeschäfts (§ 142 Abs. 1) sowohl einen schuldrechtlichen Vertrag als auch ein dingliches Geschäft, etwa eine Übereignung nach § 929, betreffen. Für eine Zuordnung zu den relativen Rechten lässt sich anführen, dass die Anfechtung, Kündigung usw. in der Regel durch den Berechtigten gegenüber einem bestimmten Erklärungsgegner zu erfolgen hat, s. etwa zur Anfechtung einer Willenserklärung wegen Irrtums § 18 Rn. 50 f. Man kann aber die Gestaltungsrechte auch als besondere Gruppe neben die absoluten und die relativen Rechte stellen oder sie als Hilfsrechte jeweils den absoluten oder relativen Rechten zuordnen, auf deren Gestaltung sie sich beziehen. 39

---

6 Davon zu unterscheiden sind Leistungsverweigerungsrechte, etwa die Einrede der Verjährung (s. § 35 Rn. 16), mit denen der Schuldner die Durchsetzung einer gegen ihn gerichteten Forderung hindern kann. Sie werden auch als Gegenrechte bezeichnet.

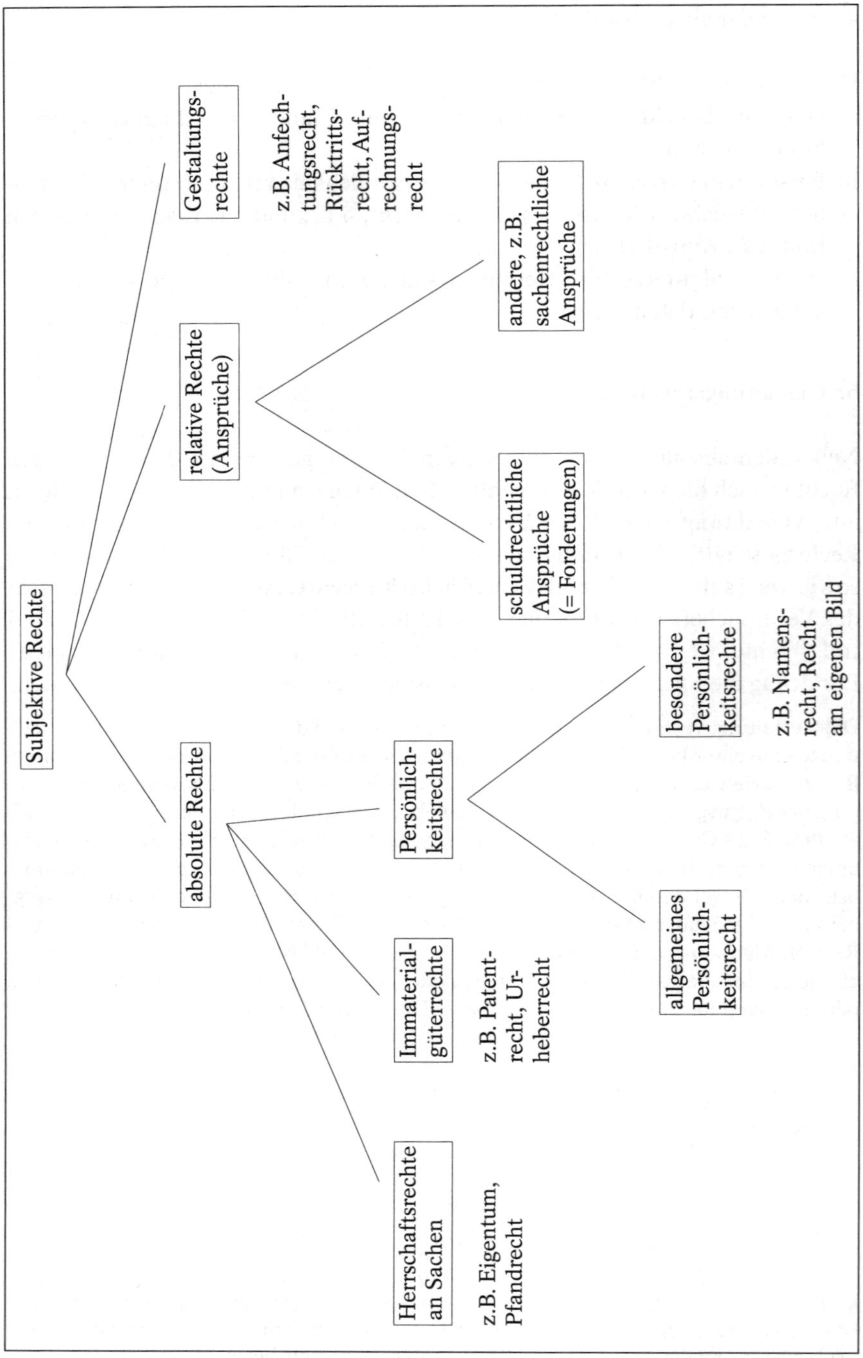
Subjektive Rechte
absolute Rechte
relative Rechte (Ansprüche)
Gestaltungsrechte
z.B. Anfechtungsrecht, Rücktrittsrecht, Aufrechnungsrecht
Herrschaftsrechte an Sachen
z.B. Eigentum, Pfandrecht
Immaterialgüterrechte
z.B. Patentrecht, Urheberrecht
Persönlichkeitsrechte
allgemeines Persönlichkeitsrecht
besondere Persönlichkeitsrechte
z.B. Namensrecht, Recht am eigenen Bild
schuldrechtliche Ansprüche (= Forderungen)
andere, z.B. sachenrechtliche Ansprüche

Kontrollfragen und Fälle zu § 7

1) Besitz ist die .... Sachherrschaft; Eigentum ist die .... Herrschaftsmacht über eine Sache.

2) Glück wohnt in einem Haus, das er von seinem Onkel geerbt hat. Ist Glück Eigentümer oder Besitzer des Hauses?

3) Nennen Sie die Voraussetzungen des Eigentumsherausgabeanspruchs!

4) A hat auf seinem Grundstück ein Wohnhaus errichten lassen. Nach Fertigstellung des Rohbaus stellt der Nachbar B fest, dass eine Ecke des Hauses ca. 1 m innerhalb seines Grundstücks steht. Dies geht auf leichte Fahrlässigkeit des A zurück. B fragt, ob er die Beseitigung dieser Mauerteile verlangen oder sonstige Rechte gegen A geltend machen könne. Wie ist die Rechtslage? (Die maßgebende Vorschrift finden Sie im Bereich der §§ 903 bis 924!)

5) Da das Eigentum gegenüber ...jedem................. geschützt ist, wird es als absoluten Recht bezeichnet. Der Anspruch des Käufers gegen den Verkäufer auf Lieferung der gekauften Sache (§ .194 I..............) ist ein ..relatives........ Recht, da er sich nur gegen den ..Verkäufer.........., nicht gegen ....alle...........richtet.

6) Die Übertragung des Eigentums an einer beweglichen Sache erfolgt durch .... und ...., § .... BGB.

7) Was bedeutet Übergabe im Sinne des § 929 Satz 1 BGB?

8) Die Übereignung eines Grundstücks erfolgt durch .... und ...., § ....BGB.

9) Braun hat bei einem Einbruch im Laden des Schwarz einen Fotoapparat erbeutet. Er verkauft ihn an den Gebrauchtwarenhändler Billig, der ihn seinerseits an Redlich weiterverkauft. Billig erklärt dem Redlich, die Kamera stamme aus einem Nachlass, den er erworben habe. Kann Schwarz von Redlich den Fotoapparat herausverlangen?

Lösungen

40 1) Besitz ist die **tatsächliche Sachherrschaft**; Eigentum ist die **rechtliche Herrschaftsmacht** über eine Sache.

2) Glück ist sowohl Eigentümer als auch Besitzer des Hauses.

3) Die Voraussetzungen sind nach § 985: 1. Eigentum des Gläubigers. 2. Besitz des Schuldners. Hinzu kommt nach § 986: 3. Kein Recht des Schuldners zum Besitz.

41 4) Einem Beseitigungsanspruch des B aus § 1004 Abs. 1 steht die **Duldungspflicht** nach § 912 Abs. 1 entgegen (§ 1004 Abs. 2), da A nur leicht fahrlässig gehandelt hat und B nicht vor oder sofort nach der Grenzüberschreitung Widerspruch erhoben hat – er hätte damit nicht bis zur Fertigstellung des Rohbaus warten dürfen. B kann aber nach § 912 Abs. 2 Satz 1 Entschädigung in Form einer Geldrente verlangen. Die Höhe richtet sich nach den Verhältnissen zum Zeitpunkt der Grenzüberschreitung (so ist § 912 Abs. 2 Satz 2 zu verstehen).

42 5) Da das Eigentum gegenüber **jedermann** geschützt ist, wird es als **absolutes** Recht bezeichnet. Der Anspruch des Käufers gegen den Verkäufer auf Lieferung der gekauften Sache **(§ 433 Abs. 1 Satz 1)** ist ein **relatives** Recht, da er sich nur gegen den **Verkäufer**, nicht gegen **Dritte** richtet.

43 6) Die Übertragung des Eigentums an einer beweglichen Sache erfolgt durch **Einigung** und **Übergabe, § 929 Satz 1.**

7) Übergabe bedeutet die Erlangung des unmittelbaren[7] Besitzes auf Veranlassung des bisherigen Eigentümers.

8) Die Übereignung eines Grundstücks erfolgt durch **Auflassung** und **Eintragung in das Grundbuch, § 873 Abs. 1, § 925 Abs. 1.**

44 9) Anspruchsgrundlage ist § 985. Voraussetzung ist, dass Schwarz weiterhin das **Eigentum** an dem Fotoapparat zusteht. Die Übereignung durch Braun an Billig war nicht nach § 929 wirksam, da Braun nicht Eigentümer war. Ein **gutgläubiger Erwerb** durch Billig (§ 932 Abs. 1) scheitert wohl schon daran, dass Billig die Zusammenhänge erkannt hat, wie sich aus seinen späteren unwahren Angaben gegenüber Redlich ergibt. Billig war dann **nicht gutgläubig** i. S. des § 932 Abs. 2. Jedenfalls steht aber § 935 Abs. 1 Satz 1 einem gutgläubigen Erwerb entgegen, da der Fotoapparat **dem Eigentümer gestohlen** worden war. Aus demselben Grund konnte auch Redlich das Eigentum nicht nach § 932 erwerben. Redlich ist Besitzer des Fotoapparats, so dass auch die zweite Voraussetzung des § 985 erfüllt ist. Der Anspruch wäre nach § 986 Abs. 1 Satz 1 ausgeschlossen, wenn Redlich ein Recht zum Besitz gegenüber Schwarz hätte. Redlich hat zwar mit Billig einen Kaufvertrag abgeschlossen, doch wirkt dieser Vertrag nur relativ, d. h. im Verhältnis zu Billig. Gegenüber Schwarz lässt sich daraus kein Recht zum Besitz herleiten. Somit ist der Herausgabeanspruch des Schwarz begründet.

---

7 So im Regelfall. Nach h. M. genügt aber auch die Erlangung des mittelbaren Besitzes durch den Erwerber, wobei der Veräußerer keinerlei Besitz behalten darf. Näher s. Baur/Stürner, Sachenrecht, 18. Aufl. (2009), § 51 Rn. 13 ff.; Brehm/Berger, Sachenrecht, 3. Aufl. (2014), § 27 Rn. 19 f.

§ 8 Das Abstraktionsprinzip und der Ausgleich nach den Regeln über die ungerechtfertigte Bereicherung

Beispiel: Die Kunstsammlerin Rasch tauscht mit Traut ein Bild gegen eine Madonnenfigur. Beide halten das Bild für eine Kopie. Traut lässt die Figur gleich bei Rasch; das Bild soll am nächsten Tag an Traut gesandt werden. Noch am selben Tag stellt sich heraus, dass das Bild ein wertvolles Original ist. Rasch ruft sogleich den Traut an und erklärt, unter diesen Umständen mache sie den Tausch rückgängig.

a) Welche Ansprüche haben Rasch und Traut gegeneinander?

b) Wie ist es, wenn Rasch (vor Entdeckung des Irrtums) die Figur schon an Drillig verkauft und übereignet hat?

I. Die Trennung zwischen Verpflichtungs- und Verfügungsgeschäft (Trennungsprinzip)

1. Das Verfügungsgeschäft

Mit einem Verfügungsgeschäft wird über ein Recht verfügt, also ein bereits bestehendes Recht unmittelbar beeinflusst. Im Beispielsfall stellt die Übertragung des Eigentums an der Madonnenfigur durch Traut an Rasch ein Verfügungsgeschäft dar. Verfügungsgeschäfte sind vor allem die Rechtsgeschäfte des Sachenrechts, also neben der **Übereignung** beweglicher Sachen oder unbeweglicher Sachen auch die **Verpfändung** einer beweglichen Sache oder die **Belastung eines Grundstücks** durch Bestellung einer Grundschuld oder einer Hypothek. Aber auch die **inhaltliche Änderung bestehender Rechte**, z.B. eines Wegerechts, das an einem Grundstück besteht, oder die einvernehmliche Aufhebung eines Rechts, etwa einer Hypothek, gehören zu den Verfügungsgeschäften. 1

Das Recht, auf das das Verfügungsgeschäft unmittelbar einwirkt, braucht nicht ein Recht an einer Sache (dies sind nur körperliche Gegenstände, § 90) zu sein. So kann der Gläubiger einer Forderung (z.B. auf Zahlung eines Kaufpreises) diese gemäß § 398 Satz 1 durch Vertrag mit einem anderen auf diesen neuen Gläubiger übertragen. Eine solche **Abtretung** ist ebenfalls eine Verfügung, denn es wird dadurch unmittelbar auf die Forderung eingewirkt. Auch im **Erlass einer Forderung** durch den Gläubiger – nach § 397 Abs. 1 bedarf es dazu eines Vertrages mit dem Schuldner – liegt eine Verfügung, nämlich eine Aufhebung des Rechts. 2

Definition:[1]
Eine Verfügung ist ein Rechtsgeschäft, das unmittelbar auf ein bestehendes Recht einwirkt, und zwar durch Übertragung, inhaltliche Veränderung, Belastung oder Aufhebung eines Rechts.

2. Verpflichtungsgeschäft als Grundgeschäft

3 Der **Tausch** zwischen Rasch und Traut im Beispielsfall stellt als **schuldrechtlicher Vertrag** (§480) kein Verfügungsgeschäft dar. Er zielt zwar in seiner Zwecksetzung auf den Eigentumswechsel an beiden getauschten Sachen ab, bewirkt diesen aber noch nicht. Vielmehr sind dazu eigene Geschäfte, die jeweilige Übereignung, erforderlich, und erst darin liegen die Verfügungen. Im Gegensatz zu einem Verfügungsgeschäft bewirkt also das **Verpflichtungsgeschäft** nicht schon die Rechtsänderung an einem bestehenden Recht (hier dem Eigentum), sondern begründet erst den **Anspruch** der einen und die **Verpflichtung** der anderen Seite auf Vornahme der Rechtsänderung.

Diese Unterscheidung zwischen dem Verpflichtungsgeschäft und dem Verfügungsgeschäft stellt das **Trennungsprinzip** dar, auf dem das **Abstraktionsprinzip** aufbaut, s. Rn. 5.

Definition:
Ein Verpflichtungsgeschäft ist ein Rechtsgeschäft, das ein Schuldverhältnis begründet, also mindestens einen Anspruch des einen Teils (des Gläubigers) auf ein Tun oder Unterlassen des anderen Teils (des Schuldners) entstehen lässt.

Der Begriff des **Anspruchs** ergibt sich aus §194 Abs. 1 (Legaldefinition), während der entscheidende Inhalt eines **Schuldverhältnisses** aus §241 Abs. 1 zu entnehmen ist. Statt vom Verpflichtungsgeschäft kann man auch vom schuldrechtlichen oder obligatorischen Geschäft sprechen.

4 Das Verpflichtungsgeschäft stellt regelmäßig die Grundlage der Verfügungsgeschäfte dar. Die Verfügungen erfolgen, um die aus dem Schuldverhältnis resultierenden Verpflichtungen zu erfüllen. Das Verpflichtungsgeschäft ist mit anderen Worten das **Grundgeschäft** oder (gleichbedeutend) **Kausalgeschäft** im Verhältnis zu den Verfügungen. Während die Verfügungen als solche gewissermaßen farblos sind, ergibt sich aus dem Kausalverhältnis, warum, zu welchem Zweck die Verfügung vorgenommen wurde. Die Übereignung einer beweglichen Sache kann z.B. erfolgen, um die Verpflichtung aus einem Kauf- oder Tauschvertrag zu erfüllen, sie kann aber auch vorgenommen werden, um die Sache zu verschenken. Im zweiten Fall liegt der Verfügung ein Schenkungsvertrag nach §516 Abs. 1 als Kausalgeschäft zugrunde.

---

1 BGHZ 101, 24, 26 = NJW 1987, 3177.

II. Die Unabhängigkeit des Verfügungsgeschäfts vom Verpflichtungsgeschäft – der Inhalt des Abstraktionsprinzips

Das Abstraktionsprinzip baut auf dem Trennungsprinzip auf. Verpflichtungs- und Verfügungsgeschäft werden nicht nur als unterschiedliche Rechtsgeschäfte betrachtet, sondern das Verfügungsgeschäft wird auch hinsichtlich seiner Wirksamkeit unabhängig vom Verpflichtungsgeschäft beurteilt. Diese Unabhängigkeit des Verfügungsgeschäfts vom Verpflichtungsgeschäft nennt man das **Abstraktionsprinzip**. 5

Merksatz:
Aufgrund des Abstraktionsprinzips bleiben das Fehlen oder Mängel des Kausalgeschäfts (Verpflichtungsgeschäfts) ohne Einfluss auf die Wirksamkeit des Erfüllungsgeschäfts (Verfügungsgeschäfts).

Dabei spielt es keine Rolle, um welchen Unwirksamkeitsgrund es sich im Einzelnen handelt. Das Verpflichtungsgeschäft kann wegen Formmangels (§ 125) oder wegen eines Zustandes vorübergehender Störung der Geistestätigkeit (§ 105 Abs. 2) nichtig sein, oder auch, wie im Beispielsfall, durch Anfechtung vernichtet worden sein (§ 142 Abs. 1). Gleichwohl bleiben Verfügungsgeschäfte, die zur Erfüllung des vermeintlich wirksamen Verpflichtungsgeschäfts vorgenommen wurden, als solche wirksam. 6

Anders ist es freilich, wenn derselbe rechtliche Mangel, der dem Verpflichtungsgeschäft anhaftet, auch bei dem Verfügungsgeschäft als solchem vorliegt (**Mangel-** oder **Fehleridentität**). Wenn ein beschränkt geschäftsfähiger Minderjähriger ohne Zustimmung der Eltern als gesetzlicher Vertreter einen Tauschvertrag abschließt und auch gleich durch Übereignung erfüllt, so sind sowohl das Verpflichtungsgeschäft als auch das Verfügungsgeschäft (die Übereignung) nach §§ 106 ff. (zu den Einzelheiten s. § 11 Rn. 24 ff.) unwirksam. Das liegt aber nicht daran, dass der Mangel beim Verpflichtungsgeschäft hier auf das Verfügungsgeschäft durchschlagen würde, sondern dass beim Verfügungsgeschäft – obwohl es getrennt zu beurteilen ist – derselbe Mangel (die beschränkte Geschäftsfähigkeit) auftritt. 7

Im **Beispielsfall** war die Übereignung der Figur durch Traut erfolgt, um die Verpflichtung aus dem Tauschvertrag (§ 480) zu erfüllen. Rasch hat sich aber bei Abschluss des Tauschvertrages über die Echtheit des Bildes und damit über eine wesentliche Eigenschaft geirrt, und sie hätte ohne diesen Irrtum den Tausch nicht abgeschlossen. Daher konnte sie nach § 119 Abs. 2 ihre Willenserklärung anfechten. Dies geschah durch den Telefonanruf. Durch diese Anfechtungserklärung (§ 143 Abs. 1 u. 2) wurde ihre Willenserklärung und damit auch der Tauschvertrag rückwirkend nichtig, § 142 Abs. 1. Die Übereignung der Figur durch Traut erfolgte somit ohne wirksames Kau- 8 salgeschäft. Dies ist aber für die Wirksamkeit der Übereignung ohne Bedeutung. § 929 stellt nicht auf das Kausalgeschäft ab, und es gibt auch sonst keine Vorschrift, die die Wirksamkeit des Verfügungsgeschäfts generell mit der Wirksamkeit des Verpflichtungsgeschäfts verknüpfen würde.

III. Der bereicherungsrechtliche Ausgleich

1. Grundgedanke

9 Wegen des Abstraktionsgrundsatzes hat das Fehlen des Kausalgeschäfts keine dinglichen Ansprüche zur Folge: Im Beispielsfall ist Rasch nach § 929 Satz 1 durch Einigung und Übergabe Eigentümerin der Figur geworden; Traut kann diese also nicht gemäß § 985 zurückverlangen. Diese dingliche Rechtslage ist aber letztlich nicht gerechtfertigt. Rasch hat etwas (das Eigentum) erlangt, was ihr an sich nicht zusteht, da der Tauschvertrag durch Anfechtung nichtig geworden ist. Der Ausgleich erfolgt in solchen Fällen durch die Vorschriften über die **ungerechtfertigte Bereicherung** (gleichbedeutend: **Kondiktion**). Zwar bleibt die dingliche Rechtslage aufgrund des Abstraktionsprinzips vom Fehlen bzw. von der Fehlerhaftigkeit des Kausalgeschäfts unberührt, aber derjenige, der eine Leistung erbracht hat, ohne dazu verpflichtet zu sein, erhält einen schuldrechtlichen Anspruch auf Rückgewähr, eben den Bereicherungsanspruch. Das Kausalgeschäft stellt somit den Wertmesser dafür dar, ob die eingetretene Rechtsänderung auch gerechtfertigt ist und damit in ihrer vermögensverschiebenden Wirkung bei Bestand zu bleiben hat.

2. Bereicherungsanspruch aus § 812 Abs. 1 Satz 1

10 Auch im Bereicherungsrecht müssen die Anspruchsvoraussetzungen jeweils genau geprüft werden. Es besteht nicht etwa ein genereller Ausgleichsanspruch bei unbilliger Vermögensverschiebung.

a) Voraussetzungen des Anspruchs

11 Innerhalb des § 812 Abs. 1 Satz 1 ist zwischen der **Leistungskondiktion** und der **Kondiktion wegen sonstiger Bereicherung** sorgfältig zu unterscheiden, weil die Anspruchsvoraussetzungen jeweils verschieden sind. Für die Leistungskondiktion ist erforderlich, dass der Empfänger etwas durch eine Leistung ohne rechtlichen Grund erlangt hat.

12 Das ist im Beispielsfall gegeben, so dass Traut bei Frage a) die Figur nach § 812 Abs. 1 Satz 1 (Leistungskondiktion) von Rasch zurückverlangen kann.

Auch bei Frage b), also wenn die Figur bereits an Drillig weiterveräußert ist, kommt nur ein Anspruch des Traut gegen Rasch in Betracht (näher s. Rn. 14). Dagegen hat Traut keinen Anspruch gegen Drillig aus § 812 Abs. 1 Satz 1 (Leistungskondiktion). Der Grund liegt darin, dass Traut an Rasch, nicht an Drillig geleistet hat. Traut kann auch nicht etwa einen Anspruch wegen Bereicherung in sonstiger Weise gegen Drillig[2] geltend machen. Dem steht der Grundsatz des **Vorrangs der Leistungskondiktion** entgegen: ein durch Leistung weggegebener Vermögenswert kann bereicherungsrechtlich grundsätzlich nur durch Leistungskondiktion zurückverlangt werden. Wichtig ist daher der **Begriff der Leistung**, den man sich (wenngleich die – teils durchaus umstrittenen[3] – Einzelheiten des Bereicherungsrechts hier nicht dargestellt werden können) gleich einprägen sollte.

Definition:
Leistung ist eine bewusste und zweckgerichtete Vermehrung fremden Vermögens.

b) Inhalt des Anspruchs

Der Bereicherungsanspruch nach § 812 Abs. 1 Satz 1 ist auf **Herausgabe des** 13
Erlangten (nicht auf Schadensersatz!) gerichtet. Dabei ist jeweils genau zu prüfen, worin das erlangte „etwas" im Sinne dieser Vorschrift besteht.

Im **Beispielsfall** (Frage a) hat Rasch sowohl den unmittelbaren Besitz als auch das Eigentum an der Figur erlangt. Sie ist daher nicht bloß zur **Rückgabe** (der Wiedereinräumung des Besitzes), sondern zur **Rückübereignung** an Traut verpflichtet. Die Rückübereignung muss durch ein erneutes Verfügungsgeschäft nach § 929 Satz 1 erfolgen.

Wenn das Erlangte nicht mehr herausgegeben werden kann, steht dem Bereicherungsgläubiger ein Anspruch auf Wertersatz zu, § 818 Abs. 2. Allerdings entfällt dieser Anspruch, wenn der Empfänger nicht mehr bereichert ist, § 818 Abs. 3. Hierin liegt ein wesentlicher Unterschied zwischen einem Bereicherungsanspruch und einem Schadensersatzanspruch. Dass sich der Bereicherte auf den Wegfall der Bereicherung berufen kann, gilt aber nicht, wenn er den Mangel des rechtlichen Grundes (etwa das Fehlen oder die Unwirksamkeit des Grundgeschäftes) kannte. Dann haftet er nach § 819 Abs. 1 i. V. m. § 818 Abs. 4, § 292, § 989 bei verschuldeter Unmöglichkeit der Herausgabe auf Schadensersatz.

---

2 Im Beispielsfall, Frage b, scheidet auch ein Bereicherungsanspruch der Rasch gegen Drillig aus. Hier ist zwar eine Leistung (die Übereignung der Figur von Rasch an Drillig) erfolgt, aber nicht ohne rechtlichen Grund, da zwischen Rasch und Drillig ein wirksamer Kaufvertrag vorliegt.

3 S. z. B. MünchKomm/Schwab § 812 Rn. 41 ff.

14 Im **Beispielsfall** (Frage b) kann Rasch das Erlangte nicht mehr herausgeben. Daher steht dem Traut nach § 818 Abs. 2 ein **Anspruch auf Wertersatz** zu. Auf einen Wegfall der Bereicherung (§ 818 Abs. 3) kann sich Rasch nicht berufen, da sie weiterhin durch den Erlös bereichert ist, den sie von Drillig für die Figur erhalten hat.

IV. Zur Bewertung des Abstraktionsprinzips

15 Das Abstraktionsprinzip des BGB ist häufig kritisiert und – vor allem wegen der Aufspaltung des einheitlichen Lebensvorgangs selbst bei einem Barkauf – als lebensfremd bezeichnet worden. Es ist nicht etwa durch die Natur der Sache vorgegeben. So ist **ausländischen Rechtsordnungen** eine derart strikte Trennung von schuldrechtlichem und dinglichem Geschäft weitgehend fremd.[4] Im englischen Recht führt bei beweglichen Sachen schon der Kaufvertrag zum Eigentumsübergang, wenn keine abweichenden Parteivereinbarungen getroffen werden. Im französischen Recht gilt das Einheitsprinzip in dem Sinne, dass schon aufgrund des Kaufvertrags das Eigentum an der verkauften Sache auf den Käufer übergeht (Art. 1196 Abs. 1 Code civil[5]). Eine solche Regelung entspricht wohl mehr der lebensmäßigen Auffassung. Der Käufer erhält bei dieser Lösung frühzeitig einen Schutz auch gegenüber Dritten. Wenn allerdings ein gutgläubiger Dritter den Besitz zuerst erlangt, so geht sein Schutz auch nach französischem Recht vor. Auch das französische Recht (Art. 1196 Abs. 2 Code civil) lässt es im Übrigen zu, durch Parteivereinbarung den Eigentumserwerb hinauszuschieben, etwa bis zur vollständigen Bezahlung der Kaufpreisforderung.

16 Welche Regelungen sich im Rahmen einer möglichen (derzeit allerdings in weite Ferne gerückten) europäischen Rechtsvereinheitlichung durchsetzen werden, bleibt abzuwarten. Man sollte nicht verkennen, dass die Regelung des BGB bei genauerer Betrachtung auch beträchtliche Vorteile aufweist.[6] Sie sorgt für **Rechtsklarheit** beim Eigentumsübergang, der erst durch Besitzwechsel bzw. Grundbucheintragung eintritt, dann aber nicht mit den Unwägbarkeiten des Grundgeschäfts belastet ist. Dies kommt dem nächsten Erwerber zugute, der sich auf die Wirksamkeit der Übereignung verlassen kann, und dient damit insgesamt der Sicherheit des Rechtsverkehrs. Beim Eigentumsvorbehalt ermöglicht die Unterscheidung zwischen dem unbedingten Kaufvertrag und der bedingten Übereignung klare und sachgerechte Lösungen.

---

4 Einen eingehenden rechtsvergleichenden Überblick und eine Darstellung der europäischen und weltweiten Harmonisierungsbestrebungen bietet Baur/Stürner, Sachenrecht, 18. Aufl. (2009), § 64.

5 Neufassung 2016; dazu Babusiaux/Witz JZ 2017, 496, 504; Sonnenberger ZEuP 2017, 6, 48.

6 Vgl. Stadler, Gestaltungsfreiheit und Verkehrsschutz durch Abstraktion (1996), 728 ff. Gegen den Verzicht auf Trennungs- und Abstraktionsprinzip in den Vorschlägen des Gemeinsamen Referenzrahmens (DCFR) für ein europäisches Sachenrecht Stadler JZ 2010, 380, 385 ff. – Äußerst kritisch dagegen (aus österreichischer Sicht) Koziol AcP Bd. 212 (2012), 1, 16 ff.

Kontrollfragen und Fälle zu § 8

1) Verfügungen sind ...., die unmittelbar auf ein bestehendes Recht einwirken, und zwar durch ...., ..., ... oder .... eines Rechts.

2) Welche der folgenden Rechtsgeschäfte sind Verfügungsgeschäfte?
- Sicherungsübereignung eines Warenlagers
- Miete einer Wohnung
- Eröffnung eines Kontos bei einer Bank
- Bestellung einer Hypothek
- Abtretung eines Kaufpreisanspruchs

3) Was versteht man unter dem Abstraktionsprinzip?

4) Infolge eines Rechenfehlers seines Arbeitgebers erhält Glücklich 30 € Lohn zu viel überwiesen. Glücklich, dessen Lohn wegen variabler Arbeitszeiten immer etwas schwankt, freut sich über den guten Verdienst und kauft für 30 € vier Flaschen Wein, die er sich sonst nicht geleistet hätte. Eine Flasche schenkt er seinem Freund Friedlich; die übrigen Flaschen werden bald getrunken. Als der Fehler entdeckt wird, soll Glücklich das Geld zurückzahlen. Ist er dazu verpflichtet? Muss Friedlich etwa die Flasche Wein herausgeben?

Lösungen

17 1) Verfügungen sind Rechtsgeschäfte, die unmittelbar auf ein bestehendes Recht einwirken, und zwar durch Übertragung, inhaltliche Veränderung, Belastung oder Aufhebung eines Rechts.

2) Verfügungsgeschäfte sind von den genannten Rechtsgeschäften: Sicherungsübereignung eines Warenlagers, Bestellung einer Hypothek, Abtretung eines Kaufpreisanspruchs.

3) Das Abstraktionsprinzip bedeutet: Die Wirksamkeit des Verfügungsgeschäfts ist unabhängig vom Fehlen und von Mängeln des Verpflichtungsgeschäfts.

18 4) **I. Anspruch des Arbeitgebers gegen Glücklich auf Rückzahlung von 30 € aus § 812 Abs. 1 Satz 1 (Leistungskondiktion)**
Glücklich hat die 30 € durch Leistung des Arbeitgebers ohne rechtlichen Grund erlangt und war daher gemäß § 812 Abs. 1 Satz 1 (Leistungskondiktion) zur Herausgabe verpflichtet. Auch nachdem er das Geld ausgegeben hat, ist Glücklich nach § 818 Abs. 2 zum Wertersatz verpflichtet.[7] Gemäß § 818 Abs. 3 entfällt aber die Verpflichtung, wenn Glücklich **nicht mehr bereichert** ist. Das ist mittlerweile durch Verschenken der einen Flasche und Trinken der drei anderen geschehen. Da Glücklich ohne den Erhalt der 30 € den Wein nicht gekauft hätte, liegt auch keine Bereicherung aufgrund ersparter Aufwendungen vor. Glücklich kannte den Mangel des rechtlichen Grundes bis zum Zeitpunkt des Wegfalls der Bereicherung nicht, so dass auch keine verschärfte Haftung nach § 819 Abs. 1 eingreift. Glücklich ist somit nicht zur Zahlung verpflichtet.

19 **II. Anspruch des Arbeitgebers gegen Friedlich auf Herausgabe der Flasche Wein**
1. Aus § 812 Abs. 1 Satz 1 (Leistungskondiktion)
Hier fehlt es schon an einem Erwerb des Friedlich durch eine Leistung des Arbeitgebers.
2. Aus § 822
Da Friedlich die Flasche Wein unentgeltlich von Glücklich erhalten hat, kommt eine Herausgabepflicht aus § 822 in Betracht. Glücklich ist, wie bereits ausgeführt, aufgrund der Schenkung an Friedlich nicht mehr zum Wertersatz für die Bereicherung an den Arbeitgeber verpflichtet. Allerdings hat Glücklich nicht das ursprünglich Erlangte, die 30 €, an Friedlich verschenkt, sondern eine der dafür gekauften Flaschen Wein. Aber auch insoweit greift der **Zweck** des § 822 ein, wonach der unentgeltliche Erwerber als nicht schutzwürdig betrachtet wird, wenn durch die unentgeltliche Zuwendung der Bereicherungsanspruch des Gläubigers gegen den ursprünglichen Empfänger der Bereicherung entfallen ist.

20 Zweifeln kann man über den Inhalt der Verpflichtung des Friedlich. Der Anspruch des Arbeitgebers gegen Glücklich hatte sich schon beim Kauf des Weines durch Glücklich in einen Anspruch auf Wertersatz, nicht auf Herausgabe des Weines verwandelt, § 818 Abs. 2. Daher ist auch der Anspruch gegen Friedlich auf **Wertersatz**, also auf Zahlung von 7,50 €, gerichtet, doch wird man dem Friedlich analog § 818 Abs. 3 das Recht zuzugestehen haben, sich **durch Herausgabe der Flasche zu befreien**, weil er darüber hinaus nicht bereichert ist.[8]

---

7 § 818 Abs. 1 ist nicht einschlägig, da die vier Flaschen Wein einen rechtsgeschäftlichen Erlös darstellen und nicht als Ersatz für Zerstörung usw. erworben wurden.

8 BGH NJW 2004, 1314; Palandt/Sprau § 822 Rn. 10.

§ 9 Unerlaubte Handlungen

Beispiel: Der Passant P verzehrt auf der Straße eine Banane und wirft die Schale auf den Bürgersteig. Die Handelsvertreterin H ist in ein angeregtes Gespräch vertieft, sieht die Bananenschale nicht, rutscht darauf aus und bricht sich den Knöchel. Sie muss einen längeren Krankenhausaufenthalt absolvieren und versäumt eine Reihe von Geschäftsabschlüssen, die ihr Provisionen eingebracht hätten. Kann H Schadensersatz von P verlangen?

I. Allgemeines

Schadensersatzansprüche können sich nicht nur aus rechtsgeschäftlichen Beziehungen, vor allem aus Verträgen, ergeben, sondern auch unmittelbar aus dem Gesetz. Dabei spielt vor allem das **Deliktsrecht** (das Recht der **unerlaubten Handlungen**) eine wesentliche Rolle. Eine deliktsrechtliche Haftung setzt voraus, dass eine der in den §§ 823 ff. tatbestandlich näher umrissenen Anspruchsgrundlagen erfüllt ist. Es gibt im deutschen Privatrecht keine generelle Bestimmung des Inhalts, dass derjenige, der einen anderen schuldhaft schädigt, Ersatz leisten müsse. 1

Der Grundgedanke des Deliktsrechts ist die Haftung für Unrecht. Daher sind regelmäßig **Rechtswidrigkeit** und **Verschulden** erforderlich. Anders ist es in den Fällen der **Gefährdungshaftung**. Dort erfolgt eine Risikozurechnung grundsätzlich ohne Rücksicht auf das Verschulden. So haftet etwa nach § 7 Straßenverkehrsgesetz (StVG) der Halter eines Kraftfahrzeugs für den beim Betrieb entstandenen Schaden, auch wenn er ihn nicht verschuldet hat. Das Produkthaftungsgesetz ordnet eine vom Verschulden unabhängige Haftung des Herstellers für Schäden an, die durch ein fehlerhaftes Produkt verursacht wurden (§ 1 Abs. 1 Satz 1 ProdHaftG). 2

Mehrere Ansprüche, die auf den Ersatz desselben Schadens gerichtet sind, können nebeneinander bestehen. Man spricht dann von einer **Anspruchskonkurrenz**, während der Ausdruck **Gesetzeskonkurrenz** bedeutet, dass eine Anspruchsgrundlage die andere ausschließt. Die vertragliche Haftung und die Deliktshaftung schließen sich gegenseitig keineswegs aus. Sachverhalte, in denen beides nebeneinander eingreift, sind sogar recht häufig, so dass man auch bei der Fallbearbeitung stets an beides denken sollte. Innerhalb des Deliktsrechts können z. B. Ansprüche aus § 823 Abs. 1, § 823 Abs. 2 und § 826 nebeneinander bestehen. Eine Gesetzeskonkurrenz finden wir dagegen bei § 839 (i. V. m. Art. 34 GG) im Verhältnis zu § 823, dessen Anwendung neben § 839 ausgeschlossen ist. 3

II. Ansprüche aus § 823 Abs. 1

1. Voraussetzungen

a) Verletzung eines der genannten Rechte oder Rechtsgüter

4 § 823 Abs. 1 zählt eine Reihe bestimmter Rechte und Rechtsgüter auf, aus deren Verletzung sich Schadensersatzansprüche ergeben können. Daneben verwendet das Gesetz den allgemeinen Ausdruck „sonstiges Recht". Hierzu sollte man sich von Anfang an einprägen, dass als **„sonstiges Recht"** im Sinne des § 823 Abs. 1 **nur absolute Rechte** (also gegenüber jedermann geschützte Rechte) in Frage kommen. Zu diesen gehört auch das allgemeine Persönlichkeitsrecht (s. § 33 Rn. 8). Dagegen fallen schuldrechtliche Ansprüche nicht unter § 823 Abs. 1, da sie nur relativen Charakter haben. Auch das **Vermögen** ist als solches **kein sonstiges Recht**. Es ist genau genommen überhaupt kein Recht, sondern ein Sammelbegriff, nämlich der Inbegriff der geldwerten Rechte, die einer Person zustehen.

b) Rechtswidrigkeit

5 Neben der Verletzung eines Rechts oder Rechtsgutes setzt der Schadensersatzanspruch aus § 823 Abs. 1 die **Rechtswidrigkeit** der Verletzung voraus. Die Rechtswidrigkeit bedarf im Allgemeinen keiner besonderen Begründung; sie folgt in der Regel aus der Rechts- oder Rechtsgutsverletzung. Anders ist es jedoch, wenn dem Täter ein **Rechtfertigungsgrund** zusteht, wenn er also z. B. in **Notwehr** (§ 227 Abs. 1) gehandelt hat (näher s. § 36 Rn. 3 ff.). Zur Rechtfertigung führt auch die **Einwilligung** des Verletzten, soweit es sich um ein verzichtbares Rechtsgut handelt.

c) Verschulden

6 Der Täter muss **vorsätzlich** oder **fahrlässig** gehandelt haben, wobei für die Fahrlässigkeit die Definition in § 276 Abs. 2 gilt. Danach kommt es darauf an, ob die im Verkehr erforderliche Sorgfalt außer Acht gelassen wurde.

> Im **Beispielsfall** ist Fahrlässigkeit des P zu bejahen; um andere nicht zu gefährden, darf man nach allgemeiner Auffassung gerade Bananenschalen nicht einfach auf den Bürgersteig werfen.

d) Schaden

7 Unter Schaden (der Begriff wird im Gesetz nicht definiert) ist eine **unfreiwillige Einbuße an Rechten oder Rechtsgütern** zu verstehen. Der Begriff des Schadens ist also nicht etwa von vornherein auf einen **Vermögensschaden** (gleichbedeu-

tend: **materiellen Schaden**) beschränkt. Auch die Verletzung der Ehre ist ein Schaden – eine andere Frage ist aber, ob auch für einen solchen **immateriellen Schaden** Ersatz in Geld verlangt werden kann, s. Rn. 10.

Im **Beispielsfall** liegt ein Schaden der H in der eingetretenen Körperverletzung, aber auch in den weiteren vermögensrechtlichen Folgen des Unfalls wie etwa im Verdienstausfall (s. Rn. 8 f.).

2. Inhalt des Anspruchs

Nach § 249 Abs. 1 gilt der **Grundsatz der Naturalrestitution**. Der Verletzte kann also vom Schädiger verlangen, dass dieser selbst den früheren Zustand wieder herstellt. Das wäre freilich in vielen Fällen für den Verletzten keine optimale Lösung – er will sich lieber selbst um seine Heilung oder auch um eine Reparatur beschädigter Sachen kümmern. Deswegen kann meist an Stelle der Naturalrestitution der **Geldbetrag** verlangt werden, den der Verletzte für die Wiederherstellung des früheren Zustands benötigt. Zum zu ersetzenden Schaden gehört nach § 252 auch der **entgangene Gewinn**. 8

Erwähnenswert ist hier auch § 842. Die Vorschrift stellt klar, dass die Nachteile für **Erwerb und Fortkommen einer verletzten Person** Vermögensschäden sind, doch ist auch hier ein konkreter Ausfall, z. B. eine Minderung des künftigen Lohns, nötig. Der Ersatz erfolgt nicht für die Erwerbsaussichten als solche. Im Anwendungsbereich des Entgeltfortzahlungsgesetzes bekommt der Arbeitnehmer zunächst vom Arbeitgeber weiterhin den Lohn bezahlt. Dies entlastet aber den Schädiger nicht, denn nach § 6 des Entgeltfortzahlungsgesetzes geht die Schadensersatzforderung auf den Arbeitgeber über, der sich dann an den Schädiger halten kann (Fall eines gesetzlichen Forderungsübergangs). 9

Für **immateriellen Schaden** (d. h. für Schaden, der nicht Vermögensschaden ist) kann nach § 253 Abs. 1 nur dann **Geldersatz** verlangt werden, wenn dies gesetzlich vorgesehen ist. Die wichtigste Ausnahmeregelung dieser Art stellt das sog. **Schmerzensgeld** (eine billige Entschädigung in Geld) unter den Voraussetzungen des § 253 Abs. 2 dar. Schmerzensgeld kann nicht nur bei deliktischer, sondern auch bei vertraglicher Haftung verlangt werden. Auch in den Fällen der Gefährdungshaftung besteht bei Verletzung des Körpers oder der Gesundheit ein Anspruch auf Geldersatz für immaterielle Schäden, so z. B. nach § 11 Satz 2 StVG. 10

Ein weiterer Fall einer Entschädigung in Geld für immateriellen Schaden wurde durch einen neuen § 844 Abs. 3 in Gestalt eines Anspruchs auf **Hinterbliebenengeld** geschaffen.[1] Dieser Anspruch steht den Hinterbliebenen eines Getöteten als Entschädigung für das zugefügte seelische Leid zu. 10a

---

1 Gesetz zur Einführung eines Anspruchs auf Hinterbliebenengeld, BT-Drs. 18/11397, vom Bundestag am 18.5.2017 beschlossen.

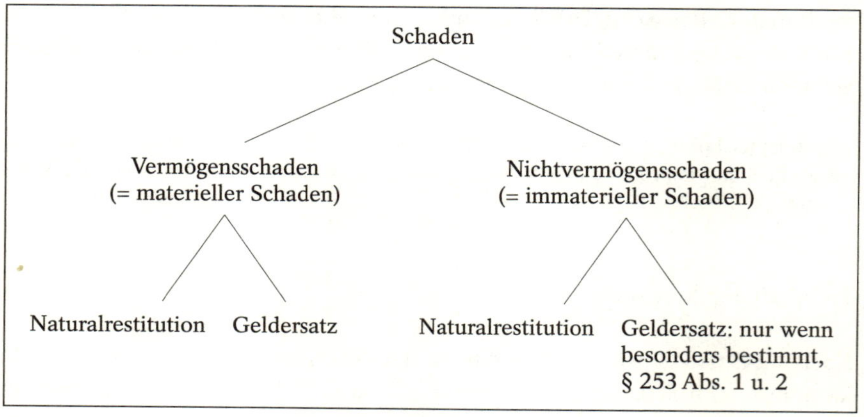

11 Der Schadensersatzanspruch kann durch **mitwirkendes Verschulden** des Verletzten gemindert werden oder sogar wegfallen, § 254 Abs. 1 und 2.

Im **Beispielsfall** kann H von P nach § 249 Abs. 2 Satz 1 Ersatz der Heilungskosten verlangen. Außerdem hat P als entgangenen Gewinn (§ 252) zu ersetzen, was der Vertreterin H dadurch an Provisionen entgangen ist, dass sie aufgrund eines Krankenhausaufenthalts Geschäftsabschlüsse nicht vornehmen konnte. Daneben kann H gemäß § 253 Abs. 2 einen Schmerzensgeldbetrag verlangen, dessen Höhe sich nach Art und Umfang der Verletzung richtet. Auf der anderen Seite kommt eine Minderung der Schadensersatzansprüche wegen mitwirkenden Verschuldens der H in Betracht. Wenn man nach den konkreten Umständen des Unfalls (der angegebene Sachverhalt erlaubt insoweit keine abschließende Beurteilung) sagen kann, dass H, hätte sie selbst besser aufgepasst, den Unfall hätte vermeiden können, so wird man den Schaden nach § 254 Abs. 1 teilen.

III. Weitere Anspruchsgrundlagen[2]

1. Verletzung eines Schutzgesetzes, § 823 Abs. 2 BGB

Beispiel: In einem Zivilprozess des Kling gegen Beck macht der als Zeuge unter Eid vernommene Quack fahrlässigerweise eine falsche, dem Kling ungünstige Aussage. Daraufhin sieht sich Kling veranlasst, mit Beck einen Vergleich zu schließen und von seiner berechtigten Forderung 10 000 € nachzulassen. Als Kling später erfährt, dass Quack falsch ausgesagt hat, verlangt er von diesem Schadensersatz in Höhe von 10 000 €. Mit Recht?

---

2 Hier werden nur einige wichtige Anspruchsgrundlagen vorgestellt. Besonders hinzuweisen ist auch auf den Schadensersatzanspruch gegen den Staat bei Amtspflichtverletzung durch einen hoheitlich handelnden Beamten oder Angestellten des Staates. Die Anspruchsgrundlage hierfür ist § 839 BGB i. V. m. Art. 34 GG.

Zum Schadensersatz ist auch verpflichtet, wer schuldhaft gegen ein den Schutz eines anderen bezweckendes Gesetz verstößt, § 823 Abs. 2. **Schutzgesetze** im Sinne dieser Vorschrift sind Rechtsnormen, die ein bestimmtes Verhalten gebieten oder verbieten, um dadurch zumindest auch Einzelpersonen in ihren Rechten und Rechtsgütern zu schützen. Entscheidend ist also der **Schutzzweck** der Norm. Den Gegensatz bilden Vorschriften, die *nur* im Interesse der Allgemeinheit erlassen sind. 12

Als Schutzgesetze kommen zahlreiche **strafrechtliche Bestimmungen** in Betracht, etwa § 185 StGB (Beleidigung), § 186 StGB (üble Nachrede), § 123 StGB (Hausfriedensbruch), § 263 StGB (Betrug). Dagegen sind z. B. Devisengesetze oder die Preisangabenverordnung, da sie allein dem allgemeinen Interesse dienen, keine Schutzgesetze im Sinne des § 823 Abs. 2. 13

Im **Beispielsfall** lässt sich der Anspruch des Kling gegen Quack nicht auf § 823 Abs. 1 stützen, da keines der dort genannten Rechte oder Rechtsgüter verletzt ist. Das Vermögen als solches ist kein sonstiges Recht (s. Rn. 4). Jedoch besteht ein Anspruch aus § 823 Abs. 2 i. V. m. § 161 StGB (Strafbarkeit der fahrlässigen Falschaussage unter Eid) als Schutzgesetz. Die Schutzrichtung dieser Norm umfasst nicht nur das Interesse der Allgemeinheit an einem ordnungsgemäßen Verlauf der Rechtspflege, sondern auch den Schutz des Einzelnen, dessen Rechtsverfolgung von einer korrekten Aussage abhängt.[3] 14

2. Vorsätzliche sittenwidrige Schädigung, § 826 BGB

Beispiel: Schlau ist in der Einkaufsabteilung des Maschinenbauunternehmens Stahl tätig. Die Zulieferfabrik Bald GmbH (vertreten durch ihren Geschäftsführer) zahlt dem Schlau hohe Beträge, damit ihr bevorzugt Aufträge erteilt werden. Die von Bald GmbH gelieferten Produkte sind ca. 15% teurer als gleichwertige Erzeugnisse anderer Konkurrenten. Kann Stahl, als die Sache aufgedeckt wird, von der Bald GmbH Schadensersatz verlangen?

Während § 823 Abs. 1 und Abs. 2 nur ganz bestimmte Verletzungs- und damit Schädigungsarten umfassen, stellt § 826 eine **Generalklausel** dar. Vorausgesetzt ist eine Schädigung durch vorsätzliches sittenwidriges Handeln. **Sittenwidrig** ist nach der berühmten Definition des Reichsgerichts,[4] was dem An- 15

---

3 RGZ 59, 236. Das Reichsgericht wies auch auf das Argument aus § 163 (jetzt § 161) Abs. 2 i. V. m. § 158 Abs. 2 StGB hin, wonach eine Berichtigung der Falschaussage verspätet ist (also die Strafbarkeit nicht ausschließt), wenn aufgrund der Aussage bereits ein Nachteil für einen anderen entstanden ist. S. auch zu § 156 StGB (falsche eidesstattliche Versicherung) BGH LM § 823 (Be) BGB Nr. 8 = JZ 1959, 62.

4 RGZ 80, 219, 221; ebenso der BGH bis in die Gegenwart, s. etwa die ausführliche Definition in BGH NJW 2014, 1380 Rn. 8: „Sittenwidrig ist ein Verhalten, das nach seinem Gesamtcharakter, der durch umfassende Würdigung von Inhalt, Beweggrund und Zweck zu ermitteln ist, gegen das Anstandsgefühl aller billig und gerecht Denkenden verstößt.“ Ebenso BGH

standsgefühl aller billig und gerecht Denkenden widerspricht. Es ist also nicht die isolierte moralische Auffassung des Richters maßgebend. Andererseits sind aber auch Unsitten, die in bestimmten Teilen der Gesellschaft eingerissen sein mögen, nicht zu beachten.

16 Der Begriff der Sittenwidrigkeit begegnet uns auch in § 138 Abs. 1 (**Nichtigkeit sittenwidriger Rechtsgeschäfte**). Dort geht es heute weniger um außerrechtliche, moralische Maßstäbe, sondern um grundlegende rechtliche Wertungen, die von der Rechtsprechung entwickelt und in Fallgruppen konkretisiert werden. Näher s. § 20 Rn. 19 ff.

17 Im Gegensatz zu § 823 Abs. 1 und 2, die auch bei fahrlässigem Handeln Schadensersatzansprüche gewähren, setzt § 826 **Vorsatz** voraus. Erforderlich ist ein mindestens indirekter (bedingter) Vorsatz (dolus eventualis), d.h. es genügt das Bewusstsein, dass ein Schaden entstehen kann und das Inkaufnehmen der Schädigung. Notwendig ist ferner, dass der Täter die Tatsachen kennt, aus denen sich die Sittenwidrigkeit seines Handelns ergibt. Dagegen ist nicht erforderlich, dass er sich der Sittenwidrigkeit bewusst ist.

Im **Beispielsfall** verstößt die Zahlung von Schmiergeldern gegen die guten Sitten, auch wenn solches Verhalten (was wir nicht hoffen wollen) etwa eine recht verbreitete Gewohnheit sein sollte. Da die Bald GmbH (genauer: ihr Geschäftsführer, für dessen Handeln die GmbH nach § 31 haftet[5] [s. § 31 Rn. 36 ff.]) wusste, wie sie zu den Aufträgen kam und ihr bekannt war, dass Stahl aufgrund der höheren Preise geschädigt wurde, ist auch ein zumindest bedingter Schädigungsvorsatz gegeben. Damit ist der Anspruch auf Schadensersatz aus § 826 begründet.

3. Haftung für den Verrichtungsgehilfen, § 831

Beispiel: Malermeister Weiß hat die Erneuerung der Fassade eines Hauses des Eigen übernommen. Beim Abbau des Gerüsts wirft Zorn, ein Arbeiter des Weiß, einige Bretter nach unten und zwar so unachtsam, dass der ordnungsgemäß geparkte Wagen des Schad erheblich beschädigt wird. Zorn war an sich ein zuverlässiger, von Weiß auch eingehend über die nötigen Sicherheitsvorkehrungen unterrichteter Arbeiter, der aber an diesem Tag aufgrund familiären Ärgers ungewöhnlich unkonzentriert war.

a) Kann Schad Schadensersatz von Zorn, Weiß und Eigen verlangen?
b) Wie ist es, wenn Zorn aufgrund seiner Unachtsamkeit einige Fensterscheiben am Haus des Eigen eingeschlagen hat?

NJW 2017, 250 Rn. 16, wo auch auf die „Maßstäbe der allgemeinen Geschäftsmoral und des als anständig Geltenden" verwiesen wird.

5 Die Voraussetzungen des § 826 müssen in der Person des handelnden verfassungsmäßig berufenen Vertreters gegeben sein, BGH NJW 2017, 250 (zur Haftung der juristischen Person bei Prospektmängeln).

a) Bedeutung des Anspruchs gegen den Geschäftsherrn

Im **Beispielsfall (Frage a)** ist sicher ein Schadensersatzanspruch des Schad gegen den Arbeiter Zorn aus § 823 Abs. 1 (fahrlässige Verletzung des Eigentums) gegeben. Doch ist dieser Anspruch für den Geschädigten oft schwer realisierbar, weil es an einem pfändbaren Vermögen des Arbeiters fehlt oder der Anspruch zumindest nicht in einem Stück durchsetzbar ist. Daher besteht ein erhebliches praktisches Interesse daran, auch den Geschäftsherrn (den Arbeitgeber) auf Ersatz in Anspruch nehmen zu können. Wenn nicht bereits ein Schuldverhältnis (insbesondere ein Vertrag) zwischen dem Geschäftsherrn und dem Geschädigten besteht, kommt ein solcher Anspruch nur unter den Voraussetzungen des § 831 in Betracht. 18

b) Voraussetzungen des Anspruchs nach § 831

Wichtig ist zunächst der Begriff des **Verrichtungsgehilfen**. Nicht jeder, der für einen anderen, also in dessen Auftrag, tätig wird, ist Verrichtungsgehilfe. Voraussetzung ist vielmehr, dass der Gehilfe bei der Ausführung der Tätigkeit im Einzelnen an die Weisungen des Geschäftsherrn gebunden ist. Von einer solchen **Abhängigkeit und Weisungsgebundenheit des Gehilfen**[6] geht § 831 Abs. 1 Satz 1 seinem Zweck nach aus. Arbeitnehmer sind, wenn sie für den Arbeitgeber tätig werden, regelmäßig dessen Verrichtungsgehilfen, da sie aufgrund des Arbeitsverhältnisses dem Direktionsrecht des Arbeitgebers unterliegen. Selbständige Unternehmer und Handwerker sind dagegen nicht Verrichtungsgehilfen im Verhältnis zum Auftraggeber, da sie bei der Ausführung der übernommenen Leistung nicht im Einzelnen von den Weisungen des Vertragspartners abhängig sind. 19

Im **Beispielsfall (Frage a)** ist also der Arbeiter Zorn Verrichtungsgehilfe des Weiß, so dass ein Anspruch des Schad gegen Weiß aus § 831 in Betracht kommt. Dagegen sind weder Zorn noch Weiß Verrichtungsgehilfen des Eigen. Ansprüche des Schad gegen Eigen aus § 831 scheiden aus diesem Grunde aus.

Notwendig ist ferner eine widerrechtliche Schadenszufügung. Es muss der **objektive Tatbestand einer unerlaubten Handlung** vorliegen. Dies ist hier gegeben, da durch den Arbeiter der Tatbestand des § 823 Abs. 1 verwirklicht wurde. 20

Dagegen ist ein **Verschulden** des Verrichtungsgehilfen für § 831 grundsätzlich nicht nötig.[7] Es handelt sich vielmehr um eine Haftung für eigenes (allerdings vermutetes, s. Rn. 22) Verschulden des Geschäftsherrn.

---

6 Zusammenfassend BGH NJW 2014, 2797 Rn. 18.

7 Die Haftung des Geschäftsherrn kann daher auch dann bestehen, wenn der Gehilfe nicht deliktsfähig ist.

21 Die Schädigung muss **in Ausführung der Verrichtung** geschehen sein. Es genügt also nicht, wenn der Schaden lediglich **bei Gelegenheit** der Verrichtung zugefügt wurde. Nötig ist ein innerer Zusammenhang. Wenn also hier etwa der Arbeiter während der Arbeitszeit den PKW des Schad aufbrechen und daraus etwas stehlen würde, so wäre dies nur bei Gelegenheit, nicht in Ausführung der Verrichtung geschehen, und eine Haftung des Weiß nach § 831 käme daher nicht in Betracht.

c) Möglichkeit der Exkulpation

22 Zwar scheint § 831 Abs. 1 Satz 1 eine generelle Verantwortlichkeit des Geschäftsherrn festzulegen, aber gleich der nächste Satz ergibt, dass der Geschäftsherr durchaus Möglichkeiten der Entlastung (der Exkulpation) hat. Genau betrachtet entgeht der Geschäftsherr nach § 831 Abs. 1 Satz 2 der Haftung, wenn er entweder den Nachweis fehlenden eigenen Verschuldens oder den Nachweis fehlender Kausalität seines Verschuldens erbringt. Die **Beweislast** obliegt allerdings, wie aus der Formulierung des § 831 Abs. 1 Satz 2 als Ausnahme zu Satz 1 hervorgeht, dem **Geschäftsherrn**. Anders ausgedrückt wird das (kausale) Verschulden des Geschäftsherrn vermutet, solange diesem nicht der Beweis des Gegenteils gelingt.

Im **Beispielsfall** entfällt der Anspruch des Schad gegen Weiß, wenn dieser nachweist, dass er den Arbeiter Zorn sorgfältig ausgewählt, hinreichend angewiesen und ordnungsgemäß überwacht hat.

d) Vergleich zwischen § 831 (Haftung für den Verrichtungsgehilfen) und § 278 (Haftung für den Erfüllungsgehilfen)

23 Im Zusammenhang mit den **Pflichtverletzungen (Leistungsstörungen)** haben wir bereits eine andere Vorschrift kennen gelernt, die ebenfalls die Haftung für Verhalten eines Gehilfen betrifft. Es ging dort (s. § 6 Rn. 27, 44, 45) um § 278, wonach der Schuldner das **Verschulden eines Erfüllungsgehilfen** im gleichen Umfang zu vertreten hat wie eigenes Verschulden.[8] Eine **Entlastungsmöglichkeit** für den Schuldner gibt es **bei § 278 nicht**, mag er den Erfüllungsgehilfen noch so sorgfältig ausgewählt, angeleitet und überwacht haben. Die Zurechnung des Gehilfenverhaltens ist also bei § 278 wesentlich strenger als bei § 831. Deshalb müssen die Anwendungsbereiche beider Vorschriften sorgfältig unterschieden werden. § 278 setzt voraus, dass der Gehilfe zur Erfüllung einer Verbindlichkeit eingesetzt wird. Es muss also bereits ein **Schuldverhältnis** (in den

---

8 Anders als § 831 ist § 278 keine eigenständige Anspruchsgrundlage, muss also immer in Verbindung mit einer Norm (insbesondere § 280 Abs. 1) angewendet werden, aus der sich die Schadensersatzpflicht ergibt.

meisten Fällen ein vertragliches Verhältnis) zwischen dem Geschäftsherrn und dem Geschädigten bestanden haben, und nur wenn es um eine Schädigung im Rahmen dieses Schuldverhältnisses geht, darf §278 angewendet werden. Man kann es auch so formulieren: im Rahmen vertraglicher Haftung gilt für die Zurechnung des Gehilfenverhaltens nur §278, im Rahmen deliktischer Haftung dagegen nur §831.

Im **Beispielsfall (Frage a)** kommt eine Anwendung des §278 nicht in Betracht, da zwischen dem Weiß und dem Schad kein Vertragsverhältnis besteht. Anders ist es aber bei **Frage b.** Zwischen Weiß und Eigen besteht ein Werkvertrag über die Renovierung, und im Rahmen der Erfüllung seiner vertraglichen Verpflichtung hat Weiß den Arbeiter eingesetzt. Der Arbeiter ist also Erfüllungsgehilfe des Weiß im Sinne des §278. Zu den vertraglichen Pflichten des Weiß gehört es – als Nebenpflicht aus dem Schuldverhältnis, §241 Abs. 2 – , bei der Vertragsausführung auf die Rechtsgüter des Eigen zu achten und diesen nicht zu schädigen. Daher liegt in dem Zerschlagen der Fensterscheiben eine Pflichtverletzung, und da Weiß sich das Verschulden des Arbeiters nach §278 zurechnen lassen muss, ist Weiß dem Eigen nach §280 Abs. 1 Satz 1 u. 2 zum Ersatz des Schadens verpflichtet. Von dieser Haftung kann sich Weiß nicht durch den Nachweis sorgfältiger Auswahl und Überwachung des Arbeiters befreien. 24

Man darf die Dinge aber nicht so sehen, dass ein und dieselbe Hilfsperson nur entweder Erfüllungsgehilfe oder Verrichtungsgehilfe sein kann. Vielmehr kommt im Rahmen der vertraglichen Verantwortlichkeit nur die Haftung für den Erfüllungsgehilfen (§278), im Rahmen der deliktischen Verantwortlichkeit nur die Haftung für den Verrichtungsgehilfen (§831) in Betracht. Es können aber, da vertragliche und deliktische Ansprüche sich nicht ausschließen, hinsichtlich desselben Schadens durchaus die **vertragliche** und die **deliktische Haftung nebeneinander** eingreifen. 25

Im **Beispielsfall (Frage b)** besteht ein Schadensersatzanspruch des Eigen gegen Weiß aus Pflichtverletzung, §280 Abs. 1 i. V. m. §278; es kann aber daneben auch ein Schadensersatzanspruch aus §831 gegeben sein. Der Anspruch aus §831 entfällt jedoch, wenn dem Weiß der Entlastungsbeweis i. S. des §831 Abs. 1 Satz 2 gelingt.

Kontrollfragen und Fälle zu § 9

1) Wie unterscheiden sich die deliktische Haftung und die Gefährdungshaftung?

2) In welchem Verhältnis stehen Ansprüche aus Vertrag und aus unerlaubter Handlung (Delikt) zueinander?

3) M hat ab 1. 11. von V eine Wohnung gemietet. Kann er vom bisherigen Mieter L Schadensersatz verlangen, wenn dieser nicht rechtzeitig auszieht und M deshalb seine Möbel einlagern muss?

4) Schwarz fragt Braun nach dem Weg zum Bahnhof und fügt hinzu, er müsse unbedingt den nächsten Zug erreichen, und in dieser lausigen Stadt gebe es offenbar überhaupt keine Wegweiser. Braun ärgert sich über diese Bemerkung und schickt Schwarz in die falsche Richtung. Schwarz versäumt den Zug und muss für die nächste Fahrgelegenheit einen höheren Fahrpreis zahlen. Kann er von Braun Schadensersatz verlangen?

Lösungen

26 1) Die deliktische Haftung (= Haftung für unerlaubte Handlungen) setzt **Rechtswidrigkeit** und **Verschulden** voraus. Beides ist bei Gefährdungshaftung nicht erforderlich. Hier knüpft die Haftung vielmehr an eine Sach- oder Betriebsgefahr an.

2) In **Anspruchskonkurrenz**, d.h. sie können **nebeneinander** gegeben sein.

27 3) M hat keinen vertraglichen Anspruch gegen L. Auch § 823 Abs. 1 verhilft ihm nicht zu einem Schadensersatzanspruch gegen L, da keines der darin genannten Rechte oder Rechtsgüter durch L verletzt wurde. M hat nur einen Anspruch gegen V, der aber als **relatives Recht** nicht unter § 823 Abs. 1 fällt (oder, anders ausgedrückt, von L nicht verletzt werden kann).

28 4) Durch die Erteilung der Auskunft übernahm Braun keine vertragliche Verpflichtung; es liegt nur eine **Gefälligkeit** vor (s. auch § 675 Abs. 2). Ein Schadensersatzanspruch aus Vertrag scheidet daher aus.

Ein Schadensersatzanspruch aus § 823 Abs. 1 besteht nicht, da keines der hier aufgeführten Rechte oder Rechtsgüter verletzt wurde. Eine **reine Vermögensschädigung**, wie sie hier vorliegt, wird von § 823 Abs. 1 nicht erfasst.

Jedoch kommt ein Anspruch aus § 826 in Betracht.[9] Es widerspricht dem Anstandsgefühl aller billig und gerecht Denkenden (so die auf das RG zurückgehende Formel), einen Ortsfremden in dieser Weise in die Irre zu führen und ihm dadurch Schaden zuzufügen. Das Verhalten des Braun ist auch nicht durch die unfreundliche Bemerkung des Schwarz gerechtfertigt. § 826 verlangt allerdings eine vorsätzliche Schadenszufügung, wobei bedingter Vorsatz genügt. Nach der Lebenserfahrung muss man damit rechnen, dass das Verpassen eines Zuges zu Vermögensnachteilen führt. Braun hat dies zumindest in Kauf genommen, also bedingt vorsätzlich gehandelt. Damit ist der Schadensersatzanspruch aus § 826 begründet.

9 Vgl. zur Auskunftshaftung allgemein MünchKomm/Wagner § 826 Rn. 80f.

Zweiter Teil

Der Allgemeine Teil des BGB

1. Abschnitt: Das Rechtsgeschäft

§ 10 Rechtsgeschäft und Willenserklärung; Privatautonomie und Verbraucherschutz

Fall 1: Erika und Margot wollen an einem Amateur-Tennisturnier in einer nahe gelegenen Stadt teilnehmen. Margot verspricht eine Woche vorher, am Morgen des Turniertages mit ihrem Auto bei Erika vorbeizukommen und diese mitzunehmen. Da der Wecker nicht funktioniert, gerät Margot aber selbst in größte Zeitnot und denkt in der Aufregung nicht mehr an ihr Versprechen. Erika wartet vergebens und entschließt sich zuletzt, mangels anderer Möglichkeiten mit einem Taxi zum Turnier zu fahren. Kann sie Ersatz der dafür bezahlten 35 € von Margot verlangen?

I. Das Rechtsgeschäft als Mittel zur Verwirklichung der Privatautonomie

1. Zentrale Bedeutung des Rechtsgeschäfts und der Willenserklärung

Unter den Begriff des **Rechtsgeschäfts**, der im Allgemeinen Teil des BGB 1 grundlegende Bedeutung besitzt, fallen so unterschiedliche Vorgänge wie der Kauf eines Kleides, die Schenkung einer Uhr, der Abschluss eines Mietvertrags, die Übereignung eines PKW, die Bestellung einer Hypothek, die Kündigung eines Mietvertrags oder die Ausstellung eines Wechsels. Alle diese Vorgänge ziehen Rechtsfolgen des Privatrechts nach sich, die ihrerseits sehr verschieden sein können, etwa die Verpflichtung zur Übereignung des Kleides, die Entstehung einer Hypothek, der Übergang des Eigentums am PKW oder die Beendigung des Mietvertrags. Die jeweiligen Rechtsfolgen treten ein, weil der Wille der beteiligten Personen darauf gerichtet ist. Der Vorgang, in dem dieser Wille zum Ausdruck gebracht wird, ist in den Begriffen des bürgerlichen Rechts die **Willenserklärung**, und eben diese Willenserklärung bildet den Kern des Rechtsgeschäfts.

2 Damit stellen das Rechtsgeschäft und die Willenserklärung die zentralen Mittel zur Verwirklichung der **Privatautonomie** dar. Die Privatrechtsordnung erkennt die Freiheit und Selbstbestimmung des Einzelnen an. Dies entspricht der verfassungsrechtlichen Garantie der freien Entfaltung der Persönlichkeit durch Art. 2 GG. Die Privatautonomie ist ein wesentlicher Teil dieses allgemeinen Prinzips, des Prinzips der Selbstbestimmung des Menschen. Im Bereich der Privatautonomie treten die Rechtsfolgen nicht deswegen ein, weil der Staat oder sonstige kollektive Organe oder eine andere Person dies anordnen, sondern deshalb, weil die beteiligten Personen selbst den Eintritt der Rechtsfolge wollen. Privatautonomie ist ein unverzichtbarer Bestandteil einer freiheitlichen Gesellschaftsordnung und zugleich die erste Voraussetzung für eine funktionsfähige Marktwirtschaft.

2. Freiheit und Bindung als Grundaspekte der Privatautonomie

3 Die Privatautonomie als die grundsätzliche Möglichkeit für den Einzelnen, seine Rechtsverhältnisse nach seinem Willen zu gestalten, weist zwei grundlegende Aspekte auf: die **Freiheit** zum Handeln, aber auch die **Verantwortlichkeit** für dieses Handeln. Der Einzelne entscheidet grundsätzlich frei, ob und welche Rechtsgeschäfte er abschließt. Aus dem einmal abgeschlossenen Rechtsgeschäft ergeben sich dann aber auch Rechtsfolgen, von denen man sich in der Regel nicht mehr einseitig lossagen kann. Die wichtigsten Rechtsgeschäfte sind die Verträge; denn im Allgemeinen bedarf es der Willensübereinstimmung mehrerer Personen, um die gewünschten Rechtsfolgen zu erzielen, und diese Willenseinigung ist nichts anderes als ein Vertrag. Die Privatautonomie könnte nicht ohne **Bindung an einmal geschlossene Verträge** funktionieren. Dieser Grundsatz wird oft mit der lateinischen Wendung „**pacta sunt servanda**" (Verträge müssen eingehalten werden) zum Ausdruck gebracht. Die **Vertragsfreiheit** als wichtigster Bereich der Privatautonomie umfasst im Schuldrecht sowohl die Abschlussfreiheit als auch die inhaltliche Gestaltungsfreiheit, näher s. § 6 Rn. 1 ff., 9 ff.

3. Schutzfunktion des Privatrechts

4 Wie die Erfahrung zeigt, kann sich allerdings die Freiheit, die in Gestalt der Privatautonomie gewährt wird, als lediglich formale Freiheit erweisen, aus der durch **unterschiedliche wirtschaftliche Macht**, auch aufgrund der jeweiligen **Marktverhältnisse**, Unfreiheit, Ungleichheit und damit Ungerechtigkeit hervorgehen können. Die Erwartung, durch die allen gleichermaßen gewährte Privatautonomie und durch das Erfordernis einer Willensübereinstimmung im Vertrag werde auch die inhaltliche Gerechtigkeit der getroffenen Regelung ge-

währleistet, erweist sich unter solchen Bedingungen als trügerisch. Es gehört daher auch zu den Aufgaben des bürgerlichen Rechts, der Freiheit des Einzelnen Schranken zu ziehen, soweit dies notwendig ist, um für inhaltliche Gerechtigkeit zu sorgen. Dies geschieht allgemein bereits durch das Verbot sittenwidriger (§138) oder gesetzwidriger (§134) Rechtsgeschäfte, vielfach aber auch durch **zwingende Normen** zum Schutz bestimmter Marktteilnehmer, etwa durch das soziale Mietrecht, durch das Arbeitsrecht, durch die Schranken für Allgemeine Geschäftsbedingungen und durch die vielfältigen Regeln des Verbraucherschutzrechts. Das heutige bürgerliche Recht befasst sich also zu einem guten Teil mit dem **Schutz** vor Ausnutzung, Übervorteilung oder fehlerhafter Information, auch etwa unter Verwendung besonderer Vertriebsmethoden (Beispiel: außerhalb von Geschäftsräumen geschlossene Verträge, s. §13 Rn. 10). Gerade durch diese Schutznormen wird die Privatautonomie als materiale, tatsächlich nutzbare Freiheit gewährleistet.

II. Der Begriff des Rechtsgeschäfts und sein Verhältnis zur Willenserklärung

1. Begriff

Weder das **Rechtsgeschäft** noch die **Willenserklärung** werden im BGB ausdrücklich definiert. Beides sind juristische Kunstbegriffe mit einem **sehr hohen Abstraktionsgrad**. Ihre Verwendung erlaubt es, die Grundlinien der Rechtsgeschäftslehre im Allgemeinen Teil zu regeln, obgleich die in den einzelnen Teilgebieten des bürgerlichen Rechts auftretenden Rechtsgeschäfte – vom Kaufvertrag über die Eheschließung bis zum Testament – nach Voraussetzungen und Rechtsfolgen große Unterschiede aufweisen. 5

Teilweise werden die Begriffe Rechtsgeschäft und Willenserklärung gleichgesetzt. Auch das BGB unterscheidet insoweit nicht exakt. Es empfiehlt sich aber, die **Begriffe genau auseinander zu halten**. Der Begriff **Rechtsgeschäft** bezeichnet den **gesamten Tatbestand**, an den die Rechtsordnung die von den Beteiligten gewollte Rechtsfolge geknüpft hat. So stellt z.B. der Kaufvertrag ein Rechtsgeschäft dar; er enthält aber mit den notwendigen Willensäußerungen beider Vertragspartner zwei Willenserklärungen. Der gesamte Tatbestand, der die Rechtsfolge hervorbringt, kann neben den **Willenserklärungen** auch noch **andere Tatbestandsmerkmale** enthalten. Dies gilt z.B. für die Übergabe (tatsächliche Besitzverschaffung, s. §7 Rn. 17) als Voraussetzung der Übereignung einer beweglichen Sache nach §929 Satz 1, ebenso für die Eintragung der Rechtsänderung in das Grundbuch als Erfordernis der Übertragung oder Belastung eines Rechts an einem Grundstück gemäß §873. 6

Definition:
Das Rechtsgeschäft ist ein Tatbestand, der mindestens eine Willenserklärung enthält und dessen Wirkungen sich nach dem Inhalt der Willenserklärungen bestimmen.

2. Einseitige, zweiseitige und mehrseitige Rechtsgeschäfte

7 Das Rechtsgeschäft umfasst in manchen Fällen nur **eine einzige Willenserklärung**, so etwa bei der Kündigung eines Arbeits- oder Mietverhältnisses, der Anfechtung eines Vertrages, der Aufgabe des Eigentums (Dereliktion, §§ 928, 959) oder auch der Errichtung eines Testaments. Rechtsgeschäfte dieser Art werden als **einseitige Rechtsgeschäfte** bezeichnet. **Zweiseitige** oder **mehrseitige Rechtsgeschäfte** enthalten dagegen Willenserklärungen zweier oder mehrerer Personen. Verträge sind stets mindestens zweiseitige Rechtsgeschäfte; sie können aber auch mehrseitig sein, wenn etwa mehrere Personen eine Gesellschaft gründen oder gemeinsam ein Geschäftslokal mieten.

3. Verträge und Gesamtakte

8 Für den **Vertrag** ist kennzeichnend, dass er aufeinander abgestimmte Willenserklärungen enthält, die gewissermaßen spiegelbildlich übereinstimmen, aber nicht inhaltlich identisch sind: der eine erklärt, die Sache verkaufen zu wollen, der andere dagegen, sie zu kaufen. Es gibt aber auch Rechtsgeschäfte, bei denen die von mehreren Beteiligten abgegebenen Willenserklärungen genau denselben Inhalt haben und sozusagen parallel abgegeben werden. Dies gilt für Beschlüsse im Vereins- und Gesellschaftsrecht. Zum Unterschied von Verträgen kann man solche Rechtsgeschäfte als **Gesamtakte** bezeichnen.[1]

III. Die Willenserklärung

1. Begriff und Bestandteile

a) Begriff

9 Während im Begriff des Rechtsgeschäfts durchaus der Alltagsbegriff des Geschäfts mitschwingt (wenngleich keineswegs alle Rechtsgeschäfte „Geschäfte“ in diesem alltäglichen Sprachgebrauch sind), stellt sich der Begriff der **Willens-**

---

1 Manche Autoren unterscheiden aber die Beschlüsse von den Gesamtakten, und zwar vor allem, weil hier, soweit eine Stimmenmehrheit genügt, nicht alle abgegebenen Willenserklärungen übereinzustimmen brauchen, vgl. z.B. Brox/Walker Rn. 101, 102.

erklärung noch um ein gutes Stück abstrakter und künstlicher dar.[2] Er ist geprägt von der Vorstellung, gemäß dem Grundsatz der Privatautonomie würden die Rechtsfolgen durch den Willen der Beteiligten hervorgerufen, dieser Wille müsse aber, um den anderen Beteiligten gegenüber Wirkungen zu äußern, auch nach außen in Erscheinung treten. Eben dies geschieht durch die Willenserklärung.

Definition:
Eine Willenserklärung ist die Äußerung eines privaten Willens, der unmittelbar auf die Herbeiführung einer Rechtswirkung (Rechtsfolge) gerichtet ist.[3]

Dabei liegt in der Verwendung des Begriffs **Rechtsfolge** eine weitere wichtige 10
Abstrahierung. Der konkrete Wille ist in der Regel auf die Herbeiführung eines gegenständlichen (wirtschaftlichen) Erfolges gerichtet und erst die juristische Dogmatik macht daraus einen Rechtsfolgewillen. Konkret gesagt: wer am Kiosk eine Zeitung kauft, will durch sein Verhalten erreichen, dass er die Zeitung gegen Zahlung des Preises mitnehmen kann; nach der juristischen Betrachtungsweise zielt seine Willenserklärung darauf ab, die Ansprüche und Verpflichtungen aus dem Kaufvertrag zu begründen, um auf dieser Grundlage durch Übereignung (ein weiteres Rechtsgeschäft) das Eigentum an der Zeitung zu erlangen.

b) Abgrenzung vom Gefälligkeitsverhältnis

Die Erklärung muss auf einen **rechtlichen Erfolg** abzielen, darf also nicht bloß 11
eine unverbindliche Gefälligkeitszusage enthalten. Wer etwa einem Freund verspricht, ihn am nächsten Tag mit dem Auto abzuholen, um einen gemeinsamen Ausflug zu machen, wird damit im Allgemeinen keine rechtliche Bindung übernehmen wollen. Mangels eines geäußerten **Rechtsbindungswillens** liegt in solchen Fällen keine Willenserklärung und damit auch kein Vertragsschluss vor, sondern ein bloßes **Gefälligkeitsverhältnis**. Maßgebend ist im Zweifelsfall, ob ein bestimmtes Verhalten nach der Verkehrsauffassung und unter Berücksichtigung etwaiger wirtschaftlicher Interessen beider Seiten als Übernahme einer rechtlichen Verpflichtung zu bewerten ist.[4] Eine vertragliche

---

2 Der Begriff „Willenserklärung" stammt aus dem naturrechtlichen Denken des 18. Jahrhunderts, wurde bereits im preußischen ALR (1794) verwendet und erhielt in der Pandektistik des 19. Jahrhunderts zusammen mit dem Begriff „Rechtsgeschäft" zentrale Bedeutung. Näher Ranieri, Europäisches Obligationenrecht, 3. Aufl. (2009), S. 128 ff.; Hattenhauer, Grundbegriffe des Bürgerlichen Rechts, 2. Aufl. (2000), § 4.

3 BGHZ 145, 343, 346 = NJW 2001, 289, 291; Brox/Walker Rn. 82 f.; Köhler § 6 Rn. 1.

4 Zusammenfassend BGH NJW 1992, 498, zugleich ein anschauliches Beispiel: Bei einer Fahrgemeinschaft mit Kostenbeteiligung zur Fahrt zum Arbeitsplatz wird in der Regel ein rechtlicher Bindungswille gegeben sein, nicht aber, wenn ein Arbeitnehmer einen Kollegen, der sich nicht wohl fühlt, während der Arbeitszeit mit dem Auto nach Hause bringt.

Haftung, sei es auf Erfüllung oder Schadensersatz wegen Pflichtverletzung,[5] kommt bei einem Gefälligkeitsverhältnis nicht in Betracht.[6] Stellt die unentgeltliche Führung eines Geschäfts mangels Rechtsbindungswillens eine reine Gefälligkeit (kein Auftrag iSv § 662) dar, so kommen auch Ansprüche aus Geschäftsführung ohne Auftrag (§§ 677 ff.) nicht in Betracht; es handelt sich dann um eine „Gefälligkeit ohne Auftrag".[7]

Merksatz:
Ein Rechtsgeschäft unterscheidet sich von einem Gefälligkeitsverhältnis durch den im Verhalten zutage tretenden Rechtsbindungswillen, dessen Vorliegen im Zweifel aufgrund der Verkehrsauffassung zu beurteilen ist.

c) Facetten des Rechtsbindungswillens

11a Komplexe Lebenssachverhalte lassen sich allerdings nicht allein mit der beschriebenen Unterscheidung zwischen Rechtsgeschäft und Gefälligkeitsverhältnis bewältigen, sondern verlangen nach einer differenzierten Beurteilung der Frage, ob und in wieweit ein Rechtsbindungswille der Parteien bejaht werden kann, der zu privatautonom geschaffenen Rechtsfolgen führt. Ein Beispiel für die Schwierigkeit der Bewertung bildet die **nichteheliche Lebensgemeinschaft**. Dass deren Partner sich entschlossen haben, zusammen zu leben, ohne die Rechtsform der Ehe zu wählen, bedeutet nicht, dass für alle auftretenden vermögensrechtlichen Fragen ein Rechtsbindungswille von vornherein abzulehnen wäre. Oft entsteht hierüber Streit, wenn die Lebensgemeinschaft beendet wurde. Dass ein Partner mehr als der andere zur Deckung der laufenden Bedürfnisse beigetragen hat, rechtfertigt dann keinen Ausgleichsanspruch. Wenn aber ein Partner im Vertrauen auf den Forbestand der Lebensgemeinschaft Leistungen erbracht hat, die zur Vermögensbildung in der Hand des anderen Teils geführt haben, so kann durchaus ein auf die Begründung von Rechtsfolgen gerichteter Wille anzunehmen sein.[8] Denkbar ist nicht nur ein stillschweigend geschlossener Gesellschaftsvertrag iSv §§ 705 ff., der einen über die Lebensgemeinschaft hinausreichenden gemeinsam verfolgten Zweck voraussetzt, sondern auch ein im Vertrauen auf den Bestand der Gemeinschaft stillschweigend abgeschlossener besonderer familienrechtlicher Vertrag (Kooperationsvertrag),

---

5 In der Lit. (z.B. Bork Rn. 683; Rüthers/Stadler § 17 Rn. 18; a.M. Palandt/Grüneberg, vor § 241 Rn. 8) wird zum Teil angenommen, dass sich auch aus einem Gefälligkeitsverhältnis aufgrund gesteigerten sozialen Kontakts Schutzpflichten ergeben können, die zu einer Haftung nach vertraglichen Grundsätzen führen können. BGH NJW 2010, 3087 lässt dies offen.

6 Möglich ist eine Haftung nach §§ 823 ff., soweit der Tatbestand einer unerlaubten Handlung erfüllt ist. Ob dabei eine Beschränkung der Haftung, etwa auf grobe Fahrlässigkeit, angenommen werden kann, ist zweifelhaft. Näher z. B. Medicus/Petersen Rn. 185 ff.

7 So ist nach BGHZ 206, 254 = NJW 2015, 2880 = JuS 2016, 70 (mit Anm. Mäsch) der Transport eines Familienmitglieds zum Mitspielen bei der Veranstaltung eines Amateursportvereins als reine Gefälligkeit gegenüber dem Verein zu bewerten, so dass keine Ansprüche gegen den Verein auf Aufwendungsersatz (im konkreten Fall ging es um den Ersatz eines Verkehrsunfallschadens) bestehen.

8 Dazu grundlegend BGHZ 177, 193 = NJW 2008, 3277 unter Aufgabe der früheren, sehr restriktiven Rechtsprechung. Ausführlich zur Problematik Gernhuber/Coester-Waltjen, Familienrecht, 6. Aufl. (2010), § 44 Rn. 20 ff.; Dethloff, Familienrecht, 31. Aufl. (2015), § 8 Rn. 18 ff.

aus dem sich bei Scheitern der Lebensgemeinschaft Ansprüche wegen Wegfalls der Geschäftsgrundlage (§ 313) ergeben können. War mit der erbrachten Leistung die Vorstellung verbunden, an dem dadurch vermehrten Vermögen des anderen Teils langfristig partizipieren zu können (etwa im Haus des anderen dauerhaft zu wohnen), so kann eine Zweckabrede zu bejahen sein, so dass die durch das Scheitern der Lebensgemeinschaft ausgelöste Zweckverfehlung Bereicherungsansprüche nach § 812 Abs. 1 Satz 2, 2. Alt. begründen kann.

Nicht einfach zu beantworten ist die Frage, ob durch die **Inanspruchnahme** 11b
unentgeltlicher[9] **Leistungen im Internet** ein Schuldverhältnis zustande kommt. Bei völlig anonymer Nutzung wird ein Rechtsbindungswillen zu verneinen sein; im übrigen muss man auf die Bedeutung der Leistung für den Nachfragenden abstellen . Im Allgemeinen dürfte ein Rechtsbindungswillen eher zu verneinen sein.[10]

Lösung zu Fall 1: Erika hätte einen Anspruch auf Schadensersatz aufgrund vertrag- 12
licher Pflichtverletzung (§ 280, § 283, die Leistung – Beförderung – ist durch Zeitablauf unmöglich geworden, § 275 Abs. 1), wenn zwischen ihr und Margot ein Vertrag über die Beförderung zum Turnier (ein Werkvertrag i. S. v. § 631 Abs. 1 u. 2; der Transport würde den Erfolg im Sinne dieser Vorschriften darstellen) zustande gekommen wäre. Ein ausdrücklicher Vertragsschluss ist nicht erfolgt. Jedoch könnte in dem Versprechen der Margot und der Annahme durch Erika konkludent der Vertragsschluss zu sehen sein. Es ist jedoch fraglich, ob mit dem Versprechen der Margot ein Wille geäußert wurde, sich rechtlich zu binden. Die Umstände sprechen nach der Verkehrsauffassung eher für eine bloße Gefälligkeit: man muss bei solchen Versprechen üblicher Weise auch mit Nichterfüllung rechnen, und der wahrzunehmende Termin hatte auch keine geschäftliche oder berufliche Bedeutung. Es spricht also mehr dafür, hier mangels Rechtsbindungswillens einen Vertragsschluss abzulehnen (vgl. auch Fn. 7). Ansprüche aus unerlaubter Handlung scheiden ebenfalls aus, da insbesondere keiner der Tatbestände des § 823 Abs. 1 vorliegt (eine fahrlässige Vermögensschädigung genügt nicht, vgl. § 9 Rn. 4) und auch keine vorsätzliche sittenwidrige Schädigung nach § 826 gegeben ist.

c) Bestandteile der Willenserklärung

Für eine wirksame Willenserklärung bedarf es der inneren Willensbildung und 13
der Kundgabe dieses Willens nach außen. **Wille** und **Erklärung** sind mit anderen Worten die notwendigen Bestandteile einer Willenserklärung.

---

9 Auch die Frage, wann Unentgeltlichkeit anzunehmen ist, wirft Probleme auf. Die Inanspruchnahme ist wohl schon dann nicht mehr unentgeltlich, wenn sie mit einer Einwilligung zur Datennutzung verbunden ist, s. § 11 Rn. 33a zur beschränkten Geschäftsfähigkeit.

10 Dazu Faust, Gutachten zum 71. Deutschen Juristentag (2016), A 62 ff., 91; Spindler JZ 2016, 805, 811.

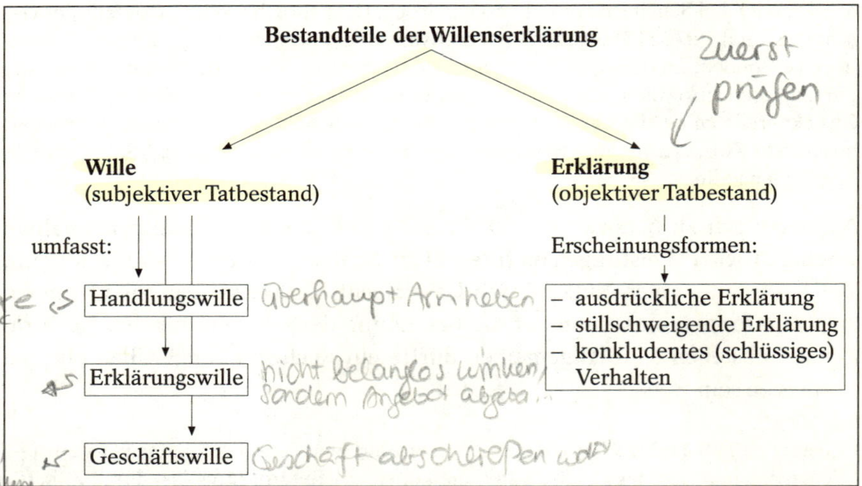

2. Erklärung (objektiver Tatbestand)

a) Bedeutung

14 Da das Rechtsgeschäft der Herstellung rechtlicher Beziehungen zwischen verschiedenen Personen dient, muss an das gegenüber den anderen Beteiligten zum Ausdruck Gebrachte, also an die **Erklärung** angeknüpft werden. Der Wille wird, auch im Interesse der Rechtssicherheit, rechtlich erst beachtlich, wenn er nach außen zutage getreten ist. Dies kann in sehr unterschiedlicher Weise geschehen, von der Übersendung eines ausformulierten schriftlichen Vertragsangebots bis zur bloßen Entgegennahme einer Ware an einem Verkaufsstand. Die Erklärung als objektiver Tatbestand ist somit das **äußere Verhalten**, das den auf ein bestimmtes Rechtsgeschäft gerichteten **Willen erkennen lässt**.

b) Erscheinungsformen

15 Im Einzelnen sind **ausdrückliche** schriftliche oder mündliche Erklärungen ebenso anzutreffen wie **stillschweigende Erklärungen**, etwa die Annahme eines Vertragsangebots durch Handschlag oder Kopfnicken, ohne auch nur ein Wort zu sagen. Auch ein **konkludentes (schlüssiges) Verhalten** kann als Erklärung aufzufassen sein, wenn die Umstände und die Verkehrssauffassung diesen Schluss zulassen. So mag etwa im Verzehr einer Brezel, die auf einem Gasthaustisch in einem Körbchen liegt, die Annahme des Angebots liegen, die Brezel gegen Zahlung des Preises zu erwerben. Die Zahlung auf ein von einer Steuerberaterin eingerichtetes Anderkonto kann als Antrag auf Abschluss eines Treuhandvertrages auszulegen sein.[11]

---

11 BGH NJW 2006, 3777.

Schon diese Beispiele zeigen, dass die Aussage, es liege eine Willenserklärung vor, bereits eine juristische Interpretation darstellt. Keinesfalls ist erforderlich, dass der Erklärende die juristischen Fachausdrücke (ich kaufe, übereigne, erkläre den Rücktritt, fechte an usw.) verwendet. Jedoch muss objektiv erkennbar sein, auf welche Rechtsfolge die Erklärung gerichtet ist. Was mit der Erklärung in rechtlich maßgeblicher Weise zum Ausdruck gebracht wird, hat im Streitfall der Jurist im Wege der **Auslegung der Willenserklärung** (s. § 15 Rn. 1 ff.) festzustellen. 16

3. Der Wille und seine Bestandteile (subjektiver Tatbestand)

Fall 2: Max findet seinen Bekannten Moritz, der zu viel getrunken hat, in tiefem Schlaf vor. Max führt die Hand des Moritz samt Schreibgerät und lässt ihn so ein Jahresabonnement einer Zeitschrift unterzeichnen, das er an das Vertriebsunternehmen weiterleitet. Muss Moritz die Zeitschrift abnehmen und bezahlen?

Die Erklärung ist Ausdruck des inneren Willens; die Rechtsfolge (einschließlich der Bindung des Erklärenden) tritt deswegen ein, weil die **Erklärung auf dem Willen des Erklärenden beruht**. Zweifel an der Wirksamkeit der Erklärung ergeben sich dagegen, wenn es am tragfähigen Willen fehlt, etwa weil der Erklärende über die Bedeutung seiner Aussage irrte oder weil er von einem anderen zur Abgabe der Erklärung gezwungen wurde. Herkömmlicherweise werden gerade im Hinblick auf solche gestörte Fälle die im Folgenden dargestellten Bestandteile des Willens unterschieden.[12] Die jeweiligen Rechtsfolgen bei **Willensmängeln** lassen sich freilich nicht einfach aus dieser Klassifizierung herleiten; vielmehr ist insofern von den im BGB enthaltenen Regeln auszugehen. Dies gilt umso mehr, als das BGB in der Grundsatzfrage, ob es in erster Linie auf die Erklärung oder auf den Willen ankommt, eine vermittelnde Position einnimmt. Die Einzelheiten der Lehre von den Willensmängeln werden an späterer Stelle erörtert (s. §§ 17–19). 17

a) Handlungswille

Damit ist der **Wille** gemeint, überhaupt **den äußeren Tatbestand der Erklärung herbeizuführen**, also etwas zu sagen, zu schreiben, mit dem Kopf zu nicken usw. Der Handlungswille fehlt bei Bewegungen, die ein Schlafender oder Bewusstloser vornimmt, ebenso bei Reflexhandlungen, aber auch, wenn die Hand des Erklärenden gewaltsam durch einen anderen geführt wird. 18

12 Verbreitete Einteilung, z.B. Brox/Walker Rn. 84 ff.; Rüthers/Stadler § 17 Rn. 6; Bork Rn. 588 ff. – Vollständig ablehnend Leenen JuS 2008, 577, 579; krit. auch Wolf/Neuner § 32 Rn. 1 ff.

Fehlt es bereits am Handlungswillen, so liegt **keine wirksame Willenserklärung** vor. Darüber ist man sich, vom Begriff und der Funktion der Willenserklärung ausgehend, einig, obwohl das BGB keine ausdrückliche Vorschrift enthält.

b) Erklärungswille (Erklärungsbewusstsein)

19 Unter dem **Erklärungswillen** oder **Erklärungsbewusstsein** versteht man den **Willen, überhaupt eine rechtsgeschäftliche Erklärung irgendwelcher Art abzugeben**. Das Erklärungsbewusstsein fehlt beispielsweise, wenn jemand glaubt, einen Glückwunsch zu unterschreiben, während es sich in Wahrheit um eine Buchbestellung handelt. Ob in solchen Fällen von vornherein keine wirksame Willenserklärung vorliegt oder ob analog § 119 Abs. 1 die zunächst wirksame Willenserklärung durch Anfechtung beseitigt werden kann, ist zweifelhaft, s. § 17 Rn. 14 ff.

c) Geschäftswille

20 Dies ist der **Wille**, ein **Geschäft mit einem bestimmten Inhalt** abzuschließen. Mängel des Geschäftswillens sind beachtlich, soweit die Voraussetzungen einer **Anfechtung** wegen Irrtums, arglistiger Täuschung oder Drohung erfüllt sind. Dazu s. unten § 18 u. § 19.

Lösung zu Fall 2: Moritz ist nach § 433 Abs. 2 verpflichtet, die Zeitschrift abzunehmen und zu bezahlen, wenn zwischen ihm und dem Vertriebsunternehmen ein Kaufvertrag zustande gekommen ist. Dazu wären übereinstimmende Willenserklärungen der Vertragspartner (Angebot und Annahme) erforderlich. Hier liegt zwar der äußere Tatbestand einer Willenserklärung des Moritz in Gestalt der von ihm unterzeichneten Bestellung vor. Jedoch fehlt der Handlungswille, da das äußere Geschehen (die Unterzeichnung) nicht von seinem Willen getragen war. Dieser Fall ist im Gesetz nicht ausdrücklich geregelt. Es entspricht aber allgemeiner Meinung, dass bei Fehlen des Handlungswillens von Anfang an keine wirksame Willenserklärung vorliegt, ohne dass es etwa eines Widerrufs oder einer Anfechtung bedarf. Damit ist Moritz mangels zustande gekommenen Vertrags nicht zur Abnahme und Zahlung verpflichtet.

4. Automatisierte Willenserklärungen

21 Auch geschäftliche Erklärungen, die **von einem Computer erstellt** werden, etwa Auftragsbestätigungen oder Versicherungsscheine, stellen Willenserklärungen im Sinne des BGB dar.[13] Sie müssen nach bisheriger Auffassung stets einem Rechtssubjekt (dem Unternehmensträger) zugerechnet werden. Dieses Rechtssubjekt bedient sich des Computers als Erklärungswerkzeug. Dies gilt auch, wenn die Datenverarbeitungsanlage **aufgrund eines bestimmten Pro-**

13 So bislang die h. M., vgl. Köhler § 6 Rn. 8; Medicus/Petersen Rn. 256.

gramms „entscheidet", ob und mit welchem Inhalt die Erklärung ausgedruckt und abgesandt wird.[14] Der rechtlich maßgebliche Wille steckt dann bereits in dem Einsatz des Computers und des Programms, nicht etwa ersetzt der Programmablauf den Willen im Sinne der Bestandteile der Willenserklärung. Bisher hat sich die herkömmliche rechtsdogmatische Betrachtungsweise, wie sie in den Begriffen der Willenserklärung und des Rechtsgeschäfts zum Ausdruck kommt, grundsätzlich als geeignet erwiesen, auch solchen, für die Verfasser des BGB noch nicht vorstellbaren Phänomenen wie den automatisierten Willenserklärungen gerecht zu werden. Zur Anfechtung wegen Irrtums s. §18 Rn. 10ff., 30.

Das herkömmliche Verständnis wird allerdings brüchig, wen Maschinen als **21a** **autonome Systeme**[15] agieren und auf der Basis automatisch erhobener vielfältiger Daten selbst Entscheidungen treffen, insbesondere Willenserklärungen abgeben. Man kann das autonome System dann kaum noch als bloßes Erklärungswerkzeug oder als Bote einer von einem Menschen abgegebenen Erklärung begreifen. Das dem Recht der Willenserklärung zugrunde liegende Modell der subjektiven Willensbildung durch einen Menschen und der unmittelbar darauf beruhenden Abgabe einer Erklärung nach außen lässt sich auf das Handeln autonomer Systeme nicht bruchlos übertragen. Man wird daher nicht umhin kommen, für die Zurechnung und die Gültigkeit automatisch generierter und abgegebener Erklärungen eigene Regeln zu schaffen. Häufig ist in diesem Zusammenhang bereits von „E-Personen" oder „Softwareagenten" die Rede. Ob man am Ende sogar zu einer **Rechtsfähigkeit** von Maschinen gelangen wird,[16] erscheint zweifelhaft. Es handelt sich dabei um die dogmatische Überformung – zunächst müssen die auftretenden Sachfragen entschieden werden. Roboter schon jetzt insoweit für rechtsfähig zu erachten, als dies zweckmäßig ist,[17] erscheint verfrüht.

---

14 So auch Taupitz/Kritter JuS 1999, 839f.

15 Eine instruktive Erläuterung der verschiedenen Bereiche „künstlicher Intelligenz" bietet Stiemerling CR 2015, 762, zu den autonomen Systemen 765.

16 Zum Meinungsstand Taeger NJW 2016, 3764; Schaub JZ 2017, 342, 345f. Von vornherein ausgeschlossen erscheint die Zuerkennung einer Rechtsfähigkeit an autonome Systeme nicht, auch nicht aus verfassungsrechtlichen Gründen, näher s. Beck JR 2009, 225, 229f.; Kersten JZ 2015, 1, 5ff.

17 So Schirmer JZ 2016, 660, 663. Allein mittels Anerkennung der Rechtsfähigkeit kann man (entgegen Schirmer S. 664) einen Roboter auch nicht als rechtsgeschäftlichen Stellvertreter ansehen, denn der Stellvertreter gibt eine eigene Willenserklärung mit den Bestandteilen Wille und Erklärung ab, deren Entsprechung bei Verwendung eines Roboters erst noch genauer zu erörtern wäre; der Sache nach ebenso Spindler JZ 2016, 805, 816 (Fehlen des Erklärungsbewusstseins).

5. Elektronische (digitale) Willenserklärungen

22 Eine Willenserklärung kann auch in elektronischer (digitaler) Form („Erklärung per Mausklick“[18]), vor allem unter Nutzung des **Internet**, abgegeben werden, so dass sie etwa nur auf dem Bildschirm des Erklärungsempfängers erscheint oder in dessen E-Mail-Box gespeichert wird. Da auch in solchen Fällen der Rechtsfolgewillen nach außen in Erscheinung tritt, sind die Begriffsmerkmale einer Willenserklärung gegeben. Zum Zugang solcher Willenserklärungen s. § 12 Rn. 21 ff., zum Vertragsschluss im Internet und zur Auslegung s. § 14 Rn. 37 ff.; zur Formfrage s. § 16 Rn. 5, 7.

IV. Geschäftsähnliche Handlungen

23 Bei den geschäftsähnlichen Handlungen, einem Begriff, den das BGB nicht verwendet, geht es ebenfalls um Erklärungen, an die von der Rechtsordnung rechtliche Wirkungen geknüpft werden. Den Unterschied zur Willenserklärung sieht man darin, dass die Rechtsfolge nicht deswegen eintritt, weil sie als gewollt erklärt ist, sondern auf Grund einer **Erklärung**, die regelmäßig eine **andere Zielrichtung** hat.[19] Ein Beispiel ist die **Mahnung des Gläubigers.**[20] Sie führt, wenn sie nach Fälligkeit der Leistung erfolgt, zum Verzug des Schuldners, § 286 Abs. 1 Satz 1 (s. § 6 Rn. 27). Es ist aber gleichgültig, ob der Gläubiger den Verzug herbeiführen wollte. Die Absicht, den Schuldner in Verzug zu setzen, braucht auch in der Erklärung nicht zum Ausdruck zu kommen. Vielmehr genügt die deutliche Aufforderung an den Schuldner, seine Leistung jetzt zu erbringen.

24 Auf geschäftsähnliche Handlungen werden die **Regeln über Willenserklärungen** großenteils **analog** angewandt. Es ist z. B. Stellvertretung bei der Mahnung zulässig (analog § 164 Abs. 1 Satz 1).[21] Auch die Vorschriften über den Zugang[22] und über die Geschäftsfähigkeit haben entsprechend zu gelten. Statt einer Anfechtung der Mahnung wegen Irrtums lässt man dagegen eine einfache Rücknahme zu, weil der Empfänger der Mahnung keine schutzbedürftige Rechtsposition erlangt. Die Frage, inwieweit bestimmte rechtsgeschäftliche Regeln auf geschäftsähnliche Handlungen anzuwenden sind, ist also jeweils unter Berücksichtigung der Interessenlage zu prüfen.

---

18 Den Ausdruck verwendet Geis NJW 1997, 3000.
19 BGHZ 145, 343, 346 = NJW 2001, 289, 290.
20 BGH MDR 2006, 620, 621.
21 BGH MDR 2006, 620, 621 (Mahnung durch einen Vertreter ist nur bei Bevollmächtigung wirksam).
22 BGH NJW 2002, 1565, 1567; NJW 2017, 68 Rn. 19.

Weitere **Beispiele rechtsgeschäftsähnlicher Handlungen** bilden nach h.M. die Fristsetzung zur Leistung oder Nacherfüllung nach § 281 Abs. 1 Satz 1 (s. § 6 Rn. 28), die Geltendmachung von Ersatzansprüchen nach Reisevertragsrecht (§ 651g Abs. 1 Satz 1),[23] die Aufforderung zur Beseitigung eines Mangels[24] und die Aufforderung an den gesetzlichen Vertreter, sich über die Genehmigung eines Rechtsgeschäfts des Minderjährigen zu erklären, § 108 Abs. 2 Satz 1 (s. § 11 Rn. 48). Auch die **Gewinnzusage** i.S.v. § 661a (d.h. die Mitteilung, die beim Verbraucher den Eindruck erweckt, er habe einen Preis gewonnen) wird zum Teil als geschäftsähnliche Handlung angesehen;[25] richtiger erscheint es aber, darin ein einseitiges Rechtsgeschäft (also eine Willenserklärung) zu sehen, bei dem sich der Unternehmer, ähnlich wie nach § 116 S. 1 (Unbeachtlichkeit eines geheimen Vorbehalts) nicht darauf berufen kann, er habe sich eigentlich gerade nicht verpflichten wollen.[26] 25

Zunehmende Bedeutung kommt der Pflicht zur **Erteilung von Informationen** zu. So statuiert das Verbraucherschutzrecht umfangreiche Informationspflichten des Unternehmers gegenüber dem Verbraucher (vgl. § 13 Rn. 15; § 14 Rn. 41). Man könnte diese Mitteilungen als Realakte qualifizieren, indem man darauf abstellt, dass es dem Erklärenden um die tatsächliche Verschaffung der Informationen, nicht um die Herbeiführung von Rechtsfolgen geht. Auf der anderen Seite sind aber mit der Erteilung der Information oft auch Rechtsfolgen verknüpft, z.B. für den Beginn der Widerrufsfrist (s. § 13 Rn. 15). Bei außerhalb von Geschäftsräumen geschlossenen Verträgen und Fernabsatzverträgen werden die in Erfüllung der Informationspflicht gemachten Angaben des Unternehmers gemäß § 312d Abs. 1 Satz 2 zum Inhalt des Vertrages, wenn nicht die Vertragsparteien ausdrücklich etwas anderes vereinbart haben. Diese Rechtsfolgen sind nicht Inhalt der Erklärung, so dass keine Willenserklärung vorliegt, sondern sind an eine Erklärung mit anderer Zielrichtung (Erteilung von Informationen) geknüpft. So erscheint die Einordnung als **geschäftsähnliche Handlung** angemessen. 25a

V. Realakte

Unter **Realakten** oder **Tathandlungen** versteht man Handlungen, die zwar einen rechtlichen Erfolg herbeiführen, aber ganz unabhängig davon, ob dieser Erfolg gewollt war und ob eine auf den Erfolg gerichtete Willensäußerung vorlag. Hierher gehört z.B. die **Verarbeitung**, die zum Erwerb des Eigentums führen kann. Schnitzt etwa ein Künstler eine Figur aus einem Stück Holz, das ihm nicht gehört, so erwirbt er das Eigentum nach § 950 Abs. 1 Satz 1. Dabei ist es gleichgültig, ob der Bildhauer an diesen Eigentumserwerb gedacht hat. Es braucht auch der Wille, Eigentum zu erwerben, in keiner Weise zum Ausdruck gebracht zu werden. Auch der Eigentumserwerb beim Schatzfund (§ 984) hat einen solchen Realakt (Entdeckung und Inbesitznahme), nicht eine Willenserklärung, zur Voraussetzung. 26

23 BGHZ 145, 343, 346 = NJW 2001, 289, 290.
24 BGH NJW 2002, 1565, 1567.
25 So BGHZ 165, 172 = NJW 2006, 230, 232. Der BGH spricht von der Haftung aus einem gesetzlichen Schuldverhältnis, das durch eine geschäftsähnliche Handlung begründet wurde.
26 Näher Leipold, FS Musielak (2004), 317, 323 ff.

27 Auf solche **Tathandlungen** sind nach allgemeiner Ansicht die **Regeln über Willenserklärungen nicht anwendbar**. So erwirbt z.B. der Bildhauer aufgrund der Verarbeitung auch dann das Eigentum an der Figur, wenn er wegen Geisteskrankheit nach § 104 Nr. 2 geschäftsunfähig war.

VI. Sozialtypisches Verhalten

28 An dem Grundsatz „Keine rechtsgeschäftliche Verpflichtung ohne Willenserklärung" rüttelte die Lehre vom **sozialtypischen Verhalten** als **Verpflichtungsgrund**. Sie war vor allem entwickelt worden, um aus der Inanspruchnahme öffentlich angebotener Leistungen unmittelbar einen Entgeltanspruch herzuleiten, auch wenn eine Willenserklärung schwer zu begründen erschien oder wenn ihre Wirksamkeit an der fehlenden Geschäftsfähigkeit scheiterte. Der BGH[27] folgte dieser Ansicht im berühmt gewordenen Parkplatz-Fall, in dem eine Autofahrerin ihr Fahrzeug auf einen als gebührenpflichtig angebotenen bewachten Parkplatz stellte, aber von vornherein die Zahlung des Entgelts verweigerte, weil sie keine Bewachung wünsche und ihr nach ihrer Meinung der unentgeltliche Gemeingebrauch an der Fläche zustehe. Mittlerweile ist die Lehre vom sozialtypischen Verhalten als eigenständigem Entstehungsgrund für ein Schuldverhältnis jedoch wieder aufgegeben worden,[28] da sie zu sehr am Ergebnis orientiert ist, die Grundbegriffe der Privatautonomie und des Rechtsgeschäfts vernachlässigt und die Gefahr von Wertungswidersprüchen mit sich bringt.

28a Im **Parkplatzfall** ist das Zustandekommen eines Vertrages schon nach allgemeinen Grundsätzen zu bejahen. Die Bereitstellung eines gebührenpflichtigen Parkplatzes stellt ein Angebot (in Gestalt einer Realofferte, s. § 14 Rn. 4) an die Allgemeinheit dar, einen Mietvertrag über die genutzte Parkfläche zu den vom Betreiber gesetzten Bedingungen abzuschließen. Dieses Angebot wird durch das Abstellen des Fahrzeugs angenommen, ohne dass es einer Erklärung gegenüber dem Betreiber bedarf, § 151 Satz 1 (s. § 14 Rn. 21 ff.).[29] Sollte der Be-

27 BGHZ 21, 319, 333 ff. = NJW 1956, 1475, 1476; zustimmend Larenz, Die Begründung von Schuldverhältnissen durch sozialtypisches Verhalten, NJW 1956, 1897 (der BGH war vor allem den Gedanken von Larenz gefolgt). S. auch BGHZ 23, 249, 261 = NJW 1957, 787, 789 (zur formlosen Bestimmung eines Hoferben).

28 Jetzt ganz h. M., s. Wolf/Neuner § 37 Rn. 44 ff.; Brox/Walker Rn. 193 f.; auch Larenz hatte seine Ansicht schließlich aufgegeben, s. Larenz, Allgemeiner Teil, 7. Aufl., § 28 II.

29 BGH NJW 2016, 863 Rn. 15 u. 18 = JuS 2016, 1128 (K. Schmidt). Hat der Betreiber die Überlassung des Parkplatzes von der Zahlung des Parkentgelts und dem Auslegen des Parkscheins abhängig gemacht, so kommt auch mit einem Nutzer, der sich hieran nicht hält, der Vertrag (nach den Vertragsbedingungen oft mit einem erhöhten Entgelt) zustande. Der Fahrzeugführer begeht zudem mit der Nutzung des Parkplatzes verbotene Eigenmacht (§ 858 Abs. 1), BGH aaO Rn. 18 f.

nutzer zugleich ausdrücklich erklären, er wolle keinen Vertrag schließen, so liegt darin ein in sich widersprüchliches Verhalten, auf das sich der Benutzer nach Treu und Glauben (§ 242) nicht berufen kann.[30]

Kann (etwa bei Benutzung eines öffentlichen Verkehrsmittels, ohne den 28b Fahrpreis zu zahlen) wegen Minderjährigkeit des Fahrgasts keine wirksame vertragliche Erklärung angenommen werden, so fordert der **Minderjährigenschutz** auch hier Beachtung, s. § 11 Rn. 7.

VII. Verbraucher und Unternehmer – die persönliche Reichweite des Verbraucherschutzes bei Rechtsgeschäften

1. Zweck der Begriffsbestimmungen

Das Verbraucherschutzrecht geht davon aus, dass der Verbraucher bei Rechts- 29 geschäften mit einem Unternehmer sowohl in seiner Freiheit zum Abschluss des Vertrags als auch hinsichtlich der inhaltlichen Gestaltung des Vertrags in bestimmten Fällen **besonderen Schutzes** bedarf, da die Privatautonomie aufgrund des bestehenden **tatsächlichen Macht- und Informationsungleichgewichts** zwischen Unternehmer und Verbraucher, zum Teil auch aufgrund der vom Unternehmer gewählten Vertriebswege, keine hinreichende Garantie für interessengerechte Vertragsabschlüsse und Vertragsgestaltungen zu geben vermag. Der persönliche Anwendungsbereich der verbraucherschützenden Vorschriften wird durch die Begriffe des **Verbrauchers** (§ 13) und des **Unternehmers** (§ 14) bestimmt. Verträge zwischen Unternehmern, aber auch Verträge zwischen Verbrauchern, werden vom Verbraucherschutzrecht nicht erfasst. Man versteht daher unter einem **Verbrauchervertrag**[31] (gesetzliche Definition in § 310 Abs. 3) nur einen Vertrag zwischen Unternehmer und Verbraucher.

Die Regelung der Begriffe des **Verbrauchers** und des **Unternehmers** in den §§ 13 und 14 30 wurde im Jahre 2000 durch das Gesetz über Fernabsatzverträge in das BGB eingefügt. Dadurch sollte gegenüber dem früheren Rechtszustand eine **Vereinheitlichung der Begriffe** erreicht und die Rechtsanwendung vereinfacht werden. Die Begriffsbestim-

---

30 Vgl. BGHZ 95, 393, 399 = NJW 1986, 177, 178, wonach Fälle des Massenverkehrs wie BGHZ 21, 319 = NJW 1956, 1475 in der neueren Rechtsprechung allgemein unter dem Gesichtspunkt der unbeachtlichen Verwahrung, also durch Bejahung eines Vertragsschlusses, gelöst werden. Nach anderer Ansicht bleibt es dabei, dass kein vertragliches Entgelt geschuldet ist, so dass nur Bereicherungsansprüche oder Schadensersatzansprüche aus unerlaubter Handlung in Betracht kommen, so z. B. Wolf/Neuner § 37 Rn. 47; Medicus/Petersen Rn. 249. Der dort gezogene Vergleich mit einem Kaufhausdieb hinkt m. E., weil bei einem Diebstahl schon der objektive Erklärungstatbestand einer Annahme – Vorlegen der gewählten Ware an der Kasse – fehlt (was Wolf/Neuner aaO durchaus erkennt).

31 Häufig verwendet wird auch die Bezeichnung B2C-Vertrag (business to consumer-Vertrag) (im Gegensatz zu B2B- und C2C-Verträgen).

mungen gelten jedenfalls innerhalb des BGB. Inwieweit sie darüber hinaus im Zivilrecht und im Zivilverfahrensrecht anzuwenden sind, bedarf jeweils der Prüfung.[32] Die Begriffe beruhen weitgehend auf Vorgaben des Europäischen Rechts.[33] Bei der Umsetzung der Verbraucherrechte-Richtlinie im Jahre 2013 (s. § 4 Rn. 19) wurde die Formulierung des Verbraucherbegriffs in § 13 geändert. Allerdings treten im Vergleich mit dem Europäischen Recht Differenzen auf, s. zur Erstreckung des Verbraucherbegriffs auf nicht selbständige berufliche Tätigkeiten Rn. 31b.

2. Begriff des Verbrauchers

a) Allgemein

31 Verbraucher ist nach § 13 jede **natürliche Person**, die ein **Rechtsgeschäft** zu Zwecken abschließt, die überwiegend **weder ihrer gewerblichen noch ihrer selbständigen beruflichen Tätigkeit** zugerechnet werden können. Entscheidend ist die Situation **bei Abschluss eines konkreten Rechtsgeschäfts**. Genau genommen werden nicht die Personen in Verbraucher und Unternehmer eingeteilt, sondern die Beteiligung an einem konkreten Rechtsgeschäft wird klassifiziert. Jemand ist also nicht ein für alle Mal entweder Verbraucher oder Unternehmer, sondern ein und dieselbe Person kann bei einem Rechtsgeschäft Unternehmer, bei einem anderen Verbraucher sein. Kauft etwa der Alleininhaber eines Bauunternehmens für den häuslichen Gebrauch einen Staubsauger, so ist er beim Abschluss dieses Rechtsgeschäfts Verbraucher, während er beim Kauf des gleichen Geräts zur Reinigung der Büroräume als Unternehmer anzusehen ist. Entscheidend ist in solchen Fällen, welchen Zweck der Käufer für den Vertragspartner erkennbar verfolgt hat.[34] Juristische Personen und rechtsfähige Handelsgesellschaften (OHG, KG) können von vornherein nicht Verbraucher sein; zur BGB-Gesellschaft und zur Wohnungseigentümergemeinschaft s. Rn. 31c.

b) Verfolgung verschiedener Zwecke (Dual use)

31a Die Anwendung des Verbraucherbegriffs wird problematisch, wenn ein und dasselbe Rechtsgeschäft sowohl beruflichen als auch persönlichen Zwecken dient, so etwa wenn ein PKW sowohl zur beruflichen als auch zur privaten Nutzung gekauft wird. Durch die Neufassung des § 13 bei Umsetzung der Ver-

32 Für Anwendung im Rahmen von § 1031 Abs. 5 Satz 1 ZPO BGH NJW 2005, 1273, 1274. Dagegen wird der Begriff des Verbrauchers in Art. 15 EuGVO enger ausgelegt als in § 13, BGH NJW 2012, 1817 Rn. 35, s. Fn. 35. – Das UWG verweist in § 2 Abs. 2 hinsichtlich des Verbraucherbegriffs auf § 13 BGB, während es den Begriff des Unternehmers in § 2 Abs. 1 Nr. 6 selbst definiert.

33 S. Art. 2 Klauselrichtlinie; Art. 1 Verbrauchsgüterkauf-Richtlinie; Art. 3 Verbraucherkredit-Richtlinie; Art. 2 Verbraucherrechte-Richtlinie.

34 KG NJW-RR 2011, 1418.

braucherrechte-Richtlinie wurde klargestellt, dass in solchen „dual use“ – Fällen das sog. **Überwiegensprinzip** gilt, dass also entscheidend ist, welcher Zweck überwiegt.[35] Wie ist es aber, wenn die beiden verfolgten Zwecke gleichwertig sind bzw. sich jedenfalls kein Überwiegen des einen oder anderen Zwecks feststellen lässt? Entgegen dem insoweit missverständlichen Wortlaut des § 13 ist in solchen Fällen, wie sich aus der Gesetzesbegründung[36] ergibt, von einem Verbrauchergeschäft auszugehen.[37]

c) Nicht selbständige berufliche Tätigkeit

Der Verbraucherbegriff des § 13 und korrespondierend der Unternehmerbegriff des § 14 nehmen unternehmerisches Handeln nur an, wenn das Rechtsgeschäft gewerblichen oder *selbständigen* beruflichen Zwecken dient. Der in den Europäischen Richtlinien enthaltene Verbraucherbegriff lässt dagegen schlechthin die Verfolgung beruflicher Interessen, auch im Rahmen einer nicht selbständigen Tätigkeit, ausreichen, um die Unternehmereigenschaft zu bejahen. Der Verbraucherbegriff des BGB ist also, da er die nicht selbständige berufliche Tätigkeit einschließt, weiter als derjenige der europäischen Richtlinien. Dadurch wird die Anwendung der verbraucherschützenden Regelungen ausgeweitet. So handelt ein Arbeitnehmer bei Abschluss eines Arbeitsvertrages nach dem deutschen Verbraucherbegriff als Verbraucher,[38] während dies nach dem europäischen Verbraucherbegriff nicht der Fall ist. Die Erweiterung des Verbraucherschutzes durch das nationale Recht ist unproblematisch, soweit die einschlägige Europäische Richtlinie dem nationalen Gesetzgeber erlaubt, ein höheres Verbraucherschutzniveau zu etablieren (Grundsatz der Mindestharmonisierung). Dies ist z.B. in der Klauselrichtlinie (die im Arbeitnehmerfall einschlägig ist) und der Verbrauchsgüterkaufrichtlinie weiterhin der Fall. Dagegen folgt Art. 4 der Verbraucherrechte-Richtlinie dem Grundsatz der Vollharmonisierung, erlaubt also dem nationalen Gesetzgeber grundsätzlich nicht, ein höheres Verbraucherschutzniveau einzuführen. Man kann aber hier die erweiternde deutsche Regelung des Verbraucherbegriffs mit der Begründung rechtfertigen, dass sie nicht den Inhalt der europäischen verbraucherschützenden Regeln zugunsten des Verbrauchers ändert, sondern den Anwendungsbereich 31b

35 Ebenso die h.M., Palandt/Ellenberger § 13 Rn. 4; Erman/Saenger § 13 Rn. 17. – Zum Verbrauchergerichtsstand (Art. 17 EuGVO) entschieden EuGH NJW 2005, 853; BGH NJW 2012, 1817, 1819 anders. Danach liegt Verbraucherhandeln in solchen Fällen nur vor, wenn der zugleich verfolgte gewerbliche Zweck nur eine ganz untergeordnete Rolle spielt.

36 Bundestagsdrucks. 17/13951, S. 61.

37 Ebenso Patrick Meier JuS 2014, 777; Beck Jura 2014, 666, 670; Palandt/Ellenberger § 13 Rn. 4.

38 BAG NJW 2005, 3305; dasselbe gilt für den Anstellungsvertrag des Fremdgeschäftsführers einer GmbH, BAG NJW 2010, 2827. Stellt der Arbeitsvertrag einen vorformulierten Einzelvertrag dar, so gilt also z.B. die Inhaltskontrolle nach § 310 Abs. 3 Nr. 2 i.V.m. §§ 307–309.

des Verbraucherschutzrechts auf einen von der Richtlinie nicht erfassten Personenkreis ausdehnt.[39]

d) Entsprechende Anwendung des Verbraucherbegriffs auf die Gesellschaft bürgerlichen Rechts und die Wohnungseigentümergemeinschaft

31c Eine nach außen handelnde **Gesellschaft bürgerlichen Rechts** ist nach der neueren Rsp. als rechtsfähig anzusehen (s. § 31 Rn. 4). Gleichwohl wird eine nur aus natürlichen Personen bestehende Gesellschaft bürgerlichen Rechts bei einem Rechtsgeschäft, das nicht gewerblichen oder freiberuflichen Zwecken dient, als Verbraucher angesehen, so etwa bei einer Kreditaufnahme zur Verwaltung eigenen Vermögens.[40] Auf eine **Wohnungseigentümergemeinschaft,** die nach Maßgabe des § 10 Abs. 6 WEG rechtsfähig ist, wendet der BGH § 13 entsprechend an und stellt sie einem Verbraucher gleich, wenn ihr wenigstens eine natürliche Person als Verbraucher angehört und sie ein Rechtsgeschäft zu einem Zweck abschließt, der weder einer gewerblichen noch einer selbständigen beruflichen Tätigkeit dient.[41] Diese weite Auslegung bzw. analoge Anwendung des Verbraucherbegriffs dient dem Ziel, den beteiligten natürlichen Personen ungeachtet der Organisation als Gesellschaft bürgerlichen Rechts bzw. als Wohnungseigentümergemeinschaft den Verbraucherschutz zugutekommen zu lassen.

e) Beurteilung bei Stellvertretung

31d Handelt bei Abschluss des Rechtsgeschäfts ein Stellvertreter (§ 164 Abs. 1, näher s. § 22) so kommt es für die Verbrauchereigenschaft grundsätzlich auf die **Person des Vertretenen** an.[42] Davon zu unterscheiden ist, dass bei den verbraucherschützenden Vorschriften, die auf die Umstände des Vertragsschlusses abstellen und einen „situativen Verbraucherschutz" gewähren, die besonderen Abschlussvoraussetzungen in der Person des Vertreters gegeben sein müssen. Dies gilt zB für das Widerrufsrecht bei außerhalb von Geschäftsräumen geschlossenen Verträgen (s. § 13 Rn. 10).[43]

---

39 So Unger ZEuP 2012, 270, 276; R. Koch GPR 2014, 128, 129; Tonner VuR 2014, 23, 24.

40 BGHZ 149, 80 = NJW 2002, 368. – AM MünchKomm/Micklitz/Purnhagen, 7. Aufl., § 13 Rn. 19 mwN. Dagegen wird die Verbrauchereigenschaft einer GbR unabhängig von der Art ihrer Tätigkeit verneint, wenn eine natürliche und eine juristische Person Gesellschafter sind, BGH MDR 2017, 634 = NZG 2017, 696.

41 BGHZ 204, 325 = NJW 2015, 3228 (ein von der Wohnungseigentümergemeinschaft formularmäßig abgeschlossener Energielieferungsvertrag unterliegt daher der Inhaltskontrolle nach § 307).

42 BGHZ 204, 325 = NJW 2015, 3228 Rn. 53 (es bleibt daher bei der Verbrauchereigenschaft einer Wohnungseigentümergemeinschaft, auch wenn sie bei Abschluss des Vertrages von einer gewerblich handelnden GmbH vertreten wird).

43 BGH NJW 2006, 2118 Rn. 18.

3. Begriff des Unternehmers

Für den **Unternehmer** ist nach § 14 Abs. 1 kennzeichnend, dass er bei Abschluss eines (konkreten) Rechtsgeschäfts **in Ausübung seiner gewerblichen** oder **selbständigen** (dazu Rn. 31b) **beruflichen Tätigkeit** handelt. Auch wer eine gewerbliche Tätigkeit als Strohmann (oder „Strohfrau“) für einen anderen ausübt, ist Unternehmer.[44] Unternehmer können natürliche Personen, juristische Personen oder rechtsfähige Personengesellschaften sein. Letztere sind, wie § 14 Abs. 2 klarstellt, Personengesellschaften mit der Fähigkeit, Rechte zu erwerben oder Verbindlichkeiten einzugehen. Hierher gehören vor allem die OHG und die KG. Zur Gesellschaft bürgerlichen Rechts s. Rn. 31c. Der Begriff des Unternehmers ist weiter als der des Kaufmanns (§ 1 HGB), da er auch Kleingewerbetreibende, Freiberufler und Landwirte umfasst. Rechtsgeschäfte, die der Aufnahme einer gewerblichen oder selbständigen beruflichen Tätigkeit (also der Existenzgründung) dienen, wie z. B. die Anmietung von Büro- oder Praxisräumen, werden bereits der Tätigkeit als Unternehmer zugeordnet.[45] Auch wer nebenberuflich, aber regelmäßig und in erheblichem Umfang Waren im Rahmen von Internetauktionen (eBay) anbietet, ist als Unternehmer anzusehen.[46] 32

4. Überblick zum Verbraucherschutzrecht im BGB

Im Verbraucherschutzrecht geht es vor allem um Widerrufsrechte des Verbrauchers, Informationspflichten des Unternehmers, zwingende Vorschriften zugunsten des Verbrauchers und um die inhaltliche Kontrolle von Verträgen und Allgemeinen Geschäftsbedingungen. Die Begriffe Verbraucher und Unternehmer spielen für den Anwendungsbereich des Verbraucherschutzrechts, der im allgemeinen auf **Verbraucherverträge** begrenzt ist, eine entscheidende Rolle. Den **Verbrauchervertrag** definiert § 310 Abs. 3 in sehr allgemeiner Form als Vertrag zwischen einem Unternehmer und einem Verbraucher. Die konkreten Rechtsfolgen hängen meist von weiteren Umständen des Zustandekommens und des Inhalts des Vertrages ab. Folgende Bestimmungen verdienen besondere Erwähnung: 33

a) Anwendungsbereich von Vorschriften über **Allgemeine Geschäftsbedingungen**, § 310 Abs. 3 (s. § 14 Rn. 57);
b) Anwendungsbereich und Grundsätze bei **entgeltlichen Verbraucherverträgen**, § 312 f.;

---

44 BGH NJW 2002, 2030 (zum früheren § 1 Abs. 1 VerbrKrG).
45 BGHZ 162, 253 = NJW 2005, 1273. S. auch Fälle und Kontrollfragen zu § 10, Fall 6.
46 So in der Regel bei Registrierung als „PowerSeller“, LG Mainz NJW 2006, 783; OLG Frankfurt MMR 2007, 378; zur Grenzziehung Szczesny/Holthusen NJW 2007, 2586 mwN.

c) Allgemeine Vorschriften über das **Widerrufsrecht bei Verbraucherverträgen**, § 355 (s. § 13 Rn. 9, 13);
d) **Außerhalb von Geschäftsräumen geschlossene Verträge**, § 312b;
e) **Fernabsatzverträge**, § 312c;
f) **Verbrauchsgüterkauf**, § 474 Abs. 1 Satz 1;
g) **Teilzeit-Wohnrechtevertrag**, § 481 Abs. 1 Satz 1;
h) **Verbraucher-Darlehensvertrag**, § 491 Abs. 1;
i) **Zahlungsaufschub und sonstige Finanzierungshilfen** (z. B. Teilzahlungsgeschäfte, § 507) zwischen einem Unternehmer und einem Verbraucher, § 506 Abs. 1;
j) **Ratenlieferungsvertrag**, § 510 Abs. 1 Satz 1;
k) **Lieferung unbestellter Waren** bzw. Erbringung unbestellter Leistungen, § 241a Abs. 1 (s. § 14 Rn. 24 ff.).

Kontrollfragen und Fälle zu § 10

1) Was ist unter einem Rechtsgeschäft zu verstehen?

2) Geben Sie eine Definition der Willenserklärung?

3) Welche Bestandteile des Willens pflegt man bei der Willenserklärung zu unterscheiden?

4) Lieb hat sich mit drei Arbeitskollegen zu einer Lottospielgemeinschaft zusammengeschlossen, die jede Woche dieselben Zahlen tippt. Jeder der vier Teilnehmer zahlt pro Woche 10 € an Lieb, und dieser bringt die ausgefüllten Tippzettel zur Annahmestelle. An einem Samstag versäumt Lieb die Annahmefrist, weil er zulange mit einer Bekannten im Café plaudert. Gerade in dieser Woche wäre auf die Zahlenreihe ein Gewinn von 20 000 € entfallen. Die drei Arbeitskollegen verlangen je 5 000 € Schadensersatz von Lieb. Mit Recht?

5) Die 16-jährige, technisch und künstlerisch sehr begabte Stella schweißt einige Metallrohre (Wert 30 €) zu einer eindrucksvollen Skulptur zusammen, für die ihr ein Kunstliebhaber 400 € bietet. Allerdings stellt sich, bevor es zum Verkauf kommt, heraus, dass die Metallrohre nicht, wie Stella glaubte, ihrem Vater gehörten, sondern dem Eisen, der nun Herausgabe der Skulptur von Stella verlangt. Wie ist die Rechtslage?

6)* Anita Berg erwog, sich als Inhaberin eines Fitness-Studios selbständig zu machen, das ihr zur Übernahme angeboten worden war. Steuerberater Hell erfuhr von dieser Absicht, als er am 10.3.2017 Frau Berg und ihren Ehemann in deren Wohnung aufsuchte, um Unterlagen für die Einkommensteuererklärung zu sichten. Hell bot bei dieser Gelegenheit an, gegen angemessenes Entgelt einen Existenzgründungsbericht aus betriebswirtschaftlicher Sicht zu erstellen, der insbesondere der Erlangung von Fördermitteln dienen solle. Frau Berg nahm diesen Vorschlag an. Irgendwelche Belehrungen erteilte Hell nicht. Frau Berg widerrief durch eine E-Mail vom 13.4.2017 an Hell den Vertrag. Hell will dies nicht gelten lassen, sondern verlangt Zahlung des vertraglichen Entgelts, da er den Bericht bereits fertig gestellt habe. Wie ist die Rechtslage hinsichtlich Ansprüchen aus Vertrag?

Lösungen

34 1) Ein Rechtsgeschäft ist ein Tatbestand, der mindestens eine Willenserklärung enthält und dessen Wirkungen sich nach dem Inhalt der Willenserklärungen richten.

2) Eine Willenserklärung ist die Äußerung eines privaten Willens, der unmittelbar auf die Herbeiführung einer Rechtsfolge gerichtet ist.

3) Man unterscheidet **Handlungswille** (Wille, die äußere Handlung vorzunehmen, in der sich die Willenserklärung manifestiert), **Erklärungswille** oder **Erklärungsbewusstsein** (Wille, überhaupt eine rechtlich relevante Erklärung abzugeben) und **Geschäftswille** (Wille, ein bestimmtes Rechtsgeschäft vorzunehmen).

35 4) Ein Schadensersatzanspruch der drei Mit-Lottospieler könnte sich aus § 280 Abs. 1 ergeben, sofern Lieb eine Pflicht aus einem Schuldverhältnis verletzt hat. Voraussetzung ist aber, dass aus den getroffenen Absprachen eine Rechtspflicht des Lieb hervorgeht, den Tippzettel jeweils rechtzeitig abzugeben. Da keine ausdrückliche Abrede getroffen wurde, ist im Wege der Auslegung festzustellen, ob eine derartige rechtsgeschäftliche Verpflichtung übernommen wurde oder ob es sich lediglich um eine Absprache ohne Bindungswirkung handelte. Gegen einen **rechtlichen Bindungswillen** spricht, dass Lieb für seine Tätigkeit kein Entgelt erhielt und andererseits ein besonders hohes Risiko bestand, durch fahrlässiges Handeln erhebliche Schadensersatzpflichten auf sich zu ziehen. Auch handelt es sich um ein gemeinsames *Spiel*, bei dem der Gedanke an die Übernahme einer Pflicht mit so weitgehenden Konsequenzen fern liegt. Nach der **Verkehrsauffassung**, die bei der Auslegung zu berücksichtigen ist (vgl. § 157), liegt es ebenfalls näher, hier keinen Verpflichtungswillen anzunehmen. Aus solchen Erwägungen heraus hat auch der BGH[47] die Übernahme einer Rechtspflicht zur Ablieferung des Lottoscheins verneint. Es besteht somit keine Schadensersatzpflicht des Lieb.

36 5) a) Ein Herausgabeanspruch aus § 985 setzt voraus, dass Eisen weiterhin **Eigentümer** an den Metallrohren bzw. der daraus verfertigten Skulptur ist. Stella kann aber durch Verarbeitung nach § 950 Abs. 1 Satz 1 das Eigentum erlangt haben. Die Skulptur ist nach der Verkehrsauffassung als eine gegenüber den Rohren neue Sache anzusehen. Auch ist der Wert der Verarbeitung nicht erheblich geringer als der Wert des Stoffes. Damit sind die Voraussetzungen des Eigentumserwerbs gegeben. Da die Verarbeitung ein **Realakt**, also kein Rechtsgeschäft ist, spielt es keine Rolle, dass Stella in der Geschäftsfähigkeit beschränkt ist (§ 106). Ein Herausgabeanspruch aus § 985 besteht somit nicht.

b) Eisen kann jedoch von Stella eine **Vergütung** in Höhe des Wertes der Rohre, also 30 €, nach § 951 Abs. 1 Satz 1 i. V. m. § 812 Abs. 1 Satz 1 (Eingriffskondiktion) verlangen.

37 6) Der Anspruch aus dem zwischen Hell und Frau Berg zustande gekommenen Vertrag (Werkvertrag nach § 631 Abs. 1 u. 2, zur Höhe der Vergütung § 632 Abs. 2) besteht nicht, wenn die Bindung von Frau Berg an ihre Willenserklärung und damit an den Vertrag gemäß § 355 Abs. 1 Satz 1 durch einen Widerruf weggefallen ist. Voraussetzung ist das Bestehen eines Widerrufsrechts und dessen fristgerechte Ausübung. In Betracht kommt das **Widerrufsrecht bei außerhalb von Geschäftsräumen geschlossenen Verträ-**

---

47 BGH NJW 1974, 1705.

gen, § 312g Abs. 1. Dazu müsste es sich um einen Vertrag zwischen einem Unternehmer und einem Verbraucher handeln. Verbraucherin war Frau Berg bei Vertragsschluss, wenn der Vertrag zu einem Zweck abgeschlossen wurde, der nicht überwiegend ihrer gewerblichen oder selbständigen beruflichen Tätigkeit zuzurechnen ist, § 13. Geschäfte, die im Zuge der Aufnahme einer solchen Tätigkeit vorgenommen werden (Existenzgründungsgeschäfte), werden bereits der unternehmerischen Tätigkeit zugerechnet. Im konkreten Fall ist aber zu beachten, dass der von Hell zu erstellende Bericht dazu dienen sollte, Frau Berg eine sachgerechte Entscheidung darüber zu ermöglichen, ob sie sich zu einer Existenzgründung entschließen solle. Der Vertrag lag also, anders als etwa die Anmietung von Geschäftsräumen für die unternehmerische Tätigkeit, noch **im Vorfeld der Existenzgründung**. Mit dem BGH[48] ist daher dieser Vertrag noch der Verbrauchersphäre zuzurechnen.

Da der Vertrag bei gleichzeitiger körperlicher Anwesenheit beider Vertragsparteien **38**
in der Wohnung der Frau Berg, also nicht in einem Geschäftsraum des Herrn Hell, geschlossen wurde, liegt nach § 312b Abs. 1 Nr. 1 ein außerhalb von Geschäftsräumen geschlossener Vertrag vor.[49] Somit steht Frau Berg das Widerrufsrecht nach § 312g Abs. 1 zu. Die Widerrufsfrist beträgt nach § 355 Abs. 2 14 Tage ab Vertragsschluss, wurde aber hier gemäß § 356 Abs. 3 Satz 1 mangels Erteilung der vorgeschriebenen Informationen noch nicht in Lauf gesetzt. Das Widerrufsrecht ist auch nicht nach § 356 Abs. 3 Satz 2 erloschen. Für den Widerruf ist weder eine Form noch eine Begründung vorgeschrieben, § 355 Abs. 1 Sätze 2 bis 5.

Damit ist der Widerruf wirksam erklärt, so dass Hell kein Anspruch aus dem Vertrag **39**
zusteht.

---

48 BGH NJW 2008, 435.

49 Ob der Besuch auf Bestellung durch den Verbraucher erfolgte, spielt anders als nach früherem Recht (dazu BGH NJW 2008, 435) keine Rolle.

§ 11 Die Geschäftsfähigkeit

Fall 3: Der sechsjährige Felix, dessen Eltern nicht zu Hause sind, ruft aus eigenem Antrieb beim Pizza-Service Schnurstracks GmbH an und bestellt vier große Salami-Pizzen zu insgesamt 40 €. Er nennt sein Alter nicht, und aufgrund der schlechten Tonqualität kann auch der Mitarbeiter der Schnurstracks GmbH, der den Anruf entgegennimmt, nicht erkennen, dass es sich um ein Kind handelt. Als die Pizzen angeliefert werden, lehnen die überraschten Eltern des Felix die Annahme und Bezahlung ab. Mit Recht? Kann die Schnurstracks GmbH Ersatz der Aufwendungen für die Anlieferung verlangen?

I. Grundlagen

1. Zweck der Regelung

1 Das Prinzip der **Privatautonomie** geht von der Vorstellung des freien, eigenverantwortlichen Menschen aus. Eine Bindung an die eigenen Willenserklärungen erscheint aber nur gerechtfertigt, wenn der Erklärende hinreichend einsichtsfähig ist, um den Inhalt und die Folgen seiner Erklärung zu überblicken. Daher verneint das BGB die Geschäftsfähigkeit, sofern wegen des jugendlichen Alters oder auf Grund besonderer Beeinträchtigung (z.B. wegen einer Geisteskrankheit) keine hinreichende Einsichts- und Steuerungsfähigkeit zu erwarten ist. Die Vorschriften über die Geschäftsfähigkeit **schützen** diesen Personenkreis **vor den Folgen der eigenen Erklärungen**. Dieser Schutz führt allerdings zu einer Beeinträchtigung der Sicherheit im Rechtsverkehr. Die Interessenkollision tritt vor allem dann auf, wenn der andere Teil nicht weiß, dass sein Geschäftspartner geschäftsunfähig oder beschränkt geschäftsfähig ist. Das Gesetz gibt hier den Interessen des Geschäftsunfähigen oder beschränkt Geschäftsfähigen den Vorrang:[1] der **gute Glaube** an das Vorliegen der Geschäftsfähigkeit wird **nicht geschützt**.[2]

2 Der Rechtssicherheit dient es, dass der Erwerb der Geschäftsfähigkeit an exakte **Altersgrenzen** geknüpft ist. Auf die Einsichtsfähigkeit im konkreten Fall kommt es insoweit nicht an. Eine solche Grenzziehung hat in der Randzone

1 Dazu BGHZ 115, 38, 45 = NJW 1991, 2414, 2416: mit der gesetzlichen Regelung verbundene Härten müssen hingenommen werden; eine AGB-Klausel, mit der ein Kreditinstitut Schäden aufgrund einer dem Kreditinstitut unbekannten (späteren) Geschäftsunfähigkeit des Kunden diesem aufbürden will, verstößt gegen § 307 (früher § 9 AGBG) und ist unwirksam.

2 BGHZ 205, 90 Rn. 19 = NJW 2015, 2497.

notwendigerweise keine sachliche Überzeugungskraft – ein junger Mensch wird einen Tag nach seinem 18. Geburtstag kaum einsichtsfähiger sein als am Tag zuvor. Dies muss aber im Interesse der Rechtssicherheit in Kauf genommen werden.

Aus den Regeln über die Geschäftsfähigkeit ergibt sich, in wie weit die be- 3
treffende Person selbst Rechtsgeschäfte vornehmen kann. Davon zu unterscheiden sind die Rechtsgeschäfte, die der **gesetzliche Vertreter** (insbesondere die Eltern minderjähriger Kinder) im Namen des Vertretenen abschließt. Diese wirken aufgrund der **gesetzlichen Vertretungsmacht** (s. § 23 Rn. 2 ff.) für und gegen die geschäftsunfähige oder beschränkt geschäftsfähige Person.

2. Begriff der Geschäftsfähigkeit

Nur wer geschäftsfähig ist, kann Rechtsgeschäfte wirksam vornehmen. Die 4
Geschäftsfähigkeit ist ein Teilstück der rechtlichen Handlungsfähigkeit. Sie ist nur bei rechtsgeschäftlichem Handeln, genauer bei der Abgabe oder dem Empfang einer Willenserklärung als dem zentralen Element des Rechtsgeschäfts, von Bedeutung.

Definition:
Die Geschäftsfähigkeit ist die Fähigkeit, Willenserklärungen wirksam abzugeben oder entgegenzunehmen.

3. Erscheinungsformen der Geschäfts- bzw. Geschäftsunfähigkeit

Geschäftsunfähigkeit bedeutet, dass die betroffene Person keinerlei eigene 5
Willenserklärungen vornehmen kann. Dies gilt für Kinder bis zur Vollendung des siebenten Lebensjahres und für Geisteskranke im Sinne des § 104 Nr. 2.

Beschränkte Geschäftsfähigkeit bedeutet, dass die betroffene Person lediglich rechtlich vorteilhafte Willenserklärungen selbst vornehmen kann, im Übrigen aber nur mit Zustimmung des gesetzlichen Vertreters Rechtsgeschäfte abschließen kann. Beschränkt geschäftsfähig sind Minderjährige von der Vollendung des siebenten bis zur Vollendung des achtzehnten Lebensjahrs.

Partielle Geschäftsfähigkeit bedeutet, dass eine ansonsten nur beschränkt geschäftsfähige Person für bestimmte Sachgebiete voll geschäftsfähig ist. Das Gesetz eröffnet diese Möglichkeit nur für den selbständigen Betrieb eines Erwerbsgeschäfts (§ 112) und für Dienst- oder Arbeitsverhältnisse (§ 113).

Volle Geschäftsfähigkeit, also die Fähigkeit, Rechtsgeschäfte jeglichen Inhalts alleine vornehmen zu können, wird mit der Erreichung der Volljährigkeit, d. h. mit Vollendung des achtzehnten Lebensjahrs erreicht.

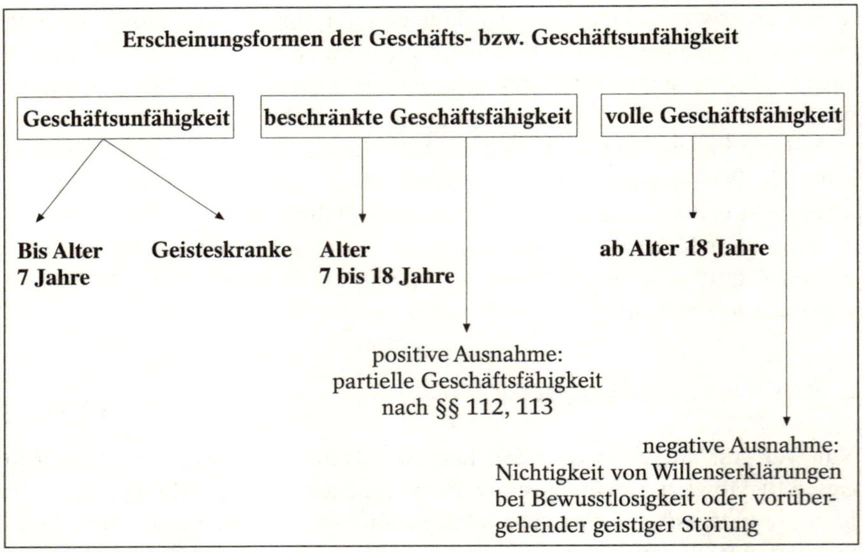

4. Anwendungsbereich

a) Abgabe und Empfang von Willenserklärungen

6 Die Geschäftsfähigkeit muss bei empfangsbedürftigen Willenserklärungen sowohl in der Person des **Erklärenden** als auch in der Person des **Empfängers** gegeben sein. In den §§ 104 ff. ist die **Abgabe** einer Willenserklärung durch eine geschäftsunfähige oder beschränkt geschäftsfähige Person im Einzelnen geregelt. Die Frage, in welcher Weise Willenserklärungen einem Geschäftsunfähigen **gegenüber** wirksam werden können, ist dagegen im Zusammenhang mit dem **Zugang** der Willenserklärung behandelt (§ 131, s. dazu § 12 Rn. 31 ff.).

b) Keine Ausnahme vom Erfordernis der Geschäftsfähigkeit bei „sozialtypischem Verhalten"

7 Die Vorschriften über die Geschäftsfähigkeit gelten auch bei der Inanspruchnahme öffentlich angebotener Leistungen, insbesondere bei der **Benutzung öffentlicher Verkehrsmittel**. Mit dem geschäftsunfähigen Fahrgast kommt **kein wirksamer Beförderungsvertrag** zustande (zu § 105a s. Rn. 19 f.), ebenso wenig mit dem beschränkt Geschäftsfähigen, wenn es an der Zustimmung des gesetzlichen Vertreters fehlt (s. Rn. 43 ff.). Die in solchen Fällen früher zum Teil vertretene Ansicht, schon kraft „sozialtypischen Verhaltens" (s. § 10 Rn. 28) entstehe (ohne rechtsgeschäftliche Grundlage und daher unabhängig von der Geschäftsfähigkeit) ein Schuldverhältnis und damit eine

Zahlungsverpflichtung des Minderjährigen, hat sich nicht durchgesetzt, da sie dem Schutzzweck der Geschäftsfähigkeit nicht gerecht wird.[3]

c) Sonderregeln

Für manche Bereiche rechtsgeschäftlichen Handelns bestehen Sonderregeln, die den 8
allgemeinen Bestimmungen über die Geschäftsfähigkeit vorgehen. Das gilt z. B. für die **Testierfähigkeit**, die nach § 2229 Abs. 1 bereits mit 16 Jahren gegeben ist.[4] Auch für die Eheschließung gelten besondere Vorschriften. Die **Ehefähigkeit** (Ehemündigkeit) tritt nach § 1303 Satz 1 mit der Volljährigkeit ein. Das Familiengericht konnte aber bisher einem der Ehewilligen Befreiung von dieser Vorschrift erteilen, wenn er oder sie das sechzehnte Lebensjahr vollendet hatte und der andere künftige Ehegatte volljährig war. Durch das Gesetz zur Bekämpfung von Kinderehen (Neufassung des § 1303, s. BT-Drs. 18/12086, vom Bundestag am 1.6.2017, vom Bundesrat am 7.7.2017 beschlossen) ist diese Möglichkeit entfallen, so dass nur noch Volljährige heiraten können. Ein Geschäftsunfähiger kann nicht heiraten, § 1304 (zur denkbaren partiellen Geschäftsfähigkeit für die Eheschließung s. Rn. 16).

II. Wichtige Abgrenzungen

1. Unterscheidung von der Rechtsfähigkeit

Die Geschäftsfähigkeit ist von der **Rechtsfähigkeit** zu unterscheiden. Diese be- 9
trifft nicht die rechtliche Handlungsfähigkeit, sondern ist Voraussetzung, um überhaupt Rechte und Pflichten haben zu können.

Definition:
Rechtsfähigkeit ist die Fähigkeit, Träger von Rechten und Pflichten, also Rechtssubjekt, zu sein.

Die Rechtsfähigkeit steht natürlichen Personen (d. h. Menschen) gemäß § 1 bereits von der Vollendung der Geburt an zu, unabhängig von der noch nicht bestehenden Geschäftsfähigkeit. Rechtsfähig sind außerdem die juristischen Per-

---

3 Fehlt es am Vertrag, so kann sich auch aus Allgemeinen Beförderungsbedingungen keine Zahlungspflicht ergeben, da diese als Allgemeine Geschäftsbedingungen erst durch Einbeziehung in einen Vertrag wirksam werden können. Soweit in öffentlich-rechtlichen Vorschriften eine Pflicht zur Zahlung eines erhöhten Fahrpreises vorgesehen ist, wenn keine Fahrkarte gelöst wurde (so § 12 der Eisenbahn-Verkehrsordnung, § 9 der VO über die Allgemeinen Beförderungsbedingungen für den Straßenbahn- und Obusverkehr usw.), erscheint zweifelhaft, ob dies auch gegenüber Minderjährigen gelten kann, ablehnend Medicus/Petersen Rn. 251; Harder NJW 1990, 857; dagegen Stacke NJW 1991, 875. Ausführlich zu den Problemen bei Schwarzfahren Weth JuS 1998, 795.

4 Allerdings beschränkt auf die Errichtung eines notariell beurkundeten Testaments durch Erklärung gegenüber dem Notar oder durch Übergabe einer offenen Schrift, s. § 2247 Abs. 4 und § 2233 Abs. 1.

sonen (eingetragener Verein, AG usw.) und die rechtsfähigen Gesellschaften. Näher zur Rechtsfähigkeit s. §§ 30 bis 32.

2. Unterscheidung von der Deliktsfähigkeit

10 Ob jemand für eine von ihm begangene **unerlaubte Handlung** verantwortlich gemacht werden kann (also zum Schadensersatz verpflichtet ist), hängt nicht von der Geschäftsfähigkeit, sondern von der **Deliktsfähigkeit** (§§ 827 f.) ab. Bis zur Vollendung des 7. Lebensjahres sind Minderjährige deliktsunfähig, § 828 Abs. 1. Während sich dies mit der Altersgrenze für die Geschäftsunfähigkeit (§ 104 Nr. 1) deckt, hängt die Deliktsfähigkeit der Minderjährigen zwischen der Vollendung des 7. und des 18. Lebensjahres, anders als die Geschäftsfähigkeit, von der **Einsichtsfähigkeit** im konkreten Fall ab, § 828 Abs. 3. Eine Sonderregelung enthält § 828 Abs. 2 für **Verkehrsunfälle** mit Kraftfahrzeugen, Schienen- oder Schwebebahnen. Minderjährige zwischen der Vollendung des 7. und des 10. Lebensjahres sind hier für den einem anderen zugefügten Schaden nicht verantwortlich, es sei denn, sie hätten die Verletzung vorsätzlich herbeigeführt.

10a Dieselbe Regelung wie bei unerlaubten Handlungen gilt gemäß § 276 Abs. 1 Satz 2 für die Haftung im Rahmen bestehender Schuldverhältnisse, also vor allem für **Pflichtverletzungen** bei Verträgen. Zusammenfassend kann man daher auch von der **Verschuldensfähigkeit** sprechen.

Definition:
Deliktsfähigkeit (Verschuldensfähigkeit) ist die Fähigkeit, für eigene unerlaubte Handlungen oder eigene Pflichtverletzungen im Rahmen von Schuldverhältnissen verantwortlich zu sein.

Innerhalb der Handlungsfähigkeit (dem Oberbegriff) ist somit zwischen der Geschäftsfähigkeit einerseits und der Deliktsfähigkeit (Verschuldensfähigkeit) andererseits zu unterscheiden.

3. Die Einwilligungsfähigkeit bei medizinischen Maßnahmen

11 Für den Abschluss eines **Behandlungsvertrages** (§ 630a Abs. 1) gelten ohne weiteres die Vorschriften über die Geschäftsfähigkeit. Für einen geschäftsunfähigen Patienten muss also der Behandlungsvertrag durch den gesetzlichen Vertreter abgeschlossen werden. Ist der Patient beschränkt geschäftsfähig, so muss der Behandlungsvertrag, der für den Patienten schon wegen der Verpflichtung zur Zahlung der vereinbarten Vergütung nicht lediglich rechtlich vorteilhaft ist, entweder durch den gesetzlichen Vertreter des Patienten oder durch den Patienten mit Einwilligung oder Genehmigung des gesetzlichen Vertreters geschlossen werden.

Davon zu unterscheiden ist die Erteilung der **Einwilligung des Patienten in medizinische Maßnahmen.** Diese Frage wurde bisher vor allem im Rahmen des Deliktsrechts erörtert. Die Frage nach der Einwilligungsfähigkeit stellt sich hier, weil Eingriffe in den Körper oder die Gesundheit, insbesondere Operationen, nach h. M. ungeachtet ihres Heilungszweckes tatbestandsmäßige Körperverletzungen darstellen, die einer besonderen Rechtsfertigung bedürfen. Diese ergibt sich im Regelfall aus der Einwilligung des Patienten. 11a

Diese Einwilligung ist nach hM[5] keine rechtsgeschäftliche Willenserklärung, da die Gesundheit und die körperliche Integrität keine Rechte darstellen, über die als solche verfügt werden kann. Bei einem minderjährigen Patienten sind daher die Vorschriften über die Geschäftsfähigkeit nicht (auch nicht analog) anzuwenden. Vielmehr hängt es von der **Einsichtsfähigkeit** des Minderjährigen im konkreten Fall ab, ob er selbst in die medizinische Behandlung einwilligen kann. Bei operativen Eingriffen, auch bei nicht ohne weiteres rückgängig zu machenden Verschönerungsmaßnahmen,[6] wird regelmäßig die Einwilligung des gesetzlichen Vertreters erforderlich sein. Gegen dessen Einwilligung kann dem Minderjährigen bei entsprechender Einsichtsfähigkeit ein Vetorecht zustehen.[7] 11b

Die seit 2013 geltende gesetzliche Regelung des Behandlungsvertrages statuiert in § 630d Abs. 1 Satz 1 die vertragliche Pflicht des Behandelnden, vor einer medizinischen Maßnahme, insbesondere einem Eingriff in den Körper oder die Gesundheit, die Einwilligung des Patienten einzuholen. Sofern der Patient einwilligungsunfähig ist, muss nach § 630d Abs. 1 Satz 2 die Einwilligung eines hierzu Berechtigten eingeholt werden, soweit nicht eine wirksame Patientenverfügung die Maßnahme gestattet oder untersagt. Die Voraussetzungen der Einwilligungsfähigkeit sind weiterhin nicht gesetzlich geregelt. Die erwähnte Bestimmung, die den Begriff der Einwilligungsfähigkeit verwendet und nicht etwa auf die Geschäftsfähigkeit verweist, lässt aber erkennen, dass es insoweit bei der bisherigen Beurteilung bleiben soll. Es ist also weiterhin die oben erörterte „natürliche Einsichtsfähigkeit" maßgebend.[8] 11c

5 Grundlegend BGHZ 29, 33 = NJW 1959, 811 (die Entscheidung erging allerdings, als die Volljährigkeit erst mit 21 Jahren eintrat). – Ebenso z.B. BGHZ 105, 45, 47f. = NJW 1988, 2046. – A.M. (im Hinblick auf die Herabsetzung des Volljährigkeitsalters in der Zeit nach BGHZ 29, 33) OLG Hamm NJW 1998, 3424.

6 AG München NJW 2012, 2452 hält jedoch die Einwilligung einer 17-Jährigen in die Anbringung einer Tätowierung für wirksam. Dagegen Hauck NJW 2012, 2398. S. auch Rn. 53a Fn. 42.

7 BGH NJW 2007, 217.

8 Katzenmeier NJW 2013, 817, 820; Palandt/Weidenkaff § 630d Rn. 3.

4. Die datenschutzrechtliche Einwilligung

11d Nach Art. 8 Abs. 1 Satz 1 der Europäischen Datenschutz-Grundverordnung (DSGVO) kann ein Kind die Einwilligung in die Verarbeitung personenbezogener Daten erklären, wenn es das sechzehnte Lebensjahr vollendet hat. Die nationalen Vorschriften über die Gültigkeit eines Vertrages bleiben nach Art. 8 Abs. 3 DSGVO unberührt, so dass die Wirksamkeit eines von einem Minderjährigen geschlossenen Vertrags weiterhin nach den Bestimmungen über die Geschäftsfähigkeit zu beurteilen ist,[9] s. dazu Rn. 33a.

12 **Lösung zu Fall 3:** a) Ein Anspruch aus § 433 Abs. 2 gegen Felix auf Abnahme und Zahlung setzt den Abschluss eines Kaufvertrags voraus. Aufgrund seines Alters ist Felix jedoch geschäftsunfähig, § 104 Nr. 1. Die von ihm abgegebene Bestellung ist nichtig, § 105 Abs. 1, so dass kein Vertrag zustande kam. Ein Schwebezustand mit späterer Genehmigungsmöglichkeit tritt bei Geschäftsunfähigkeit nicht ein. Da die Eltern die Annahme der Lieferung ablehnten, wurde auch später kein neuer Vertrag geschlossen. Der gute Glaube an das Bestehen der Geschäftsfähigkeit wird nicht geschützt. Es spielt also keine Rolle, dass die Geschäftsunfähigkeit für den Mitarbeiter der Schnurstracks GmbH nicht erkennbar war.

13 b) Ein Schadensersatzanspruch – Ersatz der Aufwendungen für die Anlieferung – gegen Felix könnte aufgrund von Verschulden beim Vertragsschluss (culpa in contrahendo – § 280 Abs. 1 i. V. m. § 311 Abs. 2 Nr. 1, § 241 Abs. 2, s. § 6 Rn. 45) gegeben sein, wenn man in dem Verschweigen des Alters einen Verstoß gegen die Pflicht zur Rücksicht auf die Interessen des anderen Teils sieht. Jedoch ist Voraussetzung, dass durch Aufnahme von Vertragsverhandlungen ein vorvertragliches Schuldverhältnis begründet wurde. Dafür ist in entsprechender Anwendung der Regeln über die Wirksamkeit von Willenserklärungen ebenfalls Geschäftsfähigkeit Voraussetzung.[10] Da diese nicht vorliegt, scheidet auch ein Anspruch aus culpa in contrahendo aus.

III. Die Geschäftsunfähigkeit

Fall 4: Die verwitwete Frau Graup ist 92 Jahre alt, lebt aber weiter allein in ihrer eigenen Wohnung und versorgt sich selbst. Allerdings leidet sie, durch Alter und einen leichten Schlaganfall bedingt, an gesteigerter Vergesslichkeit und versteht kompliziertere wirtschaftliche Zusammenhänge nur noch bedingt. Bei einem Besuch in ihrer Bank erwirbt Frau Graup zur Zeit ertragreiche, aber auch hochriskante Kommanditanteile zu Lasten eines großen Teils ihrer Ersparnisse, ohne die mit dieser Geldanlage verbundenen Gefahren richtig zu erfassen. Drei Wochen später entdeckt Rechtsreferendar Nerlin, ein Enkel der Frau Graup, der hin und wieder deren Unterlagen durchsieht, die Angelegenheit und ist darüber entsetzt. Auf seinen Rat hin erteilt ihm Frau Graup Vollmacht, diese Anlage mit allen rechtlichen Mitteln rückgängig zu machen. Wie ist die Rechtslage?

---

9 Dazu Wendehorst/Graf von Westphalen NJW 2016, 3745; Spindler JZ 2016, 805, 807.
10 BGHZ 205, 90 Rn. 27 = NJW 2015, 2497; MünchKomm/Schmitt § 106 Rn. 16.

1. Voraussetzungen der Geschäftsunfähigkeit

Das Gesetz unterscheidet zwei Stufen eingeschränkter rechtsgeschäftlicher Handlungsfähigkeit, die Geschäftsunfähigkeit und die beschränkte Geschäftsfähigkeit. **Geschäftsunfähig** sind: 14

a) Kinder bis zur Vollendung des siebenten Lebensjahres, § 104 Nr. 1. Der maßgebende Zeitpunkt (ebenso für die Vollendung des 18. Lebensjahres) ist genau betrachtet der Geburtstag 0 Uhr, anders ausgedrückt der Ablauf des Vortages, s. § 187 Abs. 2 Satz 2.

b) Dauernd krankhaft Geistesgestörte, § 104 Nr. 2. Bei der geistigen Beeinträchtigung muss es sich um einen nicht nur vorübergehenden Zustand (dies im Gegensatz zu § 105 Abs. 2) handeln, der den Betroffenen hindert, seinen Willen frei und unbeeinflusst von einer Geistesstörung zu bilden und nach zutreffend gewonnenen Einsichten zu handeln[11]. Die Störung der Geistestätigkeit muss im konkreten Zeitpunkt, also bei Abgabe der Willenserklärung, gegeben sein. In etwa dazwischen auftretenden lichten Momenten (lat. lucida intervalla) liegt keine Geschäftsunfähigkeit vor. 15

Die Geschäftsunfähigkeit nach § 104 Nr. 2 kann sich auf einen bestimmten, gegenständlich abgegrenzten Kreis von Geschäften beziehen. Man spricht dann von einer **partiellen Geschäftsunfähigkeit**. 16

Dies kommt etwa in Fällen eines sog. **Querulantenwahns** in Betracht. Der BGH[12] stellte in einem Fall fest, hier sei ein Rechtsanwalt für die Führung eines bestimmten Rechtsstreits als geschäftsunfähig[13] anzusehen. In diesem Prozess hatte der Rechtsanwalt die Berufungsfrist versäumt, was zu einer Art Schockwirkung und zu einer krankhaften Störung des Geisteszustandes hinsichtlich dieser Angelegenheit führte. Auch bei sexueller und emotionaler Abhängigkeit von einer Telefonsexpartnerin hält der BGH eine partielle Geschäftsunfähigkeit jedenfalls für möglich.[14] Bei einer Spielsucht kann eine partielle Geschäftsunfähigkeit für Spielverträge vorliegen.[15] Umgekehrt kann, wenn nur für einen bestimmten Lebensbereich die hinreichende Einsichts- und Steuerungsfähigkeit zu bejahen ist, eine **partielle Geschäftsfähigkeit** gegeben sein, etwa in Gestalt einer für die Eingehung einer Ehe ausreichenden **Ehegeschäftsfähigkeit.**[16]

---

11 So BGH NJW 1996, 918; BAG NJW 2009, 3051. An der Fähigkeit zur freien Willensbildung kann es fehlen, wenn infolge der Geistesstörung Einflüsse Dritter den Willen übermäßig beherrschen, BGH 14.3.2017 – VI ZR 225/16, Rn. 13, juris = BeckRS 2017, 109294.

12 BGHZ 30, 112 = NJW 1959, 1587. S. auch BGHZ 143, 122, 125 f. = NJW 2000, 289, 290.

13 Zugleich war damit auch Prozessunfähigkeit zu bejahen, die nach § 52 ZPO sowohl bei Geschäftsunfähigkeit als auch bei beschränkter Geschäftsfähigkeit gegeben ist.

14 BGH NJW-RR 2002, 1424. – Zur Frage der Sittenwidrigkeit s. § 20 Rn. 23a.

15 Vgl. BGH NJW 2008, 840, 841.

16 Hier werden, obgleich § 1304 ohne inhaltlichen Zusatz auf die Geschäftsunfähigkeit verweist, unter Berücksichtigung der grundrechtlich geschützten Eheschließungsfreiheit (Art. 6 Abs. 1 GG) relativ geringe Anforderungen gestellt, BVerfG NJW 2003, 1382; OLG Brandenburg FamRZ 2011, 216. Zum Alterserfordernis der Ehefähigkeit s. Rn. 8.

17 Eine andere Frage ist, ob man die Geschäftsunfähigkeit auch am Schwierigkeitsgrad des konkreten Rechtsgeschäfts orientieren kann. Es geht um Personen, die aufgrund geistiger, teils auch altersbedingter Einschränkungen zwar Alltagsgeschäfte durchaus überblicken können, in komplizierteren Angelegenheiten aber klar überfordert sind. Eine solche lediglich „**relative Geschäftsunfähigkeit**", die auf besonders schwierige Rechtsgeschäfte beschränkt wäre, bzw. eine „relative Geschäftsfähigkeit", die dem Betroffenen die Fähigkeit zum Abschluss einfacher Rechtsgeschäfte zugesteht, lehnt der BGH[17] ab, da es nach § 104 Nr. 2 nicht so sehr auf die Fähigkeiten des Verstandes als vielmehr auf die Freiheit des Willensentschlusses ankomme. Als weiteres Argument wird ins Feld geführt, man setze die Rechtssicherheit aufs Spiel, wenn man danach differenziere, ob die intellektuellen Fähigkeiten im einzelnen Fall mehr oder weniger weit reichen. Man verweist auch auf den Ausweg, zum Schutz des Betroffenen einen Betreuer unter Anordnung von Einwilligungsvorbehalt zu bestellen (§ 1896 Abs. 1 Satz 1, § 1903) und bei der Bestimmung des Aufgabenkreises (§ 1896 Abs. 2 Satz 1) zu berücksichtigen, welche Rechtsgeschäfte dem Betreuten selbst überlassen werden können. Dies nützt freilich nichts, wenn das fragliche Rechtsgeschäft bereits abgeschlossen ist. Wer der h. M. folgt, ist genötigt, in solchen Fällen die Geschäftsunfähigkeit entweder bei allen Rechtsgeschäften anzunehmen und den Schutz damit zu übertreiben, oder umgekehrt die Geschäftsfähigkeit auch bei solchen Rechtsgeschäften zu bejahen, denen der Betroffene nach seinen geistigen Fähigkeiten nicht gewachsen ist. Die neueren Sonderregeln in § 105a (s. Rn. 19 f.) und in § 1903 Abs. 3 Satz 2 (s. Rn. 71) sprechen dafür, auch in sonstigen Fällen bei der Beurteilung der Geschäftsfähigkeit eine Differenzierung nach dem Schwierigkeitsgrad des konkreten Geschäfts zuzulassen.[18]

---

17 BGH NJW 1953, 1342; NJW 1970, 1680. Ebenso zu § 105 Abs. 2: BGH NJW 1961, 261. Während in diesen Entscheidungen die Konsequenz aus der Ablehnung einer relativen Geschäftsunfähigkeit darin lag, die Geschäftsfähigkeit generell zu bejahen, geht der BGH in NJW 1996, 918 zwar ebenfalls von der Ablehnung einer relativen Geschäftsunfähigkeit aus, argumentiert aber umgekehrt: auch wenn der Betroffene in der Lage ist, geringfügige Angelegenheiten des täglichen Lebens selbst zu erledigen, kann eine absolute Geschäftsunfähigkeit vorliegen. – Gegen eine relative Geschäftsunfähigkeit die h. M., z. B. Palandt/Ellenberger § 104 Rn. 6; MünchKomm/Schmitt § 104 Rn. 18; Nomoskommentar/Baldus § 104 Rn. 29; Bork Rn. 984; Kötz, Vertragsrecht, 2. Aufl. (2012), Rn. 138.

18 Vgl. Pawlowski Rn. 198 f. Für die Anerkennung einer relativen Geschäftsunfähigkeit mit eingehender Argumentation Flume § 13, 5 (S. 186 ff.); Spickhoff AcP 208 (2008), 345, 379 ff. Für Anerkennung einer relativen Testierfähigkeit (entgegen der h. M.) MünchKomm/Hagena § 2229 Rn. 15; Staudinger/Baumann (2012) § 2229 Rn. 19; Leipold, Erbrecht, 21. Aufl., Rn. 269.

2. Wirkung der Geschäftsunfähigkeit

Gemäß § 105 Abs. 1 ist **jede** von einem **Geschäftsunfähigen abgegebene Willenserklärung** schlechthin **nichtig**. Die Frage des rechtlichen Vorteils stellt sich bei der Geschäftsunfähigkeit, anders als bei der beschränkten Geschäftsfähigkeit (s. Rn. 24 ff.), nicht. Es tritt auch **kein Schwebezustand** ein, d. h. der gesetzliche Vertreter kann nicht etwa das vom Geschäftsunfähigen vorgenommene Rechtsgeschäft nachträglich genehmigen. Möglich bleibt die Neuvornahme des Geschäfts durch den gesetzlichen Vertreter im Namen des Geschäftsunfähigen. Zur Wirksamkeit einer **Schenkung** durch den gesetzlichen Vertreter (insbesondere die Eltern) an geschäftsunfähige Kinder (ungeschriebene Ausnahme von § 181) s. § 27 Rn. 9. 18

3. Sonderregelung für Alltagsgeschäfte mit niedrigem Wert

Der im Jahre 2002[19] eingefügte **§ 105a** soll es geschäftsunfähigen volljährigen Personen (also nicht Kindern unter 7 Jahren) ermöglichen, **Geschäfte des täglichen Lebens** mit niedrigem Wert selbst abzuschließen, beispielsweise im Supermarkt einkaufen oder zum Friseur gehen zu können. Über den praktischen Nutzen kann man geteilter Meinung sein;[20] denn wenn solche Geschäfte nicht ohnehin aufgrund einer partiellen Geschäftsfähigkeit oder eines „lichten Momentes" (s. Rn. 15) wirksam sind, werden sich nach erfolgtem Leistungsaustausch, wie ihn § 105a voraussetzt, im Allgemeinen keine Probleme ergeben. Ausgenommen sind nach § 105a Satz 2 Geschäfte, die mit einer erheblichen Gefahr für Person oder Vermögen des Geschäftsunfähigen verbunden sind. Dies wird z. B. für den Kauf von Alkohol durch einen geschäftsunfähigen Alkoholkranken angenommen. 19

Die Rechtsfolgen der recht unklar formulierten Vorschrift sind begrenzt, um Nachteile für den Geschäftsunfähigen in Gestalt von vertraglichen Verpflichtungen zu vermeiden. Leistung und Gegenleistung müssen **bewirkt** sein – also muss man die dazu erforderlichen Rechtsgeschäfte (z. B. Übereignung) ungeachtet der Geschäftsunfähigkeit als wirksam ansehen.[21] Als Konsequenz der beiderseitigen Erfüllung ist nicht etwa (anders als im Fall des § 110, s. Rn. 53) die volle Wirksamkeit des schuldrechtlichen Vertrages vorgesehen. Dieser gilt vielmehr nur in Ansehung von Leistung und Gegenleistung als wirksam. Es 20

---

19 Durch das Gesetz zur Änderung des Rechts der Vertretung durch Rechtsanwälte vor den Oberlandesgerichten vom 23. Juli 2002, BGBl. I S. 2850. – Eine vergleichbare Regelung enthält § 1903 Abs. 3 Satz 2 für den Fall der rechtlichen Betreuung mit Anordnung des Einwilligungsvorbehalts, s. Rn. 71.

20 Krit. z. B. Jauernig/Mansel § 105a Rn. 3; Kohler JZ 2004, 348.

21 Ebenso Casper NJW 2002, 3425, 3428; Lipp FamRZ 2003, 721, 726; Heim JuS 2003, 141, 144. – A. M. Löhnig/Schärtl AcP Bd. 204 (2004), 25, 37 ff.

liegt also ein rechtlicher Grund für die erbrachten Leistungen i.S.v. §812 Abs.1 Satz1 vor, so dass eine Rückforderung ausgeschlossen ist. Angesichts ihres Schutzzwecks wird man die Vorschrift im Übrigen so verstehen dürfen, dass der Geschäftsunfähige, auch wenn er vertragliche Pflichten verletzt hat, keinesfalls vertraglichen Ansprüchen ausgesetzt ist, dass ihm selbst aber vertragliche Ansprüche aufgrund von Pflichtverletzungen des Gegners (z.B. Lieferung einer mangelhaften Sache) durchaus zustehen können.[22]

4. Nichtigkeit von Willenserklärungen wegen Bewusstlosigkeit oder vorübergehender Störung der Geistestätigkeit

21 Im Gegensatz zu §104 Nr.2 gilt §105 Abs.2 bei **vorübergehenden Zuständen**; auch Krankhaftigkeit ist hier nicht vorausgesetzt. §105 Abs.2 kann z.B. bei hochgradiger Trunkenheit oder aufgrund des Konsums von Rauschgift vorliegen. Die Rechtsfolge ist **Nichtigkeit** der in diesem Zustand **abgegebenen Willenserklärung**, nicht dagegen Geschäftsunfähigkeit schlechthin. Dies hat zur Folge, dass nur die konkrete Willenserklärung des Bewusstlosen oder Geistesgestörten nichtig ist, während ihm gegenüber durchaus (schriftliche) Willenserklärungen abgegeben werden können (§131 Abs.1 gilt hier nicht, da der Betroffene nicht geschäftsunfähig ist).

22 **Lösung zu Fall 4:** Die von Frau Graup abgegebene Willenserklärung ist nach §105 Abs.1 nichtig, wenn Frau Graup gemäß §104 Nr.2 geschäftsunfähig war. Sie müsste sich in einem die freie Willensbestimmung ausschließenden, dauerhaften Zustand krankhafter Störung der Geistestätigkeit befunden haben. Ob die durch Alter und Erkrankungen (Schlaganfall) verursachten geistigen Beeinträchtigungen diese Voraussetzungen erfüllen, hängt nach h.M. nicht in erster Linie von den intellektuellen Fähigkeiten ab, sondern davon, ob die freie Willensbildung ausgeschlossen ist.[23] Dies setzt voraus, dass der Betroffene nicht in der Lage ist, seine Entscheidungen frei und nach vernünftigen Überlegungen zu bilden, sondern von krankhaftem Empfinden beherrscht wird. Geht man von diesem Maßstab aus, so kann Frau Graup jedenfalls nicht generell als geschäftsunfähig angesehen werden, denn wenn sie allein lebt und sich allein versorgt, darf man davon ausgehen, dass sie tagtäglich vernünftige, eigene Entscheidungen zu treffen vermag. Fraglich ist, ob man gleichwohl die Geschäftsfähigkeit für komplizierte Angelegenheiten wie die hier zu beurteilende Geldanlage verneinen kann. Die h.M. lehnt jedoch eine am konkreten Schwierigkeitsgrad orientierte sog. **relative Geschäftsunfähigkeit** unter Berufung auf die damit verbundene Rechtsunsicherheit ab. Eine auf bestimmte Sachgebiete begrenzte sog. partielle Ge-

22 Für eine solche „halbseitige Wirksamkeit“ des Vertrages zugunsten des Geschäftsunfähigen Casper NJW 2002, 3425, 3428; MünchKomm/Schmitt §105a Rn.18ff. – A.M. Lipp FamRZ 2003, 721, 728; Heim JuS 2003, 141, 144; Franzen JR 2004, 221, 225; Löhnig/Schärtl AcP Bd.204 (2004), 25, 46ff.; Jauernig/Mansel §105a Rn.6.

23 Vgl. OLG Naumburg NJW 2005, 2017, 2018 (zu den Voraussetzungen einer Geschäftsunfähigkeit bei Alkoholkrankheit).

schäftsunfähigkeit wird dagegen als möglich angesehen. Der Sachverhalt ergibt aber keine hinreichenden Anhaltspunkte dafür, dass etwa für den gesamten Bereich der Geldangelegenheiten die Geschäftsfähigkeit zu verneinen wäre. Folgt man der h. M., so bleibt Frau Graup schutzlos (wenn nicht etwa eine arglistige Täuschung oder ein sittenwidriges Rechtsgeschäft vorliegen, insoweit wäre das konkrete Zustandekommen des Geschäfts noch zu klären). Möglich wäre die Bestellung eines Betreuers mit Einwilligungsvorbehalt für einen entsprechenden Tätigkeitskreis (s. Rn. 70f.), doch nützt dies nichts für bereits vorgenommene Geschäfte.

Richtiger als die h. M. erscheint es, bei der Beurteilung der Geschäftsfähigkeit in solchen Fällen zwischen den Alltagsgeschäften und besonders komplizierten oder wirtschaftlich weitreichenden Geschäften zu unterscheiden und für letztere die Geschäftsfähigkeit zu verneinen. Dann ist der Vertrag hier nach § 105 Abs. 1, § 104 Nr. 2 als nichtig anzusehen. Die Vollmachtserteilung zum Zweck der Verfolgung der Rechte in dieser Sache wird man dagegen als wirksam ansehen können, weil damit keine besonderen Risiken verknüpft sind und Frau Graup die Bedeutung dieser Erklärung durchaus überblicken kann. 23

IV. Die beschränkte Geschäftsfähigkeit

Fall 5: Die 17-jährige Gymnasiastin Anna Eilig hat mit Einwilligung ihrer Eltern den Führerschein für PKW und Motorräder erworben. Für eine 4-tägige Reise nach Tirol mietet sie ohne Wissen ihrer Eltern ein Motorrad bei der Firma Müller. Da Anna Eilig mit Müllers Sohn befreundet ist, erhält sie besonders günstige Mietbedingungen (insgesamt 100 €) eingeräumt. Sie leistet aus ihrem ersparten Taschengeld eine Anzahlung von 50 € auf den Mietpreis. Noch vor Annas Abreise erfahren ihre Eltern von dem Vorgang. Sie verbieten ihrer Tochter die Reise, bringen das Motorrad zu Müller zurück und verlangen die Rückzahlung von 50 €. Müller lehnt dies ab und besteht auf der Zahlung des restlichen Mietpreises. Er hat aber vorsorglich den von Anna erhaltenen Geldschein gesondert aufbewahrt. Wie ist die Rechtslage?

1. System (Überblick)

Beschränkt geschäftsfähig sind Minderjährige von der Vollendung des **siebenten** bis zur Vollendung des **achtzehnten Lebensjahres**, §§ 2, 106. Anders als Geschäftsunfähige sind beschränkt geschäftsfähige Personen nicht vollständig vom Rechtsverkehr ausgeschlossen, sondern können unter bestimmten Voraussetzungen eigene Willenserklärungen abgeben und dadurch Rechtsgeschäfte abschließen. Das Gesetz ermöglicht ihnen, **lediglich rechtlich vorteilhafte Geschäfte** allein abzuschließen (zustimmungsfreie Rechtsgeschäfte). Andere Willenserklärungen Minderjähriger sind wirksam, wenn der gesetzliche Vertreter seine Zustimmung erteilt (zustimmungsbedürftige Rechtsgeschäfte). 24

Lediglich rechtlich vorteilhafte Willenserklärungen des Minderjährigen sind 25
nach § 106 ohne Zustimmung des gesetzlichen Vertreters wirksam, unabhän-

gig davon, ob der Minderjährige einen Vertrag geschlossen oder ein einseitiges Rechtsgeschäft vorgenommen hat. Ist dagegen die Erklärung des Minderjährigen nicht lediglich vorteilhaft, so sind die Rechtsfolgen unterschiedlich, je nachdem, ob es um den Abschluss eines Vertrages oder um ein einseitiges Rechtsgeschäft geht. Es empfiehlt sich, von vornherein zwischen dem Abschluss von Verträgen und einseitigen Rechtsgeschäften zu unterscheiden. Dafür spricht auch, dass der rechtliche Vorteil oder Nachteil bei vertraglichen Erklärungen des Minderjährigen unter Berücksichtigung des Vertragsinhalts ermittelt werden muss.

2. Die Unterscheidung zwischen zustimmungsfreien und zustimmungsbedürftigen Willenserklärungen beim Abschluss von Verträgen

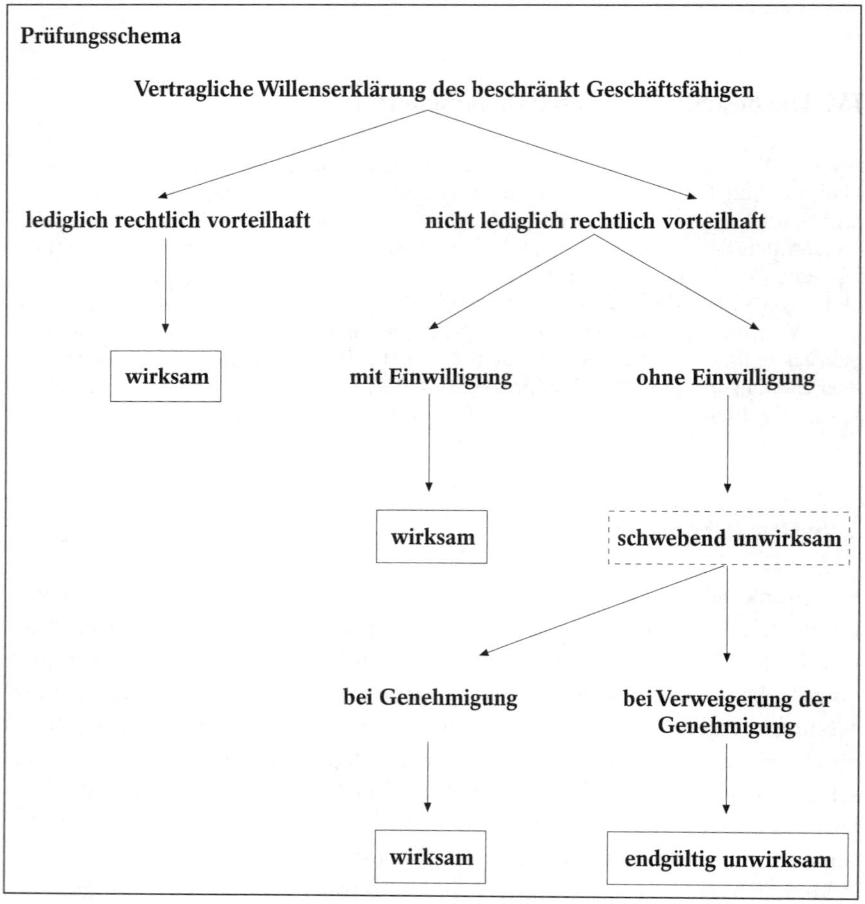

a) Zweck der Regelung

Wenn der Minderjährige durch seine Willenserklärung, insbesondere durch den von ihm geschlossenen Vertrag, nur Vermögensvorteile erlangt, so bedarf er nicht des Schutzes. Sobald aber seine Willenserklärung jedenfalls auch rechtliche Nachteile zur Folge hat, besteht die Gefahr, dass der Minderjährige bei der Abwägung von Vor- und Nachteilen die Sachlage nicht richtig einschätzt. Deshalb ist zum Schutz des Minderjährigen und seines Vermögens die Mitwirkung des gesetzlichen Vertreters erforderlich, der zu prüfen hat, ob das Rechtsgeschäft in seinen wirtschaftlichen Folgen dem Wohl des Minderjährigen dient. Genau betrachtet ist das geschützte Vermögen dasjenige, das der Minderjährige ohne das zu prüfende Rechtsgeschäft haben würde. Daher ist bei der Frage, welche Verpflichtungen bzw. Belastungen als „Nachteil" anzusehen sind, von entscheidender Bedeutung, ob der Minderjährige nicht nur mit dem Gegenstand, den er gerade erst erwirbt, sondern auch mit seinem sonstigen Vermögen dafür einstehen müsste. 26

b) Maßgeblichkeit der rechtlichen, nicht der wirtschaftlichen Folgen

Wie die gesetzliche Formulierung „rechtlicher" Vorteil zeigt, kommt es nur auf die **Rechtsfolgen**, nicht auf die wirtschaftliche Vorteilhaftigkeit des Geschäfts an. Rechtliche Vorteile sind aus dem Rechtsgeschäft erworbene Rechte, rechtliche Nachteile dagegen Verpflichtungen, die aus dem Rechtsgeschäft erwachsen. Das Geschäft darf **lediglich** rechtliche Vorteile für den Minderjährigen zur Folge haben. Dass die rechtlichen Vorteile den rechtlichen Nachteilen gleichwertig sind oder sie sogar überwiegen, genügt nicht. 27

c) Rechtsfolgen der Willenserklärung – Beachtung der Trennung von Verpflichtungs- und Verfügungsgeschäften

Zu berücksichtigen sind die rechtlichen Vor- oder Nachteile, die sich **aus der zu beurteilenden Willenserklärung** ergeben. Es muss daher jeweils genau darauf geachtet werden, auf welcher Willenserklärung die einzelnen rechtlichen Folgen beruhen. 28

Dabei ist die Unterscheidung zwischen Verpflichtungs- und Verfügungsgeschäft (**Trennungs- und Abstraktionsprinzip**, s. § 8 Rn. 1 ff.) zu berücksichtigen. Eine „Gesamtbetrachtung" beider Verträge in dem Sinne, dass rechtliche Nachteile aus dem schuldrechtlichen Vertrag auch den dinglichen Vertrag als nicht lediglich rechtlich vorteilhaft erscheinen lassen, entspricht, wie auch vom BGH[24] klargestellt wurde, nicht dem Gesetz. 29

24 BGHZ 161, 170 = NJW 2005, 415; BGHZ 187, 119 Rn. 6 = NJW 2010, 3643; OLG Brandenburg NJW-RR 2014, 1045. Davon zu unterscheiden ist die Frage, ob die Erfüllung einer Verbindlichkeit durch Insichgeschäft des gesetzlichen Vertreters möglich ist, auch wenn das

30 Wird etwa eine bewegliche Sache nach § 929 Satz 1 durch Einigung und Übergabe an einen Minderjährigen übereignet, so ist dieses Rechtsgeschäft für den Minderjährigen lediglich rechtlich vorteilhaft; er erwirbt das Eigentum, ohne dass es auf die Zustimmung des gesetzlichen Vertreters ankommt. Liegt der Übereignung ein vom Minderjährigen abgeschlossener Kaufvertrag zugrunde, so ist dieser Vertrag wegen der damit begründeten Verpflichtung zur Zahlung des Kaufpreises nicht lediglich rechtlich vorteilhaft und daher ohne Zustimmung des gesetzlichen Vertreters nicht wirksam. Dies lässt aber die Wirksamkeit des Übereignungsgeschäfts unberührt.

31 Dient die Übereignung der Erfüllung eines Kaufvertrages, den der Minderjährige ohne Zustimmung seiner Eltern als gesetzliche Vertreter abgeschlossen hat, so ist der Minderjährige allerdings nach § 812 Abs. 1 Satz 1 wegen Fehlens des rechtlichen Grundes zur Herausgabe des Erlangten verpflichtet. Dies ist aber keine Rechtsfolge des Übereignungsgeschäfts, hindert also nicht dessen Beurteilung als lediglich rechtlich vorteilhaft.

32 Der **BGH**[25] hat für dasselbe Ergebnis eine andere Begründung gegeben. Er stellt darauf ab, dass die Verpflichtung aus ungerechtfertigter Bereicherung nicht zu einer Beeinträchtigung des sonstigen Vermögens des Minderjährigen führen kann, weil sie gemäß § 818 Abs. 3 dem Umfang nach auf den Wert der noch bestehenden Bereicherung beschränkt ist.

Merksatz:
Bei der Prüfung rechtlicher Vorteile oder Nachteile sind das schuldrechtliche Grundgeschäft und das dingliche Erfüllungsgeschäft strikt zu trennen.

3. Beurteilung von Verpflichtungsgeschäften im Einzelnen

a) Herkömmliche Vertragstypen

33 Gegenseitige Verträge (Austauschverträge) wie Kauf-, Miet-, Werk- oder Arbeitsverträge sind nie lediglich rechtlich vorteilhaft, da durch sie zwar einerseits ein Anspruch des Minderjährigen auf Lieferung, Überlassung der gemieteten Sache usw. begründet wird, andererseits aber auch seine Verpflichtung zur Gegenleistung entsteht. Eine Schenkung an den Minderjährigen oder ein Schenkungsversprechen zu seinen Gunsten sind dagegen lediglich rechtlich vorteilhaft. Ist allerdings die Schenkung mit einer Auflage (§ 525) verbunden, so ist sie bereits nicht mehr lediglich rechtlich vorteilhaft. Dasselbe gilt, wenn sich der Schenker den Rücktritt vorbehalten hat, weil dann im Fall des Rücktritts Verpflichtungen des minderjährigen Schenkungsempfängers aus § 346

---

dingliche Erfüllungsgeschäft nicht lediglich rechtlich vorteilhaft ist; dazu s. Fälle und Kontrollfragen zu § 11, Fall 5.

25 BGHZ 161, 170, 176 = NJW 2005, 415, 417.

(auch zum Wertersatz oder Schadensersatz) entstehen können.[26] Ein Leihvertrag (§ 598) ist ebenfalls nicht lediglich rechtlich vorteilhaft, da zwar kein Entgelt für den Gebrauch der geliehenen Sache zu bezahlen ist, aber eine Verpflichtung zur Rückgabe nach Ablauf der für die Leihe bestimmten Zeit begründet wird (§ 604).

b) Probleme des Internets und des Datenschutzes

Das Herunterladen eines „Gratisspieles" im Internet ist schon dann nicht ledig- 33a
lich rechtlich vorteilhaft, wenn damit vertragliche Nebenpflichten übernommen werden.[27] Zweifelhaft ist, ob ein unentgeltlicher Vertrag, in dem der minderjährige Vertragspartner seine Einwilligung zur Nutzung von Daten erteilt (zur Wirksamkeit der Einwilligung, die von der Wirksamkeit des Vertrages zu unterscheiden ist, s. Rn. 11d), als nicht lediglich rechtlich vorteilhaft einzustufen ist. Man wird dies bejahen müssen, wenn die Einwilligung konstitutiv ist, d.h. wenn dem Vertragspartner ohne diese Einwilligung die Nutzung der Daten verboten wäre.[28]

4. Beurteilung von Verfügungsgeschäften im Einzelnen

a) Unterscheidung zwischen Verfügungen des Minderjährigen und Verfügungen zu seinen Gunsten

Zunächst ist an den Begriff der Verfügung (s. § 8 Rn. 2) zu erinnern. Verfü- 34
gender ist dabei immer derjenige Teil, dessen Recht übertragen, belastet, inhaltlich verändert oder aufgehoben wird. Ist der Minderjährige der Verfügende, so ist das Verfügungsgeschäft in aller Regel für ihn nicht lediglich vorteilhaft, da er sein bisheriges Recht verliert oder belastet. Schwieriger ist dagegen die Beurteilung von Verfügungsgeschäften, die zugunsten des Minderjährigen vorgenommen werden, insbesondere Rechtsübertragungen an den Minderjährigen. Hier ist in verschiedener Hinsicht fraglich, ob trotz des Rechtserwerbs durch den Minderjährigen (unzweifelhaft ein rechtlicher Vorteil) wegen weiterer Rechtsfolgen doch kein lediglich rechtlich vorteilhaftes Geschäft vorliegt. Die wichtigsten Probleme in diesem Bereich werden im Folgenden erörtert.

b) Rechtsgeschäfte zur Erfüllung eines Anspruchs des Minderjährigen

Dient ein Verfügungsgeschäft der **Erfüllung** eines Anspruchs, der für den Min- 35
derjährigen aus einem wirksamen schuldrechtlichen Vertrag entsteht, so ergibt

---

26 BGHZ 162, 137, 142 = NJW 2005, 1430, 1431.
27 Dazu näher Meyer NJW 2015, 3686.
28 Näher Faust Gutachten zum 71. Juristentag (s. § 4 Rn. 26 Fn. 31) A 19ff.; Spindler JZ 2016, 805, 807.

sich folgendes Problem: Durch die Erfüllung würde der Anspruch des Minderjährigen nach § 362 Abs. 1 erlöschen, und darin könnte man einen rechtlichen Nachteil sehen, der die Verfügung unwirksam werden lässt. Doch ist insoweit zwischen dem Verfügungsgeschäft als solchem und der Auswirkung auf die zu erfüllende Forderung zu unterscheiden. Die Verfügung ist zwar wirksam, aber sie führt mangels **Empfangszuständigkeit**[29] nicht zum Erlöschen des Anspruchs, wenn die gesetzlichen Vertreter der Leistung an den Minderjährigen weder vorher noch nachher zustimmen. Zu beachten ist aber, dass in der Zustimmung des gesetzlichen Vertreters zum Abschluss des Verpflichtungsgeschäfts stillschweigend in vielen Fällen auch bereits die Zustimmung zur Leistung an den Minderjährigen enthalten sein wird. Geht es aber z. B. um die Erfüllung eines Anspruchs, den der Minderjährige geerbt hat, so bleibt es bei der fehlenden Empfangszuständigkeit des Minderjährigen.[30]

c) Erwerb eines dinglich belasteten Grundstücks durch den Minderjährigen

36 Der Umstand, dass ein an den Minderjährigen übereignetes Grundstück mit **Grundschulden** oder **Hypotheken** belastet ist, macht die Übereignung als solche nicht nachteilig; der Minderjährige wird daraus nicht persönlich verpflichtet, sondern muss nur gegebenenfalls die Vollstreckung in das Grundstück dulden (§ 1147). Sollte der Minderjährige dagegen auch die persönliche Haftung (also die Haftung mit seinem sonstigen Vermögen) für die durch Grundschuld oder Hypothek gesicherte Forderung übernehmen, so wäre diese Schuldübernahme (§§ 415 ff.) nicht lediglich rechtlich vorteilhaft.

37 Lediglich rechtlich vorteilhaft bleibt der Grundstückserwerb des Minderjährigen auch, wenn das Grundstück mit einem **Nießbrauch** oder einem **dinglichen Wohnrecht** belastet ist, da der Erwerber dafür nicht persönlich haftet.[31] Wenn die dingliche Belastung erst im Zuge des Erwerbs durch den Minderjährigen bestellt werden soll – Schenkung unter Auflage oder Vorbehalt einer dinglichen Belastung, z. B. eines Nießbrauchs zugunsten des Schenkers – ist das Geschäft ebenfalls als lediglich rechtlich vorteilhaft zu betrachten, da es im Ergebnis keinen Unterschied machen kann, ob die Belastung noch kurz vor der Übertragung des Eigentums erfolgte oder ob sie sofort beim Erwerb des Eigentums bestellt wird.[32]

---

29 BGHZ 205, 90 Rn. 15 f. = NJW 2015, 2497 (dasselbe gilt für die Leistung an einen Betreuten, wenn ein Einwilligungsvorbehalt angeordnet wurde); Bork Rn. 1006; Medicus/Petersen Rn. 566; Wolf/Neuner § 34 Rn. 35; Staudinger/Knothe (2012) § 107 Rn. 25.

30 So in dem von BGHZ 205, 90 entschiedenen Fall.

31 BGHZ 161, 170, 177 = NJW 2005, 415, 417 (zum Nießbrauch mit der Einschränkung, die Beurteilung als lediglich rechtlich vorteilhaft gelte jedenfalls dann, wenn der Nießbraucher auch die Kosten außergewöhnlicher Ausbesserungen und Erneuerungen sowie die außergewöhnlichen Grundstückslasten zu tragen habe).

32 BayObLGZ 1979, 49; BayObLGZ 1998, 137 = NJW 1998, 3574 (Bestellung von Nießbrauch und Vorkaufsrechten zugleich mit der Übereignung); MünchKomm/Schmitt § 107 Rn. 53.

d) Erwerb eines vermieteten oder verpachteten Grundstücks durch den Minderjährigen

Ist das Grundstück (bzw. eine Wohnung auf dem Grundstück) dagegen **vermietet**, so ist die Übertragung des Grundstückseigentums auf den Minderjährigen nicht lediglich vorteilhaft,[33] weil der Erwerber gemäß § 566 Abs. 1, § 578 Abs. 1 in das Mietverhältnis eintritt (Grundsatz „Kauf bricht nicht Miete") und für die Verpflichtungen aus dem Mietverhältnis auch persönlich (nicht nur mit dem Grundstück) haftet. Dasselbe gilt beim Erwerb eines verpachteten Grundstücks, da § 566 gemäß § 581 Abs. 2, § 593b auf den Pachtvertrag entsprechend anzuwenden ist. 38

e) Grundstückserwerb und öffentliche Lasten

Die Übereignung eines Grundstücks an den Minderjährigen ist nach h. M. nicht deshalb als auch nachteilig anzusehen, weil an das Grundstückseigentum öffentliche Lasten (z. B. Grundsteuer) anknüpfen. Dieses Ergebnis wurde früher zumeist damit begründet, dass diese öffentlich-rechtlichen Lasten nicht Rechtsfolgen aus dem vom Minderjährigen abgeschlossenen Rechtsgeschäft (der Übereignung an den Minderjährigen) darstellen, sondern erst an die dadurch entstandene Rechtslage (das erworbene Eigentum) anknüpfen. 39

Diese Begründung wurde jedoch vom **BGH** unter Hinweis auf den Schutzzweck der Regelung abgelehnt. Der BGH meint, das Vermögen des Minderjährigen sei nicht weniger gefährdet, wenn ein Rechtsnachteil zwar von den Parteien als Inhalt des Rechtsgeschäfts nicht gewollt, vom Gesetz aber als dessen Folge angeordnet sei.[34] Da der Eigentümer für die öffentlich-rechtlichen Belastungen nicht nur dinglich (mit dem Grundstück), sondern auch persönlich (mit seinem sonstigen Vermögen) haftet, müsste man bei dieser Betrachtungsweise eigentlich dazu kommen, den Grundstückserwerb nicht als lediglich rechtlich vorteilhaft anzusehen. Dies vermeidet der BGH mit einer am Schutzzweck orientierten einschränkenden Auslegung. Danach sollen Rechtsnachteile mit einem typischerweise ganz unerheblichen Gefährdungspotential unberücksichtigt bleiben, und dies sei, so der BGH, bei den laufenden öffentlichen Grundstückslasten (wie der Grundsteuer) der Fall, da diese ihrem Umfang nach begrenzt seien, in der Regel aus den laufenden Erträgen des Grundstücks gedeckt werden könnten und damit typischerweise zu keiner Vermögensgefährdung führen könnten. Wegen solcher Folgen eine Zustimmung des gesetzlichen Vertreters zu fordern, sei, so der BGH, reiner Formalismus. Ob außerordentliche Grundstückslasten, etwa die Verpflichtung zu Erschließungs- oder Anliegerbeiträgen, einen zu berücksichtigenden rechtlichen Nachteil darstellen könnten, ließ der BGH offen – die bloß theoretische Möglichkeit solcher künftiger Belastungen sei jedenfalls nicht relevant. 40

---

33 BGHZ 162, 137 = NJW 2005, 1430; BayObLG NJW 2003, 1129 (ebenso, wenn bereits vor der Schenkung ein Nießbrauch bestellt war und der Nießbraucher das Grundstück vermietet hatte).

34 BGHZ 161, 170, 178 = NJW 2005, 415, 418. – Dem BGH zustimmend Wolf/Neuner § 34 Rn. 31; Köhler § 10 Rn. 16. – Krit. Rüthers/Stadler § 23 Rn. 13.

41 Auch wenn das vom BGH gefundene Ergebnis weitgehend mit der bisherigen h.M. übereinstimmt, ist die Argumentation des Gerichts wenig überzeugend. Der BGH gibt ohne Not ein vergleichsweise klares Abgrenzungskriterium – nur Rechtsnachteile *aus* dem Rechtsgeschäft sind relevant – auf und gerät im Ergebnis (auch wenn der BGH dies unter Hinweis auf eine typisierende Betrachtungsweise nicht wahr haben will) in die Nähe einer wirtschaftlichen Betrachtungsweise (Abwägung von Vor- und Nachteilen), wie sie im Interesse der Rechtssicherheit hier gerade nicht gelten sollte.

5. Rechtlich indifferente Geschäfte

42 Es gibt auch Rechtsgeschäfte, die der Minderjährige vornimmt, ohne dass sie seine Rechtssphäre überhaupt positiv oder negativ berühren. Solche für den Minderjährigen **rechtlich indifferenten (neutralen) Geschäfte** sind nach h.M. ohne Einwilligung des gesetzlichen Vertreters **wirksam**. Man kann insoweit an §165 anknüpfen, der ein Geschäft des beschränkt Geschäftsfähigen für einen anderen (Stellvertretung) zulässt, weil es für den Minderjährigen selbst keine Rechtsfolgen erzeugt, s. dazu §22 Rn.29. Rechtlich indifferent ist etwa eine Verfügung des Minderjährigen über einen Gegenstand, der einem anderen gehört (z.B. Übereignung einer fremden Sache an einen gutgläubigen Erwerber[35] oder mit Einwilligung des Rechtsinhabers nach §185 Abs.1).

6. Die Zustimmungsbedürftigkeit der nicht lediglich rechtlich vorteilhaften Verträge

a) Begriff der Zustimmung; Unterscheidung zwischen Einwilligung und Genehmigung

43 Allgemeine Vorschriften über die Zustimmungserklärung enthalten die §§182ff. Sie gelten auch für die Zustimmung im Rahmen der beschränkten Geschäftsfähigkeit. **Zustimmung** ist der **Oberbegriff**, der die Erklärung des Einverständnisses eines Dritten vor oder nach Abschluss des Rechtsgeschäfts umfasst. Unter **Einwilligung** versteht das BGB dagegen nur die **vorherige Zustimmung**, wie sich aus der Legaldefinition in §183 Satz1 ergibt. **Genehmigung** bedeutet demgegenüber die **nachträgliche Zustimmung**, s. die gesetzliche Begriffsbestimmung in §184 Abs.1. Diese gesetzliche Terminologie sollte man sich einprägen.

---

35 MünchKomm/Schmitt §107 Rn.47; Wolf/Neuner §34 Rn.33f. Die Gegenansicht verneint in einem solchen Fall den gutgläubigen Erwerb mittels teleologischer Reduktion des §932, so etwa MünchKomm/Oechsler §932 Rn.11; Medicus/Petersen, Bürgerliches Recht, Rn.540, 542 mwN: der Erwerber soll nicht besser stehen als wenn das richtig wäre, was er annimmt.

Zustimmung zu einem Rechtsgeschäft

vor Abschluss des Rechtsgeschäfts	nach Abschluss des Rechtsgeschäfts
= Einwilligung	**= Genehmigung**

b) Die Einwilligung des gesetzlichen Vertreters

Nicht lediglich rechtlich vorteilhafte Verträge, die ein beschränkt Geschäftsfähiger mit **Einwilligung** seines gesetzlichen Vertreters abschließt, sind nach § 107 **von Anfang an wirksam**. Die Einwilligung ist eine empfangsbedürftige Willenserklärung, die gegenüber dem Minderjährigen oder dem Vertragspartner abgegeben werden kann, § 182. Sie ist bis zur Vornahme des Rechtsgeschäfts widerruflich, § 183. Die Einwilligung kann ausdrücklich oder stillschweigend erfolgen, sich also auch konkludent aus dem Verhalten des gesetzlichen Vertreters ergeben. Bei der Auslegung dieses Verhaltens darf man aber den Schutzzweck des Minderjährigenrechts nicht außer Acht lassen. 44

Die Einwilligung kann sich auf einen konkreten Vertrag oder auch auf eine Mehrheit von im Einzelnen nicht individualisierten Rechtsgeschäften erstrecken (**beschränkter Generalkonsens**). Die Eltern können z. B. eine allgemeine Einwilligung für die Geschäfte des Minderjährigen erteilen, die mit der Durchführung einer Reise oder mit der Ausbildung an einem fremden Ort verbunden sind. Dann sind diejenigen Geschäfte von der Einwilligung gedeckt, die üblicherweise (unter Berücksichtigung der Verkehrsauffassung) diesem Zweckbereich zugeordnet sind. **Unzulässig** ist es dagegen, dem Minderjährigen einen **Generalkonsens** für alle seine Geschäfte zu erteilen. Dies wäre mit der Aufsichtspflicht des gesetzlichen Vertreters und mit dem Schutzzweck des § 107 nicht vereinbar. 45

Der Minderjährige hat im Allgemeinen **keinen Anspruch** auf Erteilung der Einwilligung (oder Genehmigung) gegen seinen gesetzlichen Vertreter. Die **verweigerte Zustimmung** kann in der Regel auch nicht durch das Familien- oder Vormundschaftsgericht ersetzt werden, nur weil das Gericht die Zweckmäßigkeit des Rechtsgeschäfts anders beurteilt als die gesetzlichen Vertreter. Anders ist es aber, wenn der Vormund die Ermächtigung zur Eingehung eines Dienst- oder Arbeitsverhältnisses verweigert (§ 113 Abs. 3). Außerdem kann das Familiengericht Erklärungen der Eltern (und daher auch deren Zustimmung zu einem Vertragsschluss) ersetzen, wenn dies erforderlich ist, um eine **Gefährdung des Kindeswohls** abzuwenden, § 1666 Abs. 3 Nr. 5. 46

47 Eine **pflichtwidrige Verweigerung der Zustimmung** kann zu **Schadensersatzpflichten** der Eltern (§ 1664[36]) oder des Vormunds (§ 1833) führen.

c) Schwebende Unwirksamkeit des Vertrages bei fehlender Einwilligung

48 Schließt eine minderjährige Person einen nicht lediglich rechtlich vorteilhaften Vertrag ohne die Einwilligung (vorherige Zustimmung) ihres gesetzlichen Vertreters, so äußert dieser Vertrag zwar zunächst keine rechtlichen Wirkungen, doch kann er noch durch Genehmigung (nachträgliche Zustimmung) des gesetzlichen Vertreters wirksam werden, § 108 Abs. 1. Bis geklärt ist, ob die Genehmigung erteilt wird, ist der Vertrag **schwebend unwirksam.** Die damit verbundene Unsicherheit kann für den Vertragspartner unangenehm sein. Daher gibt ihm § 109 Abs. 1 ein **Recht zum Widerruf des Vertrags**, allerdings nur, wenn er die Minderjährigkeit nicht gekannt hat oder wenn der Minderjährige der Wahrheit zuwider die Einwilligung des gesetzlichen Vertreters behauptet hat, § 109 Abs. 2. Wenn der Vertragspartner die Minderjährigkeit kannte, so ist er insoweit nicht schutzwürdig, als er selbst die entstehende Unsicherheit auf sich genommen hat. In jedem Fall kann der Vertragspartner auf rasche Klärung hinwirken, indem er den **gesetzlichen Vertreter auffordert**, sich über die Genehmigung zu erklären, § 108 Abs. 2 Satz 1. Wird die Genehmigung binnen zwei Wochen nach dieser Aufforderung nicht erklärt, so gilt sie als verweigert (§ 108 Abs. 2 Satz 2), so dass der Schwebezustand endet.

49 Wird der Minderjährige **geschäftsfähig**, während der Schwebezustand noch andauert, so tritt seine **eigene Genehmigung** an die Stelle der Genehmigung des gesetzlichen Vertreters, § 108 Abs. 3. Auch der jetzt Volljährige braucht also die Erklärung, die er als Minderjähriger abgegeben hat, nicht gelten zu lassen.

d) Versagung der Genehmigung

50 Mit der **Verweigerung der Genehmigung** wird der Vertrag **endgültig unwirksam**; es können also keinerlei Ansprüche daraus abgeleitet werden.[37] Sind im Hinblick auf einen schuldrechtlichen Vertrag bereits Leistungen erbracht worden, so müssen diese wegen Fehlens des rechtlichen Grundes nach den Regeln über die ungerechtfertigte Bereicherung (§ 812 Abs. 1 Satz 1) zurückerstattet werden.

---

36 Bei § 1664 ist allerdings umstritten, ob es sich um eine Anspruchsgrundlage – so die h. M., z. B. MünchKomm/P. Huber § 1664 Rn. 1 – oder nur um einen Haftungsmaßstab handelt.

37 Dies gilt auch bei der Mitwirkung eines Minderjährigen an der Gründung einer Gesellschaft, d. h. für den Minderjährigen entstehen ohne Zustimmung des gesetzlichen Vertreters weder Verpflichtungen noch Ansprüche, mag auch im Übrigen die Wirksamkeit der Gesellschaftsgründung nach der Lehre von der „fehlerhaften Gesellschaft" unberührt bleiben. Dazu zusammenfassend Maultzsch JuS 2003, 544.

e) Erteilung der Genehmigung

Die Genehmigung kann sowohl dem **Minderjährigen** als auch dem **Vertragspartner gegenüber** erklärt werden, § 182 Abs. 1. Hat der Vertragspartner allerdings den gesetzlichen Vertreter zur Erklärung über die Genehmigung aufgefordert, so kann die Genehmigung nur noch dem Vertragspartner gegenüber erfolgen und eine vorher dem Minderjährigen gegenüber erteilte Genehmigung verliert ihre Wirkung, § 108 Abs. 2 Satz 1. Die Genehmigung ist **nicht formbedürftig**, auch wenn für das zu genehmigende Rechtsgeschäft eine Form vorgeschrieben ist, § 182 Abs. 2 (s. auch § 26 Rn. 4). 51

Die Genehmigung wirkt auf den Zeitpunkt der Vornahme des Rechtsgeschäfts zurück,[38] § 184 Abs. 1; der genehmigte Vertrag ist also **von Anfang an wirksam.** ex tunc 52

7. Wirksamkeit durch Erfüllung – „Taschengeldparagraph"

Nach § 110 werden Verträge wirksam, wenn sie mit Mitteln erfüllt werden, die dem Minderjährigen zu dem betreffenden Zweck oder zur freien Verfügung überlassen wurden, sei es durch den gesetzlichen Vertreter oder mit dessen Zustimmung durch Dritte. Die vom Minderjährigen mit solchen Mitteln bestrittenen Geschäfte werden aber erst wirksam, wenn er die vertragsmäßige Leistung bewirkt hat. § 110 gilt erst bei **vollständiger Erfüllung** durch den Minderjährigen und **deckt keine Kreditgeschäfte des Minderjährigen**. Ist die erwähnte Voraussetzung aber erfüllt, so sind sowohl das Verpflichtungsgeschäft (etwa ein Kaufvertrag) als auch das der Erfüllung dienende Verfügungsgeschäft[39] (die Zahlung des Kaufpreises) des Minderjährigen wirksam. Sind bei einem Vertrag Leistung und Gegenleistung nach Zeitabschnitten teilbar (etwa bei einem Mobilfunkvertrag, nach dem der Minderjährige pro Monat eine Grundgebühr und ein nutzungsabhängiges Entgelt zu zahlen hat), so wird der Vertrag nach h. M. mit der Erfüllung durch den Minderjährigen durch ihm überlassene Mittel für den jeweiligen Zeitabschnitt wirksam.[40] Der Minderjährigenschutz wäre allerdings effektiver, wenn man auch hier die Wirksamkeit nach § 110 erst mit der Erfüllung des gesamten Vertrages annehmen würde; 53

---

38 Verfassungswidrig (so B. Lorenz ZRP 2009, 214, 216) ist diese Regelung nicht (zutr. Böttcher ZRP 2010, 27).

39 RGZ 74, 234, 235.- Nach anderer Ansicht soll § 110 nur für Verpflichtungsgeschäfte gelten, während die Wirksamkeit von Verfügungsgeschäften des Minderjährigen nach §§ 107 f. zu beurteilen sei, so u. a. Jauernig/Mansel § 110 Rn. 2; Rüthers/Stadler § 23 Rn. 24. Richtiger erscheint es, § 110 auch auf Verfügungsgeschäfte anzuwenden, wodurch sich bei Teilleistungen des Minderjährigen ein stärkerer Minderjährigenschutz ergibt, s. Rn. 58.

40 Palandt/Ellenberger § 110 Rn. 4; MünchKomm/Schmitt § 110 Rn. 14 (zum Mietvertrag); Derleder/Thielbar NJW 2006, 3233, 3235; Wertenbruch § 17 Rn. 18.

dann hätte der Mobilfunkbetreiber Anlass, sich Klarheit über die Zustimmung der gesetzlichen Vertreter zu verschaffen.

53a § 110 beruht auf der Vorstellung, dass mit der Überlassung der Mittel die konkludente Zustimmung des gesetzlichen Vertreters zu den auf diese Weise ermöglichten Rechtsgeschäften des Minderjährigen zum Ausdruck kommt.[41] Diese Zustimmung kann engeren oder weiteren Umfang haben. Bei Rechtsgeschäften mit besonderer Tragweite, etwa solchen, die auf die Vornahme körperlicher Eingriffe an dem Minderjährigen abzielen, kann aber von einer stillschweigenden Ausnahme von dieser Einwilligung, also von einem **immanenten Vorbehalt** auszugehen sein, der die Anwendung des § 110 ausschließt.[42]

54 Ob der Minderjährige über einen Gegenstand, den er aufgrund eines nach § 110 wirksamen Rechtsgeschäfts erworben hat, wiederum frei verfügen kann, hängt von dem Inhalt (und der Auslegung) der Erklärung des gesetzlichen Vertreters über die Überlassung der Mittel ab. Bei einigermaßen wertvollen Gegenständen wird man in der Regel nicht von einer Einwilligung in die Weiterverfügung ausgehen können (der Minderjährige kann nicht ohne erneute Zustimmung der Eltern über die vom angesparten Taschengeld gekaufte Playstation verfügen), erst recht nicht bei einem beträchtlichen Lotteriegewinn, auch wenn der Kauf des Lotterieloses durch § 110 gedeckt war.[43]

Lösung zu Fall 5:

1. Anspruch des Müller gegen Anna Eilig auf Zahlung von 50 €

55 Anspruchsgrundlage ist § 535 Abs. 2, der einen wirksamen Mietvertrag voraussetzt. Dem könnte die beschränkte Geschäftsfähigkeit (§ 106) der minderjährigen (§ 2) Anna Eilig entgegenstehen. Der Mietvertrag verpflichtet Anna Eilig zur Zahlung des Mietpreises und ist daher kein lediglich rechtlich vorteilhaftes Geschäft (§ 107). Auf die wirtschaftliche Vorteilhaftigkeit kommt es nicht an. Daher hängt die Wirksamkeit des Vertrages von der Zustimmung der gesetzlichen Vertreter, also ihrer Eltern (§ 1629 Abs. 1) ab. Eine stillschweigende Einwilligung zum Abschluss solcher Verträge könnte in der von den Eltern erteilten Erlaubnis liegen, den Führerschein zu erwerben. Da aber der Inhalt der Verträge, aufgrund derer sich die Minderjährige ein Fahrzeug beschaffen könnte, in seiner Tragweite sehr unterschiedlich sein kann, ist eine solche Auslegung des elterlichen Verhaltens auch unter Berücksichtigung der Verkehrsauffassung abzulehnen.[44]

56 Die Zahlung von 50 € aus dem ersparten Taschengeld könnte zur Wirksamkeit des Mietvertrages nach § 110 führen. Man darf davon ausgehen, dass dieses Geld der Anna Eilig von ihren Eltern zur freien Verfügung überlassen ist. Jedoch ist mit der

---

41 A.M. Leenen § 9 Rn. 51, 52 (mwN), wonach es sich um einen Fall der „Konvaleszenz durch Erfüllung" handeln soll.

42 So bereits RGZ 74, 234, 236. – Hauck NJW 2012, 2398, 2399 nimmt eine solche Einschränkung mit Recht bei einem Vertrag über die Anbringung einer Tätowierung an, während AG München NJW 2012, 2452 die Wirksamkeit aufgrund § 110 bejaht; dagegen auch Götz JR 2013, 289, 290. Zur Einwilligung in die Körperverletzung s. Rn. 11b mit Fn. 6.

43 RGZ 74, 234.

44 BGH NJW 1973, 1790.

Anzahlung die Leistung, die der Minderjährigen obliegt, noch keineswegs vollständig erfüllt. § 110 hat dies jedoch, wie sich aus dem Wort „bewirkt" ergibt, zur Voraussetzung.

Der Mietvertrag war demnach zunächst schwebend unwirksam, § 108 Abs. 1. Im Verhalten der Eltern kommt die Versagung der Genehmigung zum Ausdruck. Damit ist der Vertrag endgültig unwirksam. Der Mietwagenunternehmer hat keinen Zahlungsanspruch. 57

2. Anspruch der Anna Eilig, vertreten durch ihre Eltern, gegen Müller auf Rückzahlung von 50 €

Aus § 985. – Da die Übereignung des Geldes durch Anna Eilig an Müller (§ 929 Satz 1) nicht lediglich rechtlich vorteilhaft war und ihre Eltern hierzu (ebenso wie zum Mietvertrag, s. oben) weder eine Einwilligung noch eine Genehmigung erklärt haben, war die Übereignung unwirksam,[45] so dass Anna dadurch[46] das Eigentum an dem Geldschein nicht verloren hat. Da der Mietvertrag endgültig unwirksam ist, hat Müller kein Recht zum Besitz iSv § 986 und ist daher nach § 985 zur Herausgabe des Geldscheins an Anna verpflichtet. 58

8. Einseitige Rechtsgeschäfte des Minderjährigen

a) Anwendungsbereich

Hierher gehören z. B. folgende Willenserklärungen des Minderjährigen: die Kündigung eines Mietvertrages oder eines Darlehensvertrages, die Anfechtung eines Rechtsgeschäfts (§ 143 Abs. 1), die Erklärung der Aufrechnung (§ 388), die Erteilung einer Vollmacht (§ 167 Abs. 1). Es kann sich sowohl um empfangsbedürftige einseitige Rechtsgeschäfte (so in den erwähnten Beispielen) als auch (praktisch von geringer Bedeutung) um nicht empfangsbedürftige einseitige Willenserklärungen (z. B. Auslobung, § 657; Aufgabe des Eigentums an einer beweglichen Sache, § 959) handeln. 59

b) Zustimmungsfreie einseitige Rechtsgeschäfte

Auch hier gilt die Unterscheidung zwischen den lediglich rechtlich vorteilhaften und daher zustimmungsfreien Rechtsgeschäften und den auch mit recht- 60

---

45 Ebenso Wolf/Neuner § 34 Rn. 48. – A. M. z. B. Leenen FamRZ 2000, 863, 864; Werner/Saenger, Fälle für Fortgeschrittene im Bürgerlichen Recht, 5. Aufl. (2015), S. 52, die aufgrund der Überlassung zur freien Verfügung eine dingliche Wirksamkeit von Teilleistungen des Minderjährigen nach § 107 annehmen. Durch § 110 wird aber die Wirkung dieser Überlassung auf den Fall der vollständigen Erfüllung beschränkt, auch hinsichtlich des dinglichen Geschäfts.

46 Hätte Müller den Geldschein mit dem Kassenbestand vermengt, so wäre nach § 948 Abs. 1, § 947 Abs. 1 Miteigentum an den Geldscheinen gleicher Art (im Verhältnis der Werte) entstanden, so BGH NJW 2010, 3578 Rn. 13 unter Ablehnung der Gegenmeinung, die den Kassenbestand als Hauptsache ansieht und daher Eigentumserwerb des Kasseneigentümers nach § 948 Abs. 1, § 947 Abs. 2 annimmt. Näher Gehrlein NJW 2010, 3543.

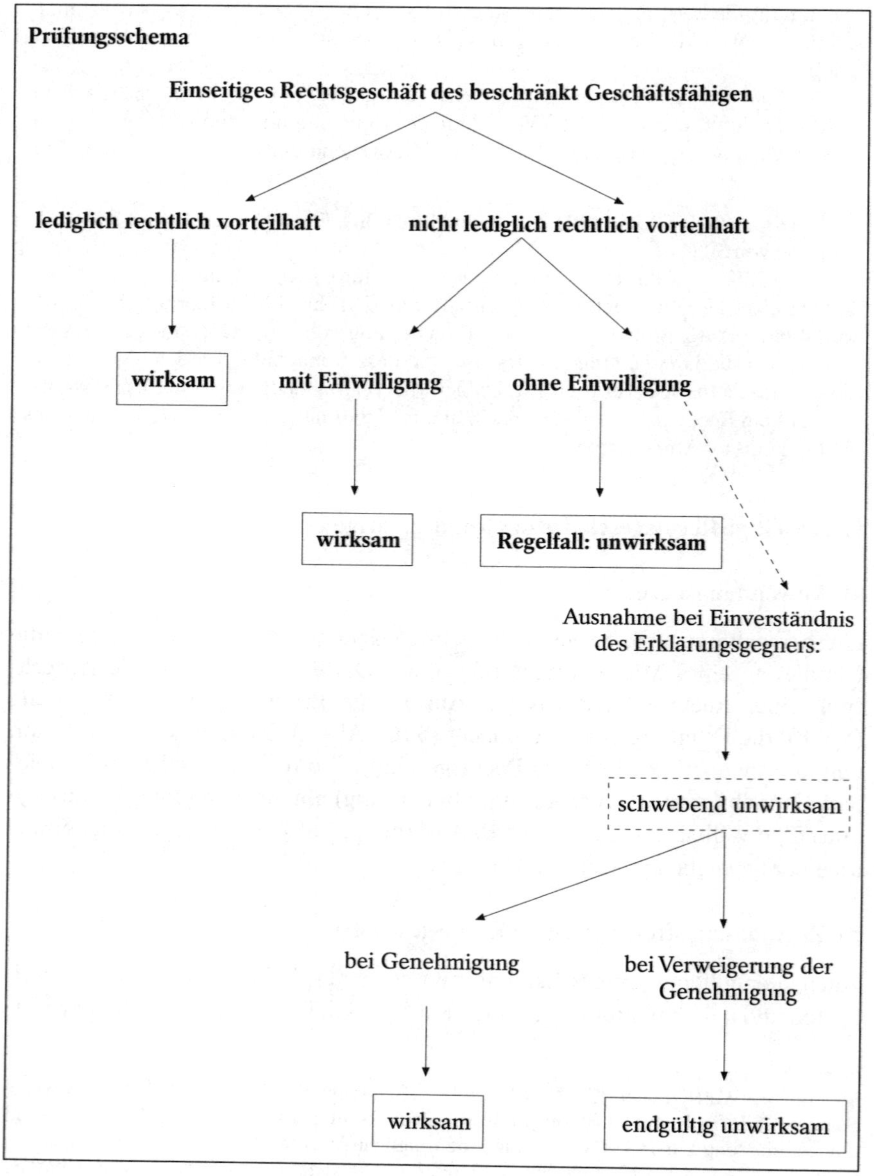
Prüfungsschema
Einseitiges Rechtsgeschäft des beschränkt Geschäftsfähigen
lediglich rechtlich vorteilhaft
nicht lediglich rechtlich vorteilhaft
wirksam
mit Einwilligung
ohne Einwilligung
wirksam
Regelfall: unwirksam
Ausnahme bei Einverständnis des Erklärungsgegners:
schwebend unwirksam
bei Genehmigung
bei Verweigerung der Genehmigung
wirksam
endgültig unwirksam

lichen Nachteilen verbundenen und daher zustimmungspflichtigen Rechtsgeschäften. Beispiele für zustimmungsfreie einseitige Rechtsgeschäfte sind etwa die vom Minderjährigen erklärte Anfechtung eines für ihn verpflichtenden Schenkungsversprechens wegen arglistiger Täuschung oder die Kündigung eines durch den Minderjährigen gewährten unverzinslichen Darlehens.[47] In den meisten Fällen hat aber das einseitige Rechtsgeschäft auch Nachteile zur Folge, so etwa die Anfechtung eines Kaufvertrags, da der Minderjährige dadurch zwar seine Verpflichtung zur Zahlung des Kaufpreises beseitigt, aber zugleich auch den Anspruch auf Lieferung der verkauften Sache verliert.

c) Zustimmungspflichtige einseitige Rechtsgeschäfte

aa) Mit Einwilligung des gesetzlichen Vertreters

Ein mit **Einwilligung** des gesetzlichen Vertreters vorgenommenes einseitiges Rechtsgeschäft ist gemäß § 107 von Anfang an **wirksam**. Eine Besonderheit, die den Empfänger der Erklärung vor einer unklaren Rechtslage schützen soll, ergibt sich aus § 111 Satz 2: Wenn die Einwilligung nicht schriftlich vorgelegt wird, so kann der **Empfänger** der Erklärung das Rechtsgeschäft aus diesem Grunde unverzüglich **zurückweisen**, wodurch es (selbst wenn die Einwilligung in Wirklichkeit vorliegt) unwirksam wird. 61

bb) Ohne Einwilligung des gesetzlichen Vertreters

Ein vom Minderjährigen ohne Einwilligung seines gesetzlichen Vertreters vorgenommenes einseitiges Rechtsgeschäft, das ihm nicht lediglich rechtliche Vorteile bringt, ist **unwirksam**, § 111 Satz 1. Hier besteht **keine Genehmigungsmöglichkeit**. Dem Gegner wird kein Schwebezustand zugemutet, hat er doch, anders als beim Abschluss eines Vertrages mit einem Minderjährigen, nichts dazu getan, diese Situation herbeizuführen. 62

Ist allerdings der **Gegner** mit der Vornahme des einseitigen empfangsbedürftigen Rechtsgeschäfts durch den Minderjährigen vorbehaltlich der Genehmigung durch den gesetzlichen Vertreter **einverstanden**, so wendet man die Vertragsregeln (§§ 108, 109) analog an.[48] Die Bestimmung des § 111 Satz 1 dient dem Schutz des Empfängers der Willenserklärung; wenn dieser aber darauf verzichtet, so verliert die Vorschrift ihren Sinn. 63

---

47 Schenkungsversprechen und Darlehensvertrag sind natürlich nur mit Zustimmung des gesetzlichen Vertreters wirksam.

48 BGHZ 110, 363, 370 = NJW 1990, 1721, 1723; ausführlich Münch, FS Leipold (2009), 1109.

V. Partielle Geschäftsfähigkeit

64 In zwei Fällen eröffnet das Gesetz Wege, um dem Minderjährigen eine auf einen bestimmten Bereich von Rechtsgeschäften beschränkte, auf diesem Gebiet aber vollständige Geschäftsfähigkeit zu verschaffen.

1. Selbständiger Betrieb eines Erwerbsgeschäfts

65 Um nach § 112 für den selbständigen Betrieb eines **Erwerbsgeschäfts** geschäftsfähig zu werden, benötigt der Minderjährige die **Ermächtigung durch den gesetzlichen Vertreter**, zusätzlich aber auch die **Genehmigung des Familiengerichts** (Amtsgerichts). Die Geschäftsfähigkeit bezieht sich auf alle mit dem Geschäftsbetrieb verbundenen Geschäfte, nicht aber auf die Aufgabe des Geschäftsbetriebs. Ausgenommen sind solche Rechtsgeschäfte, zu denen der gesetzliche Vertreter wegen ihrer besonderen Bedeutung der Genehmigung des Familiengerichts bedarf, § 112 Abs. 1 Satz 2. Welche Geschäfte dies sind, ergibt sich für die Eltern als gesetzliche Vertreter aus § 1643, für einen Vormund (hier ist der Kreis der genehmigungspflichtigen Geschäfte umfassender) aus §§ 1821, 1822. Die Ermächtigung kann vom gesetzlichen Vertreter nur mit Zustimmung des Familiengerichts zurückgenommen werden, § 112 Abs. 2.

2. Dienst- oder Arbeitsverhältnis

66 Tritt der Minderjährige mit **Ermächtigung des gesetzlichen Vertreters** in ein Dienst- oder Arbeitsverhältnis, so erlangt er dadurch die unbeschränkte Geschäftsfähigkeit für die mit der Eingehung oder Aufhebung eines Arbeitsverhältnisses der gestatteten Art und mit dessen Erfüllung verknüpften Rechtsgeschäfte,[49] § 113 Abs. 1. Ausgenommen sind solche Verträge, zu deren Vornahme der gesetzliche Vertreter der Genehmigung des Familiengerichts bedarf. Auf **Berufsausbildungsverhältnisse** (Lehrverträge) wendet die h. M. § 113 nicht an, da hier, auch wenn eine Vergütung bezahlt wird, der Ausbildungscharakter, nicht der Erwerbszweck überwiegt (s. auch Rn. 77). – Die Ermächtigung kann vom gesetzlichen Vertreter (durch Erklärung gegenüber dem Minderjährigen, nicht gegenüber dem Vertragspartner[50]) zurückgenommen oder eingeschränkt werden, § 113 Abs. 2.

---

49 Nach ü.M. umfasst dies (jedenfalls im Wege entsprechender Anwendung) auch den Beitritt eines minderjährigen Arbeitnehmers zu einer Gewerkschaft, LG Essen NJW 1965, 2302; LG Frankfurt FamRZ 1967, 680; Palandt/Ellenberger § 113 Rn. 4.

50 MünchKomm/Schmitt § 113 Rn. 36. – A. M. Köhler § 10 Rn. 36.

Sind die Voraussetzungen des § 113 erfüllt, so kann der Minderjährige beispielsweise selbst das **Arbeitsverhältnis kündigen** und ein gleichartiges Arbeitsverhältnis bei einem anderen Arbeitgeber eingehen. Dagegen ist die Verfügung über den **Arbeitsverdienst** nicht von § 113 erfasst – der Minderjährige muss den Lohn zu Hause abliefern und die Eltern können ihn für den Unterhalt des Kindes verwenden, § 1649 Abs. 1 Satz 2. Wollen die Eltern ihrem bereits berufstätigen Kind eine bessere Position einräumen, so können sie ausdrücklich oder stillschweigend eine Einwilligung zur freien Verfügung über den Verdienst (oder einen Teil davon) erteilen. 67

VI. Beweislast und maßgeblicher Zeitpunkt

1. Beweislast

Der maßgebliche Titel des BGB (§§ 104 ff.) trägt zwar die Überschrift „Geschäftsfähigkeit“, doch ist sodann in den einzelnen Paragraphen jeweils die negative Seite (Geschäftsunfähigkeit, beschränkte Geschäftsfähigkeit) geregelt. Diesen Weg hat der Gesetzgeber bewusst eingeschlagen, um durch die Fassung der Vorschriften die Verteilung der **Beweislast** zum Ausdruck zu bringen. Da die Geschäftsfähigkeit vom Gesetz als Normalfall betrachtet wird, muss jeweils derjenige, der sich auf die bei Abschluss eines Rechtsgeschäfts bestehende **Geschäftsunfähigkeit** oder **beschränkte Geschäftsfähigkeit** als Ausnahme beruft, dafür den **Beweis** erbringen. Bleibt die Frage ungeklärt, so ist vom Bestehen der Geschäftsfähigkeit auszugehen. 68

2. Maßgeblicher Zeitpunkt: Abgabe der Willenserklärung

Die Geschäftsfähigkeit des Erklärenden muss zum Zeitpunkt der **Abgabe der Willenserklärung** vorliegen. Zwar werden schriftliche empfangsbedürftige Willenserklärungen erst mit dem Zugang an den abwesenden Empfänger wirksam (§ 130 Abs. 1, s. § 12 Rn. 10), doch schadet es nicht, wenn in diesem Moment die Geschäftsfähigkeit des Erklärenden nicht mehr gegeben ist, § 130 Abs. 2. 69

VII. Rechtliche Betreuung und Geschäftsfähigkeit

Durch das Betreuungsgesetz wurde 1992 anstelle der früheren Entmündigung das Rechtsinstitut der **rechtlichen Betreuung** (§§ 1896 ff.) eingeführt. Kranke oder behinderte Personen, die ihre Angelegenheiten ganz oder teilweise nicht allein besorgen können, sollen durch den Betreuer Hilfe erhalten. Der Unterschied zwischen der Bestellung eines Betreuers und der früheren Entmündigung ist gerade im Hinblick auf die Geschäftsfähigkeit fundamental. Während die Entmündigung dem Betroffenen, je nach 70

Entmündigungsgrund, die Geschäftsfähigkeit völlig entzog oder ihm nur die beschränkte Geschäftsfähigkeit beließ, wirkt sich die Anordnung der Betreuung im Regelfall **nicht auf die Geschäftsfähigkeit des Betreuten aus**. Diese ist vielmehr nach den allgemeinen Vorschriften zu beurteilen; es kann also z. B. Geschäftsunfähigkeit nach § 104 Nr. 2 vorliegen, oder es kann § 105 Abs. 2 eingreifen; ebenso gut ist es auch möglich, dass der Betreute voll geschäftsfähig ist. Der **Betreuer** ist im Rahmen des bei der Bestellung festgelegten Aufgabenkreises **gesetzlicher Vertreter** des Betreuten, § 1902, doch kann der Betreute, wenn er geschäftsfähig ist, weiterhin auch selbst Rechtsgeschäfte auf diesem Gebiet vornehmen.

71 Nur wenn bei der Anordnung der Betreuung ein **Einwilligungsvorbehalt** (§ 1903) angeordnet wurde, ist die Rechtslage anders. In diesem Fall kann der Betreute bestimmte Rechtsgeschäfte nur mit Einwilligung des Betreuers vornehmen. Auch fehlt ihm wie einem beschränkt geschäftsfähigen Minderjährigen die Empfangszuständigkeit für die Annahme ihm geschuldeter Leistungen, s. Rn. 35. Bei Fehlen der Einwilligung gelten die §§ 108 ff. entsprechend. Lediglich rechtlich vorteilhafte Erklärungen sind ohne Einwilligung des Betreuers wirksam, ebenso im Allgemeinen solche Willenserklärungen, die sich auf geringfügige Angelegenheiten des täglichen Lebens beziehen, § 1903 Abs. 3 Satz 1 u. 2. Wenn der Betreute geschäftsunfähig ist (§ 104 Nr. 2), ändert die Einwilligung des Betreuers nichts an der Nichtigkeit der Erklärung nach § 105 Abs. 1.[51]

VIII. Die Haftungsbeschränkung des Minderjährigen

72 Nach dem früheren Text des BGB hafteten Minderjährige unbeschränkt für alle Verbindlichkeiten, die ihre gesetzlichen Vertreter, insbesondere ihre Eltern, in ihrem Namen eingegangen waren. Das BVerfG[52] entschied jedoch unter Aufhebung eines Urteils des BGH,[53] es verstoße gegen das durch Art. 2 Abs. 1 mit Art. 1 Abs. 1 GG geschützte Persönlichkeitsrecht der Kinder, wenn die von den Eltern aufgrund ihrer gesetzlichen Vertretungsmacht vorgenommenen Rechtsgeschäfte zu einer unbegrenzten Haftung der Kinder führen könnten. Daher wurde durch das am 1. Januar 1999 in Kraft getretene Gesetz zur Beschränkung der Haftung Minderjähriger § 1629a eingefügt. Danach haften Minderjährige für Verbindlichkeiten, die ihre Eltern im Rahmen der gesetzlichen Vertretungsmacht oder sie selbst mit Zustimmung der Eltern begründet haben, nur mit dem **bei Eintritt der Volljährigkeit vorhandenen Vermögen**, § 1629a Abs. 1. Ausgenommen sind Verbindlichkeiten aus Rechtsgeschäften, die der Befriedigung der persönlichen Bedürfnisse des Minderjährigen dienen und solche, die aus dem selbständigen Betrieb eines Erwerbsgeschäfts hervorgehen, zu dem der Minderjährige nach § 112 (s. Rn. 65) ermächtigt war. Die Haftungsbeschränkung ist entsprechend §§ 1990, 1991 (Einrede der Dürftigkeit des Nachlasses), im Prozess nach § 786 ZPO, geltend zu machen.

---

51 Spickhoff AcP 208 (2008), 345, 369 mwN; h. M.

52 BVerfGE 72, 155 = NJW 1986, 1859.

53 BGHZ 92, 259 = NJW 1985, 136. Es ging um die Haftung für hohe Verbindlichkeiten, die eine Mutter in Fortführung eines zusammen mit den minderjährigen Kindern geerbten Handelsgeschäfts eingegangen war. S. dazu ausführlich Leipold, Erbrecht, 21. Aufl., Rn. 763 ff.

Auf die **Haftung aus unerlaubten Handlungen**, die auch einen Minderjährigen zwi- 73
schen dem 7. und dem 18. Lebensjahr bei entsprechender Einsichtsfähigkeit (§ 828 Abs. 3) treffen und zu hohen Schadensersatzpflichten führen kann, bezieht sich das Minderjährigenhaftungsbeschränkungsgesetz nicht. Auch diese Problematik wird aber diskutiert. Das BVerfG[54] hat eine Normenkontrollvorlage zu § 828 Abs. 2 Satz 1 aF (jetzt § 828 Abs. 3) als unzulässig zurückgewiesen, da es sich um vorkonstitutionelles, d. h. vor Inkrafttreten des Grundgesetzes erlassenes und daher von Art. 100 Abs. 1 GG nicht erfasstes Recht handle.[55] Zugleich wies aber das BVerfG darauf hin, dass auch bei der Anwendung des Gesetzesrechts Spielräume für eine Einschränkung der Minderjährigenhaftung bestünden, sei es im Rahmen der Auslegung des § 828 Abs. 2 Satz 1 aF oder durch Anwendung von § 242. – Die Haftung von 7 bis 10-jährigen Kindern für fahrlässig verursachte Schäden bei Kraftfahrzeugunfällen wurde im Jahre 2002 durch Einfügung des § 828 Abs. 2 ausgeschlossen.

---

54 BVerfG NJW 1998, 3557 = JZ 1999, 251. Dazu Rolfs JZ 1999, 233.

55 Seit der großen Schuldrechtsreform 2001 ist das BGB insgesamt als nachkonstitutionell anzusehen, da der Gesetzgeber alle Vorschriften mit – zum Gesetzestext gehörenden – Überschriften versehen und sie daher „in seinen Willen aufgenommen" hat, näher s. Leipold NJW 2003, 2657. Für § 828 Abs. 3 nF würde im Übrigen auch aus der im obigen Text erwähnten Änderung im Jahre 2002 folgen, dass die Regelung nunmehr als nachkonstitutionell einzustufen ist.

Kontrollfragen und Fälle zu § 11

1) Definieren Sie
a) die Rechtsfähigkeit
b) die Geschäftsfähigkeit!

2) Wann erwirbt der Mensch die Rechtsfähigkeit und die Geschäftsfähigkeit?

3) Die 17-jährige Andrea hat mit Zustimmung ihrer Eltern eine Stelle als kaufmännische Auszubildende bei dem Transportunternehmen Global GmbH angetreten. Da ihr das Arbeitsklima bei diesem Unternehmen nicht zusagt, möchte sie nach drei Monaten zur in derselben Branche tätigen Rasant AG wechseln, wo bereits eine Freundin der Andrea beschäftigt ist. Die beiden Unternehmen wären mit dieser Veränderung einverstanden. Die Eltern der Andrea sind jedoch nach einem längeren Gespräch mit Andrea und einer Überprüfung der jeweiligen betrieblichen Situation dagegen, da sie die Ausbildungsbedingungen bei der Rasant AG für schlechter halten als bei der Global GmbH. Andrea ist verärgert und fragt, ob es nicht einen Weg gibt, trotz der Ablehnung durch ihre Eltern ihre Absicht zu verwirklichen. Wie ist die Rechtslage?

4)* Der unverheiratete und kinderlose Onkel Eduard möchte seinem 17-jährigen Neffen Fridolin unentgeltlich ein Hausgrundstück (Verkehrswert etwa 350 000 €) übertragen. Die Eltern des Fridolin sollen davon nichts erfahren, da Eduard wegen der Bevorzugung des Fridolin vor weiteren Neffen und Nichten familiären Unfrieden befürchtet. In dem (so bezeichneten) Überlassungsvertrag wird Eduard, der in dem Haus wohnen bleiben möchte, der lebenslange unentgeltliche Nießbrauch eingeräumt. Eduard behält sich außerdem das Recht vor, von dem schuldrechtlichen Vertrag zurückzutreten, wenn Fridolin das Grundstück ganz oder teilweise ohne Zustimmung des Eduard veräußern sollte oder wenn Fridolin vor Eduard versterben sollte. Der Überlassungsvertrag sowie die Auflassung des Grundstücks an Fridolin werden notariell beurkundet. Im Grundbuch wird Fridolin als neuer Eigentümer sowie das lebenslange Nießbrauchsrecht für Eduard eingetragen. Wenige Wochen später kommt es zu einem heftigen Streit zwischen Eduard und Fridolin. Eduard bereut nun die Transaktion und bittet einen Rechtsanwalt um Prüfung, ob die abgeschlossenen Geschäfte überhaupt wirksam geworden sind. Wie ist die Rechtslage?

5)* Valerie Gut beabsichtigt, eine ihr gehörende Eigentumswohnung schenkweise auf ihre 16-jährige Tochter Felicia zu übertragen, für die sie die alleinige elterliche Sorge ausübt. Felicia ist mit dem Erhalt der Eigentumswohnung einverstanden. Kann Valerie Gut die Schenkung und Übertragung des Wohnungseigentums an Felicia vornehmen? (Hinweis: bei der Lösung §§ 10, 16 WEG beachten!)

6) Um seinen 18. Geburtstag gebührend zu feiern, veranstaltet Peter Protz am Vorabend eine Party, für die er die Rockgruppe „Die Kopfschüttler“ engagiert. Als die Musiker, die bis in die frühen Morgenstunden des nächsten Tages gespielt haben, die mündlich vereinbarte Gage von 1 000 € verlangen, erklärt Peter Protz, er sei zu nichts verpflichtet, da er zum Zeitpunkt der Vereinbarung noch nicht volljährig gewesen sei. Auf diesen Gedanken war Peter Protz aufgrund der Unterhaltung mit einem Jurastudenten (1. Semester) im Rahmen der Party gekommen. Wie ist die Rechtslage?

Lösungen

1) a) **Rechtsfähigkeit** ist die Fähigkeit, Träger von Rechten und Pflichten zu sein (oder: die Fähigkeit, Rechtssubjekt zu sein). 74
b) **Geschäftsfähigkeit** ist die Fähigkeit, Rechtsgeschäfte wirksam vornehmen zu können.

2) Die **Rechtsfähigkeit** erwirbt der Mensch bereits mit der **Vollendung der Geburt**, § 1. 75 Bei der **Geschäftsfähigkeit** sind dagegen **drei Stufen** zu unterscheiden: bis zur Vollendung des siebenten Lebensjahres besteht **Geschäftsunfähigkeit** (§ 104 Nr. 1), von der Vollendung des siebenten bis zur Vollendung des achtzehnten Lebensjahrs (Volljährigkeit, § 2) **beschränkte Geschäftsfähigkeit** (§ 106), ab achtzehn Jahren die **volle Geschäftsfähigkeit**.

3) Zu prüfen ist, ob der Ausbildungsvertrag zwischen Andrea und der Global GmbH 76 wirksam zustande gekommen ist und unter welchen Voraussetzungen die Aufhebung dieses Vertrages sowie die Eingehung eines neuen Ausbildungsvertrags mit der Rasant AG wirksam sind.

Als 17-Jährige ist Andrea **beschränkt geschäftsfähig**, §§ 2, 106. Sie kann, wie sich aus § 107 ergibt, ohne Mitwirkung der Eltern als gesetzliche Vertreter nur solche Rechtsgeschäfte abschließen, die für sie lediglich rechtlich vorteilhaft sind. Bei dem Ausbildungsvertrag zwischen Andrea und der Global GmbH ist dies nicht der Fall, da der Vertrag auch die Arbeitspflicht für Andrea begründet. Hier liegt aber die vorherige Zustimmung, d. h. die Einwilligung (Definition in § 183), der Eltern vor, so dass die Willenserklärung der Andrea und damit der Ausbildungsvertrag gemäß § 107 von Anfang an wirksam sind.

Da die Global GmbH mit der Aufhebung des Ausbildungsvertrags einverstanden ist, 77 kommt es nicht darauf an, ob auch ein Recht zur einseitigen Beendigung des Vertrags durch Kündigung bestünde. Die Aufhebung erfolgt ihrerseits durch einen Vertrag. Dieser ist für Andrea nicht lediglich rechtlich vorteilhaft, da sie damit die Ansprüche aus dem Ausbildungsvertrag verliert. Andrea kann daher den Aufhebungsvertrag nur wirksam abschließen, wenn ihre Eltern entweder im Voraus die Einwilligung erklären (§ 107) oder den Aufhebungsvertrag nachträglich genehmigen (§ 108 Abs. 1). Anders wäre es, wenn ein Fall der **partiellen Geschäftsfähigkeit** nach § 113 vorliegen würde. Dies setzt aber voraus, dass die Eltern Andrea ermächtigt haben, in Dienst oder Arbeit zu treten. Dann wäre Andrea sowohl für Rechtsgeschäfte zur Aufhebung als auch zur erneuten Eingehung eines gleichartigen Dienst- oder Arbeitsverhältnisses unbeschränkt geschäftsfähig. Der **Ausbildungsvertrag** unterscheidet sich aber nach Inhalt und Zweck wesentlich von einem (gewöhnlichen) Arbeitsvertrag. Auch das BGB unterscheidet in § 1822 Nr. 6 und 7 zwischen einem „Lehrvertrag" (in der älteren Terminologie) und einem Arbeitsvertrag. Beim Ausbildungsvertrag kommt dem Umstand, bei welchem Unternehmen die Ausbildung erfolgt, gesteigerte Bedeutung zu. Nach h. M. wird er daher nicht von § 113 erfasst.[56] Somit ist für die Aufhebung des Ausbildungsvertrags mit der Global GmbH die Zustimmung der Eltern erforderlich. Dasselbe gilt für die Eingehung eines neuen Ausbildungsvertrages mit der Rasant AG.

Eine **gerichtliche Ersetzung** der von den Eltern verweigerten Zustimmung ist nach 78 § 1666 Abs. 1, Abs. 3 Nr. 5 nur möglich, wenn eine Gefährdung des körperlichen, geisti-

---

56 Löwisch/Caspers/Klumpp, Arbeitsrecht, 11. Aufl. (2017) Rn. 583.

gen oder seelischen Wohls des Kindes oder des Kindesvermögens vorliegt, der die Eltern nicht abhelfen können oder wollen. Die Beurteilung, ob die Ausbildung gleichwertig ist und ein Wechsel der Ausbildungsstätte dem Wohl des Minderjährigen dient, obliegt den Eltern, die nach § 1626 Abs. 2 den Standpunkt des Kindes einzubeziehen und nach § 1631a Satz 1 in Angelegenheiten der Ausbildung auf Eignung und Neigung des Kindes besonders Rücksicht zu nehmen haben. Der Sachverhalt bietet keine Anhaltspunkte dafür, dass im konkreten Fall eine Gefährdung des Kindeswohls vorliegt.

79 4) a) **Ausgangspunkt**. – Da Fridolin beschränkt geschäftsfähig ist, konnte er die Verträge mit Eduard ohne Zustimmung seiner Eltern als gesetzliche Vertreter abschließen, sofern diese für ihn lediglich rechtlich vorteilhaft sind, § 107. Bei der rechtlichen Beurteilung ist – nach dem **Trennungs- und Abstraktionsprinzip**, s. § 8 Rn. 1 ff. – zwischen dem schuldrechtlichen Vertrag (Grundgeschäft) und der Übereignung des Grundstücks (dinglicher Vertrag) zu unterscheiden. (Vgl. dazu auch die Lösung zu Fall 5).

80 **b) Beurteilung des schuldrechtlichen Vertrags**. – Der schuldrechtliche Vertrag ist, da sich beide Seiten über die Unentgeltlichkeit der Leistung des Eduard einig waren, als Schenkung (§ 516 Abs. 1) zu qualifizieren. Einen rechtlichen Nachteil könnte man in der **Verpflichtung zur Einräumung des Nießbrauchs** sehen. Da aber der Nießbrauch im selben Zug wie die Übereignung bestellt werden soll, kann dies nicht anders behandelt werden, als wenn das Nießbrauchsrecht schon als Belastung des übereigneten Grundstück bestehen würde[57] (auch im Hinblick auf den dinglichen Vertrag liegt darin kein rechtlicher Nachteil, s. Rn. 81). In dem Vertrag hat sich Eduard jedoch den **Rücktritt** unter besonderen Voraussetzungen vorbehalten. Wird der Rücktritt erklärt, so entstehen Rückgewährpflichten nach § 346, die nicht nur die Rückgabe der empfangenen Leistung, sondern unter bestimmten Voraussetzungen auch die Pflicht zum Wertersatz umfassen. Mit Rücksicht auf diese Verpflichtungen ist der **schuldrechtliche Vertrag nicht lediglich rechtlich vorteilhaft.** Da Fridolin diesen Vertrag ohne Einwilligung seiner Eltern abgeschlossen hat, hängt die Wirksamkeit davon ab, ob die Eltern den Vertrag genehmigen, § 108 Abs. 1.

81 **c) Beurteilung der Übereignung des Grundstücks**. – Die Übereignung ist lediglich vorteilhaft. Daran ändert auch die zugleich mit dem Eigentumserwerb entstandene Belastung mit dem **Nießbrauchsrechts** nichts, da sie nicht zu einer Haftung mit dem sonstigen Vermögen des neuen Eigentümers führt.

82 **d) Ergebnis**. – Das Ergebnis ist somit, dass der **schuldrechtliche Vertrag** derzeit **schwebend unwirksam** ist, während Fridolin Eigentümer des Grundstücks geworden ist. Wenn die Eltern den Überlassungsvertrag genehmigen (§ 108 Abs. 1), kann Eduard keine Ansprüche gegen Fridolin geltend machen. Falls dagegen die Eltern die Genehmigung verweigern, ist der Überlassungsvertrag endgültig unwirksam. Dann ist Fridolin nach § 812 Abs. 1 Satz 1 (Leistungskondiktion) mangels rechtlichen Grundes zur Rückübereignung des Grundstücks an Eduard verpflichtet. Eduard kann nach § 108 Abs. 2 Satz 1 die Eltern zur Erklärung über die Genehmigung auffordern. Wird die Genehmigung nicht innerhalb von zwei Wochen nach Erhalt dieser Aufforderung erklärt, so gilt sie als verweigert, § 108 Abs. 2 Satz 2.

83 5) Bei der Prüfung ist zwischen dem schuldrechtlichen Vertrag und dem dinglichen Erfüllungsgeschäft, der Übertragung des Wohnungseigentums, zu unterscheiden. Da Felicia die Eigentumswohnung ohne Gegenleistung erhalten soll und sich die beiden Ver-

---

57 Nachw. s. Fn. 32.

tragspartner darüber einig sind, stellt der beabsichtigte **schuldrechtliche Vertrag** gemäß § 516 Abs. 1 eine **Schenkung** dar. Eine Schenkung ist im Allgemeinen lediglich rechtlich vorteilhaft, so dass Felicia ungeachtet ihrer beschränkten Geschäftsfähigkeit diesen Vertrag mit Valerie abschließen könnte, § 106.

Auch die **Auflassung** (Einigung über den Eigentumsübergang, § 925 Abs. 1 Satz 1) **84** scheint zunächst für Felicia lediglich rechtlich vorteilhaft zu sein, da sie in Verbindung mit der Eintragung in das Wohnungsgrundbuch den Eigentumserwerb der Felicia begründet, während sich aus der Auflassung allein keine Verpflichtungen ergeben. Hier ist jedoch zu beachten, dass mit dem Erwerb des Wohnungseigentums, also als Folge des dinglichen Erfüllungsgeschäft, für Felicia auch die persönliche Haftung für Verbindlichkeiten der Gemeinschaft der Wohnungseigentümer nach § 10 Abs. 8 WEG begründet wird. Außerdem ist Felicia als Wohnungseigentümerin den anderen Wohnungseigentümern gegenüber verpflichtet, sich ihrem Anteil entsprechend an den Lasten und Instandhaltungskosten des gemeinschaftlichen Eigentums zu beteiligen, § 16 Abs. 2 WEG. Aufgrund dieser mit dem Erwerb von Wohnungseigentum kraft Gesetzes einhergehenden Verpflichtungen, die ein erhebliches Ausmaß annehmen können, ist das **dingliche Geschäft nicht lediglich vorteilhaft**. Es kann daher von der Minderjährigen nur mit Zustimmung des gesetzlichen Vertreters vorgenommen werden, §§ 107, 108.[58]

Die allein sorgeberechtigte und daher nach § 1629 Abs. 1 Satz 3 allein vertretungsbe- **85** rechtigte Mutter würde die Zustimmung erteilen, da sie selbst das Rechtsgeschäft anstrebt. Fraglich ist aber, ob der Wirksamkeit ihrer Zustimmung § 181 – Verbot des Selbstkontrahierens (s. § 27 Rn. 1 ff.) – entgegensteht. Die Voraussetzungen des § 181 sind erfüllt, denn die Mutter wäre an dem Rechtsgeschäft, hier der Auflassung, sowohl im eigenen Namen als auch als Vertreterin ihrer Tochter beteiligt. Es macht insoweit keinen Unterschied, ob die Mutter die Auflassung im eigenen Namen mit sich selbst als gesetzliche Vertreterin ihrer Tochter abschließt, oder ob sie die Auflassung mit der Tochter abschließt und der Willenserklärung der Tochter durch Zustimmung zur Wirksamkeit verhilft. Gleichwohl wäre § 181, wie sich aus dem Text der Vorschrift ergibt, kein Hindernis, wenn das dingliche Geschäft nur der Erfüllung einer Verbindlichkeit (hier der gesetzlichen Vertreterin gegenüber dem vertretenen Kind) dient. Eine solche Verbindlichkeit ergibt sich aus dem zugrunde liegenden **Schenkungsvertrag**. Auf diese Weise würde aber der mit § 181 beabsichtigte Schutz des Minderjährigen vor Entscheidungen des gesetzlichen Vertreters, die möglicherweise die Interessen des Minderjährigen nicht hinreichend berücksichtigen, für die aus dem dinglichen Geschäft hervorgehenden Pflichten nicht erreicht. Der BGH[59] hat sich zunächst dafür ausgesprochen, in einem solchen Fall die aus dem dinglichen Geschäft resultierenden Rechtsnachteile im Wege einer „Gesamtbetrachtung" bereits in die Beurteilung der Schenkung, also des schuldrechtlichen Vertrages, mit einzubeziehen und in dieser besonderen Situation schon diesen Vertrag nicht als lediglich rechtlich vorteilhaft zu betrachten. Diese Begründung ist aber insofern problematisch, als sie die Trennung von schuldrechtlichem und dinglichem Geschäft beiseite schiebt. Richtig erscheint es, die Lösung in einer **teleologischen Reduktion** der in § 181 letzter Halbs. enthaltenen Ausnahme „Rechtsgeschäft, das ausschließlich in der Erfüllung einer Verbindlichkeit besteht" zu sehen. Nach dem Zweck der Norm kann dies nicht gelten, wenn die zu erfüllende Verbindlichkeit auf einem für sich betrachtet lediglich rechtlich vorteilhaften und daher zustimmungsfreien Vertrag zwischen dem Minderjährigen und seinem gesetzlichen Vertreter beruht, aber

---

58 BGHZ 187, 119 = NJW 2010, 3643.
59 BGHZ 78, 28 = NJW 1981, 109.

das zur Erfüllung vorgenommene Rechtsgeschäft über den Erfüllungserfolg hinaus zu rechtlichen Nachteilen für den Vertretenen führt. Der Schutz des Minderjährigen soll mit anderen Worten nicht bei dem Zusammentreffen eines lediglich rechtlich vorteilhaften Grundgeschäfts und eines zu rechtlichen Nachteilen führenden Erfüllungsgeschäfts auf der Strecke bleiben. Auch der BGH[60] hat sich diesem Sinne geäußert.[61]

86 Somit steht einer Zustimmung der Mutter zur Übertragung des Wohnungseigentums § 181 entgegen. Um das Erfüllungsgeschäft (Übertragung des Wohnungseigentums) vornehmen zu können, muss ein Ergänzungspfleger (§ 1909 Abs. 1 Satz 1) bestellt werden, der das Geschäft in Vertretung der Tochter mit der Mutter abzuschließen hat, wenn es im wohlverstandenen Interesse der Tochter liegt.

Hinweis: Wie sich aus der Lösung der Fälle 4 und 5 ergibt, ist für eine „Gesamtbetrachtung" von Grundgeschäft und Erfüllungsgeschäft bei der Beurteilung des rechtlichen Vorteils oder Nachteils generell kein Raum.

87 6) Der Vertrag[62] zwischen Peter Protz und den Mitgliedern der Rock-Gruppe war zunächst wegen der beschränkten Geschäftsfähigkeit des Peter Protz **schwebend unwirksam**, §§ 107, 108 Abs. 1. Als Peter Protz um Mitternacht die Volljährigkeit erlangte, wurde der Vertrag nicht automatisch wirksam. Vielmehr hing es nun von seiner Entscheidung ab, ob er durch Genehmigung die Wirksamkeit des Vertrages herbeiführen wollte, § 108 Abs. 3. Die Genehmigung braucht aber nicht durch ausdrückliche Erklärung zu erfolgen. Hier ergab sich aus dem Umstand, dass Peter Protz die Gruppe weiterspielen ließ, **konkludent** der **Wille, den Vertrag zu genehmigen**; denn Peter Protz wusste, dass die Gruppe nicht weiterspielen würde, wenn sie nicht das – gesamte – Entgelt erhalten würde. Damit ist der Vertrag wirksam geworden, und Peter Protz hat die 1 000 € zu bezahlen.

---

60 BGH NJW 2005, 1430, 1431 (Fn. 26). In BGHZ 161, 170 = NJW 2005, 415, 416 war noch offen geblieben, ob in einer solchen Konstellation an der „Gesamtbetrachtung" festzuhalten oder einer teleologischen Reduktion des § 181 letzter Halbs. der Vorzug zu geben sei.

61 Zweifelhaft und umstritten ist, ob dasselbe auch dann gilt, wenn es bei dem Insichgeschäft um die Erfüllung eines Anspruchs geht, an dessen Begründung der gesetzliche Vertreter nicht beteiligt war. Diese Frage stellt sich z. B., wenn ein Erblasser durch Vermächtnis einem Minderjährigen ein vermietetes Grundstück zugewandt hat und es sich bei dem mit dem Vermächtnis belasteten Erben um den gesetzlichen Vertreter des Minderjährigen handelt. Nach der einen Ansicht muss die Ausnahme „Erfüllung einer Verbindlichkeit" auch hier zum Schutz des Minderjährigen teleologisch reduziert werden, so dass der gesetzliche Vertreter den Minderjährigen bei der Auflassung des vermieteten Grundstücks wegen der mit dem Eigentumserwerb verbundenen rechtlichen Nachteile nicht vertreten kann und die Bestellung eines Ergänzungspflegers erforderlich ist, so (zunächst) OLG München ZEV 2011, 263; Jänicke/Braun NJW 2013, 2474; Lamberz ZEV 2014, 187. Nach der vorzugswürdigen Gegenansicht kann dagegen der gesetzliche Vertreter, gestützt auf § 181 letzter Halbsatz, das Vermächtnis durch Übereignung des Grundstücks im Wege des In-sich-Geschäfts erfüllen, da die mit einem Insichgeschäft verbundene typische Gefährdung des Vertretenen hier nicht besteht, so (unter Aufgabe der vorherigen Rechtsprechung) OLG München ZEV 2011, 658; ZEV 2013, 202; Sonnenfeld Rpfleger 2011, 475, 477; Zorn FamRZ 2011, 776, 778.

62 Auf die Rechtsnatur kommt es hier nicht an; es wird sich um einen Werkvertrag (§ 631) handeln, vgl. MünchKomm/Müller-Glöge § 611 Rn. 136 zu Aufführungsverträgen.

§12 Das Wirksamwerden von Willenserklärungen

Fall 6: Weiß hat von Schwarz ein möbliertes Zimmer in dessen Wohnung gemietet. Nach §573c Abs. 3 ist die Kündigung spätestens am 15. eines Monats zum Ablauf dieses Monats zulässig. Weiß, derzeit auf Reisen, schreibt eine Postkarte an Schwarz, auf der er zum 31. 12. die Kündigung ausspricht.

a) Der Postbote wirft die Postkarte am 15. 12. vormittags in den Briefkasten des Schwarz. Schwarz leert den Briefkasten jedoch erst am nächsten Tag. Er hält die Kündigung für verspätet. Mit Recht?
b) Wie ist es, wenn Weiß die Karte persönlich am 15. 12. um 22 Uhr nachts in den Hausbriefkasten des Schwarz steckt und dieser die Karte erst am nächsten Tag aus dem Briefkasten nimmt und liest?
c) Schwarz ist in Urlaub gefahren und hat beim Postamt einen Nachsendeauftrag erteilt. So erreicht ihn die am 10. 12. aufgegebene Postkarte des Weiß erst am 18. 12. Ist die Kündigung gleichwohl wirksam?
d) Kraft vertraglicher Vereinbarung ist Weiß bis zum 3. 12. berechtigt, ein Verkaufsangebot des Schwarz anzunehmen. Weiß hat durch Zufall erfahren, dass Schwarz eine E-mail-Adresse besitzt; auf dem Briefbogen des Schwarz ist dies nicht angegeben. Er sendet am 3. 12. vormittags 10 Uhr eine E-mail mit der Annahme des Angebots an diese Adresse ab. Schwarz „leert" aber die E-mail-box erst am 7. 12. und liest nun die Annahme. Ist diese fristgerecht erfolgt?

I. Arten der Willenserklärungen

Bei der Frage, wann eine Willenserklärung wirksam wird, ist zwischen Willenserklärungen, die gegenüber einem anderen abzugeben sind (**empfangsbedürftige Willenserklärungen**) und solchen, die nicht an einen Adressaten zu richten sind (**nicht empfangsbedürftige Willenserklärungen**), zu unterscheiden. Die meisten Willenserklärungen sind empfangsbedürftig, da sie auf Rechtswirkungen gegenüber bestimmten Personen abzielen. Das gilt vor allem für die Willenserklärungen im Rahmen eines Vertragsschlusses (Angebot und Annahme), aber auch für gestaltende einseitige Erklärungen wie die Kündigung des Mietvertrages im Ausgangsfall. 1

Eine besondere Gruppe bilden die **amtsempfangsbedürftigen Willenserklärungen**. Dies sind **privatrechtliche Willenserklärungen**, deren Abgabe gegenüber einer Behörde oder einem Gericht vorgeschrieben ist. So muss etwa die Ausschlagung einer Erbschaft durch Erklärung gegenüber dem Nachlassgericht erfolgen, §1945 Abs. 1. Die amtsempfangsbedürftigen Willenserklärungen sind hinsichtlich des Wirksamwerdens durch Zugang den empfangsbedürftigen Willenserklärungen gleichgestellt, §130 Abs. 3. Nicht mit diesen privatrechtlichen Erklärungen zu verwechseln sind die Erklärungen (insbesondere Anträge) innerhalb gerichtlicher oder behördlicher Verfahren, die eigenen (prozessualen) Regeln folgen, s. Rn. 26. 2

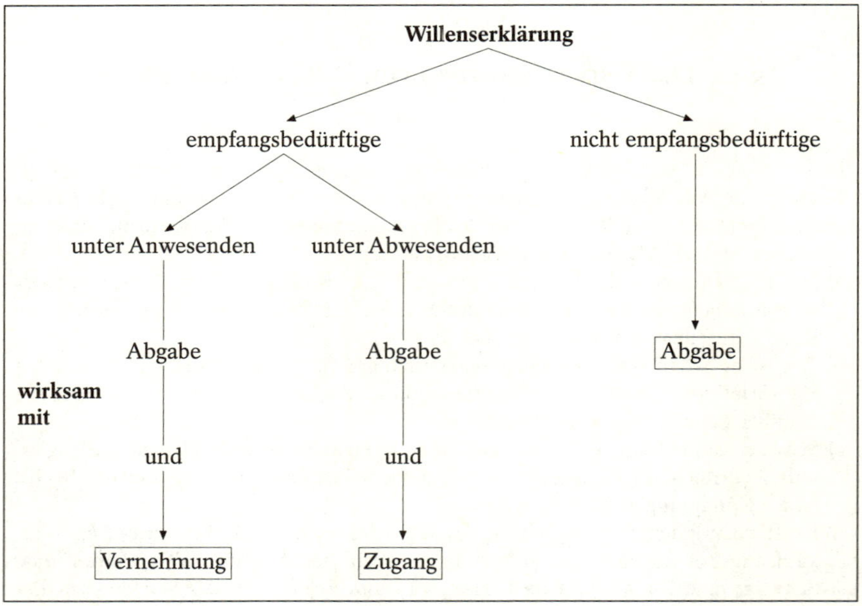

II. Nicht empfangsbedürftige Willenserklärungen

3 Eine nicht empfangsbedürftige Willenserklärung ist vor allem das Testament (§ 1937), durch das der Erblasser Erben einsetzen oder andere Verfügungen von Todes wegen treffen kann. Auch das Stiftungsgeschäft, also die Errichtung einer rechtsfähigen Stiftung (§ 80, s. § 31 Rn. 54) und die (seltene) Auslobung (öffentliche Aussetzung einer Belohnung, § 657) gehören zu dieser Kategorie.

4 Bei den nicht empfangsbedürftigen Willenserklärungen treten hinsichtlich des Wirksamwerdens keine besonderen Probleme auf, weshalb sich das BGB dazu auch nicht ausdrücklich äußert. Sie werden wirksam, wenn sie äußerlich als Willenserklärung in Erscheinung getreten sind, mit anderen Worten: mit **Abgabe** der Erklärung. Ob eine andere Person von der Erklärung Kenntnis erhalten hat, spielt keine Rolle.

III. Empfangsbedürftige Willenserklärungen unter Abwesenden

1. Unterscheidung zwischen Erklärungen unter Anwesenden und unter Abwesenden

5 Bei den empfangsbedürftigen Willenserklärungen ist zwischen den Erklärungen unter Anwesenden und unter Abwesenden zu unterscheiden. Bei dieser Einteilung ist zu beachten, dass eine telefonische Erklärung trotz der räumlichen Abwesenheit des Adressaten zu den Erklärungen unter Anwesenden gezählt wird. Dasselbe gilt bei Videokonferenzen oder „chat" im Internet, s. Rn. 29. Als Erklärungen unter Abwesenden sind mit anderen Worten nur die Erklärungen anzusehen, bei denen **keine unmittelbare Verständigung mit dem Empfänger** möglich ist.[1] Hierzu sind neben schriftlich übersandten Erklärungen auch die Erklärungen per Telefax oder E-mail zu rechnen, s. Rn. 21 ff., ebenso eine auf den Anrufbeantworter des Empfängers gesprochene Erklärung (s. Fälle und Kontrollfragen zu § 12, Fall 3).

2. Voraussetzungen des Wirksamwerdens von empfangsbedürftigen Willenserklärungen unter Abwesenden

6 Bei den empfangsbedürftigen Willenserklärungen[2] unter Abwesenden fragt es sich, wem das Risiko der geglückten Übermittlung an den Empfänger aufzubürden ist: soll eine schriftliche Erklärung erst wirksam werden, wenn sie der Empfänger tatsächlich zur Kenntnis genommen (gelesen) hat? Oder genügt es bereits, wenn die Erklärung an den Empfänger abgesandt wurde? Das BGB nimmt in dieser Frage einen mittleren Standpunkt ein: die Erklärung muss dem Empfänger **zugegangen** sein; ob sie der Empfänger auch gelesen hat, ist nicht entscheidend. Zunächst einmal muss die Erklärung freilich vom Erklärenden abgegeben sein. Voraussetzungen des Wirksamwerdens einer Willenserklärung unter Abwesenden sind mit anderen Worten die **Abgabe** und der **Zugang** der Erklärung.

3. Abgabe der Willenserklärung

7 Unter der **Abgabe** ist das **willentliche in den Verkehr Bringen der Erklärung** zu verstehen. Die schriftliche Erklärung muss mit Willen des Erklärenden in Rich-

---

1 Bork Rn. 605; Wolf/Neuner § 33 Rn. 11.

2 Für geschäftsähnliche Handlungen unter Abwesenden gelten die Zugangsregeln entsprechend (s. § 10 Rn. 24), nicht dagegen für sonstige, einem anderen geschuldete Auskünfte, Benachrichtigungen u. ä.; hier sind vielmehr die Regeln über den Erfüllungsort maßgebend, BGHZ 151, 5, 9 = NJW 2002, 2703, 2704.

tung auf den Empfänger in Lauf gesetzt sein (und zwar so, dass unter normalen Umständen mit dem Zugang zu rechnen ist).

8 Wenn also ein bereits unterzeichneter Brief, dessen Absendung sich der Erklärende noch überlegen wollte, ohne dessen Willen abgesandt wurde, etwa durch einen übereifrigen Angestellten, und dem Empfänger zugeht, so liegt dennoch mangels *Abgabe* keine wirksame Willenserklärung vor. Man spricht in solchen Fällen von einer **abhanden gekommenen Willenserklärung**. Wenn der Urheber der Erklärung den Vorgang verschuldete und der Empfänger die fehlende Abgabe nicht erkennen konnte, wird man dem Empfänger gemäß den Regeln der Haftung für Verschulden beim Vertragsschluss,[3] nach anderer Auffassung analog § 122, einen Anspruch auf Ersatz des Schadens zubilligen müssen, den er durch das Vertrauen auf die Gültigkeit der Erklärung erlitt (sog. negatives Interesse, näher s. § 18 Rn. 62).

9 Die Abgabe einer Willenserklärung gewinnt besondere Bedeutung, wenn der **Urheber verstirbt** oder **geschäftsunfähig** wird. Geschieht dies nach der Abgabe einer Willenserklärung, so wird die Erklärung gleichwohl mit dem späteren Zugang wirksam, § 130 Abs. 2. Nach dem Tod des Erklärenden wirkt auf diese Weise die Erklärung so, als ob sie von dem (oder den) Erben abgegeben worden wäre.

4. Zugang

a) Bedeutung und Voraussetzungen des Zugangs

10 Da das Wirksamwerden der (abgegebenen) Willenserklärung unter Abwesenden nach § 130 Abs. 1 S. 1 vom **Zugang**[4] der Erklärung beim Empfänger abhängt, trägt der Erklärende das **Risiko der Übermittlung** (z. B. Verlust bei Versendung durch die Post) bis zum Bereich des Empfängers. Dann aber geht das Risiko der Kenntnisnahme auf den Empfänger über; denn die Erklärung wird mit dem Zugang an den Empfänger wirksam, auch wenn dieser es versäumt, die Erklärung tatsächlich zu lesen.

11 Entscheidende Bedeutung erhält damit der **Begriff des Zugangs**. Nach h. M. ist eine Willenserklärung dann zugegangen, wenn sie in verkehrsüblicher Weise in die tatsächliche Verfügungsgewalt (den Machtbereich) des Empfängers oder eines empfangsberechtigten Dritten gelangt ist und für den Empfänger unter gewöhnlichen Verhältnissen die Möglichkeit besteht, vom Inhalt des Schreibens Kenntnis zu nehmen.[5] An einem Zugang in verkehrsüblicher Weise würde es etwa fehlen, wenn ein Brief nicht in den Briefkasten des Empfängers, sondern über den Zaun in den Garten geworfen wird.

3 Vgl. BGHZ 65, 13, 15 = NJW 1975, 2101 (zur dem Vollmachtgeber entwendeten Vollmachtsurkunde).

4 Dazu Weiler JuS 2005, 788.

5 Ständige Rspr., z. B. BGH NJW 2004, 1320; BAGE 58, 9, 12 = NJW 1989, 606.

Den **Beweis des Zugangs** muss im Streitfall derjenige erbringen, der sich auf die Wirksamkeit der Willenserklärung beruft. Dabei lehnt es die h. M. ab, bei zur Post gegebenen Briefen einen Anscheinsbeweis für den Zugang anzunehmen.[6] 11a

b) Zeitpunkt des Zugangs

Der **Zeitpunkt des Zugangs** richtet sich nach h. M. (s. dagegen Rn. 13a) danach, wann nach den Gepflogenheiten des Verkehrs eine Kenntnisnahme zu erwarten ist. 12

Bei einer zur üblichen Postzustellungszeit in den **Hausbriefkasten** gelangten Erklärung kann man damit rechnen, dass der Brief am selben Tag entnommen und gelesen wird; bei einem Einwurf zu nächtlicher Stunde ist erst mit der Kenntnisnahme am nächsten Tag zu rechnen. Die Bezugnahme auf die übliche Zustellungszeit ist allerdings problematisch geworden, nachdem die Zustellung der Post durch verschiedene Unternehmen und zu sehr variablen Zeiten erfolgt. Im geschäftlichen Bereich sollte es für den Zugang genügen, wenn der Brief innerhalb der üblichen Geschäftszeiten (über die man freilich auch wieder streiten kann[7]) beim Empfänger eingeworfen wird. Im privaten Bereich erscheint es angemessen, den Zugang bei Einwurf vor 18 Uhr zu bejahen.[8] Bei einem **Postfach** wird man im Allgemeinen tägliche Leerung (an Werktagen) erwarten dürfen.[9] Kommt es auf den Zeitpunkt (die Uhrzeit des Zugangs) an, so wird man darauf abstellen müssen, wann die Kenntnisnahme spätestens zu erwarten war. Im Einzelnen kann man über die richtige Bewertung der Interessen streiten. Kündigt der Arbeitgeber einem Arbeitnehmer, der sich in **Urlaub** befindet und, wie der Arbeitgeber weiß, eine Reise angetreten hat, durch Schreiben an die Heimatanschrift, so wurde vom BAG[10] früher der Zugang erst nach Rückkehr des Arbeitnehmers aus dem Urlaub bejaht; nach der späteren Rechtsprechung des BAG[11] ist die Erklärung dagegen auch hier bereits an dem Tag zugegangen, an dem sie vom Postboten in den Hausbriefkasten des Arbeitnehmers eingeworfen wurde.

Auch eine auf unüblichem Weg oder zu ungewöhnlicher Zeit eingegangene Erklärung geht aber zu, wenn sie **tatsächlich in die Hände des Empfängers** gelangt, wenn dieser also den in den Garten geworfenen Brief findet oder den Briefkasten noch in der Nacht leert. 13

---

6 BGH NJW 2009, 2197, 2198. Dies gilt auch bei Einschreibebriefen (BGH NJW 2017, 68 Rn. 32), doch wird hier ein Anscheinsbeweis des Zugangs durch Vorlage des Einlieferungsbelegs und der Reproduktion des Auslieferungsbelegs bejaht, BGH NJW 2017, 68 Rn. 33 (dies gilt auch beim Einwurf-Einschreiben). Zum Zugang bei Einschreibesendungen s. auch Rn. 20.

7 Zweifelhaft BGH NJW 2008, 843, wonach der Einwurf in den Briefkasten eines Bürobetriebs am Silvesternachmittag erst zum Zugang am nächsten Werktag führt, wenn branchenüblich an Silvester nachmittags nicht mehr gearbeitet wird. Dazu krit. Leipold (Fn. 12).

8 So Palandt/Ellenberger § 130 Rn. 6.

9 BGH NJW 2003, 3270, 3271.

10 BAGE 34, 305 = NJW 1981, 1470.

11 BAGE 58, 9 = NJW 1989, 606; BAG NZA 2004, 1330.

Merksatz:
Eine Willenserklärung ist (auch ohne tatsächliche Kenntnisnahme) zugegangen, wenn sie in verkehrsüblicher Weise derart in den Machtbereich des Empfängers gelangt ist, dass die Kenntnisnahme durch den Empfänger möglich ist, und zwar zu dem Zeitpunkt, zu dem nach den Gepflogenheiten des Verkehrs die Kenntnisnahme zu erwarten ist.

13a Die bei Rn. 12 erwähnten mit dem Zugangsbegriff der h. M. verbundenen Unsicherheiten und die bei elektronischer Kommunikation auftretenden Zweifel (s. Rn. 23) legen die Frage nahe, ob angesichts der gewandelten Verhältnisse noch an der traditionellen Auffassung festgehalten werden kann. Vorzugswürdig erscheint es,[12] bei einer auf üblichem Weg in den Machtbereich des Empfängers gelangten Erklärung generell die **abstrakte (technische) Möglichkeit der Kenntnisnahme** als für den Zugangszeitpunkt maßgebend anzusehen, wie dies bei prozessualen Erklärungen gegenüber dem Gericht anerkannt ist (s. Rn. 26). Das würde auch für das Zivilrecht bedeuten, dass für die Erklärung geltende Fristen jeweils bis zum Ende des letzten Tages (24 Uhr) genutzt werden können. Dem Interesse des Empfängers an Rechtsklarheit bei Fristablauf ist regelmäßig genügt, wenn er am nächsten Tag feststellt, ob am Vortag noch eine Erklärung eingetroffen ist. Wünscht aber der Empfänger rascheste Klarheit, so ist ihm zuzumuten, um 24 Uhr in seinen (mechanischen oder elektronischen) Empfangsvorrichtungen nachzusehen.

c) Zugang bei Einschaltung von Stellvertretern und Empfangsboten

14 Wird die Willenserklärung gegenüber einem **Stellvertreter** des Adressaten abgegeben, so kommt es auf den Zugang an den Stellvertreter an. Davon zu unterscheiden ist die Erklärung gegenüber einem **Empfangsboten**. Zur Abgrenzung von Stellvertreter und Boten s. § 22 Rn. 10 ff. Die Stellung als Empfangsbote kann sich aus einer durch den Empfänger erteilten Ermächtigung, aber auch aus der Verkehrsauffassung ergeben,[13] so bei in der Wohnung des Empfängers lebenden Ehegatten oder sonstigen Familienangehörigen, auch bei nicht verheirateten Lebensgefährten, ebenso bei Hauspersonal. Der Empfangsbote ist als „personifizierte Empfangseinrichtung des Adressaten" anzusehen, so dass es hinsichtlich des Zugangs an den Adressaten und insbesondere hinsichtlich des Zeitpunkts des Zugangs darauf ankommt, wann der Empfänger unter gewöhnlichen Umständen die Möglichkeit der Kenntnisnahme hat.[14]

---

12 Näher hierzu s. Leipold. FS Medicus zum 80. Geburtstag (2009), 251. Zust. Effer-Uhe JZ 2016, 770, 777 f. – Abl. Wolf/Neuner § 33 Rn. 25.
13 BGH NJW 2002, 1565, 1566 (auch zur Ermächtigung bei Anrufweiterleitung im Unternehmen des Adressaten); BAG NJW 2011, 2604, 2605.
14 BGH NJW 2002, 1565, 1567.

Die Übergabe oder telefonische Übermittlung einer Erklärung an einen Empfangsboten, der sich in den Räumlichkeiten des Empfängers befindet, führt in der Regel sogleich zum Zugang (die für die Übermittlung an den Empfänger erforderliche Zeit reduziert sich auf Null). Die Empfangsboteneigenschaft kraft Verkehrsanschauung gilt jedoch auch bei einer Aushändigung der Erklärung außerhalb der Wohnung des Empfängers. Dann ist aber hinsichtlich des Zugangszeitpunkts darauf abzustellen, wann üblicherweise die Weiterreichung durch den Empfangsboten an den Empfänger zu erwarten war,[15] sofern nicht eine frühere tatsächliche Übermittlung feststeht. S. dazu auch Kontrollfragen und Fälle zu § 12, Fall 4. 15

d) Vereinbarungen über den Zugang

Die Vertragsparteien können über die Voraussetzungen des Zugangs auch **Vereinbarungen** treffen, z. B. eine Zugangserleichterung vorsehen.[16] Vereinbarungen in **Allgemeinen Geschäftsbedingungen**, die zu Lasten des Verbrauchers gehen, unterliegen aber besonderen Schranken. So ist nach § 308 Nr. 6 eine Bestimmung unwirksam, die für Erklärungen des AGB-Verwenders eine Zugangsfiktion aufstellt, und an § 309 Nr. 13 c) scheitern Klauseln, die für Anzeigen oder Erklärungen des Verbrauchers besondere Zugangserfordernisse bestimmen. 16

e) Zugang durch Zustellung

Der Zugang einer Willenserklärung kann auch dadurch bewirkt werden, dass sie durch Vermittlung eines Gerichtsvollziehers nach den Vorschriften der ZPO **zugestellt** wird, § 132 Abs. 1. Bei Unkenntnis des Aufenthalts des Empfängers erlaubt § 132 Abs. 2 auch eine **öffentliche Zustellung** durch das Amtsgericht nach Maßgabe der ZPO. 17

f) Zugang bei formbedürftigen Willenserklärungen

Formbedürftige empfangsbedürftige Willenserklärungen müssen dem Empfänger **in der vorgeschriebenen Form zugehen**, so dass bei einer der notariellen Beurkundung bedürftigen Erklärung der Zugang einer Ausfertigung[17] der Notarurkunde nötig ist[18] und bei einer nach § 766 Satz 1 schriftlich zu erteilenden Bürgschaftserklärung das unterschriebene Original, nicht bloß ein Telefax, dem Gläubiger zugehen muss.[19] 18

---

15 BAG NJW 2011, 2604.
16 BGHZ 130, 71 = NJW 1995, 2217.
17 Zum Begriff s. § 16 Rn. 17.
18 BGHZ 130, 71 = NJW 1995, 2217.
19 BGHZ 121, 224 = NJW 1993, 1126; s. Lösung zu Fall 19 (§ 16 Rn. 24).

5. Zugangsstörungen

19 Die Grundentscheidung des Gesetzes, das Übermittlungsrisiko bis zum Zugang dem Erklärenden aufzuerlegen, erweist sich dann als nicht mehr überzeugend, wenn der Zugang vom Empfänger verhindert wurde oder wenn es zu Verzögerungen des Zugangs kam, die ihre Ursache im Bereich des Empfängers haben. In solchen Fällen müssen die oben dargestellten Voraussetzungen des Zugangs durch eine wertende, die Interessenlage und die Besonderheiten des Einzelfalles berücksichtigende Betrachtung ergänzt werden. Wenn der Empfänger in einer **gegen Treu und Glauben** verstoßenden Weise den **Zugang verhindert**, so gilt die Erklärung gleichwohl als zugegangen. Hat eine **Verzögerung des Zugangs** ihre Ursache im Einflussbereich des Empfängers, so kann es nach Treu und Glauben so anzusehen sein, als ob die Erklärung rechtzeitig zugegangen wäre.

20 Trifft z. B. der Postbote den Empfänger einer **Einschreibesendung** (beim sog. Übergabeeinschreiben oder beim Einschreiben mit Rückschein[20]) nicht an und wirft er daher eine Benachrichtigung über die Abholbarkeit der Sendung in den Hausbriefkasten, so ist damit die Sendung noch nicht zugegangen, da sie nicht in den Machtbereich des Empfängers gelangt ist.[21] Wenn aber der Empfänger das Schreiben trotz Zugangs eines Benachrichtigungsscheins nicht beim Postamt abholt, so kann es ihm nach Treu und Glauben verwehrt sein, sich auf den fehlenden Zugang zu berufen. Es ist dann so anzusehen, als ob ihm die Willenserklärung zugegangen wäre, und zwar zu dem Zeitpunkt, zu dem üblicherweise mit der Abholung zu rechnen ist – im Allgemeinen am nächsten Werktag nach dem Tag der Benachrichtigung. Voraussetzung einer Obliegenheit zur Abholung ist aber, dass der Empfänger aufgrund rechtlicher Beziehungen zum Absender mit einer rechtserheblichen Erklärung rechnen musste – eine allgemeine Pflicht zur Abholung besteht nicht.[22] Außerdem wird vom Absender verlangt, dass er nach Kenntnis von der Nichtabholung einen weiteren Zustellungsversuch unternimmt.[23] – Mit dem „Einwurfeinschreiben" lassen sich solche Unklarheiten über den Zugang vermeiden, denn hier gilt für den Zugang dasselbe wie für gewöhnliche Briefsendungen (zum Nachweis des Zugangs s. Fn. 6).

6. Zugang bei elektronischen Willenserklärungen[24]

21 Der herkömmliche Zugangsbegriff lässt sich grundsätzlich auf die neuen Übermittlungswege übertragen. Schwierigkeiten bereitet aber die genaue Bestim-

---

20 Zu den verschiedenen Formen der Einschreibesendung BGH NJW 2017, 68 Rn. 13 ff.

21 BGHZ 137, 205, 208 = NJW 1998, 977.

22 OLG Brandenburg NJW 2005, 1585, 1586 (verneint die Zugangsfiktion bei Nichtabholung eines nicht angekündigten Einschreibens mit Rückschein, mit dem der Vater zur Unterhaltszahlung für das Kind aufgefordert wurde); LAG Hamburg 8.4.2015 – 5 Sa 61/14, juris, Rn. 32 = BeckRS.2015, 70812, Rn. 26.

23 BGHZ 137, 205, 209 = NJW 1998, 976; LAG Hamburg (vorige Fn.) juris, Rn. 33.

24 Dazu Burgard AcP Bd. 195 (1995), 74, 134; Geis NJW 1997, 3000; Ultsch NJW 1997,

mung des Zugangszeitpunkts. Dabei geht es um die Festlegung des spätesten Zeitpunkts des Zugangs. Wurde eine eingegangene Erklärung, insbesondere eine E-Mail, tatsächlich schon zuvor abgerufen, so ist sie zu diesem Zeitpunkt zugegangen.

a) Telefax

Voraussetzung des Zugangs einer durch **Telefax** übermittelten Erklärung[25] ist, 21a
dass der Druckvorgang am Empfangsgerät des Adressaten abgeschlossen ist.[26] Für den Zeitpunkt des Zugangs kommt es nach h.M. auch hier darauf an, wann nach der Verkehrsanschauung die Kenntnisnahme durch den Empfänger zu erwarten ist.

Wenn die Erklärung also innerhalb der üblichen Geschäftszeiten eintrifft, ist sie (nach h.M.) noch am selben Tag zugegangen, sonst erst am nächsten Werktag. – Dass der Empfänger, etwa weil er sich im Urlaub befindet, von der Erklärung keine Kenntnis nehmen kann, hindert den Zugang nicht.[27]

b) E-Mail

Bei Willenserklärungen per **E-Mail** ist ebenfalls eine Erklärung unter Abwe- 22
senden anzunehmen, so dass auch hier der Zugang entscheident ist. Dazu muss zunächst einmal der E-Mail-Weg vom Empfänger eröffnet worden sein, d.h. der Empfänger muss zu erkennen gegeben haben, dass er bereit ist, auf diese Weise Willenserklärungen entgegenzunehmen.[28] Dass der Adressat der Erklärung überhaupt eine oder auch mehrere E-Mail-Adressen hat, genügt dazu nicht. Anders ist es jedenfalls, wenn er dem anderen Teil eine E-Mail-Adresse genannt hat oder wenn er diese auf der Geschäftskorrespondenz aufgedruckt hat. Der Zugang der Willenserklärung setzt voraus, dass sie bei dem vom Empfänger genutzten Server in abrufbarer Weise gespeichert ist. Überträgt man die zu Briefsendungen entwickelte h.M. (s. Rn. 12) auch auf E-Mail-Erklärungen,[29] so ist der Zugang zu dem **Zeitpunkt** zu bejahen, zu dem unter gewöhnlichen Umständen ein Abruf durch den Empfänger erwartet werden kann.

300; Taupitz/Kritter JuS 1999, 839; Dörner AcP Bd. 202 (2002), 363, 365ff.; Thalmair NJW 2011, 14; Behling, Der Zugang elektronischer Willenserklärungen in modernen Kommunikationssystemen (2007).

25 Dazu näher Elzer/Jacoby ZIP 1997, 1821. Zum Telefaxsendeprotokoll als Zugangsnachweis Riesenkampff NJW 2004, 3296; Gregor NJW 2005, 2885.

26 BGH NJW 2004, 1320.

27 BGH NJW 2004, 1320, 1321.

28 Ebenso Taupitz/Kritter JuS 1999, 839, 841; Dörner AcP Bd. 202 (2002), 363, 367f.; MünchKomm/Einsele § 130 Rn. 18. – A.M. Mankowski NJW 2004, 1901, 1902; Behling, (Fn. 24) S. 188ff.

29 So Palandt/Ellenberger § 130 Rn. 7a; MünchKomm/Einsele § 130 Rn. 19.

23 Im **geschäftlichen Verkehr** ist nach dieser Ansicht der Zugang einer innerhalb der üblichen Geschäftszeiten eingetroffenen E-Mail am selben Tag spätestens (wenn nicht früher abgerufen) bei Geschäftsschluss zu bejahen. Dagegen kann man nicht annehmen, dass eine zur Unzeit eingetroffene E-Mail gleich zu Beginn der Geschäftszeit des nächsten Arbeitstages zugegangen ist.[30] Besonders unklar ist die Antwort bei Erklärungen, die an eine **Privatperson** (insbesondere einen Verbraucher) gerichtet werden. Hier fällt es schwer, von üblichen Gepflogenheiten der Abfrage zu sprechen, zumal es keinen festen Zeitpunkt gibt, zu dem ein Eingang von E-Mails zu erwarten ist. Man wird wohl, wenn man den Ausgangspunkt der h.M. beibehält, einen Zugang der tagsüber eingegangenen E-Mails am Feierabend annehmen dürfen.[31] Vielfach wird aber die Ansicht vertreten, als Zugangszeitpunkt sei erst der nächste Tag nach Eingang der E-Mail anzusehen.[32] Das hat dann freilich im Ergebnis eine sinnwidrige Verkürzung von Fristen zu Folge. Kann z.B. ein Vertragsangebot gegenüber einem privaten Anbieter bis zum 15. eines Monats angenommen werden, so müsste die Annahme per E-Mail bereits am 14. erfolgen, um einen Zugang am 15. sicherzustellen. Sachgerechter erscheint es, allein schon die technische Möglichkeit des Abrufs für den Zugang und den Zugangszeitpunkt ausreichen zu lassen,[33] s. Rn. 13a.

c) Online-Postfach

24 Wenn für einen Kunden mit dessen Zustimmung ein Online-Postfach eingerichtet wurde, auf das allein der Kunde zugreifen kann, ist auch dies eine dem Machtbereich des Empfängers zuzurechnende Einrichtung. Einen regelmäßigen Abruf wird man aber nach der Verkehrsanschauung kaum erwarten können. Wird aber der Empfänger durch E-Mail auf die Nachricht im Online-Postfach hingewiesen, so ist mit dem Zugang der E-Mail auch die Online-Postfach-Erklärung zugegangen.[34]

d) Technische Störungen

25 Zweifelhaft ist, wie in diesen Fällen bei technischen Störungen des Empfangs zu entscheiden ist.[35] Wenn die Störung im Machtbereich des Empfängers eintritt und für den Erklärenden nicht erkennbar war (so dass er keinen Anlass hatte, auf andere Übermittlungswege auszuweichen), wird man das Risiko dem

---

30 AG Meldorf NJW 2011, 2890. Im konkreten Fall genügte diese negative Feststellung. Die angesichts der unsicheren Verkehrsanschauung schwer zu entscheidende Frage, wann der Zugang genau erfolgt ist, konnte das Gericht offen lassen.

31 Vgl. Dörner AcP Bd. 202 (2002), 363, 369; Wolf/Neuner § 33 Rn. 24.

32 Taupitz/Kritter JuS 1999, 839, 842; Thalmair NJW 2011, 14, 16; Brox/Walker Rn. 150b; BeckOK BGB/Wendtland (Stand 1.2.2017) § 130 Rn. 15.

33 Auch § 312i Abs. 1 Satz 2, der den Zugang von Bestellung und Empfangsbestätigung bei Verträgen im elektronischen Geschäftsverkehr regelt, kann man durchaus in diesem Sinne verstehen, näher Leipold (Fn. 12), 260. – Für sofortige Wirksamkeit mit Eintreffen im Zugriffsbereich des Adressaten auch Behling (Fn. 24), S. 206 ff.

34 Thalmair NJW 2011, 14, 17; Brox/Walker Rn. 150c.

35 Dazu Taupitz/Kritter JuS 1999, 839, 842; differenzierend Dörner AcP Bd. 202 (2002), 363, 369 ff.

Empfänger auferlegen müssen. Es ist dann so anzusehen, als ob ihm die Erklärung zugegangen wäre. Zum Machtbereich des Empfängers gehören jedenfalls dessen Faxgerät bzw. dessen eigener Computer. Aber auch bei Empfangsstörungen bei dem vom Empfänger genutzten Server, die für den Absender der E-Mail nicht erkennbar sind, wird man das Risiko dem Empfänger zuzurechnen haben.

7. Wirksamwerden und Fristwahrung bei Prozesshandlungen

Bei **Prozesshandlungen** gelten hinsichtlich des Wirksamwerdens und vor allem der Wahrung von Fristen andere Grundsätze. Um eine vollständige Ausnützung der Fristen (z.B. für die Einlegung von Rechtsmitteln) zu ermöglichen, lässt man es genügen, wenn die Rechtsmittelschrift vor Fristablauf tatsächlich in die Verfügungsgewalt des Gerichts gelangt ist, ohne dass es auf den Zeitpunkt der zu erwartenden Kenntnisnahme ankommt.[36] 26

Läuft z.B. eine **Berufungsfrist** mit Ende des 1. April ab, so ist die Frist gewahrt, wenn der Schriftsatz mit der Einlegung der Berufung am 1. April um 23 Uhr 59 in den Briefkasten des Gerichts eingeworfen wird.

Lösung zu Fall 6: 27

a) Mit dem Einwerfen in den Hausbriefkasten am 15. 12. ist die Kündigungserklärung dem Schwarz zugegangen; die Kündigung ist also zum 31. 12. wirksam erklärt, § 130 Abs. 1 Satz 1.

b) Hier erfolgte nach h. M. (s. dagegen Rn. 13a) kein Zugang am 15. 12., da nicht mehr mit dem Leeren des Briefkastens zu rechnen war. Vielmehr ist die Kündigung erst am 16. 12. zugegangen, und daher liegt keine wirksame Kündigung zum 31. 12. vor. Ob in der Erklärung dann eine Kündigung mit Wirkung zum 31. 1. des folgenden Jahres zu sehen ist, ist eine Frage der Auslegung der Willenserklärung; im Allgemeinen wird dies zu bejahen sein.

c) Hier ist der Zugang erst am 18. 12. erfolgt. Die Verzögerung ist aber vom Empfänger verursacht worden. Es würde gegen Treu und Glauben verstoßen, wenn sich der Empfänger gleichwohl auf den Fristablauf berufen könnte.[37] Die Kündigung ist also als fristgerecht zu betrachten.

d) Da Schwarz seine E-Mail-Adresse selbst nicht angegeben, also diesen Weg zum Empfang einer Willenserklärung nicht gegenüber dem Weiß eröffnet hat (s. Rn. 22 – str.), ist die Erklärung nicht schon bei Eintreffen am 3. 12., sondern erst beim tatsächlichen Lesen durch Schwarz am 7. 12. zugegangen und damit verspätet. Die verspätete Annahme gilt nach § 150 Abs. 1 als neuer Antrag. Ob Schwarz diesen annimmt, bleibt ihm überlassen.

---

36 Näher s. Stein/Jonas/Leipold, ZPO, 22. Aufl., vor § 128 Rn. 241 ff. Zum Wirksamwerden elektronischer Dokumente im Zivilprozess s. § 130a Abs. 3 ZPO, dazu Stein/Jonas/Leipold § 130a Rn. 22.

37 Vgl. Wolf/Neuner § 33 Rn. 27; MünchKomm/Einsele § 130 Rn. 37.

IV. Empfangsbedürftige Willenserklärungen unter Anwesenden

Fall 7: Im Fall 6 d) ruft Weiß am 3.12. den Schwarz an und erklärt, er nehme das Angebot an. Da auf der Straße ein Pressluftbohrer in Betrieb ist, kann Schwarz den Weiß nicht verstehen. Er bittet ihn deshalb, später nochmals anzurufen. Weiß vergisst dies und erklärt erst am 8. 12. nochmals die Annahme. Schwarz hält die Annahme für verspätet. Mit Recht?

28 Das Gesetz regelt nicht ausdrücklich, unter welchen Voraussetzungen solche Willenserklärungen wirksam werden, die unter Anwesenden abgegeben werden. Wenn es sich dabei um **schriftliche Erklärungen** handelt, ist die Regelung des § 130 Abs. 1 Satz 1, wonach es auf den Zugang ankommt, entsprechend anzuwenden. Überreicht also der Erklärende dem Empfänger persönlich einen Brief, so ist damit die in dem Brief enthaltene Erklärung zugegangen und wirksam geworden. Lehnt der Empfänger, der mit dem Erklärenden in rechtlichen Beziehungen steht, grundlos die Entgegennahme des Schreibens ab, so kann er sich nach Treu und Glauben nicht auf das Fehlen des Zugangs berufen.[38]

28a Anderes gilt bei **mündlichen Willenserklärungen** gegenüber Anwesenden. Hier auf den Zugang abzustellen, wäre gegenüber dem Empfänger ungerecht, da er, wenn er die Erklärung nicht verstanden hat, keine spätere Möglichkeit der Kenntnisnahme besitzt. In diesen Fällen ist daher die **Vernehmung** der Erklärung durch den Empfänger entscheidend (**Vernehmungstheorie**). Die mündliche Erklärung gegenüber einem Anwesenden ist also nicht wirksam, wenn dieser taub ist oder etwa in Ohnmacht gefallen ist. Um nicht alle Vernehmungsrisiken dem Erklärenden aufzuerlegen und Beweisschwierigkeiten zu vermeiden, genügt es aber, wenn für den Erklärenden vernünftigerweise keine Zweifel an der richtigen und vollständigen Vernehmung bestehen konnten.[39] Zur Auslegung einer mündlichen oder telefonischen Erklärung, wenn die schlechte Aussprache zu Missverständnissen führt, s. § 15 Rn. 11.

29 Eine **telefonische Erklärung** ist dabei als Willenserklärung gegenüber Anwesenden aufzufassen (vgl. § 147 Abs. 1 Satz 2), anders beim Anrufbeantworter (s. Fälle und Lösungen zu § 12, Fall 3). Zu den Willenserklärungen unter Anwesenden zählen auch Erklärungen mittels einer (in § 147 Abs. 1 Satz 2 genannten) sonstigen technischen Einrichtung von Person zu Person (z. B. Videokonferenz, „chat" im Internet). Der entscheidende Unterschied liegt in diesen Fällen nicht in der Frage der räumlichen Distanz zwischen den Personen, sondern darin, dass eine unmittelbare Kommunikation stattfindet. Bei einer telefo-

---

38 BAG NZA 2015, 1183.

39 Für eine solche eingeschränkte Vernehmungstheorie Bork Rn. 631; Brox/Walker Rn. 156; Palandt/Ellenberger § 130 Rn. 14. – A.M. Wolf/Neuner § 33 Rn. 39 (vor allem im Hinblick auf einen hörbehinderten Empfänger).

nischen Erklärung gegenüber einem **Empfangsboten** wird dagegen nach dem Zugang an den Empfänger gefragt, also § 130 angewandt, s. Rn. 14 f.

Lösung zu Fall 7: Die telefonische Erklärung ist als Erklärung unter Anwesenden zu betrachten. Hier hängt das Wirksamwerden nach h. M. von der Vernehmung durch den Empfänger ab, da er später keine Möglichkeit hat, die Erklärung noch zur Kenntnis zu nehmen. Daher ist die Annahme am 3.12. mangels Vernehmung durch den Empfänger nicht wirksam geworden. Die Annahme am 8.12. war verspätet und gilt nach § 150 Abs. 1 als neuer Antrag des Weiß. Man wird hier auch nicht sagen können, dass sich Schwarz nach Treu und Glauben nicht auf den Fristablauf berufen könne, hat er doch das Nichtvernehmen der Erklärung nicht verursacht. 30

V. Empfangsbedürftige Willenserklärungen gegenüber nicht voll geschäftsfähigen Personen

1. Gegenüber Geschäftsunfähigen

Hier ist nach § 131 Abs. 1 ausschließlich der **Zugang an den gesetzlichen Vertreter** maßgebend. Nach Ansicht des BAG[40] genügt es dazu nicht, dass die Erklärung faktisch in den Herrschaftsbereich des gesetzlichen Vertreters gelangt ist, sondern sie muss an ihn gerichtet oder zumindest für ihn bestimmt sein. Der Gesetzeswortlaut – gegenüber dem Geschäftsunfähigen *abgegebene* Willenserklärung – spricht eher für die Gegenansicht,[41] und man kann auch bezweifeln, ob die Auffassung des BAG der Interessenlage gerecht wird, da dem Erklärenden die Kenntnis von der Geschäftsunfähigkeit des Adressaten und von der Person des gesetzlichen Vertreters fehlen kann. Es sollte daher genügen, wenn die an den Geschäftsunfähigen gerichtete Willenserklärung an dessen gesetzlichen Vertreter weitergeleitet wurde. Eine lediglich dem Geschäftsunfähigen zugegangene Erklärung wird auch dann nicht wirksam, wenn die Geschäftsunfähigkeit endet.[42] Bei mehreren gesetzlichen Vertretern mit Gesamtvertretungsmacht (z. B. den gemeinsam sorgeberechtigten Eltern, ausdrücklich geregelt in § 1629 Abs. 1 Satz 2) genügt der Zugang an *einen* der Vertreter. Einem **bewusstlosen** oder **vorübergehend geistig gestörten Empfänger** (§ 105 Abs. 2) kann dagegen eine schriftliche Erklärung zugehen, s. § 11 Rn. 21. 31

40 BAG NJW 2011, 872. Ebenso MünchKomm/Einsele § 131 Rn. 3; Palandt/Ellenberger § 131 Rn. 2.
41 Staudinger/Singer/Benedict (2012) § 131 Rn. 3; Boemke/Schönfelder JuS 2013, 7, 9.
42 BAG NJW 2011, 872.

2. Gegenüber beschränkt Geschäftsfähigen

32 a) Die Erklärung wird stets wirksam, wenn sie **dem gesetzlichen Vertreter zugeht**, § 131 Abs. 2 Satz 1. Auch hier soll es nach Ansicht des BAG[43] erforderlich sein, dass die Erklärung mit Willen des Erklärenden in Richtung auf den gesetzlichen Vertreter in den Verkehr gelangt ist (s. dazu Rn. 31).

33 b) Der **Zugang an den beschränkt Geschäftsfähigen** genügt in zwei Fällen (§ 131 Abs. 2 Satz 2):

aa) Lediglich rechtlich vorteilhafte Erklärung

Darunter fällt z.B. ein Angebot an den Minderjährigen, ihm ein Fahrrad zu verkaufen. Aus der **Vertragsofferte** entsteht für den Minderjährigen nämlich nur ein rechtlicher Vorteil, die Möglichkeit, durch Annahme den Vertrag zustande zu bringen. Dass der Vertrag selbst nicht lediglich vorteilhaft ist, spielt insoweit keine Rolle.

bb) Einwilligung des gesetzlichen Vertreters

34 Erforderlich ist die **Einwilligung**, also die **vorherige Zustimmung** (§ 183 Satz 1) des gesetzlichen Vertreters zur Abgabe der Willenserklärung gegenüber dem beschränkt Geschäftsfähigen. Eine *Genehmigung* (nachträgliche Zustimmung, § 184 Abs. 1) ist dagegen prinzipiell nicht möglich. Eine Ausnahme besteht allerdings, soweit der gesetzliche Vertreter ein Recht zur Genehmigung eines vom beschränkt Geschäftsfähigen abgeschlossenen, **schwebend unwirksamen Vertrags** hat. Ist beim Vertragsschluss die Annahme durch den Vertragspartner gegenüber dem Minderjährigen erklärt worden, so steht § 131 Abs. 2 Satz 2 der **Genehmigung des Vertrags** durch den gesetzlichen Vertreter und damit auch der Wirksamkeit der Annahmeerklärung des Partners nicht entgegen. Sonst würde § 131 Abs. 2 Satz 2 das Recht zur Genehmigung nach § 108 aushöhlen.[44]

---

43 BAG NZA 2012, 495.
44 BGHZ 47, 352, 358 = NJW 1967, 1800.

Kontrollfragen und Fälle zu § 12

1) Wofür ist der Zugang einer Willenserklärung maßgebend und was ist unter dem Zugang zu verstehen?

2) Wovon hängt das Wirksamwerden einer unter Anwesenden mündlich abgegebenen empfangsbedürftigen Willenserklärung ab?

3) Die Großhandelsfirma Frutimpex GmbH sandte der Einzelhändlerin Süß ein Angebot über die Lieferung von Erdbeeren mit dem Zusatz, man halte sich an dieses Angebot bis zum 20. des Monats für gebunden. Am 20., einem Freitag, ruft Süß gegen 12 Uhr bei Frutimpex an, um das Angebot anzunehmen. Es meldet sich der automatische Anrufbeantworter mit der Aufforderung, Nachrichten auf das Tonband zu sprechen. Süß tut dies. Jedoch ist der einzige dort tätige Angestellte wegen plötzlicher Übelkeit schon nach Hause gegangen, so dass am 20. niemand mehr den Anrufbeantworter abhört. Als ein Mitarbeiter der Frutimpex GmbH die Nachricht am Montag, dem 23., abhört, ruft er sogleich bei Süß an und erklärt, mangels rechtzeitiger Annahme werde man nicht liefern. Wie ist die Rechtslage?

4)* Die Altenpflegehelferin Froh war in letzter Zeit mehrfach wegen Krankheit arbeitsunfähig. Nach dem letzten Krankenhausaufenthalt beantragte sie Urlaub für die Zeit vom 5. 6. bis 4. 7., der aber nicht bewilligt wurde. Gleichwohl trat sie zusammen mit ihrem Ehemann den geplanten Urlaub in Kenia an. Der Träger des Altenpflegeheims sprach mit Schreiben vom 12. 6. eine sofortige fristlose Kündigung, hilfsweise eine ordentliche Kündigung zum 31. 7. aus. Das mit Einschreiben an die Heimatanschrift der Frau Froh zur Post gegebene Kündigungsschreiben wurde von der Postbediensteten am 13. 6. einem Onkel der Frau Froh ausgehändigt, der ihr auf seinem Spaziergang begegnete. Dieser übergab das Schreiben noch am selben Tag der Mutter von Frau Froh, die im selben Haus wie ihre Tochter, einem den Eltern gehörenden Zweifamilienhaus, wohnt. Die Mutter leitete das Schreiben ungeöffnet an die Post zurück; es traf am 17. 6. wieder beim Träger des Altenheims ein. Am 5. 7. wurde das Kündigungsschreiben durch einen Boten des Altenheims dem Ehemann von Frau Froh in der ehelichen Wohnung ausgehändigt. Später entsteht im Hinblick auf die Kündigungsfrist und auf die Frist für eine Kündigungsschutzklage der Frau Froh Streit darüber, wann die Kündigungserklärung wirksam geworden ist. Wie ist insoweit die Rechtslage?

Lösungen

35 1) Der Zugang beim Empfänger ist für das Wirksamwerden einer **unter Abwesenden** abgegebenen empfangsbedürftigen Willenserklärung maßgebend, § 130 Abs. 1 Satz 1. Zugang liegt vor, wenn die Erklärung in verkehrsüblicher Weise in den Verfügungsbereich des Empfängers gelangt ist und unter gewöhnlichen Umständen mit der Kenntnisnahme zu rechnen ist.

2) Grundsätzlich von der **Vernehmung**, also der tatsächlichen Kenntnisnahme durch den Empfänger. Ist die Vernehmung gestört, so genügt es, wenn für den Erklärenden vernünftigerweise keine Zweifel an der richtigen und vollständigen Vernehmung bestehen konnten.

36 3) Süß konnte das Angebot nur innerhalb der Frist bis zum 20. annehmen, § 148. Entscheidend ist daher, ob ihre Erklärung noch am 20. wirksam geworden ist. Telefonische Erklärungen werden grundsätzlich als Erklärungen unter Anwesenden betrachtet, wie sich auch aus § 147 Abs. 1 Satz 2 entnehmen lässt. Danach käme es auf die Vernehmung durch den Empfänger an, die hier am 20. nicht gegeben ist. Jedoch muss anderes für die Erklärung gegenüber einem Anrufbeantworter gelten. Sie steht dem Empfänger in gespeicherter Form zur Verfügung, so dass er sie auch nach Eintreffen abrufen und zur Kenntnis nehmen kann. Daher ist eine **Erklärung unter Abwesenden** anzunehmen.[45] Es kommt somit auf den Zugang der Erklärung bei Frutimpex an. Die Erklärung ist am 20. dort eingetroffen, und unter gewöhnlichen Umständen war, jedenfalls bei Eintreffen der Erklärung gegen 12 Uhr, noch am selben Tag mit einer Kenntnisnahme durch den Empfänger zu rechnen. Dass im konkreten Fall die Kenntnisnahme nicht möglich war, fällt in den Risikobereich des Empfängers, unabhängig von einem Verschulden. Damit ist die Erklärung am 20. zugegangen und wirksam geworden; der Vertrag kam durch rechtzeitige Annahme zustande (kein Fall des § 149!), und die Frutimpex GmbH muss liefern.

37 4)[46] Maßgebend für das Wirksamwerden ist der **Zugang** des Kündigungsschreibens an Frau Froh, § 130 Abs. 1 Satz 1. Als frühester Zeitpunkt kommt die Übergabe des Schreibens an ihren Onkel in Betracht, wenn dieser als **Empfangsbote** der Frau Froh anzusehen ist. Empfangsbote ist, wer entweder vom Empfänger zur Entgegennahme von Erklärungen ermächtigt worden ist oder wer nach der Verkehrsauffassung als ermächtigt anzusehen ist, Willenserklärungen mit Wirkung für den Erklärungsempfänger entgegenzunehmen.[47] Eine ausdrückliche Ermächtigung durch Froh, für sie Erklärungen entgegenzunehmen, hatte der Onkel nicht erhalten. Die Ermächtigung des Onkels könnte sich aus der Verkehrsauffassung ergeben. Doch kann man eine solche Ermächtigung nicht allgemein für Verwandte bejahen, wenn diese nicht in der Wohnung des Empfängers leben. Dieselbe Frage ergibt sich bei der Aushändigung des Schreibens an die Mutter der Empfängerin. Hier ist aber zu berücksichtigen, dass sie zwar nicht in derselben Wohnung, wohl aber im selben Haus wie die Empfängerin lebte. Da es sich dabei um ein Zweifamilienhaus im Miteigentum der Mutter und des Vaters der Frau Froh handelte, liegt eine enge familiäre und räumliche Beziehung zur Empfängerin vor, die nach der

45 Ebenso Wolf/Neuner § 33 Rn. 11 u. 24; MünchKomm/Einsele § 130 Rn. 24.
46 Vgl. zur Lösung BAG NJW 1993, 1093 (Vorbild des Falles). Zustimmend Sandmann AcP Bd. 199 (1999), 455, 474 f.
47 Zusammenfassend BGH NJW 2002, 1565, 1566.

Verkehrsauffassung für eine Ermächtigung zur Entgegennahme von Erklärungen spricht.

Wenngleich die Mutter von Frau Froh somit als Empfangsbotin hätte tätig werden können, so ist doch weiter zu berücksichtigen, dass sie das Schreiben sofort ungeöffnet an die Post zurückleitete. Sie hat es also nicht für ihre Tochter entgegengenommen, sondern die Annahme im Ergebnis verweigert. In Fällen, in denen der Empfänger treuwidrig den Zugang vereitelt, wird dieser so behandelt, als ob der Zugang eingetreten wäre. Hier ist aber zu beachten, dass nicht die Empfängerin den Zugang vereitelt hat, sondern dass deren Mutter es **abgelehnt hat, als Empfangsbotin tätig zu werden**. Auf dieses Verhalten hatte die Empfängerin keinen Einfluss, weshalb es ihr auch nicht zugerechnet werden kann. **38**

Eine **Zugangsvereitelung** könnte darin liegen, dass Froh die Urlaubsreise nach Kenia angetreten hat. Dieses Verhalten nahm aber dem Arbeitgeber nicht die Möglichkeit, die Erklärung in den Wohnungsbriefkasten der Empfängerin einwerfen zu lassen. Dies hätte zum Zugang geführt, ungeachtet der urlaubsbedingten Abwesenheit der Empfängerin. Somit liegt keine Zugangsvereitelung durch Froh vor. **39**

Als **Zeitpunkt des Zugangs** bleibt daher nur der 5. 7., als das Schreiben dem Ehemann der Empfängerin in der gemeinsamen Wohnung ausgehändigt wurde. Der Ehemann ist nach der Verkehrsauffassung als zur Entgegennahme von Erklärungen ermächtigt anzusehen und hat – als Empfangsbote seiner Frau – das Schreiben auch angenommen.

§ 13 Der Widerruf von Willenserklärungen

I. Die Regelung im Allgemeinen Teil des BGB

Fall 8: Schwarz liest (im Fall 6) die Postkarte des Weiß, auf der die Kündigung enthalten ist, am Vormittag des 15. 12. Am Nachmittag erhält Schwarz eine zweite Postkarte des Weiß, in der die Kündigung widerrufen wird und die Schwarz sogleich liest. Schwarz möchte aber an der Wirksamkeit der Kündigung festhalten, da er das Zimmer ohnehin lieber an einen anderen Interessenten vermieten will. Allerdings hat er in der Zeit zwischen dem Lesen der Kündigung und dem Lesen des Widerrufs noch keinen neuen Mietvertrag abgeschlossen.
a) Wie ist die Rechtslage?
b) Die Postkarte mit der Kündigung wurde am 15. 12. in den Postkasten des Schwarz eingeworfen, der Widerruf am 16. 12. Schwarz entnimmt aber beide Karten erst am 16. 12. dem Briefkasten und liest zunächst den Widerruf, dann erst die Karte mit der Kündigung. Liegt hier eine wirksame Kündigung vor?

1 Wenn sich der Erklärende nach Abgabe seiner Willenserklärung, z. B. nach Absendung einer Warenbestellung (auf Abschluss eines Vertrages gerichtete Willenserklärung) oder einer Kündigung (einseitiges Rechtsgeschäft), die Sache anders überlegt, ergibt sich die Frage, ob er seine Willenserklärung noch widerrufen kann. Die Antwort des Allgemeinen Teils des BGB ist konsequent, zugleich freilich auch restriktiv: Sobald die Willenserklärung dem Empfänger gegenüber wirksam geworden ist, hat der Erklärende hierauf keinen Einfluss mehr: Die wirksam gewordene empfangsbedürftige[1] Willenserklärung ist grundsätzlich nicht mehr einseitig widerruflich. Ein Widerruf ist daher bei einer **unter Abwesenden** abgegebenen Willenserklärung nur wirksam, wenn er dem Empfänger der Willenserklärung entweder **vor dieser Erklärung** oder zumindest **gleichzeitig zugeht**, § 130 Abs. 1 Satz 2. Die Regelung des Allgemeinen Teils geht von der Verantwortlichkeit des Erklärenden aus; er muss sich vorher über seinen Willen klar werden. Sie schützt den Empfänger, der sich auf die einmal wirksam gewordene Erklärung verlassen kann. Aus diesem Grundgedanken folgt, auch wenn insoweit keine ausdrückliche gesetzliche Regelung vorliegt, dass eine **unter Anwesenden** mündlich abgegebene Willenserklärung bereits dann nicht mehr widerrufen werden kann, wenn sie durch **Vernehmung** seitens des Empfängers wirksam geworden ist, s. § 12 Rn. 28. Wenn allerdings eine mündliche Erklärung gleich anschließend zurückgenommen oder berich-

1 Nicht empfangsbedürftige Willenserklärungen werden bereits mit der Abgabe wirksam; den späteren Widerruf erlauben zum Teil besondere Bestimmungen, s. vor allem zum freien Widerruf eines Testaments §§ 2253 ff., ferner § 658 zur Auslobung.

tigt wird, so ist der gesamte Vorgang noch als *eine* Erklärung aufzufassen und daher die Korrektur als wirksam anzusehen.[2]

Der Ausschluss des Widerrufs, sobald die Willenserklärung dem Empfänger gegenüber wirksam geworden ist, gilt auch bei Willenserklärungen, die auf den **Abschluss eines Vertrages** gerichtet sind (Angebot, s. § 14 Rn. 2 ff.), auch wenn der andere Teil noch keine Annahmeerklärung abgegeben hat. Die Bindung an die eigene Willenserklärung ist also von der Bindung an den geschlossenen Vertrag zu unterscheiden. Eine andere Frage ist, wie lange derjenige, der ein Vertragsangebot gemacht hat, an seine Erklärung gebunden bleibt, dazu s. § 14 Rn. 12, 16 ff. – Auch die in einer Versammlung der Wohnungseigentümer abgegebene Stimme ist mit dem Zugang beim Versammlungsleiter bindend und nicht mehr widerruflich.[3] 2

Soweit der Widerruf einer abgegebenen Willenserklärung nach dem Gesagten zulässig ist, liegt **von Anfang an** (ex tunc) **keine wirksame Willenserklärung** vor. Handelt es sich um eine vertragliche Willenserklärung, so ist, auch wenn die Gegenseite eine wirksame Vertragserklärung abgegeben hat, von Anfang an kein Vertrag zustande gekommen. Sollten gleichwohl Leistungen auf diesen Vertrag erbracht werden, so bestehen wegen Fehlens des rechtlichen Grundes Ansprüche auf Rückgewähr aufgrund ungerechtfertigter Bereicherung (§ 812 Abs. 1 Satz 1, 1. Alt. – Leistungskondiktion, näher s. § 8 Rn. 11). Durch diese Rechtsfolgen unterscheidet sich der Widerruf nach dem Allgemeinen Teil grundlegend von dem sogleich zu besprechenden Widerruf zugunsten des Verbrauchers, der im Schuldrecht geregelt ist. 3

Lösung zu Fall 8: a) Der Widerruf ist später zugegangen als die Kündigung und konnte daher das Wirksamwerden der Kündigungserklärung nicht mehr verhindern, § 130 Abs. 1 Satz 2. Dass Schwarz inzwischen noch keine Dispositionen getroffen hat, ist unerheblich. 4

b) Da es auf den Zugang, nicht auf die Kenntnisnahme, hier das Lesen der Karten, ankommt, ist bei wörtlicher Anwendung des Gesetzes auch hier der später zugegangene Widerruf unwirksam. Es ist aber zweifelhaft, ob dies auch gelten kann, wenn die Willenserklärungen tatsächlich unmittelbar hintereinander zur Kenntnis des Empfängers gelangen. Der Sinn des § 130 Abs. 1 Satz 2 ist der Schutz des Vertrauens auf die erste Erklärung. Bei gleichzeitigem Lesen wird aber kein schutzwürdiges Vertrauen begründet. Dies könnte dafür sprechen in einem solchen Fall den Widerruf für wirksam zu halten.[4] Dabei würde man sinnvoller Weise nicht darauf abstellen, welche Karte zuerst gelesen wird, sondern es genügen lassen, wenn beide Karten in unmittelbarem Zusammenhang zur Kenntnis genommen werden. Die h. M.[5] bleibt jedoch da-

2 Vgl. Medicus/Petersen Rn. 301.
3 BGH NJW 2012, 3372.
4 So Hübner Rn. 737.
5 Medicus/Petersen Rn. 300; Wolf/Neuner § 33 Rn. 58; MünchKomm/Einsele § 130 Rn. 40.

bei, auch in solchen Fällen den Widerruf für unwirksam zu halten, und betrachtet die tatsächliche Kenntnisnahme als für den Erklärenden irrelevantes Internum des Empfängers.

II. Die neueren Widerrufsrechte zugunsten des Verbrauchers

Fall 9: Frau Klar ist als Vertreterin für die Represso GmbH tätig, die Elektrogeräte vertreibt. Sie besucht Herrn Rot auf dessen Bitte in seiner Wohnung, um ihm Kaffeemaschinen vorzuführen. Rot bestellt ein Gerät zum Preis von 600 €, das eine Woche später geliefert und von Rot bezahlt wird. Da Rot zunächst eine Urlaubsreise antritt, probiert er die Kaffeemaschine erst drei Wochen später aus. Er kommt aber mit der Bedienung des Geräts nicht zurecht und teilt daher Frau Klar telefonisch mit, er wolle das Gerät zurückgeben und sein Geld wieder haben. Klar lehnt dies ab und erklärt, dazu sei es jetzt zu spät. Sie habe Rot doch bei dem Gespräch eine den gesetzlichen Anforderungen entsprechende schriftliche Belehrung übergeben, in der alles über einen möglichen Widerruf stehe. Dies bestreitet Rot allerdings entschieden. Wie ist die Rechtslage?

1. Allgemeines

5 Nach den Regeln des Allgemeinen Teils ist der Erklärende an seine Erklärung gebunden, sobald diese dem Empfänger gegenüber wirksam geworden ist. Davon abweichend wurde durch eine Reihe von neueren Gesetzen (u.a. durch das Haustürwiderrufsgesetz [1986] und das Verbraucherkreditgesetz [1990]) ein besonderes Widerrufsrecht zugunsten des Verbrauchers geschaffen. Durch die Schuldrechtsreform 2001 wurden diese Regelungen in das BGB übernommen. Auch die Rechtsfolgen eines Widerrufs von Verbraucherverträgen sind seither im Schuldrecht geregelt. Diese Bestimmungen wurden bei der Umsetzung der Europäischen Verbraucherrechte-Richtlinie im Jahre 2013 erheblich verändert. Wenn hier trotz des Standorts im Allgemeinen Schuldrecht auf diese Widerrufsrechte eingegangen wird, so geschieht dies wegen des Sachzusammenhangs mit dem Vertragsschluss und um den Unterschied zum Widerruf nach dem Allgemeinen Teil klarzustellen.

6 Ursprünglich kannte das bürgerliche Recht keine derartigen Möglichkeiten einer Partei, sich nach Wirksamwerden ihrer Willenserklärung, erst recht nach Vertragsschluss, ohne einen besonderen Grund durch einseitige Erklärung wieder von der Bindung zu befreien. Vielmehr galt die Bindung an die eigene Willenserklärung und an den einmal geschlossenen Vertrag („pacta sunt servanda") gleichermaßen für beide Seiten. Auf den ersten Blick ist es überraschend, dass man dem Verbraucher in der Gegenwart nicht mehr zutraut, sich die Abgabe von Erklärungen vorher zu überlegen und dann auch dafür einzustehen. Es muss aber berücksichtigt werden, dass sich auch die Vertriebs- und Werbemethoden wesentlich geändert haben. Wenn ein gewandter Vertreter unge-

rufen vor der Wohnungstür auftaucht oder erst einmal in die Wohnung gelassen wurde, ist es für den Verbraucher oft schwer, den Überredungskünsten zu widerstehen und aufgrund ruhiger und sachlicher Überlegung einen unnötigen oder auch unvorteilhaften Kaufabschluss zu vermeiden. Der Verbraucher kann in solchen Situationen geradezu einem psychischen Zwang zum Vertragsschluss ausgesetzt sein, ohne dass die Voraussetzungen einer Anfechtung, etwa wegen arglistiger Täuschung (§ 123 Abs. 1, dazu s. § 19 Rn. 2 ff.), vorliegen bzw. beweisbar wären. Bei Fernabsatzverträgen fehlt dem Verbraucher die Möglichkeit, die Ware vorher zu untersuchen; seine Willensbildung beruht auf einem typischer Weise unsicheren Fundament. Verbraucherdarlehensverträge bergen besondere Risiken, die der Verbraucher nicht immer gleich beim Vertragsabschluss, sondern erst nach einiger zusätzlicher Überlegung durchschaut, so dass auch hier die Willensbildung korrekturbedürftig sein kann. Die neueren Widerrufsrechte tragen somit dazu bei, die **Privatautonomie des Verbrauchers** zu schützen.

Die Vorschriften über Widerrufsrechte des Verbrauchers dienen zu einem guten Teil der Umsetzung von **Richtlinien der EU.** Dies gilt insbesondere für das Widerrufsrecht bei außerhalb von Geschäftsräumen geschlossenen Verträgen, bei Fernabsatzverträgen und bei Verbraucherdarlehensgeschäften. Daher gewinnt die **richtlinienkonforme Auslegung** (näher s. § 4 Rn. 21) bei diesen Bestimmungen des BGB besondere Bedeutung. 7

Leider ist die Regelung der verbraucherschützenden Widerrufsrechte kein Ruhmesblatt für das Zusammenwirken von Europäischem Recht (Unionsrecht) und Recht der Mitgliedstaaten. Die Vorschriften sind überkompliziert und unterliegen viel zu häufigen Änderungen. 8

2. Anwendungsfälle des Widerrufsrechts des Verbrauchers

Das Gesetz enthält in den §§ 355 ff. **allgemeine Bestimmungen** über die Ausübung und die Rechtsfolgen des Widerrufsrechts des Verbrauchers. Diese Vorschriften sind immer dann anwendbar, wenn ein Gesetz dem Verbraucher ausdrücklich ein Widerrufsrecht nach § 355 einräumt. Dies geschieht teils innerhalb des BGB, teils in Sondergesetzen. Nach wie vor gibt es **kein generelles Widerrufsrecht bei Verbrauchergeschäften,** sondern nur, wenn einer der besonderen Tatbestände erfüllt ist, die ein Widerrufsrecht gewähren. 9

Im BGB findet man zunächst ein Widerrufsrecht bei „Besonderen Vertriebsformen", nämlich bei **außerhalb von Geschäftsräumen geschlossenen Verträgen** und **Fernabsatzverträgen** (§ 312g). Der Begriff des außerhalb von Geschäftsräumen geschlossenen Vertrags (früher: Haustürgeschäft) umfasst nach § 312b Abs. 1 Nr. 1 Vertragsabschlüsse außerhalb der Geschäftsräume des Unternehmers, sei es aufgrund mündlicher Verhandlungen in einer Privatwohnung, am Arbeitsplatz oder auf der Straße, aber auch Abschlüsse im Rahmen von Ausflugsveranstaltungen (§ 312b Abs. 1 Nr. 4, z. B. bei sog. Kaffeefahrten, bei denen besonders ältere Personen oft zum Opfer geschäftstüchtiger Verkäufer werden). Ausgenommen sind Geschäfte mit sofortigem Leistungsaustausch, wenn das Entgelt 40 € nicht übersteigt, § 312 Abs. 2 Nr. 12. Zum Handeln eines Stellvertreters s. § 10 Rn. 31d. 10

11 Auch bei **Teilzeit-Wohnrechteverträgen** (§ 485; es handelt sich um Verträge, mit denen Teilzeitnutzungsrechte, etwa an Ferienwohnungen, erworben werden, s. § 481) und bei **Verbraucherdarlehensverträgen** (§ 495) steht dem Verbraucher ein Widerrufsrecht nach § 355 zu.

12 Wie bei Verbraucherdarlehensverträgen besteht ein Widerrufsrecht auch bei anderen Verträgen, in denen ein entgeltlicher Zahlungsaufschub oder eine sonstige entgeltliche Finanzierungshilfe gewährt wird (§ 506 Abs. 1), z. B. bei **Teilzahlungsgeschäften** (§ 506 Abs. 3), und bei **Ratenlieferungsverträgen** (§ 510 Abs. 2). Außerhalb des BGB findet sich ein Widerrufsrecht des Verbrauchers gemäß § 355 in § 4 des **Fernunterrichtsschutzgesetzes** für Verträge über Fernsprachkurse, Fernrepetitorien usw.

Merksatz:
Bei Verbrauchergeschäften hat der Verbraucher kraft besonderer gesetzlicher Vorschriften in zahlreichen Fällen ein Recht zum Widerruf seiner beim Vertragsschluss abgegebenen Willenserklärung, das nicht von einer besonderen Begründung abhängt.

3. Widerrufsfrist und Ausübung des Widerrufsrechts

a) Dauer und frühester Beginn der Widerrufsfrist

13 Die Widerrufsfrist, ihr Beginn und (damit verbunden) die Anforderungen an die Belehrung des Verbrauchers über das Widerrufsrecht sind in den §§ 355 ff. in recht komplizierter Form geregelt. Zunächst erscheinen die Dinge zwar einfach, denn nach § 355 Abs. 2 Satz 1 beträgt die **Widerrufsfrist** generell 14 Tage, Sie beginnt nach § 355 Abs. 2 Satz 2 mit dem Vertragsschluss, aber dies gilt nur, soweit nichts anderes bestimmt ist. Solche abweichenden Bestimmungen über den Beginn der Widerrufsfrist sind aber in den §§ 356 bis 356d für die verschiedenen Verbraucherverträge in großer Zahl enthalten. So folgt aus § 355 Abs. 2 Satz 2 im Grunde nur, dass die Widerrufsfrist **frühestens** mit dem Abschluss des Vertrages beginnt.

b) Beginn der Widerrufsfrist bei außerhalb von Geschäftsräumen abgeschlossenen Verträgen und bei Fernabsatzverträgen

aa) Modifizierter Beginn bei Verbrauchsgüterkäufen

14 Wenn es sich bei dem außerhalb von Geschäftsräumen abgeschlossenen Vertrag oder dem Fernabsatzvertrag um einen Verbrauchsgüterkauf handelt, beginnt die Widerrufsfrist nicht schon bei Vertragsschluss, sondern erst wenn der Verbraucher die **Ware erhalten** hat, näher s. § 356 Abs. 2 Nr. 1. Verbrauchsgüterkäufe sind nach § 474 Abs. 1 Satz 1 Verträge, durch die ein Verbraucher von einem Unternehmer eine bewegliche Sache kauft.

bb) Abhängigkeit des Fristbeginns von der Belehrung des Verbrauchers über das Widerrufsrecht

15 Damit der Verbraucher das ihm zustehende Widerrufsrecht effektiv nutzen kann, muss er erst einmal Kenntnis davon haben. Der Unternehmer muss dem Verbraucher bei Vertragsschluss (genauer: vor Abgabe der Vertragserklärung des Verbrauchers, Art. 246a § 4 Abs. 1 EGBGB) sehr umfangreiche Informationen zur Verfügung stellen. Für außerhalb von Geschäftsräumen geschlossene Verträge und für Fernabsatzverträge ergeben sich diese aus § 312d Abs. 1 Satz 1 iVm Art. 246a EGBGB, bei derartigen Verträgen über Finanzdienstleistungen aus § 312d Abs. 2 iVm Art. 246b EGBGB. Zu den vorgeschriebenen Informationen gehören nach Art. 246a EGBGB § 1 Abs. 2 EGBGB auch detaillierte Angaben über das Widerrufsrecht. Die Widerrufsfrist beginnt erst, wenn der Unternehmer den Verbraucher ordnungsgemäß unterrichtet hat, § 356 Abs. 3 Satz 1. Der Unternehmer kann seine Informationspflicht gemäß Art. 246a § 1 Abs. 2 Satz 2 EGBGB dadurch erfüllen, dass er das in Anlage 1 zum EGBGB enthaltene Muster für die Widerrufsbelehrung ausfüllt und dem Verbraucher in Textform (§ 126b, s. dazu § 16 Rn. 5) übermittelt. Um in den Genuss dieser „Gesetzlichkeitfiktion" zu kommen, müssen auch nur geringfügige inhaltliche Veränderungen des Musters vermieden werden.[6]

cc) Erlöschen des Widerrufsrechts

16 Wurde die Widerrufsfrist in Lauf gesetzt, so erlischt das Widerrufsrecht nach 14 Tagen. Hat also der Unternehmer z. B. bei einem als Fernabsatzvertrag geschlossenen Verbrauchsgüterkauf den Käufer (Verbraucher) korrekt über das Widerrufsrecht belehrt, so erlischt das Widerrufsrecht 14 Tage nach Erhalt der Ware durch den Verbraucher.

17 Aber auch wenn die Belehrung unterblieben ist oder fehlerhaft erteilt wurde, soll das Widerrufsrecht nicht auf ewige Zeiten[7] bestehen bleiben. Es erlischt nach § 356 Abs. 3 Satz 2 spätestens zwölf Monate und 14 Tage nach dem Zeitpunkt, an dem die Widerrufsfrist eigentlich hätte beginnen sollen, also z. B. bei einem im Wege des Fernabsatzes geschlossenen Verbrauchsgüterkauf zwölf Monate und 14 Tage nachdem der Verbraucher die Ware erhalten hat.

---

6 Die Rspr. ist sehr penibel, vgl. aus der Fülle der Entscheidungen BGH NJW 2017, 243 Rn. 23 ff.

7 Nach früherem Recht konnte eine unzureichende Widerrufsbelehrung bei Immobiliendarlehensverträgen zu „ewigen Widerrufsrechten" führen. Diese sind aber 2016 nach Maßgabe des neuen Art. 229 § 38 Abs. 3 EGBGB erloschen; dazu Omlor NJW 2016, 2265.

c) Ausübung des Widerrufsrechts

18 Der Widerruf erfolgt nach §355 Abs.1 Satz 2 durch eine Erklärung des Verbrauchers gegenüber dem Unternehmer. Eine besondere Form ist dafür nicht vorgeschrieben. Der Widerruf kann also mündlich oder schriftlich, telefonisch oder per E-Mail erfolgen. Ein (nicht verbindliches) Muster-Widerrufsformular, über das der Unternehmer den Verbraucher im Rahmen der Widerrufsbelehrung zu informieren hat, ist in Anlage 2 zum EGBGB enthalten. Nach §355 Abs.1 Satz 3 muss der Entschluss des Verbrauchers zum Widerruf aus der Erklärung eindeutig hervorgehen. Eine bloße Rücksendung der Ware ohne zusätzliche Erklärung wird daher im Allgemeinen (anders als nach dem früheren Recht, §355 Abs.1 Satz 2 aF) nicht genügen,[8] da sie auch das Ziel haben könnte, einen Umtausch der Ware herbeizuführen. Der Widerruf setzt den Zugang der Erklärung beim Unternehmer voraus, doch genügt zur Wahrung der Widerrufsfrist bereits die Absendung vor Fristablauf, §355 Abs.1 Satz 5. Ist der Vertrag mit mehreren Verbrauchern abgeschlossen worden, so kann jeder selbständig widerrufen.[9]

18a Eine Begründung braucht der Widerruf nicht zu enthalten, §355 Abs.1 Satz 4. Welche Motive den Verbraucher zum Widerruf bewogen haben, spielt grundsätzlich keine Rolle. Zwar ist es nicht ausgeschlossen, dass ein Widerrufsrecht verwirkt wird (zur Verwirkung s. §35 Rn.27ff.) oder der Widerruf wegen rechtsmissbräuchlichen Verhaltens (§242, allg. s. §36 Rn.2) unwirksam ist, doch ist dies nicht deshalb anzunehmen, weil der Widerruf aus Gründen erfolgt, die mit dem Zweck des Widerrufsrechts (s. Rn.6) nichts zu tun haben.[10] So kann der Verbraucher eine im Fernabsatzwege erfolgte Bestellung innerhalb der Widerrufsfrist widerrufen, wenn er die bestellte und gelieferte Ware jetzt anderweitig billiger erhalten kann.[11]

4. Wirkungen des Widerrufs

19 §355 Abs.1 Satz 1 umschreibt die Wirkungen dahin, dass der Verbraucher und der Unternehmer an ihre auf den Abschluss des Vertrages gerichteten Willenserklärungen nicht mehr gebunden sind, wenn der Verbraucher seine Erklärung

---

8 So die Begründung zum Regierungsentwurf des Gesetzes zur Umsetzung der Verbraucherrechte-Richtlinie usw., BT-Drs. 17/12637, S.60 (anders, wenn Unternehmer und Verbraucher vereinbart haben, dass die bloße Rücksendung ausreicht). – A.M. Hoffmann/Schneider NJW 2015, 2529.

9 BGH NJW 2017, 243 (die Rechtswirkungen gegenüber den übrigen Verbrauchern sind nach §139 zu bestimmen).

10 BGH NJW 2016, 3512 Rn.31ff. (zur Ausübung eines „ewigen Widerrufsrechts" bei Immobiliendarlehensverträgen, dazu Fn. 7).

11 BGH NJW 2016, 1951 (mit Anm. Wendehorst) (zum Kauf von Matratzen); dazu ausführlich Mankowski JZ 2016, 787.

fristgerecht widerrufen hat. Diese Formulierung lässt klar erkennen, dass zunächst eine vertragliche Bindung entstanden war, die durch den Widerruf beseitigt wird. Es ist daher angemessen, zunächst von einer **schwebenden Wirksamkeit** der beiderseitigen Willenserklärungen und damit des Vertrages zu sprechen, die mit Ablauf der Widerrufsfrist ohne Erklärung des Widerrufs zur endgültigen Wirksamkeit wird, während bei fristgerechter Ausübung des Widerrufsrechts von nun an (ex nunc) die Bindung an die Willenserklärungen und damit an den Vertrag entfällt. Das Widerrufsrecht stellt somit ein **Gestaltungsrecht** (s. § 7 Rn. 38) dar.[12] – Zum Widerruf einer aus anderen Gründen nichtigen Willenserklärung s. § 20 Rn. 52a.

Die näheren Rechtsfolgen des Widerrufs sind zunächst in § 355 Abs. 3 gere- 20
gelt, der aber hinsichtlich der verschiedenen Verbraucherverträge durch umfangreiche Vorschriften ergänzt wird, so für außerhalb von Geschäftsräumen geschlossene Verträge und Fernabsatzverträge durch § 357. Die Rückabwicklung erfolgt (anders als bei einer Anfechtung wegen Irrtums oder arglistiger Täuschung) nicht nach den Regeln der ungerechtfertigten Bereicherung. Auch die frühere Verweisung auf die Folgen eines gesetzlichen Rücktritts (§ 357 Abs. 1 Satz 1 aF) ist bei der Neuregelung 2013 entfallen. Damit sind die in den §§ 355 ff. enthalten Bestimmungen über die Folgen des Widerrufs als abschließende Regelung zu betrachten.

Während die vertraglichen Verpflichtungen aufgrund des Widerrufs für die 21
Zukunft entfallen, sind bereits empfangene Leistungen nach § 355 Abs. 3 Satz 1 grundsätzlich unverzüglich (d.h. ohne schuldhaftes Zögern, § 121 Abs. 1 Satz 1) zurück zu gewähren. Für außerhalb von Geschäftsräumen geschlossene Verträge und Fernabsatzverträge verlangt aber § 357 Abs. 1 etwas großzügiger eine Rückgewähr spätestens nach 14 Tagen. Diese Frist beginnt für den Verbraucher mit der Abgabe der Widerrufserklärung, für den Unternehmer mit deren Zugang, wobei aber der Verbraucher diese Frist bereits mit rechtzeitiger Absendung der zurück zu gebenden Waren einhält, § 355 Abs. 3 Sätze 2 u. 3.

Von den zahlreichen Einzelheiten der Widerrufsfolgen, die für außerhalb 22
von Geschäftsräumen geschlossene Verträge und Fernabsatzverträge in § 357 zu finden sind, sind hier nur einige besonders wichtige zu erwähnen: Die Kosten der Rücksendung trägt – anders als nach dem bis zur Reform 2013 geltenden Recht – nach § 357 Abs. 6 Satz 1 der Verbraucher, wenn er vom Unternehmer (im Rahmen der erwähnten umfangreichen Informationen) von dieser Pflicht unterrichtet wurde. Anders ist es, wenn sich der Unternehmer bereit erklärt hat, im Fall des Widerrufs die Rücksendekosten zu tragen, § 357 Abs. 6 Satz 2. Die Gefahr der Rücksendung (also des Untergangs oder der Beschädigung der zurückgesandten Gegenstände) trägt nach § 355 Abs. 3 Satz 4 der Unternehmer. Ersatz für einen eingetretenen Wertverlust braucht der Verbraucher

12 BGH NJW 2017, 243 Rn. 19.

nach § 357 Abs. 7 nur zu leisten, wenn dafür ein Umgang mit der Ware ursächlich war, der zur Prüfung von Beschaffenheit, Eigenschaften und Funktionsweise der Ware nicht erforderlich war, und wenn der Verbraucher ordnungsgemäß über das Widerrufsrecht unterrichtet worden war. Der Käufer kann also z. B. die im Fernabsatz gekauften Waren auspacken, an- bzw. ausprobieren, und dennoch den Kaufvertrag widerrufen, auch wenn es für den Unternehmer schwierig oder gar unmöglich ist, die zurückgegebenen Waren anderweitig abzusetzen.[13]

23 **Lösung zu Fall 9:** Zu prüfen ist, ob der zwischen Rot und der Represso GmbH geschlossene Kaufvertrag über die Kaffeemaschine unwirksam geworden ist. Die telefonische Erklärung des Rot gegenüber Klar könnte einen Widerruf seiner bei Vertragsschluss abgegebenen Willenserklärung darstellen.

24 **a) Bestehen eines Widerrufsrechts.** Nach § 312g Abs. 1 steht dem Verbraucher bei außerhalb von Geschäftsräumen geschlossenen Verträgen ein Widerrufsrecht gemäß § 355 zu. Hier könnte ein außerhalb von Geschäftsräumen geschlossener Vertrag nach § 312b Abs. 1 Satz 1 Nr. 1 vorliegen. Rot hat den Kauf zu rein privaten Zwecken geschlossen und ist daher nach § 13 Verbraucher. Der Vertrag wurde nicht in Geschäftsräumen, sondern bei gleichzeitiger Anwesenheit der Vertragsparteien in der Wohnung des Rot geschlossen. Dabei steht Klar nach § 312b Abs. 1 Satz 2 dem Unternehmer, also der Represso GmbH, gleich, für die sie als Stellvertreterin (§ 164 Abs. 1 Satz 1) tätig geworden ist. Die Voraussetzungen eines außerhalb von Geschäftsräumen geschlossenen Vertrages nach § 312b Abs. 2 Satz 1 Nr. 1 sind somit erfüllt. Dass Klar von Rot gebeten wurde, ihn in seiner Wohnung aufzusuchen, spielt dabei (anders als nach früherem Recht) keine Rolle.

25 **b) Erklärung des Widerrufs.** Die telefonische Erklärung wurde von Rot gegenüber Klar als Stellvertreterin (§ 164 Abs. 3) der Represso GmbH abgegeben und kann daher einen Widerruf nach § 355 Abs. 1 Satz 2 darstellen. Eine Form ist für den Widerruf nicht vorgeschrieben. Auch der Gebrauch des in Anlage 2 zum EGBGB enthaltenen Widerrufsformulars ist nur fakultativ. Der Widerruf muss nach § 355 Abs. 1 Satz 4 auch keine Begründung enthalten. Aus der Erklärung des Verbrauchers muss gemäß § 355 Abs. 1 Satz 3 der Entschluss zum Widerruf des Vertrages eindeutig hervorgehen. Der Gebrauch des Wortes Widerruf ist dazu nicht erforderlich. Hier ergibt sich aus der telefonischen Erklärung des Rot eindeutig sein Wille, sich vom Vertrag zu lösen. So ist seine Erklärung auch von Klar verstanden worden, wie sich aus ihrer Reaktion ergibt. Damit liegt eine Widerrufserklärung vor.

26 **c) Fristwahrung.** Die Widerrufsfrist beträgt nach § 355 Abs. 2 Satz 1 14 Tage. Da der geschlossene Vertrag einen Verbrauchsgüterkauf nach § 474 Abs. 1 Satz 1 (Kauf einer beweglichen Sache durch einen Verbraucher von einem Unternehmer) darstellt, beginnt die Widerrufsfrist nicht schon mit Vertragsschluss (§ 355 Abs. 2 Satz 2), sondern nach § 356 Abs. 2 Nr. 1 a) erst mit Erhalt der Ware durch den Verbraucher, hier

13 Anschauliches Beispiel: Aufbau und Befüllen eines im Fernabsatz gekauften Wasserbettes ist durch den Prüfzweck gedeckt, BGHZ 187, 268 = NJW 2011, 56. – Man sollte aber nicht übersehen, dass in bestimmten Fällen das Widerrufsrecht ausgeschlossen ist, etwa bei schnell verderblichen Waren oder bei aus Gründen des Gesundheits- oder Hygieneschutzes versiegelten Waren, wenn die Versiegelung entfernt wurde (§ 312g Abs. 2 Nr. 2 und 3).

also mit der Lieferung der Kaffeemaschine eine Woche nach Vertragsschluss. Weiter ist aber zu beachten, dass die Widerrufsfrist gemäß §356 Abs. 3 Satz 1 nicht beginnt, bevor der Unternehmer den Verbraucher entsprechend den gesetzlichen Anforderungen über das Widerrufsrecht informiert hat. Wurden Rot diese Informationen bei den Vertragsverhandlungen zur Verfügung gestellt, so wurde die 14-tägige Widerrufsfrist mit dem Erhalt der Kaffeemaschine in Lauf gesetzt und war drei Wochen danach bereits abgelaufen. Andernfalls erlischt das Widerrufsrecht erst 14 Tage nach einer nachträglichen Erteilung der Informationen, spätestens ein Jahr und 14 Tage nach Erhalt des Geräts, §356 Abs. 3 Satz 2. Ob die Widerrufsfrist bei Abgabe der telefonischen Erklärung des Rot noch offen war, hängt somit davon ab, ob die Widerrufsbelehrung, wie von Klar behauptet, bei Vertragsschluss ausgehändigt wurde. Dafür trägt die Represso GmbH die Beweislast, §361 Abs. 3. Gelingt der Represso GmbH dieser Beweis in einem Prozess zwischen ihr und Rot, so ist der Widerruf unwirksam. Gelingt der Beweis nicht, so hat das Gericht den Widerruf als fristgerecht zu beurteilen und damit den Kaufvertrag nach §355 Abs. 1 Satz 1 als unwirksam anzusehen.

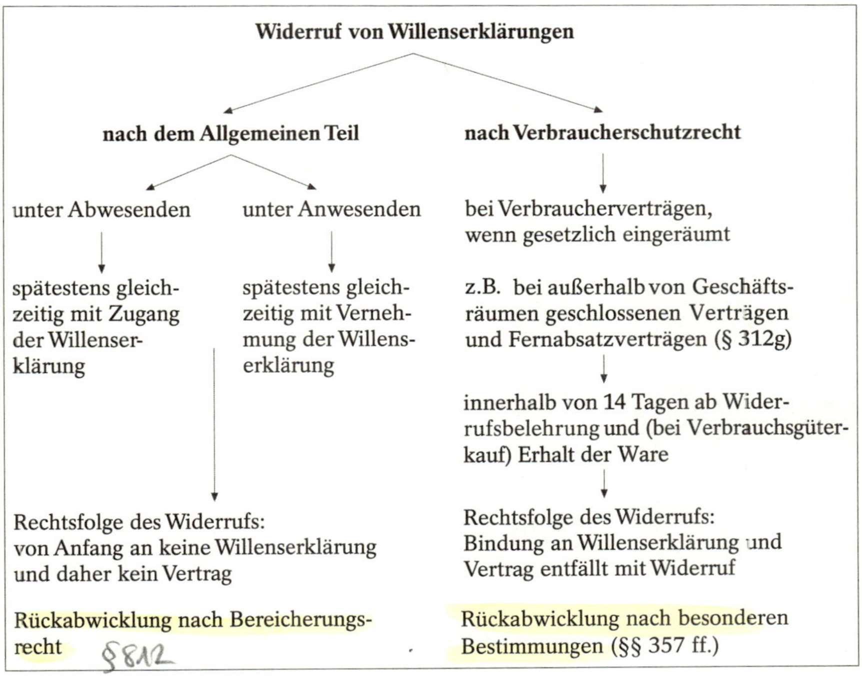

Kontrollfragen und Fälle zu § 13

1) Wie lange kann eine Willenserklärung nach dem Allgemeinen Teil des BGB widerrufen werden?

2) Welche Besonderheit ist bei der Auslegung der Vorschriften über das Widerrufsrecht bei außerhalb von Geschäftsräumen geschlossenen Verträgen und Fernabsatzverträgen zu beachten?

3) Wodurch unterscheiden sich die Wirkungen des Widerrufs einer Willenserklärung nach dem Allgemeinen Teil und die Wirkungen des Widerrufs bei Verbraucherverträgen?

4) Hurtig sendet an das Versandhaus Feinkleid schriftlich die Bestellung eines Sommermantels laut Katalog zum Preis von 160 €. Noch am selben Tag sieht er in einem Ladengeschäft einen Mantel, der ihm viel besser gefällt. Er ruft daher im Beisein seiner Frau beim Versandhaus Feinkleid an und bittet, seine Bestellung bei ihrem Eintreffen als gegenstandslos zu betrachten. Der zuständige Angestellte Horch, der den Anruf entgegennimmt, sagt dies zu. Da ihn aber Sekunden später seine Freundin anruft und den geplanten gemeinsamen Urlaub absagt, gerät Horch in solche Verzweiflung, dass er die Aufzeichnung der Nachricht des Hurtig völlig vergisst. So wird einige Tage später der Mantel an Hurtig geliefert. Muss Hurtig den Kaufpreis bezahlen? Ist, um die Zahlungspflicht zu vermeiden, ein Widerruf seitens des Hurtig erforderlich?

Lösungen

27 1) Nach dem BGB kann eine Willenserklärung nicht mehr widerrufen werden, wenn sie **wirksam** geworden ist. Bei Willenserklärungen unter Anwesenden bedeutet dies, dass von der Vernehmung der Erklärung durch den Empfänger an ein Widerruf nicht mehr möglich ist. Bei Willenserklärungen unter Abwesenden genügt es noch zum Widerruf, wenn dieser gleichzeitig mit der Erklärung dem Empfänger zugeht, § 130 Abs. 1 Satz 2.

28 2) Die Vorschriften über das Widerrufsrecht bei außerhalb von Geschäftsräumen geschlossenen Verträgen und bei Fernabsatzverträgen sind in Umsetzung einer Richtlinie der EU ergangen. Soweit die Auslegung zweifelhaft ist, ist daher eine Auslegung zu bevorzugen, die mit der EU-Richtlinie übereinstimmt, da im Regelfall nicht angenommen werden kann, dass der deutsche Gesetzgeber gegen die Vorgaben der Richtlinie verstoßen wollte (Grundsatz der **richtlinienkonformen Auslegung**).

29 3) Der rechtzeitige Widerruf einer Willenserklärung nach § 130 Abs. 1 Satz 2 führt dazu, dass die widerrufene Willenserklärung **von Anfang an nicht wirksam** wird. Sollten gleichwohl Leistungen aufgrund des vermeintlich wirksamen Vertrags erbracht werden, so sind diese nach den Regeln über die **ungerechtfertigte Bereicherung** (§ 812 Abs. 1 Satz 1, Fehlen des rechtlichen Grundes der Leistung) zurück zu erstatten. Bei den verbraucherschützenden Widerrufsrechten ist der Erklärende dagegen *nicht mehr* an die auf den Vertragsschluss gerichtete Willenserklärung gebunden, wenn er diese fristgerecht widerrufen hat, § 355 Abs. 1 Satz 1. Die Willenserklärung ist also zunächst schwebend wirksam und erst durch den Widerruf entfällt die Bindung an die Erklärung. Hinsichtlich der Rechtsfolgen, insbesondere der Rückabwicklung bereits erbrachter Leistungen, gelten **besondere Vorschriften**, §§ 357 ff.

30 4) Hurtig gab mit der schriftlichen Bestellung ein Angebot zum Abschluss eines Kaufvertrages ab. Die Bestellung war eine Willenserklärung unter Abwesenden, die nach § 130 Abs. 1 Satz 1 erst mit dem Zugang an den Adressaten wirksam wird. Nach § 131 Abs. 1 wird die Erklärung nicht wirksam, wenn dem Empfänger vorher oder gleichzeitig ein Widerruf zugeht. Hurtig hat durch die telefonische Erklärung gegenüber dem Angestellten Horch (von dessen Vertretungsmacht für das Versandhaus auszugehen ist) seine Bestellung widerrufen. Die telefonische Erklärung, die als Erklärung unter Anwesenden zu behandeln ist (vgl. § 147 Abs. 1 Satz 2) ist mit der Vernehmung durch Horch wirksam geworden. Da dem Versandhaus auf diese Weise bereits **vor dem Zugang der Bestellung ein Widerruf zuging**, ist die Bestellung (das Vertragsangebot) nicht wirksam geworden. Damit ist kein Kaufvertrag zustande gekommen, so dass Hurtig nicht zur Zahlung des Kaufpreises verpflichtet ist. Einer Widerrufserklärung des Hurtig bedarf es dazu nicht; es liegt kein Fall der Ausübung eines Widerrufsrechts des Verbrauchers (hier nach § 312g – Fernabsatzvertrag) vor. Dennoch ist dem Hurtig zu empfehlen, gegenüber dem Versandhaus den Hergang zu schildern und klarzustellen, dass er den Mantel nicht behalten will, damit nicht etwa Zweifel über einen nachträglichen stillschweigenden Vertragsschluss entstehen.

§ 14 Der Abschluss eines Vertrages

Fall 10:[1] A und B mieteten gemeinsam ein Einfamilienhaus vom Eigentümer C. Der Mietvertrag wurde von A und von B unterschrieben. Bei der Übergabe des Hauses im Jahre 2015 waren sowohl A als auch B anwesend. B wohnte jedoch nicht in dem Haus und nahm auch keinen Schlüssel in Besitz, sondern hielt sich nur zu kurzen Besuchen in dem Haus auf. Die Gasversorgung in dem Haus erfolgt durch die G AG. A verbrauchte vom Einzug an Gas, ohne aber einen schriftlichen Vertrag mit der G AG abzuschließen. G stellte für ihre Gaslieferungen in den Jahren 2015 und 2016 Rechnungen an A und B, die jedoch unbezahlt blieben. Gegen wen hat die G AG Anspruch auf Zahlung?

I. Die Unterscheidung von Angebot (Antrag) und Annahme

Ein Vertrag kommt durch **Angebot** (Antrag[2]) und **Annahme** zustande. Das BGB sagt dies zwar nicht ausdrücklich, geht aber davon in den §§ 145 ff. als selbstverständlich aus, am deutlichsten in § 151 Satz 1. 1

Antrag und Annahme sind die beiden inhaltlich korrespondierenden, auf dieselben Rechtsfolgen gerichteten Willenserklärungen der Vertragspartner. Die zeitlich frühere Erklärung stellt im Allgemeinen das Angebot dar (s. aber Rn. 44 zur vorweg erklärten Annahme). Von welcher Seite die erste Erklärung kommt, ist gleichgültig. So liegt etwa in einer Bestellung beim Versandhaus ein Angebot des Käufers, in der Zusendung einer Ware zur Ansicht ein Angebot des Verkäufers. Bei längeren Vertragsverhandlungen, aber auch schon bei einem Barkauf in einem Ladengeschäft, kann es schwer festzustellen sein, wer als erster eine bindende Erklärung abgegeben hat. Ist aber der Vertragsschluss fehlerfrei, so kann die Reihenfolge der Erklärungen auf sich beruhen. – Zur Haftung für Verschulden beim Vertragsschluss s. § 6 Rn. 45.

Merksatz:
Ein Vertrag kommt durch Angebot und Annahme zustande.

---

1 Der Sachverhalt ist BGHZ 202, 158 = NJW 2014, 3150 nachgebildet. Die Grundsätze zum Adressaten einer Realofferte eines Energieversorgungsunternehmens und zu ihrer Annahme wurden bereits zuvor in BGHZ 202, 17 = NJW 2014, 3148 (zur Stromentnahme durch einen Gaststättenpächter) entwickelt.

2 Das Gesetz spricht vom Antrag; gleichbedeutend ist der heute zumeist verwendete Ausdruck Angebot (oder auch Vertragsofferte).

II. Das Angebot

1. Inhaltliche Anforderungen

a) Bestimmtheit

2 Das Angebot muss bestimmt sein, d.h. es muss alle wesentlichen Punkte enthalten, die im Vertrag geregelt werden sollen (die sog. essentialia negotii).

Merksatz:
Das Angebot muss so bestimmt sein, dass es durch ein einfaches „ja" des Empfängers des Angebots angenommen werden kann.

3 Das bedeutet aber nicht, dass in dem Angebot alle wesentlichen Elemente ausdrücklich angesprochen werden müssen. Vielmehr können einzelne Punkte auch **stillschweigend** miterklärt sein, wenn aus den Umständen hervorgeht, welchen Inhalt der Antrag hat.

Wenn etwa in einer Bildergalerie Gemälde zum Verkauf ausgestellt sind und der Verkäufer auf Frage eines Kunden erklärt, er könne ihm das Bild Nr. 13 „Sonnenblumen" noch zum Kauf anbieten, so ist das Angebot auch ohne Nennung eines Preises hinreichend bestimmt, falls ein Preisschild an dem Bild hängt oder eine Liste mit den Preisen ausliegt. In anderen Fällen kann man davon ausgehen, dass der übliche Verkaufspreis (der Tagespreis) gemeint ist, wenn der Vertragsantrag keine nähere Bestimmung enthält, so etwa wenn man bei einem Händler eine bestimmte Menge Heizöl bestellt, ohne über den Preis zu sprechen. Für einige häufiger vorkommende Sachverhalte bestimmt auch das Gesetz, dass die **übliche Vergütung** geschuldet ist, wenn die Parteien nichts anderes vereinbart haben. Dies gilt z.B. nach § 612 Abs. 2, § 632 Abs. 2 für die Vergütung beim Dienst- und Werkvertrag. Auch in diesen Fällen ist also ein Vertragsangebot wirksam, selbst wenn es keine Angaben über die Vergütung enthält.

4 Das Angebot muss nicht in (gesprochenen oder geschriebenen) Worten erfolgen, sondern kann sich auch aus **schlüssigem Verhalten** ergeben. Wenn ein Anbieter Leistungen in der Art auf Abruf bereithält, dass durch Inanspruchnahme der Leistung (also ebenfalls durch schlüssiges Verhalten) der Vertrag zustande kommt, spricht man auch von einer **Realofferte.**[3]

b) Erklärter Bindungswille – Abgrenzung zur invitatio ad offerendum

5 Nicht jede Erklärung, die eine Ware oder Dienstleistung anbietet, ist bereits ein Vertragsangebot. Vielmehr haben solche Erklärungen oft den Sinn, den anderen Teil zur Abgabe eines Angebots aufzufordern. Der Unterschied zwischen einer solchen **Aufforderung zum Vertragsangebot (invitatio ad offerendum)**

---

3 Vgl. BGH NJW 2005, 3636, 3637 (zur Realofferte bei Telekommunikationsleistungen); BGH NJW 2012, 1948 (Abfallentsorgung bei Abschluss- und Benutzungszwang); BGH (Fn. 1) (zu Strom- und Gaslieferung; s. Fall 10 mit Lösung).

und einem Vertragsangebot selbst liegt darin, dass mit der bloßen Aufforderung zum Vertragsangebot noch **kein Bindungswille** verbunden ist. Ob bereits ein Bindungswille geäußert wird, ist, wenn in der Erklärung nichts Ausdrückliches dazu gesagt ist, im Wege der Auslegung festzustellen, wobei die Verkehrsauffassung eine erhebliche Rolle spielt. Ein Zeitungsinserat versteht man allgemein dahin, dass das werbende Unternehmen damit noch keine konkrete Bindung im Sinne eines Vertragsangebotes eingehen, sondern erst den Leser zur Abgabe eines Angebots auffordern will. Dasselbe gilt etwa für das Zusenden eines Katalogs oder einer Preisliste, aber auch für die im Restaurant ausliegende Speisekarte oder die im Schaufenster ausgestellte Ware. In all diesen Fällen geht das Vertragsangebot erst vom Kunden aus, der eine Ware bestellt oder seine Kaufabsicht äußert.

Ob das **Auslegen von Ware** in einem Ladengeschäft mit **Selbstbedienung** als bloße invitatio ad offerendum anzusehen ist oder ob damit bereits ein **Vertragsangebot** gemacht wurde, hängt davon ab, ob in dem Bereitlegen der Ware bereits ein vertraglicher Bindungswille des Unternehmens zum Ausdruck kommt. Nach der Verkehrsauffassung ist dies zu bejahen.[4] Gerade bei besonders günstigen Angeboten wird dies deutlich. Der Kunde versteht das Angebot dahin, dass er den Kauf abschließen kann, wenn er nur rechtzeitig genug im Laden ist, so dass noch Ware im Regal vorhanden ist. Man geht als Kunde in der Regel nicht davon aus, dass der Kauf dann noch von der Einwilligung der Kassiererin bzw. des Kassierers abhängig ist. Eine **Annahme** des Angebots durch den Käufer liegt zwar noch nicht darin, dass dieser die Ware aus dem Regal genommen und etwa in einen Einkaufswagen gelegt hat, denn nach der Verkehrsauffassung nimmt ihm dies nicht die Freiheit, die Ware wieder zurückzulegen.[5] Doch ist die Vorlage der Ware an der Kasse als Annahme anzusehen, da nunmehr der Wille des Kunden zum Kauf zum Ausdruck kommt. Somit ist dadurch der Kaufvertrag zustande gekommen; eine ablehnende Erklärung der Kassiererin bzw. des Kassierers könnte daran nichts mehr ändern. **5a**

Merksatz:
Eine bloße Aufforderung zur Abgabe eines Angebots und noch kein Vertragsangebot liegt vor, wenn aus der Erklärung kein Bindungswille des Urhebers hervorgeht.

Die Unterscheidung zwischen Vertragsangebot und bloßer Aufforderung zur Abgabe eines Angebots ist z. B. in den Schulfällen bedeutsam, in denen eine Preisauszeichnung an einer Ware oder die Preisangabe in einer Speisekarte versehentlich oder von einem unbefugten Dritten verändert wurde. Da das Angebot vom Kunden ausgeht, kann der Verkäufer den Vertragsschluss zu dem falschen Preis ohne weiteres ablehnen, wenn die Verwechslung bis dahin bemerkt wird. Andernfalls kommt der Vertrag mit dem falschen Preis zustande, doch kann der Verkäufer seine Willenserklärung wegen Inhalts- **5b**

4 So Medicus/Petersen Rn. 363 (im Regelfall); Bork Rn. 719; Muscheler/Schewe Jura 2000, 565, 567; Schulze AcP Bd. 201 (2001), 232, 234, 253. – A. M. Köhler § 8 Rn. 11; Jauernig/Mansel § 145 Rn. 3; MünchKomm/Busche § 145 Rn. 12.

5 BGH NJW 2011, 2871 Rn. 15.

irrtums (§ 119 Abs. 1, 1. Alt.) anfechten und dadurch den Vertrag rückwirkend vernichten, § 142 Abs. 1.

6 Die Frage nach dem erklärten Bindungswillen ist von der Frage nach der Bestimmtheit des Angebots zu unterscheiden. Auch wenn die Bedingungen eines künftigen Vertrages bereits hinreichend bestimmt sind (etwa aufgrund der Angaben in einem Katalog), kann der Bindungswille (des mit dem Katalog werbenden Unternehmens) fehlen. Ein Indiz dafür, dass noch keine Bindung gewollt ist, stellt es dar, wenn eine Erklärung, etwa ein Katalog oder ein Inserat, **an die Allgemeinheit gerichtet** ist. Auch ein Angebot an die Allgemeinheit *kann* aber bereits einen Antrag zum Vertragsschluss darstellen (sog. Offerte ad incertas personas). So wird man in der Aufstellung eines Warenautomaten ein Angebot an jedermann sehen dürfen, der den erforderlichen Geldbetrag einwirft (näher s. Rn. 64 f.). Die Freischaltung einer Zapfsäule bei einer Selbstbedienungstankstelle ist ebenfalls ein Angebot an jedermann, das durch Einfüllen des Benzins angenommen wird – der Kaufvertrag kommt bereits zu diesem Zeitpunkt, nicht erst an der Kasse zustande.[6] Im Aufdruck „Pfand" auf einer Getränkeflasche kommt ein Angebot des namentlich genannten Herstellers oder Vertreibers an jedermann zum Ausdruck, die Flasche gegen Zahlung des Pfandbetrags zurückzunehmen.[7]

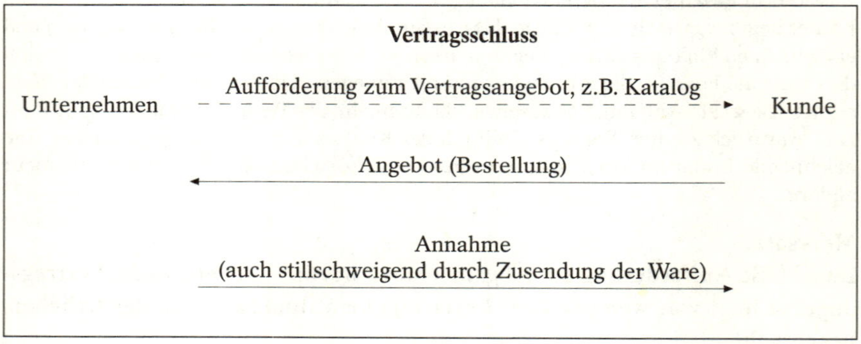

7 Bei einer **Versteigerung** kommt nach § 156 Satz 1 der Vertrag erst durch den **Zuschlag** zustande. Der Antrag zum Vertragsschluss liegt also im Gebot des Erwerbswilligen, während die Aufforderung zum Bieten nur als invitatio ad offerendum anzusehen ist. Zur abweichenden Beurteilung der Internet-Auktion s. Rn. 43 f.

6 BGH NJW 2011, 2871.
7 BGH NJW 2007, 2912; BGH NJW-RR 2010, 1432.

Lösung zu Fall 10:

1. Anspruch der G AG aus Energieversorgungsvertrag gegen C

Ein Anspruch der G AG auf Zahlung für das gelieferte Gas gegen C könnte sich aus einem mit C abgeschlossenen Energieversorgungsvertrag ergeben. Ein ausdrücklicher Vertragsschluss erfolgte nicht. Jedoch könnte in dem tatsächlichen Leistungsangebot der G AG, das durch den Gasanschluss zum Ausdruck kommt, ein Angebot zum Vertragsschluss über die Versorgung mit Gas liegen. Aus den Umständen wird hinreichend deutlich, dass die G AG zur Lieferung von Gas nur gegen Zahlung des Entgelts nach ihren üblichen Bedingungen bereit ist. Unter Berücksichtigung der Verkehrsauffassung ist daher ein Angebot der G AG zum Abschluss eines Versorgungsvertrags in Gestalt einer Realofferte zu bejahen. Zu klären bleibt aber, an wen das Vertragsangebot gerichtet ist. C ist zwar Eigentümer des Hauses, hat aber die unmittelbare Sachherrschaft nicht inne und ist nicht Nutznießer der Gaslieferungen. Die G AG kann unter diesen Umständen nicht erwarten, dass der Eigentümer einen Versorgungsvertrag mit ihr abschließt. Die Realofferte ist nach der Verkehrsauffassung so auszulegen, dass sie an diejenigen Personen gerichtet ist, denen die tatsächliche Verfügungsgewalt über den Versorgungsanschluss zusteht. Ein Vertragsangebot an C lag somit nicht vor, so dass ein Vertragsschluss mit C und damit ein Zahlungsanspruch gegen C zu verneinen ist. 8

2. Anspruch der G AG aus Energieversorgungsvertrag gegen A

Die Realofferte der G AG richtete sich an A, der aufgrund des Mietvertrags mit C und der Überlassung des gemieteten Hauses die tatsächliche Verfügungsgewalt über den Versorgungsanschluss innehatte. 8a

A hat dieses Angebot konkludent dadurch angenommen, dass er in dem Haus unter Nutzung des Anschlusses Gas verbrauchte. Dadurch ist ein Energieversorgungsvertrag zwischen der G AG und A zustande gekommen, aus dem A zur Zahlung des Entgelts für das in den Jahren 2015 und 2016 verbrauchte Gas verpflichtet ist.[8]

3. Anspruch der G AG aus Energieversorgungsvertrag gegen B

Wird ein Mietvertrag von mehreren Personen als Mitmietern abgeschlossen, so haben in der Regel sämtliche Mitmieter die tatsächliche Verfügungsgewalt über die gemieteten Räume und den darin befindlichen Versorgungsanschluss und damit auch die Möglichkeit, Gaslieferungen in Anspruch zu nehmen. Die Realofferte eines Energieversorgungsunternehmens richtet sich daher typischer Weise an alle Mitmieter. Hier hat B zwar die ihm aufgrund des Mietvertrages eingeräumte Verfügungsgewalt tatsächlich nur eingeschränkt ausgeübt, zumal er selbst keine Schlüssel in Besitz nahm. Da es sich insoweit aber um interne Regelungen der Mitmieter untereinander handelte und B aufgrund des Mietvertrags in der Lage gewesen wäre, Räume in dem Haus zu nutzen und Gas zu verbrauchen, ist die Realofferte der G AG gleichwohl so zu verstehen, dass sie sich auch an B als Mitmieter richtete. 9

Da B selbst kein Gas verbraucht hat, liegt auch keine Annahme der Realofferte durch ihn vor. Er könnte jedoch insoweit durch A vertreten worden sein. Dazu müsste das Handeln des A sowohl als Handeln im eigenen Namen als auch im Namen des B zu verstehen sein. Die Erklärung muss nicht ausdrücklich im Namen des Vertretenen 9a

8 Wie in BGHZ 202, 158 Rn. 28 ff. = NJW 2014, 3150 näher ausgeführt wird, steht dem Vertragsschluss auch keine Verletzung von europarechtlich begründeten Informationspflichten (über die Vertragsbedingungen) durch die G AG entgegen, zumal sie von A und B nicht über die Entnahme von Gas unterrichtet wurde.

abgeben werden. Vielmehr genügt es nach § 164 Abs. 1 Satz 2, wenn sich dies aus den Umständen ergibt. Entscheidend für die Auslegung einer Willenserklärung, auch wenn diese wie hier konkludent erfolgt, ist der objektive Empfängerhorizont. Somit kommt es auf die Umstände an, die für den Empfänger erkennbar sind, hier also darauf, wie sich der Gasverbrauch in dem vermieteten Haus für die G AG darstellte. Da der G AG keine Einschränkung mitgeteilt wurde, durfte sie davon ausgehen, dass die Annahme der Realofferte durch Verbrauch von Gas durch beide Mitmieter und somit auch im Namen von B erfolgte.

9b Die durch A auch im Namen von B konkludent erklärte Annahme der Realofferte wirkt gegenüber B als dem Vertretenen nur, wenn sie von A innerhalb einer ihm zustehenden Vertretungsmacht erfolgte, § 164 Abs. 1 Satz 1. B hat A keine ausdrückliche Vollmacht erteilt. Jedoch kommt hier eine Duldungsvollmacht nach den hierzu von der Rechtsprechung entwickelten Grundsätzen (s. § 24 Rn. 33 f.) in Betracht. Danach liegt eine Duldungsvollmacht vor, wenn der Vertretene es willentlich geschehen lässt, dass ein anderer wie ein Vertreter für ihn auftritt und wenn der Geschäftspartner dies nach Treu und Glauben dahin versteht, dass der als Vertreter Handelnde bevollmächtigt ist. Hier hat B gewusst und geduldet, dass A allein in das gemeinsam gemietete Haus einzog, Gas verbrauchte und dadurch die Realofferte der G AG annahm. Somit ist eine Duldungsvollmacht zu bejahen. Der Energieversorgungsvertrag ist durch das Handeln des A auch zwischen der G AG und B zustande gekommen.[9]

4. Verhältnis der Haftung des A und des B zueinander

9c Da sich A und B durch den mit der G AG zustande gekommenen Energieversorgungsvertrag gemeinschaftlich zur Zahlung des Entgelts für das verbrauchte Gas verpflichtet haben und nichts anderes vereinbart wurde, haften sie nach § 427 als Gesamtschuldner. Die G AG kann daher gemäß § 421 Satz 1 sowohl von A als auch von B das gesamte Entgelt (insgesamt jedoch nur einmal) fordern.

2. Rechtliche Wirkungen des Angebots

a) Bindung des Anbieters

10 Ein Widerruf, der ein Wirksamwerden der Willenserklärung verhindert, ist nur bis zum Zugang der Erklärung möglich, § 130 Abs. 1 Satz 2. Davon zu unterscheiden ist die Frage, in welchem Umfang der Erklärende an sein wirksam erklärtes Vertragsangebot **gebunden** bleibt.

Wer ein Vertragsangebot macht, ist daran zunächst einmal gebunden, soweit er nicht die Bindung ausgeschlossen hat, § 145. Der **Ausschluss der Bindung** kann in Klauseln wie „freibleibend“ oder „Lieferungsmöglichkeit vorbehalten“ zum Ausdruck kommen. Allerdings können solche Klauseln auch weiter-

9 Das ist jedenfalls die Lösung des BGH NJW 2014, 3150. Wenn man für die Frage, an wen sich die Realofferte richtet, noch entschiedener auf die tatsächliche Verfügungsgewalt über den Versorgungsanschluss abstellt und davon ausgeht, dass B insoweit keine andere Stellung hatte als ein sonstiger Besucher, könnte man auch dazu gelangen, nur einen Vertragsschluss zwischen der G AG und A zu bejahen.

gehend bedeuten, dass überhaupt kein Vertragsangebot, sondern nur eine Aufforderung zum Vertragsschluss vorliegt.[10]

b) Rechtsstellung des Empfängers

Durch die Bindung des Anbieters an das Angebot entsteht für den **Empfänger** eine günstige Rechtsposition – es hängt nur von ihm ab, ob der Vertrag zustande kommt. Diese Rechtsposition kann, wenn nicht ein anderer Wille des Anbietenden anzunehmen ist, auch auf einen Dritten übertragen werden, der dann seinerseits in der Lage ist, durch Annahme den Vertragsschluss herbeizuführen. Die Rechtsstellung des Angebotsempfängers wird auch als **Option** bezeichnet. Davon zu unterscheiden ist der Optionsvertrag, s. Rn. 36. 11

c) Erlöschen der Bindung

Die Bindung an das Vertragsangebot **erlischt** stets, wenn der Gegner den **Antrag ablehnt**, im Übrigen aber dann, wenn die **Annahme nicht rechtzeitig** erfolgt, § 146. Zu den Annahmefristen s. Rn. 16 ff. 12

Die Bindung an ein Vertragsangebot erlischt nach § 153 im Zweifel nicht dadurch, dass der **Antragende** nach Wirksamwerden des Angebots (also nach Zugang[11]), aber vor der Annahme **verstirbt** oder **geschäftsunfähig** wird. Wird z. B. nach dem Tod des Antragenden dessen Angebot angenommen, so kommt der Vertrag mit den Erben des Antragenden zustande. 13

III. Die Annahme

1. Inhaltliche Anforderungen

Fall 11: A bestellt bei B 100 Zentner einer bestimmten Düngersorte zu 20 € pro Zentner. B antwortet, er nehme die Bestellung an, fügt aber hinzu, der Preis betrage a) 25 €; b) 18 €. Ist jeweils ein Vertrag zustande gekommen?

Durch die Annahme muss die **vertragliche Einigung** zum Ausdruck kommen. Die Annahme muss daher in ihrem rechtlich geltenden Inhalt mit dem Antrag (= Angebot) übereinstimmen. Man kann von einer **spiegelbildlichen Deckungsgleichheit** sprechen (spiegelbildlich, weil der eine Teil kaufen, der andere verkaufen will usw.). Weicht dagegen die Annahme inhaltlich vom Antrag ab – § 150 Abs. 2 nennt Erweiterungen, Einschränkungen oder sonstige Ände- 14

---

10 So BGH NJW 1996, 919 zu einem „freibleibenden Angebot".

11 Darin liegt der Unterschied des § 153 von § 130 Abs. 2, der den Tod oder den Eintritt der Geschäftsunfähigkeit des Erklärenden zwischen Abgabe und Zugang der Willenserklärung betrifft, s. § 12 Rn. 9.

rungen – so gilt sie als Ablehnung in Verbindung mit einem neuen Antrag. Der Empfänger muss aber nach Treu und Glauben Änderungen gegenüber dem Angebot klar zum Ausdruck bringen; bei absichtlich versteckten Änderungen kommt der Vertrag mit dem ursprünglichen Angebotsinhalt zustande.[12] Zur vorweg erklärten Annahme s. Rn. 44.

15 **Lösung zu Fall 11:** a) Wenn der Verkäufer den Antrag des Käufers zwar akzeptiert, aber einen höheren Preis nennt, so hat er in Wahrheit den Antrag nicht angenommen. Die Erklärung des B ist eine Ablehnung des Antrags, verbunden mit einem neuen Antrag, zu dem höheren Preis von 25 € zu verkaufen, § 150 Abs. 2. Es ist nun Sache des A, ob er diesen Antrag annimmt.

b) Auf den ersten Blick scheint es auch hier an der Deckungsgleichheit von Antrag und Annahme zu fehlen. Man darf aber davon ausgehen, dass A mit einem Vertragsschluss zu einem für ihn günstigeren Preis gerne einverstanden ist. Da es bei der Ermittlung des Sinnes einer Erklärung nicht allein auf den Wortlaut, sondern vor allem auf den erkennbar erklärten Willen ankommt (§ 133, näher dazu s. § 15 Rn. 2 ff.), ist der Antrag des A dahin auszulegen, dass A einen Vertragsschluss zu 20 € oder zu einem günstigeren Preis wünscht. Der Vertrag ist also zu einem Verkaufspreis von 18 € zustande gekommen.

2. Annahmefrist

Fall 12: A hat dem B am 1. 11. schriftlich eine Maschine zum Kauf für 10 000 € angeboten. Am 4. 11. bietet C 12 000 € für die Maschine.

a) Kann A das Angebot gegenüber B widerrufen?

b) Wie ist es, wenn B 3 Wochen lang nicht geantwortet hat?

c) B hat das briefliche Angebot des A am 4. 11. erhalten. Er sendet am 7. 11. eine schriftliche, datierte Annahme zurück. Der Brief bleibt aber bei der Post liegen und trifft erst am 10. 12. bei A ein. A wirft die Annahme als verspätet in den Papierkorb. Am 20. 12. verlangt B Lieferung. Mit Recht?

16 Welcher Zeitraum für die Annahme zur Verfügung steht, kann der Antragende bestimmen, indem er eine **Frist für die Annahme** setzt, § 148. Ist dies nicht geschehen, so muss man zwischen einem Antrag unter Anwesenden und einem solchen unter Abwesenden unterscheiden.

17 Ein **unter Anwesenden** gemachter Antrag kann **nur sofort** angenommen werden, § 147 Abs. 1 Satz 1.[13] Dasselbe gilt, wie das Gesetz hier ausdrücklich klarstellt, auch für einen telefonischen Antrag, § 147 Abs. 1 Satz 2.

---

12 BGH NJW 2014, 2100.

13 Dies gilt auch bei einem mündlichen oder telefonischen Angebot an einen Vertreter ohne Vertretungsmacht; der vom Vertreter durch sofortige Annahme geschlossene Vertrag ist dann zunächst schwebend unwirksam bis zur Erteilung oder Verweigerung der Genehmigung durch den Vertretenen (§ 177 Abs. 1, dazu s. § 26 Rn. 1), BGH NJW 1996, 1062, 1064.

Ein Antrag **unter Abwesenden** kann bis zu dem Zeitpunkt angenommen werden, zu dem unter regelmäßigen Umständen der Eingang der Antwort aus der Sicht des Antragenden erwartet werden darf, § 147 Abs. 2. Dabei ist nicht nur die für die Übermittlung des Antrags und den Rücklauf der Antwort erforderliche Zeit, sondern auch eine gewisse Bearbeitungs- und Überlegungszeit für den Angebotsempfänger (je nach den tatsächlichen Umständen) einzukalkulieren.[14] Wenn die Annahme nach § 151 Satz 1 dem Antragenden **nicht zugehen muss** (s. Rn. 22), gilt § 147 Abs. 2 nicht.[15] Hier entscheidet über die zeitliche Bindung an das Angebot der aus dem Antrag oder den Umständen hervorgehende Wille des Antragenden, § 151 Satz 2. 18

In **AGB** darf sich der Verwender nach § 308 Abs. 1 Nr. 1 keine unangemessen langen oder nicht hinreichend bestimmten Fristen für die Annahme oder Ablehnung eines Angebots der Gegenseite vorbehalten. Zur Prüfung der Angemessenheit ist die Annahmefrist heranzuziehen, die sich aus der gesetzlichen Regelung in § 147 Abs. 2 ergibt. Diese wird bei Immobilienverkäufen auf 4 Wochen angesetzt. Unangemessen lang und daher unwirksam ist folglich eine vom Verkäufer von Immobilien[16] durch AGB oder ein Bestellformular vorgesehene Bindung des Käufers, die wesentlich über 4 Wochen hinausgeht und nicht durch besondere Umstände gerechtfertigt wird.[17] Unwirksam ist auch eine vom Verkäufer gestellte AGB-Klausel, wonach das Angebot des Immobilienkäufers unbefristet fortbesteht; dies gilt auch, wenn dem Käufer das Recht zum Widerruf seines Angebots eingeräumt ist.[18] 18a

3. Verspätete Annahme

Soweit die Bindung an den Antrag bereits erloschen ist (§ 146), gilt eine verspätete Annahme als **neuer Antrag**, § 150 Abs. 1. Man sieht auch hieran, dass die Begriffe Antrag und Annahme grundsätzlich von der zeitlichen Reihenfolge abhängen. Es liegt bei dem Empfänger der verspäteten Annahme, ob er noch den Vertrag abschließen will oder nicht. Wenn allerdings für den Empfänger 19

---

14 BGH NJW 2010, 2873, 2874; BGHZ 209, 105 = NJW 2016, 1441 Rn. 20 u. 31 (die Annahmefrist beginnt schon mit der Abgabe, nicht erst mit Zugang des Antrags und beträgt bei Mietverträgen, auch über Gewerberäume, in der Regel nicht mehr als zwei oder drei Wochen).

15 BGH NJW 1999, 2179. S. auch BGH NJW 2000, 2984 (gegen zu kurze Bemessung der Annahmefrist bei Antrag an eine große Handelsgesellschaft).

16 Der Verkäufer, der ein Immobilienprojekt plant, sammelt Kaufanträge und ist daran interessiert, dass diese für die potentiellen Käufer möglichst lange bindend bleiben. Der Verkäufer will die Anträge erst annehmen, wenn er sicher ist, dass das Projekt zustande kommt.

17 Grundlegend BGH NJW 2010, 2873; neueres Beispiel BGH NJW 2014, 857 (unzulässige Bindungsfrist von 6 Wochen für den Käufer beim Vertrag mit dem Bauträger über den Kauf einer noch zu errichtenden Eigentumswohnung).

18 BGH NJW 2013, 3434. S. auch Fälle und Kontrollfragen zu § 17, Fall 3.

der verspäteten Annahme erkennbar ist, dass die Erklärung rechtzeitig abgesendet worden war und nur aufgrund verzögerter Beförderung nicht rechtzeitig zu ihm gelangt ist, so muss er dem Annehmenden nach § 149 Satz 1 die **Verspätung mitteilen**, damit dieser weiß, dass er nicht mehr von einem zustande gekommenen Vertrag ausgehen darf. Unterbleibt diese Mitteilung, so gilt die Annahme nicht als verspätet, § 149 Satz 2.

20 **Lösung zu Fall 12:** a) A kann das mit dem Zugang an B wirksam gewordene Angebot nicht widerrufen, § 130 Abs. 1 Satz 1 und 2. Er ist daran nach § 145 gebunden.

b) Ob die Bindung noch andauert, nachdem B 3 Wochen lang nicht geantwortet hat, hängt davon ab, ob der für die Annahme verfügbare Zeitraum abgelaufen ist. A hat keine Frist für die Annahme gesetzt, so dass es nach § 147 Abs. 2 darauf ankommt, bis zu welchem Zeitpunkt A eine Antwort erwarten konnte. Bei der Bestimmung dieses Zeitraums muss man zunächst die Zeitspanne bis zum Empfang des Antrags durch den Adressaten, dann eine gewisse, nach dem Inhalt des Geschäfts verschieden lange Überlegungsfrist und schließlich die für die Übermittlung der Antwort nötige Zeit einkalkulieren. Hier sind drei Wochen auf jeden Fall als zu lang anzusehen. A ist also nicht mehr an das Angebot an B gebunden.

c) Da es auf den Zugang der Willenserklärung bei A ankommt, erfolgte die Annahme durch B verspätet. Die Bindung des A an seinen Antrag war daher nach § 146 erloschen. Da aber die Annahme datiert war, konnte A erkennen, dass sie ihm bei der üblicherweise zu erwartenden Dauer der Beförderung rechtzeitig zugegangen wäre. Also hätte A den B von der Verspätung benachrichtigen müssen, § 149 Satz 1. Da er dies nicht tat, gilt die Annahme durch B als nicht verspätet, § 149 Satz 2. Der Kaufvertrag ist somit zustande gekommen, und B hat Anspruch auf die Lieferung der Maschine.

4. Annahme ohne Zugang der Annahmeerklärung

Fall 13: Buchhändler Schnell schickt dem Rechtsanwalt Klug, mit dem er bisher nicht in geschäftlichen Beziehungen stand, an dessen Kanzleianschrift unaufgefordert die neueste Auflage eines bekannten Kurzkommentars zum BGB zur Ansicht zu. Im Begleitschreiben des Schnell heißt es: „Sollten Sie diesen unentbehrlichen und hochaktuellen Kommentar wider Erwarten nicht behalten wollen, so senden Sie ihn bitte binnen 2 Wochen zurück. Andernfalls gilt der Kauf als abgeschlossen. Ich bitte, dann den Kaufpreis von 48,80 € auf mein unten angegebenes Bankkonto zu überweisen."

1. Frage: Muss Klug den Kaufpreis zahlen,
   a) wenn er den Kommentar behalten will und daher mit Kugelschreiber seinen Namen in das Buch schreibt, es dann aber später, vom Inhalt enttäuscht, doch lieber zurückgeben möchte?
   b) wenn er die von vornherein beabsichtigte Rücksendung vergisst und das Buch 6 Wochen lang in der Kanzlei liegen bleibt?
2. Frage: Kann Schnell, soweit er keinen Anspruch auf den Kaufpreis hat, die Rücksendung des Buches verlangen oder es bei Klug abholen lassen?
3. Frage: Wie wäre die Rechtslage, wenn es sich bei Klug um einen beamteten Dozenten handelt, der keine andere berufliche Tätigkeit ausübt?

a) Die Regelung in § 151 Satz 1

Wann die Annahme eines Vertragsangebots dem Anbietenden gegenüber wirksam wird, richtet sich nach den allgemeinen für Willenserklärungen geltenden Regeln. Während eine unter Anwesenden erklärte Annahme mit der Vernehmung durch den Empfänger wirksam wird (s. § 12 Rn. 28), muss eine unter Abwesenden erklärte Annahme eines Vertragsangebots, um wirksam zu werden, im Regelfall dem Antragenden zugehen, § 130 Abs. 1 Satz 1 (s. § 12 Rn. 10 ff.). Davon macht § 151 Satz 1 für zwei Fallgestaltungen eine Ausnahme: die Annahme braucht **dem Antragenden gegenüber nicht erklärt** zu werden, wenn nach der **Verkehrssitte**, also üblicherweise, eine solche Erklärung nicht erwartet wird, oder wenn der Antragende auf die Erklärung **verzichtet** hat. 21

§ 151 Satz 1 ist aber nicht so zu verstehen, dass es einer **Annahme** überhaupt nicht bedürfte. Die Vorschrift erklärt lediglich die Verlautbarung der Annahme gegenüber dem Antragenden (insbesondere den **Zugang** einer Annahmerklärung beim Antragenden) für entbehrlich. Der Wille zur Annahme muss jedoch nach außen in Erscheinung getreten sein. Es genügt also ein schlüssiges Verhalten, in dem der Annahmewille zum Ausdruck kommt. Mit den Worten des BGH[19] bedarf es eines als Willensbetätigung zu wertenden, nach außen hervortretenden Verhaltens des Angebotsempfängers, das vom Standpunkt eines unbeteiligten objektiven Dritten auf Grund aller äußeren Indizien auf einen wirklichen Annahmewillen schließen lässt. 22

Ausreichend ist etwa, wenn der Antragsempfänger die Ware, die den Vertragsgegenstand bildet, in Gebrauch nimmt oder gar verbraucht oder wenn er seinerseits Erfüllungshandlungen (Zahlung des Kaufpreises) vornimmt. Wird einem Gläubiger eine schriftliche Bürgschaftserklärung übersandt (die Übernahme der Bürgschaft verlangt einen Vertrag zwischen dem Bürgen und dem Gläubiger, § 765 Abs. 1), so kommt der Annahmewille des Gläubigers hinreichend dadurch zum Ausdruck, dass er die Urkunde behält.[20]

Auch die Äußerung des Annahmewillens in dem beschriebenen Sinne ist als **Willenserklärung** anzusehen, nur dass eben der Zugang an den Empfänger nicht erforderlich ist. Eine davon abweichende Qualifizierung als sog. **Willensbetätigung** (s. die oben wiedergegebene Formulierung des BGH) erscheint nicht unbedingt weiterführend;[21] jedenfalls müssen auch im Fall des § 151 Satz 1 die allgemeinen Wirksamkeitsvoraussetzungen für Willenserklärungen (z. B. die Geschäftsfähigkeit) gegeben sein. – Zur Bindung an den Antrag s. Rn. 18. 23

---

19 Zusammenfassend BGH NJW 2004, 287; ganz h. M.

20 BGH NJW 1997, 2233. – Auch sonst wird es bei lediglich vorteilhaften Angeboten im Allgemeinen genügen, dass das Angebot nicht durch eine nach außen erkennbare Willensäußerung abgelehnt wird, BGH NJW 2000, 276 (zur Annahme eines Abtretungsangebots).

21 Ausführlich Repgen AcP Bd. 200 (2000), 533, 564; krit. auch Jauernig/Mansel § 151 Rn. 1.

Merksatz:
§ 151 Satz 1 macht nur den Zugang einer Annahmeerklärung entbehrlich, doch muss der Annahmewille aus einem nach außen hervor tretenden Verhalten des Empfängers vom Standpunkt eines unbeteiligten Dritten erkennbar sein.

b) Verhältnis zu § 241a

24 § 241a betrifft die unbestellte Zusendung von Waren oder die Erbringung unbestellter sonstiger Leistungen durch einen **Unternehmer** (§ 14) an einen **Verbraucher** (§ 13). Die Vorschrift wurde aufgrund der europäischen **Fernabsatzrichtlinie** in das BGB eingefügt und bei der Umsetzung der Verbraucherrechte-Richtlinie geändert. Zur Definition der „Ware" s. § 38 Rn. 8a ff. Nach § 241a Abs. 1 wird durch die unbestellte Lieferung von Waren oder Erbringung von Leistungen kein Anspruch gegen den Verbraucher begründet. Dass in solchen Fällen durch die Lieferung und das bloße Untätigbleiben des Empfängers allein kein Vertrag geschlossen und keine Verpflichtung des Empfängers zur Zahlung des Kaufpreises begründet wird, war auch zuvor anerkannt. Insoweit stimmt die seit langem aufgrund § 151 Satz 1 entwickelte Betrachtungsweise mit § 241a Abs. 1 überein (oder, anders ausgedrückt, es hätte insoweit keiner besonderen Vorschrift im BGB bedurft).

25 Die h. M.[22] vertritt aber weiter gehend die Ansicht, aufgrund des § 241a könne bei der unbestellten Zusendung von Waren an einen Verbraucher der Vertrag auch nicht durch Handlungen im internen Bereich des Verbrauchers zustande kommen, die einen Annahmewillen dokumentieren. Vielmehr könne im Rahmen des § 241a der Vertrag nur durch ausdrückliche Annahme oder Zahlung des Entgelts seitens des Verbrauchers geschlossen werden. Als Argument für eine solche, den **§ 151 verdrängende Wirkung des § 241a** lässt sich anführen, dass § 241a nach h. M.[23] nicht nur Ansprüche des Unternehmers auf das vertragliche Entgelt (Kaufpreis) ausschließt, sondern auch allen gesetzlichen Ansprüchen, sei es auf Herausgabe[24] aus § 985 oder § 812 Abs. 1, auf Herausgabe von Nut-

---

22 Sosnitza BB 2000, 2317, 2323; Schwarz NJW 2001, 1449, 1451; Lienhard NJW 2003, 3592, 3596; MünchKomm/Finkenauer § 241a Rn. 3, 15; Palandt/Grüneberg § 241a Rn. 6; Jauernig/Mansel § 241a Rn. 5; Wolf/Neuner § 37 Rn. 66. – A. M. Casper ZIP 2000, 1602, 1607; Lorenz JuS 2000, 833, 841; Riehm Jura 2000, 505; Jayme/Schulze JuS 2001, 878, 881.

23 Schwarz NJW 2001, 1449, 1450; Prütting, Sachenrecht, 36. Aufl. (2017), Rn. 518; MünchKomm/Finkenauer § 241a Rn. 25 ff.; Palandt/Grüneberg § 241a Rn. 7; Jauernig/Mansel § 241a Rn. 5.

24 Nach a. M. soll der Herausgabeanspruch unberührt bleiben, so z. B. Hk-BGB/Schulze § 241a Rn. 7; Casper ZIP 2000, 1602, 1606 f. (teleologische Reduktion); Baur/Stürner, Sachenrecht, 18. Aufl. (2009), § 11 Rn. 26b. Dafür lässt sich anführen, dass durch die Zusendung das Eigentum nicht verloren geht, so dass ein Verlust auch des Herausgabeanspruchs widersprüchlich erscheinen könnte. In der Begründung zum Gesetzentwurf, BT-Drs. 14/2658, S. 46 wird aber das dauerhafte Auseinanderfallen von Besitz und Eigentum ausdrücklich für hinnehmbar erklärt. Krit. zu der auf diese Weise bewirkten Rechtlosigkeit des Eigentümers Riehm Jura 2000, 505, 511, Berger JuS 2001, 649, 650 f.; für Verfassungswidrigkeit Wieling, Sachenrecht, 5. Aufl. (2007) § 12 I 3 a (S. 166); Wilhelm, Sachenrecht, 5. Aufl. (2016), Rn. 1199.

zungen oder auf Schadensersatz, entgegensteht. Dieses Ergebnis wird mit dem Zweck des § 241a gerechtfertigt, das in der unbestellten Zusendung liegende unlautere Wettbewerbsverhalten durch das Abschneiden jeglicher Ansprüche zu unterbinden. Kann aber der Verbraucher mit der ihm zugesandten Ware nach Belieben verfahren, sie auch zerstören, gebrauchen oder verbrauchen, ohne irgendwelchen Ansprüchen des Unternehmers ausgesetzt zu sein, so kann man in solchen Verhaltensweisen auch schwerlich die Äußerung eines auf Vertragsschluss gerichteten Willens sehen.

Das deutsche Recht geht, wenn man dieser Auslegung folgt, weiter als das Europä- **25a**
ische Recht, denn Art. 27 der Verbraucherrechte-Richtlinie bestimmt lediglich, dass der Verbraucher bei unbestellter Lieferung oder Dienstleistung von der Pflicht zur Erbringung der Gegenleistung befreit ist.[25] Den Verbraucher darüber hinaus auch von allen Herausgabe- oder Ersatzansprüchen freizustellen, war nach dem früher geltenden Grundsatz der Mindestharmonisierung (Art. 14 Fernabsatzrichtlinie) nicht problematisch, denn danach konnte das nationale Recht einen über das Europäische Recht hinausgehenden Verbraucherschutz gewähren. Nach Art. 4 der Verbraucherrechte-Richtlinie gilt aber nunmehr das Prinzip der Vollharmonisierung, d. h. den Mitgliedstaaten sind strengere Rechtsvorschriften zur Gewährung eines höheren Verbraucherschutzniveaus verwehrt, soweit die Richtlinie nichts anderes erlaubt (was hier nicht der Fall ist). § 241a ist bei der Neufassung in diesem Punkt nicht geändert worden. Möglicherweise muss man aber die Vorschrift jetzt richtlinienkonform so auslegen, dass lediglich kein Anspruch auf die Gegenleistung begründet wird.[26] Die dagegen vorgetragene Argumentation,[27] die Verbraucherrechte-Richtlinie regle nur die vertraglichen Rechtsbehelfe, so dass die Versagung sonstiger Ansprüche außerhalb des Anwendungsbereichs liege, ist immerhin erwägenswert.

5. Annahme durch Schweigen

Das bloße **Schweigen des Empfängers** stellt regelmäßig **keine Annahme** dar. **26**
Aufgrund **besonderer Umstände** und unter Berücksichtigung von **Treu und Glauben** kann das Schweigen auf ein Angebot jedoch als **stillschweigende Annahme** anzusehen sein, so etwa, wenn einvernehmliche Vorverhandlungen über alle wichtigen Punkte vorausgegangen sind.[28] Auch aufgrund einer Parteivereinbarung kann dem Schweigen die Bedeutung einer Annahme zukommen. In AGB der Verkäuferseite finden sich Klauseln, wonach bei Schweigen des Verkäufers auf eine Bestellung (= Vertragsangebot) innerhalb einer bestimmten Frist der Vertrag zustande kommt. Die damit verbundene Bindung des Käufers an sein Angebot über einen längeren Zeitraum unterliegt der AGB-Kontrolle, s. Rn. 18a.

---

25 Jäckel/Tonikidis JuS 2014, 1064, 1065 wollen dagegen Art. 27 im Wege teleologischer Rechtsfortbildung dahingehend ausdehnen, dass auch gesetzliche Ansprüche ausgeschlossen sind, womit zwischen der Richtlinienbestimmung und § 241a Übereinstimmung bestünde.

26 So Köhler JuS 2014, 865, 869.

27 J. Schmidt GPR 2014, 73, 78; MünchKomm/Finkenauer § 241a Rn. 1.

28 BGH NJW 1995, 1281; NJW 1996, 919.

27 Außerdem gibt es einzelne **gesetzliche Vorschriften**, die in besonderen Fällen dem Schweigen die Bedeutung einer **Annahme** zumessen.

So gilt z.B. das Schweigen eines Schenkungsempfängers als Annahme, wenn ihn der Schenkende unter Setzung einer angemessenen Frist zur Erklärung über die Annahme aufgefordert hat, § 516 Abs. 2 Satz 2. Auf anderen Erwägungen beruht § 362 Abs. 1 HGB: wenn ein Kaufmann von jemandem, mit dem er in Geschäftsbeziehungen steht oder dem gegenüber er sich zur Besorgung von Geschäften erboten hat, einen entsprechenden Auftrag erhält, so muss er unverzüglich antworten; das Schweigen des Kaufmanns gilt hier kraft ausdrücklicher gesetzlicher Anordnung als Annahme. Weniger weit geht § 663 BGB: hat sich jemand öffentlich zur Besorgung bestimmter Geschäfte erboten, etwa durch ein Zeitungsinserat: „Bankhaus Gold AG besorgt Auslandsanleihen aller Art", so muss die Ablehnung eines entsprechenden Antrags unverzüglich angezeigt werden. Das Schweigen führt aber hier nicht zum Vertragsschluss, sondern hat lediglich eine Verpflichtung zum Ersatz des Vertrauensschadens zur Folge,[29] also des Schadens, den der Antragende dadurch erleidet, dass er sich auf den Vertragsschluss verlassen hat.

6. Das kaufmännische Bestätigungsschreiben

28 Besonderes gilt (nach ungeschriebenen, aber allgemein anerkannten Regeln) für das Schweigen nach Erhalt eines **kaufmännischen Bestätigungsschreibens**. Im Handelsverkehr (unter Kaufleuten oder Personen, die ähnlich einem Kaufmann am Handelsverkehr teilnehmen) ist es weitgehend üblich, dass nach Abschluss von Vertragsverhandlungen der eine Kaufmann dem anderen den Abschluss des Vertrages schriftlich unter Wiedergabe der einzelnen getroffenen Vereinbarungen bestätigt. Hier kann sich eine Abweichung oder Ergänzung gegenüber den vorherigen Verhandlungen ergeben. Diese Abweichungen gelten jedoch als genehmigt, wenn der Empfänger des Bestätigungsschreibens schweigt, also nicht widerspricht. Dies gilt allerdings nicht, wenn sich diese Änderungen so weit von der Absprache entfernen, dass der Bestätigende nicht mit dem Einverständnis des Empfängers rechnen konnte[30] oder wenn der Bestätigende dem Bestätigungsschreiben bewusst einen den Vereinbarungen widersprechenden Inhalt gegeben hat.

29 Das kaufmännische Bestätigungsschreiben darf nicht mit einer gewöhnlichen „**Auftragsbestätigung**" verwechselt werden. Diese ist regelmäßig nichts anderes als eine Annahme des im „Auftrag" liegenden Vertragsangebots und führt daher nur zum Vertragsschluss, wenn sie sich mit dem Angebot vollstän-

---

29 Dies steht nicht ausdrücklich in § 663, ergibt sich aber aus dem Zweck der Vorschrift in Verbindung mit den allgemeinen Grundsätzen über die Haftung für Verschulden beim Vertragsschluss (culpa in contrahendo, s. § 6 Rn. 45), s. § 311 Abs. 2, § 241 Abs. 2, § 280 Abs. 1; vgl. MünchKomm/Seiler § 663 Rn. 20 ff.

30 BGH NJW 1994, 1288.

dig deckt. Andernfalls gilt das bei Rn. 14 f. zur Annahme unter Abweichungen Gesagte.

Merksatz:
Schweigt der Empfänger eines kaufmännischen Bestätigungsschreibens, so gilt der Vertrag grundsätzlich mit den bestätigten Bedingungen.

Lösung zu Fall 13:

1. Frage: a) Wenn der Empfänger das Buch mit seinem Namen kennzeichnet, so kommt dadurch der Wille zur Annahme des Antrags zum Ausdruck. Eine Erklärung an Schnell ist nach § 151 Satz 1 nicht erforderlich, da Schnell ausdrücklich darauf verzichtet hat. Der Kaufvertrag ist somit zustande gekommen, und Schnell kann nach § 433 Abs. 2 die Zahlung des Kaufpreises von Klug verlangen. § 241a Abs. 1 ist hier nicht einschlägig, da Klug als Rechtsanwalt eine selbständige berufliche Tätigkeit ausübt und das Rechtsgeschäft hierauf Bezug hat. Klug ist also nicht Verbraucher (§ 13). 30

b) Aus dem bloßen Schweigen des Klug ergibt sich kein Annahmewille. Klug ist nicht verpflichtet, dem Schnell die Ablehnung des Vertragsschlusses mitzuteilen. Schnell kann auch nicht durch sein Schreiben dem Schweigen des Klug gewissermaßen zwangsweise die Bedeutung einer Annahme beilegen. Dies würde gegen die Privatautonomie des Klug verstoßen. Hier ist also kein Kaufvertrag zustande gekommen und Klug daher nicht zur Zahlung des Kaufpreises verpflichtet.

2. Frage: Wenn kein Kaufvertrag zustande gekommen ist (so das Ergebnis bei Frage 1 b), hat Schnell gegen Klug einen Anspruch auf Herausgabe des Buches nach § 985. Der Anspruch ist allerdings nur auf Herausgabe bei Abholung gerichtet. Eine Verpflichtung des Klug, das Buch zurückzusenden oder gar die Kosten dafür zu tragen, ergibt sich aus § 985 nicht. 31

3. Frage: a) Verpflichtung zur Zahlung des Kaufpreises. – Da in dieser Fallvariante der Empfänger der Zusendung Verbraucher i. S. v. § 13 ist (vgl. § 10 Rn. 31b), ist § 241a anwendbar. Aus § 241a Abs. 1, der Ansprüche aufgrund der Lieferung unbestellter Sachen ausschließt, folgert die h. M., dass hier ein Kaufvertrag nicht nach § 151 Satz 1 durch schlüssiges Annahmeverhalten ohne Zugang an den Anbietenden zustande kommen kann (näher s. Rn. 25). Erforderlich wäre vielmehr eine dem Schnell zugegangene Annahmeerklärung oder die Zahlung des Kaufpreises. Klug braucht also den Kaufpreis auch dann nicht zu bezahlen, wenn er seinen Namen in das Buch geschrieben hat (erst recht nicht bei bloßem Schweigen). 32

b) Herausgabe- oder Schadensersatzansprüche. – Nach h. M. steht dem Herausgabeanspruch aus § 985 (bei Abholung) und dem Schadensersatzanspruch (hier etwa aus § 823 Abs. 1 wegen Beschädigung und Wertminderung durch den Namenseintrag) des Schnell die in § 241a zum Schutz des Verbrauchers getroffene Regelung entgegen. Dafür spricht schon der Wortlaut des § 241a Abs. 1, der einen Anspruch „durch die Lieferung" generell ausschließt. Außerdem lässt § 241a Abs. 2 klar erkennen, dass – soweit nicht eine irrtümliche Lieferung iS dieser Vorschrift vorliegt – auch alle gesetzlichen Ansprüche ausgeschlossen sein sollen. Näher (auch zum europarechtlichen Hintergrund und zu dessen Änderung durch die Verbraucherrechte-Richtlinie) s. oben Rn. 25, 25a). 33

IV. Besondere Gestaltungsformen: Vorvertrag und Optionsvertrag

34 Auch wenn die Vertragspartner einen Vertrag anstreben, bleiben sie im Allgemeinen bis zum Vertragsschluss, also bis zum letzten Moment, frei. Die Praxis hat aber in Gestalt des Vorvertrags und des Optionsvertrags besondere Vertragsformen im Vorfeld des eigentlich angestrebten Vertrages entwickelt, aus denen sich bereits eine Bindung ergeben kann. Auch wenn diese Vertragsformen im Gesetz nicht geregelt sind, bestehen aufgrund der schuldrechtlichen Vertragsfreiheit, insbesondere der Typenfreiheit (s. § 6 Rn. 9), gegen die Zulässigkeit keine Bedenken.

35 Unter einem **Vorvertrag** versteht man schuldrechtliche Vereinbarungen, durch die für beide Teile oder auch nur für einen von ihnen die Verpflichtung begründet wird, demnächst einen schuldrechtlichen Vertrag – den Hauptvertrag – zu schließen.[31] Ein Vorvertrag kommt vor allem in Betracht, wenn der Abschluss des Hauptvertrages derzeit aus rechtlichen oder tatsächlichen Gründen noch nicht möglich ist oder wenn zwar für den einen Teil eine Verpflichtung zum Abschluss des Hauptvertrages bereits begründet werden soll, der andere Teil aber in seiner Entscheidung frei bleiben möchte. Ob Formvorschriften, die für den Hauptvertrag gelten, auch auf den Vorvertrag anzuwenden sind, hängt vom Zweck des Formerfordernisses ab. Wenn die Form den Zweck hat, die Vertragsparteien vor einer übereilten Bindung zu bewahren – so insbesondere die Formvorschrift des § 311b Abs. 1 Satz 1 für Verträge über Grundstücke – so ist sie auch bei einem Vorvertrag einzuhalten.[32]

36 Der **Optionsvertrag** ist eine Vereinbarung, in der einem Vertragspartner das Recht eingeräumt wird, durch einseitige Erklärung einen Vertrag zustande kommen zu lassen. Das auf diese Weise begründete Optionsrecht stellt ein Gestaltungsrecht dar. So kann etwa in einem befristeten Mietvertrag über Geschäftsräume dem Mieter das Recht zugebilligt werden, durch einseitige Erklärung (für die man eine zeitliche Begrenzung – Optionsfrist – vereinbaren wird) einen weiteren Mietvertrag im Anschluss an den bisherigen zu begründen. Auch Optionsverträge über die Nutzung von Patenten bilden ein Beispiel. Gesetzliche Formvorschriften, vor allem § 311b Abs. 1 Satz 1, sind, unter Berücksichtigung ihres Zwecks, bereits bei Abschluss des Optionsvertrags und zudem bei der Erklärung, mit der das Optionsrecht ausgeübt wird, zu beachten.

---

31 BGHZ 102, 384, 388 = NJW 1988, 1261. S. auch BGH NJW 2006, 2843 (zur Rechtsdurchsetzung, wenn im Vorvertrag Einzelheiten der Vertragsbedingungen künftigen Verhandlungen vorbehalten blieben).

32 BGHZ 61, 48 = NJW 1973, 1839. Wird die Form des § 311b Abs. 1 Satz 1 beim Vorvertrag nicht eingehalten, so wird der Mangel jedoch in entsprechender Anwendung des § 311b Abs. 1 Satz 2 durch formgültigen Abschluss des Hauptvertrages geheilt, BGHZ 82, 398 = NJW 1982, 759.

V. Vertragsschluss im Internet

1. Die Abgrenzung zwischen invitatio ad offerendum und Vertragsangebot

Die dargestellten Regeln (s. Rn. 5 ff.) über die Abgrenzung zwischen Ver- 37
tragsangebot und Aufforderung zur Abgabe eines Angebots gelten auch bei Verträgen im elektronischen Geschäftsverkehr im Sinne des § 312i Abs. 1.[33] Während der Vertragsschluss aufgrund beiderseitiger E-Mail[34] insoweit bisher keine speziellen Fragen aufgeworfen hat, sind bei Online-Angebot und Online-Bestellung Zweifel aufgetreten[35] (soweit nicht eine ausdrückliche Erklärung über den Bindungswillen des Anbietenden vorliegt[36]). Die h. M.[37] sieht im Angebot auf einer Website, auch in der Bereitstellung einer Buchungsmaske,[38] ähnlich wie bei einem Katalog oder Zeitungsinserat in der Regel eine bloße invitatio ad offerendum, weil auch hier nicht von einem Bindungswillen des Anbietenden ausgegangen werden könne.

Nach § 312i Abs. 1 Satz 1 Nr. 3 ist der Unternehmer beim Vertragsschluss im elektro- 38
nischen Geschäftsverkehr verpflichtet, dem Kunden den **Zugang seiner Bestellung unverzüglich auf elektronischem Wege zu bestätigen**. Hieraus lässt sich nach h. M. für die Voraussetzungen des Vertragsschlusses nichts herleiten, da die Bestimmung nichts darüber aussagt, ob die Bestellung bereits die Annahme eines Angebots oder erst das Angebot zum Vertragsschluss darstellt. Diese Frage ist daher weiterhin nach allgemeinen Regeln zu beurteilen. Liegt in der Bestellung ein Vertragsangebot des Kunden, so stellt die Bestätigung des Zugangs nicht bereits die Annahme durch den Unternehmer dar, sofern nicht aus dessen Erklärung etwas anderes hervorgeht.[39] Ein Verstoß gegen die Benachrichtigungspflicht lässt die Wirksamkeit des geschlossenen Vertrags unberührt.[40]

---

33 Dies setzt voraus, dass sich der Unternehmer zwecks Abschluss eines Vertrages der Telemedien bedient, wie dies etwa bei einem Online-Katalog mit unmittelbarer Bestellmöglichkeit der Fall ist.

34 Auf einen Vertragsschluss, der ausschließlich durch individuelle Kommunikation wie beiderseitige E-Mail erfolgt, sind nach § 312i Abs. 2 Satz 1 die Bestimmungen des § 312i Abs. 1 Satz 1 Nr. 1 bis 3 nicht anzuwenden.

35 Dazu ausführlich Muscheler/Schewe Jura 2000, 565, 568 f. (für Auslegung im Einzelfall); Lienhard, Der asymmetrisch standardisierte Vertragsschluss im EG-Privatrecht (2004), 72 ff., der im Versandhandel (insbesondere bei Internetangeboten) in der Regel ein Angebot des Unternehmens bejaht.

36 Vgl. AG Moers NJW 2004, 1330 (Einstellung eines Artikels in die Internetseiten von eBay unter Wahl der Option „Sofortkauf" stellt ein verbindliches Angebot des Verkäufers dar; dies ergab sich aus den AGB von eBay, die als Auslegungsgrundlage heranzuziehen sind).

37 LG Gießen NJW-RR 2003, 1206; Palandt/Grüneberg § 312c Rn. 7; MünchKomm/Busche § 145 Rn. 13.

38 BGHZ 195, 126 = NJW 2013, 598 Rn. 14.

39 BGHZ 195, 126 = NJW 2013, 598 Rn. 19.

40 Begründung zum Schuldrechtsmodernisierungsgesetz, BT-Drs. 14/6040, S. 173; Palandt/Grüneberg § 312i Rn. 11; MünchKomm/Wendehorst § 312i Rn. 106.

2. Notwendige Bestätigung der Zahlungspflicht in der Bestellung des Verbrauchers (Buttonlösung)

39 Bei der Gestaltung von Internet-Angeboten wurden **Kosten- und Abonnements-Fallen** zu einem Massenphänomen.[41] Beim Kunden wurde der Eindruck erweckt, er könne eine Leistung kostenfrei herunterladen, während der Hinweis auf die mit einer Bestellung verbundene Kostenpflicht so gestaltet war, dass ihn der Besteller möglichst übersehen sollte. Zwar konnte sich der Besteller in solchen Fällen schon nach den allgemeinen Bestimmungen gegen eine angebliche Zahlungspflicht zur Wehr setzen, da der Vertrag entweder überhaupt nicht zustande kam oder jedenfalls durch Anfechtung wegen arglistiger Täuschung oder durch Widerruf nach den Regeln des Verbraucherschutzrechts beseitigt werden konnte. Doch ließen sich viele Betroffene durch sehr aggressiv und einschüchternd formulierte Mahnschreiben (auch unter Mitwirkung von Rechtsanwälten!) gleichwohl zur Zahlung bewegen. Durch das Gesetz zur Änderung des Bürgerlichen Gesetzbuchs zum besseren Schutz der Verbraucherinnen und Verbraucher vor Kostenfallen im elektronischen Geschäftsverkehr und zur Änderung des Wohnungseigentumsgesetzes vom 10. Mai 2012, BGBl. I S. 1084, das am 1. August 2012 in Kraft getreten ist, wurden daher effektivere Schutzinstrumente in Gestalt der sog. Buttonlösung geschaffen.[42] Die Regelung nahm zugleich die Umsetzung des Art. 8 Abs. 2 der europäischen Verbraucherrechte-Richtlinie[43] vorweg.

40 Nach § 312j Abs. 3 Satz 1 muss der Unternehmer bei einem Vertrag mit einem Verbraucher im elektronischen Geschäftsverkehr die Bestellsituation so gestalten, dass der Verbraucher mit seiner Bestellung die **Zahlungsverpflichtung ausdrücklich bestätigt**. Dabei ist unerheblich, ob die Bestellung das Vertragsangebot darstellt oder bereits die Annahme eines vom Unternehmer stammenden Angebots. Für den praktisch wichtigsten Fall der Bestellung über eine Schaltfläche („Button") schreibt § 312j Abs. 3 Satz 2 vor, dass die Schaltfläche gut lesbar allein mit den Worten „zahlungspflichtig bestellen" oder einer entsprechend eindeutigen Formulierung (z. B. „kostenpflichtig bestellen" oder „kaufen"[44]) beschriftet ist. Wird diesen Anforderungen nicht entsprochen, so kommt der Vertrag nach § 312j Abs. 4 nicht zustande.

41 Nach § 312i Abs. 1 Satz 1 (allgemein) und § 312j Abs. 1 u. 2 (gegenüber Verbrauchern) treffen den Unternehmer beim Vertragsschluss im elektronischen Geschäftsverkehr umfangreiche weitere Pflichten, insbesondere zur **Erteilung von Informationen**. Ein Verstoß gegen diese Bestimmungen wirkt sich aber auf die Wirksamkeit des Vertragsschlusses nicht aus. Jedoch können sich aus einer Verletzung dieser Pflichten Schadens-

---

41 Dazu anschaulich die Begründung zum Reformgesetz, BT-Drucks. 17/7745, S. 6.
42 Dazu Alexander NJW 2012, 1985.
43 S. § 4 Rn. 19.
44 Als Beispiele genannt in BT-Drs. 17/7745, S. 12.

ersatzansprüche aus culpa in contrahendo ergeben, die auch auf Rückabwicklung des Vertrags gerichtet sein können.[45]

3. Auslegung automatisierter Erklärungen

Auch wenn beim Vertragsschluss im Internet ein **automatisiertes Buchungs- oder Bestellsystem** verwendet wird, ist bei der Auslegung auf den Willen und das Verständnis der hinter dem System stehenden Menschen abzustellen. Wenn also z. B. für eine Person, die durch Eingabe in eine Suchmaske eine Flugreise bucht, klar erkennbar ist, dass der Unternehmer bei der Buchung zwingend die Angabe des Namens des Reisenden verlangt, kann er aus der automatischen Annahme seines Angebots, weil das System den Eintrag „noch unbekannt" als Angabe von Vor- und Familienname des Reisenden verarbeitet hat, nicht auf einen Willen des Unternehmers zum Vertragsschluss schließen.[46] 41a

4. Der Vertragsschluss bei Internet-Auktionen

a) Rechtsgrundlagen

Wie ein Vertrag bei den verbreiteten Internet-Auktionen zustande kommt, ist nach den allgemeinen Regeln der §§ 145 ff. zu beurteilen. Dabei kommt auch den **Allgemeinen Geschäftsbedingungen** des Plattformbetreibers (z. B. von eBay) Bedeutung zu. Obwohl diese AGB (kraft Einverständniserklärung) unmittelbar nur im Verhältnis des Plattformbetreibers zum Anbieter und zum Bieter, nicht aber zwischen dem Anbieter und dem Bieter gelten,[47] sind sie bei der Auslegung der von Anbieter und Bieter abgegebenen Willenserklärungen zu beachten, weil diese auf der Grundlage der in den AGB enthaltenen Bestimmungen über den Vertragsschluss abgegeben werden.[48] Dies gilt aber nicht, wenn der Anbieter mit seiner Erklärung erkennbar in bestimmter Hinsicht von den Regelungen der eBay-AGB abweicht.[49] 42

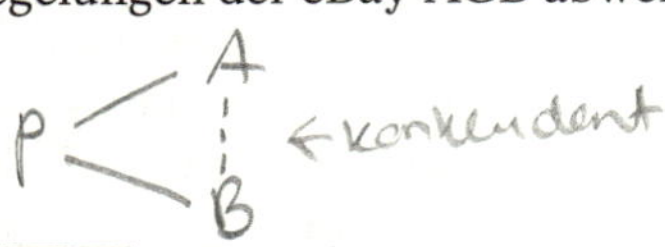

45 Begründung zum Schuldrechtsmodernisierungsgesetz, BT-Drs. 14/6040, S. 173; MünchKomm/Wendehorst § 312i Rn. 107.

46 BGHZ 195, 126 = NJW 2013, 598. Auch mit der Einziehung des Flugpreises per Lastschrift kommt hier der Beförderungsvertrag nicht zustande. Der Buchende hat daher, wenn ihm die Reise verweigert wird, keine vertraglichen Ansprüche, wohl aber den bereicherungsrechtlichen Anspruch auf Rückzahlung des Flugpreises nach § 812 Abs. 1 Satz 1 (Leistung ohne rechtlichen Grund).

47 BGH NJW 2011, 2421, 2423.

48 BGH NJW 2011, 2643.

49 BGH NJW 2017, 1660.

b) Keine Versteigerung iSv § 156; Widerrufsrecht des Verbrauchers

43 Es liegt nahe, zunächst an § 156 zu denken, wonach bei einer Versteigerung der Vertrag erst durch den Zuschlag zustande kommt. Bei einer Internet-Auktion wird aber im Allgemeinen keine dem Zuschlag entsprechende Willenserklärung durch einen Versteigerer abgegeben, sondern nach den Auktionsbedingungen kommt der Vertrag ohne weitere Erklärung mit demjenigen Bieter zustande, der bis zum Ablauf der Auktionszeit das höchste Gebot abgeben hat. Der BGH[50] sieht daher in einer Internet-Auktion **keine Versteigerung i.S.v. § 156**. Die Frage ist u.a. entscheidend für das **Widerrufsrecht**, das dem Verbraucher nach § 312g Abs. 1 bei Fernabsatzverträgen mit einem Unternehmer[51] zusteht. Dieses Widerrufsrecht ist bei einer Internet-Auktion nicht nach § 312g Abs. 2 Nr. 10 ausgeschlossen, da der Vertrag nicht durch Zuschlag (§ 156) bei einer öffentlich zugänglichen Versteigerung geschlossen wird. Unter Berücksichtigung des Schutzzwecks des Widerrufsrechts und der Interessenlage lehnt es der BGH[52] auch ab, auf Internetauktionen die Bestimmung über den Ausschluss des Widerrufsrechts entsprechend anzuwenden, indem etwa ein „Zuschlag durch Zeitablauf" angenommen würde.

c) Angebot und Annahme

44 Die Freischaltung der Angebotsseite ist nicht lediglich eine Aufforderung zur Abgabe von Angeboten (invitatio ad offerendum), da sie bereits den verbindlichen Willen des Anbieters zum Vertragsschluss mit dem Höchstbietenden zum Ausdruck bringt.[53] Sie ist vielmehr mit dem BGH[54] als **verbindliches Verkaufsangebot** iSv § 145 anzusehen, das sich an den richtet, der innerhalb der Laufzeit der Auktion das höchste Gebot abgibt. Der Konstruktion als vorweg genommene Annahme durch den Anbieter[55] bedarf es nicht. Zwar ist aus der Erklärung des Anbieters noch nicht zu entnehmen, mit welcher konkreten Person und zu welchem Preis der Vertrag zustande kommen soll, aber es genügt, dass dies bei Abschluss der Auktion bestimmbar ist.[56] Der mit den abgegebenen Geboten erklärte Wille, den Kaufvertrag abzuschließen, führt nur für den Höchstbietenden zum Vertragsschluss, weil nur ihm gegenüber ein wirksames Angebot vorliegt. Das steht aber der Charakterisierung des Gebots als Annahme nicht entgegen. Auch soweit die Versteigerungsbedingungen ein automa-

---

50 Ausführlich BGH NJW 2005, 53; ebenso BGH NJW 2017, 468 Rn. 19.
51 Zur Frage, unter welchen Voraussetzungen der Verkäufer bei Internet-Auktionen als Unternehmer anzusehen ist, s. § 10 Rn. 32.
52 BGH NJW 2005, 53.
53 BGH NJW 2002, 363, 364.
54 BGH NJW 2005, 53; BGH NJW 2011, 2643.
55 Erwogen in BGH NJW 2002, 363, 364. In den neueren Entscheidungen ist der BGH auf diese Deutungsmöglichkeit nicht zurück gekommen.
56 BGHZ NJW 2002, 363, 364; KG NJW 2005, 1053, 1054.

tisches Bieten unter Angabe eines Maximalgebots zulassen,[57] liegt bei jeder Erhöhung jeweils eine Annahmeerklärung des Bieters vor. Der Vertrag soll nach dem in den Erklärungen des Anbieters wie des Bieters in Verbindung mit den Auktionsbestimmungen zum Ausdruck kommenden Willen erst mit dem Ende der Auktion und nur mit dem Höchstbietenden[58] zustande kommen. Die verschiedentlich vorgeschlagenen Bedingungskonstruktionen[59] passen hierzu nicht, denn bei einer Bedingung wäre der Vertrag jeweils bereits abgeschlossen und nur der Eintritt der Rechtswirkungen hinausgeschoben. Sie sind auch nicht erforderlich, um die Bindung des Anbieters[60] und des jeweiligen Höchstbieters[61] an ihre Erklärungen zu begründen, denn diese Bindung ergibt sich aus dem Inhalt der Erklärungen in Verbindung mit den Auktionsbedingungen.

d) Rücknahme des Angebots

Ein späterer Widerruf des wirksam erklärten Verkaufsangebots ist gemäß § 130 Abs. 1 Satz 2 nicht möglich. Jedoch ist das bei eBay eingestellte Verkaufsangebot dahin auszulegen, dass es unter dem Vorbehalt einer nach den eBay-Bedingungen berechtigten Angebotsrücknahme steht. So wurde vom BGH ein Recht zur Angebotsrücknahme für den Fall bejaht, dass dem Anbieter die zu versteigernde Sache während der Auktionszeit gestohlen wurde,[62] ebenso, wenn dem Anbieter ein Anfechtungsgrund nach § 119 zustand.[63] Auch in einem Fall, in dem ein Verkaufsangebot für einen Porsche fehlerhaft mit 1 € eingestellt wurde, hätte man wohl in Auslegung der Versteigerungsbedingungen den nach Entdeckung des Irrtums erklärten Widerruf des Anbieters als 45

---

57 Dazu Wertenbruch § 10 Rn. 36 f.

58 Den Versuch des Anbieters, durch verstecktes Mitbieten die Angebote in die Höhe zu treiben, hat BGH NJW 2017, 468 (dazu Pfeiffer NJW 2017, 1437) vereitelt: Ein Eigengebot des Anbieters (abgegeben über ein zweites Mitgliedskonto) ist schon deshalb unwirksam, weil Angebot und Annahme Personenverschiedenheit voraussetzen (überdies wäre das Eigengebot wohl auch nach § 117 Abs. 1 als Scheinerklärung nichtig). Das Eigengebot bleibt in der Reihe der abgegebenen Gebote unberücksichtigt, so dass ein Bieter mit seinem ursprünglichen niedrigen Gebot zum Zuge kommt, auch wenn er durch das Eigengebot des Anbieters zu einem weiteren wesentlich höheren Gebot veranlasst wurde. So kam der Kaufvertrag über ein Fahrzeug mit einem Marktwert von etwa 16 500 € zu einem Verkaufspreis von 1,50 € zustande! S. zum supergünstigen Preis auch Rn. 45a.

59 AG Menden NJW 2004, 1329 nimmt mit Abgabe des Gebots einen Vertragsschluss unter der aufschiebenden Bedingung an, dass innerhalb der Bieterfrist kein höheres Gebot abgegeben wird; ebenso Wertenbruch § 10 Rn. 32. KG NJW 2005, 1053 bejaht einen Vertrag unter der auflösenden Bedingung, dass innerhalb der Bietfrist kein anderer Bieter ein höheres Gebot abgibt.

60 Dazu ausführlich BGH NJW 2002, 363, 364 f.; s. auch KG NJW 2005, 1053; OLG Oldenburg NJW 2005, 2556.

61 AG Menden NJW 2004, 1329.

62 BGH NJW 2011, 2643.

63 BGH NJW 2014, 1292.

wirksam ansehen können.[64] Eine Streichung einzelner Gebote ist nach Maßgabe der Versteigerungsbedingungen unter bestimmten Voraussetzungen möglich, etwa wenn der Anbieter die Identität des Bieters nicht ermitteln kann.[65]

e) Wirksamer Vertrag auch bei supergünstigem Preis

45a Führt eine Internetauktion zu einem Vertragsschluss zu einem Preis, der in grobem Missverhältnis zum Wert des ersteigerten Objekts steht, so führt dies, wenn nicht weitere Umstände hinzutreten, **nicht zur Nichtigkeit des Vertrages** nach § 138 Abs: 1, weil dieser etwa ein wucherähnliches Geschäft (dazu s. § 20 Rn. 39 ff.) darstellen würde. Das grobe Missverhältnis zwischen Leistung und Gegenleistung rechtfertigt hier allein nicht den Schluss auf eine verwerfliche Gesinnung des Bieters. Außerdem ist der Verkäufer, der bewusst einen niedrigen Startpreis ohne Angabe eines Mindestpreises gewählt hat, selbst das Risiko eines für ihn ungünstigen Auktionsverlaufs eingegangen. Es ist daher auch nicht rechtsmissbräuchlich, wenn der Ersteigerer in einem solchen Fall Erfüllung oder Schadensersatz verlangt.[66]

VI. Der Dissens

Fall 14: Ein Weingroßhändler sandte einem Einzelhändler, mit dem er in Geschäftsbeziehungen stand, eine E-Mail mit folgendem Inhalt: „Wir unterbreiten Ihnen kurzfristig ein Sonderangebot über 500 Flaschen weißen Burgunder, Jahrgang 2015, zu 8 € pro Flasche. Dies gilt nur heute – bitte bestellen Sie sofort!" Auf Seiten des Einzelhändlers wurde ein mit Weinbezeichnungen wenig vertrauter Aushilfsangestellter tätig. Seine Antwort-E-Mail lautete: „Bitte liefern Sie sofort 500 Flaschen des weißen Bourgogne." Wie sich bei der Lieferung herausstellt, handelte es sich bei dem angebotenen Wein um weißen Burgunder aus dem Markgräfler Land (südlich von Freiburg i. Br.), während der Angestellte des Einzelhändlers französischen Weißwein aus der Bourgogne kaufen wollte. Ist ein Vertrag zustande gekommen?

§§ 154, 155 BGB

64 Das LG Konstanz NJW 2010, 159 glaubt dagegen, das Zustandekommen des Vertrags mit dem zu diesem Zeitpunkt Höchstbietenden (5,50 €) nicht verneinen zu können, lehnt aber den Schadensersatzanspruch des Ersteigerers wegen Nichtlieferung des Porsches wegen Rechtsmissbrauchs (§ 242) ab.

65 BGH NJW 2016, 395 Rn. 19 ff. Auf Gründe in der Person des Bieters (etwa unzuverlässiges Verhalten bei früheren Auktionen) kann die Streichung aber nach Ansicht des BGH nur gestützt werden, wenn sie dem Anbieter bei Streichung des Gebots bekannt waren.

66 Zum Ganzen BGH NJW 2012, 2723; BGH NJW 2015, 548.

1. Maßgeblichkeit des objektiven Erklärungswerts aus der Sicht des Empfängers

Ein Vertragsschluss erfordert die **Übereinstimmung von Antrag und Annahme**, also den vertraglichen Konsens in allen für den Vertrag **wesentlichen Punkten** (den sog. essentialia negotii).[67] Decken sich dagegen die auf einen Vertragsschluss abzielenden Erklärungen nicht, so liegt ein **Dissens** vor. Von Dissens spricht man auch dann, wenn über einen wesentlichen Punkt überhaupt keine Vereinbarung getroffen wurde. 46

Um über Konsens oder Dissens entscheiden zu können, muss in Zweifelsfällen der rechtlich maßgebliche Inhalt der Erklärungen durch **Auslegung** festgestellt werden, näher s. § 15 Rn. 1 ff. Maßgebend ist dabei, ob sich die beiderseitigen Erklärungen nach ihrem aus der Sicht des jeweiligen Empfängers zu beurteilenden Sinn decken. Ist dies der Fall, entsprach aber die Erklärung der einen Seite nicht ihrem Willen, weil sie sich etwa versprochen oder verschrieben hat, so handelt es sich nicht um einen Fall des Dissenses. Der Vertrag ist vielmehr zustande gekommen. Möglicherweise kann aber derjenige, der sich bei Abgabe seiner Willenserklärung geirrt hat, seine Erklärung anfechten, näher s. § 18 Rn. 9 ff. 47

Dissens ist auch dann gegeben, wenn die Erklärungen objektiv **mehrdeutig** sind und jede Seite etwas anderes gemeint hat. Ein Schulbeispiel ist, dass in Deutschland ein Vertrag über die Beschaffung von 10 000 „Dollar" geschlossen wird, wobei die eine Seite die US-amerikanische, die andere aber die kanadische Währung im Auge hatte. Unschädlich ist dagegen eine **übereinstimmende Falschbezeichnung**, also ein Fehlgriff in der Formulierung, während der Wille beider Vertragsparteien übereinstimmte, s. § 15 Rn. 29 ff. 48

Lösung zu Fall 14: Das Angebot bezieht sich auf „Weißen Burgunder" und damit nach üblichem Sprachgebrauch jedenfalls nicht auf französischen Weißwein aus der Bourgogne. Umgekehrt bezieht sich aber die Annahme gerade auf Bourgogne-Wein. Die in der Annahme gewählte Bezeichnung ist für Weißen Burgunder nicht üblich. Damit liegt ein Dissens vor; es ist kein Vertrag zustande gekommen. (Vertretbar erscheint auch, die beiden Erklärungen jeweils als mehrdeutig zu betrachten. Da aus den Begleitumständen für den jeweiligen Empfänger nicht hervorging, wie die Erklärung gemeint war und beide Beteiligten die mehrdeutige Erklärung unterschiedlich verstanden haben, ist auch dann ein Dissens anzunehmen.[68]) 49

---

67 Dazu U. Jung JuS 1999, 28.

68 Vgl. RGZ 104, 265 (zu einem anderen Sachverhalt). Eine Schadensersatzpflicht aufgrund Verschuldens beim Vertragsschluss (culpa in contrahendo) kommt in solchen Fällen in Betracht, wenn einen der Beteiligten ein Verschulden am Dissens trifft. Ist von einem Verschulden beider Parteien zu sprechen, so kann ein gemäß § 254 nach Maßgabe des eigenen Mitverschuldens geminderter Schadensersatzanspruch bestehen, vgl. RG aaO.

2. Offener und versteckter Dissens

50 Das BGB regelt in den §§154 und 155 nur jene Fälle des Dissenses, in denen über **Einzelpunkte** eines Vertrages keine Einigung zustande gekommen ist, nicht den soeben erläuterten „Totaldissens".

a) Der offene Dissens

51 Nach der Auslegungsregel des §154 Abs. 1 Satz 1 ist der **Vertrag insgesamt im Zweifel nicht geschlossen**, wenn man sich nicht über alle Punkte geeinigt hat, über die man eine Einigung anstrebte.

Wenn A und B über den Verkauf einer Bibliothek verhandeln, die A nur geschlossen verkaufen will, und sich über 90% der Bücher geeinigt haben, nicht aber über den Preis einer vielbändigen alten Gesamtausgabe, so ist im Zweifel der Vertrag nicht zustande gekommen. Es kann also nicht Übereignung der einzelnen Werke verlangt werden, über die man sich geeinigt hat. Ähnlich liegt es, wenn sich die verhandelnden Parteien über fast alle Punkte eines Mietvertrags geeinigt haben, nicht aber – trotz verschiedentlicher Bemühungen – darüber, ob der Mieter zur Untervermietung berechtigt sein soll. Auch hier ist gemäß §154 Abs. 1 Satz 1 im Zweifel der Vertrag insgesamt nicht geschlossen.

52 Die **Unwirksamkeit** im Ganzen gilt jedoch nur **im Zweifel**. Ergeben die Umstände einen anderen Willen, so können die getroffenen Vereinbarungen für sich allein als wirksam angesehen werden. Allerdings ist dies nur möglich, soweit man sich jedenfalls über die wesentlichen Elemente des Vertrages (die sog. essentialia negotii im Gegensatz zu den accidentalia negotii, den Nebenpunkten) geeinigt hat.[69]

53 Hatten die Parteien vereinbart, den beabsichtigten Vertrag zu **beurkunden** (d.h. ihn schriftlich abzufassen oder ihn sogar notariell beurkunden zu lassen), so ist der Vertrag bis zur Beurkundung im Zweifel als nicht geschlossen anzusehen, §154 Abs. 2. Entgegen dieser Auslegungsregel ist aber der Vertrag auch ohne Beurkundung z.B. dann als wirksam geschlossen anzusehen, wenn die Parteien über einen längeren Zeitraum hinweg den Vertrag erfüllt haben.[70]

b) Der versteckte Dissens

Fall 15: A wird von B als Abteilungsleiter angestellt. Bei den Vertragsverhandlungen, die sich über einen längeren Zeitraum hinzogen, war auch über die Vereinbarung eines Wettbewerbsverbotes nach etwaigem Ausscheiden des A und über die dafür zu zahlende Entschädigung verhandelt worden. Bei Abschluss des Arbeitsvertrags vergessen A und B diesen Punkt. Erst später wird festgestellt, dass der Vertrag insoweit keine Bestimmung enthält. Welche Rechtsfolgen ergeben sich hieraus?

---

69 Also nicht, wenn keine Einigung über den Kaufpreis erzielt wurde, BGH NJW-RR 2006, 1139.

70 KG MDR 2005, 1276 (Mietvertrag).

Beim **versteckten Dissens** glauben die Parteien, sie hätten sich über alle Punkte geeinigt, während in Wirklichkeit die Einigung über einen Einzelpunkt nicht zustande gekommen ist. Nach § 155 ist entscheidend, welche Bedeutung der nicht geregelte Punkt für die Parteien hatte. Das ist unter Berücksichtigung aller Umstände zu entscheiden. Handelte es sich um einen nicht wesentlichen Punkt, so gilt der Vertrag als geschlossen. Eine Regelung für den offen gebliebenen Punkt kann sich, soweit erforderlich, aus dispositivem Recht oder auch durch ergänzende Auslegung des Vertrages ergeben. 54

Lösung zu Fall 15: Da die Vertragspartner irrtümlich glaubten, sich über alle Punkte geeinigt zu haben, liegt ein Fall des versteckten Dissenses vor. Nach § 155 gilt das Vereinbarte, wenn anzunehmen ist, dass man den Vertrag auch ohne die fehlende Einzelbestimmung geschlossen haben würde. Hier wird es näher liegen, die Frage des Wettbewerbsverbotes nach Beendigung des Vertrages als einen Punkt von untergeordneter Bedeutung anzusehen, so dass der Vertrag auch ohne Wettbewerbsverbot als geschlossen anzusehen ist. Denkbar wäre, im Wege der ergänzenden Vertragsauslegung ein Wettbewerbsverbot anzunehmen, aber gerade wenn darüber verhandelt wurde, ohne dass es zu einer Einigung kam, wird man kaum feststellen können, was die Parteien vereinbart hätten, wenn sie die Lücke bemerkt hätten (s. zur ergänzenden Vertragsauslegung § 15 Rn. 22 ff.). Außerdem würden die besonderen Formanforderungen des (auf alle Arbeitnehmer entsprechend anwendbaren) § 74 Abs. 1 HGB der Annahme eines Wettbewerbsverbots im Wege ergänzender Vertragsauslegung entgegenstehen. Es bleibt also bei einem Arbeitsvertrag ohne solche Abrede. 55

VII. Vertragsschluss und Allgemeine Geschäftsbedingungen

1. Allgemeines

Bei schuldrechtlichen Verträgen, die als Massengeschäfte abgeschlossen werden, bürgerte es sich weitgehend ein, zahlreiche Einzelheiten durch **Allgemeine Geschäftsbedingungen (AGB)** oder in Gestalt von vorbereiteten **Formularverträgen** zu regeln. Mit Hilfe solcher Vertragsbedingungen kann den Besonderheiten des einzelnen Vertragstyps (Kauf eines Fahrzeugs, Werkvertrag über Errichtung eines Gebäudes usw.) Rechnung getragen werden. Da aber die AGB in aller Regel einseitig vom Verkäufer, Vermieter usw. als dem nach den Marktverhältnissen stärkeren Teil vorformuliert werden, weichen sie oft zum Nachteil des Vertragspartners von den gesetzlichen Regeln ab. Dies wird durch die grundsätzliche Dispositivität des Schuldrechts (inhaltliche Gestaltungsfreiheit, s. § 6 Rn. 10 ff.) ermöglicht. Der Vertragsmechanismus, also die Vorstellung, einen inhaltlich nicht ausgewogenen Vertrag werde der Kunde eben nicht abschließen, hat sich in diesen Fällen nicht als ausreichende Sicherung inhaltlicher Gerechtigkeit erwiesen. Denn wenn alle Unternehmen vergleichbare Ge- 56 schäftsbedingungen stellen, bleibt dem Kunden oft nichts anderes übrig, als sie zu akzeptieren. Das Gesetz über die Allgemeinen Geschäftsbedingungen (AGBG) suchte dieses Problem zu lösen, indem es schon an die Einbeziehung von AGB in den Vertrag besondere Anforderungen stellte, vor allem aber den Inhalt von AGB bestimmten Schranken unterwarf. Durch die Schuldrechtsreform 2001 (s. § 4 Rn. 5) wurden die materiell-rechtlichen Bestimmungen des AGBG in das BGB (§§ 305 ff.) eingefügt. Im Folgenden ist auf die mit dem Vertragsschluss zusammenhängenden Aspekte näher einzugehen, während im Übrigen, insbesondere hinsichtlich der **Inhaltskontrolle von AGB** (aufgrund der Generalklausel des § 307, einschließlich des Transparenzgebots in § 307 Abs. 1 Satz 2, sowie der ausdrücklichen Klauselverbote in § 308 und § 309), auf die Lehrbücher zum Schuldrecht zu verweisen ist.

57 Allgemeine Geschäftsbedingungen sind nach § 305 Abs. 1 Satz 1 die **für eine Vielzahl von Verträgen vorformulierten** und durch den Verwender bei Abschluss des Vertrages gegenüber der anderen Partei gestellten Vertragsbedingungen. Dabei lässt es die Rechtsprechung bereits genügen, wenn die Vertragsbedingungen jedenfalls zur Verwendung in drei Fällen bestimmt sind.[71] Vorformulierte Einzelverträge fallen dagegen an sich nicht unter den Begriff der AGB. Jedoch wird bei **Verbraucherverträgen**, d. h. Verträgen zwischen einem Unternehmer (§ 14) und einem Verbraucher (§ 13, s. zu diesen Begriffen § 10 Rn. 29 ff.), durch § 310 Abs. 3 Nr. 2 die Anwendbarkeit der für AGB geltenden Regeln erweitert: Die Unklarheitenregel des § 305c Abs. 2 und die Inhaltskontrolle nach §§ 306, 307 bis 309 erfassen auch solche Vertragsbedingungen in Verbraucherverträgen, die vom Unternehmer **zur lediglich einmaligen Verwendung vorformuliert** wurden, wenn der Verbraucher wegen der Vorformulierung auf ihren Inhalt keinen Einfluss nehmen konnte. Besondere Vorschriften über den Vertragsschluss gelten insoweit jedoch nicht. Zur Auswirkung der Unwirksamkeit von Vertragsbedingungen auf den übrigen Vertrag s. Rn. 62.

2. Einbeziehung der AGB in den Vertrag

58 Allgemeine Geschäftsbedingungen haben als vorformulierte Vertragsbedingungen oder Formularverträge keine normative Geltung (sie stellen keine Rechtsnormen dar), sondern sind nur dann **wirksam**, wenn sie zum **Bestandteil des konkreten Vertrages** werden. Die beiderseitigen Willenserklärungen müssen also den Willen zum Ausdruck bringen, den Vertrag unter der Geltung der AGB zu schließen (Einbeziehungsvereinbarung). Dabei muss nach § 305 Abs. 2 der Verwender der AGB ausdrücklich oder, soweit dies nicht möglich ist, jedenfalls durch Aushang am Ort des Vertragsabschlusses (in der Regel im Geschäftslokal) **auf die AGB hinweisen** und dem anderen Teil die **Möglichkeit der**

71 BGH NJW 2002, 138.

Kenntnisnahme verschaffen. Es müssen also z. B. auf dem Bestellformular, das das anbietende Unternehmen einem Kunden übergibt, die AGB mit abgedruckt werden. Ein bloßer Hinweis auf die AGB, ohne dass sie der Kunde ohne Weiteres lesen kann, genügt dagegen nicht. Der Kunde muss **mit der Geltung der AGB einverstanden** sein. Dieses Einverständnis kann ausdrücklich erklärt werden oder konkludent durch die vertragliche Erklärung des Kunden (Vertragsangebot oder Vertragsannahme) zum Ausdruck kommen, wenn der Kunde in der vorgeschriebenen Weise auf die AGB hingewiesen wurde.

Diese strengen Anforderungen an die Einbeziehung in den Vertrag gelten 59
jedoch nicht für AGB, die **gegenüber einem Unternehmer** (§ 14) oder gegenüber juristischen Personen des öffentlichen Rechts (insbesondere dem **Staat**) verwendet werden, § 310 Abs. 1 Satz 1. Dieser Personenkreis ist hinreichend geschäftserfahren, um die Bedeutung von AGB zu erkennen und gegebenenfalls der Einbeziehung in den Vertrag zu widersprechen. Hier genügt auch ein bloßer Hinweis auf die eigenen AGB im Rahmen der vertraglichen Erklärung (z. B. des Vertragsangebots), ohne dass die Geschäftsbedingungen abgedruckt sind, und es kann sich auch stillschweigend (aus den Umständen) ergeben, dass der Vertrag unter Einbeziehung der AGB abgeschlossen wird.

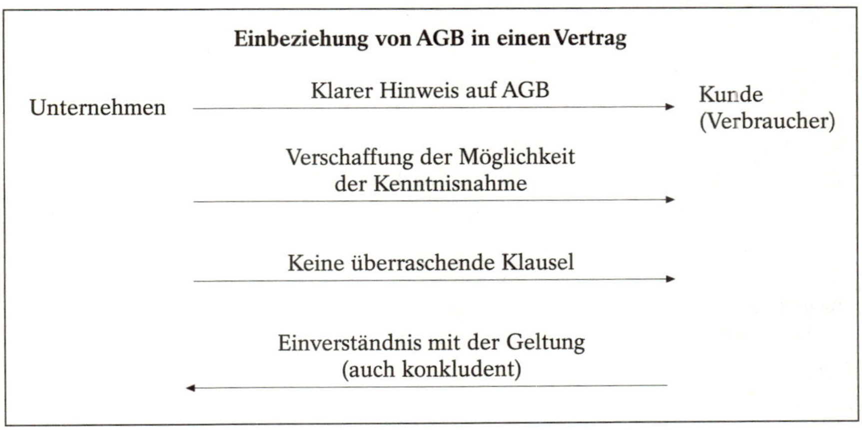

Einbeziehung von AGB in einen Vertrag

3. Konkurrierende AGB

Probleme entstehen, wenn etwa das Angebot des Verkäufers zum Vertrags- 60
schluss mit dem Hinweis auf die AGB des Anbieters verbunden ist, der Käufer dann aber das Angebot mit dem Zusatz annimmt, es seien seine eigenen allgemeinen Bedingungen (z. B. in Form von allgemeinen Einkaufsbedingungen) maßgebend, bzw. wenn die beiderseitigen AGB entsprechende **Abwehrklauseln** enthalten. Hier ist zweifelhaft, ob überhaupt ein **Vertrag zustande kommt**

oder ob er an einem **Dissens** über die Geltung der jeweiligen AGB scheitert. Man könnte in der zweiten Willenserklärung gemäß § 150 Abs. 2 eine Ablehnung des Vertragsangebots in Verbindung mit einem neuen Antrag sehen. Sollte dann gleichwohl ohne Widerspruch geliefert werden, so läge darin die Annahme des neuen Angebots und damit wären die AGB des Käufers vereinbart. Dies liefe auf eine eigenartige „Theorie des letzten Wortes" hinaus,[72] da es darauf ankäme, wer zuletzt nicht mehr protestiert hatte. Richtiger erscheint es daher, anzunehmen, dass die Frage der AGB in solchen Fällen im Allgemeinen keine für den Abschlusswillen geradezu entscheidende Bedeutung hat. Dann gelangt man bei sich widersprechenden Erklärungen hinsichtlich der AGB-Geltung zu einem offenen Dissens i. S. v. § 154 Abs. 1 Satz 1, kann aber gleichwohl (entgegen der Zweifelsregel des Gesetzes) den Vertragsschluss ohne diesen Punkt bejahen, vor allem wenn durch Erfüllung ein entsprechender Wille erkennbar wird.[73] Soweit die Vertragsschließenden den Dissens hinsichtlich der AGB nicht bemerkt haben, ergibt sich dasselbe aus § 155. Im Ergebnis ist also in solchen Fällen der **Vertrag wirksam geschlossen**, aber die konkurrierenden AGB der beiden Vertragsparteien gelten nur insoweit, als sie übereinstimmende Regeln enthalten,[74] während es im Übrigen bei der Anwendung des dispositiven Rechts verbleibt.

4. Überraschende Klauseln

61 Auch wenn die Anforderungen des § 305 Abs. 2 erfüllt sind, werden **überraschende Klauseln** in AGB nicht zum Vertragsbestandteil, § 305c Abs. 1. Dies sind Bedingungen, die so ungewöhnlich sind, dass der Kunde im Rahmen des konkreten Vertrages nicht mit ihnen zu rechnen brauchte. So liegt es etwa, wenn bei einem Vertrag über den Erwerb eines Grundstücks formularmäßig vorgesehen ist, dass der Kaufpreis bereits ab einem Zeitpunkt zu verzinsen ist, der Monate vor dem Vertragsschluss liegt.[75] – Dem Schutz des Vertragsgegners dient auch die bei mehrdeutigen Klauseln geltende **Unklarheitenregel** des § 305c Abs. 2, s. dazu § 15 Rn. 20.

---

72 Die h. M. lehnt eine solche Betrachtungsweise ab, s. nur Jauernig/Stadler § 305 Rn. 23.

73 Für Anwendung der §§ 154 Abs. 1, 155 im obigen Sinne z. B. MünchKomm/Basedow § 305 Rn. 106. Zu einem wirksamen Vertrag gelangt im Ergebnis auch BGHZ 61, 282, 288 = NJW 1973, 2106, der in einem solchen Fall die Berufung auf § 150 Abs. 2 und damit auf das Nichtzustandekommen des Vertrages für treuwidrig erklärt.

74 BGH NJW 1985, 1838, 1839; BGH NJW 1991, 1604, 1606. Ebenso BGH NJW 2002, 1651, 1652 f. zum Vertragsschluss nach UN-Kaufrecht (CISG).

75 BGH NJW 1986, 1805.

5. Aufrechterhaltung des Vertrages auch bei unwirksamen AGB

Sind die gesamten AGB oder auch einzelne AGB-Klauseln mangels wirksamer Einbeziehung nicht Vertragsbestandteil geworden oder aufgrund ihres Inhalts unwirksam, so bleibt der **Vertrag im Übrigen in aller Regel wirksam**, § 306 Abs. 1. Es gilt insoweit also nicht § 139, wonach die teilweise Nichtigkeit eines Rechtsgeschäfts im Zweifel zur Gesamtnichtigkeit führt, s. § 21 Rn. 6 f. 62

§ 306 Abs. 1 gilt über § 310 Abs. 3 Nr. 2 in **Verbraucherverträgen** auch dann, wenn die vom Unternehmen vorformulierten Vertragsbedingungen nur zur einmaligen Verwendung bestimmt sind, also keine AGB i. S. v. § 305 Abs. 1 Satz 1 darstellen.

Kontrollfragen und Fälle zu § 14

1) Was unterscheidet eine Aufforderung zur Abgabe eines Angebots von einem Vertragsangebot? Nennen Sie einige typische Beispiele für Aufforderungen zur Abgabe eines Angebots!

2) Franziska wirft in einen von der Schluckauf GmbH aufgestellten Getränkeautomaten wie dort angegeben zwei 2-Euro-Münzen ein, um ein Supervitaminaufbaugetränk zu erhalten. Der Automat wirft aufgrund einer technischen Störung sowohl die Getränkedose als auch die Münzen wieder aus. Franziska nimmt beides erfreut an sich, wird aber von einem gerade zur Reparatur eingetroffenen Mitarbeiter der Schluckauf GmbH angesprochen und zur Zahlung von 4 € aufgefordert. Franziska ärgert sich und erklärt, jetzt verzichte sie lieber auf das Getränk. Wie ist die Rechtslage?

3)* Kling macht zu Recht erhebliche Schadensersatzforderungen gegen Beck geltend. Er hat über 15 000 € bereits ein rechtskräftiges Urteil erzielt und fordert Beck auf, diesen Betrag und weitere 9 000 € binnen drei Wochen zu bezahlen. Beck antwortet, er befinde sich in einer schwierigen wirtschaftlichen Situation und biete daher an, zum Ausgleich für alle Ansprüche insgesamt 8 000 € in vier monatlichen Raten von 2 000 € zu zahlen; er nehme an, dass Kling damit einverstanden sei und füge daher einen Verrechnungsscheck über die ersten 2 000 € bei. Auf eine Stellungnahme des Kling verzichte er. Dem unverzüglich eingeholten Rat seines Rechtsanwalts folgend, schreibt Kling an Beck, er lehne dessen Vorschlag ab, und reicht den Verrechnungsscheck bei seiner Bank zur Einziehung ein. Beck überweist weitere 3 Raten von 2 000 € an Kling, weigert sich jedoch, weitere Zahlungen zu erbringen. Kann Kling weitere Zahlungen beanspruchen?

4) In einem notariell beurkundeten Kaufvertrag über ein mit einem Mehrfamilienhaus bebautes Grundstück zwischen einer Erbengemeinschaft und dem Erwerber wurde u. a. vereinbart, es seien für die Mitglieder der Erbengemeinschaft näher bezeichnete „Wohnungsrechte auf Lebenszeit und gegen Zahlung von Miete“ zu bestellen. Später machen die Mitglieder der Erbengemeinschaft geltend, der Vertrag sei unwirksam, weil man sich nicht über die Höhe der Miete geeinigt habe. Wie ist die Rechtslage?

Lösungen

63 1) Bei einer Aufforderung zur Angebotsabgabe (invitatio ad offerendum) fehlt es am **erklärten Bindungswillen** des Anbieters. Dieser will erst nach Eingang eines Antrags des anderen Teils entscheiden, ob er den Vertrag schließt. Typische Beispiele für eine bloße Aufforderung zur Abgabe eines Angebots sind Inserate, Zusendung von Katalogen und Preislisten, Ausstellen von Waren im Schaufenster.

64 2) Franziska ist nach § 433 Abs. 2 zur Zahlung von 4 € verpflichtet, wenn zwischen ihr und der Schluckauf GmbH ein Kaufvertrag über die Getränkedose zustande gekommen ist. Zweifelhaft ist, von welcher Seite hier der **Antrag** zum Vertragsschluss ausgegangen ist. Mit der Aufstellung des Automaten bringt die Schluckauf GmbH zum Ausdruck, dass sie, solange Ware im Automaten enthalten ist und ausgegeben werden kann, mit jedem, der 4 € einwirft, einen Kaufvertrag abschließen will.[76] Ein Bindungswille ist hier unter Berücksichtigung der Verkehrsauffassung durchaus zu bejahen, so dass ein Antrag der Schluckauf GmbH vorliegt. Zugleich ergibt sich aus der Aufstellung des Automaten, dass die Schluckauf GmbH auf den Zugang einer Annahmeerklärung verzichtet. Also kam nach § 151 Satz 1 durch den Einwurf der Geldstücke, worin die Annahme durch Franziska zum Ausdruck kommt, der Kaufvertrag zustande. Franziska ist zur Zahlung verpflichtet.

65 Nach anderer Auffassung[77] ist in der Aufstellung des Automaten nur eine **Aufforderung zur Abgabe eines Vertragsangebots** zu sehen. Der Antrag soll danach vom Kunden ausgehen und der Vertrag durch Auswurf der Ware zustande kommen. Die Annahmeerklärung würde dann erst durch das Verhalten des Automaten produziert. Die für eine Willenserklärung notwendige Verbindung mit dem Willen des Erklärenden ergäbe sich aus der Aufstellung und Programmierung des Automaten. Im konkreten Fall wäre auch nach der zweiten Auffassung ein Vertragsschluss zu bejahen.

66 3) Kling kann keine weiteren Ansprüche gegen Beck geltend machen, wenn zwischen beiden eine Vereinbarung mit dem Inhalt zustande gekommen ist, dass nur Ansprüche in Höhe von 8 000 € bestehen (Abfindungsvereinbarung). Ein **Antrag** zum Abschluss eines solchen Vertrages lag im Schreiben des Beck. Fraglich ist, ob Kling dieses Angebot **angenommen** hat. Eine Erklärung gegenüber Beck wäre dazu nicht erforderlich, da dieser auf den Zugang der Annahmeerklärung verzichtet hat,[78] § 151 Satz 1. Jedoch muss der Annahmewille des Kling in dessen Verhalten unzweideutig zum Ausdruck kommen; Schweigen allein würde nicht genügen. Dies ist, da keine Erklärung gegenüber dem anderen Teil vorliegt, vom Standpunkt eines unbeteiligten objektiven Dritten aus zu beurteilen. Für einen Annahmewillen könnte das Einlösen des Schecks sprechen.[79]

---

76 So Bork Rn. 717; MünchKomm/Busche § 145 Rn. 12; Palandt/Ellenberger § 145 Rn. 7.

77 Medicus/Petersen Rn. 362; Wolf/Neuner § 37 Rn. 11; Köhler § 8 Rn. 10.

78 Im Vergleichsangebot des Schuldners allein läge ein solcher Verzicht nicht, OLG Koblenz NJW 2003, 758.

79 Ohne die anschließend gewürdigten Besonderheiten des Falles wäre im Einlösen eines Schecks, der mit dem Zusatz übersandt wurde, er dürfe nur bei Annahme des (Vergleichs-) Angebots eingelöst werden, eine Annahme zu sehen, vgl. etwa BGH NJW-RR 1986, 415. Der Empfänger muss also in solchen Fällen darauf achten, nicht unversehens in eine „Vergleichsfalle" oder „Erlassfalle" zu tappen. Steht, was hier nicht der Fall ist, die angebotene Abfindung in einem krassen Missverhältnis zu einer unbestrittenen Schuld, so kommt schon

Dem steht aber entgegen, dass Kling zunächst anwaltlichen Rat einholte und in dem auf dieser Grundlage formulierten Brief an Beck den Willen äußerte, das Angebot nicht anzunehmen. Darin liegt auch kein widersprüchliches Verhalten, da die Zahlungsansprüche des Kling nicht erst durch die Vereinbarung begründet werden, so dass er jedenfalls aus seiner Sicht den Scheckbetrag auch ohne diese Vereinbarung beanspruchen durfte. Im Ergebnis ist hier das Zustandekommen einer Abfindungsvereinbarung zu verneinen.[80] Kling kann weiterhin die über 8 000 € hinausgehenden Ansprüche geltend machen.

4) Man könnte hier an eine Unwirksamkeit des Vertrages aufgrund eines **offenen Dissenses** i. S. v. § 154 Abs. 1 Satz 1 denken, weil über die Höhe der Miete keine Einigung erfolgte. Dies gilt jedoch nicht, wenn sich die Parteien trotz der offenen Punkte erkennbar vertraglich binden wollten und jedenfalls über die wesentlichen Punkte (die essentialia negotii) Konsens bestand. Hier sprechen die Umstände, nicht zuletzt die notarielle Beurkundung, für einen Bindungswillen der Parteien. Vereinbart war, dass für die Wohnrechte Miete zu zahlen war; nur deren Höhe wurde nicht vertraglich festgelegt. Diese Lücke im Vertrag ist im Wege **ergänzender Vertragsauslegung** dahin zu schließen, dass eine angemessene (ortsübliche) Miete als vereinbart gilt. Dies kann auch auf entsprechende Anwendung von § 612 Abs. 2 und § 632 Abs. 2 gestützt werden. Der Vertrag ist somit insgesamt mit diesem ergänzten Inhalt wirksam.[81] 67

---

deshalb allein durch Einlösen des Schecks kein Abfindungs- oder Erlassvertrag zustande, BGH NJW 2001, 2324.

80 Mit BGHZ 111, 97 = NJW 1990, 1655 (Vorbild des Falles). S. auch BVerfG NJW 2001, 1200.

81 BGH NJW 1997, 2671 (Vorbild des Falles).

§ 15 Die Auslegung von Willenserklärungen und Verträgen

Fall 16: Arglos hat gegen angemessenes Entgelt das Textilgeschäft des Schlau in Pechbruck übernommen. Schlau hat sich verpflichtet, am selben Ort kein neues Textilgeschäft zu eröffnen. Nun gründet Herrn Schlaus Ehefrau in Pechbruck ein Textilgeschäft, und Herr Schlau wird von ihr als Geschäftsführer angestellt. Kann Arglos Unterlassung verlangen?

I. Das Ziel der Auslegung

1. Allgemeine gesetzliche Auslegungsregeln

1 Allgemeine Auslegungsregeln enthalten § 133 und § 157. § 133 gilt für **Willenserklärungen jeglicher Art**, § 157 tritt für die Auslegung von **Verträgen** hinzu. Beide Vorschriften ergänzen sich aber gegenseitig. Schon bei der Auslegung der einzelnen vertraglichen Willenserklärung sind die Verkehrssitte und der Grundsatz von Treu und Glauben zu berücksichtigen.

2. Ermittlung des wirklichen erklärten Willens

2 Bei der Auslegung geht es darum, den rechtlich geltenden Sinn von Willenserklärungen und Verträgen zu ermitteln, sobald hierüber Zweifel entstehen. Bei wörtlichem Verständnis des § 133 könnte man meinen, die Auslegungsmethode bestehe darin, den lediglich **inneren Willen des Erklärenden** zu erforschen. Dass dies **so nicht gemeint** ist, ergibt sich aus dem Sinn und Zweck einer Erklärung. Sie muss den auf eine bestimmte Rechtsfolge gerichteten Willen nach außen hin zum Ausdruck bringen, und deshalb kann auch der rechtlich maßgebende Inhalt der Willenserklärung nicht allein aufgrund eines inneren Willens bestimmt werden. Auch aus der Anfechtungsregelung des § 119 Abs. 1 geht hervor, dass die Auslegung nicht in der Beachtung des lediglich inneren Willens bestehen kann. Würde schon die Auslegung als Feststellung des inneren Willens zur Berücksichtigung eines nicht geäußerten Willens führen (z. B. im Fall des Verschreibens), so wäre für eine Anfechtung wegen Inhalts- oder Erklärungsirrtums kein Raum. Deutlicher als § 133 ist § 157, der mit den Hinweisen auf **Treu und Glauben** und vor allem auf die **Verkehrssitte** die äußere Seite der Willenserklärung – wie durfte der Empfänger diese verstehen? – in den Vordergrund rückt.

Als Ziel der Auslegung ist demnach nicht die Ermittlung des lediglich inneren Willens anzusehen, sondern die Feststellung des wirklichen erklärten Willens. Der Wille muss mit anderen Worten **in der Erklärung zum Ausdruck gekommen** sein. 3

Bei der **Auslegung von Testamenten** hat der BGH zum Teil stärker auf die Feststellung des wirklichen Willens des Erblassers abgestellt.[1] In späteren Entscheidungen wurde aber auch hier klargestellt, dass es nicht um die Ermittlung eines von der Erklärung losgelösten Willens gehen kann, sondern nur um einen solchen Willen, der in der Erklärung zum Ausdruck gekommen ist.[2] Jedoch kann bei der Auslegung von Testamenten der wirkliche (subjektive) Willen des Erblassers weitergehend berücksichtigt werden als bei der Auslegung von empfangsbedürftigen Erklärungen, insbesondere von Verträgen. Der Grund liegt darin, dass bei der Auslegung des Testaments (einer nicht empfangsbedürftigen Willenserklärung) nicht auf das Vertrauen eines (hier nicht vorhandenen) Erklärungsempfängers auf einen bestimmten Sinn der Erklärung Rücksicht genommen werden muss. Daher findet hier, anders als bei empfangsbedürftigen Willenserklärungen, keine normative Auslegung in dem bei Rn. 11f. erläuterten Sinne statt.[3]

Merksatz:
Die Auslegung hat den wirklichen erklärten Willen festzustellen.

3. Keine Begrenzung der Auslegung durch den buchstäblichen Sinn

Da es um die Feststellung des erklärten Willens geht, muss die Auslegung stets vom **Wortlaut** der Erklärung ausgehen, s. näher Rn. 10. Allerdings sind an die Äußerung des Willens keine zu hohen oder gar formalen Anforderungen zu stellen. In § 133 wird dies mit den Worten hervorgehoben, es dürfe nicht am buchstäblichen Sinn des Ausdrucks gehaftet werden. 4

Die Auslegung darf nicht allein den Wortlaut einer Erklärung berücksichtigen. Auch ein scheinbar[4] klarer und eindeutiger Wortlaut bildet keine Grenze für die Auslegung.[5] Im Vertragsrecht muss freilich auf den Standpunkt des jeweiligen Erklärungsempfängers Rücksicht genommen werden, und daraus ergeben sich in der Regel Grenzen für eine zu freie Auslegung. Aber auch hier darf der Wortlaut nicht isoliert betrachtet werden; aus den Gesamtumständen kann sich ergeben, dass die Erklärung eben doch anders zu verstehen ist, als 5

1 So vor allem BGHZ 86, 41 = NJW 1983, 672.
2 So z.B. BGH FamRZ 1987, 475.
3 Näher zur Testamentsauslegung Leipold, Erbrecht, 21. Aufl., Rn. 361ff.
4 Diese Formulierung wird z.B. von BayObLG FamRZ 2002, 1745, 1747; OLG Hamm FamRZ 2011, 1172, 1174 im Bereich der Testamentsauslegung verwendet.
5 Zum Erbrecht BGHZ 86, 41 = NJW 1983, 672; zur Vertragsauslegung BGH NJW 2002, 1260, 1261 (dies gelte sowohl für die einfache Auslegung als auch für die ergänzende Auslegung eines lückenhaften Rechtsgeschäfts); BGHZ 150, 32 = NJW 2002, 3248, 3249.

dies zunächst der Fall zu sein scheint.[6] – Zur Auslegung automatisierter Erklärungen s. § 14 Rn. 41a.

6 Anerkanntermaßen hindert der „klare Wortlaut" auch bei Verträgen eine andere Auslegung dann nicht, wenn beide Parteien mit einem bestimmten Wort übereinstimmend etwas anderes gemeint haben, als es dem allgemeinen Sprachsinn entspricht. Es handelt sich dann um eine sog. **Falschbezeichnung**, s. Rn. 29. Darüber hinaus geht allgemein ein **übereinstimmender Wille** der Parteien dem Wortlaut des Vertrags und jeder anderen Interpretation vor.[7] Dabei obliegt aber derjenigen Partei, die sich auf einen vom (scheinbar) eindeutigen Wortlaut abweichenden übereinstimmenden Willen der Vertragsparteien beruft, die Darlegungs- und Beweislast für die zugrunde liegenden auslegungsrelevanten Umstände.[8]

4. Klärungsbedürftige Fragen

Die Unklarheit einer Willenserklärung kann sich auf recht verschiedene Aspekte beziehen:

a) Vorliegen eines Rechtsgeschäfts

7 Hier ist die Abgrenzung des **Rechtsgeschäfts** (Vertrags) von lediglich vorbereitenden (ankündigenden) Erklärungen und von einem bloßen **Gefälligkeitsverhältnis** zu erwähnen. Durch ein Gefälligkeitsverhältnis werden keine Ansprüche auf Leistung oder (bei Störungen) auf Schadensersatz begründet. Entscheidend ist, ob ein rechtlicher Bindungswille zum Ausdruck gebracht wurde. Dies ist im Wege der Auslegung unter Berücksichtigung der Verkehrssitte zu klären. S. auch § 10 Rn. 11 u. 35.

b) Art des Vertragstyps

8 Die **Art des Vertrags** ist, wenn Zweifel entstehen, ebenfalls durch Auslegung zu ermitteln. So kann es zweifelhaft sein, ob ein Mietvertrag oder ein Kaufvertrag gewollt ist. Auch ist es denkbar, dass das Vorliegen einer Schenkung oder eines Darlehens unklar ist. Die Antwort wird sich vielfach aus den Begleitumständen ergeben.

c) Einzelbestimmungen des Rechtsgeschäfts

9 Die häufigsten Auslegungsprobleme treten in diesem Bereich auf. Bei Vertragsschluss können die später auftauchenden regelungsbedürftigen Sachverhalte

---

6 BGH 15.10.2014 – XII ZR 111/12, WM 2014, 2280.
7 BGHZ 71, 75, 77 f. = NJW 1978, 1050; BGH NJW 1994, 1528, 1529.
8 BGH NJW 2001, 144.

oft nicht vorhergesehen werden. Hier gewinnt daher auch die ergänzende Auslegung (s. Rn. 22 ff.) besondere Bedeutung.

II. Auslegungsgrundsätze

1. Wortlaut als Ausgangspunkt

Bei der Auslegung einer Erklärung, insbesondere eines Vertrages, ist stets vom Wortlaut auszugehen.[9] Die Vertragsauslegung hat, wie der BGH[10] formuliert, in erster Linie den von den Parteien gewählten **Wortlaut** der Vereinbarung und den diesem zu entnehmenden **objektiv erklärten Parteiwillen** zu berücksichtigen. Eine **vom Wortlaut abweichende Auslegung** ist zwar nicht ausgeschlossen, bedarf aber der besonderen Begründung. Eine Auslegung, die mit dem Wortlaut der Erklärung auch unter Berücksichtigung der sonstigen Auslegungsgesichtspunkte keinesfalls in Einklang zu bringen ist, erscheint (im Rahmen der einfachen Auslegung, zur ergänzenden Auslegung s. Rn. 22 ff.) nicht zulässig. In diesem erweiterten Sinne ist die Formulierung, die Auslegung müsse vom Wortlaut gedeckt sein,[11] weiterhin richtig. 10

2. Berücksichtigung des Empfängerhorizontes

Da die empfangsbedürftige Erklärung den auf eine Rechtsfolge abzielenden Willen des Erklärenden gegenüber dem Empfänger zum Ausdruck bringen soll, ist bei der Auslegung vom Standpunkt des Empfängers, dem **Empfängerhorizont**, auszugehen. Soweit z. B. der Sprachgebrauch unterschiedlich ist, muss auf den Sprachgebrauch beim Empfänger abgestellt werden. Bei einer Bestellung in Kanada sind also im Zweifel unter Dollar kanadische Dollar zu verstehen, nicht US-amerikanische Dollar. Spricht der Erklärende bei einer mündlichen (auch telefonischen) Erklärung so undeutlich, dass der Empfänger damit einen anderen als den vom Erklärenden gewollten Sinn verbindet, so ist das Verständnis des Empfängers für den Inhalt der Erklärung maßgebend.[12] 11

Allerdings kann nicht schlechthin maßgebend sein, wie der Empfänger die Erklärung tatsächlich aufgefasst hat. Vielmehr muss auch vom Empfänger erwartet werden, dass er sich um das richtige Verständnis der Erklärung bemüht. Die Fragestellung bei der Auslegung einer empfangsbedürftigen Willenserklä- 12

9 BGHZ 124, 39, 44 f. = NJW 1994, 188, 189; BGH NJW 1998, 2966.

10 BGH NJW 2000, 2099; NJW 2001, 144.

11 Vgl. BGH NJW 1998, 2966.

12 AG Stuttgart-Bad Cannstatt BeckRS 2012, 17508 (gewollte Buchung eines Fluges nach „Porto“, verstanden als „Bordeaux“).

rung lautet daher: Wie durfte der Empfänger die Erklärung auffassen?[13] Da es somit weder auf den subjektiven Willen des Erklärenden noch auf das subjektive Verständnis des Empfängers, sondern auf einen objektiven Empfängerhorizont[14] ankommt, kann man auch von einer „normativen Erklärungsbedeutung“ oder einer „objektiven Bedeutung“ der Erklärung sprechen.

Merksatz:
Bei der Auslegung empfangsbedürftiger Willenserklärungen ist auf den objektiven Empfängerhorizont abzustellen.

3. Berücksichtigung der Begleitumstände

13 Der mit einem bestimmten Wortlaut verbundene Sinn wird oft erst durch die **Begleitumstände** wie etwa den Zweck des Vertrages, frühere Äußerungen der Parteien (etwa im Rahmen der Vertragsverhandlungen[15]) oder die **wirtschaftlichen Gegebenheiten** deutlich erkennbar. Nicht zuletzt spielt für die Auslegung eine Rolle, wer die Erklärung abgegeben hat, wann und wo sie abgegeben wurde. Die Begleitumstände sind bei empfangsbedürftigen Erklärungen zu berücksichtigen, soweit sie auch dem Erklärungsempfänger bekannt oder jedenfalls für ihn erkennbar waren.[16] Auch nachträglich eingetretene Umstände sind zu beachten, wenn sie einen Schluss auf das Verständnis der Vertragserklärungen bei Vertragsschluss erlauben.[17]

14 Bei der Auslegung **formgebundener Willenserklärungen** sind die Begleitumstände ebenfalls zu berücksichtigen, auch wenn sie nicht in der Vertragsurkunde oder im Testament[18] angesprochen sind. Zur Anwendbarkeit des Grundsatzes der unschädlichen Falschbezeichnung (falsa demonstratio) auch bei formbedürftigen Verträgen s. Rn. 31.

4. Berücksichtigung der Verkehrssitte

15 Die Verkehrssitte, also die **übliche Auffassung** (Verkehrsauffassung), spielt für die Auslegung eine wesentliche Rolle. Bei einer Bestellung ohne nähere Angabe ist regelmäßig der Preis gemeint, zu dem der Adressat der Bestellung gegenwärtig verkauft. Bei einem Reparaturauftrag ohne konkrete Festlegung des Preises sind die Listenpreise der Werkstätte gemeint, die also durch Auslegung

---

13 Vgl. BGHZ 103, 275, 280 = NJW 1988, 1378; BGH NJW 1983, 217.
14 Vgl. etwa BGH NJW 2003, 743.
15 Vgl. BGH NJW 2002, 1260, 1261.
16 BGH NJW 2006, 3777, 3778.
17 BAG NZA 2009, 613.
18 Näher zur Berücksichtigung von Umständen außerhalb des Testaments bei der Auslegung MünchKomm/Leipold § 2084 Rn. 28 ff.

Vertragsinhalt werden. Unter Kaufleuten sind nach § 346 HGB die **Handelsbräuche** besonders zu berücksichtigen.

5. Treu und Glauben

16 Im Zweifel gilt die **redliche Vereinbarung** als erklärt bzw. es ist der Erklärung der Inhalt zu geben, der **nach Treu und Glauben angemessen** erscheint. Dadurch erhält die Auslegung ein normatives Element, dessen Konkretisierung letztlich dem streitentscheidenden Richter obliegt.

6. Berücksichtigung der Parteiinteressen (Grundsatz der beiderseits interessengerechten Auslegung)

17 Die Auslegung darf **nicht einseitig** das Interesse des Erklärenden oder das Interesse des Erklärungsempfängers bevorzugen. Mit Recht formuliert der BGH einen „**Grundsatz einer nach beiden Seiten hin interessengerechten Auslegung**".[19] Dabei ist auf den Zeitpunkt der Abgabe der Willenserklärung, nicht auf denjenigen der richterlichen Entscheidung, abzustellen, so dass z.B. eine seinerzeit bestehende, wenn auch inzwischen aufgegebene Rechtsprechung, von der die Parteien ausgehen konnten, für die Auslegung Bedeutung behält.[20]

7. Wohlwollende Auslegung

18 Den Grundsatz der wohlwollenden Auslegung (lat. benigna interpretatio) enthält das Gesetz ausdrücklich nur für die **Auslegung von Testamenten**, § 2084. Danach ist im Zweifel diejenige Auslegung vorzuziehen, bei welcher die Verfügung Erfolg haben kann. Dieser Gedanke lässt sich aber auch auf die Auslegung von Rechtsgeschäften unter Lebenden, insbesondere von **schuldrechtlichen Verträgen**, übertragen.[21] Da es den Parteien auch hier in der Regel vor allem auf den wirtschaftlichen Erfolg und weniger auf die genaue juristische Einordnung ankommt, verdient im Zweifel diejenige Auslegung den Vorzug, die zur **Wirksamkeit des Vertrages**[22] führt, wobei freilich die Auslegung den Interessen beider Vertragsteile gerecht werden muss.

---

19 BGH NJW 2000, 2099; NJW 2002, 747; NJW-RR 2014, 1172 Rn. 15. Dieser Grundsatz hat in der Rechtsprechung des BGH zunehmend an Bedeutung gewonnen.

20 BGH NJW 1998, 3268.

21 Vgl. MünchKomm/Leipold § 2084 Rn. 62 (mit Hinweis auf die Motive zum BGB).

22 Vgl. BGHZ 152, 153 = NJW 2003, 819 (bei einer Anwalts-Hotline ist im Zweifel ein Vertrag mit dem beratenden Anwalt, nicht mit dem Hotline-Betreiber anzunehmen, weil damit eine Nichtigkeit des Vertrags gemäß § 134 wegen unzulässiger Rechtsberatung vermieden werden kann).

19 Nach der Lebenserfahrung darf man auch davon ausgehen, dass die getroffenen vertraglichen Bestimmungen nach dem Willen der Parteien einen bestimmten **rechtserheblichen Inhalt** haben sollen. Mit dem BGH[23] ist daher in der Regel einer Auslegung, bei der eine Vertragsbestimmung tatsächlich Bedeutung erlangt, der Vorrang vor einer anderen Auslegung zu geben, bei der sich die Vertragsklausel als sinnlos erweist. Diesen Auslegungsgesichtspunkt kann man ebenfalls als Ausprägung einer wohlwollenden Auslegung bezeichnen.

8. Gesetzliche Auslegungsregeln

20 Beispiele gesetzlicher Auslegungsregeln finden sich vor allem im Erbrecht, so z.B. §§2066ff., 2084, 2087 Abs.2. Hier treten Zweifelsfälle besonders häufig auf, da das **Testament** ein einseitiges, nicht empfangsbedürftiges Rechtsgeschäft darstellt und sich der Verstorbene (der Erblasser) nicht mehr zum Sinn seiner Erklärung äußern kann. Eine bemerkenswerte Regel zur Auslegung von **Allgemeinen Geschäftsbedingungen** enthält §305c Abs.2 (**Unklarheitenregel**). Danach gehen Zweifel zu Lasten des Verwenders, d.h. die AGB sind, wenn verschiedene Auslegungen in Betracht kommen, zu Ungunsten des Verwenders auszulegen – schließlich hat er die AGB vorgelegt und deren Einbeziehung in den Vertrag (dazu s. §14 Rn.58) veranlasst.

21 **Lösung zu Fall 16:** Das Verhalten des Herrn Schlau verstößt nicht gegen den Wortlaut des Vertrages, da er selbst kein neues Textilgeschäft in Pechbruck eröffnet hat. Jedoch ergibt eine Auslegung des Vertrages (§157) unter dem Gesichtspunkt von **Treu und Glauben** und unter Berücksichtigung des **Vertragszwecks** sowie der **beiderseitigen Interessen**, dass es dem Schlau auch verwehrt ist, zwar nicht als Inhaber, wohl aber als Geschäftsführer ein konkurrierendes Textilgeschäft am selben Ort zu betreiben. Es besteht hier genauso die Gefahr, dass Schlau seinen alten Kundenkreis wieder an sich zieht. Er kann also von Arglos auf Unterlassung des Tätigwerdens als Geschäftsführer in Anspruch genommen werden. Dagegen kann man für Frau Schlau aus dem Vertrag, den sie nicht abgeschlossen hat, keine Unterlassungspflicht herleiten.

III. Die ergänzende Vertragsauslegung

Fall 17: Der Steuerberater Fuchs gründete im Jahr 2014 mit Gans eine Steuerberatungs-GmbH, wobei er 40% der Geschäftsanteile übernahm und zum alleinvertretungsberechtigten Geschäftsführer der GmbH bestellt wurde. Die GmbH übte ihre Steuerberatertätigkeit allein durch Fuchs aus. Nach ihrer Satzung ist die GmbH frühestens zum 30.6. 2024 kündbar; der ausscheidende Gesellschafter unterliegt für die Dauer von zwei Jahren einem uneingeschränkten Wettbewerbsverbot hinsichtlich derjenigen Mandanten, die im Zeitpunkt des Ausscheidens Mandanten der GmbH

23 BGH NJW 1998, 2666; NJW 2002, 440; NJW 2005, 2618.

sind. 2016 legte Fuchs unter Beibehaltung seiner Gesellschafterstellung sein Amt als Geschäftsführer unter Kündigung des Anstellungsvertrages nieder und gründete ein eigenes Steuerberatungsbüro. Die GmbH verlangt von Fuchs, das Wettbewerbsverbot einzuhalten. Dieser erwidert, er sei nicht aus der Gesellschaft ausgeschieden und unterliege daher keinen solchen Einschränkungen. Wie ist die Rechtslage?

1. Ziel und Voraussetzungen

Die Auslegung, von der bislang in diesem Abschnitt die Rede war, wird auch als 22 **einfache** oder **erläuternde Auslegung** bezeichnet. Sie bezieht sich auf den rechtlich geltenden Sinn einer vorhandenen Willenserklärung, insbesondere einer Vertragsbestimmung. Bei der **ergänzenden Vertragsauslegung** stellt man dagegen eine **Lücke** (eine planwidrige Unvollständigkeit) im Vertrag fest, die ausfüllungsbedürftig ist, weil ein für die Sicherung des Vertragszwecks wesentlicher Punkt sonst nicht geregelt wäre. Solche Lücken können von Anfang an bestehen, weil die Vertragsschließenden bestimmte, regelungsbedürftige Fragen nicht bedacht haben (ursprüngliche Lücke), oder durch die spätere Entwicklung der Umstände verursacht werden (nachträgliche Lücke). Einer ergänzenden Auslegung bedarf es nicht, wenn die Lücke durch Anwendung **dispositiver gesetzlicher Bestimmungen** geschlossen werden kann. Dies setzt aber voraus, dass die gesetzliche Regelung im konkreten Fall dem Vertragszweck gerecht wird und ihre Anwendung nicht dem erkennbaren Parteiwillen widerspricht.

2. Methode der ergänzenden Vertragsauslegung

Die ergänzende Vertragsauslegung sucht nach einer Lückenschließung, die 23 dem Willen der Vertragsparteien gerecht wird. Die Fragestellung bei der ergänzenden Vertragsauslegung[24] lautet daher: Was hätten die Parteien in Anbetracht des Vertragszwecks und unter Beachtung von Treu und Glauben vereinbart, wenn sie den betreffenden Punkt bedacht hätten? Es kommt also auf den **hypothetischen Parteiwillen zum Zeitpunkt des Vertragsschlusses** an. Dabei wird auf redliche Vertragsparteien abgestellt, die eine angemessene Abwägung ihrer beiderseitigen Interessen vornehmen. Auch die Verkehrssitte (welche Regelungen sind üblich?[25]) ist bei der ergänzenden Vertragsauslegung zu beachten. Noch mehr als die einfache Auslegung ist die ergänzende Vertragsausle-

---

24 Vgl. BGHZ 16, 71, 76 = NJW 1955, 337; BGHZ 84, 1,7 = NJW 1982, 2184, 2185; BGH NJW 2002, 2310 (auch zum Erfordernis der planwidrigen Unvollständigkeit).

25 Nach BGH NJW 2010, 1135 muss sich die tatsächliche Übung als einheitliche Auffassung aller beteiligten Kreise durchgesetzt haben, wenn aus ihr im Wege der ergänzenden Vertragsauslegung eine Verpflichtung hergeleitet werden soll (verneint für Verpflichtung des Vermieters zur Ausstellung einer Mietschuldenfreiheitsbescheinigung).

gung ein wertender Vorgang, der im Streitfall dem Richter zugewiesen ist. Wenn sich der hypothetische Parteiwille nicht mit hinreichender Sicherheit ermitteln lässt (weil mehrere interessengerechte Regelungen in Betracht kommen und es keine Anhaltspunkte dafür gibt, welche Lösung die Parteien gewählt hätten), kann die Lücke nicht im Wege der ergänzenden Auslegung geschlossen werden;[26] es können aber (je nach Sachlage) die Grundsätze über die Störung der Geschäftsgrundlage eingreifen,[27] s. Rn. 26.

Merksatz:
Unbeabsichtigte (planwidrige) Lücken eines Vertrages können durch ergänzende Vertragsauslegung geschlossen werden, wenn sich unter Berücksichtigung der Verkehrssitte feststellen lässt, was die Parteien bei einer angemessenen Abwägung ihrer Interessen nach Treu und Glauben zu diesem Punkt vereinbart hätten.

23a Erweisen sich massenhaft abgeschlossene Verträge als lückenhaft, so stößt eine am individuellen hypothetischen Parteiwillen zum Zeitpunkt des Vertragsschlusses orientierte ergänzende Auslegung an ihre Grenzen. Dies wurde deutlich, als viele der für langjährige **Energielieferungsverträge** aufgrund von AGB geltenden **Preisanpassungsklauseln** wegen unangemessener Benachteiligung der Kunden für unwirksam erklärt wurden (§ 307 Abs. 1 Satz 1), so etwa Klauseln, die eine Preiserhöhung für die Lieferung von Gas entsprechend der Entwicklung des Preises für Heizöl gestatteten.[28] Es dann einfach auf Dauer bei dem ursprünglich vereinbarten Preis zu belassen, erschien einerseits für den Energieversorger unzumutbar, und andererseits musste es auch dem Kunden klar sein, dass der ursprünglich vereinbarte Preis nicht für immer gelten würde. Der BGH[29] sprach sich für eine ergänzende Vertragsauslegung aufgrund einer „objektiv-generalisierenden Abwägung der Interessen der Parteien“[30] aus und entwickelte eine „Dreijahreslösung“. Danach kann der Kunde die Unwirksamkeit einer Preiserhöhung nicht mehr geltend machen, wenn er sie nicht innerhalb von drei Jahren nach Zugang der Jahresabrechnung beanstandet hat. Der nicht beanstandete Preis tritt dann an die Stelle des ursprünglich vereinbarten Preises. Man kann bezweifeln, ob es sich hierbei noch um Vertragsauslegung handelt. Eher ist der BGH hier an die Stelle des Gesetzgebers getreten, indem er eine allgemeine Regelung für den Fall der nachträglich erkannten Unwirksamkeit von Preiserhöhungsklauseln getroffen hat.

---

26 BGHZ 90, 69, 80 = NJW 1984, 1177, 1179.
27 BGH ZEV 2006, 214, 215.
28 BGHZ 185, 96 = NJW 2010, 2789.
29 BGHZ 192, 372 = NJW 2012, 1865; BGHZ 205, 43 = NJW 2015, 2566; BGHZ 209, 337 = NJW 2017, 320; st. Rspr.
30 BGH ZIP 2017, 578 (Leitsatz Nr. 3) = BeckRS 2016, 19594.

3. Grenzen

Durch die ergänzende Auslegung darf keine einseitige, unzumutbare Mehrbelastung entstehen. Die Auslegung muss innerhalb des erkennbaren Rahmens des Vertrags bleiben. Sie darf den Inhalt des Vertrags ergänzen, aber nicht den **Gegenstand des Vertrags** erweitern.[31] 24

Wenn also A dem B eine Betonherstellungsmaschine verkauft, so kann man im Wege der ergänzenden Vertragsauslegung eine Nebenpflicht des Verkäufers annehmen, den Käufer über die Bedienung und Wartung der Maschine zu unterrichten. Stellt sich aber beispielsweise heraus, dass die Anlage zu groß für die Werkhalle des B ist, dann kann nicht im Wege ergänzender Auslegung verlangt werden, dass A wesentliche technische Änderungen durchführt oder gar eine andere Maschine liefert.

Außerdem darf man nicht im Wege der ergänzenden Vertragsauslegung etwas zum Vertragsinhalt machen, was dem **tatsächlichen Willen** der Vertragsparteien **widerspricht**. 25

So kann eine bei den Vertragsverhandlungen von einer Seite ausdrücklich abgelehnte Regelung über die Kündigung eines Darlehens nicht im Wege ergänzender Auslegung in den Darlehensvertrag eingefügt werden.[32]

4. Störung der Geschäftsgrundlage als verwandtes Institut

Ein der ergänzenden Auslegung benachbartes Institut ist das **Fehlen** oder der **Wegfall der Geschäftsgrundlage**. Es wurde unter Berufung auf den Grundsatz von Treu und Glauben (§ 242) entwickelt, um grundlegenden Störungen bei der Abwicklung von schuldrechtlichen Verträgen gerecht zu werden, die vom Gesetz nicht anderweitig geregelt sind und auch mit den Mitteln der Vertragsauslegung (einschließlich der ergänzenden Auslegung[33]) nicht zu bewältigen sind. Hieran anknüpfend wurde durch die Schuldrechtsreform 2001 in Gestalt des § 313 eine ausdrückliche Vorschrift über Störungen der Geschäftsgrundlage in das BGB eingefügt. 26

Definition:
Geschäftsgrundlage sind die bei Vertragsschluss bestehenden gemeinsamen Vorstellungen beider Parteien oder die dem Geschäftsgegner erkennbaren und von ihm nicht beanstandeten Vorstellungen der einen Vertragspartei vom

---

31 BGH NJW-RR 2015, 183.

32 BGH NJW 1995, 1212.

33 Die ergänzende Vertragsauslegung hat Vorrang vor einer Anwendung der Grundsätze über den Wegfall der Geschäftsgrundlage, BGHZ 81, 135, 143 = NJW 1981, 2241, 2242; BGHZ 90, 69, 74 = NJW 1984, 1177, 1178.

Vorhandensein oder dem zukünftigen Eintritt gewisser Umstände, sofern der Geschäftswille der Parteien auf dieser Vorstellung aufbaut.[34]

27 Fehlen oder Wegfall der Geschäftsgrundlage führen aber erst dann zu rechtlichen Konsequenzen, wenn das Festhalten am ursprünglichen Vertragsinhalt nach Treu und Glauben und unter Berücksichtigung der vertraglichen Risikoverteilung **unzumutbar** ist. Das Rechtsinstitut darf also nicht vorschnell herangezogen werden; es ist auf Ausnahmefälle begrenzt. Ist das Festhalten am Vertrag mit seinem ursprünglichen Inhalt unzumutbar, so wird zuerst versucht, den **Inhalt des Vertrages** an die geänderten Verhältnisse **anzupassen**, § 313 Abs. 1. Erst wenn keine den Interessen beider Teile gerecht werdende Anpassung des Vertrages möglich erscheint, ist ein Recht zur **Vertragsauflösung** durch Rücktritt oder Kündigung (bei Dauerschuldverhältnissen) gegeben, § 313 Abs. 3.

Unter dem Gesichtspunkt eines Wegfalls der Geschäftsgrundlage wurden z. B. **Inflationsfälle** gelöst, wenn es angesichts einer starken Geldentwertung unzumutbar war, eine Leistung zu dem ursprünglich vereinbarten Entgelt zu erbringen. Auch bestimmte Irrtumsfälle (**beiderseitiger Motivirrtum**) werden dem Rechtsinstitut des Fehlens der Geschäftsgrundlage zugeordnet, s. § 18 Rn. 24 f. Wegen der Einzelheiten ist auf die Darstellungen des Schuldrechts zu verweisen.

28 **Lösung zu Fall 17:** Im Gesellschaftsvertrag ist nur eine Regelung für den Fall des Ausscheidens eines Gesellschafters aus der GmbH getroffen. Hieraus kann aber nicht geschlossen werden, dass bei Beendigung der Tätigkeit als Geschäftsführer unter Beibehaltung der Gesellschafterstellung kein Wettbewerbsverbot bestehen sollte. Vielmehr ist davon auszugehen, dass die Parteien diesen Fall nicht bedacht haben. Es liegt also eine ausfüllungsbedürftige Vertragslücke vor. Bei der **ergänzenden Vertragsauslegung** ist zu ermitteln, wie die Parteien den offen gebliebenen Punkt im Hinblick auf den Vertragszweck und unter Berücksichtigung von Treu und Glauben geregelt hätten. Hier führte gerade die Tätigkeit des Fuchs als Geschäftsführer, der allein als Steuerberater die Kunden der GmbH betreute, dazu, dass bei Aufnahme einer Konkurrenztätigkeit die Gefahr einer Abwerbung von Kunden der GmbH bestand. Der Zweck des Wettbewerbsverbots greift also bei einer Beendigung der Geschäftsführertätigkeit unter Beibehaltung der Gesellschafterstellung ebenso ein wie bei einem Ausscheiden aus der GmbH. Mit dem BGH[35] ist daher im Wege der ergänzenden Vertragsauslegung ein Wettbewerbsverbot zu bejahen.

---

34 Ständige Rspr., BGHZ 120, 10, 23 = NJW 1993, 259, 262; BGHZ 121, 378, 391 = NJW 1993, 1856, 1859.

35 BGH NJW-RR 1990, 226 (Vorbild des Falles). Die Dauer des Wettbewerbsverbots muss sich innerhalb der Grenzen von § 138 BGB und § 1 GWB halten; dies ist nach der Rechtsprechung im Allgemeinen bis zu einer Zeitspanne von zwei Jahren zu bejahen, BGH aaO.

IV. Übereinstimmende Falschbezeichnung

Fall 18: Schön will mehrere alte Teppiche, die er geerbt hat, verkaufen. Kunst hat sie besichtigt und kauft nun schriftlich „den Täbris 2 mal 3 m". Schön stimmt zu und sendet (vereinbarungsgemäß auf Kosten des Schön) den Teppich an Kunst.

a) Kunst hatte aber die Bezeichnungen verwechselt; er wollte den (gleich großen) roten Afghanen-Teppich kaufen. Nun will er den Täbris-Teppich zurückgeben und den Afghanen-Teppich geliefert erhalten. Wie ist die Rechtslage?

b) Schön und Kunst sprachen schon bei der Besichtigung übereinstimmend von dem „Täbris-Teppich", obgleich sie beide den Afghanen-Teppich meinten. Kunst reut aber nun der Kauf, so dass er die Anfechtung erklärt und die Zahlung verweigert. Mit Recht?

1. Grundsatz

Weicht die geäußerte Willenserklärung vom Willen des Erklärenden ab, weil sich dieser über den Sinn der von ihm verwendeten Bezeichnung geirrt hat, so liegt ein Inhaltsirrtum vor, der nach § 119 Abs. 1, 1. Alt. den Erklärenden zur Anfechtung berechtigt, s. § 18 Rn. 14ff. Wenn aber die Erklärung trotz eines **objektiv unrichtigen Ausdrucks** von beiden Seiten **im selben Sinne verstanden** wurde, dann besteht kein Anlass, eine Lösung vom Vertrag zu gestatten. Vielmehr gilt dann der Vertrag mit dem übereinstimmend gewollten Inhalt, ungeachtet der objektiv anders lautenden Bezeichnung. Bei Übereinstimmung des Willens gilt also der lateinische Satz „falsa demonstratio non nocet" (die falsche Bezeichnung schadet nicht). Dem Zweck des Vertragsschlusses entsprechend, erhält auf diese Weise der übereinstimmend gewollte Sinn den Vorrang vor einer misslungenen Formulierung. 29

Den klassischen Beispielsfall bildet eine (kuriose) Entscheidung des Reichsgerichts.[36] Es wurde ein Vertrag über die Lieferung von „Haakjöringsköd" abgeschlossen. Dieses norwegische Wort bedeutet Haifischfleisch. Beide Partner meinten aber damit Walfischfleisch. Da der **vertragliche Wille übereinstimmte** und lediglich eine falsche Bezeichnung vorlag, war ein Vertrag über Walfischfleisch zustande gekommen.[37] Ein weiteres Beispiel ist die fehlerhafte Bezugnahme auf einen anderen Vertrag, dessen Urkunde falsch bezeichnet wurde, wobei aber beide Parteien dieselbe vertragliche Regelung meinten.[38] 30

---

36 RGZ 99, 147.

37 Der Fall ist damit aber noch nicht zu Ende: Es wurde Haifischfleisch geliefert, denn der Vertrag bezog sich auf eine bestimmte Schiffsladung, die eben aus Haifischfleisch bestand. Da aber die vertragsgemäße Lieferung in Walfischfleisch hätte bestehen müssen, nahm das RG eine fehlerhafte Sache nach § 459 Abs. 1 aF (jetzt § 434 Abs. 1) an und bejahte ein Recht des Käufers auf Wandelung (Rückgängigmachung des Kaufvertrags), § 462 aF (jetzt § 437, wobei vor allem ein Anspruch auf Nacherfüllung oder ein Rücktrittsrecht in Betracht kommen).

38 RGZ 109, 334.

2. Anwendbarkeit bei formbedürftigen Verträgen

31 Der Grundsatz von der Unschädlichkeit einer Falschbezeichnung gilt auch bei **formbedürftigen Verträgen,**[39] so etwa bei der Verwechslung der Bezeichnung eines Grundstücks in einem Kaufvertrag, wenn beide Vertragsparteien übereinstimmend ein anderes Grundstück meinen,[40] oder bei Einigung über den Verkauf einer gesamten Gartenanlage, während im beurkundeten Kaufvertrag ein Grundstück als Kaufgegenstand genannt wird, das nur einen Teil der Gartenanlage ausmacht.[41] Dasselbe gilt bei der Auflassung eines Grundstücks (d.h. der dinglichen Einigung, die zur Eigentumsübertragung erforderlich ist, § 925 Abs. 1 Satz 1, vgl. § 7 Rn. 26). Wenn die Beteiligten den Gegenstand der Auflassung (das Flurstück) versehentlich falsch bezeichnet haben, ist die Auflassung hinsichtlich des Objekts erklärt worden, auf das sich der übereinstimmende Wille erstreckt, während es für das „falsche" Objekt an einer Willenseinigung und damit an einer wirksamen Auflassung fehlt.[42] Für die Grundbucheintragung gilt der Grundsatz „falsa demonstratio non nocet" dagegen nicht. Die Eintragung des Eigentumswechsels beim falsch bezeichneten Grundstück führt nicht zum Übergang des Eigentums am wirklich gemeinten Grundstück[43] (und ebensowenig zum Eigentumswechsel am falsch bezeichneten Grundstück, weil es insoweit an einer wirksamen Auflassung fehlt).

Merksatz:
Trotz einer Falschbezeichnung in einem Vertrag gilt das übereinstimmend von den Parteien Gewollte, auch bei formbedürftigen Verträgen.

Lösung zu Fall 18:

32 a) Da die Erklärung vom Empfänger eindeutig als auf den Täbris-Teppich gerichtet zu verstehen ist, ist ein Kaufvertrag über den Täbris-Teppich zustande gekommen. Die Lieferung des Afghanen-Teppichs kann Kunst nicht verlangen. Er kann aber seine Willenserklärung nach § 119 Abs. 1, 1. Alt. wegen **Inhaltsirrtums** anfechten, da er glaubte, mit der verwendeten Formulierung etwas anderes zu sagen, als er wirklich zum Ausdruck brachte. Der Vertrag ist dann nach § 142 Abs. 1 von Anfang an nichtig, so dass Kunst den Täbris-Teppich nicht abzunehmen und zu bezahlen braucht. Kunst ist zum Ersatz des Vertrauensschadens an Schön verpflichtet, § 122 Abs. 1, hier jedenfalls zum Ersatz der Versandkosten.

b) Hier ist die Erklärung zwar objektiv irrig, aber da sie beiderseits richtig verstanden wurde, liegt eine Willensübereinstimmung vor (**übereinstimmende Falschbezeichnung**). Deshalb ist hier ein Vertragsschluss mit dem wirklich gewollten Inhalt, also

---

39 So auch wieder (nachdem zuvor gewisse Bedenken geäußert worden waren) BGHZ 87, 150 = NJW 1983, 1610; ebenso BGH NJW 1986, 1868.

40 RGZ 60, 340; 61, 265.

41 BGH NJW 2008, 1658, 1659. Wie der BGH klarstellt, bedarf es über die falsche Bezeichnung hinaus keines Anhaltspunktes für das wirklich Gewollte im Vertrag.

42 BGH NJW 2002, 1038.

43 OLG Hamm NJW-RR 2016, 27.

bezogen auf den Afghanen-Teppich zu bejahen. Eine Diskrepanz zwischen dem Willen des Kunst und dem rechtlich geltenden Inhalt seiner Erklärung besteht somit nicht. Kunst hat kein Anfechtungsrecht, sondern muss den Afghanen-Teppich abnehmen und bezahlen.

Kontrollfragen und Fälle zu § 15

1) Wie ist die Formulierung „der wirkliche Wille" in § 133 BGB zu verstehen?

2)* Treu hat gegenüber Glaub eine selbstschuldnerische Bürgschaft für Verbindlichkeiten des Dreier übernommen. Dies geschah durch Unterzeichnung einer von Glaub vorgelegten Urkunde, in der es u.a. hieß: „Der verbürgte Betrag ist auf Anforderung bzw. bei erster Vorlage dieser Urkunde sofort zahlbar, frühestens jedoch zu den oben angegebenen Fälligkeitsterminen." Diese Formulierung wird im bankgeschäftlichen Verkehr als Übernahme einer Bürgschaft auf erstes Anfordern verstanden. Bei einer solchen Bürgschaft muss der Bürge zunächst zahlen, ohne sich auf Einwendungen oder Einreden gegen die Hauptschuld berufen zu können; er kann hieraus nur Ansprüche auf Rückzahlung des Geleisteten herleiten.[44] Treu, der nicht über Erfahrungen auf dem Gebiet der Kreditsicherung verfügt, will die Bürgschaft nicht mit dem Inhalt einer Bürgschaft auf erstes Anfordern, sondern nur als gewöhnliche selbstschuldnerische Bürgschaft gegen sich gelten lassen. Wie ist die Rechtslage?

3)* Klever verkaufte an Bieder ein gewerblich genutztes Grundstück zum Preis von 1 300 000 € unter Ausschluss jeglicher Haftung für Sachmängel. Bieder verkaufte das Grundstück drei Jahre später für 2 300 000 € an Pech weiter, ebenfalls unter vollem Haftungsausschluss. Wie sich kurz darauf herausstellt, ist der Boden mit Ölrückständen verunreinigt, die auf das Auslaufen von etwa 10 000 Litern Heizöl vor 20 Jahren zurückgehen und deren Beseitigung einen Aufwand von etwa 300 000 € erfordert. Klever wusste davon, informierte den Bieder aber nicht. Bieder hatte auch beim Weiterverkauf an Pech keine Kenntnis von dem Ölschaden. Auch die Umstände (die längst umgebauten Gebäude wurden mit Gas beheizt) gaben keinen Anlass, an eine Ölverschmutzung zu denken. Pech meint, er könne von Bieder wenigstens Abtretung von dessen Sachmängelansprüchen gegen Klever verlangen. Trifft diese Rechtsansicht zu?

---

44 Vgl. BGHZ 152, 246 = NJW 2003, 352; MünchKomm/Habersack § 765 Rn. 98.

Lösungen

33 1) Der wirkliche Wille, der nach § 133 BGB bei der Auslegung zu ermitteln ist, darf nicht als rein innerer Wille verstanden werden. Vielmehr geht es um den **wirklichen erklärten Willen**, also um den Willen, wie er in der Erklärung zum Ausdruck kommt. Bei empfangsbedürftigen Willenserklärungen ist entscheidend, wie die Erklärung aus der Sicht eines verständigen Erklärungsempfängers zu verstehen ist (Auslegung vom **objektiven Empfängerhorizont** aus).

34 2) Bei der Auslegung einer vertraglichen Willenserklärung spielt die **Verkehrssitte** eine zentrale Rolle, § 157. Dies scheint zunächst dafür zu sprechen, die Bürgschaftserklärung als Übernahme einer Bürgschaft auf erstes Anfordern zu verstehen, so wie die Formulierung im Bankverkehr üblicherweise verstanden wird. Jedoch muss bedacht werden, dass Treu nicht diesem Geschäftskreis angehört. Aus dem Text der Bürgschaftserklärung geht die Besonderheit, es müsse auf erstes Anfordern unbedingt gezahlt werden, für einen nicht mit derartigen Geschäften vertrauten Bürgen nicht hervor. Glaub muss die Erklärung, die er formuliert hat, aber so gelten lassen, wie sie Treu verstehen durfte. Insoweit kommt auch hier der Gedanke der **Auslegung vom Empfängerhorizont** entsprechend zum Zuge. Der BGH[45] hat daher im Ergebnis die Auslegung als gewöhnliche selbstschuldnerische Bürgschaft, nicht als Bürgschaft auf erstes Anfordern, für richtig erklärt.

35 3) Nach Sachlage kommen Ansprüche des Bieder gegen Klever aus §§ 434 Abs. 1, 437 (insbesondere auf Nacherfüllung durch Beseitigung des Mangels, § 439 Abs. 1) trotz des vereinbarten Haftungsausschlusses in Betracht, da ein **arglistiges Verschweigen eines Mangels** durch Klever vorliegt, § 444. (Diese Ansprüche wären auch noch nicht verjährt, da nach § 438 Abs. 3 Satz 1 aufgrund des arglistigen Verschweigens die regelmäßige Verjährungsfrist gilt. Diese beträgt nach § 195 drei Jahre und beginnt gemäß § 199 Abs. 1 mit dem Ende des Jahres, in dem Bieder Kenntnis von dem Sachverhalt erlangt hat.) Im Vertrag zwischen Bieder und Pech wurde an solche Ansprüche nicht gedacht. Darin ist eine ausfüllungsbedürftige Lücke, eine planwidrige Unvollständigkeit dieses Vertrages zu sehen, die im Wege der **ergänzenden Auslegung** zu schließen ist. Es ist daher zu fragen, was Bieder und Pech redlicherweise vereinbart hätten, wenn sie an die Möglichkeit von Sachmängelansprüchen der hier gegebenen Art gedacht hätten. Dem Interesse des Pech hätte es entsprochen, eine Verpflichtung zur Abtretung solcher Ansprüche zu vereinbaren. Eine ergänzende Auslegung in dieser Richtung setzt voraus, dass dies auch mit dem Interesse des Bieder vereinbar ist. Der Haftungsausschluss zwischen Bieder und Pech sollte Bieder davor schützen, wegen Mängeln der Sache in Auseinandersetzungen mit dem Käufer eintreten und den Kaufpreis ganz oder teilweise verlieren zu müssen. Dieser Zweck des Haftungsausschlusses wird durch Abtretung von Ansprüchen gegen den Erstverkäufer Klever nicht beeinträchtigt. Mit dem BGH[46] ist daher im Wege der ergänzenden Vertragsauslegung ein Anspruch des Pech gegen

---

45 BGH NJW 1992, 1446 (Vorbild des Falles).

46 BGH NJW 1997, 652 (Vorbild des Falles). Wie BGH NJW 2004, 1873 klarstellt, kann aber nicht generell bei einem zugunsten des Zweitverkäufers vereinbarten Haftungsausschluss im Wege der ergänzenden Auslegung eine Verpflichtung zur Abtretung von Gewährleistungsansprüchen gegen den Erstverkäufer bejaht werden, sondern nur, wenn sich der Vertrag auf Grund besonderer Umstände als lückenhaft erweist. Im obigen Fall war dies zu

Bieder auf Abtretung der Sachmängelansprüche gegen Klever zu bejahen. (Ob man dieses Ergebnis, was vertretbar ist, auch etwa aus einer analogen Anwendung von § 285 [§ 281 aF] oder aus den Grundsätzen über die Drittschadensliquidation herleiten kann, ließ der BGH offen.)

---

bejahen, da die Parteien des Zweitverkaufs mit einem Risiko durch Bodenbelastung nicht gerechnet hatten.

§ 16 Formerfordernisse

Fall 19: Die Rundum Textilvertrieb GmbH bestellt bei Nietform 3 000 Stück Jeans zu 20 €. Zwirn, Alleingesellschafter der GmbH, gab zu notariellem Protokoll die Erklärung ab, er übernehme für die Forderung von Nietform aus diesem Vertrag in Höhe von 60 000 € die selbstschuldnerische Bürgschaft. An Nietform wurde diese Erklärung per Telefax übermittelt. Nach Lieferung der Jeans zahlte die GmbH nicht. Kann sich Nietform an Zwirn halten?

I. Grundsatz der Formfreiheit

1 Grundsätzlich können alle Rechtsgeschäfte ohne Einhaltung einer bestimmten Form abgeschlossen werden. Auch mündlich abgeschlossene Verträge sind verbindlich. Der Vertragsschluss kann darüber hinaus stillschweigend erfolgen und sich aus den Umständen ergeben. Die **Formgebundenheit** ist demgegenüber die Ausnahme. Sie kann sich aus **gesetzlichen Vorschriften** ergeben oder durch **Parteivereinbarung** herbeigeführt werden.

Der Umstand, dass in bestimmten Bereichen eine förmliche, insbesondere eine schriftliche Vereinbarung allgemein üblich ist, führt allein nicht zu einem Formzwang. Doch ist eine solche Verkehrssitte bei der **Auslegung** zu berücksichtigen. Sie kann dazu führen, bei lediglich mündlichen Äußerungen noch keinen verbindlichen Vertragsschluss, sondern nur Vorüberlegungen anzunehmen.

II. Gesetzliche Formvorschriften

1. Zweck

2 Vom Grundsatz der Formfreiheit abweichend, schreibt das Gesetz für eine Reihe von Rechtsgeschäften die Einhaltung einer bestimmten Form vor. So bedarf nach § 311b Abs. 1 Satz 1 ein Vertrag, durch den sich jemand zur Übertragung oder zum Erwerb von Grundstückseigentum verpflichtet, also vor allem ein Grundstückskaufvertrag, der notariellen Beurkundung. Die Übernahme einer Bürgschaft muss durch schriftlich erteilte Erklärung des Bürgen erfolgen, § 766 Satz 1. Die gesetzlichen Formvorschriften verfolgen vor allem[1] zweierlei Zwe-

1 Zu weiteren Formzwecken Mankowski JZ 2010, 662.

cke: Sie dienen zum einen dazu, einen klaren Beweis des Rechtsgeschäfts zu ermöglichen (**Beweisfunktion**). Zum anderen sollen die Beteiligten davor bewahrt werden, bestimmte Rechtsgeschäfte – vor allem besonders bedeutsame oder auch besonders riskante – ohne hinreichende Überlegung abzuschließen (**Warnfunktion**). Der notariellen Beurkundung kommt darüber hinaus **Beratungsfunktion** zu, gehört es doch zu den Aufgaben des Notars, die Beteiligten über die rechtliche Tragweite des Geschäfts zu belehren und einer Benachteiligung unerfahrener oder ungewandter Personen entgegenzuwirken, näher s. § 17 BeurkG.

Die gesetzlichen Formvorschriften (also die Regeln, die eine bestimmte Form vorschreiben) finden sich im jeweiligen Sachzusammenhang. Im Allgemeinen Teil (§§ 125 ff.) ist nicht geregelt, wann eine bestimmte Form erforderlich ist, sondern welchen **Inhalt** die einzelnen Formarten haben und welche **Folgen** im Allgemeinen bei einem Formmangel eintreten. 3

2. Arten der gesetzlichen Form

Die im Allgemeinen Teil geregelten Formarten werden hier, anders als im Gesetz, in der Reihung von der einfachsten bis zur strengsten Form dargestellt. Als weitere Form (jedoch nicht im Allgemeinen Teil geregelt) kennt das BGB die **Abgabe von Erklärungen vor einer Behörde**, so bei Auflassung (§ 925 Abs. 1 – vor dem Notar) und bei Eheschließung (§ 1310 Abs. 1 – vor dem Standesbeamten). 4

a) Die Textform

aa) Formerfordernisse

Die Umschreibung der **Textform** (§ 126b) wurde bei der Umsetzung der Verbraucherrechte-Richtlinie im Jahre 2013 (s. § 4 Rn. 19) durch Übernahme des in Art. 2 Nr. 10 der Richtlinie enthaltenen Begriffs des **dauerhaften Datenträgers** geändert. Die Textform verlangt eine lesbare Erklärung, in der die Person des Erklärenden genannt ist, die an den Empfänger persönlich gerichtet ist und die auf einem dauerhaften Datenträger abgegeben wird. Darunter ist nach § 126b Satz 2 jedes Medium zu verstehen, das zur Aufbewahrung oder Speicherung und zur unveränderten Wiedergabe der Erklärung geeignet ist. Diese Voraussetzung erfüllen Erklärungen auf Papier ebenso wie Erklärungen, die der Empfänger per E-Mail, auf USB-Stick oder Speicherkarte usw. erhält. Dagegen genügt es nicht, wenn die Erklärung (bzw. die zu erteilende Information) dem Empfänger lediglich auf einer herkömmlichen Internetseite des Erklärenden zur Verfügung gestellt wird.[2] Anders als nach der früheren Fassung des 5

2 BGH NJW 2010, 3566; BGH NJW 2014, 2857; EuGH NJW 2012, 2637 (Hyperlink auf Website des Unternehmens). Anders wäre es wohl bei Speicherung in einem besonderen, der Disposition des Empfängers vorbehaltenen Online-Postfach.

§ 126b setzt die Textform nicht mehr voraus, dass der Abschluss der Erklärung durch Nachbildung der Namensunterschrift oder auf andere Weise erkennbar gemacht ist.[3]

bb) Anwendungsbereich

6 Die Textform stellt **wesentlich geringere Anforderungen** als die Schriftform oder die elektronische Form. Sie sichert im Grunde nur, dass die Erklärung für den Empfänger lesbar ist und von ihm aufbewahrt werden kann, liefert aber keinen Beweis für die Echtheit der Erklärung. Die Textform vermag daher nicht die Schriftform zu ersetzen. Sie ist nur dort ausreichend, wo das Gesetz die Textform vorsieht (oder wo ohnehin keine gesetzliche Form zu wahren ist). Umgekehrt genügen Schriftform, elektronische Form oder gar notarielle Beurkundung erst recht dem Erfordernis der Textform.

6a Der Textform bedarf z. B. ein Vertrag zur Vermittlung eines Wohnungsmietvertrags, § 2 Abs. 1 Satz 2 Wohnungsvermittlungsgesetz. Zumeist handelt es sich aber bei den Fällen, in denen die Textform einzuhalten ist, nicht um Willenserklärungen, sondern um die **Erteilung von Informationen** (zu deren Einordnung als geschäftsähnliche Handlungen s. § 10 Rn. 25a). Vorgeschrieben ist die Textform z. B. für die Belehrung des Verbrauchers über sein Widerrufsrecht (Art. 246 Abs. 3 Satz 1, Art. 246a § 1 Abs. 2 Satz 2 EGBGB), im Mietrecht für die Mitteilung von bevorstehenden Modernisierungsmaßnahmen durch den Vermieter (§ 555c Abs. 1 Satz 1) und für die Anzeige einer Aufrechnungsabsicht durch den Mieter (§ 556b Abs. 2 Satz 1). Beim Verbrauchsgüterkauf ist eine Garantieerklärung auf Verlangen des Käufers in Textform mitzuteilen, § 477 Abs. 2. Im Rahmen eines Behandlungsvertrages sind Informationen des Patienten über von ihm zu tragende Behandlungskosten (§ 630c Abs. 3 Satz 1) oder ergänzende Unterlagen zur Aufklärung des Patienten (§ 630e Abs. 2 Satz 1 Nr. 1) in Textform zu erteilen.

b) Die elektronische Form

aa) Formerfordernisse

7 Die **elektronische Form** (§ 126a) ist so ausgestaltet, dass sie eine vergleichbare (vielleicht sogar größere) Sicherheit für die Echtheit und Unverfälschtheit der Erklärung bietet wie die Schriftform. Die elektronische Erklärung, die dem Empfänger in der Regel über das Internet zugeht, muss den Namen des Ausstellers enthalten (nicht notwendig am Ende des Dokuments) und mit einer **qualifizierten elektronischen Signatur** nach dem Signaturgesetz[4] versehen sein.

Der Aussteller benötigt hierzu einen sog. privaten Signaturschlüssel, d. h. eine elektronische Verschlüsselung, die mithilfe einer Chipkarte und einer PIN-Nummer genutzt

---

3 In der Begründung zur Gesetzesänderung (BT-Drs. 17/12637, S. 44) heißt es zwar pauschal, eine inhaltliche Änderung sei mit der Neufassung des § 126b nicht beabsichtigt, aber maßgebend ist der Gesetzestext.

4 Dazu Bieser DStR 2001, 31 (auch zur Technik der elektronischen Signatur); Roßnagel NJW 2001, 1817; ders. NJW 2005, 385.

wird. Der Empfänger muss zur Überprüfung der Echtheit einen öffentlichen Signaturschlüssel verwenden, der ihm, soweit nicht schon vorhanden, mit dem elektronisch signierten Dokument zugeleitet werden kann. Das Verfahren soll gewährleisten, dass die Datei mit dem privaten Signaturschlüssel des Erklärungsurhebers erzeugt und nicht nachträglich verändert wurde. Die Technik wird als sicher angesehen, vorausgesetzt, dass der Inhaber des Signaturschlüssels eine unbefugte Nutzung der Chipkarte und der PIN-Nummer verhindert.[5] Zusätzliche Sicherheit kann durch Nutzung biometrischer Merkmale (z. B. den von der Chipkarte vor Freigabe des Signaturschlüssels überprüften Fingerabdruck des Erklärenden) erzielt werden, doch ist dies gesetzlich nicht vorgeschrieben.

Beim Abschluss eines **Vertrages** in elektronischer Form muss jede Partei ein gleichlautendes Dokument elektronisch signieren, § 126a Abs. 2. Dies schließt nicht aus, dass die eine Seite den Vertragstext elektronisch signiert, während die andere Seite eine inhaltlich übereinstimmende, für den Gegner bestimmte Urkunde unterzeichnet (§ 126 Abs. 2 Satz 2).[6] 8

bb) Anwendungsbereich

Soweit gesetzlich die **schriftliche Form** vorgeschrieben ist, kann sie nach § 126 Abs. 3 **durch die elektronische Form ersetzt** werden, freilich nur, soweit sich nicht aus dem Gesetz etwas anderes ergibt. Die elektronische Form genügt beispielsweise bei der Kündigung eines Mietverhältnisses über Wohnraum, da § 568 Abs. 1 keine Einschränkung enthält, ebenso beim Abschluss eines Verbraucherdarlehensvertrages (§ 492 Abs. 1 Satz 1), während sie bei der Kündigung eines Arbeitsverhältnisses (§ 623) und bei der Erteilung einer Bürgschaftserklärung (§ 766 Satz 2) ausgeschlossen ist. Soweit die elektronische Form der Schriftform gleichwertig ist, hängt ihre Verwendung nicht von der Zustimmung des Erklärungsempfängers ab. Jedoch wird man verlangen müssen, dass dieser eine entsprechende Adresse, insbesondere eine E-Mail-Anschrift, allgemein oder gegenüber dem Erklärenden eröffnet hat, da es sonst am wirksamen Zugang der Willenserklärung fehlen kann (s. § 12 Rn. 22). 9

c) Die Schriftform

aa) Formerfordernisse

Soweit gesetzlich die Schriftform vorgeschrieben ist,[7] muss die **Erklärung schriftlich** abgefasst werden, wobei es (anders als beim eigenhändigen Testa- 10

5 Insoweit besteht eine erhebliche Missbrauchsgefahr, vgl. Hähnchen NJW 2001, 2831, 2833; Dörner AcP Bd. 202 (2002), 363, 388 ff. (für Rechtsscheinshaftung des Schlüsselinhabers auch bei Fahrlässigkeit).

6 Boente/Riehm JURA 2001, 793, 797.

7 Auch das gesetzliche Erfordernis einer „schriftlichen" Erklärung ist im Allgemeinen im Sinn der Schriftform auszulegen, BAG NJW 2016, 2906 Rn. 15 ff. Besser wäre es freilich, wenn der Gesetzgeber ausdrücklich von Schriftform sprechen würde.

ment, § 2247 Abs. 1) nicht darauf ankommt, ob der Text eigenhändig, mit der Schreibmaschine oder dem Computer erstellt wurde. Die Schriftform verlangt, dass der Text in ausgedruckter Form vorliegt;[8] zum Ersatz der Schriftform durch die elektronische Form s. Rn. 9. Die (schriftliche) Urkunde muss nach § 126 Abs. 1 vom Aussteller **eigenhändig durch Namensunterschrift unterzeichnet** werden. Ein **Handzeichen** (etwa durch jemand, der nicht schreiben kann) genügt nur, wenn es notariell beglaubigt ist. Die Schriftform insgesamt hat Warn- und Beweisfunktion;[9] der Unterschrift kommt Identitäts-, Echtheits- und Abschlussfunktion zu.

11 Wenn ein **Vertrag** der Schriftform bedarf, so muss entweder ein und dieselbe den Vertrag enthaltende Urkunde von beiden Vertragsschließenden unterzeichnet werden oder jede Seite muss die für den anderen bestimmte Urkunde unterzeichnen, § 126 Abs. 2 Satz 1 und 2. Ein Briefwechsel, also die Übersendung eines Vertragsangebots und die Rücksendung einer gesonderten Annahmeerklärung, reicht nicht aus, da sich hier die Willensübereinstimmung nicht aus einer Urkunde ergibt. Jedoch genügt es, wenn die Vertragsbestimmungen im unterzeichneten Angebotsschreiben der einen Partei enthalten sind und dieses Schreiben sodann von der anderen Partei unterzeichnet wird.[10] Außerdem ist auf Modifizierungen des Formerfordernisses durch besondere Bestimmungen zu achten. So ist beim Verbraucherdarlehensvertrag nach § 492 Abs. 1 Satz 2 der Schriftform genügt, wenn Antrag und Annahme getrennt schriftlich erklärt werden, und die Erklärung des Darlehensgebers bedarf keiner Unterzeichnung, wenn sie mit Hilfe einer automatischen Einrichtung erstellt wird, § 492 Abs. 1 Satz 3.

bb) Einzelfragen

12 **Eigenhändig** bedeutet, dass die Schriftzeichen mit der eigenen Hand geformt sein müssen; eine maschinenschriftliche Unterzeichnung oder ein Stempel (auch ein Faksimile-Stempel, der den Namensschriftzug wiedergibt) genügen nicht.

Die **Namensunterschrift** muss in der Regel mit dem Familiennamen erfolgen. Ein Pseudonym (Künstlername) genügt, wenn die Person unter diesem Namen allgemein bekannt ist – schließlich soll die Unterschrift dazu dienen, die Identität des Erklärenden möglichst eindeutig festzustellen. Auch eine **Blanko-Unterschrift**, der später der Text von einer anderen Person hinzugefügt wird, genügt der Schriftform (zur Einschränkung der Anfechtung bei abredewidriger Ausfüllung s. § 18 Rn. 17; zur Blankobürgschaft s. § 24 Rn. 8).

---

8 Die Unterzeichnung des Textes auf einem elektronischen Schreibtablett genügt weder der Schriftform noch der elektronischen Form, OLG München NJW 2012, 3584.

9 BAG NJW 2016, 2906 Rn. 26 f.

10 BGH NJW 2004, 2962 (unter Aufgabe von RGZ 105, 60, 62); BAG NJW 2007, 315. Das RG hatte hier eine nochmalige Unterzeichnung durch die erste Partei unter der Gegenzeichnung der anderen verlangt.

Eine **Unterzeichnung** liegt nur vor, wenn die Unterschrift den Text der Willenserklärung räumlich abschließt, nicht wenn sie oberhalb der Erklärung steht[11] („Oberschrift"). Besteht die am Ende unterzeichnete Urkunde (z. B. der Vertrag) aus mehreren Blättern, so müssen diese nicht unbedingt körperlich fest miteinander verbunden sein, wenn sich die Einheit der Urkunde aus anderen Umständen (z. B. Seitenzahlen oder fortlaufende Nummerierung der einzelnen Vertragsbestimmungen) ergibt.[12]

Stellvertretung wird durch das Schriftformerfordernis nicht ausgeschlossen. Da der Stellvertreter eine eigene Erklärung abgibt, hat er selbst eigenhändig zu unterzeichnen, in der Regel mit seinem Namen und einem die Vertretung offen legenden Zusatz.[13] Man lässt es aber sogar genügen, wenn der Stellvertreter mit dem Namen des Vertretenen unterzeichnet, s. § 22 Rn. 17. Bei Personenmehrheit (z. B. mehreren Mietern) müssen alle unterschreiben. Will jemand in einem solchen Fall die Willenserklärung sowohl im eigenen Namen als auch als Vertreter eines anderen abgeben, so muss die Stellvertretung durch einen Zusatz deutlich zum Ausdruck gebracht werden.[14]

Ist für eine empfangsbedürftige Willenserklärung die Schriftform vorgeschrieben, so muss dem Empfänger das **Original** (nicht bloß eine Kopie) **zugehen.**[15]

cc) Anwendungsbereich

Die Schriftform ist z. B. **gesetzlich vorgeschrieben** für einen Verbraucherdarle- 13
hensvertrag (§ 492 Abs. 1 Satz 1, jedoch mit Besonderheiten, s. Rn. 11, zur Rechtsfolge bei Formmangel s. Rn. 22); für einen Mietvertrag über Wohnraum (oder Grundstücke oder andere Räume, § 578 Abs. 1 u. 2), der über bestimmte Zeit von mehr als einem Jahr abgeschlossen wird, § 550 Satz 1 (zur Rechtsfolge bei Nichteinhaltung der Schriftform – Geltung als Vertrag für unbestimmte Zeit – s. Rn. 22); für die Kündigung eines Mietverhältnisses über Wohnraum, § 568 Abs. 1; für die Kündigung eines Arbeitsverhältnisses oder einen Auflösungsvertrag, § 623. Beim Bürgschaftsvertrag ist nach § 766 Satz 1 die schriftliche Erteilung der Bürgschaftserklärung nötig, während die Annahme durch den Gläubiger keiner Form bedarf.

---

11 BGHZ 113, 48 = NJW 1991, 487.

12 BGHZ 136, 357 = NJW 1998, 58. – Auch Anlagen zum Vertrag müssen mit diesem nicht körperlich verbunden sein, wenn sich die Zugehörigkeit aus einer Verweisung im Vertrag und aus Unterschriften auf jedem Blatt der Anlage zweifelsfrei ergibt, BGH NJW 1999, 1104.

13 Der Zusatz „i.V." (in Vertretung) bringt in der Regel das Handeln als Vertreter zum Ausdruck, aber auch der Zusatz „i.A." (im Auftrag) kann unter Berücksichtigung der Gesamtumstände so auszulegen sein, BAG NJW 2008, 1243.

14 BGHZ 176, 301, 307 ff. = NJW 2008, 2178, 2180; BGH NJW 2010, 1453 (dies gilt auch für mehrere, nur gemeinsam vertretungsberechtigte Vorstandsmitglieder einer AG).

15 Telefax genügt daher nicht, auch wenn die Originalerklärung eigenhändig unterzeichnet war, BAG NJW 2016, 2906 Rn. 31. – BAG NJW 2005, 1533 lässt es jedoch bei der Kündigung eines Arbeitsverhältnisses genügen, wenn dem Empfänger das Original zur Einsicht vorlag, während ihm (versehentlich) nur eine Kopie überlassen wird.

d) Die öffentliche Beglaubigung

aa) Formerfordernisse

14 Während bei notarieller Beurkundung die Willenserklärung vor dem Notar abzugeben und ihrem gesamten Inhalt nach in die vom Notar zu errichtende Urkunde aufzunehmen ist, wird bei öffentlicher Beglaubigung (§ 129 Abs. 1) die Erklärung von dem Erklärenden selbst (oder einem Dritten) schriftlich abgefasst und **nur die Unterschrift des Erklärenden vom Notar beglaubigt**. Der Notar bestätigt auf diese Weise, dass die Unterschrift vor ihm geleistet wurde.

bb) Anwendungsbereich

15 Beispiele bilden § 77, wonach die **Anmeldungen zum Vereinsregister** durch die Vorstandsmitglieder mittels öffentlich beglaubigter Erklärungen zu erfolgen haben, oder § 1945 Abs. 1, wonach die **Ausschlagung einer Erbschaft** zur Niederschrift des Nachlassgerichts oder in öffentlich beglaubigter Form zu erklären ist.

e) Die notarielle Beurkundung

aa) Formerfordernisse

16 Die **notarielle Beurkundung** sichert den klaren **Beweis** der Erklärung bzw. des Vertrages. Die **rechtliche Belehrung** durch den Notar (§ 17 BeurkG) erleichtert es den Parteien, die Rechtsfolgen ihrer Erklärungen zu überblicken und ihren Willen deutlich zum Ausdruck zu bringen. Ein Vertrag kann einheitlich, aber auch getrennt nach Antrag und Annahmeerklärung notariell beurkundet werden, § 128. Die Einzelheiten der Beurkundung richten sich nach den Vorschriften des Beurkundungsgesetzes. Die Erklärungen werden vom Notar in eine **Niederschrift** aufgenommen, die den Beteiligten vorzulesen und von diesen zu genehmigen und eigenhändig (mit dem Familiennamen[16]) zu unterschreiben ist, § 13 Abs. 1 BeurkG. Die Niederschrift wird sodann vom Notar eigenhändig unterschrieben, § 13 Abs. 3 BeurkG.

17 Soweit eine empfangsbedürftige Willenserklärung der notariellen Beurkundung bedarf, muss dem Empfänger eine **Ausfertigung,**[17] nicht bloß eine beglaubigte Abschrift oder gar eine unbeglaubigte Kopie, zugehen.[18]

18 Die notarielle Beurkundung **ersetzt** (als strengere Form) sowohl die Schriftform (§ 126 Abs. 4) als auch die öffentliche Beglaubigung (§ 129 Abs. 2). Bei

16 Eine Unterschrift mit dem Vornamen allein genügt nicht, BGHZ 152, 255 = NJW 2003, 1120 (Erklärung ist dann unwirksam).

17 Darunter versteht man eine amtliche Abschrift, die dazu bestimmt ist, im Rechtsverkehr das Original (die Urschrift) zu ersetzen, vgl. §§ 47, 49 BeurkG.

18 BGHZ 130, 71 = NJW 1995, 2217.

einem **gerichtlichen Vergleich** (Prozessvergleich) wird die notarielle Beurkundung (und erst recht die Schriftform) durch Aufnahme der Erklärung in das Protokoll ersetzt (§ 127a).[19]

bb) Anwendungsbereich

Der notariellen Beurkundung bedürfen z.B. nach § 311b Abs. 1 Satz 1 Verträge, in denen sich eine Partei zur **Veräußerung** oder zum **Erwerb eines Grundstücks** verpflichtet.[20] Dies gilt für Kauf- oder Tauschverträge, aber auch für Gesellschaftsverträge, wenn darin die Verpflichtung zur Einbringung eines Grundstücks in das Gesellschaftsvermögen übernommen wird. Ein **Schenkungsversprechen** (nicht die Annahme durch den Beschenkten) bedarf nach § 518 Abs. 1 Satz 1 der notariellen Beurkundung. Die **Auflassung**, also die Einigung zum Eigentumswechsel an einem Grundstück, ist nach § 925 Abs. 1 Satz 1 bei gleichzeitiger Anwesenheit der Parteien vor dem Notar zu erklären. Die notarielle Beurkundung ist hier zwar nicht Wirksamkeitsvoraussetzung für die Auflassung, aber zu deren Nachweis gegenüber dem Grundbuchamt erforderlich, §§ 20, 29 Abs. 1 Satz 1 GBO. 19

3. Rechtsfolgen bei Nichteinhaltung der gesetzlich vorgeschriebenen Form

a) Nichtigkeit

Wenn ein Rechtsgeschäft den gesetzlichen Formerfordernissen nicht genügt, so 20
ist es in der Regel nach § 125 Satz 1 **nichtig**.

Wenn **Nebenabreden** nicht in der vorgeschriebenen Form abgeschlossen 21
wurden, so sind sie nach § 125 Satz 1 nichtig, während die Frage, ob der Vertrag im Übrigen wirksam bleibt, nach § 139 zu beurteilen ist (s. § 21 Rn. 1 ff.). Auch **Abänderungen** oder **Ergänzungen** eines formbedürftigen Rechtsgeschäfts müssen grundsätzlich in der gesetzlich vorgeschriebenen Form (zur vereinbarten Form s. Rn. 31) erfolgen, soweit nicht lediglich die Verpflichtung, auf die sich die Notwendigkeit der Form bezieht (z.B. die Verpflichtung des Bürgen,

---

19 Dies gilt entsprechend, wenn sich die Parteien schriftlich geeinigt haben und das Gericht Zustandekommen und Inhalt des Prozessvergleichs gemäß § 278 Abs. 6 Satz 2 ZPO in einem Beschluss festgestellt hat, BGH NJW 2017, 1946.

20 Handelt es sich dabei um einen Verbrauchervertrag (also um einen Vertrag zwischen einem Unternehmer und einem Verbraucher, § 310 Abs. 3), so soll dem Verbraucher der beabsichtigte Text zwei Wochen vor der Beurkundung zur Verfügung gestellt werden (§ 17 Abs. 2a Nr. 2 BeurkG), damit sich der (in der Regel weniger geschäftserfahrene) Verbraucher über die Rechtsfolgen informieren kann. Ein Verstoß hiergegen führt, da es sich um eine Soll-Vorschrift handelt, nicht zur Unwirksamkeit des beurkundeten Vertrags, kann aber Schadensersatzansprüche gegen den Notar wegen Amtspflichtverletzung (§ 19 Abs. 1 BNotO) zur Folge haben. Dazu BGHZ 196, 166 = NJW 2013, 1451.

§ 766 Satz 1), eingeschränkt werden soll.[21] Ein **Aufhebungsvertrag** bedarf nicht der Form, die für den aufzuhebenden Vertrag vorgeschrieben ist, wenn nicht das Gesetz etwas anderes bestimmt oder mit dem Aufhebungsvertrag wiederum Verpflichtungen eingegangen werden, deren Begründung einem Formzwang unterliegt.[22]

b) Abweichende gesetzliche Regelungen

22 Manche Bestimmungen sehen Abweichungen von der Nichtigkeitsfolge vor. So gilt nach § 550 Satz 1 ein **Wohnraummietvertrag**, der über eine feste Laufzeit von mehr als einem Jahr ohne Einhaltung der Schriftform abgeschlossen wurde, als Vertrag mit unbestimmter Dauer, wobei frühestens zum Ablauf eines Jahres nach Überlassung des Wohnraums gekündigt werden kann, § 550 Satz 2. Ist beim **Verbraucherdarlehensvertrag** die Schriftform (in der besonderen Ausprägung des § 492, s. Rn. 11) nicht eingehalten, so wird der Vertrag gleichwohl gültig, wenn der Verbraucher das Darlehen empfängt oder in Anspruch nimmt, jedoch brauchen beim Fehlen der insoweit vorgeschriebenen Angaben nur die gesetzlichen Zinsen gezahlt zu werden u. ä., näher s. § 494 Abs. 2. Besondere Regeln enthalten auch § 507 Abs. 1 Satz 2 u. Abs. 2 für **Teilzahlungsgeschäfte** mit einem Verbraucher.

c) Fälle der Heilung durch Erfüllung

23 Eine Reihe von besonderen Vorschriften (ein allgemeiner Grundsatz dieser Art besteht nicht) sehen die Heilung eines formnichtigen Rechtsgeschäfts durch Erfüllung vor, so § 311b Abs. 1 Satz 2 (Übereignung des verkauften Grundstücks), § 518 Abs. 2 (Vollzug der versprochenen Schenkung), § 766 Satz 3 (Erfüllung der Hauptverbindlichkeit durch den Bürgen). Die Formvorschriften haben in diesen Fällen vor allem eine Warnfunktion, sollen also verhindern, dass ohne hinreichende Überlegung eine vertragliche Bindung eingegangen wird. Wenn aber später die „Verpflichtung" erfüllt wurde, so zeigt der Leistende, dass er die Verpflichtung weiterhin akzeptiert, und es besteht dann kein Grund mehr, die Warnfunktion aufrechtzuerhalten.

24 **Lösung zu Fall 19:** Anspruchsgrundlage ist § 765 Abs. 1, der einen Bürgschaftsvertrag zwischen dem Bürgen und dem Gläubiger voraussetzt. Formbedürftig ist nach § 766 Satz 1 allein die Erklärung des Bürgen, nicht der gesamte Vertrag. Die Annahmeerklärung des Gläubigers kann auch stillschweigend durch Entgegennahme der Bürg-

---

21 Vgl. Brox/Walker Rn. 309 unter Hinweis auf den Schutzzweck der Formvorschrift.

22 Vgl. MünchKomm/Schlüter § 397 Rn. 18. – Auch ein Grundstückskaufvertrag (formbedürftig nach § 311b Abs. 1 Satz 1) kann formlos aufgehoben werden, solange nicht der Erwerber als Eigentümer in das Grundbuch eingetragen wurde oder der Erwerber durch Auflassung und Eintragungsantrag eine gesicherte Stellung (ein Anwartschaftsrecht) erlangt hat, BGHZ 83, 395 = NJW 1982, 1639; MünchKomm/Kanzleiter § 311b Rn. 60.

schaftserklärung erfolgen (§ 151 Satz 1).[23] Zunächst scheint die notariell beurkundete Erklärung des Bürgen wegen § 126 Abs. 4 dem Erfordernis der Schriftform nach § 766 Satz 1 zu genügen. Es muss aber berücksichtigt werden, dass es sich um eine empfangsbedürftige Willenserklärung handelt. Die Bürgschaftserklärung muss dem Gläubiger nach § 766 Satz 1 schriftlich erteilt werden. Dem Gläubiger ist aber nicht die notarielle Urkunde, sondern nur eine per Telefax übermittelte Kopie zugegangen. Dadurch wird, wie der BGH[24] entschieden hat, die bei Erteilung einer Bürgschaftserklärung durch Nichtkaufleute[25] vorgeschriebene Schriftform nicht gewahrt. Erforderlich wäre vielmehr, dass der Bürge die Urschrift der Bürgschaftserklärung an den Gläubiger übersendet und sie diesem zugeht. Nach § 766 Satz 2 ist auch die Erteilung der Bürgschaftserklärung in elektronischer Form (§ 126a – die Voraussetzungen wären hier ohnehin nicht erfüllt) ausgeschlossen. Da die Bürgschaftserklärung des Zwirn somit nach § 125 Satz 1 nichtig ist, ist kein wirksamer Bürgschaftsvertrag zustande gekommen. Nietform hat keinen Anspruch gegen Zwirn auf Zahlung von 60 000 €.

III. Überwindung des Formmangels nach Treu und Glauben

Fall 20: Der in Rechtsdingen unerfahrene Kling hat mit einer Siedlungsgesellschaft, die ihn auch rechtlich betreute, nach deren Konzept einen sog. Träger-Siedlervertrag abgeschlossen. Der Vertrag sah vor, dass Kling ein Grundstück zunächst als Pächter erhalte und nach mehrjähriger Probezeit auf Antrag die Übereignung verlangen könne. Der Vertrag wurde nur schriftlich abgeschlossen. In anderen Fällen hatte die Siedlungsgesellschaft diese Vereinbarung stets erfüllt. Als aber Kling nach Ablauf der Probezeit den Antrag auf Übereignung des Grundstücks stellte, weigerte sich die Siedlungsgesellschaft unter Berufung auf Formungültigkeit der Vereinbarung, den Anspruch zu erfüllen. Wie ist die Rechtslage?

Die Berufung auf den Mangel einer gesetzlich vorgeschriebenen Form kann im Einzelfall treuwidrig (§ 242) erscheinen, vor allem, wenn sich eine Partei hierbei in Widerspruch zu ihrem früheren Verhalten setzt. Die mit der Formvorschrift angestrebte Rechtssicherheit verlangt aber, es auch in solchen Fällen grundsätzlich bei der Nichtigkeit des Rechtsgeschäfts zu belassen. Die Formvorschriften dürfen, wenn sie ihren Zweck erfüllen sollen, nicht aus bloßen Billigkeitsgründen außer Acht gelassen werden. Die Rechtsprechung hält zwar Ausnahmen für zulässig, wenn es nach den Beziehungen der Parteien und den gesamten Umständen mit Treu und Glauben unvereinbar wäre, das Rechtsge- 25

23 BGH NJW 1997, 2233.

24 BGHZ 121, 224 = NJW 1993, 1126. – Anders ist es bei der gewillkürten Schriftform, s. Rn. 28.

25 Wenn der Bürge Kaufmann ist und die Bürgschaft für ihn ein Handelsgeschäft darstellt (also zum Betrieb seines Handelsgewerbes gehört, § 343 Abs. 1 HGB), so ist die Formvorschrift des § 766 Satz 1 ohnehin nicht anwendbar, § 350 HGB. Der Gesellschafter (auch der Alleingesellschafter) einer GmbH ist aber als solcher nicht Kaufmann.

schäft am Formmangel scheitern zu lassen, betont aber zugleich, dass dabei strenge Maßstäbe anzulegen sind und verlangt, dass das Scheitern des Rechtsgeschäfts an dem Formmangel zu einem Ergebnis führt, das für die betroffene Partei nicht nur hart, sondern schlechthin untragbar ist.[26] Die zuletzt genannte Voraussetzung muss neben der „gewöhnlichen“ Treuwidrigkeit gegeben sein. Sie wird insbesondere (nicht abschließend) in zwei Fallgruppen bejaht: zum einen in Fällen, in denen die geltend gemachte Nichtigkeit des Vertrages geradezu zur **Existenzgefährdung** des anderen Teils führt, zum anderen bei einer **besonders schweren Treuepflichtverletzung** dessen, der sich auf die Formnichtigkeit beruft.

26 Eine besonders schwere Treuepflichtverletzung ist zu bejahen, wenn eine Partei bei den Vertragsverhandlungen die andere Seite **arglistig** über das Bestehen eines Formerfordernisses **getäuscht** hat. Zweifelhaft sind Fälle, in denen der eine Partner den anderen durch besondere Betonung seiner Vertragstreue (z.B.: auf sein Wort als ehrbarer Kaufmann könne man sich verlassen) davon abgehalten hat, auf der Einhaltung einer Form zu bestehen.[27] Da hier der Vertragspartner weiß, dass die Form Voraussetzung der Rechtsverbindlichkeit ist, erscheint er im Regelfall nicht als besonders schutzwürdig. Anders ist es aber, wenn zusätzliche Umstände wie geschäftliche Unerfahrenheit oder Abhängigkeit vom anderen zu dem Verzicht auf Einhaltung der Form geführt haben.[28] Die Berufung auf einen Formmangel kann ferner eine unzulässige Rechtsausübung darstellen, wenn eine Partei längere Zeit Vorteile aus einem formnichtigen Vertrag gezogen hat und sich unter Berufung auf den Formmangel den eigenen Verpflichtungen entziehen will; dies gilt aber nicht, wenn durch Gesetz die Rechtsfolgen des Formmangels unter Berücksichtigung der beiderseitigen Interessen abweichend von § 125 Satz 1 geregelt sind, wie z.B. beim Verbraucherdarlehensvertrag (§ 494).[29] Der Umstand allein, dass ein Vertrag über einen längeren Zeitraum hinweg als wirksam angesehen wurde, genügt dagegen nicht, um die Berufung auf den Formmangel als unzulässig anzusehen.[30] Auch die Kündigung eines langfristigen, nicht in Schriftform abgeschlossenen Mietvertrags gemäß § 550 ist nicht deshalb treuwidrig, weil der Mietvertrag bereits jahrelang anstandslos durchgeführt wurde.[31] Wenn aber ein Patient, der durch einen zahnärztlichen Heil- und Kostenplan umfassend über den für bestimmte zahnprothetische Leistungen zu tragenden Eigenanteil aufgeklärt wurde, diesen Plan seiner Krankenversicherung vorlegt, ihn nach deren Genehmigung an den Zahnarzt zurück reicht und sodann die Behandlung vollständig durchführen lässt, später aber die Zahlung des Eigenanteils verweigert, weil er den Heil- und Kostenplan nicht unterschrieben habe, so ist mit dem

---

26 BGHZ 48, 396, 398 = NJW 1968, 39; BGHZ 138, 339, 348 = NJW 1998, 2350, 2352; BGH NJW 2004, 3330, 3331; NJW 2008, 2181, 2183.

27 BGHZ 48, 396 (vorige Fn.) gelangte in einem solchen Fall unter Würdigung der konkreten Umstände dazu, die Berufung auf den Formmangel als treuwidrig anzusehen.

28 Vgl. Wolf/Neuner § 44 Rn. 68f. – Medicus/Petersen Rn. 632 spricht sich dagegen dafür aus, es bei einer beiden Parteien bewussten Nichteinhaltung der Form ausnahmslos bei der Nichtigkeit des Geschäfts zu belassen.

29 BGH NJW 2002, 368, 370.

30 BGH NJW 2004, 3330 betont, dass insoweit erheblich strengere Anforderungen zu stellen sind, als sie für die Verwirkung eines Anspruchs (s. dazu § 35 Rn. 27) gelten.

31 BGH NJW 2004, 1103.

BGH[32] in der Berufung auf die Nichteinhaltung der Schriftform[33] eine unzulässige Rechtsausübung in Gestalt einer besonders schweren Treuepflichtverletzung zu sehen.

Merksatz:
Die Berufung einer Partei auf Nichtigkeit wegen Formmangels ist nur dann wegen Verstoßes gegen Treu und Glauben, insbesondere wegen widersprüchlichen Verhaltens, unzulässig, wenn das Scheitern des Rechtsgeschäfts wegen des Formmangels für die andere Vertragspartei zu einem Ergebnis führt, das nicht bloß hart, sondern schlechthin untragbar ist.

Lösung zu Fall 20: Der Anspruch auf Übereignung des Grundstücks setzt die Wirksamkeit des „Träger-Siedlervertrages", eines atypischen (gemischten) Vertrages, voraus. Da der Vertrag eine (bedingte) Verpflichtung zur Übereignung des Grundstücks enthält, bedurfte er nach § 311b Abs. 1 Satz 1 der notariellen Beurkundung. Die Nichteinhaltung dieser Form führt nach § 125 Satz 1 zur Nichtigkeit des Vertrages. Danach hätte Kling keinen Anspruch auf Übereignung des Grundstücks. Jedoch kann die Berufung auf den Formmangel im konkreten Fall gegen Treu und Glauben (§ 242) verstoßen und daher unbeachtlich sein, wenn andernfalls ein schlechthin untragbares Ergebnis eintreten würde. Wenngleich an diese Voraussetzung strenge Anforderungen zu stellen sind, weil sonst vom Formzwang nicht mehr viel übrig bleiben würde, ist doch hier zu beachten, dass die Siedlungsgesellschaft nicht nur den gesamten Vorgang gesteuert, sondern Kling auch rechtlich betreut hatte. Sie hätte ihn daher auf die Notwendigkeit der notariellen Beurkundung hinweisen bzw. selbst für die Einhaltung der Form sorgen müssen. Wenn sich die Siedlergesellschaft nun, nachdem sich Kling über Jahre hinweg auf den Vertrag verlassen hatte und die Siedlungsgesellschaft auch in vergleichbaren Fällen die Vereinbarung ungeachtet des Formmangels erfüllt hatte, auf die Formnichtigkeit beruft, so führt dies zu einem schlechthin untragbaren Ergebnis. Es liegt eine besonders schwere Treuepflichtverletzung vor. Daher ist mit dem BGH[34] die Berufung auf den Formmangel als treuwidrig anzusehen, dem Kling also der Übereignungsanspruch zuzubilligen. 27

IV. Vereinbarte Form

1. Zweck und Zulässigkeit

Im Rahmen vertraglicher Beziehungen kann den Beteiligten besonders daran gelegen sein, Klarheit über die getroffenen Absprachen zu schaffen. Zu diesem Zweck ist es möglich, durch **vertragliche Vereinbarung** die Einhaltung einer bestimmten Form vorzuschreiben. So kann etwa in einem Gesellschaftsvertrag 28

32 BGH 3.11.2016 – III ZR 286/15, juris = BeckRS 2016, 20144.
33 Die Honorarvereinbarung bedarf nach § 2 Abs. 3 Satz 1 Gebührenordnung für Zahnärzte der schriftlichen Vereinbarung in einem Heil- und Kostenplan. Das Fehlen der Unterschrift war in der Zahnarztpraxis übersehen worden.
34 BGHZ 16, 334 (Vorbild des Falles).

vorgesehen werden, dass alle Änderungen nur in schriftlicher Form wirksam sein oder gar der notariellen Beurkundung bedürfen sollen. Wie weit durch solche rechtsgeschäftliche Vereinbarungen der Inhalt einer gesetzlichen Formart in Bezug genommen ist, hängt vom erklärten Willen der Vertragsparteien ab und ist gegebenenfalls durch Auslegung unter Berücksichtigung des Zwecks der Formvereinbarung zu ermitteln. Nur im Zweifel (also soweit kein anderer erklärter Wille feststellbar ist) gelten nach der **gesetzlichen Auslegungsregel** des § 127 Abs. 1 für die vereinbarte Schriftform, elektronische Form oder Textform dieselben Anforderungen wie für die entsprechende gesetzliche Form. Die Auslegung kann also durchaus ergeben, dass die vereinbarte Schriftform auch durch ein Schreiben ohne eigenhändige Unterschrift erfüllt wird.[35] Gemäß § 127 Abs. 2 Satz 1 genügt bei vereinbarter Schriftform (anders als bei der gesetzlichen Schriftform) die „telekommunikative Übermittlung" einer Erklärung (also z. B. ein Telefax oder E-Mail[36]) oder auch ein Briefwechsel, wenn kein anderer Wille anzunehmen ist. Es kann aber dann nachträglich eine dem § 126 entsprechende Beurkundung des Vertrags verlangt werden, § 127 Abs. 2 Satz 2. Zur vereinbarten elektronischen Form s. § 127 Abs. 3.

29 Formvereinbarungen können nur für Rechtsgeschäfte getroffen werden, die keiner gesetzlichen Form unterliegen – die **gesetzlichen Formvorschriften sind zwingend**. So kann z. B. für die Kündigung eines Wohnraummietverhältnisses, die nach § 568 Abs. 1 der Schriftform bedarf, weder eine mildere noch eine strengere Form vereinbart werden.[37] Außerdem bestehen Grenzen für Formvereinbarungen durch Formularverträge und Allgemeine Geschäftsbedingungen, da hier die Gefahr besteht, dass durch Formerfordernisse die Geltendmachung der Rechte durch den Verbraucher erschwert oder verhindert wird, s. z. B. § 309 Nr. 13 AGBG zu Formvereinbarungen für Anzeigen und Erklärungen.

2. Rechtsfolgen bei Nichteinhaltung der vertraglich vorgesehenen Form

30 Im Zweifel hat nach § 125 Satz 2 auch das Fehlen einer vertraglich vereinbarten Form die **Nichtigkeit des Rechtsgeschäfts** zur Folge. Die Auslegung der Formvereinbarung unter Berücksichtigung des damit verfolgten Zwecks kann aber etwas anderes ergeben. Dient das vereinbarte Formerfordernis lediglich Beweiszwecken, hat es also nur **deklaratorische Bedeutung**, so sind, anders als bei einer **konstitutiven Bedeutung**, auch (anderweitig bewiesene) Rechtsgeschäfte ohne Einhaltung der Form wirksam.[38] Diese Unterscheidung ist auch zu beach-

35 BGH NJW 2016, 3713 Rn. 26 ff.
36 OLG Hamm ZIP 2015, 2273.
37 Palandt/Weidenkaff § 568 Rn. 3; MünchKomm/Häublein § 568 Rn. 11.
38 BAG NJW 2009, 316, 317.

ten, wenn es darum geht, ob ein Vertrag (entgegen der Zweifelsregel des § 154 Abs. 2) wirksam geschlossen ist, obgleich die verabredete Beurkundung nicht erfolgt ist.[39] Wurde vereinbart, eine Willenserklärung müsse durch einen eingeschriebenen Brief erfolgen, so ist in der Regel nur die Schriftform als Wirksamkeitserfordernis anzusehen, während die Versendungsform nur den Zugang sichern soll und daher auch durch einen Zugang auf andere Weise (z. B. per Telefax) ersetzt werden kann.[40] Auch kann es im konkreten Fall gegen Treu und Glauben verstoßen, wenn sich der Erklärende selbst auf den Mangel einer vereinbarten Form beruft, die in erster Linie Klarheit für den Erklärungsgegner schaffen sollte.[41]

Zu beachten ist, dass die Vertragsparteien Herren des Vertrages in dem Sinne 31
bleiben, dass sie die **bezüglich der Form getroffene Vereinbarung** auch wieder **aufheben** können. Wenn etwa in einem Mietvertrag vereinbart wurde, dass alle späteren Änderungen des Vertrags der Schriftform bedürfen, und der Mietvertrag später durch mündliche Abreden auf einen weiteren Raum erstreckt wird, so wird man trotz Nichteinhaltung der Form eine wirksame Änderung des Vertrages anzunehmen haben, wenn die Parteien eine bindende Neugestaltung wollten – in der neuen Vereinbarung liegt dann eben auch die Aufhebung der bisherigen Abmachung über die Form. Anders ist es, wenn in einem Vertrag vereinbart wurde, dass Änderungen des Vertrags der Schriftform bedürfen und dass mündliche Vereinbarungen über die Aufhebung der Schriftform nichtig sind. Eine solche **doppelte Schriftformklausel** kann nicht mündlich abbedungen werden.[42]

---

39 Dazu BGH NJW 2009, 433.

40 BGH NJW 2004, 1320.

41 So BAG NJW 1998, 1659, 1661 zu einer vom Angestellten wiederholt mündlich erklärten fristlosen Kündigung, wenn sich der Angestellte später auf die im Arbeitsvertrag für Kündigungen vereinbarte Schriftform berufen will.

42 So (zum Arbeitsvertrag) BAG NJW 2003, 3725; NJW 2009, 316 (aber eine doppelte Schriftformklausel in AGB kann nach § 307 Abs. 1 unwirksam sein).

Kontrollfragen und Fälle zu § 16

1) Nennen Sie die im Allgemeinen Teil geregelten Formarten in einer Reihenfolge, die von der einfachsten bis zur anspruchsvollsten Form reicht! Worin bestehen die jeweiligen Formerfordernisse?

2) Max Klein hat eine Wohnung von Carla Hoch gemietet. Frau Hoch erhält eine mit Bleistift geschriebene Postkarte des Max Klein mit folgendem Wortlaut: „Sehr geehrte Frau Hoch, hiermit kündige ich Ihnen an, dass ich zum 31. 7. 2017 ausziehen werde. Hochachtungsvoll M. K." Ist dies eine wirksame Kündigung? (Es ist davon auszugehen, dass die Kündigungsfrist eingehalten wäre.)

3) A möchte von B das Grundstück Biberg, Mainstr. 10, kaufen. Beide sind sich über den Verkauf einig geworden. Ohne dass A und B dies merken, wird im notariellen Kaufvertrag versehentlich die Hausnummer 11 (und die dementsprechende Bezeichnung nach Grundbuchblatt und Katasternummer) eingesetzt, ein Grundstück, das ebenfalls dem B gehört. Als der Fehler kurze Zeit nach der Beurkundung erkannt wird, weigert sich B, den der Verkauf inzwischen reut, das Grundstück Mainstr. 10 an A zu übereignen. Mit Recht?

4)* Helga Heim kaufte 2013 von der Wohnschön Baubetreuung GmbH eine auf deren Grundstück noch zu errichtende Eigentumswohnung zu einem Festpreis. Zugunsten von Frau Heim wurde eine Auflassungsvormerkung im Grundbuch eingetragen. Zwei Jahre später, noch vor Fertigstellung, erwarb Neu das Objekt von der Wohnschön Baubetreuung GmbH. Er gab Heim gegenüber die schriftliche Erklärung ab, in alle Rechte und Pflichten aus dem Grundstückskaufvertrag zwischen Heim und der Wohnschön Baubetreuung GmbH als Verkäufer gegenüber der Käuferin einzutreten. Heim bewilligte einen Rangrücktritt hinsichtlich ihrer Vormerkung, um Neu die Finanzierung des Bauvorhabens zu erleichtern. 2017 verlangt Frau Heim, die noch nicht als Eigentümerin im Grundbuch eingetragen ist, von Neu, die mittlerweile fertig gestellte Eigentumswohnung in verschiedener Hinsicht noch so auszugestalten, wie es im Vertrag mit der Wohnschön Baubetreuung GmbH vorgesehen war. Neu erklärt jedoch, aus diesem Vertrag sei er nicht verpflichtet, und verweist darauf, dass seine Erklärung gegenüber Frau Heim über den Eintritt in die Rechte und Pflichten aus dem Grundstückskaufvertrag nicht notariell beurkundet wurde. Wie ist die Rechtslage?

Lösungen

32 1) Im Allgemeinen Teil sind geregelt:
- die **Textform**, § 126b. Erforderlich ist eine lesbare Erklärung auf einem dauerhaften Datenträger (z. B. schriftlich oder in einer ausdruckbaren E-Mail), in der die Person des Erklärenden angegeben ist. Die Textform genügt nur, wo sie vorgeschrieben ist; sie ersetzt nicht die Schriftform.
- die **elektronische Form**, § 126a. Der Aussteller muss der Erklärung seinen Namen hinzufügen und das elektronische Dokument mit einer qualifizierten elektronischen Signatur nach dem Signaturgesetz versehen. Die elektronische Form ersetzt nur dort die Schriftform, wo sich nichts anderes aus dem Gesetz ergibt.
- die **Schriftform**, § 126. Die Erklärung muss schriftlich niedergelegt und eigenhändig durch Namensunterschrift unterzeichnet werden.
- die **öffentliche Beglaubigung**, § 129. Vom Notar wird nur die Unterschrift des Erklärenden unter der schriftlichen Erklärung beglaubigt, d. h. ihre Echtheit bestätigt. Die öffentliche Beglaubigung erfüllt zugleich die Schriftform.
- die **notarielle Beurkundung**, § 128. Hier muss die gesamte Erklärung vom Notar beurkundet werden. Die notarielle Beurkundung ersetzt die öffentliche Beglaubigung und erfüllt die Schriftform.

33 2) Auch wenn das Wort Kündigung nicht verwendet wurde, ergibt doch die Auslegung (§ 133) aus der Sicht der Empfängerin, dass eine Kündigung erklärt werden sollte. Jedoch muss nach § 568 Abs. 1 die **schriftliche Form** eingehalten werden. Die Erklärung ist schriftlich niedergelegt; dass sie mit Bleistift geschrieben wurde, spielt keine Rolle. § 126 Abs. 1 verlangt aber eine Unterzeichnung durch **Namensunterschrift**. Dazu bedarf es in der Regel der Angabe des Familiennamens. Bloße Anfangsbuchstaben, wie sie hier vorliegen, genügen nicht. Die Kündigung ist daher gemäß § 125 Satz 1 nichtig.

34 3) Nach dem Wortlaut der notariellen Urkunde wurde das Grundstück Mainstr. 11 verkauft. Jedoch wollten beide Parteien übereinstimmend einen Kaufvertrag über das Grundstück Mainstr. 10 abschließen. Es liegt daher eine **übereinstimmende Falschbezeichnung** (falsa demonstratio) vor (s. § 15 Rn. 29 ff.). Der Vertrag gilt in diesen Fällen mit dem Inhalt, der übereinstimmend gewollt war. Dies gilt auch bei formbedürftigen Verträgen. Es ist daher ein wirksamer Kaufvertrag über das Grundstück Mainstr. 10 zustande gekommen; A kann von B nach § 433 Abs. 1 Satz 1 Übereignung dieses Grundstücks verlangen.

35 4) Die Erklärung des Neu gegenüber Frau Heim stellt einen **Vertragsbeitritt** dar, der nach allgemeinen Grundsätzen (schuldrechtliche Vertragsfreiheit) zulässig ist. Dadurch übernahm aber Neu alle Verpflichtungen der Wohnschön Baubetreuung GmbH und damit auch die Verpflichtung zur Übertragung des Eigentums an der Eigentumswohnung. Daher bedurfte die Vereinbarung der Form des § 311b Abs. 1 Satz 1 i. V. m. § 4 Abs. 3 WEG. Das Fehlen der hier vorgeschriebenen **notariellen Beurkundung** führt nach § 125 Satz 1 zur Nichtigkeit des Rechtsgeschäfts. Danach könnte Frau Heim keine Ansprüche gegen Neu geltend machen. In besonders gelagerten Ausnahmefällen kann sich aber die Berufung auf den Formmangel wegen **Verstoßes gegen Treu und Glauben** (§ 242) als rechtsmissbräuchlich darstellen und daher unbeachtlich sein. Voraussetzung ist, dass die Formnichtigkeit zu einem schlechthin untragbaren Ergebnis führen würde. Dies

kommt nach der Rechtsprechung des BGH bei Grundstückskaufverträgen vor allem in zwei Fallgruppen in Betracht: einmal bei Existenzgefährdung des betroffenen Teils, zum anderen bei besonders schweren Treuepflichtverletzungen des Vertragspartners. Einen Fall der zweiten Art nahm der BGH[43] hier an. Neu hatte durch sein Verhalten bei Heim das Vertrauen erweckt, sie könne sich auf seine Erklärung verlassen, und sie dadurch vor allem veranlasst, den Rangrücktritt zu seinen Gunsten zu erklären. Wenn sich Neu nun auf die fehlende notarielle Beurkundung beruft, verhält er sich widersprüchlich und verstößt in so grober Weise gegen die Gebote von Treu und Glauben, dass ihm die Berufung auf den Formmangel zu verwehren ist. Frau Heim kann somit die Ansprüche aus dem Kaufvertrag gegen Neu geltend machen.

43 BGH NJW 1996, 2503 (Vorbild des Falles).

§ 17 Willensvorbehalte (bewusste Willensmängel) und Fehlen des Erklärungsbewusstseins

I. Überblick

1 Die in den §§ 116 bis 118 geregelten Fälle kann man als **Willensvorbehalte** oder **bewusste Willensmängel** (im Gegensatz zu den in §§ 119, 120 – Irrtum und unrichtige Übermittlung – geregelten **unbewussten Willensmängeln**) zusammenfassen. Neben den bewussten und unbewussten Willensmängeln regelt das Gesetz Fälle der unzulässigen Willensbeeinflussung (arglistige Täuschung und rechtswidrige Drohung, § 123). Das BGB folgt bei den Rechtsfolgen von Willensmängeln nicht generell der „Willenstheorie" (Nichtigkeit der Erklärung) oder der „Erklärungstheorie" (Gültigkeit der Erklärung), wie sie vor Erlass des BGB diskutiert wurden,[1] sondern ist um eine differenzierende Lösung bemüht, die sowohl die Interessen des Erklärenden als auch des auf die Erklärung vertrauenden Empfängers berücksichtigt. Alle gesetzlich geregelten Fälle beziehen sich im Sinne der üblichen Einteilung von Bestandteilen des Willens (s. § 10 Rn. 17 ff.) auf den Geschäftswillen. Nicht ausdrücklich gesetzlich geregelt sind das Fehlen des Handlungswillens (s. § 10 Rn. 18) und das Fehlen des Erklärungsbewusstseins (unten Rn. 14 ff.).

II. Der geheime Vorbehalt

Fall 21: Scharf reicht seinem Angestellten Kern, als diesem ein Fehler unterlaufen ist, einen von ihm unterschriebenen Zettel mit dem Text: „Ich kündige Ihnen zum 30. Juni 2017." Scharf will dem Kern aber nur einen Schrecken einjagen. Am nächsten Tag erklärt er ihm, dass eine echte Kündigung nicht beabsichtigt gewesen sei. Kern hat jedoch bereits einen neuen Arbeitsvertrag bei einem anderen Unternehmen unterzeichnet.

a) Ist die Kündigung wirksam? (Es ist davon auszugehen, dass die maßgebende Kündigungsfrist gewahrt ist.)
b) Wie ist es, wenn Kern infolge einer zufällig mitgehörten Bemerkung des Scharf zu seiner Sekretärin erkannt hat, dass dieser ihn nur erschrecken wollte?

1. Grundsätzliche Gültigkeit der Erklärung

2 Auch wenn sich der Erklärende insgeheim vorbehält, das Erklärte nicht zu wollen (**geheimer Vorbehalt**), so entsteht doch für den Empfänger der Eindruck

1 Dazu sowie zur neueren „Geltungstheorie", die das Zusammenwirken von Wille und Erklärung betont, Wolf/Neuner § 30.

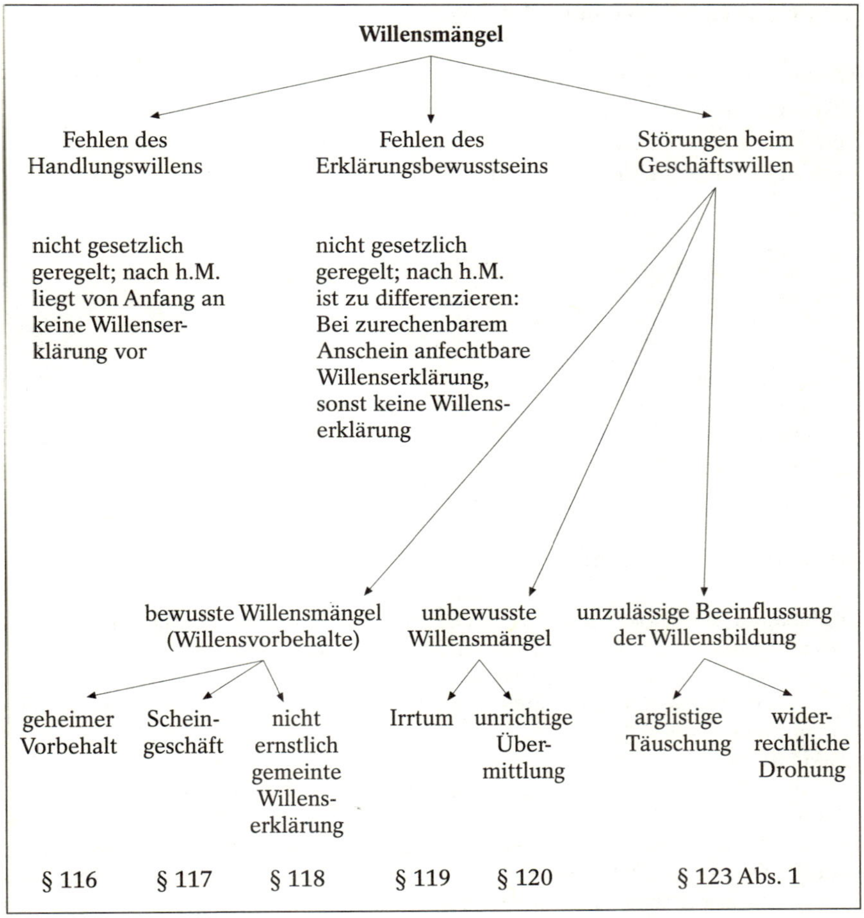

einer vollwertigen Willenserklärung. Der äußere Tatbestand ist vom Erklärenden in diesen Fällen gewollt, nicht aber die Geltung des Rechtsgeschäfts, auf das die Erklärung ihrem Inhalt nach abzielt. Von der üblichen Einteilung der Willensbestandteile (s. § 10 Rn. 17 ff.) ausgehend, liegen zwar Handlungswille und Erklärungsbewusstsein vor, nicht aber der Geschäftswille. Das Gesetz gibt hier dem Interesse des Gegners, sich auf den äußeren Erklärungstatbestand verlassen zu dürfen, den Vorrang und erklärt den geheimen Vorbehalt im Regelfall für **unbeachtlich**, § 116 Satz 1, die Willenserklärung also für gültig. Der Erklärende ist nicht schutzwürdig, da er bewusst den Erklärungstatbestand gesetzt hat. Es handelt sich, anders als im Fall des § 118 (s. Rn. 12), um einen „**bösen Scherz**“, da für den Empfänger der Eindruck einer gültigen Willenserklärung entstehen sollte.

2. Nichtigkeit bei erkanntem Vorbehalt

3 Wenn allerdings der Empfänger einer Erklärung weiß, dass die darin angesprochene Rechtsfolge in Wahrheit vom Erklärenden nicht gewollt ist, so entsteht kein schutzwürdiges Vertrauen auf die Wirksamkeit der Erklärung. Bei einem **dem Empfänger bekannten Vorbehalt** ist die Erklärung daher **nichtig**, § 116 Satz 2.

Lösung zu Fall 21: a) Zwar wollte Scharf in Wirklichkeit nicht die Rechtsfolgen einer Kündigung herbeiführen, doch kam dies in seiner Erklärung nicht zum Ausdruck. Der geheime Vorbehalt ist nach § 116 Satz 1 unbeachtlich. Die Schriftform (§ 623, § 126 Abs. 1) ist eingehalten. Die Kündigung ist also wirksam, wenn die Kündigungsfrist (§ 622) gewahrt ist.

4 b) Hier hatte der Erklärungsempfänger erkannt, dass die rechtliche Wirkung der Kündigung vom Erklärenden nicht gewollt war. Es liegt somit ein Fall des § 116 Satz 2 vor; die Kündigungserklärung ist nichtig.

III. Das Scheingeschäft

Fall 22: Frieder verkauft an Heiner ein Grundstück. Beide sind einig geworden, dass der Kaufpreis 150 000 € betragen soll. Bei der notariellen Beurkundung des Kaufvertrags geben sie aber als Kaufpreis nur 90 000 € an, um Beurkundungskosten und Grunderwerbsteuer zu sparen. Später weigert sich Frieder, das Grundstück an Heiner aufzulassen.

a) Mit Recht?

b) Die Auflassung und die Eintragung des Heiner in das Grundbuch sind erfolgt. Kann Frieder jetzt Zahlung von 150 000 € verlangen?

c) Die Vorverhandlungen, bei denen man sich darüber geeinigt hat, statt des wahren Kaufpreises von 150 000 € nur 90 000 € bei der Beurkundung anzugeben, sind von der Lebensgefährtin des Heiner in dessen Auftrag geführt worden. Heiner wusste bei der Beurkundung, die ohne Mitwirkung der Lebensgefährtin erfolgte, von diesen Abreden nichts und hielt die 90 000 € für den vereinbarten Kaufpreis. Kann er Auflassung (gegen Zahlung von 90 000 €) verlangen oder sonstige Ansprüche gegen Frieder stellen?

1. Nichtigkeit des Scheingeschäfts

5 Wenn sich der Urheber einer Erklärung und deren Empfänger darüber **einig** sind, dass die **Erklärung nur zum Schein abgegeben** wird, so ist sie nach § 117 Abs. 1 **nichtig**. Auch in diesen Fällen fehlt es am Geschäftswillen[2] (Rechtsbindungswillen), da die nach dem Inhalt der Willenserklärung intendierte Rechtsfolge gerade nicht gewollt ist. Es besteht kein Grund, den Erklärenden an seiner

2 BGHZ 36, 84, 88 = NJW 1962, 295, 297.

Äußerung festzuhalten, wenn der Empfänger mit dem Scheincharakter einverstanden war. Bei einem sog. Schwarzkauf, wie er in Fall 22 geschildert wird, ist also der beurkundete Vertrag nach § 117 Abs. 1 nichtig. Die Beweislast für das Vorliegen eines Scheingeschäfts trägt, wer sich auf die Nichtigkeit beruft.[3] – Sollte der Schuldner über seine Verbindlichkeit eine Urkunde ausgestellt haben, so kann er sich einem gutgläubigen Erwerber der Forderung gegenüber nach § 405 nicht auf das Vorliegen eines Scheingeschäfts berufen.

Kennzeichnend für ein Scheingeschäft (simuliertes Geschäft) ist, dass die 6
Parteien einverständlich nur den äußeren Schein des Abschlusses eines Rechtsgeschäfts hervorrufen wollen, während die mit dem Rechtsgeschäft verbundenen Rechtsfolgen nicht eintreten sollen.[4] In diesem **Einverständnis** liegt der entscheidende Unterschied zu den Fällen des geheimen Vorbehalts (§ 116 Satz 1) und der Scherzerklärung (§ 118). Wird der Vertrag durch einen Stellvertreter abgeschlossen, so ist dessen Einverständnis maßgebend.[5] Sollte allerdings die Simulationsabrede dem Vertretenen gegenüber kollusiv geheim gehalten werden, so kann sich der Vertragspartner nicht auf § 117 Abs. 1 berufen.[6] Kommt das Einverständnis über die Simulation nicht zustande, weil der Vertragspartner nicht weiß, dass ein Scheingeschäft abgeschlossen werden soll (**misslungenes Scheingeschäft**), so gilt für die Willenserklärung dessen, der ein Scheingeschäft abschließen wollte und glaubte, der andere wisse dies, nicht § 117 Abs. 1, sondern § 118.[7] Diese Willenserklärung ist also nichtig, doch hat der Gegner unter den Voraussetzungen des § 122 Anspruch auf Ersatz des Vertrauensschadens.

Merksatz:
Beim Scheingeschäft muss zwischen den Beteiligten Einverständnis darüber herrschen, dass die Rechtsfolgen des nach außen in Erscheinung tretenden Rechtsgeschäfts nicht eintreten sollen.

Wird ein „**Strohmann**“ als Vertragspartner vorgeschoben, etwa um steuer- 7
rechtlichen Folgen oder wirtschaftsrechtlichen Einschränkungen zu entgehen,[8] so liegt gleichwohl kein Scheingeschäft vor, wenn die Rechtsfolgen in dieser

---

3 BAG NJW 2003, 2930 (möglicherweise zum Schein erfolgte Umwandlung eines freien Dienstvertrages in einen Arbeitsvertrag, um bei einem Betriebsübergang die Wirkung des § 613a Abs. 1 S. 1 zu erzielen).

4 BGH NJW 1980, 1572, 1573. – Dagegen liegt kein Scheingeschäft vor, wenn in einem notariell beurkundeten Grundstückskaufvertrag zugleich entgegen den Tatsachen bestätigt wird, der (richtig beurkundete) Kaufpreis sei bereits bezahlt worden, BGH NJW 2011, 2785.

5 Dazu BGH NJW 1999, 2882 (bei Gesamtvertretung genügt das Wissen eines der Vertreter).

6 BGH NJW 1999, 2882.

7 BGHZ 144, 331 = NJW 2000, 3127. S. auch Rn. 11.

8 Z.B. Einschaltung eines anderen als Pächter einer Gaststätte, weil der tatsächliche Betreiber keine Schankerlaubnis erhält, OLG Naumburg MDR 2005, 741.

Person wirklich eintreten sollen, auch wenn sie im wirtschaftlichen Ergebnis nur den dahinter stehenden Personen zugute kommen sollen. Wenn dagegen Einverständnis der Vertragsschließenden darüber besteht, dass den „Strohmann“ keine rechtsgeschäftlichen Verpflichtungen treffen sollen, so handelt es sich um ein nichtiges Scheingeschäft.[9] In derselben Weise muss man auch bei sonstigen **Umgehungsgeschäften** danach abgrenzen, ob die Rechtsfolgen dieses Geschäfts ernstlich gewollt sind oder ob ein Scheingeschäft vorgenommen wurde.

8 **Keine Scheingeschäfte** sind, wie seit langem anerkannt ist, die Fälle der **Sicherungsübereignung** oder der **Sicherungsabtretung**. Hier ist vielmehr eine volle Rechtsübertragung gewollt, wenn auch mit dem begrenzten, einem Pfandrecht vergleichbaren Zweck, einen Anspruch des Sicherungsnehmers gegen den Sicherungsgeber dinglich abzusichern. Auch **Treuhandgeschäfte**, wie z.B. die Abtretung einer Forderung zum Zweck der Einziehung zugunsten des bisherigen Gläubigers, sind keine Scheingeschäfte, da der Abtretungsempfänger durchaus die Gläubigerstellung erhalten soll und nur im Innenverhältnis zum bisherigen Gläubiger verpflichtet ist, die eingezogene Leistung weiterzureichen bzw. darüber abzurechnen.

2. Mögliche Gültigkeit des verdeckten Geschäfts

9 Mit einem Scheingeschäft werden meistens nicht ganz „saubere“ Wirkungen erstrebt. Wollen die Parteien ein Geschäft verbergen, das in Wahrheit gewollt ist, so kann es gerechtfertigt sein, die Bindung an dieses verdeckte (dissimulierte) Geschäft zu bejahen. Den Weg dazu eröffnet § 117 Abs. 2. Diese Vorschrift besagt aber nicht, dass das verdeckte Geschäft in allen Fällen gültig ist. Vielmehr sind **die für das verdeckte Geschäft geltenden Vorschriften** anzuwenden. Beim „Schwarzkauf“ eines Grundstücks scheitert daher die Wirksamkeit des verdeckten Kaufvertrags mit dem wirklich gewollten Kaufpreis daran, dass *dieser* Vertrag nicht notariell beurkundet ist (§ 311b Abs. 1 Satz 1), näher s. Lösung zu Fall 22.

Lösung zu Fall 22: a) Der Anspruch auf Eigentumsverschaffung (§ 433 Abs. 1 Satz 1) setzt einen wirksamen Kaufvertrag voraus. Hier ist ein Verkauf des Grundstücks zum Preis von 90 000 € zwar äußerlich erklärt worden, aber da beide Willenserklärungen im Einverständnis des jeweiligen Empfängers nur **zum Schein** abgegeben wurden, sind sie und damit der Kaufvertrag (mit einem Kaufpreis von 90 000 €) nichtig, § 117 Abs. 1. Also kann Heiner nicht aufgrund dieses Kaufvertrags die Auflassung verlangen.

10 Man war sich jedoch über einen Verkauf zum Preis von 150 000 € einig. Darin liegt ein durch das Scheingeschäft verdecktes Geschäft. Nach § 117 Abs. 2 finden die für das **verdeckte Geschäft** geltenden Vorschriften Anwendung. Der Kaufvertrag mit

9 BGH NJW-RR 1997, 238. – Zur (regelmäßigen) rechtlichen Bindung des Strohmanns zusammenfassend BGH NJW 2002, 2030, 2031.

dem Kaufpreis 150 000 € ist aber entgegen § 311b Abs. 1 Satz 1 **nicht notariell beurkundet** worden.[10] Er ist wegen dieses Formmangels nach § 125 Satz 1 nichtig, so dass Heiner auch aus dem verdeckten Geschäft keinen Anspruch auf Auflassung des Grundstücks hat.

b) Wenn die Auflassung erklärt und Heiner als Eigentümer in das Grundbuch eingetragen wurde, so wurde dadurch der **Formmangel** des verdeckten Kaufvertrages nach § 311b Abs. 1 Satz 2 **geheilt.**[11] Nun kann also Frieder nach § 433 Abs. 2 die Zahlung des Kaufpreises von 150 000 € beanspruchen.

c) Nichtigkeit des Vertrages nach § 117 Abs. 1 setzt voraus, dass zwischen den Par- 11
teien Einverständnis über den Scheincharakter besteht. Daran fehlt es hier, da Heiner nicht über die bei den Vorverhandlungen getroffene Abrede Bescheid wusste. Denkbar wäre es, ihm die Kenntnis seiner Lebensgefährtin als „Verhandlungsgehilfin" in analoger Anwendung des § 166 Abs. 1 zuzurechnen. Der BGH[12] lehnte dies ab, da es hier nicht um eine Wissenszurechnung, sondern um das notwendige Einverständnis der Parteien gehe, das zum Tatbestand des Scheingeschäfts gehöre. Diese Willensübereinstimmung müsse bei den Vertragsparteien vorhanden sein, und nur daraus ergebe sich die Nichtigkeitsfolge des § 117 Abs. 1. Es handelt sich somit um ein **misslungenes Scheingeschäft**. Da Frieder glaubte, Heiner wisse über die Kaufpreisabrede Bescheid, meinte er, Heiner erkenne, dass die Willenserklärung mit dem Inhalt 90 000 € nicht ernstlich gemeint war. Damit ist die vertragliche Willenserklärung des Frieder nach § 118 nichtig, so dass Heiner keinen Auflassungsanspruch hat. Soweit dem Heiner durch das Vertrauen auf den Vertragsschluss Schaden entstanden ist, kann er jedoch nach § 122 Abs. 1 von Frieder Ersatz verlangen.

IV. Die nicht ernstlich gemeinte Willenserklärung

Wenn eine Erklärung nicht ernstlich gemeint ist und darüber hinaus in der Er- 12
wartung abgegeben wird, der Mangel der Ernstlichkeit werde nicht verkannt werden, so ist die „Erklärung" nach § 118 nichtig. Im Gegensatz zu § 116 handelt es sich hier um einen „**gutartigen Scherz**", der nicht mit einer Täuschungsabsicht verknüpft ist. Das Gesetz berücksichtigt hier den weder auf Abgabe einer Willenserklärung noch auf einen entsprechenden äußeren Eindruck gerichteten Willen. Sollte allerdings der Empfänger die mangelnde Ernstlichkeit ohne Fahrlässigkeit (§ 122 Abs. 2) nicht erkannt haben, so kann er nach § 122 Abs. 1 Ersatz des Vertrauensschadens (näher s. § 18 Rn. 62) verlangen. Erkennt andererseits der Erklärende, dass das von ihm Gesagte wider Erwarten ernst ge-

10 Man könnte daran denken, die Lehre von der falsa demonstratio (dazu, auch zur Anwendbarkeit bei formbedürftigen Geschäften, s. § 15 Rn. 29 ff.) heranzuziehen, also in der Preisangabe 90 000 € eine unschädliche Falschbezeichnung zu sehen, weil der Wille der Vertragschließenden hinsichtlich 150 000 € übereinstimmte. Der Unterschied zu den unter dem Gesichtspunkt der falsa demonstratio behandelten Fällen liegt aber darin, dass es hier geradezu die Absicht der Parteien war, das Scheingeschäft zu beurkunden, das in Wahrheit gewollte Geschäft dagegen nicht. Ebenso Jauernig/Mansel § 126 Rn. 8.

11 Ausführlich dazu RGZ 104, 296.

12 BGHZ 144, 331 = NJW 2000, 3127; BGH NJW 2001, 1062.

nommen wurde, so muss er nach Treu und Glauben (§ 242) den anderen Teil unverzüglich aufklären; andernfalls kann er sich nicht auf § 118 berufen, sondern ist an die Erklärung gebunden.[13]

13 Als **Beispiele** kann man sich vorstellen, dass ein Juradozent während der Vorlesung einem Hörer seine Aktenmappe zum Kauf anbietet, um den Vertragsschluss durch Angebot und Annahme zu demonstrieren, oder dass ein Autohändler im Rahmen von Kaufverhandlungen, die an den zu niedrigen Preisvorstellungen des Kunden zu scheitern drohen, schließlich ironisch bemerkt: „Am besten ist es, ich schenke ihnen das Auto!" – worauf der Kunde trocken mit „Einverstanden!" reagiert. Wenn man berücksichtigt, dass der Sinn der Erklärung nicht nach dem buchstäblichen Ausdruck zu bemessen, sondern nach den Begleitumständen und vom Empfängerhorizont aus zu beurteilen ist (s. zur Auslegung § 15 Rn. 11 ff.), so wird freilich in solchen Fällen meist bereits der äußere Erklärungstatbestand zu verneinen sein, so dass schon deshalb keine Willenserklärung vorliegt.

V. Das Fehlen des Erklärungsbewusstseins

1. Fragestellung

14 Sehr umstritten ist die Beurteilung von Fällen, in denen jemand sich äußerlich so verhalten hat, dass der Eindruck einer Willenserklärung entstand, obgleich er selbst nicht daran dachte, sich (mit welchem Inhalt auch immer) in einer rechtsgeschäftlich relevanten Weise zu äußern. Als Schulbeispiel verwendet man seit langem den Fall der „**Trierer Weinversteigerung**": Ein mit den örtlichen Gebräuchen nicht vertrauter Besucher betritt einen Raum, in dem eine Weinversteigerung stattfindet, und winkt einem Bekannten zu. Das Winken bedeutet aber nach den örtlichen Gebräuchen die Abgabe eines höheren Gebotes, so dass – wenn man den Besucher daran festhält – er sich nach dem Zuschlag (§ 156 Satz 1) als mehr oder weniger glücklicher Ersteigerer (Käufer) einer größeren Weinmenge sieht.

2. Verschiedene Lösungswege

15 Zu diesem, vom Gesetz nicht ausdrücklich geregelten Problembereich des fehlenden Erklärungsbewusstseins werden im wesentlichen **drei unterschiedliche Auffassungen** vertreten:

---

13 Brox/Walker Rn. 401; Bork Rn. 815.

a) Nichtigkeit der Erklärung

Nach einer Ansicht soll die vermeintliche Erklärung von vornherein **nichtig** sein, weil mit dem Erklärungsbewusstsein eine notwendige Mindestvoraussetzung einer rechtswirksamen Erklärung fehle. Man verweist auch auf § 118, wonach eine Erklärung dann nichtig ist, wenn sie entgegen der Absicht des Erklärenden ernst genommen wurde, und argumentiert, erst recht müsse Nichtigkeit angenommen werden, wenn der Erklärende nicht einmal auf den Gedanken kam, seinem Verhalten könne rechtsgeschäftliche Bedeutung zugemessen werden. Wenn allerdings der Empfänger das Fehlen des Erklärungsbewusstseins nicht erkennen konnte, liegt es nahe, ihm analog zu §§ 118, 122 einen Anspruch auf Ersatz des Vertrauensschadens zuzubilligen. 16

b) Anfechtbarkeit der Erklärung

Eine zweite Auffassung betont stärker das Interesse des Empfängers, für den der Eindruck einer Willenserklärung entstanden ist, und hebt die Ähnlichkeit zu den Fällen der Irrtumsanfechtung aufgrund eines Willensmangels beim Erklärenden hervor. Daher soll nach dieser Ansicht **§ 119 Abs. 1 analog** angewendet werden. Dadurch wird dem Erklärenden, ebenso wie bei einem Erklärungs- oder Inhaltsirrtum, die Wahl überlassen, ob er es bei der Geltung der Erklärung bewenden lassen oder die Anfechtung erklären will. Im zweiten Fall muss er dann freilich unter den Voraussetzungen des § 122 den Vertrauensschaden des Empfängers ersetzen. Wird keine (fristgerechte) Anfechtung erklärt, so kann sich der Empfänger auf die Gültigkeit der Erklärung verlassen. 17

c) Differenzierung nach der Zurechenbarkeit des Erklärungsanscheins

Ob die vor allem von der Anfechtungslösung bejahte, wenn auch begrenzte Verantwortung des Erklärenden für den von ihm erweckten Eindruck in allen Fällen gerechtfertigt ist, in denen der Erklärende sich überhaupt nicht rechtsgeschäftlich äußern wollte, kann man bezweifeln. Darin liegt der Hauptgrund für eine dritte Ansicht, die danach **differenziert**, ob der entstandene **Anschein einer Willenserklärung dem Urheber zuzurechnen** ist. Nach dieser, auch vom BGH[14] vertretenen Ansicht liegt trotz fehlenden Erklärungsbewusstseins dann eine Willenserklärung vor, wenn der Erklärende bei Anwendung der im Verkehr erforderlichen Sorgfalt hätte erkennen und vermeiden können, dass seine Äußerung nach Treu und Glauben und unter Berücksichtigung der Verkehrssitte als Willenserklärung aufgefasst werden durfte, und wenn sie vom Empfänger tatsächlich so verstanden wurde. Wenn diese Voraussetzungen (also ein 18

---

14 BGHZ 109, 171, 177 = NJW 1990, 454, 456; BGH NJW 2005, 2620, 2621 (konkludenter Eintritt eines Ehegatten in den Mietvertrag). Ebenso z. B. Palandt/Ellenberger Einf. vor § 116 Rn. 17; Bork Rn. 596 ff.

potentielles Erklärungsbewusstsein) gegeben sind, ist eine Lösung von der Erklärung nur durch Anfechtung entsprechend § 119 möglich (mit der Konsequenz des § 122). Fehlt es dagegen an der Zurechenbarkeit, so ist nach dieser Ansicht von vornherein keine Willenserklärung gegeben. Diese Lösung erscheint sachgerecht, da sie eine Berücksichtigung und Bewertung der Umstände des Einzelfalles erlaubt.

19 Im Trierer Weinversteigerungsfall liegt es näher, eine Zurechnung im Sinne der BGH-Rechtsprechung abzulehnen, so dass die Erklärung von vornherein nichtig ist und auch eine Ersatzpflicht nach § 122 ausscheidet. Anders entschied der BGH[15] in folgendem Fall: Eine Bank machte einem Dritten, der von seinem Kunden eine Bürgschaft als Sicherheit verlangt hat, eine Mitteilung über die Übernahme der Bürgschaft, die nach der Formulierung und den Begleitumständen für den Dritten den Eindruck erweckte, in diesem Schreiben liege die Übernahme der Bürgschaft. In Wahrheit wollte die Bank jetzt keine Bürgschaftsübernahme erklären, sondern nur eine Mitteilung über eine vermeintliche frühere Bürgschaftsübernahme machen. Gleichwohl ist der auf diese Weise entstandene **Anschein einer Willenserklärung der Bank zuzurechnen**, da sie bei sorgfältigem Vorgehen hätte erkennen können, dass ihr Schreiben missverstanden wird. Die Bank kann sich daher nur durch rechtzeitige Anfechtung[16] und unter Hinnahme der Ersatzpflicht nach § 122 von der Bürgschaftsübernahme lösen.

---

15 BGHZ 91, 324 = NJW 1984, 2279.

16 In dem vom BGH (vorige Fn.) entschiedenen Fall wurde eine rechtzeitige Anfechtung verneint, so dass die Bank aus der Bürgschaft verpflichtet blieb.

Kontrollfragen und Fälle zu § 17

1) Theo will in geselliger Runde mit einigen neuen Bekannten den Eindruck eines besonders vermögenden Mannes erwecken. So schenkt er seine goldene Armbanduhr demonstrativ seinem Freund Phil, wobei er davon ausgeht, dass dieser die Schenkung nicht ernst nimmt und ihm nachher die Uhr wieder zurückgibt. Davon will Phil später aber nichts wissen. Wie ist die Rechtslage?

2)* Margot ist als Versicherungsvertreterin für die Ikarus AG tätig. Das konkurrierende Versicherungsunternehmen Progros AG möchte sich ebenfalls gerne die Dienste der Margot sichern, hat aber mit der Ikarus AG eine Vereinbarung geschlossen, wonach beide Unternehmen sich verpflichten, gegenseitig keine Vertreter abzuwerben. Daher schließt die Progros AG einen Vertretervertrag mit Moritz, dem Bruder der Margot ab, der im Hauptberuf Werkschutzangestellter ist, wobei man aber davon ausgeht, dass tatsächlich nur Margot für die Progros AG tätig werden soll. Später entsteht Streit darüber, ob und zwischen wem hier ein Vertrag zustande gekommen ist. Wie ist diese Frage zu beantworten?

3)* Kling entschloss sich zu nicht gewerblichen Zwecken zum Kauf einer noch zu sanierenden Eigentumswohnung von der Beck-GmbH. Vor der Beurkundung des Kaufvertrages schlossen Kling und die Beck-GmbH eine „Eigenprovisionsvereinbarung", wonach Kling von dem zu zahlenden Kaufpreis 7 000 € zustehen sollten. Kling gab am 29.5.2017 ein notariell beurkundetes Kaufangebot zum Kaufpreis von 81 000 € ab. Die „Eigenprovisionsabrede" war darin nicht erwähnt. In der Urkunde (das Formular wurde von der Beck GmbH gestellt) heißt es, Kling halte sich bis zum 4.7.2017 an das Angebot gebunden; danach solle das Angebot bis zu einem gegenüber einem anderen Notar zu erklärenden Widerruf des Kling fortgelten. Die Beck-GmbH nahm am 10.8.2017 das Kaufangebot an und erklärte – aufgrund einer von Kling erteilten notariell beurkundeten Vollmacht zugleich als dessen Vertreter – die Auflassung der Eigentumswohnung. Nach Zahlung des um die „Erwerbsprovision" geminderten Kaufpreises wurde Kling als Eigentümer im Grundbuch eingetragen. Kling bereut mittlerweile aus wirtschaftlichen Gründen den Kauf. Er beruft sich auf Unwirksamkeit des Vertrages und verlangt von der Beck GmbH die Rückzahlung des gezahlten Betrages Zug um Zug gegen Rückübereignung der Eigentumswohnung. Ist dieser Anspruch begründet.

Lösungen

20 1) Theo kann nach § 985 Herausgabe der Uhr von Phil verlangen, wenn er Eigentümer der Uhr geblieben ist und Phil auch kein Recht zum Besitz (§ 986 Abs. 1 Satz 1) aufgrund wirksamer Schenkung (§ 516 Abs. 1) hat. Scheingeschäfte (§ 117 Abs. 1) liegen nicht vor, da es an einem Einverständnis darüber zwischen Theo und Phil fehlt. Die von Theo abgegebenen Erklärungen zum Abschluss eines Schenkungsvertrages (§ 516 Abs. 1) und zur Übereignung der Uhr (§ 929) sind aber nach § 118 nichtig, da sie **nicht ernstlich gemeint** waren und Theo davon ausging, die mangelnde Ernstlichkeit werde vom Erklärungsempfänger Phil nicht verkannt werden. Damit ist der Herausgabeanspruch begründet.

21 2) Hier ist nach dem Sachverhalt davon auszugehen, dass der Vertrag zwischen Moritz und der Progros AG nur **zum Schein** abgeschlossen wurde und daher nach § 117 Abs. 1 nichtig ist.[17] Man könnte einwenden, Moritz sei als Strohmann für Margot aufgetreten. Dann müssten aber nach dem Willen der Beteiligten für Moritz die vertraglichen Ansprüche und Pflichten ernstlich begründet worden sein, wenn auch mit der Zweckrichtung, die Vorteile der dahinter stehenden Person zukommen zu lassen. Hier war aber von Anfang an nicht gewollt, dass Moritz als Vertreter für die Progros AG tätig werden sollte.

22 Durch das Scheingeschäft zwischen Moritz und der Progros AG ist aber das **wirklich gewollte Rechtsgeschäft** zwischen Margot und der Progros AG **verdeckt** worden. Dieser Vertrag kann nach § 117 Abs. 2 wirksam sein. Fraglich ist, ob dem die Vereinbarung zwischen Progros AG und Ikarus AG entgegensteht. Diese Vereinbarung stellt aber kein gesetzliches Verbot (§ 134) dar, sondern hat nur schuldrechtliche Wirkung zwischen den beiden Versicherungsunternehmen. Die Wirksamkeit des Vertrages zwischen Margot und der Progros AG ist somit zu bejahen.

23 3)[18] Als **Anspruchsgrundlage** ist § 812 Abs. 1 Satz 1 (Leistungskondiktion wegen Fehlen des rechtlichen Grundes) zu prüfen. Der Anspruch des Kling gegen die Beck GmbH ist begründet, wenn der Kaufvertrag über die Eigentumswohnung unwirksam ist.

1. Abschluss des Vertrages

24 Zweifelhaft ist bereits, ob der Vertrag überhaupt abgeschlossen wurde. Das Angebot des Kling könnte zum Zeitpunkt der Annahme durch die Beck GmbH schon erloschen gewesen sein. Gemäß § 148 ist eine vom Antragenden bestimmte **Annahmefrist** maßgebend. Diese wäre hier noch nicht abgelaufen gewesen, da die Bindung des Kling auch nach dem 4.7.2017 bis zu einem – nicht erfolgten – Widerruf fortbestehen sollte. Jedoch ist zu beachten, dass sich diese Fristregelung aus den von der Beck GmbH in Gestalt des Vertragsformulars gestellten Allgemeinen Geschäftsbedingungen iSv § 305 Abs. 1 Satz 1 ergab. Da die Allgemeinen Geschäftsbedingungen von einem Unternehmer (§ 14) gegenüber einem Verbraucher (§ 13) verwendet wurden und somit die Einschränkung nach § 310 Abs. 1 Satz 1 nicht eingreift, gilt für die Inhaltskontrolle § 308 Nr. 1. Danach sind unangemessen lange Fristen, die sich der AGB-Verwender für die Annahme eines

---

17 Vgl. OLG Köln NJW 1993, 2623 (Vorbild des Falles).
18 Vorbild des Falles ist BGH NJW-RR 2017, 114 = JuS 2016, 935 (Riehm).

Angebots vorbehält, unwirksam. Bei Immobilienverkäufen wird eine über 4 Wochen hinausgehende Annahmefrist zugunsten des Verkäufers als sachlich nicht gerechtfertigt und daher unangemessen angesehen. Das gilt auch dann, wenn, wie dies hier der Fall war, der Käufer durch Widerruf seines Angebots ein Ende der Annahmefrist hätte herbeiführen können, (s. oben § 14 Rn. 18a).

Das **Angebot** war also zum Zeitpunkt der Annahme bereits **erloschen**, § 146. Die 25
verspätete Annahme durch die Beck GmbH gilt nach § 150 Abs. 1 als neuer Antrag, der aber von Kling nicht angenommen wurde. Eine stillschweigende Annahme durch späteres Verhalten ist hier wegen der Formbedürftigkeit des Vertrages (§ 311b Abs. 1 Satz 1) nicht möglich. Der Kaufvertrag ist somit nicht zustande gekommen.

2. Nichtigkeit des Scheingeschäfts

Zur Nichtigkeit des Vertrages kann außerdem dessen Inhalt führen. Er entsprach, so wie 26
er sich aus Antrag und Annahme ergibt, nicht dem wahren Willen der Parteien, da die „Eigenprovisionsvereinbarung" fehlte. Es handelt sich, ähnlich wie beim sog. Schwarzkauf (s. Lösung zu Fall 22), um ein Scheingeschäft, das nach § 117 Abs. 1 nichtig ist.

3. Formungültigkeit des verdeckten Geschäfts

Wirklich gewollt war ein Kaufvertrag samt „Eigenprovisionsvereinbarung". Dieses ver- 27
deckte Rechtsgeschäft könnte nach § 117 Abs. 2 wirksam sein. Dann müssten aber alle Wirksamkeitsvoraussetzungen im Hinblick auf diesen Vertrag erfüllt sein. Der Kaufvertrag mit dem wirklich gewollten Inhalt ist jedoch nicht, wie es nach § 311b Abs. 1 Satz 1 erforderlich wäre, notariell beurkundet worden und daher gemäß § 125 Abs. 1 nichtig.

4. Keine Heilung durch Auflassung und Eintragung in das Grundbuch

Gemäß § 311b Abs. 1 Satz 2 wird ein nicht formgerechter Grundstückskaufvertrag sei- 28
nem ganzen Inhalt nach gültig, wenn die Auflassung und die Eintragung in das Grundbuch erfolgen. Diese Voraussetzungen liegen hier vor, so dass das verdeckte Geschäft, also der Kaufvertrag samt „Eigenprovisionsabrede", wirksam geworden sein könnte.

Jedoch ist zu beachten, dass der Kaufvertrag nicht nur an dem Willensmangel nach 29
§ 117 Abs. 1 (Scheingeschäft) krankte, sondern dass auch der Vertragsschluss wegen Erlöschen des Angebots nicht wirksam war. Wenn zwei verschiedene Mängel vorliegen, so sind deren Rechtsfolgen grundsätzlich nebeneinander zu beachten. Logische Gründe stehen dem nicht entgegen, wie in Gestalt der Lehre von den sog. **Doppelwirkungen im Recht** (s. § 18 Rn. 60 zum Nebeneinander von Nichtigkeit und Anfechtbarkeit) von der hM anerkannt ist. Anders ist es, wenn sich die Unwirksamkeitsgründe nach ihrer Zwecksetzung ausschließen. Hier könnte man auf den Gedanken kommen, dass die Formungültigkeit des Vertrages es ausschließt, ihn der Inhaltskontrolle nach § 308 Nr. 1 zu unterziehen. Die Formbedürftigkeit schützt die Vertragsparteien vor übereilten Verträgen und eröffnet die Möglichkeit rechtskundiger Belehrung. § 308 Nr. 1 schützt dagegen die Dispositionsfreiheit des Antragenden, indem sie ihn vor einer übermäßig langen Bindung an sein Angebot bewahrt. Dies ist auch bei Formungültigkeit des Vertrages gerechtfertigt, da nicht davon ausgegangen werden kann, dass der Antragende die Formungültigkeit erkennt und daraus die richtigen Schlüsse zieht. Also könnte der Vertrag noch nach langer Zeit durch das Erfüllungsgeschäft geheilt werden (bei erteilten Voll-

machten auch ohne Zutun des Antragenden) und damit der Schutz vor unangemessen langer oder gar unbefristeter Bindung an das Angebot zunichte gemacht werden.

30 Aufgrund der unterschiedlichen Zwecke sind also die **Rechtsfolgen der beiden Unwirksamkeitsgründe nebeneinander** anzuwenden. Die Wirksamkeit des Vertrages scheitert nicht nur am Formmangel, sondern es fehlte aufgrund der AGB-Kontrolle auch an der rechtzeitigen Annahme des Vertragsangebots. Durch die Auflassung und Eintragung in das Grundbuch kann aber nur der Formmangel geheilt werden. Es bleibt also dabei, dass kein wirksamer Kaufvertrag zustande gekommen ist und somit der rechtliche Grund für die Zahlung des Kaufpreises fehlt. Der Anspruch des Kling auf Rückzahlung ist begründet.

§ 18 Die Anfechtung wegen Irrtums und unrichtiger Übermittlung

Fall 23: Bei Gold trifft eine Bestellung des Schwarz über 100 kg Messingblech zum Listenpreis ein.

a) Schwarz hat die Bestellung aufgegeben, nachdem ihm ein Angestellter mitteilte, der Lagervorrat an Messingblech gehe zur Neige. Kann er die Bestellung widerrufen, wenn sich herausstellt, dass noch genügend Blech vorhanden ist?
b) Schwarz wollte nur 10 kg bestellen, seine Sekretärin hat aber beim Ausfüllen des Bestellscheins versehentlich 100 kg geschrieben und Schwarz hat dies bei der Unterschrift übersehen. Dies stellt sich erst heraus als 100 kg geliefert werden. Kann Schwarz die Bezahlung der 100 kg verweigern?
c) Wie ist es (Sachverhalt wie Variante b), wenn sich Gold bereit erklärt, 90 kg zurückzunehmen, aber auf der Abnahme und Bezahlung von 10 kg besteht?
d) Schwarz verwendete ein Bestellformular des Gold. Er glaubte, darin stünde (wie bisher) eine Lieferfrist von vier Wochen. Gold hatte das Formular aber vor kurzem geändert; es sind nun als Lieferfrist 30 Tage angegeben. Kann Schwarz, wenn er später diesen Unterschied bemerkt, die Bestellung anfechten?
e) Schwarz verwaltet seine Warenbestände in Form einer elektronischen Datei. Das Programm soll automatisch eine Bestellung von jeweils 100 kg Messingblech an Gold absenden, sobald der Vorrat unter 20 kg absinkt. Aufgrund einer fehlerhaften Eingabe (Verschreiben) bei Installierung des Programms durch einen Mitarbeiter des Schwarz erfolgt die automatische Bestellung bereits bei Absinken des Vorrats unter 100 kg.
Kann Schwarz die Bestellung anfechten?

I. Die Anfechtbarkeit im Unterschied zur Nichtigkeit

1 Weist ein Rechtsgeschäft einen Mangel auf, so kann dies zu unterschiedlichen Rechtsfolgen führen. In manchen Fällen erklärt das Gesetz die fehlerhafte Willenserklärung für **nichtig**. Sie entfaltet dann kraft Gesetzes und **von Anfang an keine Wirkungen**. Dies gilt z. B. bei einem Formmangel (§ 125 Satz 1) und beim Scheingeschäft (§ 117 Abs. 1). In anderen Fällen führt der Mangel zur Anfechtbarkeit der Willenserklärung. **Anfechtbare Willenserklärungen** sind trotz des Fehlers **zunächst wirksam**. Erst wenn der Anfechtungsberechtigte die Anfechtung erklärt (§ 143 Abs. 1), wird seine Willenserklärung rückwirkend nichtig (§ 142 Abs. 1). Das Anfechtungsrecht ist ein **Gestaltungsrecht**, da es dem Anfechtungsberechtigten die Macht einräumt, durch seine Erklärung die Rechtslage zu verändern. Die Anfechtung bezieht sich auf die vom Anfechtungsgrund erfasste einzelne Willenserklärung des Anfechtungsberechtigten, z. B. das Angebot zum Vertragsschluss oder die Annahme des Angebots. Als Folge der

Nichtigkeit der angefochtenen Willenserklärung wird aber auch das gesamte Rechtsgeschäft, insbesondere der Vertrag, nichtig.

2 Der **Anfechtungsberechtigte** erhält auf diese Weise eine **Wahlmöglichkeit.** Er kann anfechten oder auch an dem Rechtsgeschäft festhalten. Will er den Mangel geltend machen, so muss er andererseits auch (rechtzeitig) die Anfechtung erklären. Dadurch wird das Interesse des Anfechtungsgegners an Rechtsklarheit geschützt. Wird innerhalb der Anfechtungsfrist nicht angefochten, so bleibt die Willenserklärung gültig.

Merksätze:
Ein nichtiges Rechtsgeschäft entfaltet keine Wirkungen. Ein anfechtbares Rechtsgeschäft ist zunächst wirksam, kann aber durch Anfechtungserklärung des Anfechtungsberechtigten innerhalb der Anfechtungsfrist nichtig gemacht werden.

3 Im Familienrecht und im Erbrecht finden sich zum Teil **besondere Regeln,** die, soweit sie reichen, den Vorschriften des Allgemeinen Teils vorgehen. So kann eine **Eheschließung** nicht nach § 119 oder § 123 angefochten werden. Hier ist nur unter den engen Voraussetzungen des § 1314 ein Antrag auf gerichtliche Aufhebung der Ehe möglich. Im Übrigen sind die trennungswilligen Ehegatten auch bei Irrtümern auf die Ehescheidung (§§ 1564 ff.) verwiesen. Im Erbrecht bestehen wichtige Sondervorschriften vor allem für die **Anfechtung von Testamenten** (§§ 2078 ff.) und **Erbverträgen** (§§ 2281 ff.). Nur für die in diesen Vorschriften nicht geregelten Fragen der Anfechtung bleibt es bei der Anwendung des Allgemeinen Teils.

II. Zweck und Grenzen der Irrtumsanfechtung

1. Zweck

4 Bei einer fehlerfreien Willenserklärung stimmen der Wille des Erklärenden und die nach außen in Erscheinung getretene Erklärung überein. Dies rechtfertigt die Bindung des Erklärenden, sobald die Willenserklärung wirksam geworden ist. Wird aber die Erklärung irrtümlich abgegeben[1] und daher nicht vom Willen des Erklärenden getragen, so könnte die Bindung ihre Rechtfertigung verlieren. Auf der anderen Seite muss sich der Empfänger einer Erklärung auf deren Geltung verlassen können, so wie sie ihm gegenüber in Erscheinung getreten ist. Andernfalls könnte der Rechtsverkehr nicht funktionieren. Das BGB versucht, dieses Dilemma mit den Regeln über die Irrtumsanfechtung in einer differenzierenden Weise zu lösen. Nicht bei jedem Irrtum, sondern nur, wenn Wille und Erklärung gerade bei der Abgabe der Erklärung auseinander fallen,

1 Dagegen kann die Nichtabgabe einer Erklärung nicht angefochten werden, BVerwG NJW 2010, 3048, 3094 (zum unterlassenen Widerruf eines Prozessvergleichs).

wird dem Erklärenden gestattet, sich durch Anfechtung von der Bindung an die Erklärung zu befreien. Selbst dann muss er aber dem Erklärungsgegner den Schaden ersetzen, den dieser dadurch erlitten hat, dass er auf die Gültigkeit der Erklärung vertraut hat.

2. Grundsätzliche Unbeachtlichkeit des Motivirrtums

Das Gesetz geht nicht von einem allgemeinen Satz des Inhalts aus, wer sich bei 5
Abgabe einer Willenserklärung in irgendeiner Weise geirrt habe, könne anfechten. Den gesetzlichen Anfechtungstatbeständen liegt die Unterscheidung zwischen einem Motivirrtum als Irrtum im Vorfeld der Willenserklärung und Irrtümern bei der Erklärung selbst zugrunde. Motivirrtümer sind fehlerhafte Vorstellungen des Erklärenden über vergangene, gegenwärtige oder auch zukünftige Umstände, die für seinen Entschluss zur Abgabe der Willenserklärung bedeutsam sind. Ein Motivirrtum ergibt grundsätzlich keinen Anfechtungsgrund.[2] Wer eine Wohnung mietet, weil er eine Anstellung in dieser Stadt zu finden glaubt, oder wer modische Kleidung kauft, um auf der geplanten Urlaubsreise seiner Freundin zu gefallen, kann seine bei Abschluss des Miet- oder Kaufvertrags abgegebenen Willenserklärungen nicht deshalb anfechten, weil er den erhofften Job doch nicht erhält oder die gemeinsame Reise aufgrund eines Streits entfällt. Die Willenserklärung selbst weist in diesen Fällen keinen Mangel auf.

Eine Ausnahme von der Unbeachtlichkeit des Motivirrtums bildet (jeden- 6
falls nach h.M., näher s. Rn. 31 ff.) die Anfechtbarkeit wegen Eigenschaftsirrtums nach § 119 Abs. 2. Außerdem kann (aber nur unter bestimmten Voraussetzungen) das Rechtsinstitut der **Störung der Geschäftsgrundlage** (§ 313) eingreifen und ein Recht auf Anpassung des Vertrages oder auf Rücktritt ergeben. S. auch Rn. 23 ff. zum Kalkulationsirrtum.

Merksatz:
Ein Motivirrtum rechtfertigt nicht die Anfechtung.

3. Vorrang der Auslegung

Den Ausgangspunkt bildet für alle Arten der Irrtumsanfechtung die Geltung 7
des Erklärten. Der Erklärende muss die Erklärung so gegen sich gelten lassen, wie sie **vom Standpunkt des Empfängers aus zu verstehen** war. Hat aber der Erklärungsempfänger trotz irrtümlicher Formulierung der Erklärung erkannt,

---

2 Anders im Erbrecht: Wie sich aus § 2078 Abs. 2 ergibt, kann die Anfechtung eines Testaments auf einen Motivirrtum des Erblassers gestützt werden. Dasselbe gilt nach § 2281 Abs. 1 für die Anfechtung eines Erbvertrags.

was in Wahrheit gewollt war, so gilt die Erklärung mit diesem Inhalt; eine Anfechtung kommt dann nicht in Betracht. Erst wenn festgestellt ist, mit **welchem Inhalt** die Willenserklärung gilt, wie sie also **auszulegen** ist, kann man die zweite Frage stellen, ob eine Diskrepanz zwischen diesem geltenden Sinn der Erklärung und dem Willen des Erklärenden bestand.

Merksatz:
Die Auslegung geht der Anfechtung vor.

4. Keine Nichtigkeit kraft Anfechtung bei Akzeptanz des Gewollten durch den Empfänger

8 Die Anfechtung ermöglicht es dem Erklärenden, sich von der Bindung an den objektiven Sinn der Erklärung zu lösen, weil dieser seinem wirklichen Willen nicht entspricht. Aus diesem Zweck der Anfechtung folgt aber, dass sie nicht zur Nichtigkeit der Erklärung führen kann, wenn der **Empfänger** bereit ist, die Erklärung so **gelten zu lassen**, wie sie wirklich gewollt war.[3] Beharrt der Erklärende in einem solchen Fall trotzdem auf der Nichtigkeit kraft Anfechtung, so verstößt dies gegen Treu und Glauben (§ 242).

III. Die Anfechtungstatbestände des § 119 Abs. 1: Erklärungsirrtum (Irrtum in der Erklärungshandlung) und Inhaltsirrtum

1. Erklärungsirrtum (Irrtum in der Erklärungshandlung) (§ 119 Abs. 1, 2. Alt.)

a) Voraussetzungen

9 § 119 Abs. 1 enthält zwei verschiedene Tatbestände eines relevanten Irrtums. Der gröbere Irrtumsfall findet sich in der zweiten Alternative. Wenn jemand, wie das Gesetz hier formuliert, eine Erklärung eines bestimmten Inhalts überhaupt nicht abgeben wollte, so bedeutet dies, dass schon die **Erklärungshandlung**, der äußere Erklärungstatbestand, **nicht von seinem Willen getragen** war. Dies gilt insbesondere, wenn sich der Erklärende versprochen oder verschrieben[4] hat, oder wenn er sich vergreift und versehentlich die falsche Urkunde

---

3 So die h.M., Medicus/Petersen Rn. 781; Brox/Walker Rn. 437b; Köhler § 7 Rn. 31. – Genau genommen ist in solchen Fällen nicht die Anfechtung geradezu ausgeschlossen, sondern der Anfechtungsgegner hat das Wahlrecht, den Anfechtenden am Gewollten festzuhalten. Näher dazu Müller JuS 2005, 18.

4 Das kann auch dem Verkäufer im Rahmen einer Internetauktion bei der Angabe des Mindestgebots passieren und die Anfechtung gegenüber dem Meistbietenden rechtfertigen, OLG Oldenburg NJW 2004, 168.

übergibt (etwa eine Vollmacht an Stelle der Kündigung). Am treffendsten kennzeichnet man den Anfechtungsgrund des § 119 Abs. 1, 2. Alt. als **Irrtum in der Erklärungshandlung**, doch wird überwiegend die Bezeichnung als **Erklärungsirrtum** verwendet.

Merksatz:
Der Erklärungsirrtum (Irrtum in der Erklärungshandlung) nach § 119 Abs. 1, 2. Alt. umfasst die Fälle des Versprechens, Verschreibens und Vergreifens.

b) Anwendbarkeit bei elektronischer Datenverarbeitung, auch im Internethandel

Auch wenn **in eine Datenverarbeitungsanlage** Daten versehentlich falsch ein- 10
gegeben werden, die sodann unverändert in die automatisch erstellte Erklärung (z. B. einen Versicherungsschein) eingehen, ist die Anfechtung wegen Erklärungsirrtums begründet,[5] nicht anders, als wenn sich der Erklärende auf der Schreibmaschine vertippt hätte.

Dasselbe gilt, wenn der Preis, zu dem eine Ware im Internethandel vertrie- 11
ben werden soll, fehlerhaft eingetippt und deshalb im „Online-Shop" falsch angegeben wird.[6] Auch wenn die Eingabe korrekt erfolgte, der Preis aber aufgrund eines Programmfehlers auf der Internet-Seite des Anbieters falsch (wesentlich niedriger) wiedergegeben ist, so dass (durch Bestellung seitens des Kunden und automatisch erstellte Annahmeerklärung des Anbieters) der falsche Preis auch zum Inhalt des Kaufvertrags wird, liegt ein Erklärungsirrtum vor. Der BGH[7] verweist zur Begründung auch auf die Parallele dieser Fallgestaltung zur Anfechtbarkeit wegen fehlerhafter Übermittlung nach § 120 (s. Rn. 46).

Wenn dagegen die eingegebenen Daten aufgrund fehlerhafter Kalkulation 12
falsch sind, so ergibt sich daraus kein Grund zur Anfechtung der daraus resultierenden automatisierten Willenserklärung nach § 119 Abs. 1, 2. Alt., sondern es kommen die Grundsätze des Kalkulationsirrtums zur Anwendung, s. Rn. 23 ff. Wird die Kalkulation eines Angebotspreises mit Hilfe elektronischer Datenverarbeitung durchgeführt und führt diese trotz korrekt eingegebener Daten aufgrund einer fehlerhaften Software zu einem fehlerhaften Ergebnis, das sodann in das Angebot an den Geschäftspartner eingeht, so sieht der BGH[8] darin ebenfalls keinen Erklärungsirrtum, sondern einen im Stadium der Willensbildung unterlaufenen Motivirrtum in Gestalt eines Kalkulationsirrtums.

Ob diese Unterscheidung zwischen einem unbeachtlichen **Software-Kalku-** 13
lationsirrtum (Rn. 12) und einem beachtlichen **Software-Übermittlungsirrtum**

5 OLG Hamm NJW 1993, 2321.
6 AG Lahr NJW 2005, 991.
7 BGH NJW 2005, 976.
8 BGHZ 139, 177, 181 = NJW 1998, 3192, 3193.

(Rn. 11) interessengerecht ist, kann man bezweifeln.[9] Die Unterscheidung zwischen Motivirrtum im Vorfeld der Erklärung und Irrtum bei Abgabe der Erklärung lässt sich jedenfalls dann nicht mehr durchführen, wenn Kalkulation des Angebotspreises und Abgabe der Erklärung automatisiert erfolgen und zu einem einheitlichen Vorgang werden. Es liegt näher, in solchen Fällen davon auszugehen, dass der Wille des Erklärenden nur die bei korrekter Arbeit der EDV-Anlagen resultierende Erklärung deckt, so dass Abweichungen aufgrund von Hardware- oder Software-Fehlern stets zu einem relevanten Erklärungsirrtum führen.

Zur weiterreichenden Diskussion über eine **Rechtsfähigkeit autonomer Systeme** (Roboter) s. § 10 Rn. 21a.

2. Inhaltsirrtum (§ 119 Abs. 1, 1. Alt.)

a) Voraussetzungen

14 Bei dem in § 119 Abs. 1, 1. Alt. geregelten **Inhaltsirrtum** handelt es sich um einen **Irrtum über den Sinn der Erklärung**. Anders als beim Erklärungsirrtum (s. Rn. 9) wird zwar der äußere Erklärungstatbestand vom Willen des Erklärenden getragen, aber der Erklärende meint, er bringe mit den verwendeten Wörtern oder auch mit Gesten den auf eine bestimmte Rechtsfolge gerichteten Willen zum Ausdruck, während aus der (für die Auslegung maßgebenden) Sicht des Empfängers die Wörter oder das Verhalten in einem anderen Sinn zu verstehen sind.

Ein Inhaltsirrtum liegt etwa vor, wenn jemand 10 Flaschen „Sherry" bestellt, in Wirklichkeit aber „Cherry Brandy" (Kirschlikör) bestellen will. Der Irrtum bezieht sich auf die inhaltliche Bedeutung des Wortes Sherry. In einem andern Fall, der aus dem Leben gegriffen ist,[10] hatte die Konrektorin einer kleinen Realschule „25 Gros Rollen" Toilettenpapier bestellt, aber nicht gewusst, dass „Gros" eine (veraltete) Mengenbezeichnung für 144 Rollen darstellt. Das Gericht bejahte die Anfechtbarkeit nach § 119 Abs. 1, 1. Alt.

b) Anforderungen an den Irrtum als Fehlvorstellung

aa) Irrtümliche Unterzeichnung einer Erklärung

15 Ein Inhaltsirrtum[11] liegt auch dann vor, wenn sich eine Sekretärin verschrieben hat und der Urheber der Erklärung **bei der Unterschrift den Fehler übersieht**. Anders ist es, wenn der Erklärende **bewusst darauf verzichtet**, ein ihm vom

9 Mit Spindler JZ 2005, 793, 794.

10 LG Hanau NJW 1979, 721.

11 Man könnte auch einen Erklärungsirrtum (Irrtum in der Erklärungshandlung) annehmen, genauso wie in den Fällen, in denen sich der Urheber der Erklärung selbst verschrieben hat. Die Abgrenzung zwischen Inhaltsirrtum und Erklärungsirrtum ist zum Teil unscharf. Praktisch spielt diese Frage keine Rolle, da die Rechtsfolgen übereinstimmen.

Vertragsgegner zur Unterzeichnung vorgelegtes Schriftstück durchzulesen, obwohl er dessen Inhalt nicht kennt. Er nimmt dann den Inhalt grundsätzlich in Kauf und irrt nicht darüber.[12]

Wenn jemand z.B. eine Wohnung mietet und darauf verzichtet, den ihm vom Vermieter vorgelegten schriftlichen Vertragstext durchzulesen, so kann er später eine ihm unangenehme Klausel über die Wohnungsrenovierung nicht wegen Inhaltsirrtums anfechten.[13] Anders ist es allerdings, wenn in dem Text, insbesondere einem Vertrag, ganz unübliche Klauseln enthalten sind, mit denen man nicht zu rechnen braucht. Auch dann, wenn sich der Unterschreibende bestimmte Vorstellungen über den Inhalt des Schriftstücks machte, die sich später als unzutreffend erweisen, ist die Irrtumsanfechtung begründet.[14] 16

bb) Abredewidrige Ausfüllung einer Blanketterklärung

Überlässt es der Erklärende einem anderen, die bereits unterzeichnete Erklärung auszufüllen (sog. Blanketterklärung), z.B. eine Warenmenge oder einen Betrag einzusetzen, so muss er analog § 172 Abs. 2, § 173 (dazu s. § 24 Rn. 28 ff.) auch eine abredewidrig ausgefüllte Erklärung einem Dritten gegenüber gelten lassen (keine Anfechtung), wenn dieser das Fehlverhalten des Ermächtigten weder kannte noch kennen musste.[15] 17

4. Dem Inhaltsirrtum zuzuordnende Fallgruppen

a) Irrtum über die Person des Erklärungsgegners (error in persona)

Hier geht es nicht um Irrtümer über Eigenschaften einer Person, die von § 119 Abs. 2 erfasst werden (s. Rn. 38), sondern um Fälle einer fehlerhaften Vorstellung über die Identität des Erklärungsgegners. Bezieht sich die Erklärung nach ihrem objektiven Inhalt auf die eine Person, während nach dem Willen des Erklärenden mit einer anderen Person abgeschlossen werden sollte, so liegt nach h.M. ein zur Anfechtung berechtigender Inhaltsirrtum vor.[16] Wenn z.B. eine Bank einem Herrn Max Großmann (unter dessen Anschrift) ein Darlehen zusagt und dabei meint, es handle sich um einen vermögenden Architekten gleichen Namens, während der Erklärungsempfänger in Wahrheit ein denselben Namen tragender Jurastudent ohne eigenes Einkommen ist, so kann die Bank wegen eines Inhaltsirrtums anfechten, wenn ohne den Irrtum (also dem Studenten gegenüber) der Kredit bei verständiger Würdigung so nicht gewährt worden wäre (Kausalität des Irrtums). 18

---

12 So bereits RGZ 77, 309, 312; ebenso z.B. BGH NJW 2002, 956, 957.

13 Eine andere Frage ist, ob die Klausel aufgrund der Vorschriften über AGB (§§ 305 ff.) unwirksam ist, wenn es sich um einen Formularvertrag (§ 305 Abs. 1 Satz 2) handelt oder wenn § 310 Abs. 3 Nr. 2 (Verbraucherverträge) eingreift.

14 BGH NJW 1995, 190 (Unterzeichnung einer – ungelesenen – Bürgschaftserklärung in der Meinung, man leiste eine hinsichtlich des eigenen Sparkontos erforderliche Unterschrift).

15 BGHZ 40, 65, 68 = NJW 1963, 1971 sowie BGHZ 40, 297, 305 = NJW 1964, 654, 656.

16 Flume § 23, 4 b (S. 459); Wolf/Neuner § 41 Rn. 46; MünchKomm/Armbrüster § 119 Rn. 76.

b) Irrtum über den Gegenstand des Geschäfts (error in objecto)

19 Ein Irrtum über den maßgeblichen Sinn der Erklärung kann auch darin bestehen, dass der **Gegenstand des Geschäfts** vom Erklärenden **falsch bezeichnet** wurde. So liegt es etwa, wenn der Eigentümer zweier in derselben Straße liegenden Hausgrundstücke bei einem Verkaufsangebot die Hausnummern verwechselt. Es handelt sich dann nicht um einen Irrtum über Eigenschaften der verkauften Sache, sondern – weitergehend – über deren **Identität**. Hier ist (Kausalität vorausgesetzt) die Anfechtung wegen Inhaltsirrtums möglich.

c) Irrtum über die Rechtsnatur des Geschäfts (error in negotio)

20 Jemand erklärt z.B., er wolle ein Auto **verleihen**, will aber in Wirklichkeit ein Entgelt dafür haben, also eigentlich erklären, dass er das Auto **vermieten** will. Wenn man nicht schon durch Auslegung (etwa aufgrund der Begleitumstände) ein Mietangebot annehmen kann, wird man einen Inhaltsirrtum unbedenklich bejahen.[17] Der Erklärende glaubte, mit den Worten „verleihen“ eine entgeltliche Gebrauchsüberlassung anzubieten, irrte also über den **Sinn seiner Worte**.

5. Differenzierende Beurteilung des Rechtsfolgenirrtums

21 Bereits der Irrtum über den Inhalt des Leihvertrags im Beispiel bei Rn. 20 ist ein Rechtsfolgenirrtum. Nicht jeder Irrtum über eine **Rechtsfolge**, die aus einem Rechtsgeschäft hervorgeht, kann jedoch als beachtlicher Inhaltsirrtum angesehen werden. Andernfalls erhielte die Irrtumsanfechtung einen zu weitgehenden, für den Geschäftspartner nicht zumutbaren Umfang. Verkauft jemand z.B. sein gebrauchtes Auto in der Meinung, er müsse bei Mängeln des Fahrzeugs auch ohne besondere Vereinbarung nur dann Ansprüche des Käufers befürchten, wenn ihm solche Mängel selbst bekannt waren, so irrte er zwar über gesetzliche Rechtsfolgen des Kaufvertrages, da wesentliche Rechte des Käufers bei Mängeln (Anspruch auf Nacherfüllung, Recht zum Rücktritt oder zur Minderung des Kaufpreises, § 437 Nr. 1 u. 2) nicht von einer Kenntnis des Verkäufers vom Vorliegen des Mangels abhängig sind. Es handelt sich aber dabei nicht um einen Inhaltsirrtum, denn diese Rechtsfolgen sind nicht zum **Inhalt der Erklärung** (Abschluss eines Kaufvertrages) zu rechnen.

22 Die Abgrenzung kann im Einzelnen Schwierigkeiten bereiten. Entscheidend ist,[18] ob sich der Irrtum auf die **wesentliche Bedeutung** der abgegebenen Willenserklärung bezieht. Ein Inhaltsirrtum liegt also vor, wenn infolge Verken-

---

17 Ebenso MünchKomm/Armbrüster § 119 Rn. 74.

18 So bereits RGZ 88, 278, 284; RGZ 98, 136, 138f. Ebenso z.B. BAGE 57, 13, 17 = NZA 1988, 734; BGHZ 168, 210, 218 = NJW 2006, 3353, 3355; BGH NJW 2008, 2442 Rn. 19. – A.M. Musielak JZ 2014, 64, 72; ders. JuS 2014, 583, 584, der die Unterscheidung zwischen unmittelbaren (wesentlichen) und mittelbaren Rechtsfolgen ablehnt und die Anfechtbarkeit nur bejaht, wenn eine irrtümliche Verwendung von Rechtsbegriffen oder ein Irrtum über den objektiven Erklärungswert vorliegt.

nung der rechtlichen Bedeutung ein Rechtsgeschäft erklärt wurde, das nicht die mit seiner Vornahme erstrebte, sondern eine davon wesentlich verschiedene, nicht gewollte Rechtswirkung hervorbringt. Dagegen ist eine Anfechtung nicht deshalb möglich, weil ein Rechtsgeschäft außer der erstrebten Rechtswirkung **gesetzliche Nebenfolgen** nach sich zieht, die der Erklärende nicht erkannt hatte.

Merksatz:
Ein Rechtsfolgeirrtum berechtigt nur dann zur Anfechtung wegen Inhaltsirrtums, wenn er sich auf wesentliche, zum Inhalt der Erklärung zu rechnende Rechtsfolgen bezieht.

6. Die Einordnung des Kalkulationsirrtums

Mit dem Stichwort „Kalkulationsirrtum" werden Fälle bezeichnet, in denen 23
sich der Erklärende bei der Berechnung der von ihm als Kaufpreis usw. genannten Summe oder über einen Umstand, den er seiner Berechnung zugrunde legte, geirrt hat. Der Kalkulationsirrtum ist grundsätzlich ein Irrtum im Beweggrund, da die Willenserklärung erst das Ergebnis der (fehlerhaften) Kalkulation ist. Das Reichsgericht nahm jedoch an, ein Kalkulationsirrtum werde zum **Inhaltsirrtum**, wenn die Berechnung oder ihre Grundlage dem anderen Teil **mitgeteilt** oder doch für ihn bei den Vertragsverhandlungen deutlich gemacht worden sei. Es handle sich dann nicht bloß um innere Erwägungen, die der Erklärung vorangingen, sondern um einen Teil der Erklärung.[19] Doch macht die Mitteilung einer Motivation diese noch nicht zum Inhalt der Erklärung. Die h.M. (auch der BGH, s. Fn. 27) lehnt mit Recht den Rückgriff auf die Anfechtung wegen Inhaltsirrtums ab. Die Lösung muss außerhalb der Anfechtungsregeln gesucht werden, wobei zu beachten ist, dass sich unter dem Stichwort „Kalkulationsirrtum" verschiedene Fallgestaltungen verbergen. Dabei ist zwischen dem **offenen Kalkulationsirrtum** und dem **verdeckten Kalkulationsirrtum** zu unterscheiden, je nach dem ob die Kalkulation dem anderen Teil gegenüber offen gelegt wurde oder nicht.

---

19 Diese Ansicht findet sich z.B. im berühmt gewordenen „Rubelfall" RGZ 105, 406: Der Kläger hatte dem Beklagten, der russischer Kriegsgefangener war, in Moskau zum Zweck der Heimreise 30 000 Sowjetrubel vorgestreckt. Der Beklagte stellte dafür Schuldscheine in Höhe von 7 500 RM aus, da beide Parteien davon ausgingen, der Kurswert des Rubel betrage 0,25 RM. Nach dem tatsächlichen Kurswert hätten sich nur 300 RM errechnet. – Ferner RGZ 64, 266, 268; RGZ 116, 15, 17. BGH LM § 119 BGB Nr. 21 kennzeichnet die Rechtsprechung des RG (ohne eigene Stellungnahme) als Anerkennung eines „erweiterten Inhaltsirrtums".

a) Offener Kalkulationsirrtum

kann zum Inhaltsirrtum werden

24 Ein Teil der Fälle, in denen dem anderen Teil gegenüber mit dem Ergebnis der Kalkulation zugleich auch die Berechnung mitgeteilt wurde, lässt sich durch **Auslegung** lösen. So mag es im **Rubelfall** (s. Fn. 19), in dem von einem falschen Kurswert ausgegangen wurde, sein, dass die Vereinbarung als Kaufvertrag zum wirklichen Tageskurs auszulegen ist, während der falsch angenommene Kurs demgegenüber zurücktritt. Man kann hier den entscheidenden Akzent auf den Erklärungsinhalt „Kauf zum Tageskurs" legen und die errechnete Summe entsprechend berichtigen.[20] Die im Vertrag angegebene Summe ist dann als unschädliche Falschbezeichung[21] beiseite zu lassen. Ist eine solche Auslegung nicht möglich, so kann es sich, wenn beide Seiten übereinstimmend von dem falschen Kurs ausgingen, um einen Fall des **Fehlens der subjektiven Geschäftsgrundlage**, § 313 Abs. 2, handeln.[22] Man spricht auch von einem „beiderseitigen Motivirrtum". Die Auswirkungen müssen dann unter Berücksichtigung von Treu und Glauben beurteilt werden. Ist eine den beiderseitigen Interessen gerecht werdende Anpassung des Vertrags möglich, so gilt der Vertrag nach § 313 Abs. 1 mit diesem Inhalt; andernfalls ist die durch den wahren Tageskurs benachteiligte Partei berechtigt, sich durch Rücktritt vom Vertrag zu lösen, § 313 Abs. 3 Satz 1.

25 Bei der Annahme, die von der einen Seite bei Vertragsschluss offen gelegte Kalkulation stelle die **Geschäftsgrundlage** des Vertrages dar, ist aber Vorsicht geboten. Die Offenlegung allein führt nicht dazu, dass die Kalkulation zur Geschäftsgrundlage wird.[23] Nur wenn sich der andere Teil die Kalkulation in dem Sinn zu eigen macht, dass auch seine Willenserklärung auf der Vorstellung von der Richtigkeit der Kalkulation beruht, kann man von der Geschäftsgrundlage sprechen. Oft wird dies aber unter Berücksichtigung des Geschäftszwecks und der vertragstypischen Risikoverteilung zu verneinen sein, so dass es sich ebenso wie beim verdeckten Kalkulationsirrtum um einen grundsätzlich unbeachtlichen Motivirrtum handelt.

b) Verdeckter (interner) Kalkulationsirrtum

26 Ein verdeckter (oder interner) Kalkulationsirrtum liegt vor, wenn ein Vertragspartner dem Geschäftsgegner im Rahmen der Willenserklärung nur den gefor-

---

20 Der Wille beider Teile ging hier ersichtlich dahin, der Beklagte solle verpflichtet sein, den tatsächlichen Gegenwert der erhaltenen Rubel in RM zurückzuzahlen. So auch Medicus/Petersen, Bürgerliches Recht, Rn. 154; Flume § 26, 4 a (auch zu den Rechtsfolgen, falls die Schuldscheine als abstrakte Schuldversprechen anzusehen waren).

21 Allg. zum Grundsatz falsa demonstratio non nocet s. § 15 Rn. 29.

22 So etwa die Lösung des BGH in LM § 119 BGB Nr. 8 = MDR 1960, 580 auf der Basis der Lehre von der Geschäftsgrundlage. Im Gesetz (§ 313) ist dieses Rechtsinstitut erst seit der Schuldrechtsreform 2001 verankert.

23 BGH NJW 2002, 2312, 2313; NJW 2010, 522 Rn. 23.

derten Preis als Ergebnis einer Berechnung, nicht aber die Kalkulation mitteilt.[24] Der verdeckte Kalkulationsirrtum stellt einen bloßen **Motivirrtum** dar, der als solcher rechtlich unbeachtlich ist.[25] Solche Irrtümer fallen grundsätzlich in den **Risikobereich des Erklärenden** und rechtfertigen keine Anfechtung oder sonstige Lösung vom Vertrag. Dies gilt auch dann, wenn der Erklärungsempfänger den Kalkulationsirrtum **hätte erkennen können.**[26] Wie der BGH[27] hervorgehoben hat, sind die Vorschriften über die Irrtumsanfechtung selbst dann nicht anzuwenden, wenn der Erklärungsempfänger den Kalkulationsirrtum **positiv erkannt** hat.[28] Jedoch kann hier, je nach Sachlage, eine Haftung des Erklärungsempfängers unter dem Gesichtspunkt des Verschuldens beim Vertragsschluss eingreifen, wenn er nach Treu und Glauben verpflichtet gewesen wäre, den anderen Teil auf den Kalkulationsfehler hinzuweisen, oder es kann in der Berufung auf die Wirksamkeit des falsch kalkulierten Angebots eine unzulässige Rechtsausübung liegen.[29]

Merksatz:
Ein Kalkulationsirrtum berechtigt nicht zur Anfechtung. Der offene Kalkulationsirrtum kann aber – je nach Sachlage – im Rahmen der Auslegung oder nach den Regeln über die Störung der Geschäftsgrundlage Bedeutung gewinnen.

7. Ursächlichkeit des Irrtums

Eine Anfechtung wegen Inhaltsirrtums oder Erklärungsirrtums ist nach § 119 Abs. 1, zweite Hälfte nur begründet, wenn anzunehmen ist, dass bei **Kenntnis der Sachlage** und bei **verständiger Würdigung des Falles** die Erklärung nicht abgegeben worden wäre. Es kommt also nicht auf die rein subjektive, sondern auf die verständige Würdigung des Falles an. Das Reichsgericht[30] hat dies mit der schönen Formel umschrieben: Verständig würdigt, wer frei von Eigensinn, subjektiven Launen und törichten Anschauungen entscheidet. 27

24 BGH NJW-RR 2003, 921, 923.
25 BGH NJW 2002, 2312.
26 Vgl. BGH NJW-RR 1995, 1360.
27 BGHZ 139, 177 = NJW 1998, 3192.
28 BGH NJW 2001, 284, 285 kennzeichnet diesen Fall als offenen, vom Erklärungsempfänger erkannten Kalkulationsirrtum. Man kann die Unterscheidung zwischen offenem und verdecktem Kalkulationsirrtum terminologisch in der Tat verschieden auffassen, doch mag dies auf sich beruhen.
29 BGHZ 139, 177 = NJW 1998, 3192. – Im Verfahren zur Vergabe öffentlicher Aufträge kann sich aus der Pflicht zur Rücksichtnahme (§ 241 Abs. 2) eine Pflicht des Auftraggebers ergeben, bei einem nachträglich mitgeteilten sehr erheblichen Kalkulationsirrtum von einem Zuschlag abzusehen, BGH NJW 2015, 1513.
30 RGZ 62, 201, 206; auch vom BGH übernommen, z. B. in BGH NJW 1988, 2597, 2599.

28 **Lösung zu Fall 23:** a) Ein Widerruf ist nach dem Zugang der Bestellung an Gold nicht mehr möglich, § 130 Abs. 1 Satz 1 u. 2. Der hier vorliegende Irrtum des Schwarz darüber, ob im Hinblick auf seine Lagervorräte eine Bestellung sinnvoll ist, erfüllt auch keinen der Anfechtungstatbestände des § 119. Es handelt sich vielmehr um einen **unbeachtlichen Motivirrtum**. Schwarz muss die bestellte Menge abnehmen und bezahlen.

b) Hier besteht eine Diskrepanz zwischen dem Willen des Schwarz und dem Inhalt der Erklärung. Im Wege der Auslegung ist das Problem nicht zu lösen, da der Empfänger nicht erkennen konnte, dass Schwarz nur 10 kg bestellen wollte. Jedoch liegt ein **Irrtum über den Inhalt der Erklärung** (§ 119 Abs. 1, 1. Alt.) vor. Schwarz kann also anfechten und dadurch die Nichtigkeit des Kaufvertrages (§ 142 Abs. 1) herbeiführen. Er ist dann nicht zur Abnahme und Zahlung verpflichtet.

29 c) Wenn der Erklärungsempfänger die Erklärung so gelten lässt, wie sie vom Erklärenden wirklich gewollt war, hier also mit dem Inhalt „Bestellung 10 kg", so greift der Zweck der Irrtumsanfechtung, eine nicht vom Willen getragene Erklärung zu beseitigen, nicht mehr ein. Beharrt Schwarz gleichwohl auf der Anfechtung, so verstößt dies gegen **Treu und Glauben** (§ 242). Er muss also 10 kg abnehmen und bezahlen.

d) Schwarz hatte, als er die Bestellung unterschrieb, eine falsche Vorstellung vom Inhalt der Erklärung, soweit es um die Lieferfrist geht. Daher liegt ein Inhaltsirrtum (§ 119 Abs. 1, 1. Alt.) vor. Dieser berechtigt aber nur zur Anfechtung, wenn Schwarz bei Kenntnis der Sachlage und verständiger Würdigung des Falles die Erklärung nicht abgegeben hätte. Da aber die Differenz zwischen einer 30-tägigen und einer 4-wöchigen Lieferfrist nur geringfügig ist, würde man bei verständiger Würdigung die Bestellung ebenso mit einer 30-tägigen Lieferfrist abgeben. Besondere Umstände, die eine andere Bewertung rechtfertigen könnten, gehen aus dem Sachverhalt nicht hervor. Damit ist **mangels Kausalität** des Irrtums kein Anfechtungsrecht gegeben.

30 e) Auch die vom Computer automatisch abgegebene Bestellung ist eine **Willenserklärung** des Schwarz und unterliegt daher den Regeln über die Irrtumsanfechtung, soweit in der Person des Schwarz die entsprechenden Voraussetzungen vorlagen. Zu denken ist an einen Erklärungsirrtum (Irrtum in der Erklärungshandlung) i. S. v. § 119 Abs. 1, 2. Alt., dessen Anwendungsbereich mit der Merkformel „Versprechen, Verschreiben, Vergreifen" umschrieben wird und daher auch den hier vorliegenden Eingabefehler umfassen könnte. Auch wenn hier der Eingabefehler nicht unmittelbar den Inhalt der schließlich nach außen in Erscheinung getretenen Erklärung betraf, handelt es sich doch nicht um einen Irrtum im Vorfeld der Erklärung (das wäre ein unbeachtlicher Motivirrtum), denn allein aufgrund des Verschreibens bei der Installation des Programms und ohne dass nochmals ein Wille seitens Schwarz gebildet wurde, produzierte der Computer den äußeren Tatbestand einer Willenserklärung, deren Abgabe nicht dem Willen des Schwarz entsprach. Also ist die Anfechtbarkeit wegen Erklärungsirrtums nach § 119 Abs. 1, 2. Alt. zu bejahen (ähnlich wie beim „Software-Übermittlungsirrtum", s. Rn. 11 u. 13).

IV. Der Eigenschaftsirrtum

Fall 24: Der Kunsthändler Bildmann in München verkauft an Gewandt ein Ölgemälde für 5 000 €. Im Kaufvertrag ist angegeben, das Bild stamme von Frank Duveneck (einem von Wilhelm Leibl beeinflussten amerikanischen Maler des 19./20. Jahrhunderts). Das Bild soll nach Eingang des Kaufpreises an den Käufer versandt werden. Bevor es dazu kommt, stellt ein Fachmann fest, dass das Werk von dem Maler Wilhelm Leibl stammt, der in München tätig war. Vergleichbare Bilder von Wilhelm Leibl werden mit etwa 25 000 € bewertet. Bilder von Frank Duveneck erzielen in den USA ähnliche Preise. Als Bildmann von der Sachlage hört, ärgert er sich; denn von einem Bild von Leibl hätte er sich nicht so leicht getrennt. Er ficht daher den Verkauf an und lehnt es ab, das Bild an Gewandt zu liefern. Mit Recht?

1. Rechtliche Einordnung

Die Willenserklärung des Bildmann in Fall 24, er wolle das Bild zu einem bestimmten Preis verkaufen, beruht auf den Vorstellungen, die sich der Verkäufer über die Eigenschaften des Bildes gemacht hat. So gesehen handelt es sich um einen Motivirrtum. § 119 Abs. 2 erklärt aber derartige Irrtümer für erheblich, wenn sie sich auf **verkehrswesentliche Eigenschaften der Person oder der Sache** beziehen. Nach h. M.[31] stellt § 119 Abs. 2 eine – wichtige – Ausnahme vom Grundsatz der Unbeachtlichkeit des Motivirrtums dar. 31

Diese Einordnung des § 119 Abs. 2 ist allerdings in der Literatur umstritten. Vor allem Flume,[32] dem andere Autoren[33] gefolgt sind, vertrat die Ansicht, der Eigenschaftsirrtum sei nur beachtlich, wenn sich **das Rechtsgeschäft auf die Eigenschaft beziehe**, sei es nach ausdrücklicher Bestimmung durch die Parteien oder aufgrund des Geschäftstyps. Den „eigentlichen" Grund für die Beachtlichkeit des Eigenschaftsirrtums sah Flume[34] nicht in dem Irrtum, sondern in der Tatsache, dass die Sache oder die Person hinsichtlich einer Eigenschaft nicht dem Rechtsgeschäft entspricht. 32

Im Fall 24 wäre diese Voraussetzung erfüllt, da das Bild als ein von Duveneck stammendes Gemälde verkauft wurde. Würde es sich dagegen um eine lediglich einseitige, im Rechtsgeschäft nicht zum Ausdruck gekommene Vorstellung des Verkäufers handeln, so wäre nach der Auffassung Flumes kein Anfechtungsrecht nach § 119 Abs. 2 gegeben.

Gegen diese Lehre vom „**geschäftlichen Eigenschaftsirrtum**" spricht, dass man sich auf diese Weise beträchtlich vom Inhalt des Gesetzes entfernt, das einerseits den (einseitigen) Irrtum in den Vordergrund stellt und andererseits die Verkehrswesentlichkeit der Eigenschaft genügen lässt, also nicht geradezu ver- 33

---

31 So z. B. Wolf/Neuner § 41 Rn. 51; Brox/Walker Rn. 416; Bork Rn. 853. – Nach Schur AcP Bd. 204 (2004), 883, 890 ff., 905 legt die Veränderung des Kaufrechts durch die Schuldrechtsreform 2001 eine Rückkehr zur Deutung des Eigenschaftsirrtums als Motivirrtum nahe.

32 Flume § 24.

33 Z. B. Medicus/Petersen Rn. 770; Pawlowski Rn. 543. – Abl. Bork Rn. 861 ff.; Wolf/Neuner § 41 Rn. 64. – Eine andere Konzeption („Lehre vom erweiterten Sachverhaltsirrtum") bei MünchKomm/Armbrüster § 119 Rn. 112 ff.

34 Flume § 24, 2 b (S. 478).

langt, dass sich das Rechtsgeschäft auf die Eigenschaft bezieht. Zuzugeben ist, dass die Lehre Flumes die Interessen des Gegners des Irrenden stärker berücksichtigt, da er eine Anfechtung aufgrund einer rein internen Fehlvorstellung des Erklärenden nicht hinnehmen muss. Dem Interessenausgleich dient aber der Anspruch des Anfechtungsgegners auf Ersatz des Vertrauensschadens nach § 122. Im Übrigen ist auch die Rechtsprechung mit Erfolg bemüht, die Anfechtbarkeit in Grenzen zu halten, indem der Wert selbst oder Umstände, die sich nur mittelbar auf die Wertschätzung auswirken, nicht als Eigenschaften anerkannt werden. Dagegen wollte Flume[35] ohne solche Einschränkungen auskommen, und danach entscheiden, ob sich das Rechtsgeschäft auf den fraglichen Umstand bezieht. – Zur Anfechtbarkeit von **Verfügungsgeschäften** nach § 119 Abs. 2 s. Rn. 57.

2. Voraussetzungen

a) „Sache"

34 Bei der Auslegung des § 119 Abs. 2 ist eine terminologische Unsauberkeit zu beachten. Das Gesetz spricht von „Sache", und nach § 90 sind darunter nur körperliche Gegenstände zu verstehen. Es ist aber nicht einzusehen, warum bei nicht körperlichen Gegenständen, insbesondere Rechten, keine Anfechtung wegen Eigenschaftsirrtum möglich sein soll. Daher wird allgemein der Begriff Sache in § 119 Abs. 2 im Sinne von „**Gegenstand**" ausgelegt und umfasst daher nicht nur **körperliche Sachen**, sondern auch **Rechte**. So kommt eine Anfechtung etwa beim Kauf einer Forderung in Betracht, wenn sich der Käufer über die Fälligkeit der Forderung irrte; denn diese stellt eine wesentliche Eigenschaft der Forderung dar. Erst recht würde dies etwa bei einem Irrtum über den Nennbetrag der Forderung gelten.

Merksatz:
In § 119 Abs. 2 ist der Begriff „Sache" im Sinne von „Gegenstand" zu verstehen und umfasst daher neben körperlichen Gegenständen auch Rechte.

b) Eigenschaft einer Sache

35 Den Begriff der Eigenschaft legt die Rechtsprechung seit langem recht weit aus und beschränkt ihn nicht etwa auf die unmittelbare körperliche Struktur. Vielmehr versteht man unter Eigenschaften sowohl die **natürliche (physische) Beschaffenheit** als auch die **tatsächlichen, rechtlichen und wirtschaftlichen Beziehungen einer Sache zur Umwelt**, die infolge ihrer Beschaffenheit und[36] Dau-

35 Flume § 24, 2 d (S. 481).
36 In anderen BGH-Entscheidungen (z. B. NJW 2001, 226, 227) heißt es „infolge ihrer Beschaffenheit auf Dauer …", doch dürfte darin in der Sache kein Unterschied liegen.

er die Brauchbarkeit und den Wert der Sache beeinflussen.[37] Kürzer kann man von **wertbildenden Faktoren** sprechen. Dazu gehören neben den chemischen und physikalischen Merkmalen einer Sache (z.B. Größe, Gewicht, Zusammensetzung) auch wirtschaftliche und rechtliche Verhältnisse wie die Bebaubarkeit eines Grundstücks. Das Eigentum an einer Sache rechnet der BGH[38] dagegen nicht zu den Eigenschaften, weil der Wert oder die Brauchbarkeit davon nicht beeinflusst werden.

36 Die Rechtsprechung verlangt aber, dass diese Umstände **den Gegenstand selbst kennzeichnen** und sich nicht bloß mittelbar auf die Bewertung auswirken.[39] So ist z.B. in der wirtschaftlichen Ertragsfähigkeit eines Grundstücks keine Eigenschaft einer Hypothek oder Grundschuld zu sehen, mit der dieses Grundstück belastet ist.[40]

37 Der Irrtum muss sich auf wertbildende Faktoren beziehen. Dagegen ist der **Irrtum über den Preis oder den Wert** der Sache selbst nach ganz h.M. **kein Eigenschaftsirrtum** i.S. des § 119 Abs. 2.[41] Dies mag auf den ersten Blick überraschen, ist doch der Wert bzw. der übliche Preis oft geradezu der wichtigste Aspekt, auf den es beim Abschluss eines Rechtsgeschäfts ankommt. Jedoch würde die Anfechtung viel zu weit reichen, wenn man sie schon bei einem derartigen Irrtum eingreifen ließe. Das Risiko, den üblichen Preis oder den Wert einer Sache richtig einzuschätzen, muss jede Partei selbst tragen.

Definition:
Eigenschaften i.S.v. § 119 Abs. 2 sind sowohl die natürliche (physische) Beschaffenheit als auch die tatsächlichen, rechtlichen und wirtschaftlichen Beziehungen einer Sache zur Umwelt, die infolge ihrer Beschaffenheit und Dauer die Brauchbarkeit und den Wert der Sache beeinflussen.

c) Eigenschaft einer Person

38 Zu den **Eigenschaften einer Person** gehören deren Alter und Geschlecht, aber auch deren Sachkunde oder die Vertrauens- und Kreditwürdigkeit. Es muss sich um Merkmale handeln, die der Person für eine gewisse Dauer anhaften oder sie charakterisieren.[42]

d) Verkehrswesentlichkeit der Eigenschaft; Kausalität des Irrtums

39 Maßgebend ist, ob einer Eigenschaft nach der **Verkehrsanschauung** für das **konkrete Rechtsgeschäft** wesentliche Bedeutung zukommt. Die Verkehrswe-

37 BGHZ 34, 32, 41 = NJW 1961, 772, 775.
38 BGHZ 34, 32, 41 f. = NJW 1961, 772, 775; str.
39 RGZ 149, 235, 238; BGHZ 16, 54, 57. – A.M. MünchKomm/Armbrüster § 119 Rn. 104.
40 RGZ 149, 235, 238.
41 BGHZ 16, 54, 57; BGH NJW 1988, 2597, 2598.
42 BGH NJW 1992, 1222 (nicht: eine Wiederverkaufsabsicht).

sentlichkeit ist also nicht abstrakt zu beurteilen, sondern hängt auch vom Typ des Rechtsgeschäfts und von Inhalt und Zweck des konkreten Geschäfts ab. Als verkehrswesentliche Eigenschaft einer Person sind nur solche Eigenschaften zu berücksichtigen, die von dem Erklärenden in irgendeiner Weise erkennbar dem Vertrag zugrunde gelegt worden sind, ohne dass er sie geradezu zum Inhalt seiner Erklärung gemacht haben muss.[43] So kommt die bereits erwähnte Vertrauens- oder Kreditwürdigkeit einer Person als wesentliche Eigenschaft der Person nur bei Kreditgeschäften in Betracht, dagegen in aller Regel nicht bei Barzahlung.

40 Auch der Irrtum über wesentliche Eigenschaften berechtigt nur dann zur Anfechtung, wenn die **Ursächlichkeit** der Fehlvorstellung i. S. des § 119 Abs. 1, zweite Hälfte gegeben ist. Dies folgt daraus, dass der Eigenschaftsirrtum nach § 119 Abs. 2 als Inhaltsirrtum „gilt“. Allerdings ergibt sich die Ursächlichkeit (bei verständiger Würdigung, wie sie das Gesetz vorsieht) in der Regel schon aus der Verkehrswesentlichkeit der Eigenschaft.

3. Vorrang der Sachmängelhaftung

41 Nach seit langem h. M.[44] ist beim Kaufvertrag die **Anfechtung wegen Eigenschaftsirrtums durch den Käufer ausgeschlossen**, soweit die **besonderen Bestimmungen über Sachmängel** (§§ 434 ff.) eingreifen. Das Hauptargument dafür ist, dass andernfalls durch die Irrtumsanfechtung die für die Gewährleistungsansprüche geltenden Verjährungsfristen, die (unabhängig von der Kenntnis des Mangels) mit der Ablieferung der Sache bzw. der Übergabe des Grundstücks beginnen (§ 438 Abs. 2), unterlaufen werden könnten; denn die Irrtumsanfechtung könnte wegen § 121 Abs. 1 Satz 1 (s. Rn. 53) noch wesentlich später, nach Kenntniserlangung von dem Mangel, erfolgen. Dieses Argument gilt weiterhin, obgleich die Verjährungsfristen für die Gewährleistungsansprüche durch die Schuldrechtsreform 2001 wesentlich (beim Kauf von beweglichen Sachen von früher 6 Monaten auf jetzt 2 Jahre) verlängert wurden. Gegen die Irrtumsanfechtung durch den Käufer einer mangelhaften Sache spricht ferner § 442 Abs. 1 Satz 2. Danach bestehen (abgesehen von arglistigem Verschweigen des Verkäufers oder Übernahme einer Garantie) keine Gewährleistungsansprüche des Käufers, wenn diesem der Sachmangel aufgrund grober Fahrlässigkeit unbekannt blieb, während eine Anfechtung wegen Eigenschaftsirrtums gleichwohl möglich wäre. Die Wertung des § 442 Abs. 1 Satz 2 könnte also durch Zulassung der Anfechtung beiseite geschoben werden.

---

43 BGHZ 88, 240, 246 = NJW 1984, 230, 231.
44 BGHZ 16, 54, 57; BGHZ 34, 32, 33 f. = NJW 1961, 772, 773 (anders vor Gefahrübergang, str.).

Insgesamt erscheint es daher auch nach der Schuldrechtsreform 2001 angemessen, bei Vorliegen eines Sachmangels die **Gewährleistungsansprüche als vorrangige Spezialvorschriften** anzusehen, die ein Anfechtungsrecht des Käufers nach § 119 Abs. 2 ausschließen.[45] 42

Merksatz:
Bei Unkenntnis des Käufers von einem Sachmangel ist die Anfechtung wegen Eigenschaftsirrtums durch die Gewährleistungsregeln ausgeschlossen.

Bei der Anwendung dieser Regel ist Vorsicht geboten. Die Irrtumsanfechtung durch den **Käufer** ist nicht etwa generell ausgeschlossen. So bleibt die Anfechtung nach § 119 Abs. 1 wegen Inhaltsirrtums oder Irrtums in der Erklärungshandlung unberührt. Eine Anfechtung nach § 119 Abs. 2 durch den Käufer ist ferner möglich, wenn sich der Irrtum auf verkehrswesentliche Eigenschaften bezieht, deren Fehlen keinen Sachmangel i. S. des § 434 darstellt.[46] 43

Die Anfechtung durch den **Verkäufer** wegen eines Irrtums über eine verkehrswesentliche Eigenschaft der verkauften Sache wird dagegen durch die Vorschriften über die Sachmängel nicht ausgeschlossen, da diese nicht die Rechtsbehelfe des Verkäufers regeln. Jedoch kann der Verkäufer von seinem Anfechtungsrecht dann nicht Gebrauch machen, wenn er sich dadurch seiner Haftung wegen des Sachmangels gegenüber dem Käufer entziehen würde.[47] 44

Lösung zu Fall 24:[48] Der Anspruch des Gewandt gegen Bildmann auf Lieferung des Bildes aus § 433 Abs. 1 Satz 1 könnte durch die **Anfechtungserklärung** des Verkäufers entfallen sein. Die Anfechtung nach 119 Abs. 2, die hier in Betracht kommt, ist, da es um die Anfechtung durch den Verkäufer Bildmann geht, nicht durch die Sachmängelvorschriften ausgeschlossen. Darüber hinaus werden vom Käufer Gewandt auch keine Gewährleistungsansprüche gestellt, die Bildmann etwa durch eine Anfechtung in unzulässiger Weise zunichte machen würde. 45

Eine verkehrswesentliche Eigenschaft i. S. des § 119 Abs. 2 liegt nicht im Preis oder Wert einer Sache. Bildmann kann also nicht deshalb anfechten, weil er sich über den Wert des Bildes geirrt hat. Jedoch ist als Eigenschaft des Bildes die Urheberschaft anzusehen. Nach der Verkehrsauffassung ist dies auch eine **wesentliche Eigenschaft**.

---

45 So auch die Begründung zum Schuldrechtsmodernisierungsgesetz, BT-Drs. 14/6040, S. 210; Bork Rn. 856; Medicus/Petersen Rn. 775; Palandt/Weidenkaff § 437 Rn. 53; Münch/Komm/Armbrüster § 119 Rn. 29. Auch BGH NJW-RR 2008, 222, 223; NJW 2009, 1266, 1268 geht weiterhin vom Vorrang der Gewährleistungsanprüche aus. – A.M. Schur AcP Bd. 204 (2004), 883, 897 ff.

46 BGHZ 78, 216, 218 = NJW 1981, 224 (zum Irrtum über das Alter eines gebrauchten Mähdreschers, worin der BGH keinen Fehler i. S. v. § 459 Abs. 1 aF sah).

47 Der BGH hält unter dieser Voraussetzung die Anfechtung für einen Rechtsmissbrauch, BGH NJW 1988, 2597.

48 Dazu BGH NJW 1988, 2597 (Vorbild des – vereinfachten – Falles). Die Lösung über § 119 Abs. 2 gilt auch nach der Schuldrechtsreform 2001, insbesondere handelt es sich nicht um einen Fall des Wegfalls der Geschäftsgrundlage (§ 313), Wertenbruch NJW 2004, 1977, 1979 f.

Zweifeln könnte man an der **Kausalität** dieses Irrtums. Aber auch wenn in den USA für Duveneck-Bilder vergleichbare Preise erzielt werden, entspricht es nicht nur der subjektiven Sicht des Bildmann, sondern auch einer verständigen Würdigung des Falles, sich in München wegen des lokalen Bezuges nicht zu einem so niedrigen Preis von dem Leibl-Bild zu trennen. Damit greift die Irrtumsanfechtung durch. Der Kaufvertrag ist nach § 142 Abs. 1 nichtig und Bildmann ist nicht verpflichtet, das Gemälde an Gewandt herauszugeben und zu übereignen.

V. Die unrichtige Übermittlung einer Willenserklärung

46 § 120 stellt die unrichtige Übermittlung einer Willenserklärung einem Fall des Irrtums des Erklärenden nach § 119 gleich, weil auch hier die Erklärung, so wie sie beim Empfänger ankommt, nicht vom Willen des Erklärenden getragen wird. Man kann darin einen besonders geregelten Fall des Erklärungsirrtums i. S. v. § 119 Abs. 1, 2. Alt. sehen.[49] Es muss sich um die bloße Übermittlung einer fremden **Erklärung** handeln, d. h. der Dritte muss als Erklärungswerkzeug (**Erklärungsbote**) eingeschaltet sein. Die Vorschrift greift z. B. dann ein, wenn ein mit dem Kauf einer Fahrkarte nach Emden beauftragter Mitarbeiter versehentlich eine Karte nach Essen erwirbt, wenn ein vom Erklärenden eingesetzter Dolmetscher die Erklärung falsch übersetzt, aber auch, wenn im Internet-Handel der Provider des Erklärenden dessen Angebot fehlerhaft übermittelt.[50] § 120 gilt auch, wenn die Erklärung durch den Boten versehentlich einem falschen Empfänger zugeleitet wird.[51]

47 Anders ist es dagegen, wenn die dazwischen geschaltete Person **Stellvertreter des Erklärenden** ist. In diesem Fall gibt der Stellvertreter die Willenserklärung ab, und dies hat zur Folge, dass es für die Anfechtbarkeit allein darauf ankommt, ob in der Person des Vertreters ein relevanter Irrtum vorliegt (§ 166 Abs. 1), näher s. § 25 Rn. 5.

48 Bei einer von der Übermittlungsperson **erfundenen** oder **bewusst verfälschten Erklärung** wendet die h. M.[52] mit Recht ebenfalls nicht § 120, sondern die §§ 177 ff. analog an. Danach bedarf es keiner Anfechtung, sondern der angebliche Erklärende ist mangels eigener Willenserklärung von vornherein nicht gebunden.[53] Wenn der „Erklärende“ die Erklärung nicht etwa genehmigt, haf-

---

49 BGH NJW 2005, 976, 977.
50 Brox/Walker Rn. 415.
51 Köhler § 7 Rn. 22.
52 Brox/Walker Rn. 415; Köhler § 7 Rn. 22; s. auch BGH ZEV 2008, 392 (mit Anm. Leipold) (§ 120 gilt jedenfalls nicht, wenn der Übermittlungsauftrag widerrufen worden war). – A. M. Marburger AcP 173 (1973), 137 ff., 157; Medicus/Petersen Rn. 748; Wolf/Neuner § 33 Rn. 43; Bork Rn. 1361; MünchKomm/Armbrüster § 120 Rn. 4, die § 120 auch hier anwenden, weil der Auftraggeber die Gefahr der absichtlichen Falschübermittlung geschaffen habe.
53 Möglich ist eine Haftung des „Erklärenden“ aus Verschulden beim Vertragsschluss

tet der „Pseudobote" selbst nach §179. Der Fall wird damit genauso behandelt, als ob sich jemand überhaupt ohne Auftrag als Bote eines anderen ausgegeben hat, s. §26 Rn. 18.

§120 greift auch nicht ein, wenn der Empfänger eine Hilfsperson einschaltet (**Empfangsbote**) und diese die Erklärung verfälscht. Hier gilt vielmehr die Willenserklärung so, wie sie dem Empfangsboten zugegangen ist; das Risiko einer unrichtigen Weiterleitung durch den Empfangsboten trägt der Empfänger.[54] 49

VI. Die Durchführung der Anfechtung

1. Anfechtungserklärung

Das Anfechtungsrecht als **Gestaltungsrecht** ist durch eine Willenserklärung des **Anfechtungsberechtigten** gegenüber dem **Anfechtungsgegner** auszuüben, §143 Abs. 1. Die Anfechtung erfolgt somit durch einseitiges empfangsbedürftiges Rechtsgeschäft. Anfechtungsgegner ist bei **Verträgen**, also im praktisch häufigsten Fall, der Vertragspartner, §143 Abs. 2. Bei mehrseitigen Verträgen, z.B. einem vom Vermieter mit mehreren Mietern einer Wohnung abgeschlossenen Mietvertrag, muss die Anfechtung gegenüber allen Vertragspartnern erfolgen.[55] 50

Soll eine **einseitige empfangsbedürftige Willenserklärung** angefochten werden, so hat dies gegenüber dem Empfänger der Erklärung (z.B. einer Kündigung) zu geschehen, §143 Abs. 3 Satz 1. Zur Anfechtung einer Vollmacht s. §24 Rn. 37ff. Bei einer einseitigen nicht empfangsbedürftigen Willenserklärung ist Anfechtungsgegner jeder, der unmittelbar einen rechtlichen Vorteil erlangt hat, §143 Abs. 4 Satz 1.[56] 51

Die **Anfechtungserklärung** braucht nicht den Ausdruck „anfechten" zu enthalten. Es muss aber unzweideutig der Wille zum Ausdruck gebracht werden, das Rechtgeschäft wegen des Willensmangels rückwirkend zu beseitigen.[57] Dazu werden im Allgemeinen Formulierungen genügen, man wolle sich von dem Rechtsgeschäft lossagen, es vernichten oder widerrufen. Umstritten ist, ob in der Anfechtungserklärung der **Anfechtungsgrund** angegeben werden muss. 52

(§311 Abs. 2, §280 Abs. 1, s. §6 Rn. 45) auf Ersatz des Vertrauensschadens, wenn er schuldhaft einen unzuverlässigen Boten eingesetzt hat.

54 MünchKomm/Armbrüster §120 Rn. 7.

55 BGHZ 96, 302, 309f. = NJW 1986, 918.

56 Die praktische Bedeutung dieser Variante ist gering; man könnte etwa an die Anfechtung einer Aufgabe des Eigentums an einer beweglichen Sache (§959) denken. – Zu Willenserklärungen gegenüber einer Behörde s. §143 Abs. 3 Satz 2, Abs. 4 Satz 2.

57 BGHZ 91, 324, 331f. = NJW 1984, 2279; BGH NJW-RR 1995, 859; BGH 15.2.2017 – VIII ZR 59/16, juris, Rn. 29 = BeckRS 2017, 103035 Rn. 31 (zulässig ist auch eine Eventualanfechtung für den Fall, dass das Rechtsgeschäft nicht den vom Anfechtenden angenommenen Inhalt hat).

Man sollte zumindest verlangen, dass für den Empfänger der Anfechtungserklärung der Anfechtungsgrund erkennbar ist. Nur dann ist es auch konsequent, ein Nachschieben eines anderen Anfechtungsgrundes nach Ablauf der Anfechtungsfrist abzulehnen.[58]

2. Anfechtungsfrist

53 Nach § 121 Abs. 1 Satz 1 hat die Anfechtung **unverzüglich** nach Kenntnis vom Anfechtungsgrund zu erfolgen. Unverzüglich bedeutet **ohne schuldhaftes Zögern**, wie hier im Wege einer gesetzlichen Definition festgelegt wird. Das bedeutet nicht, dass sofort im strengen Sinne des Wortes angefochten werden müsste; vielmehr kann der Anfechtungsberechtigte eine (kurze) Zeitspanne zur Überlegung oder auch zur Einholung rechtlicher Beratung in Anspruch nehmen.[59]

54 Die gesetzliche Regelung berücksichtigt das Interesse des Gegners an rascher Klarheit über die Rechtslage. Es soll also dem Anfechtungsberechtigten nicht möglich sein, erst einmal spekulativ abzuwarten. Eine **rechtzeitige Absendung** der Anfechtung genügt, § 121 Abs. 1 Satz 2. Eine Verzögerung zwischen Absendung und Zugang ist also unschädlich. Wirksam wird die Anfechtung aber gleichwohl erst mit dem Zugang der Erklärung an den Anfechtungsgegner.[60]

Nach 10 Jahren ist die **Anfechtung generell ausgeschlossen**, auch wenn der Irrtum bis dahin unentdeckt geblieben war, § 121 Abs. 2.

VII. Die Wirkungen der Anfechtung

Fall 25: A verschreibt sich und bietet dem B 1 000 Stück Scharniere zu 350 € statt zu 550 € an. B nimmt das Angebot an und die Scharniere werden geliefert. Als A seinen Irrtum bemerkt, erklärt er die Anfechtung des Vertrages.

a) Welche Ansprüche bestehen zwischen A und B?

b) B könnte die Scharniere für 600 € weiterverkaufen. Er verlangt von A Ersatz des Schadens von 250 €, der ihm durch die Anfechtung entstehe. Mit Recht?

c) B hatte wegen des günstigen Angebots des A zu 350 € ein anderes Angebot des C zu 450 € ausgeschlagen, das nun für ihn nicht mehr greifbar ist. Statt dessen muss B jetzt für den Posten Scharniere 500 € bezahlen. Ergibt sich hieraus ein Schadensersatzanspruch gegen A?

---

58 So BGH NJW 1966, 39 für den Fall, dass die Anfechtung zunächst auf arglistige Täuschung, später auf einen Inhaltsirrtum gestützt wurde; BAG NJW 2008, 939 für den Fall, dass die Anfechtung zunächst auf arglistige Täuschung, später auf widerrechtliche Drohung gestützt wurde. Ob die Anfechtungserklärung mit einer Begründung verbunden sein muss, blieb in diesen Entscheidungen offen.

59 OLG Oldenburg NJW 2004, 168 nennt als Obergrenze etwa 2 Wochen.

60 Jauernig/Mansel § 121 Rn. 3.

1. Rückwirkende Nichtigkeit der angefochtenen Willenserklärung

Nach § 142 Abs. 1 ist das angefochtene Rechtsgeschäft **von Anfang an** (ex tunc) als **nichtig** zu betrachten, also so, als ob es nicht abgeschlossen worden wäre. Es können daher aus einem angefochtenen schuldrechtlichen Vertrag keine weiteren Ansprüche mehr hergeleitet werden und zwar weder Erfüllungsansprüche noch Ansprüche auf Schadensersatz aufgrund Pflichtverletzung. Soweit aufgrund des angefochtenen schuldrechtlichen Vertrags bereits eine Leistung erfolgt ist, entfällt durch die Anfechtung der Rechtsgrund für die Leistung. Der Leistende erlangt auf diese Weise einen **bereicherungsrechtlichen Anspruch** auf Rückgabe nach § 812 Abs. 1 Satz 2.[61] 55

Im Beispielsfall ist B durch Übereignung (§ 929) Eigentümer der Scharniere geworden. Daran ändert die Anfechtung des schuldrechtlichen Vertrages (Kaufvertrages) aufgrund des **Abstraktionsprinzips** nichts: Die Anfechtung des Kausalgeschäfts (Verpflichtungsgeschäfts) lässt das Erfüllungsgeschäft (Verfügungsgeschäft) grundsätzlich unberührt. 56

Anders wäre es freilich, wenn bei der Übereignung ebenfalls ein Anfechtungsgrund vorliegen würde. Wenn sich etwa bei einem wirksamen Kaufvertrag über ein Radiogerät bestimmter Art der Verkäufer vergreift und dem Kunden die falsche Schachtel mit einem wesentlich teureren Modell aushändigt, so ist die Übereignung selbst nach § 119 Abs. 1, 2. Alt. anfechtbar. Außerdem gibt es Fälle, in denen ein und derselbe Willensmangel sowohl dem Verpflichtungs- als auch dem Erfüllungsgeschäft anhaftet. Bei einer solchen **Fehleridentität**[62] sind sowohl das Verpflichtungsgeschäft als auch das Erfüllungsgeschäft anfechtbar. Irrt z. B. der Verkäufer über eine **verkehrswesentliche Eigenschaft der verkauften Sache** und hält dieser Irrtum bei der Erfüllung des Vertrages an, so sind sowohl der Kaufvertrag als auch die Übereignung der Sache nach § 119 Abs. 2 anfechtbar. Jedenfalls ist dies der Standpunkt der h. M.[63] In diesen Fällen 57

---

61 Teils ordnet man die Anfechtung als nachträglichen Wegfall des rechtlichen Grundes ein, so etwa Jauernig/Stadler § 812 Rn. 14. Wegen der rückwirkenden Nichtigkeit kann man aber (ohne Auswirkung auf das Ergebnis) auch einen Fall des anfänglichen Fehlens des rechtlichen Grundes (§ 812 Abs. 1 Satz 1) annehmen, so PWW/Prütting § 812 Rn. 34, Palandt/Sprau § 812 Rn. 26. Offen lassend BGH NJW 2008, 1878, 1879 (stellt zugleich klar, dass § 814 auf eine Leistung des Anfechtungsberechtigten in Kenntnis des Anfechtungsrechts anwendbar ist [§ 142 Abs. 2], nicht dagegen auf eine Leistung des Gegners, bevor angefochten wurde).

62 Dazu Jauernig JuS 1994, 721, 724; Haferkamp Jura 1998, 511.

63 So z. B. Medicus/Petersen Rn. 233; Flume § 24, 4 (S. 489); Staudinger/Roth (2010) § 142 Rn. 22. Auch in BGH NJW 1988, 2597 (vgl. oben Fall 24) war das Berufungsgericht von der Anfechtbarkeit des Erfüllungsgeschäfts und daher der grundsätzlichen Anwendbarkeit des § 985 ausgegangen; dies wurde vom BGH (s. aaO zu I u. II 3 a) nicht beanstandet. – Man kann allerdings fragen, ob es dem Sinn des Abstraktionsprinzips nicht besser entsprechen würde, die Anfechtung nach § 119 Abs. 2 auf das Verpflichtungsgeschäft zu beschränken, dafür mit ausführlicher Begründung Stadler, Gestaltungsfreiheit und Verkehrsschutz durch Abstrak-

führt die Anfechtung der Übereignung und des Kaufvertrages zu einem Herausgabeanspruch des Leistenden nach § 985.

58 Die rückwirkende Vernichtung des angefochtenen Rechtsgeschäfts kann auf Schwierigkeiten stoßen, wenn der Vertrag bisher als wirksam betrachtet wurde und bereits in größerem Umfang Rechtsfolgen ausgelöst hat. Daher wird bei Anfechtung eines **Arbeitsvertrages,** bei dem der Arbeitnehmer seine Tätigkeit bereits aufgenommen hat, anstelle einer rückwirkenden Vernichtung nur die Möglichkeit einer Auflösung mit Wirkung für die Zukunft (ex nunc) angenommen.[64] Ähnliches gilt, wenn die Anfechtung einen **Gesellschaftsvertrag** betrifft und die Gesellschaft bereits ins Leben getreten ist. Auch hier kommt nur eine Auflösung für die Zukunft in Betracht. Bei der Gesellschaft des Bürgerlichen Rechts bedarf es dazu einer außerordentlichen Kündigung (§ 723 Abs. 1 Satz 2), bei der OHG (§ 133 HGB) und der GmbH (§ 61 GmbHG) einer Auflösungsklage.[65]

59 Schwierigkeiten können sich ergeben, wenn über den anfechtbar erworbenen Gegenstand bereits weiter verfügt wurde. § 142 Abs. 2 stellt insoweit die **Kenntnis** oder das **Kennenmüssen der Anfechtbarkeit** der Kenntnis oder dem Kennenmüssen der Nichtigkeit gleich. Ein gutgläubiger Erwerb nach § 892 oder nach § 932 scheitert also dann, wenn der Erwerber wusste (bzw. im Fall des § 932 grob fahrlässig nicht wusste), dass der an ihn Verfügende selbst lediglich anfechtbar erworben hat. Der Dritterwerber musste in einem solchen Fall damit rechnen, dass durch Anfechtung die Berechtigung seines Verfügungspartners wegfällt.

60 In diesem Zusammenhang gewinnt auch die auf den ersten Blick befremdliche Frage Bedeutung, ob auch ein **nichtiges Rechtsgeschäft angefochten werden kann**. Dies wird von der ganz h. M.[66] bejaht, da die kumulative Anwendung der Rechtsfolgen von Nichtigkeit und Anfechtung durchaus sinnvoll ist und nicht etwa Gründe der Logik entgegenstehen.

Der Schulfall hierzu sieht etwa so aus: Ein beschränkt Geschäftsfähiger wurde durch arglistige Täuschung zu einer Verfügung (Übereignung) über eine ihm gehörende bewegliche Sache (ohne Zustimmung des gesetzlichen Vertreters) veranlasst. Der Erwerber veräußert die Sache an einen Dritten weiter, dem zwar die Täuschung, nicht aber die beschränkte Geschäftsfähigkeit bekannt ist. Die beschränkte Geschäftsfähigkeit allein würde also den gutgläubigen Erwerb durch den Dritten nicht hindern. Wird aber die

---

tion (1996), S. 177 ff.; Rüthers/Stadler § 25 Rn. 60; Grigoleit AcP Bd. 199 (1999), 379, 403; im Ergebnis ähnlich Haferkamp Jura 1998, 511, 513.

64 BAG NJW 1958, 516; Löwisch/Caspers/Klumpp, Arbeitsrecht, 11. Aufl. (2017), Rn. 595; Waltermann, Arbeitsrecht, 18. Aufl. (2015), Rn. 173.

65 BGHZ 3, 285, 289 f. = NJW 1952, 97.

66 Flume § 31, 6 (S. 566 f.); Palandt/Ellenberger Überblick vor § 104 Rn. 35. Diese Ansicht geht zurück auf einen berühmt gewordenen Aufsatz von Kipp „Über Doppelwirkungen im Recht, insbesondere über die Konkurrenz von Nichtigkeit und Anfechtbarkeit", in: Festschrift für von Martitz (1911) 211 ff.

erste Übereignung nach §123 angefochten,[67] so scheitert ein gutgläubiger Erwerb des Dritten wegen dessen Kenntnis von der Täuschung an §932 Abs. 2 i. V. m. §142 Abs. 2.

2. Verpflichtung des Anfechtenden zum Ersatz des Vertrauensschadens

61 Das Recht, eine Erklärung wegen Irrtums in den Fällen des §119 anzufechten, begünstigt das Interesse des Erklärenden, der sich von seiner nicht gewollten Erklärung auf diese Weise wieder lösen kann. Damit wird aber der andere Teil benachteiligt, der zunächst von der Wirksamkeit der Erklärung ausgehen konnte. Zum Ausgleich gibt §122 dem **Anfechtungsgegner** einen **Schadensersatzanspruch gegen den Anfechtenden**. Die Ersatzpflicht ist unabhängig davon, ob der Irrtum vom Erklärenden verschuldet war oder nicht.[68] Es handelt sich um einen Fall der **Vertrauens-** oder **Anscheinshaftung.**[69] Konsequenter Weise entfällt die Haftung, wenn der Gegner die Anfechtbarkeit kannte oder fahrlässig nicht kannte, §122 Abs. 2. So ist es z. B. denkbar, dass sich durch ein Verschreiben des Anbietenden ein so ungewöhnlich niedriger Preis ergibt, dass der Empfänger das Versehen erkennen musste.

62 Wichtig ist die Beschränkung des Schadensersatzanspruchs aus §122 auf den **Vertrauensschaden**. Gleichbedeutend ist der Ausdruck **negatives Interesse.** Im Gegensatz dazu steht der Erfüllungsschaden (das positive Interesse). Die Abgrenzung bereitet zuweilen Schwierigkeiten. Daher sollte man sich die folgenden Definitionen einprägen (auch wenn sie sprachlich nicht gerade elegant erscheinen mögen).

Definitionen:
Vertrauensschaden: Der Berechtigte ist so zu stellen, wie er stehen würde, wenn er nicht auf die Wirksamkeit des Rechtsgeschäfts vertraut hätte.[70]

Erfüllungsschaden: Der Berechtigte ist so zu stellen, wie er stehen würde, wenn der Vertrag ordnungsgemäß erfüllt worden wäre.

63 Seit der Schuldrechtsreform 2001 (s. §4 Rn. 5) verwendet das Gesetz den Begriff **Schadensersatz statt der Leistung** (so z. B. in §280 Abs. 3, §281 Abs. 1,

---

67 Nach Flume §31, 6 (S. 567) im Anschluss an Oellers AcP Bd. 169 (1969), 67, 70 ist dazu eine besondere Anfechtung nicht nötig; ebenso wohl Medicus/Petersen Rn. 729.

68 Bei Verschulden sind aber nach h. M. neben §122 die Grundsätze der Haftung für Verschulden beim Vertragsschluss (culpa in contrahendo), s. §6 Rn. 45, anwendbar, die zu einer weitergehenden Schadensersatzpflicht führen können, AG Lahr NJW 2005, 991, 992; Palandt/Ellenberger §122 Rn. 6.

69 Wolf/Neuner §41 Rn. 153.

70 Zur Falllösung brauchbar ist auch die Formel: … wenn er nie etwas von dem Geschäft gehört hätte.

§§ 282 bis 284). Dieser Begriff stimmt mit dem Erfüllungsschaden (Schadensersatz wegen Nichterfüllung) überein.[71]

64 Zum **Vertrauensschaden** gehören vor allem Aufwendungen, die im Hinblick auf den Vertrag gemacht wurden und sich nun als nutzlos erweisen, nicht dagegen der entgangene Gewinn aus dem angefochtenen Vertrag (das wäre der Erfüllungsschaden), wohl aber der Gewinn, den man aus einem anderen, ausgeschlagenen Geschäft erzielt hätte. Auch die vom Anfechtungsgegner im Vertrauen auf die Wirksamkeit des Vertrages erbrachte Leistung ist Vertrauensschaden, kann also nach § 122 zurückgefordert werden.[72]

65 Der Vertrauensschaden wird immer nur bis zu der **Grenze** ersetzt, die sich aus dem Betrag des **Erfüllungsschadens** ergibt, § 122 Abs. 1 a. E. Der Anfechtungsgegner soll nicht besser gestellt werden, als er bei Wirksamkeit des Rechtsgeschäfts stünde. Ging jemand z. B. davon aus, er habe seinen Lastkraftwagen für einen Tag zu einem Mietpreis von 300 € wirksam vermietet und lehnte er deswegen ein späteres, sogar auf 400 € lautendes Angebot eines anderen Interessenten ab, so kann nach Anfechtung des Mietvertrags durch den Mieter nur Vertrauensschaden in Höhe von 300 € verlangt werden (wobei davon ausgegangen wird, dass nun für diesen Tag überhaupt keine Vermietung mehr möglich ist).

66 **Lösung zu Fall 25:** a) Das Verschreiben stellt einen **Erklärungsirrtum (Irrtum in der Erklärungshandlung)** dar, § 119 Abs. 1, 2. Alt., und berechtigt den A zur Anfechtung. Aufgrund der Anfechtung ist der Kaufvertrag von Anfang an als nichtig anzusehen, § 142 Abs. 1. Damit besteht kein Anspruch des A gegen B auf Zahlung des Kaufpreises. Es kommt aber ein Anspruch auf Herausgabe der Scharniere in Betracht. Dieser könnte sich aus § 985 ergeben. Jedoch bleibt aufgrund des Abstraktionsprinzips die Übereignung der gelieferten Scharniere (§ 929) durch A an B von der Anfechtung des Kaufvertrages unberührt; denn bei dem Rechtsgeschäft Übereignung liegt kein Anfechtungsgrund vor (kein Fall der Fehleridentität). B ist also Eigentümer der Scharniere geworden; ein Anspruch aus § 985 ist nicht gegeben. Jedoch steht A der Anspruch aus § 812 Abs. 1 Satz 2 (Wegfall des rechtlichen Grundes) auf Herausgabe (Besitzverschaffung und Rückübereignung) zu.

67 b) Ein Anspruch des B gegen A auf Schadensersatz könnte sich aus § 122 Abs. 1 ergeben. Danach ist aber nur der **Vertrauensschaden** (das negative Interesse) zu ersetzen. Der von B hier geltend gemachte Schaden stellt jedoch den Erfüllungsschaden dar. Den Gewinn von 250 € hätte B gemacht, wenn A den Vertrag ordnungsgemäß erfüllt hätte. Dieser Erfüllungsschaden wird nicht von § 122 erfasst.

c) Hier liegt dagegen ein Vertrauensschaden in Höhe von 50 € vor. Hätte B sich **nicht auf den Vertrag mit A verlassen**, so hätte er das Angebot des C angenommen und wäre damit gegenüber der jetzigen Lage um 50 € besser gestanden. Somit hat B aus § 122 Abs. 1 einen Anspruch auf Zahlung von 50 € gegen A.

---

71 BGH JZ 2010, 44, 45 Rn. 20.

72 Das ist neben dem Anspruch aus § 812 Abs. 1 S. 2 (s. Rn. 55) vor allem deshalb von Bedeutung, weil gegenüber dem Anspruch aus § 122 keine Berufung auf § 818 Abs. 3 (Wegfall der Bereicherung) möglich ist, MünchKomm/Armbrüster § 122 Rn. 18; Wolf/Neuner § 41 Rn. 154.

Prüfungsschema bei Anfechtung

Die Nichtigkeit einer Willenserklärung aufgrund Anfechtung (§ 142 Abs. 1) setzt voraus:

Anfechtungsgrund

- Erklärungsirrtum (§ 119 Abs. 1, 2. Alt.)
- Inhaltsirrtum (§ 119 Abs. 1, 1. Alt.)
- Eigenschaftsirrtum (§ 119 Abs. 2)
- unrichtige Übermittlung (§ 120)
- arglistige Täuschung (§ 123 Abs. 1, 1. Alt.)
- widerrechtliche Drohung (§ 123 Abs. 1, 2. Alt.)

↓

Ursächlichkeit für Abgabe der Willenserklärung

- bei Irrtum und unrichtiger Übermittlung: nach verständiger Würdigung (§ 119 Abs. 1, 2. Hälfte)
- bei arglistiger Täuschung und widerrechtlicher Drohung: allein nach den Vorstellungen des Erklärenden (§ 123 Abs. 1)

↓

Keine Bestätigung des anfechtbaren Rechtsgeschäfts (§ 144)

↓

Anfechtungserklärung

- gegenüber dem richtigen Anfechtungsgegner (§ 143)
- innerhalb der Anfechtungsfrist
  - bei Irrtum und unrichtiger Übermittlung: unverzüglich nach Kenntnis vom Anfechtungsgrund (§ 121 Abs. 1 Satz 1), spätestens zehn Jahre nach Abgabe der Erklärung (§ 121 Abs. 2)
  - bei arglistiger Täuschung und widerrechtlicher Drohung: ein Jahr nach Entdeckung der Täuschung bzw. Beendigung der Zwangslage (§ 124 Abs. 2), spätestens zehn Jahre nach Abgabe der Erklärung (§ 124 Abs. 3)

Kontrollfragen und Fälle zu § 18

1) Worin liegt der Unterschied zwischen der Nichtigkeit und der Anfechtbarkeit eines Rechtsgeschäfts?

2) Das Anfechtungsrecht ist ein ……………………… recht.

3) Billig wollte dem Schnell per Telefax 40 000 l Heizöl zum Preis von 88 Cent pro Liter anbieten. Durch einen Fehler einer Angestellten des Billig wird aber ein Preis von 78 Cent übermittelt. Schnell nimmt das Angebot an. Als sich vor der Lieferung das Versehen herausstellt, sagt sich Billig sogleich vom Verkauf los. Schnell besteht aber auf Lieferung, zumindest auf Schadensersatz, weil er für das Öl nun 86 Cent pro Liter zahlen muss. Zum Zeitpunkt des Vertragsschlusses mit Billig hätte Schnell die Lieferung von Dreier für 83 Cent pro Liter erhalten können. Welchen Anspruch hat Schnell gegen Billig?

4) A hat Investment-Anteilscheine erworben. In den vertraglich vereinbarten Bedingungen ist bestimmt, dass die Anteilsscheine vom Träger des Investment-Fonds zu dem am jeweiligen Tag geltenden Rücknahmepreis zurückgenommen werden. Außerdem ist festgelegt, wie der Rücknahmepreis zu berechnen ist. A gibt 1 000 Anteilsscheine an die B-Bank zurück, die dabei im Auftrag des Trägers des Investment-Fonds tätig wird. Der Angestellte der B-Bank geht aufgrund fehlerhafter Information durch einen Kollegen von einem aktuellen Rücknahmepreis von 49,83 € aus und bezahlt dem A die entsprechende Summe (abzüglich Kapitalertragsteuer). Der korrekt berechnete Rücknahmepreis an diesem Tag betrug nur 47,33 €. Kann die B-Bank den Differenzbetrag von A zurückverlangen?

5)* Maier hat von seiner Tante eine Schale geerbt, die in der Familie immer als die vergoldete Schale bezeichnet wurde. Er verkauft die Schale an Huber zu einem für ein vergoldetes Stück angemessenen Preis. Huber stellt nachträglich fest, dass die Schale aus echtem Gold besteht. Er verkauft sie an Schön weiter, dem er erklärt, wieso er die Schale besonders günstig erhalten hat. Später erfährt Maier von seinem Irrtum. Er erklärt dem Huber empört, dass er den Verkauf anfechte, und verlangt die Schale von Schön zurück. Ist der Herausgabeanspruch begründet?

Lösungen

68 1) Ein nichtiges Rechtsgeschäft entfaltet von Anfang an keine Rechtsfolgen. Dagegen ist ein anfechtbares Rechtsgeschäft **zunächst wirksam**. Erst durch Anfechtung werden die Rechtsfolgen – rückwirkend – beseitigt, § 142 Abs. 1.

2) Das Anfechtungsrecht ist ein **Gestaltungsrecht**.

69 3) a) Der Anspruch des Schnell auf Lieferung aus § 433 Abs. 1 Satz 1 ist entfallen, wenn der Kaufvertrag durch Anfechtung nichtig geworden ist, § 142 Abs. 1. Da die Angestellte die Erklärung **unrichtig übermittelt** hat, kommt eine Anfechtung nach § 120 i. V. m. § 119 in Betracht. Bei Kenntnis von dem Übermittlungsfehler und bei verständiger Würdigung würde Billig die Erklärung so nicht abgegeben haben. Damit ist ein Anfechtungsgrund gegeben. Die sofort nach Kenntnis vom Irrtum und damit unverzüglich (§ 121 Abs. 1 Satz 1) erfolgte „Lossagung" durch Billig gegenüber Schnell genügt auch den Anforderungen an eine **Anfechtungserklärung** (§ 143 Abs. 1 und 2). Somit besteht kein Lieferungsanspruch.

70 b) Jedoch kommt ein Schadensersatzanspruch des Schnell gegen Billig aus § 122 Abs. 1 in Betracht. Der Sachverhalt ergibt keine Hinweise darauf, dass Schnell den Anfechtungsgrund kannte oder hätte erkennen können (§ 122 Abs. 2), zumal sich der übermittelte Preis nicht in extremer Weise von den sonst üblichen Preisen unterschied. Zu ersetzen ist der **Vertrauensschaden** (negatives Interesse). Zu dessen Bestimmung muss man fragen, wie Schnell stehen würde, wenn er sich nicht auf diese Erklärung verlassen hätte. Er hätte dann von Dreier für 83 Cent pro Liter gekauft, während er nun 86 Cent pro Liter zu zahlen hat. Damit beträgt der Vertrauensschaden insgesamt 1 200 €. Dagegen kann Schnell nicht verlangen, so gestellt zu werden, wie er bei ordnungsgemäßer Erfüllung stehen würde (Erfüllungsschaden – dieser würde 86 minus 78 Cent, also 8 Cent pro Liter, insgesamt 3 200 € betragen).

71 4) Der Anspruch auf Rückzahlung könnte sich aus § 812 Abs. 1 S. 1 (Leistungskondiktion) ergeben, wenn A den über den richtig errechneten Rücknahmepreis hinausgehenden Betrag ohne rechtlichen Grund erlangt hat. Auf den ersten Blick scheint der Fall dem berühmten, vom RG entschiedenen Rubelfall (s. Fn. 19 und Rn. 24) ähnlich zu sein, so dass die Grundsätze des Kalkulationsirrtums anzuwenden wären. Jedoch ist zu bedenken, dass der Anspruch auf Rücknahme und der dafür zu bezahlende Rücknahmepreis bereits in dem bei Erwerb der Anteile geschlossenen Vertrag vereinbart wurden. Es sind also bei der Rücknahme keine Willenserklärungen über Rücknahme und Preis abgegeben worden, auf die sich der Kalkulationsirrtum auswirken könnte. Die Leistung erfolgte aufgrund der ursprünglichen vertraglichen Einigung und daher in der über den korrekt errechneten Rücknahmepreis hinausgehenden Höhe ohne rechtlichen Grund. Damit ist der Bereicherungsanspruch der B-Bank begründet.[73]

72 5) Der Herausgabeanspruch des Maier gegen Schön ist nach § 985 begründet, wenn Maier weiterhin Eigentümer der Schale ist. Er hat zunächst das Eigentum durch Einigung und Übergabe (§ 929 Satz 1) an Huber verloren. Huber hat seinerseits nach § 929 Satz 1 wirksam an Schön weiter übereignet. Aufgrund seines **Irrtums über eine ver-**

---

73 BGH NJW-RR 2003, 921 (Vorbild des Falles).

kehrswesentliche Eigenschaft der Sache (§ 119 Abs. 2) kann Maier aber die Übereignung an Huber anfechten. Die Anfechtung durch den Verkäufer ist nicht durch die Sachmängelvorschriften des Kaufrechts ausgeschlossen. Es liegt hier auch kein Sachmangel vor, so dass die Anfechtung nicht dazu führen kann, dem Käufer die Sachmängelansprüche zu entziehen. Aufgrund der unverzüglich und gegenüber dem richtigen Erklärungsgegner erklärten Anfechtung ist die Übereignung durch Maier an Huber als von Anfang an nichtig anzusehen, § 142 Abs. 1. Daher stellt sich nun die Übereignung durch Huber an Schön als Übereignung durch einen Nichteigentümer dar. Schön könnte das Eigentum nur **kraft guten Glaubens** nach § 932 erworben haben. Zum Zeitpunkt des Erwerbs wusste Schön nicht, dass Huber nicht Eigentümer war und er handelte dabei auch nicht grob fahrlässig (§ 932 Abs. 2) – Huber war ja zu diesem Zeitpunkt Eigentümer. Jedoch kannte Schön die Umstände, aus denen sich die **Anfechtbarkeit** der Übereignung von Maier an Huber ergab. Er wird daher nach § 142 Abs. 2 so behandelt, wie wenn er die Nichtigkeit dieser Übereignung gekannt hätte. Damit ist Huber im Sinne des § 932 Abs. 2 **bösgläubig** und hat das Eigentum nicht erlangt. Ihm steht auch kein Recht zum Besitz (§ 986) gegenüber Maier zu, da der mit Huber geschlossene Kaufvertrag wegen seiner nur relativen Wirkung keine Rechte gegenüber Maier zur Folge hat. Damit ist der Herausgabeanspruch begründet.

§ 19 Die Anfechtung wegen arglistiger Täuschung und Drohung

I. Die arglistige Täuschung als Anfechtungsgrund

Fall 26: a) Groß bietet dem Klein ein großes Grundstück zum Quadratmeterpreis von 130 € an. Als Klein wegen der Höhe des Preises zögert, behauptet Groß, in letzter Zeit seien einige Kaufverträge über vergleichbare Grundstücke sogar zu einem Quadratmeterpreis von 150 € abgeschlossen worden. Groß hat davon zwar keinerlei Kenntnis, hält dergleichen aber für gut möglich. In Wirklichkeit wurden in keinem Fall mehr als 110 € erzielt. Kann Klein den zu 130 € geschlossenen Kaufvertrag anfechten?

b) Alternative: Groß stellt keine Behauptungen über sonst erzielte Preise auf. Er weiß genau, dass der in vergleichbaren Fällen bezahlte Preis höchstens bei 110 € lag, sagt davon aber bei den Vertragsverhandlungen nichts, so dass Klein den Kauf zu einem Quadratmeterpreis von 130 € abschließt. Besteht hier ein Anfechtungsrecht für Klein?

c) Klein nahm zur Finanzierung des Kaufvertrages ein Darlehen bei der X-Bank in Höhe von 100 000 € auf, wobei Groß ihn darauf hingewiesen hatte, dass die X-Bank günstige Konditionen biete. Kann Klein auch den Kreditvertrag anfechten, wenn der Kaufvertrag wegen arglistiger Täuschung durch Groß anfechtbar ist?

1. Zweck

1 § 123 schützt die **rechtsgeschäftliche Entscheidungsfreiheit.** Wer durch eine Täuschung zu einer Willenserklärung bewogen wird, ist in seiner Willensbildung und damit auch in seiner Entscheidung nicht wirklich frei. Daher erscheint in solchen Fällen die Bindung des Getäuschten an seine Erklärung nicht gerechtfertigt. Die Täuschung führt zu einem Motivirrtum des Erklärenden. Während bei der Irrtumsanfechtung der Motivirrtum im Interesse der Sicherheit des Rechtsverkehrs grundsätzlich unbeachtlich ist (s. § 18 Rn. 5), ist es hier anders, denn der Erklärungsempfänger, der getäuscht hat, verdient keinen Schutz. Die Anfechtung wegen arglistiger Täuschung kann aufgrund ihres Zwecks, die freie Selbstbestimmung zu schützen, nicht im Voraus vertraglich ausgeschlossen werden.[1] Als Rechtsfolge hat der Gesetzgeber auch in § 123 Abs. 1 die **Anfechtbarkeit**, nicht die Nichtigkeit der Willenserklärung vorgesehen, um dem Getäuschten die Wahlmöglichkeit zu geben, ob er es bei dem Rechtsgeschäft belassen oder dessen Nichtigkeit herbeiführen will. Hieraus folgt zugleich, dass ein durch arglistige Täuschung bewirktes Rechtsgeschäft nicht nach § 138 Abs. 1 als sittenwidrig und damit nichtig anzusehen ist.[2]

1 BGH NJW 2007, 1058; BGH NJW 2012, 296.
2 BGH NJW 2008, 982, 983 (wenn nicht aufgrund weiterer Umstände das Rechtsgeschäft nach seinem Gesamtcharakter als sittenwidrig zu bewerten ist).

2. Voraussetzungen (Anfechtungsgrund)

a) Täuschung

Eine **Täuschung** liegt vor allem dann vor, wenn ein Irrtum, also eine fehlerhafte Vorstellung des Erklärenden, hervorgerufen wird. Es genügt aber auch, wenn aufgrund des Verhaltens des Täuschenden eine bereits vorhandene Fehlvorstellung des Erklärenden aufrechterhalten wird. Die Täuschung muss sich auf Tatsachen oder andere objektiv nachprüfbare Umstände beziehen. Auch bewusst irreführende Angaben in einem Vertragsangebot können die Anfechtung begründen[3]. Dagegen handelt es sich nicht um eine Täuschung, wenn allgemeine Anpreisungen oder subjektive Werturteile zum Ausdruck gebracht werden,[4] mögen sie auch im Vergleich mit den üblichen Einschätzungen übertrieben sein. 2

Merksatz:
Täuschung liegt vor, wenn ein Irrtum über Tatsachen oder andere objektiv nachprüfbare Umstände hervorgerufen, verstärkt oder aufrechterhalten wird.

b) Arglist

Arglist setzt voraus, dass der Handelnde weiß oder für möglich hält, dass er die Unwahrheit sagt. Ferner muss die Täuschung in dem Bewusstsein erfolgen, dass der andere dadurch motiviert wird und ohne den Irrtum möglicherweise anders handeln würde. Der Täuschende muss bewusst und willentlich auf die Entscheidung der anderen Seite einwirken.[5] Dabei genügt es aber, wenn die Unwahrheit und die Beeinflussung vom Täuschenden billigend in Kauf genommen werden (bedingter Vorsatz), während Fahrlässigkeit nicht ausreicht.[6] Ein Schädigungsvorsatz ist nicht erforderlich. Arglistig ist auch eine Täuschung „in wohlmeinender Absicht",[7] da es dem Erklärenden überlassen bleiben muss, wie er seine Interessen wahren will. Wenn dagegen aufgrund tatsächlicher Veränderungen, die nachträglich, aber vor *Abgabe* der Anfechtungserklärung erfolgt sind, die Rechtslage des Getäuschten nicht mehr beeinträchtigt ist, so steht 3

---

3 BGH MDR 2005, 1217.
4 BGHZ 169, 109, 115 = NJW 2007, 357, 359 (betr. Immobilie).
5 BGH NJW 2007, 2041 Rn. 8; BGH NJW 2011, 1213 Rn. 19. Beide Entscheidungen beziehen sich auf den Abschluss von Versicherungsverträgen und stellen eher strenge Anforderungen an die Arglist. Falsche Angaben im Versicherungsantrag rechtfertigen allein nach Ansicht des BGH nicht den Schluss auf eine arglistige Täuschung. Vielmehr muss der Versicherungsnehmer erkennen und billigen, dass der Versicherer bei Kenntnis des wahren Sachverhalts den Antrag gar nicht oder zu anderen Konditionen annehmen werde.
6 BGH NJW-RR 2005, 1082, 1083; BAG NJW 2012, 3390, 3391.
7 MünchKomm/Armbrüster § 123 Rn. 17; Erman/Arnold § 123 Rn. 29. – A.M. BGH LM § 123 Nr. 9 = BB 1954, 785; Palandt/Ellenberger § 123 Rn. 11.

der Anfechtung der Einwand der unzulässigen Rechtsausübung (§ 242) entgegen.[8]

4 Selbst der gute Glaube des Täuschenden an die Richtigkeit seiner Angaben braucht Arglist nicht auszuschließen. In einem vom BGH entschiedenen Fall hatte der Verkäufer eines Gebäudes die „Streitfreiheit" **ins Blaue hinein versichert**, obwohl seit Jahren ein Streit mit der Stadt über die Einleitung von Grundwasser aus dem Keller in das Kanalnetz bestand. Der Verkäufer hatte alles einer Hausverwaltungsfirma überlassen, war also selbst über den Rechtsstreit nicht informiert. Gleichwohl nahm der BGH[9] mit Recht eine arglistige Täuschung an, da der Erklärende bewusst verschwiegen hatte, dass ihm jegliche Kenntnis zur sachgemäßen Beurteilung des von ihm Behaupteten fehlte.

Merksatz:
Arglistig ist eine Täuschung, wenn der Täuschende weiß oder jedenfalls für möglich hält, dass er unzutreffende Vorstellungen hervorruft. Ein Schädigungsvorsatz ist nicht erforderlich.

c) Ursächlichkeit

5 Die Täuschung muss ursächlich (kausal) für die abgegebene Erklärung sein, also den Entschluss zur Willenserklärung wenigstens mitbestimmt[10] haben. Dabei genügt eine subjektive Kausalität, da die Freiheit der Willensentschließung geschützt wird. Im Gesetz kommt dies dadurch zum Ausdruck, dass in § 123 Abs. 1 anders als in § 119 Abs. 1 **nicht auf die verständige Würdigung des Falles abgestellt** wird. An der Kausalität fehlt es dagegen, wenn derjenige, der getäuscht werden soll, die wahre Sachlage kennt.[11] Dass er sie bei Anwendung der verkehrsüblichen Sorgfalt hätte erkennen können (also zu leichtgläubig war), steht dagegen der Anfechtung nicht entgegen.

Merksatz:
Bei der Ursächlichkeit einer arglistigen Täuschung kommt es allein auf die subjektiven Vorstellungen des Getäuschten an.

---

8 BAG NJW 2000, 2894 (maßgeblich ist der Zeitpunkt der Abgabe, nicht erst des Zugangs der Anfechtungserklärung).

9 BGH NJW 1980, 2460. S. auch BGH NJW 2006, 2839, 2840 (Arglist bei Zusicherung der Unfallfreiheit eines Gebrauchtwagens „ins Blaue hinein").

10 BGH MDR 2005, 1217.

11 BAG NJW 2001, 1885 (falsche Beantwortung der Frage nach einer Schwerbehinderung des Arbeitnehmers, die aber für den Arbeitgeber offensichtlich war). Die Frage ist angesichts des Diskriminierungsverbots nur noch eingeschränkt zulässig (vgl. Joussen NJW 2003, 2857; MünchKomm/Armbrüster § 123 Rn. 45).

3. Täuschung durch Tun oder Unterlassen

Die arglistige Täuschung erscheint im Allgemeinen unproblematisch, wenn der Irrtum durch eine ausdrückliche unzutreffende Erklärung des Täuschenden, also durch positives Tun, hervorgerufen wurde. Eine arglistige Täuschung kann aber auch durch **Unterlassen**, d.h. durch **Verschweigen von Tatsachen** erfolgen, wenn der Schweigende erkennen kann, dass diese Tatsachen für den Entschluss des anderen relevant sind. Allerdings setzt die arglistige Täuschung durch Unterlassen voraus, dass eine **Pflicht zur Offenbarung** besteht. Es gibt keine allgemeine Verpflichtung, den Geschäftspartner über sämtliche Umstände aufzuklären, die auf dessen Entschließung Einfluss haben könnten. Jedoch kann sich eine Offenbarungspflicht aus einem bereits bestehenden Vertrag (z.B. einem Gesellschaftsvertrag), aber auch aus einem besonderen Vertrauensverhältnis (z.B. langjähriger Geschäftsverbindung), allgemeiner aus Treu und Glauben unter Berücksichtigung der Verkehrssitte[12] ergeben. Bei Umständen, die für die Entschließung des anderen Teils offensichtlich von wesentlicher Bedeutung sind, wird oft auch ohne gezielte Frage eine Aufklärungspflicht bestehen.[13] 6

So nahm der BGH in einem Fall, in dem es unter Mitberechtigten um die Ablösung eines Anteils an Urheberrechten gegen 10 000 DM ging, an, aufgrund der langen und intensiven Geschäftsbeziehungen sowie der persönlichen, freundschaftlichen Beziehungen zwischen den Geschäftspartnern könne sich die Verpflichtung ergeben, den anderen darüber zu informieren, dass für das Urheberrecht bereits Angebote Dritter in Höhe von 8,3 Millionen DM vorlagen.[14] Nimmt ein Ehemann bei Scheitern der Ehe Schenkungen zugunsten der Ehefrau vor, die auch der Vorsorge für den vermeintlich gemeinsamen Sohn dienen sollen, so darf die Ehefrau die ihr bekannte Möglichkeit, dass der Ehemann nicht der Vater ist, nicht verschweigen.[15] Oft handelt es sich um Grenzfälle zwischen einer Täuschung durch Erklärung oder durch Unterlassen einer Aufklärung. So bejahte der BGH eine Offenbarungspflicht über die Einzelheiten eines Unfalls, als ein wenig benutzter, äußerlich neuwertiger Wagen zu einem hohen Preis verkauft wurde. Der Verkäufer hatte von einer „Beschädigung beim Zurücksetzen" gesprochen, aber verschwiegen, dass der Wagen über eine 6m hohe Böschung rückwärts in einen Fluss gestürzt war.[16] Weitergehend verlangt die Rechtsprechung, dass beim Gebrauchtwagenverkauf der Verkäufer einen Unfall, den er kennt oder mit dessen Vorliegen er jedenfalls rechnet, in der Regel auch ungefragt einem Käufer mitteilt, wenn es sich nicht lediglich um Bagatellschäden handelt.[17] Ebenso muss der Verkäufer ihm bekannte gravierende Mängel des Fahrzeugs auch ungefragt mitteilen. Eine generelle Pflicht, das Fahrzeug vor dem Verkauf umfassend zu untersuchen, trifft den Gebrauchtwagenhändler jedoch nicht. Wenn kein konkreter Verdacht auf Mängel besteht, darf er sich mit ei- 7

---

12 BGH NJW 2001, 3331, 3332 (zum Abschluss eines Bürgschaftsvertrags).
13 BGH NJW 2010, 3362 Rn. 22.
14 BGH MDR 1979, 730 – Daktari Filmserie.
15 BGH NJW 2012, 2728.
16 BGH MDR 1955, 26.
17 BGHZ 63, 382, 386f. = NJW 1975, 642, 644; BGH NJW-RR 1987, 436, 437 (beide Entscheidungen zu §463 Satz 2 aF).

ner fachmännischen äußeren Untersuchung („Sichtprüfung") begnügen.[18] Wenn dem Verkäufer bekannt ist, dass die Anzeige auf dem Tachometer unrichtig ist, muss er dem Kaufinteressenten den zutreffenden Kilometerstand mitteilen bzw. ihn über die Unrichtigkeit der Anzeige informieren. Beim Kauf eines Neuwagens muss dem Käufer ungefragt mitgeteilt werden, dass eine Tür wegen einer Delle gespachtelt und neu lackiert worden war.[19]

7a Eine Bank, die einen **Kredit zum Erwerb einer Immobilie** gewährt, ist im allgemeinen nicht verpflichtet, den Kreditnehmer über die Risiken des finanzierten Geschäfts, auch nicht über eine etwaige Unangemessenheit des Kaufpreises, aufzuklären. Dies gilt auch bei steuersparenden Bauherrn-, Bauträger- und Erwerbermodellen. Eine Aufklärungspflicht kann sich aber aus besonderen Umständen ergeben, so etwa, wenn der Bank eine sittenwidrige Übervorteilung des Käufers durch den Verkäufer[20] bekannt ist oder wenn sie bei Zusammenarbeit mit dem Verkäufer über einen **konkreten Wissensvorsprung** in Bezug auf spezielle Risiken des Vorhabens verfügt.[21]

7b Ist streitig, ob die gebotene Aufklärung erfolgt ist, so trägt der Anfechtende die **Beweislast** für das Unterbleiben der Aufklärung.[22]

Merksatz:
Eine arglistige Täuschung kann nicht nur durch positives Tun (unzutreffende Erklärungen) des Täuschenden, sondern auch durch Unterlassen von Informationen erfolgen. Voraussetzung ist aber eine Pflicht zur Aufklärung, die sich aus Vertrag, besonderem Vertrauensverhältnis oder aus Treu und Glauben unter Berücksichtigung der Verkehrssitte ergeben kann.

4. Keine arglistige Täuschung bei unzulässigen Fragen

8 Während in den zuletzt genannten Fällen sogar das Schweigen, die Unterlassung einer gebotenen Information, als arglistige Täuschung gewertet wird, gibt es umgekehrt auch Sachverhalte, bei denen **trotz einer bewusst falschen Antwort** auf eine bei den Vertragsverhandlungen gestellte Frage die **Anfechtbarkeit zu verneinen** ist. Dies gilt dann, wenn die gestellte **Frage ihrerseits unzulässig** war, weil sie etwa einen Eingriff in das allgemeine Persönlichkeitsrecht des anderen darstellt. Man könnte einwenden, daraus erwachse für den ande-

---

18 BGH NJW 2015, 1669, st. Rspr. Auch zu Nachforschungen, etwa durch Einsicht in eine Reparaturdatenbank des Herstellers, ist der Händler nicht verpflichtet, wenn keine Anhaltspunkte für einen Unfallschaden vorliegen, BGH NJW 2014, 211.

19 LG Gießen MDR 2005, 390.

20 Dies wird angenommen, wenn der Kaufpreis knapp doppelt so hoch ist wie der Verkehrswert der Immobilie, zusammenfassend BGH NJW 2017, 1313 Rn. 19.

21 Zusammenfassend BGHZ 169, 109 = NJW 2007, 357; BGH NJW 2008, 644, 646. Die sehr reichhaltige, hier nicht im einzelnen darzustellende Rspr. bezieht sich in erster Linie auf Schadensersatzansprüche aus Verschulden bei Vertragsschluss beim finanzierten Erwerb von sog. Schrottimmobilien. – Zur neu eingeführten Pflicht des Kreditgebers zur Prüfung der Kreditwürdigkeit des Kreditnehmers und den Rechtsfolgen eines Verstoßes hiergegen s. § 4 Rn. 19a.

22 BGH NJW 2014, 3296.

ren kein Recht zur Lüge; er könne sich mit der Verweigerung einer Auskunft hinreichend schützen. Doch muss er dann in Kauf nehmen, einen an sich erwünschten Vertrag nicht abschließen zu können. Um eine wirksamen Schutz zu gewähren, muss daher gegenüber einer unzulässigen Frage ein Recht zur falschen Antwort zugestanden werden. Der Erklärungsempfänger hat kein Anfechtungsrecht, weil es, dogmatisch betrachtet, an der Rechtswidrigkeit der Täuschung[23] fehlt.

Die Problematik wurde vor allem im Arbeitsrecht viel diskutiert. Wie ist es, wenn eine Bewerberin um einen Arbeitsplatz im Rahmen eines von ihr auszufüllenden Fragebogens auch gefragt wird, ob sie derzeit schwanger ist, und diese Frage bewusst wahrheitswidrig verneint? Nachdem der Europäische Gerichtshof[24] entschieden hatte, der Arbeitgeber verstoße gegen das Diskriminierungsverbot der Richtlinie 76/207/EWG (jetzt Richtlinie 2006/54/EG), wenn er die Einstellung einer geeigneten Bewerberin wegen einer bestehenden **Schwangerschaft** ablehne, stellte das BAG[25] fest, dann müsse man bei der Einstellung in ein unbefristetes Arbeitsverhältnis schon die *Frage* nach der Schwangerschaft als unzulässig ansehen, da sie auf eine durch § 611a aF (s. jetzt § 3 Abs. 1 Satz 2, §§ 6, 7 AGG) in Umsetzung der erwähnten Richtlinie verbotene geschlechtsbezogene Benachteiligung von Bewerberinnen hinauslaufe. Selbst eine bewusst wahrheitswidrige Antwort auf diese unzulässige Frage stelle daher keine arglistige Täuschung dar und begründe kein Recht des Arbeitgebers zur Anfechtung des Arbeitsvertrages. Ähnlich ist es bei der Frage nach **Vorstrafen** eines Bewerbers oder nach anhängigen Straf- oder Ermittlungsverfahren. Diese Fragen sind nach der Rechtsprechung des BAG[26] nur zulässig, wenn und soweit die Art des zu besetzenden Arbeitsplatzes es erfordert, und nur dann begründet die wahrheitswidrige Antwort ein Recht des Arbeitgebers zur Anfechtung des Arbeitsvertrages nach § 123. 9

5. Täuschung durch Dritte

Die Wertung, auf der § 123 beruht, setzt voraus, dass der Empfänger der Erklärung (Anfechtungsgegner) die Täuschung vorgenommen hat oder dass sie ihm zumindest zurechenbar ist. Eine **Täuschung durch einen Dritten** rechtfertigt daher nach § 123 Abs. 2 Satz 1 bei empfangsbedürftigen Willenserklärungen[27] die Anfechtung nur, wenn der **Erklärungsempfänger** von der Täuschung **wuss-** 10

---

23 Die Rechtswidrigkeit der Täuschung ist zwar im Text des § 123 Abs. 1 nicht ausdrücklich angesprochen, aber als ungeschriebene (im Regelfall gegebene) Voraussetzung der Anfechtbarkeit anzusehen, vgl. MünchKomm/Armbrüster § 123 Rn. 18 mwN.

24 EuGH NJW 1991, 628.

25 BAG NJW 1993, 1154; BAG NZA 2003, 848 (dies gilt auch dann, wenn die Schwangere wegen eines gesetzlichen Beschäftigungsverbots ihre Tätigkeit zunächst nicht aufnehmen kann).

26 BAGE 91, 349 = NJW 1999, 3653 (im konkreten Fall – es ging um die Einstellung in den Polizeivollzugsdienst – erklärte das BAG sowohl die Frage nach Vorstrafen als auch nach laufenden Ermittlungsverfahren für zulässig); BAG NJW 2013, 1115 Rn. 28 (die Frage muss auf objektiv einschlägige Straftaten begrenzt werden).

27 Bei nicht empfangsbedürftigen Willenserklärungen ist es unerheblich, wer die Täu-

te oder **fahrlässigerweise** davon keine Kenntnis hatte. Letzteres folgt aus der Formulierung „kennen musste", deren Legaldefinition (auf Fahrlässigkeit beruhende Unkenntnis) sich in § 122 Abs. 2 findet.

11 Zu § 123 Abs. 2 sollte man sich eine ungeschriebene (oft auch in Klausurfällen abgefragte) Ausnahme einprägen, die aus der Zweckrichtung der Vorschrift folgt. Wenn die Täuschung zwar nicht durch den Vertragspartner, aber durch dessen Stellvertreter erfolgte, z. B. durch den Angestellten, der mit dem Kaufabschluss beauftragt war, so muss sich der Vertragspartner diese Täuschung stets zurechnen lassen, auch wenn er sie nicht kannte oder kennen musste. Darin liegt eine einschränkende Interpretation des § 123 Abs. 2 Satz 1: Ein Stellvertreter, aber darüber hinaus auch ein **sonstiger Gehilfe des Erklärungsempfängers** (des Vertragspartners) beim Vertragsabschluss oder ein mit Wissen und Wollen des Vertragspartners in dessen Pflichtenkreis tätig gewordener **Vermittler,**[28] ist **nicht Dritter** i. S. der genannten Bestimmung.[29] Entscheidend ist, ob die (täuschende) Mittelsperson mit Willen des Erklärungsempfängers in die Verhandlungen eingeschaltet wurde.[30] Dritter ist dagegen der Hersteller eines Fahrzeugs mit manipulierter Software, das vom Händler an den Kunden verkauft wird – der Kunde kann also nicht mit der Begründung anfechten, der Hersteller habe arglistig über die Einhaltung der Abgas-Grenzwerte getäuscht.[31]

Merksatz:
Ein Vertreter, aber auch ein sonstiger, vom Erklärungsempfänger eingeschalteter Gehilfe beim Vertragsschluss ist kein Dritter i. S. v. § 123 Abs. 2.

Diese Merkformel bedeutet natürlich nicht (gelegentlich ist dieser Anfängerfehler anzutreffen), dass dann keine Anfechtung möglich wäre, weil § 123 Abs. 2 nicht eingreift. Vielmehr bedeutet diese Aussage gerade umgekehrt, dass die Anfechtung bei Täuschung durch den Vertreter oder Gehilfen stets durchgreift, weil die Verhaltensweise des Gehilfen wie eigenes Verhalten des Geschäftspartners i. S. v. § 123 Abs. 1 zu behandeln ist.

12 Eine besondere Situation, an der **vier Personen beteiligt** sind, betrifft § 123 Abs. 2 Satz 2. Die Vorschrift greift z. B. ein, wenn durch einen (sog. echten)

---

schung vorgenommen hat. Zur Reichweite dieser Einschränkung Windel AcP Bd. 199 (1999), 421 f.

28 BGH NJW 2001, 358; NJW 2006, 1955, 1957 (Vermittler eines Fondbeitritts und des damit verbundenen Darlehensvertrags).

29 Vgl. BGH NJW 1962, 2195 unter Hinweis auf § 278, dessen Grundgedanke – Zurechnung des Gehilfenverhaltens – auch im Rahmen des § 123 berücksichtigt wird.

30 Vgl. BGH NJW 1979, 193: Verkauf eines Folienschweißgeräts und Abschluss eines Kreditvertrags mit der Bank unter der Vorspiegelung, mit Hilfe dieses Gerätes könne man Einnahmen durch Heimarbeit erzielen. Der Vertreter der Verkäuferfirma stellte zugleich Darlehensantragsformulare zur Verfügung.

31 LG Ellwangen, 19.10.2016 – 3 O 55/16, juris.

Vertrag zugunsten Dritter (§ 328 Abs. 1) für einen Dritten ein Anspruch begründet wird, etwa für den C ein Anspruch auf die Versicherungsleistung aus einem zwischen dem Versicherungsnehmer A und der Versicherung B abgeschlossenen Lebensversicherungsvertrag. Wenn nun ein „Vierter" (D) einen der Vertragspartner (A oder B) durch arglistige Täuschung zum Vertragsschluss bewegt, so ist die Willenserklärung dem C gegenüber (s. § 143 Abs. 2, 2. Halbsatz) anfechtbar, wenn C die Täuschung durch D kannte oder kennen musste.

Problematisch ist die Anwendung des § 123 Abs. 2 bei der **Schuldübernahme**, wenn diese vom bisherigen Schuldner durch eine arglistige Täuschung gegenüber dem neuen Schuldner herbeigeführt wurde. Wurde die Schuld gemäß § 414 vom **neuen Schuldner** durch **Vertrag mit dem Gläubiger** übernommen, so ist der täuschende Altschuldner am Rechtsgeschäft nicht beteiligt, also Dritter i. S. v. § 123 Abs. 2 Satz 1. Die Anfechtung der Schuldübernahme muss gegenüber dem Gläubiger als Empfänger der Willenserklärung des Neuschuldners erfolgen und ist nur begründet, wenn der Gläubiger die arglistige Täuschung kannte oder fahrlässig nicht kannte. 13

Anders ist es aber, jedenfalls nach Ansicht des BGH,[32] wenn die Schuldübernahme gemäß § 415 Abs. 1 Satz 1 **zwischen dem neuen Schuldner und dem bisherigen Schuldner vereinbart** wurde und durch Genehmigung seitens des Gläubigers Wirksamkeit erlangt. Hier gibt der neue Schuldner seine auf Schuldübernahme gerichtete Willenserklärung gegenüber dem arglistig täuschenden Altschuldner ab, und damit muss zum einen die Anfechtung gegenüber dem Altschuldner erfolgen und zum anderen liegt kein Fall einer Täuschung durch einen Dritten vor. Da der Erklärungsempfänger (der Altschuldner) selbst getäuscht hat, ist weder § 123 Abs. 2 Satz 1 noch Satz 2 einschlägig, und daher kommt es nicht darauf an, ob der Gläubiger die Täuschung kannte oder kennen musste; die Anfechtung wirkt in jedem Fall auch gegenüber ihm. Kritische Stimmen[33] wenden ein, die Interessenlage sei im Grunde nicht anders als bei einer Schuldübernahme in der Form des § 414, so dass auch hier die Anfechtung nur dann gegenüber dem Gläubiger wirken könne, wenn er von der Täuschung Kenntnis hatte oder sie fahrlässig nicht kannte. 14

Zur **Vertragsübernahme** s. Fälle und Kontrollfragen zu § 19, Fall 4.

Lösung zu Fall 26: a) An der arglistigen Täuschung könnte man zweifeln, weil Groß nicht positiv weiß, dass seine Angaben unzutreffend sind, sondern sie sogar für möglich hält. Groß erweckt aber durch seine Erklärung zugleich den Eindruck, er habe genaue Kenntnisse, und er weiß auch, dass seine Äußerung für die Willensbildung des Klein mitentscheidend ist. Deshalb ist seine „ins Blaue hinein" abgegebene Erklärung als **arglistig** i. S. v. § 123 Abs. 1 anzusehen. Der Kaufvertrag ist somit anfechtbar. 15

b) Wenn Groß nichts über den in vergleichbaren Fällen erzielten Kaufpreis sagt, so kommt nur eine arglistige Täuschung durch **Unterlassen** in Betracht. Dies setzt aber voraus, dass Groß **zur Offenbarung verpflichtet** gewesen wäre. Eine derartige Pflicht kann sich aus Treu und Glauben unter Berücksichtigung der Verkehrssitte ergeben. Gerade über den angemessenen Preis muss sich aber grundsätzlich jeder Vertrag-

---

32 BGHZ 31, 321 = NJW 1960, 621.

33 So z. B. Medicus/Petersem Rn. 800; Schlechtriem/Schmidt-Kessel, Schuldrecht, Allgemeiner Teil, 6. Aufl., Rn. 818; MünchKomm/Armbrüster § 123 Rn. 75. Manche, so Medicus und Armbrüster aaO, stützen sich dabei auch auf eine analoge Anwendung des § 417 Abs. 2.

schließende selbst informieren. Man kann auch nach der Verkehrssitte nicht erwarten, dass der Verkäufer von sich aus seine Kenntnisse über die sonst erzielten Preise offenbart. Damit ist hier der Anfechtungsgrund nach § 123 Abs. 1 nicht gegeben.

c) Die arglistige Täuschung, die zum Abschluss des Kaufvertrages geführt hat, war zugleich kausal für den Abschluss des Darlehensvertrages mit der X-Bank. Da aber die X-Bank selbst nicht getäuscht hat, ist eine Anfechtung des Darlehensvertrages nach § 123 Abs. 2 Satz 1 nur möglich, wenn sie die Täuschung durch Groß **kannte oder kennen musste**, also fahrlässiger Weise nicht kannte (§ 122 Abs. 2). Dafür enthält der Sachverhalt aber keine Anhaltspunkte. Anders wäre es, wenn man Groß im Verhältnis zur X-Bank nicht als Dritten i. S. v. § 123 Abs. 2 Satz 1 anzusehen hätte. Dritter ist nicht, wer als Vertreter des Anfechtungsgegners den Vertrag abgeschlossen hat oder jedenfalls mit dessen Wissen und Wollen bei den Vertragsverhandlungen tätig geworden ist. Auch darüber sagt der Sachverhalt jedoch nichts. Dass Groß den Klein besonders auf die X-Bank und deren günstige Konditionen hingewiesen hat, genügt nicht, um sein Handeln der Bank zuzurechnen. Der Darlehensvertrag ist somit nicht anfechtbar.

II. Die Drohung als Anfechtungsgrund

Fall 27: Frau Beck schuldet dem Bankhaus Specht die Rückzahlung eines Darlehens von 15 000 €, das sie im Wesentlichen zum Kauf von Möbeln und Geräten für die eheliche Wohnung verwendet hat. Als das Darlehen nicht fristgerecht zurückgezahlt wird, schreibt die Bank an den Ehemann der Frau Beck, wenn er nicht die Bürgschaft für die Summe übernehme, werde sie

a) einen Mahn- und Vollstreckungsbescheid gegen Frau Beck erwirken und so rasch wie möglich vollstrecken,

b) Frau Beck wegen einer der Bank bekannten Steuerhinterziehung anzeigen.

Herr Beck übernimmt daraufhin die Bürgschaft. Kann er sich durch Anfechtung wieder davon lösen?

1. Begriff der Drohung

16 § 123 Abs. 1 nennt neben der arglistigen Täuschung auch die widerrechtliche Bestimmung durch eine Drohung als Anfechtungsgrund, da auch hierdurch die Freiheit der Willensentschließung beeinträchtigt werden kann. Unter einer **Drohung** ist die Ankündigung eines zukünftigen Übels (darunter fällt jeglicher Nachteil) zu verstehen. Meist geht es um Umstände, die der Drohende herbeiführen kann, doch genügt es auch, wenn er vorgibt, auf den Eintritt des Nachteils jedenfalls Einfluss zu haben.[34] Die Ausnutzung einer seelischen Zwangslage ohne eine solche Ankündigung genügt dagegen nicht.[35] Das angekündigte

34 Vgl. BGH FamRZ 1996, 605, 606.

35 BGH NJW 1988, 2599 (doch kann aufgrund weiterer Umstände das Rechtsgeschäft sittenwidrig sein).

Übel kann den Erklärenden selbst betreffen oder auch eine ihm nahe stehende dritte Person. Ob die Drohung in dem Sinne ernst gemeint ist, dass der Drohende entschlossen ist, sie auch in die Tat umzusetzen, spielt keine Rolle. Entscheidend ist, ob der Erklärende die Drohung ernst nimmt und dies vom Drohenden beabsichtigt ist.[36]

Definition:
Drohung ist die Ankündigung eines zukünftigen Übels, das der Drohende herbeiführen kann oder auf dessen Eintritt er jedenfalls Einfluss zu haben vorgibt.

Von wem die Drohung ausgeht (vom Erklärungsempfänger oder einem Dritten) spielt anders als bei der arglistigen Täuschung keine Rolle. So kann das Verhalten eines Richters, der eine Partei „zum Vergleich prügeln" will, eine rechtswidrige Drohung darstellen, wenn die Partei den Eindruck gewinnen muss, sie könne bei Ablehnung des Vergleichs nicht mehr mit einer fairen Verfahrensführung durch den Richter rechnen[37] – die bloße Verdeutlichung des Prozessrisikos durch den Richter wäre dagegen nicht als Drohung zu werten. 17

Während durch eine Drohung i. S. v. § 123 Abs. 1 ein **psychischer Druck** ausgeübt wird (man spricht lat. von **vis compulsiva**), liegt bei körperlichem Zwang, etwa wenn die Hand eines anderen samt Schreibgerät gewaltsam geführt wird (lat. **vis absoluta**), mangels Handlungswillens des Opfers (s. § 10 Rn. 18) von vornherein **keine Willenserklärung** vor, so dass es keiner Anfechtung bedarf. 18

2. Ursächlichkeit

Die Drohung muss **ursächlich** für die Abgabe der Erklärung sein, wobei eine Mitursächlichkeit genügt. Wenn aber der Bedrohte ohnehin bereits entschlossen war, die Erklärung abzugeben, fehlt es an der Kausalität. 19

3. Rechtswidrigkeit

Nur eine **widerrechtliche (rechtswidrige)** Drohung berechtigt zur Anfechtung. Die Rechtswidrigkeit kann sich aus dem angedrohten Mittel (Erzwingung einer Unterschrift mit vorgehaltener Pistole) oder aus dem erstrebten Zweck (Verpflichtung zur Zahlung einer überhöhten Miete) ergeben. Aber auch wenn Mittel und Zweck für sich allein betrachtet nicht rechtswidrig sind, kann die Verbindung von Mittel und Zweck, d. h. die Inadäquanz des angedrohten Mittels 20

---

36 BGH NJW 1982, 2301, 2302.
37 BAG NZA 2010, 1250. Der Prozessvergleich ist nach h. M. zugleich Prozesshandlung (Beendigung des Rechtsstreits) und materiell-rechtliches Rechtsgeschäft (Vergleich i. S. v. § 779) und wegen dieser Doppelnatur bei Willensmängeln nach den Regeln des BGB anfechtbar.

zur Erreichung des angestrebten Zwecks, zur Rechtswidrigkeit führen.[38] Die Verbindung von Mittel und Zweck darf nicht gegen das Anstandsgefühl aller billig und gerecht Denkenden oder gegen Treu und Glauben verstoßen.[39] Da es um die Bewertung nach dem Maßstab der (redlichen) Allgemeinheit geht, kann man auch von **sozialer Adäquanz** sprechen. Die Androhung von Nachteilen in Gestalt von Maßnahmen zur Rechtsverfolgung (z. B. Ausübung eines Zurückbehaltungsrechts, Klageerhebung, Zwangsvollstreckung, Insolvenzantrag) ist selbst dann nicht rechtswidrig, wenn das Bestehen des verfolgten Rechts zweifelhaft ist. Die Androhung einer nachteiligen Presseveröffentlichung, um den anderen Teil zur Erfüllung zivilrechtlicher Ansprüche zu bewegen, ist nicht rechtswidrig, wenn es um die Veröffentlichung wahrer Tatsachen geht und ein Informationsbedürfnis der Allgemeinheit besteht.[40]

Merksatz:
Die Rechtswidrigkeit der Drohung kann sich aus dem angedrohten Mittel, dem erstrebten Zweck oder dem Verhältnis von Mittel und Zweck (Inadäquanz des Mittels) ergeben.

21 **Lösung zu Fall 27:** Im Ausgangsfall ist sowohl in Variante a) als auch in Variante b) eine **Drohung** im Sinne der Ankündigung eines künftigen Übels gegeben. Bei der Variante a) ist aber weder das angedrohte Mittel (Mahn- bzw. Vollstreckungsbescheid und Vollstreckung) noch der Zweck (Erlangung einer Sicherheit) noch die Kombination von Mittel und Zweck als **widerrechtlich** anzusehen, so dass hier kein Anfechtungsgrund vorliegt.

Im Fall b) sind Mittel und Zweck für sich betrachtet ebenfalls nicht widerrechtlich. Die Bank ist zur Strafanzeige wie jedermann berechtigt. Jedoch ergibt sich die **Widerrechtlichkeit** aus der Kombination, weil die Strafanzeige nichts mit dem erstrebten Zweck zu tun hat. Es handelt sich um ein **sozial inadäquates Mittel**. Damit ist hier die Anfechtbarkeit nach § 123 Abs. 1 zu bejahen. Anders wäre es z. B., wenn dem Schuldner mit einer Strafanzeige gedroht wird, sofern er nicht den von ihm mit der Straftat angerichteten Schaden wieder gutmacht.

---

38 BGH NJW 2005, 2766, 2767 u. 2771; BAG NZA 2010, 1250 Rn. 26.

39 BGH NJW 2005, 2766, 2771. Zur Anwendung vgl. BGH NJW 2002, 2774, 2775 (die Drohung eines Rechtsanwalts, ein Mandat zu kündigen, wenn keine Vereinbarung über höhere Gebühren zustande komme, ist nicht rechtswidrig, wenn das angestrebte Honorar durch den deutlich überdurchschnittlichen Arbeitsaufwand gerechtfertigt ist); eine widerrechtliche Drohung liegt dagegen vor, wenn ein Rechtsanwalt unmittelbar vor dem Verhandlungstermin ankündigt, er werde das Mandat niederlegen, wenn nicht von einem Gesellschafter der Partei die persönliche Haftungsübernahme für die Gebührenansprüche unterzeichnet werde, BGH NJW 2013, 1591.

40 Dazu ausführlich BGH NJW 2005, 2766, 2769 ff.

III. Durchführung und Rechtsfolgen der Anfechtung

1. Anfechtung durch Erklärung

Die Anfechtung muss genauso wie die Anfechtung wegen Irrtums durch Erklärung gegenüber dem Anfechtungsgegner nach Maßgabe des § 143 (s. § 18 Rn. 50 ff.) erfolgen. 22

2. Anfechtungsfrist

Die Anfechtung wegen arglistiger Täuschung kann binnen **Jahresfrist** vom Zeitpunkt der Entdeckung der Täuschung bzw. der Beendigung der Drohung an erfolgen, § 124 Abs. 1 und Abs. 2. Diese erheblich längere Frist als bei der Irrtumsanfechtung (§ 121) gewährt das Gesetz, weil das Interesse des Gegners hier weniger schutzwürdig ist. Nach **zehn Jahren** ist allerdings die Anfechtung auch hier in jedem Fall ausgeschlossen, § 124 Abs. 3. Die genannten Fristen sind **Ausschlussfristen**, d. h. mit ihrem Ablauf erlischt das Anfechtungsrecht. 23

Nach ungenutztem Ablauf der Anfechtungsfrist kann sich der aus dem Vertrag in Anspruch Genommene nicht allein wegen der Täuschung auf die Arglisteinrede berufen, doch kann er die Leistung analog § 853 verweigern, wenn die Täuschung zugleich eine unerlaubte Handlung (§§ 823, 826) darstellt.[41] Zur Frage, ob noch nach Fristablauf ein Anspruch auf Vertragsaufhebung aus culpa in contrahendo bestehen kann, s. Rn. 29 f. 24

3. Wirkung der Anfechtung

Genauso wie die Anfechtung wegen Irrtums (s. § 18 Rn. 55 ff.) führt die Anfechtung wegen arglistiger Täuschung oder widerrechtlicher Drohung zur **rückwirkenden Vernichtung des Rechtsgeschäfts (Nichtigkeit ex tunc)**, § 142 Abs. 1. Die Nichtigkeit umfasst das Rechtsgeschäft insgesamt, d. h. dieses bleibt nicht etwa insoweit bestehen, als es der Anfechtende auch ohne Täuschung abgeschlossen hätte.[42] Sowohl der durch Täuschung oder Drohung herbeigeführte schuldrechtliche Vertrag (Kausalgeschäft) als auch das der Erfüllung dienende Verfügungsgeschäft (z. B. die Übereignung durch den getäuschten Verkäufer) ist anfechtbar, wenn Täuschung oder Drohung auch bei dem Erfüllungsgeschäft fortwirkten. Es bleibt dann dem Anfechtungsberechtigten überlassen, ob er nur das Kausalgeschäft oder auch das Erfüllungsgeschäft anficht.[43] 25

---

41 BGH NJW 1969, 604.
42 BGH NJW 2010, 289 (zu Versicherungsvertrag).
43 Dazu Rüthers/Stadler § 25 Rn. 91.

26 Bei in Vollzug gesetzten **Gesellschaftsverträgen** führt die Anfechtung wegen arglistiger Täuschung oder Drohung ebenso wie die Irrtumsanfechtung (vgl. § 18 Rn. 58) nicht zu einer rückwirkenden Nichtigkeit, sondern zur Auflösung der Gesellschaft von nun an (ex nunc). Beim Arbeitsvertrag sollte dasselbe gelten, wenn der Arbeitnehmer der Anfechtungsberechtigte ist (also die Täuschung oder Drohung durch den Arbeitgeber erfolgte). Wurde dagegen der Abschluss des **Arbeitsvertrags** durch arglistige Täuschung oder Drohung des Arbeitnehmers herbeigeführt, erscheint die Anfechtung mit Rückwirkung interessengerecht, auch wenn der Arbeitnehmer seine Tätigkeit bereits aufgenommen hat.[44] Bei einem durch Überlassung der Räume in Vollzug gesetzten **Mietvertrag** bleibt es bei der rückwirkenden Nichtigkeit und der bereicherungsrechtlichen Rückabwicklung, da hier keine der Situation bei Arbeits- und Gesellschaftsverträgen vergleichbaren Besonderheiten vorliegen.[45]

27 Ein wichtiger Unterschied zur Irrtumsanfechtung liegt darin, dass es, anders als nach § 122 Abs. 1, hier **keine Schadensersatzpflicht des Anfechtenden** gibt. Dies ist unmittelbar einsichtig, ist der Anfechtende doch das Opfer der Täuschung oder der Drohung geworden. Aufgrund dieses Unterschieds in den Rechtsfolgen ist die Anfechtung nach § 123 auch dann keineswegs bedeutungslos, wenn zugleich eine Anfechtung wegen Irrtums möglich ist. Dies mag etwa der Fall sein, wenn ein Darlehensgeber arglistig über die Kreditwürdigkeit des Darlehensnehmers getäuscht wurde, so dass die Anfechtung sowohl nach § 119 Abs. 2 (Irrtum über persönliche Eigenschaften) als auch nach § 123 Abs. 1 möglich wäre. Der Anfechtungsberechtigte wird in solchen Fällen die Anfechtung in der Regel auf beide Anfechtungsgründe (in erster Linie Anfechtung wegen arglistiger Täuschung, hilfsweise wegen Irrtums) stützen. Bei der Lösung eines Falles sind gegebenenfalls beide Anfechtungsmöglichkeiten zu erörtern.

IV. Konkurrenzfragen, insbesondere Verhältnis zur culpa in contrahendo

1. Mängelansprüche

28 Die Anfechtung nach § 123 wird, anders als die Anfechtung durch den Käufer wegen Eigenschaftsirrtums (s. § 18 Rn. 41 ff.), nicht durch die Vorschriften über Mängelansprüche beim Kauf ausgeschlossen. Die arglistige Täuschung oder Drohung stellt ein über die Lieferung einer mangelhaften Sache hinausgehendes Unrechtsverhalten des Verkäufers dar, das durch die Vorschriften über Rechts- und Sachmängel nicht erfasst wird.

---

44 Näher MünchKomm/Armbrüster § 123 Rn. 7.
45 BGH NJW 2009, 1266.

2. Haftung wegen Verschuldens beim Vertragsschluss (culpa in contrahendo)

Eine **arglistige Täuschung im Rahmen von Vertragsverhandlungen** stellt im Allgemeinen zugleich eine Verletzung der Sorgfaltspflichten (§ 241 Abs. 2) dar, die aus dem vorvertraglichen Rechtsverhältnis (§ 311 Abs. 2) folgen, so dass eine Haftung auf Schadensersatz aus culpa in contrahendo (§ 280 Abs. 1, s. dazu § 6 Rn. 45) in Betracht kommt. Daraus kann sich, wenn der Schaden in der Eingehung des Vertrages zu sehen ist, ein **Anspruch auf Aufhebung des Vertrages** ergeben (Naturalrestitution i. S. v. § 249 Abs. 1). Diese Regelung greift insofern weiter als die Anfechtung nach § 123, als die culpa in contrahendo auch **fahrlässig** begangen werden kann. Außerdem gilt für Ansprüche aus culpa in contrahendo die regelmäßige dreijährige Verjährung (§ 195, zum Beginn s. § 199 Abs. 1) im Gegensatz zur lediglich einjährigen Anfechtungsfrist nach § 124. Denkbar wäre es, die Regeln über die Anfechtung wegen arglistiger Täuschung als Sonderbestimmungen (leges speciales) aufzufassen, die einen Rückgriff auf die culpa in contrahendo insoweit ausschließen, als dadurch der Sache nach dieselbe Rechtsfolge wie bei Anfechtung erreicht wird. Die Rechtsprechung und ein Teil der Lehre lehnen dies jedoch ab und lassen die Anwendung der culpa in contrahendo neben § 123 auch mit der Zielrichtung zu, einen Anspruch auf Vertragsaufhebung zu begründen.[46] Dem Vorschlag,[47] diesen Anspruch in analoger Anwendung des § 124 zeitlich ebenso zu begrenzen wie das Anfechtungsrecht aus § 123, folgte der BGH[48] nicht. 29

Allerdings hat der BGH[49] betont, aus culpa in contrahendo könne nur dann ein Anspruch auf Aufhebung des Vertrages hergeleitet werden, wenn durch den Vertragsschluss ein **Vermögensschaden** entstanden sei. Die Anwendbarkeit der Regeln über culpa in contrahendo neben § 123 will der BGH vor allem damit rechtfertigen, dass jeweils unterschiedliche Schutzrichtungen bestünden: bei § 123 gehe es um den Schutz der freien Selbstbestimmung unabhängig vom Eintritt eines Schadens, während eine Rückgängigmachung des Vertrags nach c.i.c.-Regeln einen durch schuldhafte Sorgfaltspflichtverletzung entstandenen Vermögensschaden voraussetze. Da aber die arglistige Täuschung zumeist auf den Abschluss eines auch wirtschaftlich ungünstigen Vertrages oder jedenfalls auf eine für den Getäuschten im Hinblick auf seine sonstigen Dispositionen ungünstige Mittelverwendung hinauslaufen wird, dürfte trotz dieser Einschränkung vielfach die culpa in contrahendo neben § 123 zum Zuge kommen. 30

---

46 Z. B. BGH NJW 1979, 1983; NJW 1998, 302, 303 mwN; Köhler § 7 Rn. 66 f.; Wolf/Neuner § 41 Rn. 115 ff.; Mertens AcP Bd. 203 (2003), 818, 844 ff. (gilt auch nach der Schuldrechtsreform). – A. M. z. B. Brox/Walker Rn. 463.

47 Dafür Fleischer AcP Bd. 200 (2000), 91, 119 (mwN); Wolf/Neuner § 41 Rn. 118; MünchKomm/Armbrüster § 123 Rn. 91.

48 BGH NJW-RR 2002, 308, 310.

49 BGH NJW 1998, 302; WM 2007, 1182 Rn. 8; zust. Köhler § 7 Rn. 67. Gegen das Erfordernis eines Vermögensschadens Lorenz ZIP 1998, 1053; Grigoleit NJW 1999, 900; Fleischer AcP Bd. 200 (2000), 91, 108 ff. (jedoch für analoge Anwendung des § 124 auf den Vertragsaufhebungsanspruch aus c.i.c., aaO S. 119 mwN für diese Ansicht).

3. Unerlaubte Handlungen

31 Neben der Anfechtbarkeit und einer Haftung aus culpa in contrahendo können dem Getäuschten **Schadensersatzansprüche aus unerlaubter Handlung** zustehen, z.B. aus §823 Abs.2 iVm. §263 StGB (Betrug) als Schutzgesetz oder aus §826 (vorsätzliche sittenwidrige Schädigung). 31

Kontrollfragen und Fälle zu § 19

1) a) Welcher Anfechtungsgrund ist für den Anfechtenden günstiger: § 119 Abs. 2 (Eigenschaftsirrtum) oder § 123 Abs. 1 (arglistige Täuschung)?

b) Schließen sich die genannten Anfechtungsgründe aus, wenn z. B. über eine verkehrswesentliche Eigenschaft einer Person arglistig getäuscht wurde?

2) Wie ist der Ausdruck „Dritter" in § 123 Abs. 2 Satz 1 zu interpretieren?

3) Unter welchen Voraussetzungen ist eine Drohung rechtswidrig i. S. des § 123 Abs. 1?

4)* A hat dem B Räume zum Betrieb eines Restaurants vermietet. Nach einiger Zeit, die Laufzeit des Mietvertrages war noch nicht beendet, vereinbarten A, B und C, dass B mit allen Rechten und Pflichten aus dem bestehenden Mietvertrag ausscheiden und C an seiner Stelle in das Mietverhältnis eintreten solle. C verpflichtete sich, eine Kaution zu leisten, zahlte aber in der Folge weder Mietzins noch Kaution. Er hatte den A durch falsche Angaben über seine wirtschaftliche Situation zum Abschluss des Vertrages gebracht; B war dieses Verhalten nicht bekannt. A ficht nun die getroffene Vereinbarung durch Schreiben an B und C aufgrund der Irreführung durch C an und verlangt von B, seinen fortbestehenden Verpflichtungen aus dem Mietvertrag nachzukommen. Wie ist die Rechtslage?

Lösungen

32 1) a) Die **Anfechtung wegen arglistiger Täuschung** ist insofern günstiger für den Anfechtungsberechtigten, als hier keine Pflicht zum Ersatz des Vertrauensschadens entsteht (§ 122 gilt nicht). Außerdem beträgt die Frist für die Anfechtung nach § 124 Abs. 1 und 2 ein Jahr nach Kenntniserlangung, während die Irrtumsanfechtung gemäß § 121 Abs. 1 Satz 1 unverzüglich (ohne schuldhaftes Zögern) zu erfolgen hat.

b) Die beiden Anfechtungsgründe **schließen sich nicht aus**; es ist Sache des Anfechtungsberechtigten, von welchem Anfechtungsrecht er Gebrauch macht.

33 2) Der Ausdruck „Dritter" ist insofern einschränkend zu interpretieren, als er **Stellvertreter** des Erklärungsempfängers oder auch andere Personen, die mit dessen Willen beim Vertragsschluss tätig geworden sind, nicht umfasst. Eine Täuschung durch solche Personen muss sich der Erklärungsempfänger also immer zurechnen lassen, unabhängig davon, ob er sie kannte oder kennen musste.

34 3) Die **Rechtswidrigkeit** der Drohung kann sich aus dem eingesetzten **Mittel**, dem angestrebten **Zweck** oder aus der **Relation zwischen Mittel und Zweck** ergeben.

35 4) Die hier von den Beteiligten gewollte Auswechslung einer Vertragspartei könnte im Ergebnis dadurch erzielt werden, dass A und B den bisherigen Mietvertrag aufheben und A mit C einen inhaltlich gleichartigen Vertrag abschließt. Damit bliebe aber unberücksichtigt, dass der gesamte Vorgang nach dem Willen der Beteiligten eine Einheit darstellte und der bisherige Mietvertrag gerade ohne Aufhebung fortgelten sollte. Es ist aber auch, wenngleich eine ausdrückliche gesetzliche Regelung fehlt, eine **Vertragsübernahme** durch einen **dreiseitigen Vertrag** der Beteiligten möglich. Davon ist hier auszugehen. A wollte die Wirksamkeit dieses dreiseitigen Vertrages insgesamt beseitigen (§ 142 Abs. 1), um zu erreichen, dass der Mietvertrag mit B ebenso weiter besteht, wie dies vor der Vertragsübernahme der Fall war. Wenn aber der dreiseitige Vertrag insgesamt beseitigt werden soll, dann muss nicht nur die **Anfechtungserklärung** gegenüber beiden Vertragspartnern erfolgen,[50] wie dies hier auch geschehen ist, sondern es muss auch gegenüber jedem Vertragspartner ein **Anfechtungsgrund** vorliegen. Hier greift § 123 Abs. 1 gegenüber C ein, während B selbst nicht getäuscht hat. Die Situation ist, auch wenn C Vertragspartner und in diesem Sinne nicht „Dritter" ist, den in § 123 Abs. 2 Satz 1 und 2 geregelten Fällen zumindest vergleichbar. Ein Anfechtungsgrund gegenüber B liegt daher nur vor, wenn dieser die Täuschung durch C kannte oder kennen musste, d. h. fahrlässig nicht kannte (Legaldefinition des Kennenmüssens in § 122 Abs. 2). Beides ist nach dem Sachverhalt zu verneinen. Da es somit an einem Anfechtungsgrund gegenüber B fehlt, bleibt es bei seinem Ausscheiden aus dem ursprünglichen Mietvertrag, so dass A ihn nicht mehr in Anspruch nehmen kann.[51]

---

50 So bereits BGHZ 96, 302, 309 f. = NJW 1986, 918; dagegen Dörner NJW 1986, 2916.

51 Näher s. BGHZ 137, 255 = NJW 1998, 531 (Vorbild des Falles). Der Fall erinnert an die bei Rn. 14 dargestellte Problematik der Anfechtung einer nach § 415 erfolgten Schuldübernahme, unterscheidet sich aber davon durch das Vorliegen eines dreiseitigen Vertrages. Mag man darin auch eher einen formalen Unterschied sehen (auch die Schuldübernahme nach § 415 ließe sich als dreiseitiger Vertrag konstruieren), so liegt ein Widerspruch zu BGHZ 31, 321 jedenfalls wegen der anderen Rollenverteilung nicht vor. Vergleichbarkeit bestünde, wenn C durch eine Täuschung seitens B zur Vertragsübernahme gebracht worden wäre und nun auch gegenüber A die Vertragsübernahme anfechten wollte. Dies müsste man, von BGHZ 31, 321 ausgehend, wohl als zulässig ansehen.

§ 20 Gesetzlich verbotene, sittenwidrige und wucherische Rechtsgeschäfte

I. Gesetzlich verbotene Rechtsgeschäfte

Fall 28: Kling beauftragte den Beck mündlich, die Terrasse seines Hauses abzudichten und mit Holz auszulegen. Beck erhielt hierfür nach Abschluss der Arbeiten 3 500 €. Kling und Beck waren darüber einig, dass keine Rechnung ausgestellt werden sollte, um Einkommensteuer und Mehrwertsteuer zu sparen. Ohne diese Abrede hätte Beck die Arbeiten nur gegen ein höheres Entgelt übernommen. Kurze Zeit nach Beendigung der Arbeiten zeigten sich Wasserschäden in der unter der Terrasse liegenden Einliegerwohnung. Nachbesserungsarbeiten des Beck blieben erfolglos. Kling ließ nach Ablauf einer letzten dem Beck gesetzten Frist die Mängel durch ein anderes Unternehmen beseitigen und verlangt von Beck Ersatz der dafür entstandenen Kosten in Höhe von 8 000 €. Beck lehnt dies ab und erklärt, da es sich um einen Fall der Schwarzarbeit nach § 1 Abs. 1, Abs. 2 Nr. 2 SchwarzArbG[1] gehandelt habe, könne Kling keine Ansprüche geltend machen. Wie ist die Rechtslage?

Fallvariante: Die von Beck geleisteten Arbeiten sind in Ordnung, aber Kling weigert sich, das vereinbarte Entgelt zu bezahlen.

1. Grundsatz

Rechtsgeschäfte, die gegen **gesetzliche Verbote** verstoßen, sind nach § 134 **nichtig**, soweit sich nicht aus dem Verbotsgesetz etwas anderes ergibt. Mit dieser generellen Vorschrift ersparte es sich der Gesetzgeber, bei den einzelnen Verbotsgesetzen jeweils die zivilrechtlichen Folgen zu nennen. Allerdings ist bei der Anwendung der Vorschrift Vorsicht geboten. § 134 greift nur ein, wenn der **Inhalt des Rechtsgeschäfts** gegen das gesetzliche Verbot verstößt. Ob dies der Fall ist, ist durch Auslegung der Verbotsnorm zu ermitteln. Außerdem tritt die Nichtigkeitsfolge nur ein, wenn sich aus dem Gesetz nichts anderes ergibt. Wenn die Verbotsnorm selbst eine Rechtsfolge des Verstoßes anordnet, so ist diese maßgebend. Aber auch, wenn dies nicht der Fall ist, muss man **Sinn und Zweck des verletzten Verbots** beachten. Erforderlich ist, mit den Worten des BGH, „eine normbezogene Abwägung, ob es mit dem Sinn und Zweck des Ver- 1

1 Gesetz zur Bekämpfung der Schwarzarbeit und illegalen Beschäftigung vom 23.7.2004, BGBl. I S. 1842. Nach § 1 Abs. 1 ist der Zweck des Gesetzes die Intensivierung der Bekämpfung der Schwarzarbeit. Gemäß § 1 Abs. 2 Nr. 2 leistet Schwarzarbeit, wer Dienst- oder Werkleistungen erbringt oder ausführen lässt und dabei als Steuerpflichtiger seine sich auf Grund der Dienst- oder Werkleistungen ergebenden steuerlichen Pflichten nicht erfüllt.

bots vereinbar ist, die durch das Rechtsgeschäft getroffene Regelung hinzunehmen bzw. bestehen zu lassen.“[2]

2. Verbotsgesetze

2 Als Verbotsgesetze kommen nicht nur förmliche Gesetze, sondern auch Verordnungen, Satzungen, sogar Gewohnheitsrecht in Betracht; denn nach Art. 2 EGBGB ist Gesetz im Sinne des BGB **jede Rechtsnorm.** § 134 erfasst Verbotsnormen nicht nur im Privatrecht, sondern in allen Rechtsgebieten, bis hin zum Europarecht.[3] Die Grundrechte wirken im Allgemeinen nicht als Verbotsgesetze bei Rechtsgeschäften zwischen Privatrechtssubjekten.[4] Nicht § 134, sondern § 138 Abs. 1 stellt das „Einfallstor“ für die in den Grundrechten enthaltenen Wertungen in das Privatrecht dar, s. Rn. 32. Zur Grundrechtsbindung der öffentlichen Hand s. Rn. 5 a.E.

3 Besondere Bedeutung als Verbotsgesetzen kommt **strafrechtlichen Vorschriften** zu. Dabei ist zu beachten, dass § 134 nur zum Zug kommt, wenn sich beide Vertragspartner strafbar gemacht haben. So folgt z. B. aus der Strafbarkeit der Hehlerei (§ 259 StGB) ein gesetzliches Verbot derartiger Geschäfte. Ein Kaufvertrag zwischen dem Dieb und dem Hehler ist daher gemäß § 134 nichtig. Dagegen ist ein durch Betrug (§ 263 StGB) herbeigeführter Vertrag nicht nach § 134 nichtig, denn hier verstößt nur der Betrüger, nicht der Betrogene gegen das Strafgesetz. Der Getäuschte kann aber den Vertrag gemäß § 123 Abs. 1 anfechten.

4 Auch bei sonstigen Verbotsgesetzen greift § 134 regelmäßig nur ein, wenn **beide Vertragspartner** gegen das Verbot verstoßen haben.[5] Betrifft dagegen das gesetzliche Verbot nur einen der Vertragspartner, so führt ein Verstoß im Allgemeinen nicht zur Unwirksamkeit des Rechtsgeschäfts.[6] Zur **Schwarzarbeit** s. Rn. 11 ff.

5 Doch wird auch bei lediglich **einseitiger Gesetzesübertretung** Nichtigkeit nach § 134 angenommen, wenn der Zweck des Verbotsgesetzes nicht anders zu erreichen ist und die durch das Rechtsgeschäft getroffene Regelung nicht hingenommen werden kann.[7] So wird bei Verstößen gegen das Verbot der Erbringung von Rechtsdienstleistungen durch Nicht-Rechtsanwälte[8] die Nichtigkeit

2 BGH NJW 2003, 3692, 3693; BGH NJW 2014, 3568, 3569; st. Rspr.

3 So sieht die h. M. z. B. in Art. 88 Abs. 3 Satz 3 EGV (jetzt Art. 108 Abs. 3 Satz 3 AEUV) ein unter § 134 fallendes Verbot von Beihilfe gewährenden Verträgen, dazu BGH EuZW 2003, 444, 445; Strievi/Werner JuS 2006, 106.

4 Näher Palandt/Ellenberger § 134 Rn. 4; MünchKomm/Armbrüster § 134 Rn. 33 f.

5 BGHZ 89, 369 = NJW 1984, 1175.

6 BGH NJW-RR 2011, 1426 Rn. 12 (zum Verstoß eines Steuerberaters gegen das Verbot gewerblicher Tätigkeit nach § 57 Abs. 4 Nr. 1 StBerG).

7 BGH NJW 2002, 3015, 3016 (verneinend zu § 6 Abs. 1 Wohnungsvermittlungsgesetz).

8 Aus § 3 des Rechtsdienstleistungsgesetzes ergibt sich das Verbot einer selbständigen Er-

des Geschäftsbesorgungsvertrages bejaht, obwohl nur der Berater, nicht der Mandant gegen das Gesetz verstößt.[9] Auch ein Anwaltsvertrag, der gegen das (nur den Anwalt treffende) Verbot verstößt, widerstreitende Interessen zu vertreten (§ 43a Abs. 4 BRAO), ist nach § 134 nichtig.[10] Die Abtretung von Honorarforderungen durch Ärzte[11] ohne Zustimmung des Patienten ist wegen des damit verbundenen Verstoßes gegen § 203 Abs. 1 Nr. 1 StGB (Verletzung von Privatgeheimnissen – der Abtretende muss den neuen Gläubiger nach § 402 umfassend informieren) nichtig, obwohl nur der Arzt, nicht der Abtretungsempfänger gegen die Schweigepflicht verstößt. Auch die Abtretung des Provisionsanspruchs eines Versicherungsvertreters gegen die Versicherung ohne Einverständnis des Versicherungsnehmers wurde – hier wegen Verstoßes gegen § 203 Abs. 1 Nr. 6 StGB – als nichtig angesehen.[12] Verstößt die öffentliche Hand bei privatrechtlichem Handeln gegen Grundrechte einer am Rechtsgeschäft beteiligten Person (zur Grundrechtsbindung s. § 1 Rn. 12a), so ist das Rechtsgeschäft grundsätzlich nach § 134 Abs. 1 nichtig.[13]

Dagegen führt es nicht zur Nichtigkeit des Vertrages, wenn durch sog. **Ordnungsvorschriften** nur die Art und Weise (die Begleitumstände), nicht der Inhalt des Geschäfts verboten sind. Wird etwa nach Ablauf der gesetzlich zulässigen Ladenöffnungszeit noch eine Ware verkauft, so ist der Kaufvertrag gleichwohl wirksam. 6

Merksatz:
Gesetzliche Verbote i. S. v. § 134 müssen sich auf den Inhalt des Rechtsgeschäfts, nicht bloß auf die Begleitumstände beziehen. Im Allgemeinen ist ein Vertrag nur dann nach § 134 nichtig, wenn beide Vertragsparteien gegen die Verbotsnorm verstoßen, doch kann sich aus dem Zweck der Verbotsnorm etwas anderes ergeben.

---

bringung außergerichtlicher Rechtsdienstleistungen durch Personen, die weder nach diesem noch nach anderen Gesetzen dazu befugt sind.

9 BGHZ 37, 258, 261 f. = NJW 1962, 2010, 2011 (noch zum früheren § 1 Rechtsberatungsgesetz); OLG Bremen NJW 2012, 81 (zum Rechtsdienstleistungsgesetz).

10 BGH NJW 2016, 2561.

11 BGHZ 115, 123 = NJW 1991, 2955; ebenso zur Weitergabe einer ärztlichen Patientenkartei BGHZ 116, 268 = NJW 1992, 737, dazu s. Kontrollfragen und Fälle zu § 21, Fall 3. – Dasselbe galt für die Abtretung von Honorarforderungen von Rechtsanwälten, BGHZ 122, 115 = NJW 1993, 1638. Später wurden die Voraussetzungen der Abtretung dieser Ansprüche in § 49b Abs. 4 BRAO ausdrücklich geregelt.

12 BGH NJW 2010, 2509.

13 BVerfG NJW 2016, 3153 Rn. 44 ff. (zu diskriminierender Preisgestaltung in kommunalem Freizeitbad).

3. Rechtsfolgen

7 Die in § 134 enthaltene Einschränkung, wonach die Nichtigkeit nicht gilt, wenn sich aus dem Gesetz etwas anderes ergibt, kann auch zu einer lediglich **beschränkten Nichtigkeit** führen. Insoweit spielt der **Schutzzweck des Verbotsgesetzes** eine entscheidende Rolle. Wenn ein Mietvertrag gegen den Ordnungswidrigkeitstatbestand der Mietpreisüberhöhung (§ 5 WiStG) verstößt, weil der geforderte Mietzins die ortsübliche Miete um mehr als 20% übersteigt, so wäre dem Mieter im Allgemeinen wenig damit geholfen, wenn man den Vertrag insgesamt als nichtig ansehen würde. Daher ist der Mietvertrag nur insoweit nichtig, als die ortsübliche Miete um mehr als 20% überschritten wird.[14] Zu einer solchen **geltungserhaltenden Reduktion** der Vereinbarung auf den höchsten noch zulässigen Preis wird man auch sonst bei gesetzlicher Festlegung von Höchstpreisen kommen, weil damit dem Zweck des Verbotsgesetzes genügt wird.[15]

8 Die Nichtigkeit nach § 134 kann sowohl Verträge als auch einseitige Rechtsgeschäfte (etwa eine Kündigung oder ein Testament) betreffen. Ob nur der verbotswidrige **schuldrechtliche Vertrag** oder auch **dingliche Erfüllungsgeschäfte** nichtig sind, hängt vom Zweck des Verbots ab. Bei einem verbotenen Haschischkauf erklärte der BGH[16] nicht nur den Kaufvertrag und die Übereignung des Rauschgifts, sondern auch die Übereignung des Geldes für nichtig, da durch die Zug-um-Zug-Leistung erst der Rauschgifterwerb ermöglicht wurde.

9 Soweit aufgrund eines nach § 134 nichtigen schuldrechtlichen Vertrages Leistungen erbracht wurden, kommen bereicherungsrechtliche Ausgleichsansprüche (§ 812 Abs. 1 Satz 1 – Leistungskondiktion wegen Fehlens des rechtlichen Grundes) in Betracht. Wenn der Leistende gegen ein gesetzliches Verbot verstoßen hat, steht der Rückforderung § 817 Satz 2 entgegen. Ausnahmen sind möglich, wenn das Ergebnis unter Berücksichtigung des Zwecks des Verbots und des Grundsatzes von Treu und Glauben (§ 242) nicht gerechtfertigt erscheint. Zu den Rechtsfolgen bei Schwarzarbeit s. Rn. 11 ff.

4. Gesetzesumgehung

10 Eine Gesetzesumgehung liegt vor, wenn die Beteiligten versuchen, den gesetzlichen Rechtsfolgen, insbesondere dem gesetzlichen Verbot, durch eine Vertragsgestaltung zu entgehen, die nicht den Normtatbestand erfüllt, aber demselben Zweck dient. Wenn durch zwingende Rechtsnormen ein bestimmtes Ziel, nicht nur ein bestimmter Weg zum Ziel, verboten ist, darf dieser Normzweck

---

14 Vgl. BGHZ 89, 316 = NJW 1984, 722 (noch zur früheren Fassung des § 5 WiStG).

15 BGH NJW 2008, 55 (zum Architektenhonorar bei einer den gesetzlichen Höchstsatz überschreitenden Vereinbarung).

16 BGH NJW 1983, 636.

nicht durch sachlich nicht gerechtfertigte Verwendung einer anderen rechtlichen Gestaltungsmöglichkeit vereitelt werden.[17] Da ein vom Gesetz missbilligter Erfolg nicht durch Umgehung des Gesetzes erreicht werden darf, ist auch das Umgehungsgeschäft nach § 134 nichtig.[18] Wenn z. B. die testamentarische Begünstigung eines Bediensteten in einem Heim untersagt ist (§ 14 Abs. 5 HeimG, jetzt nach den Heimgesetzen der Länder), so führt dieses Verbot auch zur Nichtigkeit einer testamentarischen Zuwendung an den Ehegatten des Heimbediensteten, die nur erfolgte, um das Eingreifen des Verbots zu vermeiden.[19] Das Verbot der Vereinbarung eines anwaltlichen Erfolgshonorars (s. Rn. 37) wird durch eine erfolgsbezogene Prozessfinanzierung unzulässig umgangen, wenn der Rechtsanwalt mehrheitlich an der prozessfinanzierenden GmbH beteiligt ist.[20]

Lösung zu Fall 28: Da die von Beck erbrachte Leistung mangelhaft war und keine 11
Nachbesserung erfolgte, könnte sich der Anspruch des Kling gegen Beck aus § 634 Nr. 2, § 637 Abs. 1 ergeben. Voraussetzung ist, dass der zwischen Kling und Beck zustande gekommene Werkvertrag (§ 631 Abs. 1) wirksam ist. Der Vertrag stellt jedoch einen Fall verbotener Schwarzarbeit nach § 1 Abs. 2 Nr. 2 SchwarzArbG dar. Das Verbot richtet sich gegen den Unternehmer und den Besteller. Beck hat seine Pflichten zur Stellung einer Rechnung und zur Abführung von Einkommen- und Umsatzsteuer nicht erfüllt. Kling kannte den Verstoß des Beck und nutzte ihn bewusst zum eigenen Vorteil, da er auf diese Weise weniger zu zahlen brauchte. Das gesetzliche Verbot richtet sich gegen den Vertrag insgesamt, nicht nur gegen die Abrede, keine Rechnung auszustellen. Dies folgert der BGH[21] aus dem Zweck des SchwarzArbG von 2004, die Bekämpfung der Schwarzarbeit zu verstärken. Aus dem nach § 134 nichtigen Vertrag kann aber Kling keine Mängelansprüche herleiten.

Damit hat sich der BGH von seiner früheren, im Ergebnis entgegengesetzt lau- 11a
tenden Rechtsprechung verabschiedet. Damals hatte der BGH[22] die Ohne-Rechnung-Abrede wegen Verstoßes gegen steuerrechtliche Vorschriften als nichtig angesehen und angenommen, erst aus § 139 könne sich die Nichtigkeit des gesamten Vertrages ergeben. Dies ließ der BGH jedoch offen, da es jedenfalls als Verstoß gegen Treu und Glauben zu bewerten sei, wenn sich der Unternehmer auf die Nichtigkeit des Vertrages berufe, um Mängelansprüche abzuwehren. Ob diese Rechtsprechung dem Zweck des gesetzlichen Verbots entsprach, war schon damals sehr zweifelhaft. Dass sich der BGH zur Rechtfertigung seiner Rechtsprechungsänderung auf die Neufassung des SchwarzArbG 2004 beruft, wirkt daher nicht unbedingt überzeugend, aber dem Ergebnis ist jedenfalls zuzustimmen.

---

17 BAG NJW 2008, 939 (entscheidend ist die objektive Funktionswidrigkeit des Rechtsgeschäfts, während es auf eine Umgehungsabsicht nicht ankommt).

18 So BGHZ 85, 39, 46. Man kann auch die Verbotsnorm so auslegen, dass sie auch das Umgehungsgeschäft verbietet.

19 OLG Frankfurt NJW 2001, 1504; näher s. Leipold, Erbrecht, 21. Aufl., Rn. 242.

20 OLG München NJW 2012, 2207.

21 BGHZ 198, 141 = NJW 2013, 3167. Aus dem Zweck des SchwarzArbG folgt ferner, dass der Vertrag auch dann insgesamt nichtig ist, wenn die Schwarzarbeitsabrede erst nachträglich geschlossen wurde, BGH NJW 2017, 1808.

22 BGHZ 176, 198 = NJW-RR 2008, 1050.

11b **Fallvariante:** Da der Vertrag wegen Verstoßes gegen das Verbot der Schwarzarbeit nichtig ist, hat Beck keinen vertraglichen Anspruch auf das Entgelt (§ 631 Abs. 1). Jedoch könnte Beck ein Bereicherungsanspruch[23] aus § 812 Abs. 1 Satz 1 gegen Kling zustehen, da dieser durch die in den ausgeführten Arbeiten des Beck liegende Leistung einen Vermögensvorteil erlangt hat. Nach § 817 Satz 2 ist aber die Rückforderung einer Leistung ausgeschlossen, wenn dem Leistenden ein Verstoß gegen die guten Sitten zur Last fällt. Nach dem Wortlaut des § 817 Satz 2 bezieht sich dieser Ausschluss der Rückforderung zwar, wie sich aus dem Wort „gleichfalls" ergibt, nur auf Fälle, in denen auch der Empfänger durch die Annahme gegen die guten Sitten verstieß. Nach allgemeiner Ansicht ist aber § 817 Satz 2 auch dann anzuwenden, wenn nur der Leistende verwerflich gehandelt hat. Man versteht diese Vorschrift als Ausdruck des Prinzips, dass derjenige, der sich bewusst über die Rechtsordnung hinweg gesetzt hat, sich später nicht auf die Rechtsordnung berufen darf, um die Folgen seines Verstoßes zu korrigieren. Allerdings schränkt man die Anwendung des § 817 Satz 2 ein, wenn Sinn und Zweck eines Verbotsgesetzes die Gewährung eines Rückforderungsanspruchs zwingend erfordern. In seiner früheren Rechtsprechung hatte der BGH[24] argumentiert, dem Zweck der Bekämpfung von Schwarzarbeit genüge es, wenn vertragliche Ansprüche auf das Entgelt versagt würden. Dagegen entspreche es nicht Treu und Glauben, wenn der durch die Vorleistung begünstigte Besteller den Vorteil völlig unentgeltlich behalten dürfe. Auch diese Rechtsprechung hat der BGH[25] unter Berufung auf den generalpräventiven Zweck des SchwarzArbG von 2004 aufgegeben. Er sieht in der Versagung sowohl von Mängelansprüchen des Bestellers als auch von jeglichen (auch bereicherungsrechtlichen) Vergütungsansprüchen des Unternehmers den richtigen Weg, um die Schwarzarbeit entsprechend der Zielsetzung des Gesetzgebers mit den Mitteln des Zivilrechts effektiv zu bekämpfen.

11c **Ergänzung:** Hätte der Besteller den Werklohn für die Schwarzarbeit bereits bezahlt, stünde ihm wegen § 817 Satz 2 auch kein Anspruch auf Rückzahlung zu.[26]

II. Veräußerungsverbote

Fall 29: a) V schenkt seinem Sohn S ein wertvolles Gemälde, behält sich aber den jederzeitigen Widerruf der Schenkung vor und lässt sich von S eine Erklärung unterschreiben, wonach S bis zum Ableben des V verbindlich auf das Recht verzichtet, das Bild zu veräußern. Gleichwohl verkauft und übergibt S das Bild zu einem angemessenen Preis an D. Ist D Eigentümer des Bildes geworden?

b) V erfährt, dass S das Bild verschiedenen Interessenten angeboten hat und erwirkt eine einstweilige Verfügung, in der S verboten wird, das Bild zu veräußern. S hält sich nicht daran und veräußert das Bild an E, der von der einstweiligen Verfügung nichts weiß. Hat E das Eigentum an dem Bild erlangt?

---

23 Ansprüche aus Geschäftsführung ohne Auftrag sind zu verneinen, weil die Rückabwicklung von Leistungen aufgrund nichtiger Verträge Sache des Bereicherungsrechts ist, näher Lorenz NJW 2013, 3132, 3133 f.

24 BGHZ 111, 308 = NJW 1990, 2542.

25 BGHZ 201, 1 = NJW 2014, 1805.

26 BGHZ 206, 69 = NJW 2015, 2406.

1. Absolute Veräußerungsverbote

Absolute Veräußerungsverbote bestehen **im öffentlichen Interesse**, z.B. nach Vorschriften des Denkmalschutzes. Hierher gehört auch eine Beschlagnahme nach der StPO oder nach Notstandsgesetzen. Im BGB sind die absoluten Veräußerungsverbote nicht besonders geregelt; §136 betrifft nur die Beschlagnahme zugunsten einzelner Personen (relatives Veräußerungsverbot, s. Rn.13f.). Wenn entgegen einem absoluten Veräußerungsverbot eine Übereignung erfolgt, so ergibt sich deren (gegenüber jedermann geltende) **Nichtigkeit aus §134**. 12

2. Relative Veräußerungsverbote

Diese Verbote bezwecken nur den **Schutz bestimmter Personen**. Ein Verstoß dagegen führt gemäß §135 lediglich zu einer **relativen Unwirksamkeit**, die nur von der geschützten Person geltend gemacht werden kann. Dasselbe gilt gemäß §136 bei behördlichen oder gerichtlichen Verboten, wenn diese nur dem Schutz einzelner Personen dienen. Wird z.B. aus Anlass eines Streits über das Eigentum auf Antrag der einen Partei der anderen die Veräußerung der Sache durch **einstweilige Verfügung** untersagt, so ist eine gleichwohl erfolgte Veräußerung lediglich dem Verfügungsantragsteller gegenüber unwirksam, nicht aber gegenüber anderen Personen. 13

Ein relatives Veräußerungsverbot kann, wie sich aus §135 Abs.2 ergibt, durch **guten Glauben** des Erwerbers überwunden werden. Vorausgesetzt ist aber, dass es bei dem betreffenden Geschäft überhaupt einen gutgläubigen Erwerb gibt. Dies gilt etwa nach §932 bei beweglichen Sachen, nach §892 bei Grundstücken, während ein gutgläubiger Erwerb von Forderungen in der Regel nicht möglich ist. Wird also eine im Wege der Zwangsvollstreckung gepfändete Forderung abgetreten (in der Pfändung liegt ein Veräußerungsverbot), so ist die Abtretung dem Vollstreckungsgläubiger gegenüber unwirksam, auch wenn der Abtretungsempfänger von der Pfändung nichts weiß. 14

Merksatz:
Relative Veräußerungsverbote können nur dann durch guten Glauben des Erwerbers überwunden werden, wenn auch bei gänzlich fehlendem Recht des Veräußerers ein gutgläubiger Erwerb möglich ist.

3. Rechtsgeschäftliche Veräußerungsverbote

Die Verfügungsbefugnis kann nicht durch Rechtsgeschäft ausgeschlossen oder beschränkt werden, §137 Satz1.[27] Jedoch ist nach §137 Satz2 die Verpflich- 15

27 Eine Ausnahme von diesem Grundsatz enthält §399, wonach die Abtretbarkeit einer

tung, nicht zu verfügen, gültig. Beide Bestimmungen stehen nur auf den ersten Blick miteinander in Widerspruch. Satz 1 bezieht sich auf **Verfügungen** und hat zur Folge, dass das rechtliche Können des Berechtigten nicht beschränkt werden kann. Wenn aber der Berechtigte sich verpflichtet hat, eine bestimmte Veräußerung zu unterlassen, so ist diese **Verpflichtung** wirksam, und bei einem Verstoß dagegen kann nach Maßgabe des Schuldrechts Schadensersatz verlangt werden. Das rechtliche Dürfen kann also durch Vereinbarung ausgeschlossen werden. Wie lange das Veräußerungsverbot gilt, richtet sich nach der Vereinbarung. Eine zeitliche Obergrenze kraft Gesetzes (etwa eine Begrenzung auf 30 Jahre) gibt es nicht.[28]

16 Bei einem Grundstück kann z. B. die Verpflichtung des Erwerbers, die Immobilie nicht an einen Dritten weiter zu veräußern, dadurch abgesichert werden, dass für den ursprünglichen Eigentümer ein durch die Weiterveräußerung an einen Dritten aufschiebend bedingter Rückauflassungsanspruch vereinbart wird. § 137 Satz 1 hindert nicht, diesen Anspruch durch Eintragung einer Vormerkung (§ 883 Abs. 1 Satz 1 und 2) zu sichern.[29]

Merksatz:
Durch die Vereinbarung eines Veräußerungsverbots kann nur das rechtliche Dürfen, nicht das rechtliche Können beschränkt werden.

Lösung zu Fall 29:

17 a) Die Übereignung des Bildes durch S an D nach § 929 wäre unwirksam, wenn dem S die Verfügungsbefugnis über das Eigentum fehlte. Das vertraglich vereinbarte Verbot der Veräußerung kann jedoch nach § 137 Satz 1 die Verfügungsbefugnis des S nicht ausschließen. Daher ist D Eigentümer geworden. Das vereinbarte Veräußerungsverbot hat die Wirkung, dass S verpflichtet war, über das Bild nicht zu verfügen, § 137 Satz 2. Daraus können sich aber nur Schadensersatzansprüche des V gegen S wegen Pflichtverletzung (§ 280) ergeben.

18 b) Das Verbot der Veräußerung durch einstweilige Verfügung begründet ein relatives Veräußerungsverbot i. S. v. § 136, § 135 Abs. 1. Die Übereignung durch S an E könnte daher nach § 135 Abs. 1 Satz 1 dem V gegenüber unwirksam sein. Jedoch ermöglicht § 135 Abs. 2 einen gutgläubigen Erwerb in entsprechender Anwendung des § 932. Da E das Veräußerungsverbot nicht kannte und der Sachverhalt auch keine Anhaltspunkte für eine grob fahrlässige Unkenntnis (§ 932 Abs. 2) enthält, ist E Eigentümer geworden.

Forderung (die Abtretung stellt eine Verfügung über die Forderung dar) durch Vereinbarung zwischen Gläubiger und Schuldner ausgeschlossen werden kann. Diese Regelung wird allerdings durch § 354a HGB bei Forderungen aus einem beiderseitigen Handelsgeschäft stark eingeschränkt, näher s. Palandt/Grüneberg § 399 Rn. 9.

28 BGH NJW 2012, 3162 (auch zu den Voraussetzungen einer denkbaren Sittenwidrigkeit).

29 BGHZ 134, 182 = NJW 1997, 861.

III. Sittenwidrige Rechtsgeschäfte

Fall 30: Die damals 21-jährige Tochter des V unterzeichnete eine selbstschuldnerische Bürgschaft zur Sicherung aller Forderungen der Sparkasse gegen V bis zu einem Höchstbetrag von 100 000 € zuzüglich Nebenleistungen. Bei der Unterzeichnung erklärte der Vertreter der Sparkasse: „Hier bitte, unterschreiben Sie mal, Sie gehen dabei keine große Verpflichtung ein, ich brauche das für meine Akten." T war überwiegend arbeitslos und hatte kein Vermögen. Einige Jahre später – V war inzwischen als Reeder tätig geworden und die Sparkasse hatte den Kauf eines Schiffes mit 1,3 Millionen € finanziert – wurden die offenen Kredite von etwa 2,4 Millionen € gekündigt und T aus der Bürgschaft in Anspruch genommen. Der Schuldsaldo einschließlich Zinsen aus der Bürgschaft beläuft sich auf 160 000 €. T, mittlerweile allein erziehende Mutter eines Sohnes, lebt von Sozialhilfe und Erziehungsgeld. Sie bestreitet, aus der Bürgschaft zur Zahlung verpflichtet zu sein. Wie ist die Rechtslage? (Lösung s. Rdnr. 32)

1. Funktion des § 138 Abs. 1

§ 138 Abs. 1 ist eine **Generalklausel**, die eine **inhaltliche Kontrolle von Rechtsgeschäften** unabhängig von konkreten Verbotsnormen ermöglicht. Die Verweisung auf die guten Sitten erlaubt der Rechtsprechung, grundlegende rechtliche Wertungen weiterzuentwickeln und dadurch das Recht fortzubilden. Der Begriff der guten Sitten findet sich auch in § 826 (sittenwidrige vorsätzliche Schädigung), s. § 9 Rn. 15 ff. 19

2. Voraussetzungen der Sittenwidrigkeit

Das Reichsgericht umschrieb die guten Sitten in einer berühmten Definition wie folgt: „Gegen die guten Sitten verstößt ein Rechtsgeschäft, das dem Anstandsgefühl aller billig und gerecht Denkenden widerspricht".[30] Diese Formel wird bis in die Gegenwart von der Rechtsprechung, auch vom BGH,[31] verwendet. Allzu viel ist mit dieser Definition schon aufgrund ihrer Allgemeinheit nicht anzufangen. Immerhin zeigt sie, dass nicht auf die subjektiven Vorstellungen des Richters abzustellen ist, aber auch nicht schlechthin auf die Üblichkeit in der sozialen Wirklichkeit. Wenn z. B. in bestimmten Bereichen Missbräuche eingerissen sind, so können die Gerichte gleichwohl solche Verhaltensweisen als sittenwidrig bewerten. 20

---

30 RGZ 48, 124.

31 ZB BGHZ 141, 357, 361 = NJW 1999, 2266, 2267; neueres Beispiel zum Verständnis der Formel OLG Hamm NJW-RR 2011, 1197 = IPRax 2012, 257 (dazu Looschelders, S. 238): Sittenwidrigkeit einer Brautgeldabrede unter Berücksichtigung der in Art. 6 GG verankerten Freiheit der Eheschließung.

21 Wie auch die vom Reichsgericht stammende Formel zeigt, wurde die Bezugnahme auf die guten Sitten früher vor allem als Verweisung auf in der Gesellschaft anerkannte ethische oder moralische Vorstellungen oder gar auf ein als unverrückbar angesehenes Sittengesetz verstanden. Heute geht es bei der Anwendung des § 138 Abs. 1 in erster Linie um die Konkretisierung von Wertungen innerhalb der Rechtsordnung. Treffender als der überkommene Verweis auf das „Anstandsgefühl" ist daher die vom BGH verwendete Formel, wonach ein Rechtsgeschäft dann sittenwidrig ist, „wenn es nach seinem aus der Zusammenfassung von Inhalt, Beweggrund und Zweck zu entnehmenden Gesamtcharakter mit den grundlegenden Wertungen der Rechts- und Sittenordnung nicht zu vereinbaren ist".[32]

Die Anforderungen an den **subjektiven Tatbestand**[33] werden dabei nicht sehr hoch angesetzt. Das Bewusstsein der Sittenwidrigkeit oder eine Schädigungsabsicht sind nicht erforderlich. Die Beteiligten müssen allerdings die Tatsachen kennen, aus denen sich die Sittenwidrigkeit ergibt, gegebenenfalls also den Zweck des Geschäfts. Dem steht es jedoch gleich, wenn sich jemand bewusst oder grob fahrlässig (leichtfertig) der Kenntnis dieser Tatsachen verschließt. Wenn das sittenwidrige Verhalten gegen Dritte oder die Interessen der Allgemeinheit gerichtet ist, müssen *beide* Vertragspartner sittenwidrig handeln, während dies, wenn der eine Vertragspartner das „Opfer" ist, naturgemäß nicht der Fall ist.

Merksatz:
Sittenwidrig ist ein Rechtsgeschäft, wenn es nach seinem Gesamtcharakter, der sich aus Inhalt, Beweggrund und Zweck ergibt, mit den grundlegenden Wertungen der Rechts- und Sittenordnung nicht zu vereinbaren ist

3. Konkretisierung durch Fallgruppen

22 Die Fallgruppen, in denen die Rechtsprechung § 138 Abs. 1 angewendet und konkretisiert hat, liegen auf äußerst unterschiedlichen Gebieten. Vielfach wurden dabei konkrete Voraussetzungen der Sittenwidrigkeit herausgearbeitet, die in der Praxis ähnlich wie gesetzliche Tatbestände angewendet werden. Im Folgenden wird nur beispielhaft auf einige Fallgruppen hingewiesen, s. außerdem zu den wucherähnlichen Geschäften Rn. 39 ff., zu den Familien-Bürgschaften Rn. 32 f., zu Eheverträgen Rn. 34.

a) Verträge über sexuelle Dienstleistungen

23 Sittenwidrigkeit i. S. v. § 138 Abs. 1 darf nicht mit „Unsittlichkeit" im Sinne des Alltagssprachgebrauchs gleich gesetzt werden, sondern umfasst einen viel weiteren Anwen-

---

32 BGH NJW 2008, 982 Rn. 11; BGHZ 205, 117 = NJW 2015, 2248 Rn. 69; BGH NJW 2016, 2662 Rn. 37.

33 Zusammenfassend BGHZ 146, 298 = NJW 2001, 1127.

dungsbereich, ähnlich wie dies im Begriff der Verkehrssitte (§ 133, § 242) anklingt. Immerhin stellten aber nach früher ganz h. M. Verträge, in denen sexuelle Dienstleistungen gegen Entgelt übernommen wurden, einen wichtigen Teilbereich sittenwidriger und daher nach § 138 Abs. 1 nichtiger Rechtsgeschäfte dar. Noch im Jahre 1998 erklärte der BGH z.B. Verträge über den Vertrieb von Telefonsexkarten für nichtig nach § 138 Abs. 1.[34] Durch das **Prostitutionsgesetz**[35] wurde jedoch die Rechtslage entscheidend geändert. Dies ist ein anschauliches Beispiel für die Wandelbarkeit der Anschauungen im Bereich der Sittenwidrigkeit, aber auch für den Vorrang einer konkreten gesetzlichen Regelung vor der Generalklausel des § 138 Abs. 1. Nach § 1 Abs. 1 ProstG begründet die Vereinbarung eine rechtswirksame Forderung, wenn sexuelle Handlungen gegen ein vorher vereinbartes Entgelt vorgenommen worden sind oder wenn sich eine Person für die Erbringung solcher Handlungen gegen ein vorher vereinbartes Entgelt für eine bestimmte Zeitdauer bereithält. Einwendungen gegen diesen Anspruch sind nach § 2 ProstG nur sehr begrenzt zulässig.

Obwohl durch das ProstG der Anspruch auf die vereinbarte Vergütung im Fall der Erbringung der sexuellen Dienstleistung rechtswirksam ist, könnte man weiterhin annehmen, dass der Vertrag in seinen sonstigen Rechtsfolgen als sittenwidrig anzusehen ist,[36] so dass sich aus § 138 Abs. 1 ergibt, dass die Vereinbarung keinen Anspruch auf die Erbringung der sexuellen Dienstleistung begründet. Die h. M.[37] lehnt diesen Rückgriff auf § 138 Abs. 1 jedoch ab und verweist vor allem auf die Gesetzesbegründung,[38] die in der Tat den Zweck des Gesetzes auch darin sah, Prostitution und entgeltliche Verträge über die Vornahme sexueller Handlungen vom Verdikt der Sittenwidrigkeit zu befreien. Weiterhin bleibt es aber nach allg.M. dabei, dass die Vereinbarung keinen Anspruch des Kunden auf die versprochene sexuelle Dienstleistung begründet, da eine solche Verpflichtung gegen den Schutz der Menschenwürde verstoßen würde. Diese Rechtsfolge wird jedoch nicht mehr aus § 138 Abs. 1, sondern im Wege der Auslegung aus § 1 ProstG hergeleitet, der die Vereinbarung zwingend als **einseitig verpflichtenden Vertrag** ausgestaltet.[39] Auch der BGH[40] hebt die Änderung der Rechtslage durch das ProstG hervor und folgert aus der dem Gesetz zugrunde liegenden Wertung und dem Wandel der Anschauungen in der Bevölkerung, dass auch Forderungen auf Entgelt für die Erbringung, Vermarktung oder Vermittlung von Telefonsexdienstleistungen heute nicht mehr an § 138 Abs. 1 scheitern. Die Neubewertung einer Entgeltvereinbarung für sexuelle Dienste dürfte sich z.B. auch im Erbrecht auswirken, da **testamentarische Zuwendungen** an „Geliebte" wohl selbst dann nicht mehr als nichtig angesehen werden können, wenn dadurch eine Gegenleistung für sexuelle Dienstleistungen erbracht werden soll.[41] **23a**

---

34 BGH NJW 1998, 2895.

35 Gesetz zur Regelung der Rechtsverhältnisse der Prostituierten (Prostitutionsgesetz-ProstG) vom 20. 12. 2001, BGBl. I S. 3983, geändert durch Art. 2 des Gesetzes vom 21.10.2016, BGBl. I S. 2372.

36 OLG Schleswig NJW 2005, 225, 227; Palandt/Ellenberger Anh. zu § 138, § 1 ProstG Rn. 2; Majer NJW 2008, 1926. Ebenso in Strafsachen BGH NStZ 2015, 699 Rn. 5; eher offenlassend BGH NJW 2016, 2435 Rn. 23.

37 MünchKomm/Armbrüster § 1 ProstG (nach § 138) Rn. 19; Rüthers/Stadler § 26 Rn. 37.

38 BT-Drs. 14/5958, 4.

39 Begr. BT-Drs. 14/5958, 4; Wolf/Neuner § 46 Rn. 36; MünchKomm/Armbrüster § 1 ProstG (nach § 138) Rn. 7. – A. M. Palandt/Ellenberger Anh. zu § 138, § 1 ProstG Rn. 2: nachträglich zum Teil wirksam werdender Vertrag.

40 BGH NJW 2008, 140, 141.

41 Dazu Leipold, Erbrecht, 21. Aufl., Rn. 246. – Die Auffassung, sog. Geliebtentestamente

b) Schmiergelder

24 Sittenwidrig ist, auf einem ganz anderen Feld, auch die Zahlung von „**Schmiergeldern**" an Angestellte eines anderen Unternehmens, um zu sachlich nicht gerechtfertigten Abschlüssen mit diesem zu kommen; ein auf diese Weise herbeigeführter Vertrag ist nichtig, wenn die Bestechung zu einer für den Geschäftsherrn nachteiligen Vertragsgestaltung geführt hat.[42]

c) Ausnutzung einer Monopolstellung

25 Zur Sittenwidrigkeit kann die **missbräuchliche Ausnutzung einer Macht- oder Monopolstellung** führen, ebenso eine übermäßige Bindung eines Vertragspartners, z. B. durch den Bierlieferungsvertrag einer Brauerei mit einem Gastwirt über eine sehr lange Laufzeit.[43]

d) Knebelung oder Gläubigergefährdung bei Kreditgewährung

25a Bei der Gewährung von Krediten und deren Sicherung, z. B. durch Sicherungsübereignung, hat die Rspr. verschiedene Fallgruppen der Sittenwidrigkeit herausgearbeitet.[44] Eine sittenwidrige **Knebelung** liegt vor, wenn dem Kreditnehmer die Bestellung zu weitgehender Sicherheiten abverlangt wird, so dass er in seiner wirtschaftlichen Freiheit übermäßig eingeengt wird. Auch eine **Insolvenzverschleppung** (die bereits unvermeidliche Insolvenz des Kreditnehmers wird durch die Kreditgewährung lediglich hinausgeschoben, wodurch andere Gläubiger über die Kreditfähigkeit des Schuldners getäuscht werden) oder eine anderweitige **Gläubigergefährdung** können zur Sittenwidrigkeit führen. Es sind aber jeweils die Umstände des Einzelfalles zu berücksichtigen und bei der Sittenwidrigkeit wegen Gläubigergefährdung muss beachtet werden, dass der Schutz der Gläubiger vor Benachteiligung in erster Linie Aufgabe der besonderen Vorschriften über die Insolvenz- oder Gläubigeranfechtung ist.[45]

e) Globalzession zu Lasten von Vorbehaltseigentümern

26 Die Konkurrenz zwischen einer Kredit gebenden Bank, die sich im Wege einer **Globalzession** (umfassende Abtretung der Forderungen des Kreditnehmers gegen seine Kunden an die Bank) sichern will, und dem Lieferanten, der unter Vorbehaltseigentum liefert und dieses mit einem ebenfalls auf die Abtretung der Forderungen gegen die Kunden des Vorbehaltskäufers abzielenden sog. **verlängerten Eigentumsvorbehalt** si-

---

seien schon aufgrund der Ehewidrigkeit der Beziehung regelmäßig als sittenwidrig anzusehen, wurde schon vor längerer Zeit unter Betonung der Testierfreiheit aufgegeben, vgl. BGHZ 52, 17 = NJW 1969, 1343; BGHZ 53, 369 = NJW 1970, 1273.

42 BGHZ 141, 357, 361 = NJW 1999, 2266, 2267.

43 Nach der Rechtsprechung des BGH liegt bei den Bier- oder Getränkelieferungsverträgen die Grenze bei einer Vertragslaufzeit von 15 Jahren, unter besonderen Umständen von 20 Jahren. Bei längeren vereinbarten Fristen wird der Vertrag nicht insgesamt als nichtig angesehen, sondern analog § 139 mit entsprechend reduzierter Laufzeit (bei im Übrigen unveränderten Vertragspflichten beider Teile) aufrechterhalten, BGH NJW 1992, 2145.

44 Zusammenfassend BGH NJW 2016, 2662 Rn. 39 mwN.

45 BGH NJW 2016, 2662 Rn. 43.

chern möchte, wird von der Rechtsprechung[46] ebenfalls über § 138 Abs. 1 gelöst: Die Globalzession an die Bank wird als sittenwidrig und damit nichtig angesehen, wenn sie sich auch auf Forderungen des Kreditnehmers erstreckt, die von einem verlängerten Eigentumsvorbehalt erfasst werden sollen; denn insofern fällt der Bank eine Verleitung des Kreditnehmers zum Vertragsbruch gegenüber dem Vorbehaltsverkäufer zur Last. Will man die Sittenwidrigkeit vermeiden, so muss vereinbart werden, dass die Rechte der Vorbehaltslieferanten den Vorrang vor der Globalzession erhalten (sog. dingliche Teilverzichtsklausel).[47]

f) Hinauskündigung sowie Abfindungsausschluss im Gesellschaftsrecht

Um die Freiheit des einzelnen Gesellschafters bei der Ausübung seiner Rechte zu schützen, wird eine sog. **Hinauskündigungsklausel** im Gesellschaftsvertrag einer Personengesellschaft oder einer GmbH grundsätzlich als sittenwidrig betrachtet.[48] Es handelt sich um Klauseln, die es einem Gesellschafter, einer Gesellschaftergruppe oder der Mehrheit der Gesellschafter gestatten, einen Mitgesellschafter ohne sachlichen Grund aus der Gesellschaft auszuschließen. Besondere Umstände und Ausgestaltungen der Klausel können aber zur sachlichen Rechtfertigung und damit zur Wirksamkeit solcher Vereinbarungen führen.[49] Grundsätzlich sittenwidrig sind Bestimmungen im Gesellschaftsvertrag einer GmbH, die bei Ausscheiden eines Gesellschafters eine **Abfindung** für den Verlust der Gesellschafterstellung **ausschließen**. Dies gilt auch, wenn die Einziehung des GmbH-Anteils wegen grober Pflichtverletzung des Gesellschafters erfolgt.[50] 27

g) Schneeballsysteme

Auch die Vereinbarung, die einem sog. „Schenkkreis" o. ä. zugrunde liegt, ist sittenwidrig, wenn es sich um ein **Schneeball-System** handelt, das darauf angelegt ist, dass zwar die ersten Teilnehmer einen Gewinn erzielen, die große Masse der Teilnehmer aber ihren Einsatz verliert.[51] 28

4. Wandelbarkeit der Beurteilung und maßgeblicher Zeitpunkt

In verschiedener Hinsicht zeigte sich, dass die **Beurteilung als sittenwidrig** durchaus **wandelbar** ist. Das Reichsgericht erklärte etwa den Verkauf einer Rechtsanwalts- oder Arztpraxis für im Allgemeinen sittenwidrig und damit nichtig.[52] Zur Begründung verwies das RG darauf, der Beruf des Rechtsanwalts 29

---

46 BGHZ 55, 34, 35 f. = NJW 1971, 372, 373; BGH NJW 1995, 1668, 1669.

47 Dazu BGH NJW 1999, 940.

48 BGHZ 81, 263 = NJW 1981, 2565.

49 So etwa wenn sich die Klausel auf eine Gesellschafterstellung bezieht, die im Zusammenhang mit einer Managertätigkeit oder einer sonstigen Mitarbeitertätigkeit im Gesellschaftsunternehmen eingeräumt wurde, näher BGH NJW 2005, 3641 (Managermodell); NJW 2005, 3644 (Mitarbeitermodell).

50 BGH NZG 2014, 820.

51 BGH NJW 1997, 2314; NJW 2006, 45. Zur Rückforderung des bezahlten Einsatzes s. Rn. 37.

52 RGZ 153, 280; 161, 153.

sei kein Erwerb, sondern Dienst am Recht und dürfe daher nicht, wie dies durch den Praxisverkauf geschehe, als reine Gelderwerbsquelle betrachtet werden. Der BGH gelangte dagegen zur grundsätzlichen Gültigkeit des Verkaufs einer Anwaltspraxis und betonte, die Praxis eines Anwalts sei auch die Existenzgrundlage des Anwalts, und die Klientel stelle dementsprechend einen Vermögenswert dar.[53] Entsprechend haben sich auch die Regeln des anwaltlichen Berufsrechts geändert.

30 Auf die veränderte Beurteilung von Verträgen über sexuelle Dienstleistungen und von sog. Geliebtentestamenten wurde bereits oben zu Rn. 23f. hingewiesen.

31 Bei einem Wandel der gesellschaftlichen Wertvorstellungen, aber auch bei Veränderungen im tatsächlichen Bereich, ergibt sich die Frage, auf welchen **Zeitpunkt** bei der Beurteilung der Sittenwidrigkeit abzustellen ist. Nach h. M.[54] kommt es grundsätzlich auf die **Verhältnisse bei Abschluss des Rechtsgeschäfts** an. Jedenfalls im Erbrecht, in dem die rechtsgeschäftlichen Verfügungen (Testamente, Erbverträge) ihre wesentlichen Wirkungen erst in zeitlicher Distanz, nämlich beim Erbfall, entfalten, erscheint es angemessener, die Gegebenheiten zum Zeitpunkt des Erbfalls als entscheidend anzusehen.[55]

5. Sittenwidrigkeit und Grundrechte (zugleich Lösung zu Fall 30)

32 Wesentliche Impulse zum Verständnis der Sittenwidrigkeit sind in neuerer Zeit vom BVerfG ausgegangen. Das BVerfG sieht in den Grundrechten verfassungsrechtliche Grundentscheidungen für alle Bereiche des Rechts. Diese sind vor allem auch bei der Interpretation zivilrechtlicher Generalklauseln, wie § 138 (oder auch § 242 – Grundsatz von Treu und Glauben) zu beachten. Im Beispielsfall 30 (Beträge damals in DM) hatte der BGH[56] die Wirksamkeit der Bürgschaft bejaht und im Wesentlichen auf die Selbstverantwortlichkeit der volljährigen Bürgin hingewiesen. Das BVerfG[57] hob diese Entscheidung auf, weil sie der Bedeutung der Grundrechte nicht hinreichend Rechnung trage. Dabei stützte sich das BVerfG auf die in Art. 2 Abs. 1 GG als Teil der allgemeinen Handlungsfreiheit garantierte Privatautonomie. Dies ist insofern auf den ersten Blick überraschend, als man im Allgemeinen gerade umgekehrt in der Vertragsfreiheit und

---

53 BGHZ 43, 46, 48 = NJW 1965, 580.

54 BGH NJW 2016, 2662 Rn. 46 mwN, st. Rspr.; Palandt/Ellenberger § 138 Rn. 9f. – Dazu ausführlich Schmoeckel AcP Bd. 197 (1997), 1ff.; Eckert AcP Bd. 199 (1999), 337, 359.

55 Näher s. Leipold, Erbrecht, 21. Aufl., Rn. 249f.

56 BGH NJW 1989, 1605.

57 BVerfGE 89, 214 = NJW 1994, 36; s. auch BVerfG NJW 1994, 2749. – Die Rspr. des BVerfG ist zum Teil auf scharfe Kritik gestoßen, vgl. nur Zöllner AcP Bd. 196 (1996), 1ff. Sie stellt aber keinen grundsätzlichen Angriff auf die Privatautonomie, insbesondere die Vertragsfreiheit, dar, sondern setzt der Ausnutzung besonderer Zwangslagen die auch aus der Sicht der Grundrechte notwendigen Grenzen.

der darin wurzelnden vertraglichen Bindung einen Kerninhalt der Privatautonomie sieht. Das BVerfG betonte aber, dass sich aus der Privatautonomie auch Schranken für die Bindung an einen Vertrag ergeben können, wenn beim Abschluss des Vertrages keine hinreichende Freiheit des Einzelnen bestand. Bei „strukturellen Störungen der Vertragsparität" muss nach Ansicht des BVerfG eine inhaltliche Kontrolle des geschlossenen Vertrags möglich sein.

Im konkreten Fall verwies das BVerfG auf die ausgeprägte Unterlegenheit der Bürgin, der es an geschäftlicher Erfahrung gefehlt habe und die mit einem ungewöhnlich hohen Risiko belegt worden sei. Der BGH habe vor allem auch die verharmlosende Bemerkung des Angestellten des Kreditinstituts nicht genügend beachtet, wonach die Bürgin keine große Verpflichtung eingehe. In der Anschlussentscheidung ist der BGH[58] zur Nichtigkeit der Bürgschaft nach § 138 Abs. 1 gelangt.

Dem folgte eine ganze Serie von BGH-Entscheidungen zur Sittenwidrigkeit von Bürgschaften von Familienangehörigen des Hauptschuldners, die der zuvor weit verbreiteten Praxis der Banken, sich solche Bürgschaften gewähren zu lassen, den Boden entzog. Nach dem heute erreichten Stand der Rechtsprechung werden aufgrund der **emotionalen Abhängigkeit** übernommene Bürgschaften oder Mithaftungsübernahmen durch Kinder,[59] Ehegatten,[60] nicht verheiratete Partner,[61] u. U. auch durch Geschwister[62] des Hauptschuldners in der Regel als sittenwidrig und damit nichtig angesehen, wenn der Bürge **finanziell krass überfordert** ist[63] und der gesicherte Kredit nicht auch in wesentlichem Maße den eigenen Interessen des Bürgen dient. Die krasse finanzielle Überforderung des mit dem Hauptschuldner emotional verbundenen Bürgen führt zu der **widerlegbaren Vermutung**, dass die Bürgschaft aufgrund der emotionalen Bindung übernommen wurde und der Kreditgeber dies ausgenutzt hat.[64] – Die von einem **Arbeitnehmer** übernommene Bürgschaft zur Sicherung eines dem Arbeitgeber von einer Bank gewährten Kredits ist sittenwidrig, wenn sie den Arbeitnehmer finanziell krass überfordert und dieser sich in einer Zwangslage befand, weil ohne die Kreditgewährung mit einem Verlust des Arbeitsplatzes zu rechnen war.[65] 33

58 BGH NJW 1994, 1341.

59 BGH NJW 1997, 52 (bei finanzieller Abhängigkeit des – erwachsenen – Kindes von den Eltern).

60 BGH NJW 1996, 513. – Auch ein Interesse des Gläubigers, sich auf diese Weise vor Vermögensverschiebungen zwischen den Eheleuten zu schützen, ändert nichts an der Sittenwidrigkeit einer (nicht ausdrücklich auf diesen Fall beschränkten) Ehegattenbürgschaft, BGHZ 151, 34 = NJW 2002, 2228 (anders zum Teil die frühere Rechtsprechung des BGH).

61 Dazu BGH NJW 1997, 1005.

62 Nach BGHZ 137, 329 = NJW 1998, 597 bei enger persönlicher Verbundenheit oder innerer Abhängigkeit.

63 Zu den dafür maßgebenden Kriterien BGHZ 146, 37 = NJW 2001, 815 (grundsätzlich erst dann zu bejahen, wenn der Betroffene nicht einmal die laufenden Zinsen der Hauptschuld aufzubringen vermag). – Dass das heutige Insolvenzrecht dem krass überforderten Schuldner einen Weg zur Restschuldbefreiung eröffnet (§§ 286 ff. InsO), ergibt keinen Anlass zur Änderung der Sittenwidrigkeitsrechtsprechung, BGH NJW 2009, 2671.

64 Zusammenfassend BGHZ 156, 302, 307 = NJW 2004, 161, 162.

65 BGHZ 156, 302 = NJW 2004, 161.

34 Eine verstärkte richterliche Inhaltskontrolle verlangt das BVerfG, an die Bürgschaftsrechtsprechung anknüpfend, auch für Vereinbarungen in **Eheverträgen**, die den einen Teil klar benachteiligen und auf eine erheblich ungleiche Verhandlungsposition zurückgehen. Dies gilt z.B., wenn eine schwangere Frau die Einwilligung des Kindsvaters zur Eheschließung nur um den Preis äußerst ungünstiger Vereinbarungen über den Unterhalt nach einer Scheidung der Ehe erlangen konnte – das BVerfG[66] ging hier von einem Recht der Frau auf Schutz vor unangemessener Benachteiligung durch den Ehevertrag aus, das es aus Art. 2 Abs. 1 i.V.m. Art. 6 Abs. 4 GG herleitete. Die richterliche Inhaltskontrolle bei für den einen Teil sehr ungünstigen ehevertraglichen Vereinbarungen für den Scheidungsfall (sie können – mit unterschiedlichen gesetzlichen Grenzen – den Unterhalt [§ 1585c], den Zugewinnausgleich [§ 1408 Abs. 1] und den Versorgungsausgleich [§ 1408 Abs. 2 iVm §§ 6 u. 8 VersAusglG] betreffen) ist aber nicht auf den Fall der bei Eheschließung schwangeren[67] und daher unter besonderem Druck stehenden Frau beschränkt. Wie weit die Inhaltskontrolle zu gehen hat, suchte der BGH[68] in einer umfangreichen Grundsatzentscheidung darzutun. Der BGH stellt die **evident einseitige Lastenverteilung** als Voraussetzung der Inhaltskontrolle in den Vordergrund und arbeitet einen besonders geschützten Kernbereich des gesetzlichen Scheidungsfolgenrechts heraus, zu dem z.B. der Betreuungsunterhalt (§ 1570),[69] weitgehend auch der Versorgungsausgleich,[70] nicht dagegen der Zugewinnausgleich (§ 1363 Abs. 2 Satz 2)[71] zu rechnen seien. Dabei unterscheidet der BGH zwischen einer auf den Abschluss der Vereinbarung bezogenen **Wirksamkeitskontrolle** nach § 138 und einer auf den Scheidungsfall bezogenen **Ausübungskontrolle** nach § 242, die vor allem zur Anpassung, aber auch zur Unwirksamkeit der getroffenen Vereinbarungen aufgrund veränderter Verhältnisse führen kann.[72] Die Rechtsprechung des BGH wurde durch § 8 Abs. 1 VersAusglG (2009) bestätigt. Danach müssen Vereinbarungen über den Versorgungsausgleich einer Inhalts- und Ausübungskontrolle standhalten. Mit der Ausübungskontrolle wird berücksichtigt, dass die Berufung eines Ehegatten auf die für ihn günstige Regelung von Scheidungsfolgen rechtsmissbräuchlich sein kann, wenn sich die Lebensverhältnisse in der Ehe im Einvernehmen[73] der Ehegatten fundamental anders entwickelt haben als bei Abschluss des Ehevertrages vorausgesetzt, etwa wenn ein Ehegatte seine Erwerbstätigkeit zugunsten der Sorge für die Kinder aufgegeben hat.

---

66 BVerfGE 103, 89, 100 = NJW 2001, 957; BVerfG NJW 2001, 2248.

67 Die Schwangerschaft begründet allein keine Sittenwidrigkeit des (für die Frau ungünstigen) Ehevertrags, wird jedoch als Indiz für eine ungleiche Verhandlungsposition bewertet, BGH NJW 2005, 2386. S. auch BGH NJW 2008, 1076, 1078 (gleichwohl wirksamer Verzicht auf Zugewinnausgleich).

68 BGHZ 158, 81 = NJW 2004, 930.

69 Dazu BGH NJW 2006, 3142.

70 BGH NJW 2009, 2124.

71 BGH NJW 2008, 1076, 1078. – Die Sittenwidrigkeit kann sich aber, selbst wenn die unter Ausnutzung der sozialen und wirtschaftlichen Abhängigkeit der Ehefrau getroffenen Einzelregelungen zu den Scheidungsfolgen nicht zu beanstanden wären, aus einer Gesamtwürdigung ergeben, BGH NJW 2017, 1883.

72 Z.B. bei Erkrankung eines Ehegatten, BGH NJW 2008, 1080 (im konkreten Fall wurde die Vertragsanpassung jedoch abgelehnt).

73 Zu diesem Erfordernis BGH NJW 2015, 52 Rn. 24. Der BGH (Rn. 26) betont auch, dass die Vertragsanpassung nur dem Ausgleich ehebedingter Nachteile dienen könne.

6. Rechtsfolgen der Sittenwidrigkeit

Das sittenwidrige Rechtsgeschäft ist gemäß § 138 Abs. 1 **nichtig**, entfaltet also von Anfang an keine Rechtswirkungen. Eine Aufrechterhaltung des Rechtsgeschäfts mit dem Inhalt, der gerade noch mit den guten Sitten vereinbar wäre (sog. **geltungserhaltende Reduktion**[74]) ist in der Regel nicht möglich, da es den Beteiligten überlassen bleiben soll, eine nicht sittenwidrige und die beiderseitigen Interessen berücksichtigende Gestaltung des Rechtsgeschäfts zu finden. Gegen eine geltungserhaltende Reduktion spricht auch, dass andernfalls dem sittenwidrig Handelnden das Risiko abgenommen würde – es bliebe ja das Rechtgeschäft mit dem gerade noch zulässigen Inhalt erhalten.[75] Jedoch ist die geltungserhaltende Reduktion ausnahmsweise zulässig, wenn die in Rede stehende Regelung usw. teilbar ist und die Interessenlage beider Parteien für die Aufrechterhaltung spricht. So kann etwa bei Bierlieferungsverträgen mit übermäßig langer Bindung der Vertrag unter Reduzierung der Laufzeit auf das zulässige Maß aufrechterhalten werden (s. Fn. 43), während bei wucherischen oder wucherähnlichen Darlehen eine Aufrechterhaltung des Darlehensvertrags unter Reduzierung des Zinssatzes abzulehnen ist, s. Rn. 42. 35

Die Nichtigkeit eines Verpflichtungsgeschäfts führt nicht notwendigerweise zur Nichtigkeit des Erfüllungsgeschäfts; denn auch hier gilt das **Abstraktionsprinzip**. Anders ist es aber, wenn gerade mit dem dinglichen Erfüllungsgeschäft der sittenwidrige Zweck verfolgt wird oder im Verfügungsgeschäft die Sittenwidrigkeit begründet liegt. So erklärte das RG[76] bei einer sittenwidrigen Zuwendung, um die Zustimmung zur Ehescheidung zu erlangen, auch das dingliche Rechtsgeschäft für nichtig. Bei sittenwidrigen Globalzessionen (zu weitgehende Sicherung im Verhältnis zu konkurrierenden Gläubigern, s. Rn. 26) ist ebenfalls das dingliche Geschäft, also die Sicherungsabtretung, nichtig. 36

Wenn dagegen ein Rechtsanwalt sich in sittenwidriger bzw. gesetzwidriger Weise ein Erfolgshonorar in Form eines Anteils an der erstrittenen Summe versprechen lässt[77] und das Honorar dann auch bezahlt wird, so bleibt es bei der Gültigkeit des Erfüllungsgeschäfts. In solchen Fällen ergeben sich **bereicherungsrechtliche Rückforderungen**, § 812 Abs. 1 Satz 1 (Leistungskondiktion aufgrund anfänglichen Fehlens des rechtlichen Grundes). Soweit auch der 37

---

74 Ob es sich dabei um Auslegung, Umdeutung (§ 140) oder Teilaufrechterhaltung (§ 139) handeln würde, mag offen bleiben.

75 BGH NJW 2009, 1135, 1136.

76 RGZ 145, 152.

77 Vgl. BGHZ 39, 142, 148 f. = NJW 1963, 1147, 1148; BGHZ 133, 90, 94 = NJW 1996, 2499, 2500. Mittlerweile ergibt sich die grundsätzliche Unzulässigkeit eines Erfolgshonorars aus § 49b Abs. 2 BRAO, so dass eine dagegen verstoßende Vereinbarung nach § 134 nichtig ist. Im Anschluss an BVerfGE 117, 163 = NJW 2007, 979 wurden durch § 4a RVG erhebliche Ausnahmen von dem Verbot zugelassen.

Leistende sittenwidrig handelt,[78] ist aber die bereicherungsrechtliche Rückforderung nach § 817 Satz 2 ausgeschlossen.[79]. Wer z. B. Geld dafür bezahlt hat, dass ein anderer einen Diebstahl für ihn ausführt, kann die Summe nicht zurückverlangen. Ausnahmsweise kann jedoch der **Schutzzweck der Nichtigkeitssanktion** gegen die Kondiktionssperre des § 817 Satz 2 sprechen. Mit dieser Begründung erkannte der BGH[80] dem Teilnehmer an einem „Schenkkreis"-Schneeballsystem einen Anspruch auf Rückzahlung der von ihm geleisteten Beiträge zu.

IV. Wucherische und wucherähnliche Rechtsgeschäfte

Fall 31: Der aufgrund privater Anschaffungen hoch verschuldete Komponist Klang braucht dringend 30 000 €, um seinen völligen wirtschaftlichen Zusammenbruch zu verhindern. Die Paradiesbank gewährt ihm das Darlehen zu einem monatlichen Zinssatz von 3%, wobei die Rückzahlung in halbjährlichen Raten von 7 500 € erfolgen soll. Nach einiger Zeit weigert sich Klang, weiterhin die vereinbarten Zinsen zu zahlen. Daraufhin verlangt die Paradiesbank sofort den gesamten Darlehensbetrag zurück. Wie ist die Rechtslage?

1. Wucher

38 Der in § 138 Abs. 2 geregelte Wucher ist ein Unterfall des sittenwidrigen Geschäfts. Er erfordert ein **objektives Element** in Form eines **auffälligen Missverhältnisses von Leistung und Gegenleistung**. Hinzukommen muss ferner ein **subjektives Element**, das in der (bewussten) **Ausbeutung** der Zwangslage oder der Unerfahrenheit, des Mangels an Urteilsvermögen[81] oder der erheblichen Willensschwäche eines anderen besteht.

2. Wucherähnliches Geschäft

39 Von den Voraussetzungen des Wuchers nach § 138 Abs. 2 kann der Nachweis der subjektiven Elemente (bewusste Ausbeutung) Schwierigkeiten bereiten. Die Rechtsprechung ist jedoch weitgehend auf § 138 Abs. 1 ausgewichen und

78 Einem Mandanten, der das unzulässig vereinbarte Erfolgshonorar bezahlt, fällt aber kein Sittenverstoß zur Last, so dass seinem Rückzahlungsanspruch § 817 Satz 2 nicht entgegensteht.
79 S. auch Rn. 44 f.
80 BGH NJW 2006, 45; NJW 2008, 1942; OLG Köln NJW 2006, 3288.
81 Dazu BGH NJW 2006, 3054, 3056: es muss in erheblichem Maß die Fähigkeit fehlen, sich durch vernünftige Beweggründe leiten zu lassen, während es nicht genügt, wenn die vorhandenen Fähigkeiten vor dem Vertragsschluss nicht hinreichend eingesetzt werden.

hat unter Rückgriff auf diese allgemeine Vorschrift den Tatbestand des wucherähnlichen Rechtsgeschäfts entwickelt. Diese Judikatur ist ein weiteres Beispiel für das Bemühen, innerhalb der Generalklausel des § 138 Abs. 1 konkrete Tatbestände herauszuarbeiten und dadurch die Voraussehbarkeit der Rechtsanwendung zu fördern.

Als objektive Voraussetzung der Sittenwidrigkeit steht auch beim wu- 40
cherähnlichen Rechtsgeschäft ein **auffälliges Missverhältnis** zwischen Leistung und Gegenleistung ganz im Vordergrund. Würde man dies allein ausreichen lassen, um die Sittenwidrigkeit des Vertrags zu bejahen, so würde man sich in Widerspruch zu § 138 Abs. 2 setzten, der neben dem auffälligen Missverhältnis weitere Voraussetzungen aufstellt. Daher setzt auch das wucherähnliche Rechtsgeschäft an sich voraus, dass **weitere Umstände** hinzutreten, die zusammen mit dem Missverhältnis von Leistung und Gegenleistung den Vertrag als sittenwidrig erscheinen lassen. Als weiterer Umstand in diesem Sinne wird vor allem eine **verwerfliche**, allein auf den eigenen Vorteil oder auf Ausnutzung einer schwierigen Lage des Vertragspartners gerichtete **Gesinnung** der begünstigten Partei betrachtet. Den dabei auftretenden Beweisschwierigkeiten begegnet die heutige Rechtsprechung[82] vor allem mit einer Differenzierung nach dem Grad der Übervorteilung. Liegt ein nur auffälliges Missverhältnis zwischen Leistung und Gegenleistung vor, so müssen besondere Umstände des konkreten Falles dargetan und bewiesen werden, die den Schluss auf eine verwerfliche Gesinnung der den Vertragspartner übervorteilenden Partei rechtfertigen. Liegt aber weitergehend ein **besonders grobes Missverhältnis** zwischen Leistung und Gegenleistung vor, so spricht eine **Vermutung** dafür, dass die begünstigte Partei ihre Interessen in verwerflicher Weise verfolgt hat.[83] Es handelt sich dabei um eine auf die Lebenserfahrung gestützte *tatsächliche Vermutung*, die zum Beweis der verwerflichen Gesinnung führt, solange sie nicht im Einzelfall durch besondere Umstände erschüttert wird.[84]

Ein **besonders grobes Missverhältnis** zwischen Leistung und Gegenleistung wird be- 41
jaht, wenn die von der übervorteilten Partei zu erbringende Leistung etwa (wenn auch knapp) **doppelt so hoch** ist wie die Gegenleistung. Dies gilt z.B. bei **Grundstückskaufverträgen** für das Verhältnis zwischen dem Wert der Immobilie und dem Kaufpreis.[85] Bei **Konsumentenkrediten** ist das besonders grobe Missverhältnis erreicht, wenn der vertraglich vereinbarte Zins doppelt so hoch ist wie der marktübliche oder wenn zwi-

82 In der früheren Rechtsprechung wurde zwischen einem lediglich auffälligen und einem besonders groben Missverhältnis nicht präzise unterschieden.

83 Zusammenfassend BGH NJW 2014, 1652.

84 BGHZ 146, 298, 304f. = NJW 2001, 1127, 1129. Dabei werden im Prozess auch an die (an sich erforderliche) Behauptung der verwerflichen Gesinnung durch den Übervorteilten keine hohen Anforderungen gestellt, BGH NJW 2014. 1652.

85 BGH NJW 2014, 1652 Rn. 8 (Kaufpreis muss den Verkehrswert der Immobiilie um 90 % oder mehr übersteigen); s. auch BGHZ 146, 298, 302 = NJW 2001, 1127, 1129 (zu dem – selteneren – Fall einer Übervorteilung des Verkäufers).

schen dem Marktzins und dem vertraglichen Zins eine Differenz von mehr als 12 Prozent besteht.[86] Bei **Lohnwucher** wird ein **auffälliges Missverhältnis** bereits bejaht, wenn die für die Arbeitsleistung vereinbarte Vergütung weniger als zwei Drittel der üblichen (insbesondere tariflichen) Vergütung[87] beträgt.[88] Ein darüber hinaus gehendes **besonders grobes Missverhältnis** zwischen Leistung und Gegenleistung, bei dem zu Lasten des Arbeitgebers die Vermutung der verwerflichen Gesinnung eingreift, setzt voraus, dass der Wert der erbrachten Arbeitsleistung mindestens doppelt so hoch ist wie die gezahlte Vergütung,[89] (anders ausgedrückt: dass die Entlohnung weniger als 50 % der üblichen Vergütung beträgt). Wird in einem **Bauvertrag** für zusätzliche Leistungen des Unternehmers eine Vergütung vorgesehen, die nahezu das Achtfache des üblichen Preises beträgt, so begründet dies die Vermutung, dass der Auftraggeber aufgrund sittlich verwerflichen Gewinnstrebens des Unternehmers übervorteilt wurde.[90] Dagegen kann bei einer Internetauktion allein aus dem Umstand, dass ein Bieter mit einem extrem niedrigen Gebot zum Zuge gekommen ist, nicht auf eine verwerfliche Gesinnung des Bieters geschlossen werden, s. § 14 Rn. 45a. Ob die Vereinbarung eines **Anwaltshonorars**, das höher ist als die gesetzlichen Gebühren, in einem auffälligen oder gar besonders groben Missverhältnis zur Leistung des Anwalts steht, hängt davon ab, ob eine Vergütung, die nach Umfang und Schwierigkeit des Mandats marktkonform wäre, deutlich überschritten wird. Auh ein Honorar, das die gesetzlichen Gebühren um ein Mehrfaches übersteigt, kann (vor allem bei niedrigen und mittleren Streitwerten) marktangemessen sein.[91]

Merksätze:
Ein auffälliges Missverhältnis zwischen Leistung und Gegenleistung kann auch ohne die besonderen Voraussetzungen des § 138 Abs. 2 (Wucher) zur Sittenwidrigkeit nach § 138 Abs. 1 führen (wucherähnliches Rechtsgeschäft), wenn weitere Umstände, insbesondere eine verwerfliche Gesinnung der begünstigten Partei, dafür sprechen. Liegt ein besonders grobes Missverhältnis vor, so spricht eine tatsächliche Vermutung für eine solche verwerfliche Gesinnung.

---

86 BGHZ 104, 102 = NJW 1988, 1659; BGHZ 110, 336 = NJW 1990, 1595.
87 Nicht maßgebend ist der gesetzliche Mindestlohn, BAG NJW 2016, 2359.
88 BAGE 130, 338 = NZA 2009, 837; BAG NJW 2015, 1709 (dies gilt auch für angestellte Rechtsanwälte).
89 BAGE 141, 349 = NZA 2012, 974; BAG NJW 2016, 2359.
90 BGHZ 196, 199 = NJW 2013, 1950; s. auch BGHZ 196, 355 = NJW 2013, 1953 (hat der Unternehmer die Vermutung einer sittlich verwerflichen Gesinnung durch den Nachweis entkräftet, ihm sei ein Berechnungsfehler unterlaufen, darf er nach Treu und Glauben nur die übliche Vergütung verlangen).
91 Ausführlich BGH NJW-RR 2017, 377 Rn. 17ff. – Von der Beurteilung als wucherähnliches Rechtsgeschäft zu unterscheiden ist die nach § 3a Abs. 2 RVG mögliche Herabsetzung einer unangemessen hohen vereinbarten Vergütung auf den angemessenen Betrag. Hier wird die Unangemessenheit widerleglich vermutet, wenn die vereinbarte Vergütung die gesetzlichen Gebühren um mehr als das 5-fache übersteigt, BGH aaO Rn. 27.

3. Rechtsfolgen

Beim Wucher (§ 138 Abs. 2) und beim wucherähnlichen Geschäft (§ 138 Abs. 1) ist das **schuldrechtliche Geschäft nichtig.** Eine Aufrechterhaltung unter Herabsetzung der überhöhten Leistung, also bei Darlehensverträgen eine Aufrechterhaltung unter Reduzierung des Zinssatzes auf das noch zulässige Maß (geltungserhaltende Reduktion, s. Rn. 35), ist abzulehnen,[92] weil sonst der wucherisch Handelnde kein Risiko eingehen würde und die Sanktion der Sittenwidrigkeit somit keine abschreckende Wirkung entfalten könnte. 42

Aus der Formulierung in § 138 Abs. 2, die auch das Gewährenlassen umfasst, entnimmt man, dass auch das **dingliche Erfüllungsgeschäft des Bewucherten**, etwa die Zahlung der überhöhten Zinsen, **nichtig** ist. Die Leistung des anderen Teils, etwa die Auszahlung des Darlehens, ist dagegen als solche nicht nichtig. Da aber das zugrunde liegende Verpflichtungsgeschäft nichtig ist, besteht ein Anspruch auf Herausgabe des Erlangten nach § 812 Abs. 1 Satz 1 (Leistungskondiktion) wegen anfänglichen Fehlens des rechtlichen Grundes. 43

Was dies bei einem **sittenwidrigen Darlehensvertrag** bedeutet, ist seit langem umstritten. Auf den ersten Blick scheint der Darlehensgeber nach § 812 Abs. 1 Satz 1 sofort die Rückzahlung des Darlehens verlangen zu können. Einschränkungen ergeben sich jedoch aus § 817 Satz 2, wonach die Rückforderung einer Leistung ausgeschlossen ist, wenn dem Leistenden ein Verstoß gegen die guten Sitten zur Last fällt. Man wendet diese Vorschrift auch an, wenn ein Bereicherungsanspruch aus § 812 (Leistungskondiktion), nicht aus § 817 Satz 1 in Rede steht und lediglich der Leistende gegen die guten Sitten verstößt.[93] Würde man aber aus § 817 Satz 2 folgern, dass der sittenwidrig handelnde Darlehensgeber den Kreditbetrag überhaupt nicht mehr zurückerhält, so wäre dies eine zu harte Strafe. Die Rechtsprechung[94] hat daher eine andere Lösung entwickelt. Sie sieht – mit Recht – die eigentliche Leistung des Darlehensgebers in der zeitweiligen Überlassung des Kapitals. Nur diese Leistung ist wegen § 817 Satz 2 nicht zurückforderbar. Also hat der Darlehensgeber erst dann einen Anspruch auf Rückzahlung, wenn nach den Vertragsbedingungen die Darlehensrückzahlung verlangt werden kann, also nach Ablauf einer fest vereinbarten Laufzeit, andernfalls aufgrund einer Kündigung mit den gesetzlichen Kündigungsfristen. 44

Diese Lösung ist dann freilich wieder für den Kreditnehmer sehr angenehm, weil er das Darlehen behalten kann, ohne **Zinsen** zahlen zu müssen (die Zinsvereinbarung ist wie der gesamte Darlehensvertrag nichtig; s. Rn. 42: keine geltungserhaltende Reduktion). Deswegen gibt es eine bemerkenswerte Gegenansicht, die mit bereicherungsrechtlichen Argumenten eine Verpflichtung des Bewucherten annimmt, für die Zeit, in der er das Darlehen behält, marktübliche Zinsen zu bezahlen.[95] Der BGH ist diesem Gedanken aber nicht gefolgt, sondern hält daran fest, dass bei Sittenwidrigkeit des Darlehens- 45

---

92 BGHZ 68, 204, 207 = NJW 1977, 1233, 1234.

93 Dazu MünchKomm/Schwab § 817 Rn. 11 ff.

94 Grundlegend RGZ 161, 52; ebenso BGHZ 99, 333, 338 f. = NJW 1987, 944, 945; BGH NJW-RR 1989, 622, 624.

95 So z. B. Medicus/Petersen, Bürgerliches Recht, Rn. 700; Brox/Walker Rn. 346.

vertrages dem Kreditnehmer aufgrund § 817 Satz 2 der Kreditbetrag für die gesamte Überlassungsdauer zinsfrei verbleibt.[96]

Lösung zu Fall 31:

1. Anspruch der Paradiesbank auf Zahlung der vereinbarten Darlehenszinsen

46 Der Anspruch auf Zinsen ist unbegründet, wenn der Darlehensvertrag (§ 488) aufgrund der ungewöhnlich hohen Zinsen (36% Jahreszins) nichtig ist. Eine Nichtigkeit wegen Wuchers i. S. v. § 138 Abs. 2 kann dennoch nicht angenommen werden, da der Sachverhalt nichts über die weiteren Voraussetzungen des § 138 Abs. 2 (Ausbeutung der Zwangslage usw.) aussagt. Jedoch kommt eine Nichtigkeit nach § 138 Abs. 1 unter dem Gesichtspunkt eines **wucherähnlichen Rechtsgeschäfts** in Betracht. Die Rechtsprechung nimmt in solchen Fällen eines Konsumentenkredits nicht nur ein auffälliges, sondern ein besonders grobes Missverhältnis zwischen Leistung (Darlehensgewährung) und Gegenleistung (Zinszahlung) jedenfalls dann an, wenn der vereinbarte Zinssatz doppelt so hoch ist wie der marktübliche Zins. Davon kann man hier ausgehen, auch wenn es sich um ein ungesichertes und damit besonders risikobehaftetes Darlehen handelt.

47 Dieser objektive Tatbestand genügt an sich nicht, um ein wucherähnliches Rechtsgeschäft zu bejahen. Um Sittenwidrigkeit nach § 138 Abs. 1 annehmen zu können, müssen weitere Umstände hinzutreten, die insbesondere in einer verwerflichen Vorgehensweise des Darlehensgebers bestehen können. Wenn aber, wie hier, nicht nur ein auffälliges, sondern ein besonders grobes Missverhältnis zwischen Leistung und Gegenleistung besteht, wird vermutet, dass der Darlehensgeber seine Interessen in nicht mehr akzeptabler Weise auf Kosten des Vertragspartners verfolgt hat. Die Paradiesbank könnte diese tatsächliche Vermutung nur entkräften, wenn sie nachweist, dass sie die Zwangslage des Klang weder erkannt noch leichtfertig nicht erkannt hat. Es ist nicht anzunehmen, dass dieser Beweis gelingt, denn wenn jemand ein Darlehen zu derart ungünstigen Bedingungen aufnimmt, muss sich der Eindruck aufdrängen, dass sich der Kreditnehmer in einer ausweglosen finanziellen Situation befindet. Die Sittenwidrigkeit führt zur Nichtigkeit des Darlehensvertrags nach § 138 Abs. 1. Der Darlehensvertrag kann nicht etwa unter Herabsetzung des Zinssatzes auf die marktübliche Höhe aufrechterhalten werden, da eine solche geltungserhaltende Reduktion in einer dem Zweck des § 138 Abs. 1 widersprechenden Weise dem Wucherer das Risiko abnehmen würde. Somit ist der Anspruch auf Zinszahlung unbegründet.

2. Anspruch auf Rückzahlung der Darlehenssumme, § 812 Abs. 1 Satz 1

48 Der Bereicherungsanspruch ist aufgrund § 812 Abs. 1 Satz 1 (Leistungskondiktion) begründet, da der Darlehensvertrag als rechtlicher Grund für die Darlehensgewährung nach § 138 Abs. 1 von Anfang an nichtig war. Jedoch könnte § 817 Satz 2 dem Rückforderungsanspruch entgegenstehen, da die leistende Bank gegen die guten Sitten verstoßen hat. Da aber die Leistung der Paradiesbank genau betrachtet nur in der zeitlich begrenzten Überlassung des Darlehens bestand, wird durch § 817 Satz 2 der Rückzahlungsanspruch nur während der Laufzeit des Darlehens ausgeschlossen. Die Paradiesbank kann also zwar nicht jetzt den gesamten Darlehensbetrag, wohl aber jeweils nach einem halben Jahr 7 500 € zurückverlangen, nach h. M. ohne dass sich aus bereicherungsrechtlichen Gesichtspunkten eine Pflicht des Klang zur Zahlung marktüblicher Zinsen herleiten ließe (näher dazu s. Rn. 45).

---

96 BGH NJW-RR 1989, 622, 624.

Kontrollfragen und Fälle zu § 20

1) Welche Arten von Veräußerungsverboten sind zu unterscheiden und welche Rechtsfolgen ziehen sie nach sich?

2) Welcher Zusammenhang besteht zwischen § 138 Abs. 1 und den Grundrechten und in welchen Bereichen wurde dieser Zusammenhang besonders deutlich?

3) Schnell erwarb für seinen (nur privat genutzten) PKW von der Fahrkomfort GmbH in deren Ladengeschäft einen Pkw-Innenspiegel mit einer unter anderem für Deutschland codierten Radarwarnfunktion zum Preis von 1 130 €. In dem von ihm unterschriebenen Kaufformular war ein Hinweis enthalten, dass die Geräte verboten seien und der Kauf von Radarwarngeräten von den Gerichten als sittenwidrig betrachtet werde. Schnell verlangt eine Woche später Rückzahlung des Kaufpreises gegen Rückgabe des Geräts, weil dieses bei verschiedenen polizeilichen Radarmessstellen in Deutschland kein Warnsignal abgegeben habe.

a) Wie ist die Rechtslage?

b) Würde die rechtliche Beurteilung anders ausfallen, wenn Schnell das Gerät bei der Fahrkomfort GmbH per Fax bestellt hatte, es zwei Tage später ohne irgendwelche Belehrungen zugesandt erhielt und sogleich den Kaufpreis an den Verkäufer überwies?

4) Im Alter von 24 Jahren übernahm Fredy Fix durch schriftliche Erklärung eine Ausfallbürgschaft in Höhe von 90 000 € nebst Zinsen für bestehende Kredite, die die Schillerbank einer seinem Vater als alleinigem Gesellschafter gehörenden GmbH gewährt hatte. Fredy Fix war zu dieser Zeit Jurastudent im 6. Semester und seit drei Jahren zugleich Geschäftsführer der GmbH. Die Bank hatte zunächst eine selbstschuldnerische Bürgschaft verlangt, sich aber dann aufgrund des von Fredy Fix geäußerten Wunsches mit der Ausfallbürgschaft begnügt. Als die GmbH sich als zahlungsunfähig erweist, verlangt die Schillerbank von Fredy Fix, der immer noch studiert und derzeit keine eigenen Einkünfte hat, Zahlung des offenen Betrages (samt aufgelaufener Zinsen) von 130 000 €. Mit Recht?

Lösungen

49 1) **Absolute Veräußerungsverbote** (im Gesetz nicht ausdrücklich geregelt) verbieten generell die Verfügung über bestimmte Gegenstände (z. B. behördliche Beschlagnahme). Ein Verstoß führt zur Nichtigkeit des Rechtsgeschäfts nach § 134.

Relative Veräußerungsverbote bezwecken den Schutz bestimmter Personen und führen nur ihnen gegenüber zur relativen Unwirksamkeit eines verbotswidrigen Rechtsgeschäfts, § 135. Dies bedeutet, dass nur die geschützte Person die Rechtsfolgen aufgrund Unwirksamkeit geltend machen kann. Relative Veräußerungsverbote können auch durch Gerichte oder Behörden verfügt werden (§ 136), etwa durch einstweilige Verfügung.

Rechtsgeschäftliche (vereinbarte) Veräußerungsverbote können nicht die dingliche Befugnis zur Verfügung beseitigen (§ 137 Satz 1), aber eine Verpflichtung begründen, die Veräußerung oder sonstige Verfügung zu unterlassen (§ 137 Satz 2).

50 2) Die Grundrechte enthalten nicht nur Abwehrrechte gegenüber der öffentlichen Hand, sondern sind zugleich Ausdruck einer **objektiven Werteordnung**, die bei der Rechtsanwendung auch im Zivilrecht zu berücksichtigen ist. Dies gilt insbesondere bei der Prüfung der Sittenwidrigkeit im Rahmen des § 138 Abs. 1. Diese Generalklausel stellt ein wichtiges „Einfallstor" für die Grundrechte in das Privatrecht dar. Als Beispiele hierfür sind die Rechtsprechung des BVerfG und des BGH zur Sittenwidrigkeit von Bürgschaften naher Angehöriger und zur inhaltlichen Kontrolle von Vereinbarungen in Eheverträgen für den Fall der Ehescheidung zu nennen.

51 3) **Frage a):** Wenn das Radargerät mangelhaft ist, könnte dem Schnell ein Recht zum **Rücktritt** nach § 437 Nr. 2 (i. V. m. den dort genannten Vorschriften) und nach Erklärung des Rücktritts ein Anspruch auf Rückzahlung des Kaufpreises gemäß § 346 Abs. 1 zustehen. Voraussetzung ist aber die Wirksamkeit des Kaufvertrags. Zwar ist der Erwerb eines Radarwarngeräts nicht gesetzlich verboten (kein Fall des § 134), wohl aber ist es dem Fahrer eines Kraftfahrzeugs verboten, ein solches Gerät zu betreiben oder betriebsbereit mitzuführen, § 23 Abs. 1b StVO. Da der Vertragszweck auf die verbotene Verwendung des Geräts gerichtet war und dies auch für den Verkäufer zumindest erkennbar war, verstößt der Kaufvertrag gegen die guten Sitten und ist daher nach § 138 Abs. 1 nichtig.[97] Vertragliche Ansprüche scheiden damit aus.

Ein Anspruch auf Rückzahlung des Kaufpreises könnte sich aber aus § 812 Abs. 1 Satz 1 (**Leistungskondiktion**) ergeben. Die Zahlung des Kaufpreises, also das Erfüllungsgeschäft, würde hier nicht vom Sittenwidrigkeitsurteil erfasst, doch fehlt wegen der Nichtigkeit des Kaufvertrages der rechtliche Grund für die Leistung, so dass die Voraussetzungen der genannten Anspruchsgrundlage erfüllt sind. Jedoch kann dem Rückzahlungsanspruch § 817 Satz 2 entgegenstehen. Diese Vorschrift wird aufgrund ihres Zwecks, dem sittenwidrig Handelnden den rechtlichen Schutz zu verwehren, nicht nur dann angewendet, wenn sich der Bereicherungsanspruch aus § 817 Satz 1 ergibt, sondern auch gegenüber einem Bereicherungsanspruch aus § 812 Abs. 1 Satz 1. Schnell hat das Geschäft nur abgeschlossen und auch den Kaufpreis nur bezahlt, um in den Besitz des Gerätes zu gelangen und damit Radarkontrollen überlisten zu können. Die Sittenwidrigkeit war ihm entweder bewusst oder zumindest würde, wenn er sich (entge-

97 BGH NJW 2005, 1490 (Vorbild des Falles).

gen dem Hinweis im Kaufformular) dieser Einsicht verschlossen hat, darin ein leichtfertiges Handeln liegen. Damit sind die Voraussetzungen sittenwidrigen Handelns auch in der Person des Schnell gegeben. Der Ausschluss des Anspruchs des Schnell aufgrund § 817 Satz 2 führt auch nicht zu einem unbilligen Ergebnis.[98] Somit kann Schnell den Kaufpreis nicht zurückverlangen.

Frage b): Andere Rechtsfolgen könnten sich daraus ergeben, dass in dieser Fallvari- 52
ante ein **Fernabsatzvertrag** nach § 312e Abs. 1 vorliegt. Bei einem Fernabsatzvertrag hat der Verbraucher als Käufer gemäß § 312g Abs. 1 ein **Widerrufsrecht nach § 355**. Die Widerrufsfrist beträgt gemäß § 355 Abs. 2 Satz 1 14 Tage, beginnend (da ein Verbrauchsgüterkauf vorliegt, § 474 Abs. 1 Satz 1) frühestens mit Lieferung des Geräts, § 356 Abs. 2 Nr. 1a. Die Widerrufsfrist beginnt aber nach § 356 Abs. 3 Satz 1 nicht, bevor dem Käufer die gesetzlich vorgeschriebenen Informationen erteilt wurden. Im konkreten Fall ist mangels Belehrung des Käufers davon auszugehen, dass die Widerrufsfrist noch nicht begonnen hat (das Widerrufsrecht würde ohne Erteilung der vorgeschriebenen Informationen erst zwölf Monate und 14 Tage nach Lieferung erlöschen, § 356 Abs. 3 Satz 2). Schnell könnte daher den Kauf durch eine formlose Erklärung (näher s. § 355 Abs. 1 Sätze 2 bis 4) gegenüber dem Verkäufer widerrufen und hätte dann nach § 357 Abs. 1 Anspruch auf Rückzahlung des Kaufpreises gegen Rückgabe des Geräts.

Fraglich ist aber, ob ein wegen Sittenwidrigkeit von Anfang an **nichtiger Vertrag** 52a
überhaupt **widerrufen** werden kann. Der BGH[99] bejaht dies unter Hinweis auf den verbraucherschützenden Zweck des Widerrufsrechts nach § 355, das dem Verbraucher einen einfachen Weg zur Lösung vom Vertrag geben soll und daher grundsätzlich („sofern nicht Treu und Glauben etwas anderes gebieten“, was aber hier nicht der Fall sei) auch bei Nichtigkeit des Vertrages zur Verfügung stehen müsse. Der Verbraucher habe also die Wahl, ob er seine Willenserklärung widerrufen oder sich auf die Sittenwidrigkeit des Vertrages berufen wolle. In diesem Zusammenhang verweist der BGH auch auf die Lehre von den „Doppelwirkungen im Recht“, die es z. B. zulasse, ein nichtiges Rechtsgeschäft auch noch anzufechten (dazu s. § 18 Rn. 60). Soweit es um die Lösung vom Vertrag geht, ist die vom BGH vertretene Ansicht durchaus einleuchtend – der Verbraucher kann durch Widerruf die Unwirksamkeit des Vertrages erreichen, ohne dass die (möglicherweise zweifelhafte) Nichtigkeit aus anderen Gründen geklärt werden muss. Weniger klar ist dagegen, ob auch bei den Rechtsfolgen die Sittenwidrigkeit des Vertrages ignoriert werden darf. Erklärt der Käufer hier den Widerruf, so erlangt er den Anspruch auf Rückzahlung des Kaufpreises nach § 357 Abs. 1, den ihm der BGH auch im Ergebnis zubilligt. Da es sich nicht um einen Bereicherungsanspruch handelt, ist § 817 Satz 2 nicht unmittelbar anwendbar. Die nahe liegende Frage, ob nicht § 817 Satz 2 analog angewendet werden müsse, da der Widerruf nichts daran ändert, dass beide Teile bei Vertragsschluss sittenwidrig handelten, wird vom BGH nicht ausdrücklich erörtert. Das Ergebnis – beim Kauf per Fax erhält der Erwerber sein Geld zurück, beim Kauf im Laden dagegen nicht – ist nicht unbedingt überzeugend.[100]

4) Der Anspruch gegen Fredy Fix ist nach § 765 Abs. 1 begründet, wenn zwischen ihm 53
und der Silberbank ein wirksamer Bürgschaftsvertrag zustande kam. Die nach § 766

---

98 BGH NJW 2005, 1490, 1491.

99 BGH NJW 2010, 610 (mit Anm. Möller) = JZ 2010, 313 (mit Anm. Petersen) = JuS 2010, 442 (mit Anm. Faust).

100 Kritische Erwägungen bei Möller NJW 2010, 612; Schinkels LMK 2010, 298105 (auch zum Einfluss der Fernabsatzrichtlinie); Faust JuS 2010, 443.

Satz 1 erforderliche schriftliche Erteilung der Bürgschaftserklärung liegt vor. Da es sich um eine Bürgschaft durch ein Familienmitglied handelt und von einer erheblichen wirtschaftlichen Überforderung des Bürgen auszugehen ist, könnte der Bürgschaftsvertrag jedoch aufgrund der neueren Rechtsprechung des BVerfG und des BGH **sittenwidrig** und daher nach § 138 Abs. 1 nichtig sein. Jedoch ist zu beachten, dass die Sittenwidrigkeit in diesen Fällen letztlich darauf zu gründen ist, dass bei Eingehung der Bürgschaft eine **strukturelle Ungleichheit** bestand, d.h. dass der Gläubiger sich im Ergebnis die emotionale Abhängigkeit des Bürgen vom Hauptschuldner und seine geschäftliche Unerfahrenheit zunutze machte. Davon kann aber hier angesichts des (wenn auch noch nicht abgeschlossenen) Jurastudiums, der Tätigkeit als Geschäftsführer und des bei den Verhandlungen mit der Bank zutage getretenen Verständnisses der wirtschaftlichen Zusammenhänge keine Rede sein. Mit dem BGH[101] ist daher hier keine Sittenwidrigkeit anzunehmen. Der Anspruch der Bank ist damit begründet.

---

101 BGH NJW 1997, 940.

§ 21 Die Aufrechterhaltung fehlerhafter Rechtsgeschäfte

I. Die Teilnichtigkeit

Fall 32: Rasch einigt sich mit dem Hauseigentümer Hart darüber, zwei Stockwerke im Gebäude des Hart auf zehn Jahre zum Betriebe einer Pension anzumieten und zugleich das dafür erforderliche Inventar anzukaufen. Hart händigt dem Rasch bei Vertragsschluss ein maschinengeschriebenes, jedoch nicht unterzeichnetes Blatt aus, das mit „Miet- und Kaufvertrag" überschrieben ist. Darauf sind Mietdauer und Mietpreis sowie der Kaufpreis angegeben und das verkaufte Inventar aufgelistet. Später kommt es zu Meinungsverschiedenheiten über die Wirksamkeit des Vertrages. Wie ist die Rechtslage?

1. Voraussetzungen des § 139

a) Einheitliches Rechtgeschäft

Nach § 139 führt die Nichtigkeit eines Teils eines Rechtsgeschäfts zur Nichtigkeit des ganzen Geschäfts, wenn nicht anzunehmen ist, dass es auch ohne den nichtigen Teil vorgenommen sein würde. Die Vorschrift setzt voraus, dass es um Teile eines **einheitlichen Rechtsgeschäfts** geht. Das ist zweifellos gegeben, wenn einzelne Bestimmungen in einem einzigen Vertrag nichtig sind. Aber auch mehrere Verträge können, selbst wenn es sich um verschiedene Vertragstypen handelt, im Sinne des § 139 ein einheitliches Rechtsgeschäft darstellen. Entscheidend ist, ob sie nach dem Willen der Beteiligten derart miteinander verknüpft sind, dass der eine Vertrag mit dem anderen **„stehen oder fallen soll"**, wie die Rechtsprechung[1] einprägsam formuliert. Die Zusammenfassung in einer einheitlichen Urkunde kann ein Indiz für einen solchen Einheitlichkeitswillen darstellen. Geschäftseinheit kann auch zwischen der Erteilung einer Vollmacht und dem zugrunde liegenden Verpflichtungsgeschäft bestehen.[2] Dagegen ist der „Einheitlichkeitswille"der Beteiligten zu verneinen, wenn sie neben der notariell beurkundeten Übertragung eines GmbH-Anteils (formbedürftig nach § 15 Abs. 3 GmbHG) einen Treuhandvertrag abgeschlossen und dabei bewusst auf die (hier ebenfalls notwendige) Beurkundung verzichtet haben, also die Unwirksamkeit nur dieses Vertrages in Kauf nahmen.[3] 1

1 Z.B. BGHZ 138, 91, 98 = NJW 1998, 1778, 1780; BGH NJW 2016, 3525 Rn. 16.
2 BGH NJW 1988, 697, 698; NJW 1992, 1721, 1723.
3 BGH NJW 2016, 3525.

2 Die Bejahung eines einheitlichen Rechtsgeschäfts ist selbst dann nicht ausgeschlossen, wenn an den Bestandteilen **verschiedene Personen beteiligt** sind.

Dies kann etwa beim Abschluss eines Mietvertrages mit einem zusammenlebenden Paar der Fall sein, wenn der eine Partner den Mietvertrag abschließt und der andere zugleich die Bürgschaft für die Verbindlichkeiten aus dem Mietvertrag übernimmt. Bei einer Bürgschaft greift § 139 ein, wenn sie in einem einheitlichen Rechtgeschäft durch mehrere Mitbürgen übernommen wurde und ein Nichtigkeitsgrund nur gegenüber einem der Mitbürgen vorliegt, oder wenn umgekehrt gegenüber mehreren Gläubigern gebürgt wird und die Bürgschaft zum Teil an der hinreichenden Bestimmtheit der Gläubiger scheitert.[4] Ein Krankenhausaufnahmevertrag, der sowohl Unterbringung und pflegerische Leistungen als auch die ärztlichen Leistungen umfasst,[5] kann trotz äußerlicher Selbständigkeit der Verträge eine Einheit mit einem zwischen Patient und Arzt geschlossenen Arztzusatzvertrag über ärztliche Wahlleistungen bilden.[6]

Merksatz:
Ein einheitliches Rechtsgeschäft setzt einen Einheitlichkeitswillen der Parteien voraus. Mehrere Verträge bilden eine Einheit, wenn nach dem Willen der Parteien der eine Vertrag mit dem anderen stehen oder fallen soll.

3 Zweifelhaft ist, ob eine solche Einheit im Sinne des § 139 auch zwischen einem **Verpflichtungsgeschäft** und dem **dinglichen Erfüllungsgeschäft** angenommen werden kann. Dies könnte zur Folge haben, dass die Nichtigkeit des Verpflichtungsgeschäftes in aller Regel auch zur Nichtigkeit des Erfüllungsgeschäftes führt. Darin läge jedoch ein eindeutiger Verstoß gegen das **Abstraktionsprinzip** (s. § 8 Rn. 5 ff.). Mit der h.M. in der Literatur ist daher die Anwendung des § 139 hier als ausgeschlossen anzusehen.[7] Die Rechtsprechung[8] hält es jedoch für möglich (wenn auch nur ausnahmsweise), dass Grundgeschäft und Erfüllungsgeschäft durch den Parteiwillen zu einer Einheit i. S. v. § 139 zusammengefasst werden. Jedoch gilt dies auch nach der Rechtsprechung nicht für das Verhältnis zwischen Grundgeschäft (z.B. Grundstückskauf) und Auflassung (Grundstücksübereignung), da die Bedingungsfeindlichkeit der Auflassung (§ 925 Abs. 2) nach ihrem Sinn und Zweck auch einer Abhängigmachung von der Wirksamkeit des Grundgeschäfts durch Anwendung des § 139 entgegensteht.[9]

---

4 BGH NJW 2001, 3327, 3328 f.

5 Sog. *totaler Krankenhausvertrag* im Gegensatz zum *gespaltenen Krankenhausvertrag*, bei dem sich die Verpflichtungen des Krankenhauses nicht auf die ärztlichen Leistungen erstrecken, die vielmehr einem gesonderten Vertrag mit dem Arzt vorbehalten sind.

6 BGHZ 138, 91, 98 = NJW 1998, 1778, 1780.

7 Jauernig JuS 1994, 721, 724; Stadler, Gestaltungsfreiheit und Verkehrsschutz durch Abstraktion (1996), 92 ff.; Grigoleit AcP Bd. 199 (1999), 378, 413 f.; Medicus/Petersen Rn. 241; Wolf/Neuner § 29 Rn. 76, § 56 Rn. 12.

8 S. den Überblick bei Eisenhardt JZ 1991, 271, 276 ff., der selbst dieser Ansicht zustimmt, aaO S. 277.

9 BGH NJW 2005, 415, 417.

b) Teilbarkeit

§139 kann nur eingreifen, wenn das **Rechtsgeschäft** in dem Sinne **teilbar** ist, dass auch ohne die nichtige Bestimmung noch ein lebensfähiges Rechtsgeschäft übrig bleibt. §139 gilt insbesondere, wenn einzelne Klauseln eines Vertrages nichtig sind, so z.B., wenn ein Grundstücksverkauf zwar notariell beurkundet wurde, aber die Abrede, der Kaufpreis solle bereits vom Vertragsschluss an verzinst werden, nur mündlich geschlossen wurde. Auch eine Teilbarkeit nach Personen oder nach verschiedenen Leistungen ist möglich. Eine quantitative Teilbarkeit in dem Sinn, dass eine im Vertrag als Einheit festgelegte Leistung herabgesetzt wird (z.B. Reduzierung der Kaufpreissumme oder Herabsetzung des Kreditzinssatzes in Fällen der Sittenwidrigkeit), führt dagegen nicht zur Anwendung des §139, denn auf diese Weise würde nicht ein Teil des Rechtsgeschäfts aufrechterhalten, sondern das Rechtsgeschäft insgesamt geändert.[10] Auch eine geltungserhaltende Reduktion (unter entsprechender Anwendung des §139) scheidet in den Fällen der Sittenwidrigkeit in der Regel aus,[11] s. auch §20 Rn.35. 4

c) Nichtigkeit im Sinne von Unwirksamkeit

Unter der von §139 vorausgesetzten Nichtigkeit eines Teils des Rechtsgeschäfts ist **jede Art von endgültiger Unwirksamkeit** zu verstehen.[12] Hierher gehört also neben der Nichtigkeit nach §125 (Formmangel), §138 (Sittenwidrigkeit) oder §134 (gesetzliches Verbot) auch die Nichtigkeit nach erfolgter Anfechtung (§142 Abs.1), ebenso die endgültige Unwirksamkeit bei Vertragsschluss durch einen beschränkt Geschäftsfähigen (§108 Abs.1) oder durch einen Vertreter ohne Vertretungsmacht (§177 Abs.1), wenn der zunächst schwebend unwirksame Vertrag nicht genehmigt wird. Aber auch bei schwebender Unwirksamkeit eines Teils ist hinsichtlich der Auswirkungen auf das gesamte Geschäft §139 anzuwenden.[13] 5

2. Rechtsfolge des §139

§139 ordnet nicht schlechthin an, die Teilnichtigkeit habe die **Gesamtnichtigkeit** zur Folge. Vielmehr gilt dies nur, wenn nicht ein **anderer Wille der Parteien** anzunehmen ist. Die Vorschrift ist daher als **Auslegungsregel** zu qualifizieren, wobei es genau genommen bereits um eine ergänzende Auslegung geht. Die Gesamtnichtigkeit darf nicht vorschnell bejaht werden; man kann sogar be- 6

10 Medicus Rn.505.
11 BGH NJW 2009, 1135 (zu einer knebelnden Vertragsklausel).
12 Palandt/Ellenberger §139 Rn.2; Jauernig/Mansel §139 Rn.1.
13 BGHZ 53, 174, 179 = NJW 1970, 752, 753.

zweifeln, ob die Vermutung zugunsten der Gesamtnichtigkeit, wie sie in § 139 enthalten ist, sachlich gerechtfertigt ist.[14]

7 Bei der Frage nach dem **hypothetischen (mutmaßlichen) Parteiwillen** ist vor allem das Gewicht des nichtigen Teils innerhalb des gesamten Rechtsgeschäfts von Bedeutung. Dabei spielt die wirtschaftliche Tragweite eine entscheidende Rolle. Wenn nur ein geringfügiger Teil des Rechtsgeschäfts unwirksam ist, entspricht es in der Regel dem Willen der Parteien, den überwiegenden Teil aufrecht zu erhalten.[15] Maßgeblich ist, welche Entscheidung die Parteien im Zeitpunkt des Geschäftsabschlusses bei Kenntnis der Sachlage nach Treu und Glauben und bei vernünftiger Abwägung der beiderseitigen Interessen getroffen hätten.[16]

Im Beispiel der nicht beurkundeten Verzinsungsabrede (s. Rn. 4) wird man im Allgemeinen von einem hypothetischen Parteiwillen ausgehen können, den Vertrag auch ohne diese Verzinsungsabrede gewollt zu haben. Wäre allerdings im beurkundeten Vertrag eine weit hinausgeschobene Fälligkeit des Kaufpreises enthalten, so könnte auch die (nicht beurkundete) Verzinsungsabrede von so entscheidender Bedeutung sein, dass ihre Nichtigkeit zur Gesamtnichtigkeit des Grundstücksverkaufs führt.

3. Ausnahmen

8 Im **Erbrecht** gilt gemäß § 2085 gerade die umgekehrte Regel. Ist in einem Testament oder Erbvertrag eine von mehreren Verfügungen von Todes wegen unwirksam, so bleiben die übrigen Verfügungen im Regelfall gültig. Eine wichtige Ausnahme enthält ferner § 306 Abs. 1. Wenn in **Allgemeinen Geschäftsbedingungen** (dazu gehören auch Formularverträge) einzelne Klauseln unwirksam sind, so wird davon die Wirksamkeit des Vertrags im Übrigen grundsätzlich nicht berührt. An die Stelle der unwirksamen Klauseln treten dann die gesetzlichen Bestimmungen, § 306 Abs. 2. Nur wenn das Festhalten am Vertrag für einen Beteiligten eine unzumutbare Härte darstellen würde, ist der Vertrag nach § 306 Abs. 3 unwirksam.

9 Auch ohne ausdrückliche Vorschrift kann sich aus dem **Schutzzweck einer Norm** ergeben, dass § 139 mit der Rechtsfolge der regelmäßigen Gesamtnichtigkeit nicht anzuwenden ist. Dies gilt bei solchen Vorschriften, die eine Abweichung von gesetzlichen Regelungen zum Schutz des einen Vertragspartners verbieten. Hier wäre es geradezu widersinnig, aus dieser Teilnichtigkeit die Nichtigkeit des gesamten Vertrages zu folgern. So liegt es etwa, wenn in einem Mietvertrag eine Vereinbarung enthalten ist, die zum Nachteil des Mieters von den gesetzlichen Regeln über die Kündigung des Vermieters abweicht und da-

14 Krit. z.B. MünchKomm/Busche § 139 Rn. 2.
15 BGH NJW 2012, 2648, 2649 Rn. 13.
16 BGH NJW 1996, 2087, 2088.

her z. B. nach § 573 Abs. 4 oder § 573c Abs. 4 unwirksam ist. An Stelle der unwirksamen Vereinbarung gelten die gesetzlichen Regeln, und der Mietvertrag insgesamt bleibt wirksam, ohne dass es auf die in § 139 genannten Voraussetzungen ankommt.

4. Vorrang der Parteivereinbarung und salvatorische Klauseln

Wenn die Parteien selbst eine konkrete Regelung für den Fall einer Teilunwirksamkeit des Vertrags getroffen haben, so ist für die Anwendung des § 139 kein Raum.[17] Wenn der Vertrag eine Klausel enthält, wonach bei Unwirksamkeit einzelner Vereinbarungen die Wirksamkeit des Vertrages im Übrigen unberührt bleiben soll (sog. **salvatorische Klausel**), ist gleichwohl zu prüfen, ob die Parteien ohne den unwirksamen Teil den restlichen Vertrag gewollt hätten. Jedoch trifft die Darlegungs- und Beweislast dafür, dass die Parteien den Vertrag ohne den unwirksamen Teil nicht geschlossen hätten, anders als nach § 139 diejenige Partei, die den Vertrag insgesamt nicht gelten lassen will – die Vermutung des § 139 zugunsten der Gesamtnichtigkeit wird also in ihr Gegenteil verkehrt.[18] S. auch Kontrollfragen und Fälle zu § 21, Fall 3. 10

Lösung zu Fall 32:[19] Der Mietvertrag müsste, um für eine bestimmte Zeit von zehn Jahren zu gelten, nach § 550 Satz 1 i. V. m. § 578 Abs. 1 u. 2 (Mietverhältnis über Räume, die keine Wohnräume sind) in **schriftlicher Form** abgeschlossen worden sein. Dazu ist nach § 126 Abs. 1 u. 2 eigenhändige Unterzeichnung des Vertrags durch Namensunterschrift oder notariell beglaubigtes Handzeichen erforderlich. Daran fehlt es hier. Die Rechtsfolge für einen Mietvertrag besteht nach § 550 Satz 1 u. 2 – abweichend von § 125 Satz 1 – nicht in der Nichtigkeit des gesamten Vertrages. Vielmehr gilt der Vertrag als Vertrag auf unbestimmte Zeit, der nach Maßgabe der gesetzlichen Vorschriften gekündigt werden kann, jedoch nicht vor Ablauf des ersten Jahres. Der Kaufvertrag über das Inventar ist nicht formbedürftig. Das Ergebnis wäre, dass ein nach einem Jahr kündbarer Mietvertrag über die Räume und ein wirksamer Kaufvertrag über das Inventar vorliegen. Ob dies angemessen ist, erscheint wegen der engen Verbindung zweifelhaft, in der beide Verträge stehen. Auch äußerlich getrennte Verträge, die rechtlich verschiedene Vertragstypen darstellen, können im Sinne des § 139 als **einheitliches Rechtsgeschäft** anzusehen sein, wenn sie nach dem Parteiwillen eng miteinander verknüpft sind. Dies gilt – nach einer von der Rechtsprechung geprägten Formel – wenn die **Verträge miteinander stehen und fallen sollen**. Nach dem Zweck des Miet- und des Kaufvertrages ist das hier anzunehmen. Rasch hätte das Inventar nicht gekauft, wenn nicht zugleich der Mietvertrag über 10 Jahre abgeschlossen worden wäre. Damit ist § 139 anzuwenden. Danach führt die teilweise Nichtigkeit eines Rechtsgeschäfts zur Nichtigkeit des gesamten Geschäfts, wenn nicht anzunehmen ist, dass der restliche Teil auch ohne den nichtigen abgeschlossen wor- 11

---

17 BGH NJW 1991, 917.

18 BGH NJW 2010, 1660.

19 Der Fall ist BGH LM § 139 Nr. 29 = MDR 1963, 584 nachgebildet.

den wäre. Nichtig i. S. v. § 139, der jede Art der endgültigen Unwirksamkeit erfasst, ist hier die Klausel des Mietvertrags, durch die eine feste Mietdauer von zehn Jahren vereinbart wurde. Ein Mietvertrag auf unbestimmte Zeit nach § 550 Satz 1 u. 2 setzt den Rasch schon nach einem Jahr dem Risiko der Kündigung aus. Da der Kauf des Inventars erheblichen Aufwand erfordert, ist nicht anzunehmen, dass Rasch den Kaufvertrag auch ohne einen für zehn Jahre geltenden Mietvertrag abgeschlossen hätte. Dies wirkt aber wieder auf die Beurteilung des Mietvertrages zurück: ohne Kauf des Inventars wäre auch kein Mietvertrag, auch nicht auf unbestimmte Zeit, abgeschlossen worden.

12 Im Ergebnis sind daher über § 139 sowohl der Mietvertrag als auch der Kaufvertrag als **nichtig** anzusehen. Dies mag hinsichtlich des Mietvertrages überraschen, weil damit die Rechtsfolge des § 550 Satz 1 u. 2 entfällt. Aufgrund der Verknüpfung mit dem Kaufvertrag wird aber das Rechtsgeschäft insgesamt als Einheit angesehen, so dass – bei entsprechendem hypothetischen Willen der Parteien – auch für eine isolierte Aufrechterhaltung des kündbaren Mietvertrages kein Raum ist.

II. Die Umdeutung (Konversion)

Fall 33: Der Einzelhändler Klein ist mit der Leistung seines einzigen Angestellten, des Verkäufers Hurtig, schon seit langem nicht recht zufrieden. Als Hurtig eines Tages 20 Minuten zu spät zur Arbeit kommt, übergibt ihm Klein ein eigenhändig unterzeichnetes Schreiben mit dem Inhalt, hiermit sei das Arbeitsverhältnis fristlos gekündigt, und dem Zusatz, er wolle Hurtig auf alle Fälle baldmöglichst los sein. Hurtig will die Kündigung nicht gelten lassen. Wie ist die Rechtslage?

13 § 140 betrifft Fälle, in denen das vorgenommene Rechtsgeschäft aus irgendeinem Grunde **nichtig** (das bedeutet auch hier: **endgültig unwirksam**[20]) ist, in denen aber mittels eines anderen Rechtsgeschäfts (also eines **Ersatzgeschäfts**) die erwünschten Wirkungen hätten erreicht werden können. Ebenso wie § 139 stellt § 140 auf den hypothetischen (mutmaßlichen) Parteiwillen ab. Die Umdeutung setzt voraus, dass bei Kenntnis von der Nichtigkeit des vorgenommenen Rechtsgeschäfts das andere Rechtsgeschäft gewollt sein würde. Wenn die Parteien für den Fall der Nichtigkeit eine Ersatzregelung getroffen haben, greift § 140 nicht ein.

14 Sorgfältig zu beachten ist, dass die **Voraussetzungen** des Rechtsgeschäfts, in das umgedeutet werden soll (des Ersatzgeschäftes), voll erfüllt sein müssen. Außerdem dürfen die **Rechtsfolgen** des Ersatzgeschäfts nicht weitergehen, als die des ursprünglich abgeschlossenen Geschäfts. Dabei ist vor allem die wirtschaftliche Betrachtung maßgebend, da es auf den bezweckten Erfolg ankommt. Oft ist für die Beteiligten der genaue rechtliche Weg weniger bedeutsam als das wirtschaftliche Ergebnis.[21] So kann unter Umständen ein mangels

---

20 BGHZ 40, 218, 222 = NJW 1964, 347.
21 Vgl. BAG NJW 2002, 2972, 2973.

notarieller Beurkundung ungültiger Grundstücksverkauf in ein Recht auf Bestellung eines Nießbrauchs auf Lebenszeit umgedeutet werden, wenn der Zweck des Geschäfts hauptsächlich war, das lebenslängliche Wohnen zu ermöglichen. Die Gründung einer OHG kann in die Gründung einer BGB-Gesellschaft umzudeuten sein, der Abschluss eines Erbvertrags in ein Testament.

Merksatz:
Bei der Umdeutung dürfen die Rechtsfolgen des Ersatzgeschäfts nicht über diejenigen des unwirksamen Geschäfts hinausgehen.

Der **Schutzzweck** der Vorschriften, aus denen sich die Nichtigkeit des Rechtsgeschäfts ergibt, **kann der Umdeutung entgegenstehen** und auch dagegen sprechen, ein gesetzlich verbotenes oder sittenwidriges Rechtsgeschäft mit dem gerade noch zulässigen Inhalt aufrechtzuerhalten, s. zur geltungserhaltenden Reduktion bei Sittenwidrigkeit § 20 Rn. 35. **15**

Lösung zu Fall 33: Die Kündigung bedarf nach § 623 der Schriftform (§ 126 Abs. 1), die hier eingehalten ist. Die Wirksamkeit der fristlosen Kündigung ist nicht davon abhängig, dass der Arbeitgeber eine Begründung angibt, doch kann der Arbeitnehmer nach § 626 Abs. 2 Satz 3 eine unverzügliche schriftliche Mitteilung des Kündigungsgrundes verlangen. Eine **fristlose Kündigung** kann nach § 626 Abs. 1 aus **wichtigem Grund** erfolgen. Dazu müssen aber Umstände vorliegen, die unter Abwägung der beiderseitigen Interessen die Fortführung des Arbeitsverhältnisses bis zum Ablauf der Kündigungsfrist als **unzumutbar** erscheinen lassen. Ein einmaliges Zuspätkommen wird dazu keinesfalls ausreichen. Möglich wäre aber eine **ordentliche Kündigung** nach Maßgabe der gesetzlichen Kündigungsfristen. Gemäß § 622 Abs. 1 kann mit einer Frist von vier Wochen zum 15. oder zum Ende eines Kalendermonats gekündigt werden.[22] Wenn Klein gewusst hätte, dass die außerordentliche Kündigung unwirksam ist, dann hätte er jedenfalls eine ordentliche Kündigung zum nächstmöglichen Termin ausgesprochen. Dieser hypothetische Wille kommt in der Erklärung des Klein auch für Hurtig als Empfänger erkennbar zum Ausdruck.[23] Daher ist hier die Umdeutung gemäß § 140 in eine ordentliche Kündigung gerechtfertigt.[24] **16**

III. Die Bestätigung

Fall 34: A hat erkannt, dass er sich beim Kauf eines Grundstücks von B aufgrund arglistiger Täuschung durch B ganz falsche Vorstellungen über die Bodenqualität gemacht hat. Gleichwohl zahlt A einige Tage später die nächste fällige Rate des Kaufpreises. Nach weiteren zwei Wochen will A den Kaufvertrag anfechten. Wie ist die Rechtslage?

---

22 Weder das Kündigungsschutzgesetz noch sonstige Sondervorschriften des Arbeitsrechts führen hier zu einer längeren Kündigungsfrist.

23 Vgl. BAG NJW 1988, 581; BGH NJW 1998, 76.

24 Zusammenfassend BAG NJW 2002, 2972.

Fallvariante: A erklärt dem B gegenüber sogleich die Anfechtung wegen arglistiger Täuschung. Kurze Zeit danach kommen ihm Zweifel, ob der Kauf des Grundstücks nicht doch vorteilhaft für ihn gewesen wäre. A fragt einen Rechtsanwalt, ob er nicht einfach die nächste vereinbarte Rate zahlen und dadurch wieder die Gültigkeit des Kaufvertrags herbeiführen könne. Wie wird die Antwort lauten?

1. Bestätigung eines anfechtbaren Rechtsgeschäfts

17 Die Anfechtung ist nach § 144 Abs. 1 ausgeschlossen, wenn das **anfechtbare Rechtsgeschäft** von dem Anfechtungsberechtigten **bestätigt** wird. Das Rechtsgeschäft darf bei der Bestätigung noch nicht angefochten sein; denn sonst ist es nach § 142 Abs. 1 nichtig und die Bestätigung würde sich nach § 141 richten.

18 Die Bestätigung nach § 144 setzt voraus, dass die Anfechtbarkeit dem Berechtigten bekannt ist. Eine stillschweigende Bestätigung, insbesondere durch Erfüllung des Rechtsgeschäfts, genügt. Nach h. M. ist die Bestätigung eine **nicht empfangsbedürftige Willenserklärung**, so dass kein Zugang an den Geschäftsgegner notwendig ist. Jedoch muss der Bestätigungswille für den Anfechtungsgegner erkennbar werden, also der Wille, es trotz Kenntnis der Anfechtbarkeit beim Rechtsgeschäft belassen zu wollen. Dabei stellt die Rechtsprechung eher strenge Anforderungen.[25] Eine Bestätigung liegt etwa im Verbrauch der gekauften Sache in Kenntnis des Anfechtungsgrundes, nicht dagegen in der Geltendmachung von Mängelansprüchen.[26]

19 Die Bestätigung führt nicht zu einem neu abgeschlossenen Rechtsgeschäft, sondern dazu, dass das **ursprüngliche Rechtsgeschäft** seine Rechtsfolgen **von Anfang an** (ex tunc) herbeiführt. Daher ist es konsequent, wenn nach § 144 Abs. 2 die Bestätigung nicht formbedürftig ist, auch wenn das ursprüngliche Geschäft einer Form bedurfte.

19a Ob durch die Bestätigung auch **Schadensersatzansprüche** des Anfechtungsberechtigten aus einem in der arglistigen Täuschung liegenden Verschulden beim Vertragsschluss (§ 280 Abs. 1, § 241 Abs. 2, § 311 Abs. 2; s. § 6 Rn. 45) ausscheiden, ist zweifelhaft. Ein auf Aufhebung des Vertrages gerichteter Schadensersatzanspruch (s. § 19 Rn. 29 f.) stünde in unmittelbarem Widerspruch mit der durch § 144 anerkannten Wirkung einer Bestätigungserklärung und

---

25 So ausdrücklich BAG NZA 2010, 1250 Rn. 49 zur Anfechtung nach § 123, da die von § 124 mit der Anfechtungsfrist von einem Jahr eingeräumte Überlegungsfrist nicht durch zu rasche Annahme einer stillschweigenden Bestätigung unterlaufen werden dürfe.

26 BGHZ 110, 220, 222 = NJW 1990, 1106; BGH DNotZ 2016, 265 Rn. 8. Nach Ansicht des BGH darf das Verhalten des Anfechtungsberechtigten nur dann als stillschweigende Kundgabe eines Bestätigungswillens gewertet werden, wenn jede andere den Umständen nach einigermaßen verständliche Deutung dieses Verhaltens ausscheidet. – Krit. zu dieser Formel MünchKomm/Busche § 144 Rn. 6.

sollte in Auslegung des § 144 als ausgeschlossen angesehen werden. Der BGH[27] und die h. M. kommen zu diesem Ergebnis auf anderem Wege, indem sie in der Bestätigungserklärung in der Regel zugleich das Angebot zum Abschluss eines Erlassvertrages (§ 397 Abs. 1) hinsichtlich der auf Aufhebung des Vertrages gerichteten Schadensersatzansprüche sehen, das der andere Teil ebenso regelmäßig durch Schweigen annimmt (ein Zugang der Annahmeerklärung ist nach § 151 Satz 1 nicht erforderlich). Ansprüche auf Ersatz anderer Schäden (etwa des Minderwerts einer aufgrund arglistiger Täuschung erworbenen Sache) können dagegen ungeachtet der Bestätigung weiter bestehen; insoweit ist auch nicht ohne weiteres von einem Erlassvertrag auszugehen.

2. Bestätigung eines nichtigen Rechtsgeschäfts

Die Bestätigung eines nichtigen Rechtsgeschäfts setzt die **Kenntnis von der** 20
Nichtigkeit (zumindest Zweifel an der Gültigkeit) und die **Äußerung eines Bestätigungswillens** voraus.[28] Sie ist nach § 141 Abs. 1 als **erneute Vornahme des Geschäfts** zu beurteilen. Bei einem Vertrag müssen beide Partner bei der Bestätigung mitwirken. Auch ist hier (anders als bei § 144) bei der Bestätigung die notwendige **Form** zu wahren. Wird beispielsweise ein von einem Geschäftsunfähigen geschlossener, notariell beurkundeter Grundstückskaufvertrag (nichtig nach § 105 Abs. 1) später durch den gesetzlichen Vertreter bestätigt, so muss die Vereinbarung über die Bestätigung notariell beurkundet werden. Es braucht aber, wenn der ursprüngliche Vertrag formgerecht abgeschlossen war, nicht der gesamte Inhalt erneut beurkundet zu werden. Vielmehr genügt es, in der Bestätigungsurkunde auf die Urkunde zu verweisen, die das zu bestätigende Geschäft enthält.[29] Die Bestätigung ist insoweit von einem Neuabschluss des Rechtsgeschäfts zu unterscheiden.

§ 141 Abs. 1 gilt über die Fälle der von Anfang an bestehenden Nichtigkeit 21
hinaus auch für **endgültig unwirksame Rechtsgeschäfte**, etwa, wenn die erforderliche Genehmigung durch den ohne Vollmacht Vertretenen (§ 177 Abs. 1, s. § 26 Rn. 1) verweigert worden war.[30]

Die Bestätigung eines nichtigen Rechtsgeschäfts führt nicht zu dessen rück- 22
wirkender Heilung; das erneut vorgenommene Rechtsgeschäft **wirkt lediglich ex nunc**. § 141 Abs. 2 enthält jedoch eine Auslegungsregel für den Inhalt des durch Bestätigung neu abgeschlossenen Vertrages. Im Zweifel sind die Verpflichtungen so auszulegen, wie sie bei Gültigkeit des ursprünglichen Vertrages

---

27 BGH DNotZ 2016, 265 (mit ausführlicher Darstellung des Meinungsstandes) = JuS 2016, 739 (Riehm).

28 BGH NJW 2012, 1570 Rn. 21 f. (keine Heilung eines sittenwidrigen Immobilienkaufs durch nachträgliche Ermäßigung des Kaufpreises, wenn der Bestätigungswille fehlt).

29 BGH NJW 1999, 3704, 3705.

30 BGH NJW 1999, 3704, 3705.

bestanden hätten. Wenn also z. B. ein wegen Geschäftsunfähigkeit des Verpächters nichtiger Pachtvertrag später (durch den nunmehr bestellten Betreuer) bestätigt wird, und die verpachtete Sache schon von Anfang an dem Pächter überlassen war, dann ist auch der Pachtzins im Zweifel von Anfang an zu entrichten.

23 **Lösung zu Fall 34:** Der Kaufvertrag war nach § 123 Abs. 1 wegen arglistiger Täuschung **anfechtbar**. Die Anfechtung kann gemäß § 124 innerhalb einer Frist von einem Jahr erfolgen, die mit dem Zeitpunkt der Entdeckung der arglistigen Täuschung beginnt, § 124 Abs. 2. Wenn aber A in Kenntnis der arglistigen Täuschung die nächste Rate des Kaufpreises bezahlt, so kommt darin sein Wille zum Ausdruck, das Geschäft bestehen zu lassen. Es liegt also eine **Bestätigung** im Sinne von § 144 Abs. 1 vor, die nunmehr die Anfechtung ausschließt.

Fallvariante: Durch die Anfechtungserklärung ist der Kaufvertrag gemäß § 142 Abs. 1 von Anfang an nichtig geworden. Eine Bestätigung nach § 144 ist nun nicht mehr möglich; sie würde voraussetzen, dass das Rechtsgeschäft noch *anfechtbar* ist. Vielmehr kommt nur eine Bestätigung eines nichtigen Rechtsgeschäfts in Betracht, die aber nach § 141 Abs. 1 als erneute Vornahme zu beurteilen ist. Es müssten also die für den Abschluss eines Grundstückskaufvertrages nötigen Voraussetzungen erfüllt werden. Danach müssten beide Parteien über den Vertragsschluss einig sein, und die Vereinbarung müsste **notariell beurkundet** werden, § 311b Abs. 1 Satz 1. Die Zahlung der nächsten Rate (aufgrund des ursprünglichen Vertrages) führt also nicht zu dem von A gewünschten Ergebnis. Man kann A nur empfehlen, sich mit B in Verbindung zu setzen und zu versuchen, diesen zum erneuten Abschluss des Kaufvertrages zu bewegen.

Kontrollfragen und Fälle zu § 21

1) Was ist unter Nichtigkeit i. S. v. § 139, § 140 und § 141 zu verstehen?

2) Welche Folge hat nach § 139 die teilweise Nichtigkeit eines Rechtsgeschäfts?

3)* Frau Dr. Sicht verkauft ihre gut eingeführte radiologische Praxis an Herrn Dr. Bein. Im Vertrag ist u. a. bestimmt, dass der Praxisübernehmer die Praxiseinrichtung sowie den Patientenstamm inklusive Patientenkartei, Krankenberichten und sonstigen Aufzeichnungen über die Patienten übernimmt. Ferner heißt es: „Sollten einzelne Bestimmungen dieses Vertrages ganz oder teilweise ungültig sein oder werden, so wird hiervon die Gültigkeit der anderen Vertragsteile nicht berührt. Die Vertragsparteien verpflichten sich vielmehr, die ungültigen Bestimmungen durch eine gültige Regelung zu ersetzen, die dem wirtschaftlichen Gehalt der ungültigen Bestimmung soweit wie möglich entspricht.“ Als Gesamtkaufpreis wurde ein Betrag von 200 000 € vereinbart. Bei den Vorgesprächen ging man davon aus, dass auf die Patientenkartei etwa 50 000 € entfallen.

a) Nach der neueren Rechtsprechung ist die vertragliche Verpflichtung, die Patientenkartei und die Krankenberichte an den Erwerber einer Arztpraxis zu übergeben, in dieser Form nichtig. Können Sie sich denken warum?

b) Welche Auswirkungen ergeben sich hieraus auf den gesamten Vertrag?

4) Blau hat vom Kraftfahrzeug-Mechaniker Kniff einen gebrauchten PKW gekauft und bar bezahlt. Kniff hat den Tachometerstand weit nach unten manipuliert. Blau entdeckt dies nach einigen Tagen, und nach den Umständen ist ihm auch klar, dass Kniff dafür verantwortlich ist, obgleich er diesen noch ausdrücklich nach der Richtigkeit des Tachometerstandes gefragt hatte. Blau benutzt das Fahrzeug zunächst weiter, da er hierauf beruflich angewiesen ist. Nach einer Woche, als er ein Ersatzfahrzeug gefunden hat, ficht er gegenüber Kniff den Kaufvertrag wegen Täuschung an und verlangt den Kaufpreis gegen Rückgabe des Wagens zurück. Kniff erklärt, es könne doch nicht angehen, dass Blau erst jetzt anfechte, nachdem er das Fahrzeug weiter benutzt habe. Ist der Anspruch des Blau begründet?

Lösungen

24 1) Nichtigkeit umfasst hier nicht nur die Fälle, in denen ein Rechtsgeschäft von vornherein keine Wirkungen entfalten konnte, sondern auch die (ex tunc wirkende) **Nichtigkeit aufgrund Anfechtung** (§ 142 Abs. 1) sowie eine **endgültig eingetretene Unwirksamkeit**, etwa wenn ein zunächst schwebend unwirksamer Vertrag (bei beschränkter Geschäftsfähigkeit, § 108 Abs. 1, oder bei Handeln eines Vertreters ohne Vertretungsmacht, § 177 Abs. 1) durch Verweigerung der Genehmigung endgültig unwirksam geworden ist. Auch bei noch schwebender Unwirksamkeit eines Teils eines Rechtsgeschäfts ist § 139 anwendbar.

25 2) Die **Teilnichtigkeit** führt nach § 139 zur Nichtigkeit des gesamten Rechtsgeschäfts, wenn nicht ein anderer Wille der Beteiligten anzunehmen ist. Es handelt sich also um eine Auslegungsregel, die nur eingreift, wenn im konkreten Fall nichts anderes festzustellen ist.

26 3) a) Die Veräußerung der Patientenkartei und der Krankenunterlagen verstößt nach Ansicht des BGH[31] gegen das **informationelle Selbstbestimmungsrecht der Patienten** und die **ärztliche Schweigepflicht** (Art. 2 Abs. 1 GG, § 203 Abs. 1 Nr. 1 StGB), wenn nicht die betroffenen Patienten ihre Einwilligung dazu erklärt haben. Dabei handelt es sich um ein **gesetzliches Verbot** i. S. v. § 134, das sowohl zur Nichtigkeit des entsprechenden Verpflichtungsgeschäftes als auch des Erfüllungsgeschäftes führt.

27 b) Beurteilt man die Auswirkungen der Nichtigkeit der Verpflichtung zur Übertragung der Patientenkartei und der Krankenunterlagen auf den gesamten Vertrag nach § 139, so ist Gesamtnichtigkeit anzunehmen, wenn nicht davon auszugehen ist, dass die Parteien den Vertrag auch ohne den nichtigen Teil geschlossen hätten. Hier wurde aber besonders vereinbart, die Gültigkeit des gesamten Vertrages solle nicht durch die Nichtigkeit einzelner Bestimmungen berührt werden. Eine solche **salvatorische Klausel** ist im Rahmen der Vertragsfreiheit zulässig. Den nichtigen Vertragsteil durch eine im wirtschaftlichen Sinne vergleichbare Regelung zu ersetzen, wie dies weiter im Vertrag vorgesehen ist, ist hier allerdings kaum möglich. Die salvatorische Klausel schließt es generell nicht aus, das Rechtsgeschäft gleichwohl insgesamt als nichtig anzusehen. Es wird aber die Vermutung des § 139 (zugunsten der Gesamtnichtigkeit) in ihr Gegenteil (zugunsten der Aufrechterhaltung des restlichen Geschäfts) verkehrt.[32] Diejenige Partei, die den Vertrag insgesamt nicht gelten lassen will, trifft aufgrund der salvatorischen Klausel die **Darlegungs- und Beweislast** (s. Rn. 10). Voraussetzung einer Aufrechterhaltung eines Teils des Vertrages ist, dass Leistung und Gegenleistung teilbar sind. Dies ist hier sowohl bei den Leistungen der bisherigen Praxisinhaberin als auch hinsichtlich des Kaufpreises der Fall, der nach dem bei den Verhandlungen zutage getretenen Parteiwillen aufgeschlüsselt werden kann. Nach den Angaben im Sachverhalt lässt sich nicht feststellen, dass die Parteien den Vertrag bei Kenntnis von der Teilnichtigkeit auch hinsichtlich des Restbestandes nicht abgeschlossen hätten. Damit bleibt der Vertrag mit Ausnahme der Vereinbarungen über die Patientenkartei und die Krankenunterlagen wirksam, wobei aber der Kaufpreis nur 150 000 € beträgt.

---

31 Grundlegend BGHZ 116, 268, 272 ff. = NJW 1992, 737.
32 BGH NJW 1996, 773 (Vorbild des Falles).

4) Der Kaufvertrag ist nach §123 Abs. 1 wegen arglistiger Täuschung anfechtbar. Die Täuschung ist durch Anfechtungserklärung gegenüber dem Kniff als Anfechtungsgegner erfolgt, §143 Abs. 1 und 2. Die Anfechtungsfrist, die nach §124 Abs. 1, Abs. 2 Satz 1 ein Jahr ab Entdeckung der Täuschung beträgt, war noch nicht abgelaufen. Jedoch ist die Anfechtung nach §144 Abs. 1 ausgeschlossen, wenn in der Weiterbenutzung des Fahrzeugs durch Blau eine **Bestätigung des anfechtbaren Rechtsgeschäfts** liegt. Die Bestätigung kann auch durch schlüssiges Verhalten erfolgen, doch muss der **Wille**, das Rechtsgeschäft trotz des Anfechtungsgrundes gelten zu lassen, **klar zum Ausdruck kommen**. Dabei legt die Rechtsprechung strenge Maßstäbe an. Hier geht aus der vorübergehenden Weiterbenutzung des Fahrzeugs nicht der Wille des Blau hervor, es bei dem Rechtsgeschäft bewenden zu lassen. Damit ist der Kaufvertrag aufgrund Anfechtung als von Anfang an nichtig anzusehen (§142 Abs. 1). Blau kann nach §812 Abs. 1 Satz 2 (Leistungskondiktion) wegen Wegfalls des rechtlichen Grundes Rückzahlung des Kaufpreises von Kniff verlangen. 28

§22 Bedeutung und Voraussetzungen der Stellvertretung

Fall 35: Fritz soll für seine Lebensgefährtin Marion ein Fernsehgerät erwerben. Welche Rechtswirkungen ergeben sich bei den folgenden Fallgestaltungen?

a) Fritz kauft das Gerät bei dem Einzelhändler Hell, wobei er Marion als Käuferin bezeichnet, eine Anzahlung aus eigenen Mitteln leistet und das Gerät gleich mitnimmt.

b) Fritz kauft das Gerät bei Hell und bittet um Lieferung an seine Anschrift, ohne etwas vom Auftrag Marions zu erwähnen. Die Zahlung soll bei Lieferung erfolgen.

c) Marion hat die Geräte bei Hell bereits angesehen und bittet Fritz, er solle dem Hell mitteilen, dass sie einen Südstern Super-Color TS 14, schwarz, zu 1 298 € kaufe. Fritz führt den Auftrag weisungsgemäß aus.

d) Marion hat den Auftrag ihrer Freundin Ute erteilt. Diese stellt sich im Geschäft des Hell als Marion vor und füllt auch den Bestellschein mit Name und Anschrift der Marion aus. Das Gerät soll bei Lieferung bezahlt werden.

I. Bedeutung und Begriff der Stellvertretung

1. Bedeutung

1 Dass ein Vertrag oder ein sonstiges Rechtgeschäft durch einen Stellvertreter mit Wirkung für den Vertretenen abgeschlossen wird, ist ein alltäglicher Vorgang. Die Gründe dafür sind unterschiedlich. Geschäftsunfähige und beschränkt geschäftsfähige Personen sind auf das Handeln eines gesetzlichen Vertreters angewiesen, soweit sie selbst zur Vornahme von Rechtsgeschäften nicht in der Lage sind. Für juristische Personen wie z.B. eine AG oder GmbH müssen ihre Organe (Vorstand, Geschäftsführer) oder weitere bevollmächtigte Personen handeln. Im Wirtschaftsleben führt die Arbeitsteilung vielfach zur Einschaltung von Vertretern, von den Verkäufern im Supermarkt bis hin zum Personalchef, der Arbeitsverträge mit neuen Mitarbeitern abzuschließen hat. Auch im privaten Bereich kommt Stellvertretung nicht selten vor, etwa aufgrund einer Vollmacht zwischen Ehegatten oder einer Altersvorsorgevollmacht.

2. Kennzeichnende Merkmale und Prinzipien

2 Das Gesetz definiert den Begriff der Stellvertretung nicht ausdrücklich, doch lassen sich die entscheidenden Merkmale aus §164 ablesen. Stellvertretung liegt dann vor, wenn jemand (der Vertreter) eine **Willenserklärung im Namen**

eines anderen (des Vertretenen) **abgibt,** § 164 Abs. 1. Neben dieser **aktiven Stellvertretung** gibt es auch die in § 164 Abs. 3 angesprochene **passive Stellvertretung** (Empfangsvertretung). Hier wird dem Vertreter gegenüber eine Willenserklärung abgegeben, die an einen anderen (den Vertretenen) gerichtet ist. Mit dem Zugang an einen (bevollmächtigten) Empfangsvertreter geht eine Willenserklärung sofort dem Vertretenen zu.[1] Wer einen Vertrag im Namen eines anderen schließt, ist aktiver Stellvertreter hinsichtlich der eigenen vertraglichen Erklärung (z. B. des Vertragsangebots), passiver Stellvertreter bei der Entgegennahme der Erklärung des Vertragspartners (der Vertragsannahme). Es ist aber auch möglich, dass ein Stellvertreter nur Empfangsvollmacht hat (die sich auch schlüssig aus der Art seiner Tätigkeit ergeben kann), dagegen keine aktive Vertretungsmacht besitzt.[2] Aktive und passive Stellvertretung kann man als rechtsgeschäftliches Handeln in fremdem Namen zusammenfassen.

Definitionen:
Stellvertretung ist rechtsgeschäftliches Handeln in fremdem Namen, sei es aktive Stellvertretung (Abgabe einer Willenserklärung im Namen des Vertretenen) oder passive Stellvertretung (Entgegennahme einer Willenserklärung im Namen des Vertretenen).

Das Recht der Stellvertretung wird von den **Prinzipien** der **Offenkundigkeit**[3] 3
und der **Repräsentation** beherrscht. Der Offenkundigkeitsgrundsatz bedeutet, dass das Handeln für den anderen **nach außen hin erkennbar** sein muss. Unter Repräsentation ist zu verstehen, dass der Vertreter **anstelle des Vertretenen** handelt und die rechtlichen Wirkungen allein den Vertretenen treffen.

3. Beschränkung auf rechtsgeschäftliches Handeln

In den §§ 164 ff. geht es allein um die Frage, wann die **Folgen eines Rechtsge-** 4
schäfts einen Dritten (den Vertretenen) treffen. Auf geschäftsähnliche Handlungen (z. B. Mahnung, Fristsetzung) werden diese Vorschriften analog angewendet, s. § 10 Rn. 24. Bei Handlungen, die weder Rechtsgeschäfte noch geschäftsähnliche Handlungen darstellen, greifen die §§ 164 ff. dagegen nicht ein. Dies gilt bei **Tathandlungen** (Realakten, s. § 10 Rn. 26) wie dem Besitzerwerb nach § 854 Abs. 1. Ob in solchen Fällen die Wirkungen des Handelns einen anderen treffen, ist nach eigenständigen Rechtsvorschriften zu beurteilen. So

---

1 BGH NJW 2002, 1041, 1042; MünchKomm/Schubert § 164 Rn. 244.
2 BGH NJW 2002, 1041.
3 Der Begriff *Offenkundigkeit* hat sich weitgehend eingebürgert, s. z. B. Wolf/Neuner § 49 Rn. 6; Brox/Walker Rn. 524; Köhler § 11 Rn. 18. Allerdings muß das Handeln für einen anderen nur erkennbar, nicht evident sein. Daher sprechen andere vom *Offenheitsgrundsatz*, so z. B. Flume § 44 I, oder von der *Offenlegung der Stellvertretung*, so Medicus/Petersen § 56; Bork Rn. 1378 f.

wirkt der Besitzerwerb durch einen Besitzdiener nach §855 für den Besitzherrn.

5 Die Unterscheidung zwischen Rechtsgeschäft und Realakt spielt schon in recht einfachen Fällen des Vertreterhandelns eine Rolle. Soll durch den Stellvertreter das **Eigentum an einer beweglichen Sache für den Vertretenen erworben werden**, so kann der Vertreter zwar die nach §929 erforderliche **Einigung** im Namen des Vertretenen abschließen, **nicht** dagegen die **Übergabe** als Stellvertreter des Erwerbers entgegennehmen. Jedoch kann dem Vertretenen der unmittelbare Besitz dadurch verschafft werden, dass der Vertreter die Sache als **Besitzdiener** (§855) übernimmt, oder aber es wird zwar der Vertreter unmittelbarer Besitzer, zugleich aber der Vertretene **mittelbarer Besitzer**, weil zwischen dem Vertretenen und dem Vertreter ein Rechtsverhältnis im Sinne des §868 (z.B. ein Geschäftsbesorgungsvertrag, §675 Abs. 1) besteht. Der Erwerb des mittelbaren Besitzes durch den neuen Eigentümer genügt als Übergabe i.S. des §929, wenn zugleich der bisherige Eigentümer den unmittelbaren Besitz verliert.

6 Auch bei Schädigung durch eine **unerlaubte Handlung** (Delikt) und bei **Verletzung vertraglicher Pflichten** (anders als beim Vertragsschluss) kommt eine Stellvertretung nach §§164ff. mangels Vornahme eines Rechtsgeschäfts nicht in Betracht. Im Deliktsrecht haftet der Geschäftsherr nach §831 für unerlaubte Handlungen seines **Verrichtungsgehilfen**. Im Rahmen der vertraglichen Haftung muss der Schuldner, der sich zur Erfüllung seiner Verbindlichkeiten eines **Erfüllungsgehilfen** bedient, nach §278 für dessen Verschulden einstehen. S. dazu §9 Rn. 19ff., 23ff.

Merksatz:
Bei Tathandlungen (Realakten) gibt es keine Stellvertretung.

4. Abgrenzung von der mittelbaren Stellvertretung

7 Die Vertretung im Sinne der §§164ff. ist stets eine **unmittelbare Stellvertretung**, da die Wirkungen des Rechtsgeschäfts allein für und gegen den Vertretenen begründet werden. Davon zu unterscheiden ist die **mittelbare** oder **indirekte Vertretung.** Hier schließt der Handelnde das Rechtsgeschäft im eigenen Namen ab, jedoch in der Absicht, damit **im wirtschaftlichen Ergebnis für einen anderen** zu handeln. Dadurch werden, ganz anders als bei der unmittelbaren Stellvertretung, keine Rechtsfolgen im Verhältnis zwischen dem „Vertretenen" und dem Vertragspartner begründet.[4] Häufig müssen dann noch Übertragungsgeschäfte (z.B. eine Übereignung der im Interesse des „Vertretenen" erworbenen Sache durch den mittelbaren Stellvertreter an den „Vertretenen") stattfinden. So ist der Begriff der mittelbaren Stellvertretung eher irreführend; man sollte sich einprägen, dass es dabei gerade nicht um Stellvertretung im Sinne der §§164ff. geht.

---

4 Grundlegend RGZ 58, 273. Ausführlich MünchKomm/Schubert §164 Rn. 39ff.

Einen Fall der mittelbaren Stellvertretung stellt z.B. das **Kommissionsgeschäft** (§ 383 HGB) dar. Der Kommissionär nimmt fremde Ware in Kommission, um sie im eigenen Namen zu verkaufen. Der Verkauf erfolgt aber im Interesse (für Rechnung) des Kommittenten. Gegenüber dem Erwerber ist nur der Kommissionär berechtigt und verpflichtet; er hat dann seinerseits mit dem Kommittenten abzurechnen.

Auch **Treuhänder**, die z.B. ein einzelnes Recht oder auch ein Vermögen für einen anderen verwalten, handeln dabei im eigenen Namen, nicht als Stellvertreter, da sie selbst Träger der ihnen treuhänderisch übertragenen Rechte sind. Ein „**Strohmann**", der von einem Auftraggeber vorgeschoben wird, damit dieser selbst im Verborgenen bleiben kann, wird ebenfalls im eigenen Namen, nicht als Stellvertreter i.S.v. § 164 tätig (zur Abgrenzung vom Scheingeschäft s. § 17 Rn. 7). 8

Besonderheiten gelten für die sog. **Parteien kraft Amtes**, insbesondere Insolvenzverwalter, Nachlassverwalter und Testamentsvollstrecker. Sie werden nach h.M. nicht als Vertreter tätig, sondern schließen die im Rahmen ihrer Amtstätigkeit erforderlichen Rechtsgeschäfte im eigenen Namen, jedoch mit unmittelbarer Wirkung für die Insolvenzmasse bzw. den Nachlass ab. Nicht als Vertreter, sondern im eigenen Namen handelt auch, wer vom Rechtsträger zur Verfügung über ein fremdes Recht **ermächtigt** wurde, s. § 28 Rn. 5. 9

5. Abgrenzung des Stellvertreters vom Boten

Während der Stellvertreter eine eigene Willenserklärung abgibt, **übermittelt der Bote** lediglich eine **fremde Willenserklärung.** Er wird als **Erklärungswerkzeug** tätig. Auf den Boten finden die §§ 164 ff. keine Anwendung. Die Unterscheidung ist in mehrfacher Hinsicht von Bedeutung. So braucht der Bote z.B. nicht geschäftsfähig zu sein, da er selbst kein Rechtsgeschäft abschließt. Auch ein 6-jähriges und daher geschäftsunfähiges Kind kann als Bote eine Erklärung übermitteln. Einer gesetzlich vorgeschriebenen Form muss bei der Stellvertretung die Willenserklärung des Stellvertreters genügen, bei der Botenschaft dagegen die überbrachte Erklärung. Ein Bote kann, anders als ein Stellvertreter, auch bei höchstpersönlichen Rechtsgeschäften eingesetzt werden.[5] Für Willensmängel, etwa einen Irrtum als Voraussetzung der Anfechtung, kommt es bei Stellvertretung auf die Person des Stellvertreters, bei Botenschaft auf die Person des Urhebers der Erklärung an. Zur fehlerhaften Übermittlung einer Erklärung durch einen Boten (§ 120) s. § 18 Rn. 46 ff. 10

Merksatz:
Der Bote übermittelt eine fremde Willenserklärung; der Stellvertreter gibt eine eigene Willenserklärung ab.

5 BGH NJW 2008, 917.

11 Für die **Abgrenzung zwischen Bote und Stellvertreter** ist das äußere (tatsächliche) Auftreten gegenüber dem Geschäftsgegner maßgebend.[6] Kennzeichnend ist im Allgemeinen für den Stellvertreter, dass er einen gewissen Spielraum in der inhaltlichen Gestaltung der Willenserklärung besitzt, während der Bote eine inhaltlich völlig festgelegte Erklärung übermittelt.

12 Eines Boten kann man sich sowohl bei der Abgabe einer Erklärung (**Erklärungsbote**) als auch bei deren Entgegennahme (**Empfangsbote**) bedienen. Als Empfangsbote kann nur tätig werden, wer vom Adressaten der Willenserklärung zur Entgegennahme ermächtigt wurde, doch kann sich die **Empfangsermächtigung** auch ohne ausdrückliche Erteilung aus der Verkehrsauffassung ergeben, so bei Familienangehörigen und Hauspersonal.[7] Zum Zeitpunkt des Zugangs s. § 12 Rn. 14 f.

6. Abgrenzung des Stellvertreters vom Abschlussvermittler oder Verhandlungsgehilfen

13 Der Stellvertreter gibt selbst die zum Abschluss des Rechtsgeschäfts nötige Willenserklärung ab. Ein **Abschlussvermittler** oder ein **Verhandlungsgehilfe** wird dagegen zwar eingeschaltet, um den Vertragsschluss zu fördern, ist aber nicht befugt, den Abschluss vorzunehmen. **Handelsvertreter** können, wie sich aus § 84 Abs. 1 Satz 1 HGB ergibt, entweder nur mit der Vermittlung eines Geschäfts oder – unter Erteilung einer Handlungsvollmacht (§ 91 Abs. 1, § 55, § 54 HGB) – auch mit dem Abschluss des Geschäfts als Stellvertreter betraut sein. Ein **Makler** i. S. v. § 652 Abs. 1 Satz 1 BGB (sog. Zivilmakler) oder § 93 Abs. 1 HGB (Handelsmakler) weist dem Auftraggeber eine Gelegenheit zum Abschluss eines Vertrags nach oder vermittelt einen Vertrag, schließt aber nicht selbst den Vertrag als Stellvertreter ab.

7. Handeln unter fremdem Namen

14 Bei der unmittelbaren Stellvertretung wird für den Erklärungsgegner deutlich, dass er es mit zwei Personen zu tun hat, dem Vertreter, der die Willenserklärung ihm gegenüber abgibt, und dem Vertretenen, in dessen Namen die Erklärung abgegeben wird. Anders ist es dagegen, wenn sich der Erklärende mit dem Namen eines anderen bezeichnet. Hier glaubt der Erklärungsgegner, es bestehe Identität zwischen dem Erklärenden und dem Namensträger. In diesen Fällen eines **Handelns unter fremdem Namen,** das im Gesetz nicht ausdrücklich geregelt ist, stellt sich die Frage, ob man den Namensgebrauch vernachlässigen und

6 BGHZ 12, 327, 334 = NJW 1954, 797, 798; Wolf/Neuner § 49 Rn. 16; Brox/Walker Rn. 518.

7 Vgl. BAG NJW 1993, 1093 (s. auch Kontrollfragen und Fälle zu § 12, Fall 4).

ein Geschäft mit dem Erklärenden **in eigener Person** annehmen kann, oder ob die Vorschriften über die **Stellvertretung** analog anzuwenden sind, da die Erklärung als im Namen des Namensträgers abgegeben anzusehen ist.

Entscheidend ist der Blick auf das **Interesse des Erklärungsgegners.**[8] Geht es ihm darum, mit dem Erklärenden abzuschließen, ohne dass der Name eine Rolle spielt, so ist ein **Eigengeschäft des Handelnden** zu bejahen, aus dem der Handelnde selbst verpflichtet wird. So wird es regelmäßig sein, wenn sich ein Gast an der Rezeption eines Hotels mit einem fremden Namen bezeichnet. Auch sonst wird man bei Bargeschäften meistens zu einem Eigengeschäft des Handelnden kommen. 15

Wenn es dagegen für den Erklärungsempfänger wesentlich ist, mit dem **wahren Namensträger** abzuschließen, weil er den Namen mit einer bestimmten Person verbindet, so gelten die §§ 164 ff. analog, d. h. das Handeln unter fremdem Namen ist dann **wie ein Handeln als Stellvertreter** des wahren Namensträgers zu beurteilen **(Fremdgeschäft für den wahren Namensträger)**. Dies wird bei Kreditgeschäften in Frage kommen, wenn der Erklärungsempfänger mit dem Namensträger bestimmte Vorstellungen verbindet, die die Kreditwürdigkeit günstig erscheinen lassen. Auch wenn bei einer Internetauktion der Käufer den Nutzernamen (die Kennung) eines anderen verwendet, ist dies als Geschäft im Namen des wahren Namensträgers anzusehen.[9] Stellt jemand im Internet unter Nutzung eines fremden, passwortgeschützten Nutzerkontos ein Verkaufsangebot ein, so stellt sich dieses für den Bieter als Geschäft des Kontoinhabers, nicht als Eigengeschäft des Handelnden dar.[10] Auf solche Fremdgeschäfte sind die Regeln über die Stellvertretung entsprechend anzuwenden.[11] Das Geschäft wirkt für und gegen den wahren Namensträger, wenn der Handelnde Vertretungsmacht hatte, sei es aufgrund einer Einwilligung des Namensträgers[12] oder auch nach den Regeln der Duldungs- oder Anscheinsvollmacht.[13] Fehlt es an der Vertretungsmacht, so kann der wahre Namensträger das Rechtsgeschäft analog § 177 genehmigen; andernfalls haftet der Auftretende dem Erklärungsgegner entsprechend § 179. 16

Von den Fällen des Handelns unter fremdem Namen ist die Frage zu unterscheiden, ob jemand, der **offen als Vertreter auftritt**, eine schriftliche Erklärung, etwa einen Vertrag, **mit dem Namen des Vertretenen unterzeichnen** kann, so dass dadurch auch die Schrift- 17

---

8 Zur Abgrenzung BGH NJW-RR 2006, 701 (zur Gewinnzusage nach § 661a); BGH NJW 2013, 1946 (Eigengeschäft bei Veräußerung eines unterschlagenen Fahrzeugs unter dem Namen des Eigentümers, s. auch Kontrollfragen und Fälle zu § 22, Fall 8).

9 OLG München NJW 2004, 1328.

10 BGHZ 189, 346 = NJW 2011, 2421.

11 BGH NJW 2011, 2421, 2422 (Fn. 10).

12 Vgl. OLG München NJW 2004, 1328.

13 Im konkreten Fall bei der unberechtigten Nutzung des Kontos der Ehefrau verneinend BGHZ 189, 346 = NJW 2011, 2421: es genügt nicht, dass die Kontoinhaberin die Zugangsdaten nicht ausreichend gegen einen Zugriff des handelnden Ehemannes geschützt hatte.

form des § 126 gewahrt wird. Die Rechtsprechung bejaht dies seit langem und stützt sich dabei vor allem auf eine entsprechende Auslegung des § 126.[14]

18 **Lösung zu Fall 35:** a) Hier ist Fritz als **Stellvertreter** der Marion aufgetreten. Da in dem Auftrag der Marion die Erteilung einer Vollmacht (§ 167 Abs. 1) liegt, treffen die Wirkungen des Rechtsgeschäfts allein Marion als Vertretene. Sie wird aus dem Kaufvertrag berechtigt und verpflichtet. Auch bei dem bereits abgeschlossenen Übereignungsgeschäft (§ 929 Satz 1) wird Marion durch Fritz vertreten, soweit es um die rechtsgeschäftliche Einigung geht. Die Übergabe, die § 929 neben der Einigung verlangt, ist dagegen kein Rechtsgeschäft, so dass hier keine Stellvertretung möglich ist. Vielmehr wird Fritz unmittelbarer Besitzer (§ 854 Abs. 1), indem er das Gerät mitnimmt. Zugleich aber erlangt Marion den mittelbaren Besitz nach § 868. Aufgrund des Auftrags besitzt Fritz für Marion. Dieser Erwerb des mittelbaren Besitzes genügt als Übergabe im Sinne von § 929 Satz 1, wenn zugleich der bisherige Eigentümer den unmittelbaren Besitz verliert, wie dies hier der Fall ist. Also ist bei Übergabe des Geräts an Fritz bereits Marion Eigentümerin geworden.

19 b) Bei dieser Sachverhaltsalternative handelt es sich um **mittelbare Stellvertretung**. Vertragspartei für den Kaufvertrag wurde Fritz; nur von ihm kann Hell die Zahlung des Kaufpreises verlangen. Wenn das Gerät an Fritz geliefert wird, geht auch das Eigentum auf ihn über. Auf den mittelbar Vertretenen werden die wirtschaftlichen Wirkungen erst durch gesonderte Rechtsgeschäfte übergeleitet. Fritz muss das Eigentum etwa nach § 929 erst noch an Marion übertragen, und diese ist ihm gegenüber aufgrund des erteilten Auftrags (§ 670 – Ersatz von Aufwendungen) zur Erstattung des bezahlten Kaufpreises verpflichtet.

20 c) Hier ist Fritz als **Bote** der Marion tätig geworden, da er eine fertige Willenserklärung (Angebot zum Abschluss eines Kaufvertrages) übermittelt hat. Nimmt Hell das Angebot an, so wird man insoweit Fritz als Empfangsboten der Marion betrachten dürfen, da sie mit der Entgegennahme der Erklärung durch ihn einverstanden war. Also ist der Kaufvertrag zwischen Marion und Hell zustande gekommen.

d) Beim **Handeln unter fremdem Namen**, wie es hier vorliegt, ist danach zu unterscheiden, ob es für den Vertragspartner auf den Abschluss mit dem wahren Namensträger ankam, oder ob aus seiner Interessenlage heraus der Abschluss mit dem tatsächlich Aufgetretenen im Vordergrund steht. Hier wird das Interesse des Händlers eher dahin gehen, mit dem wahren Namensträger abzuschließen, an dessen Adresse er liefern soll und von dem er auch die Zahlung erwartet. Da die aufgetretene Person Vertretungsmacht hatte, ist analog § 164 ein für und gegen die „Vertretene" (Marion) wirkendes Rechtsgeschäft (Kaufvertrag) anzunehmen.

II. Die Voraussetzungen wirksamer Stellvertretung

Fall 36: Theo Staub handelt mit antiquarischen Büchern. In seinem Auftrag kaufte sein Sohn Fritz Staub ein mehrbändiges gebrauchtes Lexikon von Dreier. Er brachte

14 RGZ 74, 69. In der neueren Literatur werden hiergegen im Hinblick auf die Klarstellungs- und Beweisfunktion von Formvorschriften beachtliche Bedenken geäußert, so z.B. MünchKomm/Einsele § 126 Rn. 12.

dabei nicht zum Ausdruck, dass er das Geschäft für seinen Vater abschließe, und dies war auch aus den Umständen für Dreier nicht zu erkennen. Der Kaufpreis wurde bar bezahlt. Die Bücher wurden durch Dreier an Fritz Staub übergeben, unmittelbar darauf aber vom Gerichtsvollzieher im Auftrag des Rasch, eines Gläubigers des Fritz Staub, bei diesem gepfändet. Theo Staub verlangt von Rasch die Freigabe der Bücher, da sie in seinem Eigentum stünden. Mit Recht?

1. Zulässigkeit der Stellvertretung (kein höchstpersönliches Geschäft)

Grundsätzlich können **alle Rechtsgeschäfte** auch durch einen Stellvertreter wirksam abgeschlossen werden. Dies gilt insbesondere für schuldrechtliche und sachenrechtliche Verträge, aber auch für einseitige Rechtsgeschäfte wie z.B. eine Kündigung oder Anfechtungserklärung. Jedoch gibt es einige Rechtsgeschäfte, bei denen durch **besondere Bestimmungen** der Abschluss durch einen Vertreter ausgeschlossen ist. Zu diesen sog. **höchstpersönlichen Rechtsgeschäften** gehören z.B. die Eheschließung (§ 1311 Satz 1), die Errichtung eines Testaments (§ 2064), der Abschluss eines Erbvertrags (§ 2274) sowie weitere, vor allem familienrechtliche Rechtsgeschäfte. Diese Rechtsgeschäfte sollen nur dann gelten, wenn sie dem freien, selbst gebildeten und selbst geäußerten Willen entsprechen. Der Gesetzgeber wollte hier nicht zulassen, dass sich jemand durch Einräumung von Vertretungsmacht in gewissem Umfang der eigenen Entschließungsfreiheit begibt. Tritt bei einem solchen höchstpersönlichen Geschäft gleichwohl ein Vertreter auf, so ist das Rechtsgeschäft im Allgemeinen[15] nichtig. Auch durch vertragliche Vereinbarung kann, soweit die Vertragsfreiheit reicht, die Zulässigkeit der Stellvertretung ausgeschlossen werden (gewillkürte Höchstpersönlichkeit).[16] 21

2. Erkennbares Handeln in fremdem Namen

a) Auslegung

Wirksame Stellvertretung setzt voraus, dass eine Willenserklärung im fremden Namen (im Namen des Vertretenen) abgegeben oder entgegengenommen wurde. Ob eine Willenserklärung im eigenen Namen oder im Namen eines anderen abgegeben wird, hängt vom **Inhalt der Erklärung** ab. Daher ist diese Frage, wenn Zweifel entstehen, nach den allgemeinen Grundsätzen der **Auslegung** von Willenserklärungen zu beurteilen. Dementsprechend ist nicht der rein innere Wille des Erklärenden, sondern der objektive Sinn der Erklärung maßge- 22

---

15 Eine entgegen § 1311 Satz 1 durch einen Vertreter geschlossene Ehe ist nach § 1314 Abs. 1 durch richterliche Entscheidung (§ 1313 Satz 1) aufhebbar.

16 BGHZ 99, 90, 94 = NJW 1987, 650; MünchKomm/Schubert § 164 Rn. 101.

bend, so wie er sich aus der Sicht des Erklärungsempfängers darstellt.[17] Wie § 164 Abs. 1 Satz 2 klarstellt, liegt Stellvertretung nicht nur dann vor, wenn **ausdrücklich** im Namen des Vertretenen gehandelt wird, sondern auch dann, wenn sich **aus den Umständen** das Handeln als Vertreter ergibt. Es ist auch möglich, zugleich im fremden und im eigenen Namen zu handeln, sei es ausdrücklich oder aus den Umständen erkennbar.[18] Zum **Handeln unter fremdem Namen** s. Rn. 14.

Merksatz:
Der Stellvertreter muss erkennbar in fremdem Namen handeln (Offenkundigkeitsprinzip).

23 Wer etwa in einem Ladengeschäft als Verkäufer tätig ist, handelt als **Vertreter des Geschäftsinhabers**, ohne dass dies besonders gesagt zu werden braucht (zur „Ladenvollmacht" nach § 56 HGB s. § 24 Rn. 13). Das Beispiel zeigt zugleich, dass die Person des Vertretenen dem Geschäftspartner nicht immer namentlich bekannt zu sein braucht. In solchen Fällen ist nicht einmal entscheidend, ob der Vertragschließende (der Kunde) wusste, dass die mit ihm verhandelnde Person Angestellter und nicht Inhaber des Unternehmens ist. Selbst wenn der Vertragschließende irrtümlich meint, sein Verhandlungspartner sei der Inhaber des Unternehmens, kommt der Vertrag in der Regel mit dem wahren Inhaber des Unternehmens zustande, denn darauf ist der Wille des Vertragschließenden gerichtet.[19] Auch sonst geht bei **unternehmensbezogenen Rechtsgeschäften**[20] der Wille der Beteiligten im Zweifel (Auslegungsregel) dahin, dass der Vertrag mit dem **Inhaber des Unternehmens**, nicht mit der für das Unternehmen handelnden Person, abgeschlossen wird.[21]

b) Geschäft für den, den es angeht

24 Schon in den oben erwähnten Fällen des Kaufs in einem Ladengeschäft wurde deutlich, dass Stellvertretung auch dann angenommen werden kann, wenn der Geschäftspartner keine präzise Vorstellung von der Person des Vertretenen hat. Man spricht in solchen Fällen, in denen das Handeln für einen anderen offen zum Ausdruck kommt, aber die Person des Vertretenen nicht namentlich bekannt ist, auch von einem **offenen (unechten) Geschäft für den, den es angeht**. Hier liegt eine wirksame Stellvertretung für den Geschäftsinhaber usw. vor.

---

17 BGHZ 36, 30, 33 = NJW 1961, 2251, 2253.
18 BGH NJW 2009, 3506.
19 So bereits RGZ 67, 148.
20 Dazu Ahrens JA 1997, 895.
21 BGH NJW 1998, 2897. Der Auftretende muss aber sein Handeln für ein Unternehmen hinreichend deutlich machen, BGH NJW 2000, 2984, 2985.

Einen Schritt weiter geht die Lehre vom **verdeckten (echten) Geschäft für den, den es angeht**. Danach kommt das Rechtsgeschäft auch in Fällen, in denen die **Vertretung nach außen nicht erkennbar** war, mit dem Vertretenen zustande, sofern es **dem Vertragspartner gleichgültig war**, mit wem das Rechtsgeschäft abgeschlossen wurde. Dies kann man am ehesten annehmen, wenn es sich um Alltagsgeschäfte mit sofortiger Erfüllung (insbesondere Barzahlung) handelt.[22] Auch für das dingliche Geschäft,[23] z. B. die Übereignung der verkauften Sache an den Käufer, kommt unter diesen Voraussetzungen die Figur des Geschäfts für den, den es angeht (mit der Konsequenz eines unmittelbaren Eigentumserwerbs durch den Vertretenen), in Betracht.[24] In der Bereitstellung von Altpapier zur Sammlung durch einen Verein kann eine Übereignungsofferte an den, den es angeht, liegen, da es dem bereitstellenden Verbraucher gleichgültig ist, ob der sammelnde Verein oder ein dahinter stehender Entsorgungsträger das Eigentum erwirbt.[25] In aller Regel ist aber bei einem Vertrag, auch bei einer Internet-Versteigerung[26], für den Vertragspartner entscheidend, mit wem er abschließt.[27] Der Vertragspartner muss hier u. a. darauf vertrauen können, dass der den Vertrag Abschließende der richtige Leistungsempfänger ist, dass man ihn durch Mahnung in Verzug setzen kann und man ihm gegenüber die Rechte aus Verzug in Anspruch nehmen kann.[28] 25

Insgesamt läuft die Lehre vom Geschäft für den, den es angeht, auf eine gewisse **Durchbrechung des Offenkundigkeitsprinzips**[29] hinaus. Sie ist mit Vorsicht anzuwenden, wobei vor allem das Interesse des Vertragspartners nicht vernachlässigt werden darf. Man wird auch verlangen müssen, dass der Wille des Handelnden, die Erklärung für den Vertretenen abzugeben, aus objektiven 26

---

22 BGH NJW 1991, 2958, 2959.

23 Dies betont auch BGH NJW-RR 2003, 921, 922.

24 So verwendet BGHZ 114, 74, 79 = NJW 1991, 2283, 2285 die Figur des Geschäfts für den, den es angeht, um beim Kauf von Hausrat durch einen Ehegatten die Erlangung von Miteigentum durch beide Ehegatten zu begründen: hierauf sei regelmäßig der Wille des Erwerbers gerichtet, und dem Verkäufer sei es bei solchen Geschäften in der Regel gleichgültig, wer das Eigentum erwerbe; er übereigne also an den, den es angehe.

25 BGH NJW 2016, 1887 Rn. 12 = JuS 2016, 938 (K. Schmidt). Eine Eigentumsaufgabe (§ 959) liegt in der Bereitstellung des Altpapiers nicht; zu dieser Ansicht neigt auch BGH aaO Rn. 25.

26 LG Berlin NJW 2003, 3493, 3494.

27 Beim Verkauf eines PKW wird man im allgemeinen nicht annehmen können, dass dem Verkäufer die Person des Käufers gleichgültig ist, selbst wenn Barzahlung bei Abholung vereinbart wurde, OLG Celle MDR 2007, 832.

28 BGH NJW 1991, 2958, 2959 (daher kann man, wenn eine getrennt lebende Ehefrau sich und ein minderjähriges Kind zahnärztlich behandeln lässt, ohne zum Ausdruck zu bringen, dass der Behandlungsvertrag im Namen des Ehemannes abgeschlossen werde, zu einer Verpflichtung des Ehemannes nicht mittels eines Geschäfts für den, den es angeht, gelangen).

29 Nach BGH NJW-RR 2003, 921, 922 handelt es sich um eine teleologische Reduktion des Offenheitsgrundsatzes.

Umständen erschlossen werden kann,[30] mögen diese auch (sonst bräuchte man die ganze Konstruktion nicht) für den Geschäftspartner nicht erkennbar gewesen sein. In der Rechtsprechung finden sich nur wenige Fälle, in denen ein Geschäft für den, den es angeht, im Ergebnis bejaht wurde.

c) Eigengeschäft bei nicht erkennbarer Stellvertretung

27 Wenn eine Willenserklärung weder nach dem Inhalt noch nach den Umständen als Erklärung im Namen eines anderen anzusehen ist, so wirkt sie als **Erklärung im eigenen Namen**, also für und gegen den, der sie abgegeben hat. Die Beweislast für die Tatsachen, aus denen sich das Handeln im fremden Namen nach außen hin ergibt, trägt derjenige, der sich auf seine Vertretereigenschaft beruft.[31] Gelingt dieser Beweis nicht, so kann sich der Erklärende, wie § 164 Abs. 2 in allerdings recht schwer verständlicher Form bestimmt, nicht auf seinen Willen berufen, nicht für sich selbst, sondern für einen anderen als dessen Vertreter zu handeln. Das Risiko, die Stellvertretung deutlich zum Ausdruck zu bringen, wird auf diese Weise im Interesse der Verkehrssicherheit dem Erklärenden aufgebürdet. Die Konsequenz des § 164 Abs. 2 liegt im **Ausschluss einer Irrtumsanfechtung** nach § 119 Abs. 1 mit der Begründung, der Vertreter habe geglaubt, eine Erklärung abzugeben, die ihrem Sinne nach als Erklärung im fremden Namen aufzufassen ist. Dies wäre an sich ein Inhaltsirrtum im Sinne des § 119 Abs. 1, 1. Alt.; doch schließt die Risikozuweisung durch § 164 Abs. 2 hier die Berufung auf den Inhaltsirrtum aus.

3. Vertretungsmacht

28 Die vom Stellvertreter abgegebene Willenserklärung wirkt nur dann für und gegen den Vertretenen, wenn der Vertreter Vertretungsmacht besaß und sich das Rechtsgeschäft innerhalb dieser Vertretungsmacht bewegte. Es gibt zwei Arten der Vertretungsmacht, die **gesetzliche Vertretungsmacht**, die sich aus gesetzlichen Bestimmungen ergibt (so z. B. das Recht der Eltern zur Vertretung der minderjährigen Kinder), und die **rechtsgeschäftliche Vertretungsmacht (Vollmacht)**, die auf einer rechtsgeschäftlichen Erteilung durch den Vertretenen beruht. Näher dazu s. § 23 Rn. 1 ff., § 24 Rn. 1 ff.

---

30 So Wolf/Neuner § 49 Rn. 50; MünchKomm/Schubert § 164 Rn. 130 f. BGH NJW 2016, 1887 Rn. 10 = JuS 2016, 938 (K. Schmidt) stellt dagegen bei einer Übereignungsofferte an den, den es angeht, allein auf den Willen des Empfängers ab, die Offerte für sich oder für einen anderen anzunehmen.
31 BGH NJW 1991, 2958.

4. Mindestens beschränkte Geschäftsfähigkeit des Vertreters

Der Stellvertreter gibt – anders als der Bote – selbst eine Willenserklärung ab. 29
Er darf daher nicht geschäftsunfähig sein; sonst ist seine Erklärung nach § 105 Abs. 1 nichtig. Dagegen bleibt die **beschränkte Geschäftsfähigkeit des Vertreters** ohne Einfluss auf die Wirksamkeit der als Stellvertreter abgegebenen Erklärung, § 165. Beim Handeln eines über sieben Jahre alten Minderjährigen als Vertreter sind also die Vorschriften der §§ 106 ff. nicht anzuwenden. Der Grund dafür ist leicht einzusehen: Das für den Vertretenen abgeschlossene Geschäft verpflichtet den Stellvertreter nicht selbst, ist vielmehr für diesen indifferent. Konsequenterweise wird die beschränkte Geschäftsfähigkeit doch wieder beachtet, wenn es um die **Haftung des Minderjährigen als Vertreter ohne Vertretungsmacht** geht, § 179 Abs. 3 Satz 2 (s. § 26 Rn. 17). Zur Erteilung der Vollmacht an einen beschränkt Geschäftsfähigen s. § 24 Rn. 16.

Lösung zu Fall 36: Theo Staub kann die Freigabe verlangen, wenn er bereits vor Pfän- 30
dung der Bücher das Eigentum daran erlangt hat. Die Pfändung im Auftrag des Rasch wäre dann unzulässig, da Rasch nur in das Vermögen seines Schuldners Fritz Staub vollstrecken darf. Theo Staub könnte das Eigentum dadurch erlangt haben, dass Fritz Staub bei Empfangnahme der Bücher als Stellvertreter seines Vaters Theo Staub gehandelt hat. Zwar ist Fritz Staub weder ausdrücklich als Stellvertreter seines Vaters aufgetreten, noch ging dies für Dreier aus den Umständen hervor. Jedoch könnte die Übereignung als Geschäft für den, den es angeht, anzusehen sein. Auf der Seite des Fritz Staub kann man, an den Auftrag des Vaters anknüpfend, von dem Willen ausgehen, das Eigentum unmittelbar für diesen zu erwerben. Da die Bücher bar bezahlt wurden, konnte es dem Dreier egal sein, an wen er übereignet. Die Interessenlage lässt es daher zu, hier – bezogen auf das dingliche Geschäft – ein Geschäft für den, den es angeht, zu bejahen[32] und somit eine Stellvertretung durch Fritz Staub anzunehmen.

Gibt man auf diese Weise der Willenserklärung des Fritz Staub den Inhalt, er wolle das Eigentum für seinen Vater erwerben, so kommt die Einigung nach § 929 Satz 1 zwischen Theo Staub und Dreier zustande. Mit der Übergabe der Bücher an Fritz Staub wird dieser unmittelbarer Besitzer (§ 854 Abs. 1); eine Stellvertretung ist insoweit mangels Rechtsgeschäft nicht möglich. Jedoch erlangt zugleich Theo Staub den mittelbaren Besitz (§ 868), da Fritz Staub aufgrund des Auftrags seines Vaters für diesen besitzt. Die Erlangung des mittelbaren Besitzes genügt als Übergabe i. S. des § 929, da der Veräußerer zugleich den Besitz verliert. Damit hat Theo Staub mit der Übergabe der Bücher an Fritz Staub sofort das Eigentum daran erlangt. Die Pfändung zugunsten des Rasch war also unzulässig; das Freigabeverlangen des Theo Staub ist begründet.

32 Mit RGZ 99, 208 (wobei es damals freilich um den Handel mit Pferden ging).

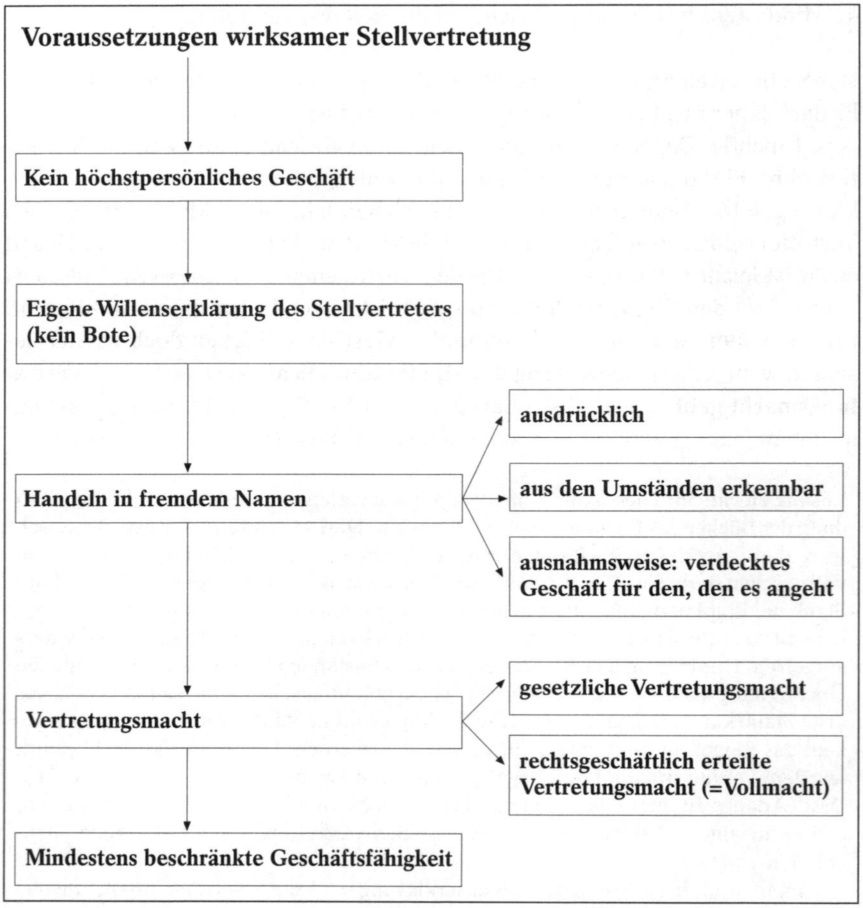
Voraussetzungen wirksamer Stellvertretung
Kein höchstpersönliches Geschäft
Eigene Willenserklärung des Stellvertreters (kein Bote)
Handeln in fremdem Namen
ausdrücklich
aus den Umständen erkennbar
ausnahmsweise: verdecktes Geschäft für den, den es angeht
Vertretungsmacht
gesetzliche Vertretungsmacht
rechtsgeschäftlich erteilte Vertretungsmacht (=Vollmacht)
Mindestens beschränkte Geschäftsfähigkeit

Kontrollfragen und Fälle zu §22

1) Was ist unter Stellvertretung zu verstehen?

2) Erläutern Sie die Prinzipien der Offenkundigkeit (Offenheit) und der Repräsentation im Recht der Stellvertretung!

3) Welches sind die Voraussetzungen wirksamen Vertreterhandelns?

4) Welche Arten der Vertretungsmacht gibt es?

5) Worin unterscheidet sich der Stellvertreter vom Boten?

6) Erklären Sie den Sinn des §164 Abs. 2!

7) Kann ein a) Geschäftsunfähiger, b) beschränkt Geschäftsfähiger als Stellvertreter tätig werden?

8) Eigen hat sein Auto dem Dreist in Verwahrung gegeben und versehentlich die Zulassungsbescheinigung Teil II im Wagen liegen lassen. Als Dreist dies bemerkt, verkauft und übergibt er das Auto für bar bezahlte 8 000 € an den nichts ahnenden Neu, wobei sich Dreist als Eigen ausgibt. Dreist ist mit dem Geld spurlos verschwunden. Kann Eigen von Neu den Wagen herausverlangen?

9)* Valentin Forsch ist Inhaber eines Bekleidungswerks. Im Einvernehmen mit Valentin Forsch kauft dessen Sohn Severin Forsch im Namen einer Perfekt GmbH, als deren Geschäftsführer er sich bezeichnet, von Blech eine Zuschneidemaschine zum Preis von 250 000 €. Die Perfekt GmbH existierte allerdings noch nicht; Severin Forsch und sein Vater Valentin Forsch wollten diese demnächst gründen und das Bekleidungswerk auf die GmbH übertragen. Dem Blech sind diese Umstände nicht bekannt. Die Zuschneidemaschine wurde geliefert und montiert. Zur Gründung der GmbH kam es nicht. Kann Blech den noch offen stehenden Teil des Kaufpreises von Severin Forsch und Valentin Forsch verlangen?

Lösungen

1) Unter Stellvertretung ist **rechtsgeschäftliches Handeln in fremdem Namen** zu verstehen. 31

2) Das Prinzip der Offenkundigkeit (auch als Offenheit bezeichnet) verlangt, dass das Handeln des Vertreters für einen anderen **nach außen hin erkennbar** gemacht wird. Das Prinzip der Repräsentation bedeutet, dass die vom Vertreter im Rahmen seiner Vertretungsmacht abgegebenen Willenserklärungen **unmittelbar für und gegen den Vertretenen wirken**.

3) **Wirksames Vertreterhandeln** setzt rechtsgeschäftliches Handeln in fremdem Namen im Rahmen einer bestehenden Vertretungsmacht voraus. Es darf sich ferner nicht um ein höchstpersönliches Geschäft handeln und der Stellvertreter muss mindestens beschränkt geschäftsfähig sein.

4) Es gibt die **rechtsgeschäftlich erteilte Vertretungsmacht** (= Vollmacht) und die **gesetzliche Vertretungsmacht**.

5) Der Unterschied liegt darin, dass der (Erklärungs-)Bote eine **fremde Willenserklärung** übermittelt, während der Stellvertreter selbst eine Willenserklärung (in fremdem Namen) abgibt. 32

6) Wenn der Handelnde eine Willenserklärung in fremdem Namen abgegeben wollte, es ihm aber nicht gelungen ist, dies nach außen hin deutlich zu machen, muss er die **Willenserklärung als eigene gelten lassen** und kann nicht etwa wegen Irrtums über den Inhalt der Erklärung nach § 119 Abs. 1, 1. Alt. anfechten.

7) Ein **Geschäftsunfähiger** kann nicht als Stellvertreter tätig werden, da eine von ihm abgegebene Willenserklärung nichtig ist, § 105 Abs. 1. Dagegen steht **beschränkte Geschäftsfähigkeit** nach der ausdrücklichen Vorschrift des § 165 einem Handeln als Stellvertreter **nicht entgegen**.

8) Der Herausgabeanspruch des Eigen gegen Neu ist aus § 985 begründet, wenn Eigen nach wie vor Eigentümer des Fahrzeugs ist. Er könnte das Eigentum dadurch verloren haben, dass Neu gutgläubig von Dreist erworben hat, § 932. Das Problem liegt darin, dass Dreist bei der Veräußerung **unter fremdem Namen** gehandelt hat. In solchen Fällen kommt entweder eine Behandlung wie ein eigenes Geschäft des Handelnden oder eine analoge Anwendung der Vorschriften über die Stellvertretung in Bezug auf den wahren Namensträger in Betracht. Dies ist hier für das Ergebnis von entscheidender Bedeutung. Sind die Vorschriften über die Stellvertretung anzuwenden, so hat Dreist als Stellvertreter ohne Vertretungsmacht gehandelt, und da Eigen das Geschäft (die Übereignung nach § 929) später nicht genehmigte, ist die Übereignung unwirksam, § 177 Abs. 1. Ein gutgläubiger Erwerb kommt dann nicht in Betracht, da der gute Glaube an das Bestehen von Vertretungsmacht nicht geschützt wird. Wertet man dagegen das Auftreten unter fremdem Namen wie ein Rechtsgeschäft des Dreist in eigenem Namen, so liegt ein Erwerb vom Nichteigentümer vor, auf den § 932 anwendbar ist. 33

34 Entscheidend für die Auslegung ist die **Interessenlage des Neu** unter Berücksichtigung des konkreten Geschäfts. Für Neu war nicht von Bedeutung, mit dem wahren Namensträger abzuschließen, sondern die Rechtsgeschäfte **mit der vor ihm stehenden Person**, die er für den Eigentümer des Fahrzeugs hielt, vorzunehmen. Erwägungen zur Leistungsfähigkeit des Vertragspartners spielen hier keine Rolle, da das Geschäft sogleich durch Barzahlung und Übergabe des Fahrzeugs abgewickelt wurde. Es liegt somit eine Übereignung durch Dreist als Nichteigentümer vor.[33]

Neu wusste nicht, dass Dreist nicht Eigentümer war, und da Dreist die Zulassungsbescheinigung Teil II (dazu s. § 7 Rn. 22) besaß und dem Neu auch keine sonstigen, gegen die Eigentümerstellung des Dreist sprechenden Umstände bekannt waren, beruhte diese Unkenntnis auch nicht auf Fahrlässigkeit, schon gar nicht auf grober Fahrlässigkeit des Neu. Mangels besonderer Anhaltspunkte hatte Neu auch keinen Grund, an der Identität des Dreist mit dem Fahrzeugeigentümer zu zweifeln und sich etwa den Personalausweis zeigen zu lassen. Neu war somit **gutgläubig** (§ 932 Abs. 2). Der Wagen war dem Eigen auch nicht nach § 935 Abs. 1 Satz 1 oder 2 abhanden gekommen, da Eigen nach der Übergabe des Fahrzeugs an Dreist nur noch mittelbarer Besitzer war (§ 868) und die Sache dem unmittelbaren Besitzer Dreist nicht abhanden kam, sondern von diesem willentlich weggeben wurde. Somit hat Neu das **Eigentum gutgläubig erworben**; der Herausgabeanspruch des Eigen aus § 985 ist nicht begründet.

35 9) a) Ein **Anspruch des Blech gegen Valentin Forsch** aus § 433 Abs. 2 setzt voraus, dass ein Kaufvertrag zwischen Blech und Valentin Forsch zustande kam. Die von Severin Forsch bei Vertragsschluss abgegebene Willenserklärung war dem Wortlaut nach auf einen Vertrag mit der Perfekt GmbH gerichtet. Da diese nicht existiert, wäre kein Vertrag zustande gekommen. Bei solchen unternehmensbezogenen Rechtsgeschäften gilt jedoch als Auslegungsregel, dass im Zweifel der Inhaber des Unternehmens Vertragspartei wird. Das gilt auch dann, wenn der Unternehmensträger falsch bezeichnet wurde. Aus der Sicht des Blech war hier nicht von entscheidender Bedeutung, gerade mit der Perfekt GmbH abzuschließen. Daher ist im Wege einer berichtigenden Auslegung ein Vertrag mit dem wahren Unternehmensträger Valentin Forsch abgeschlossen worden. Im Einvernehmen zwischen Valentin Forsch und seinem Sohn über diesen Kauf ist auch die stillschweigende Erteilung einer Vollmacht (§ 167 Abs. 1) hierzu enthalten. Damit ist der Vertrag zwischen Valentin Forsch und Blech wirksam und der Anspruch des Blech gegen Valentin Forsch auf Zahlung des Kaufpreises begründet.

36 b) **Gegen Severin Forsch** besteht kein Anspruch aus Kaufvertrag, da Severin Forsch als Stellvertreter gehandelt hat und aus dem Vertrag daher nicht verpflichtet wird. Fraglich ist, ob sich aus dem Auftreten des Severin Forsch als Geschäftsführer einer nicht existierenden GmbH etwas anderes ergibt. Wer für eine nicht existierende Person als Vertreter auftritt, haftet analog § 179 (dazu § 26 Rn. 18 sowie Kontrollfragen und Fälle zu § 26 Fall 3), wenn es aus diesem Grund nicht zu einem wirksamen Vertrag kommt. Da aber hier ein Vertrag mit Valentin Forsch zustande gekommen ist, greift diese Regel nicht ein. Denkbar wäre eine Rechtsscheinshaftung, weil Severin Forsch den Anschein erweckt habe, er vertrete eine GmbH. Aber wenn dieser Anschein richtig gewesen wäre, hätte Blech lediglich einen Anspruch gegen die GmbH, nicht gegen Severin Forsch erhalten. Er steht insoweit jetzt nicht schlechter, da er den Anspruch gegen Valentin Forsch als Inhaber des Unternehmens erlangt hat. Anders als im umgekehrten Fall – der Vertreter

33 Vgl. BGH NJW 2013, 1946; OLG Düsseldorf NJW 1989, 906.

erweckt den Eindruck, der Unternehmensträger hafte unbeschränkt, während es sich in Wirklichkeit um eine GmbH handelt – ist also hier eine Haftung des Severin Forsch auch nicht aus Rechtsscheinsgrundsätzen herzuleiten.[34]

34 Vgl. zur gesamten Lösung BGH NJW 1998, 2897 (Vorbild des Falles).

§ 23 Gesetzliche Vertretungsmacht

Fall 37: Die 16-jährige Anna hat von ihrem Großvater Wertpapiere geerbt. Die Verwaltung wird durch ihren Vater erledigt, der nur gelegentlich auch mit seiner Frau (Annas Mutter) und mit Anna darüber spricht. Als eine Neuanlage ansteht, ruft der Vater bei der depotführenden Bank an und gibt den Auftrag, Rentenpapiere mit 5-jähriger Laufzeit zu erwerben. Beim Abendessen kommt die Rede auf den Vorgang. Anna, die im Fernsehen „Unbezahlbare Geldanlagetipps" gesehen hatte, hält die relativ langfristige Anlage im Hinblick auf das derzeit niedrige Zinsniveau für einen Fehlgriff. Da auch Annas Mutter Bedenken äußert, erklärt der Vater schließlich, man könne das Ganze ja ohne weiteres rückgängig machen, da er auf eigene Faust gehandelt habe. Die zuständige Bankangestellte will davon allerdings nichts wissen; sie erklärt, man habe den Auftrag bereits ausgeführt und Annas Vater sei doch auch bisher der alleinige Ansprechpartner der Bank gewesen. Wie ist die Rechtslage?

I. Begriff

1 Die **Vertretungsmacht** beruht hier nicht auf dem Willen des Vertretenen, sondern ergibt sich unmittelbar **aus dem Gesetz.** Allerdings muss zum Teil ein behördlicher oder gerichtlicher Akt hinzutreten, z.B. die Bestellung zum Vormund durch das Familiengericht. Auch der Umfang der Vertretungsmacht, der im Einzelnen verschieden ist, wird durch das Gesetz festgelegt.

II. Fälle der gesetzlichen Vertretungsmacht

1. Vertretungsmacht der Eltern

2 Die **elterliche Sorge** für minderjährige Kinder umfasst auch die Vertretung des Kindes, § 1629 Abs. 1 Satz 1. Wenn **beiden Eltern** die elterliche Sorge zusteht[1], so haben sie das Kind gemeinschaftlich zu vertreten, § 1629 Abs. 1 Satz 2; es besteht also **Gesamtvertretungsmacht**. Zur Abgabe einer Willenserklärung gegenüber dem Kind genügt die Abgabe gegenüber einem Elternteil, § 1629 Abs. 1 Satz 2, 2. Halbsatz. Außerdem kann ein Elternteil bei Gefahr im Verzug die zum Wohl des Kindes notwendigen Rechtshandlungen, auch Rechtsgeschäfte,

1 Dies ist regelmäßig der Fall, wenn die Eltern bei Geburt des Kindes miteinander verheiratet sind. Ist dies nicht der Fall, so steht beiden Eltern nach § 1626a die elterliche Sorge gemeinsam zu, wenn sie sich darüber einig sind oder wenn ihnen das Familiengericht die elterliche Sorge gemeinsam überträgt, während im Übrigen die Mutter die elterliche Sorge alleine innehat.

allein vornehmen, § 1629 Abs. 1 Satz 4. Im Übrigen können sich die Eltern gegenseitig bevollmächtigen, damit im Außenverhältnis einer allein für das Kind handeln kann. Eine solche Bevollmächtigung kann auch stillschweigend erfolgen, sich also aus den Umständen ergeben. Fehlt es aber daran, so ist das Handeln nur eines Elternteils ein Fall der Vertretung ohne Vertretungsmacht (§§ 177 ff., s. § 26 Rn. 1 ff.); denn eine Einzelvertretungsmacht steht dem Elternteil (von den erwähnten Ausnahmen abgesehen) nicht zu. Zu bestimmten, besonders wichtigen oder riskanten Geschäften benötigen die Eltern die **Genehmigung des Familiengerichts**, § 1643 Abs. 1 i. V. m. §§ 1821, 1822 Nr. 1, 3, 5, 8 bis 11, § 1643 Abs. 2.

2. Vormund, Pfleger, Betreuer

Der **Vormund** ist gesetzlicher Vertreter des Mündels, § 1793 Abs. 1 Satz 1. Ein 3
Vormund wird für einen Minderjährigen bestellt, wenn dieser nicht unter elterlicher Sorge steht (z. B. weil beide Eltern verstorben sind) oder wenn die Eltern nicht zur Vertretung berechtigt sind, § 1773 Abs. 1. Zu den Rechtsgeschäften, zu denen der Vormund einer Genehmigung des Familiengerichts bedarf, s. §§ 1821 f.

Auch der **Pfleger** ist ein vom Vormundschaftsgericht bestellter gesetzlicher 4
Vertreter einer natürlichen Person, etwa eines Minderjährigen, den die Eltern im konkreten Fall nicht vertreten können (Ergänzungspflegschaft, § 1909) oder auch eines Volljährigen mit unbekanntem Aufenthalt (Abwesenheitspflegschaft, § 1911). Das Vertretungsrecht (§ 1915 Abs. 1 i. V. m. § 1793 Abs. 1 Satz 1) beschränkt sich auf den jeweiligen Wirkungskreis des Pflegers.

Der **Betreuer** wird für eine volljährige Person bestellt, die aufgrund Krank- 5
heit oder Behinderung ihre Angelegenheiten ganz oder teilweise nicht selbst besorgen kann, § 1896 Abs. 1 Satz 1. Im Rahmen des bei der Bestellung festgelegten Aufgabenkreises ist der Betreuer gesetzlicher Vertreter des Betreuten, § 1902. Zum Verhältnis zwischen rechtlicher Betreuung und Geschäftsfähigkeit s. § 11 Rn. 70 f.

Zu den sog. **Parteien kraft Amtes** s. § 22 Rn. 9.

3. Vertretungsmacht der Organe einer juristischen Person und der Gesellschafter von Personengesellschaften

Juristische Personen werden beim Abschluss von Rechtsgeschäften durch ihre 6
Organe vertreten. So ist der **Vorstand eines rechtsfähigen Vereins** nach § 26 Abs. 1 Satz 2 dazu berufen, den Verein zu vertreten. Dasselbe gilt etwa für den **Vorstand einer Aktiengesellschaft** (§ 78 Abs. 1 Satz 1 AktG) und für den **Geschäftsführer einer GmbH** (§ 35 Abs. 1 Satz 1 GmbHG). S. zum Vorstand des

rechtsfähigen Vereins § 31 Rn. 28 f. (auch zur Organtheorie). Vertretungsmacht haben auch die Gesellschafter einer **OHG**; der Gesellschaftsvertrag kann dazu Näheres bestimmen, s. § 125 Abs. 1 bis 3 HGB. Bei der Gesellschaft des Bürgerlichen Rechts (die nunmehr als rechtsfähig anerkannt ist, soweit Gesellschaftsvermögen gebildet wurde, s. § 31 Rn. 4) richtet sich die Vertretungsmacht der Gesellschafter ebenfalls nach dem Gesellschaftsvertrag, § 714.

III. Verpflichtungsmacht der Ehegatten und Lebenspartner

7 Ehegatten sind nach § 1357 Abs. 1 Satz 1 berechtigt, Geschäfte zur angemessenen Deckung des Lebensbedarfs der Familie mit Wirkung auch für den anderen Ehegatten zu besorgen (sog. **Schlüsselgewalt**). Nach § 8 Abs. 2 LPartG gilt diese Regelung entsprechend für die Partner bzw. Partnerinnen einer eingetragenen Lebenspartnerschaft. Der Abschluss eines Geschäfts im Rahmen des § 1357 durch den einen Ehegatten (bzw. Lebenspartner) führt zur **Mitverpflichtung und Mitberechtigung des anderen**, § 1357 Abs. 1 Satz 2. Insoweit ähnelt die Wirkung dem Fall einer Vertretung des einen Ehegatten durch den anderen. Jedoch besteht ein wesentlicher Unterschied, da auch der handelnde Ehegatte **selbst berechtigt und verpflichtet** wird. Auch braucht der handelnde Ehegatte nicht nach außen hin zum Ausdruck zu bringen, dass er den anderen mit verpflichten will. Es fehlt also im Gegensatz zur Stellvertretung an der Offenkundigkeit. Insgesamt kommt daher der Regelung des § 1357 eine **Sondernatur** zu.

7a Eine **neuartige, dem § 1357 nachgebildete Vertretungsmacht von Ehegatten und Lebenspartnern** wurde durch das Gesetz zur Verbesserung der Beistandsmöglichkeiten unter Ehegatten und Lebenspartnern in Angelegenheiten der **Gesundheitssorge** und zur Anpassung der Betreuer- und Vormündervergütung[2] in Gestalt eines neuen § 1358 (sowie § 11 Abs. 3 LPartG) geschaffen. Es geht dabei um die Befugnis, in Notsituationen für den anderen Ehegatten oder Lebenspartner gemäß § 630d Abs. 1 Satz 2 in Untersuchungen des Gesundheitszustandes, in Heilbehandlungen oder ärztliche Eingriffe einzuwilligen bzw. die Einwilligung zu versagen und ärztliche Aufklärungen nach § 630e Abs. 4 entgegenzunehmen.

8 **Lösung zu Fall 37:** Die Weisung an die Bank zum Erwerb der Rentenpapiere ist mit der telefonischen Erklärung (Vernehmung, s. § 12 Rn. 29) wirksam geworden, wenn Anna durch ihren Vater vertreten werden konnte. Es ist davon auszugehen, dass die Eltern der Anna gemeinsam die elterliche Sorge innehaben, § 1626 Abs. 1. Die elterliche Sorge umfasst nach § 1629 Abs. 1 Satz 1 die Vertretung des Kindes. Die Eltern

2 Gesetzentwurf der Bundesregierung, BT-Drs. 18/10485, angenommen vom Bundestag am 18.5.2017 in der stark eingeschränkten Fassung BT-Drs. 18/12427.

vertreten das Kind gemeinschaftlich, § 1629 Abs. 1 Satz 2. Danach könnte Annas Vater alleine nicht eine für Anna verbindliche Willenserklärung abgeben. Jedoch kann ein Elternteil durch den anderen bevollmächtigt werden (§ 167 Abs. 1) und dann die Erklärung alleine abgeben. In der Überlassung der Verwaltung der Wertpapiere an den Vater ist im Wege der Auslegung eine stillschweigende Bevollmächtigung durch die Mutter der Anna für diesen Bereich zu sehen. Die Vollmacht kann nach § 168 Satz 2 widerrufen werden. Der Widerruf wirkt jedoch nur für die Zukunft. Auch wenn man also (was zweifelhaft erscheint) in den Erklärungen der Mutter über die Geldanlage einen Widerruf der Vollmacht sieht, so ändert dieser nichts an der Wirksamkeit der gegenüber der Bank abgegebenen Weisung. Wenn die Bank diese Weisung bereits durch Erwerb der Papiere ausgeführt hat, so besteht kein Anspruch gegen die Bank auf Rückgängigmachung der Anlage.

§ 24 Die rechtsgeschäftliche Vertretungsmacht (Vollmacht)

Fall 38: Frau Kühn, Inhaberin eines Ladengeschäfts, lässt ihre finanziellen Angelegenheiten weitgehend durch ihren Sohn Fridolin Kühn erledigen. Sie erteilte ihm eine notariell beurkundete Vollmacht mit folgendem Inhalt: „Ich bevollmächtige hiermit meinen Sohn Fridolin Kühn, den Grundbesitz zum Zwecke der Finanzierung mit Grundpfandrechten – Hypotheken oder Grundschulden – zu belasten samt Zinsen und Nebenleistungen und mich mit dinglicher Wirkung, aber nicht persönlich, gegenüber dem jeweiligen Gläubiger der sofortigen Zwangsvollstreckung zu unterwerfen. Die Vollmacht umfasst auch Abtretungserklärungen bezüglich bereits eingetragener Rechte." Fridolin Kühn ließ auf einem Grundstück seiner Mutter eine Grundschuld über 150 000 € als Eigentümergrundschuld eintragen. Er nahm sodann zur Finanzierung eines eigenen Grundstücksgeschäfts bei der Zentralbank AG einen Kredit in Höhe von 150 000 € auf und übertrug zur Sicherung seiner Verbindlichkeit die Grundschuld unter Vorlage der Vollmacht an die Zentralbank.

a) Als Frau Kühn davon erfährt, fordert sie die Zentralbank zur Rückgabe der Grundschuld auf, da sich die erteilte Vollmacht nur auf Geschäfte zur Deckung ihres eigenen Finanzbedarfs bezogen habe. Wie ist die Rechtslage?

b) Wie ist es, wenn Frau Kühn die Vollmacht ihrem Sohn gegenüber telefonisch widerruft, dieser aber gleichwohl noch am selben Tag unter Vorlage der Vollmachtsurkunde die Abtretung der Grundschuld an die Zentralbank vornimmt?

I. Erteilung der Vollmacht

1 Unter **Vollmacht** ist nach der in § 166 Abs. 2 Satz 1 enthaltenen Legaldefinition nur die **rechtsgeschäftlich erteilte Vertretungsmacht** zu verstehen. Die Vollmacht wird gemäß § 167 Abs. 1 durch eine empfangsbedürftige Willenserklärung erteilt. Diese Erklärung kann sowohl an den zu Bevollmächtigenden gerichtet werden als auch an diejenige Person, der gegenüber die Stellvertretung stattfinden soll. Im ersten Fall pflegt man von **Innenvollmacht,** im zweiten von **Außenvollmacht** zu sprechen.[1] Eine Außenvollmacht kann auch durch Erklärung gegenüber einem größeren Personenkreis oder durch öffentliche Bekanntmachung (hier durch eine nicht empfangsbedürftige Willenserklärung[2]) erteilt werden. Oft wird dann aber auch bereits eine Innenvollmacht erteilt sein, so dass man den Fall einer nach außen mitgeteilten Innenvollmacht[3] vor sich hat.

1 Der Unterschied spielt auch bei der Auslegung der Vollmacht eine Rolle: eine Innenvollmacht ist so auszulegen, wie sie der Bevollmächtigte verstehen musste, während es auf die Verständnismöglichkeiten des Geschäftsgegners nicht ankommt, BGH NJW 2010, 1203, 1204.

2 MünchKomm/Schubert § 167 Rn. 11.

3 Medicus/Petersen Rn. 927.

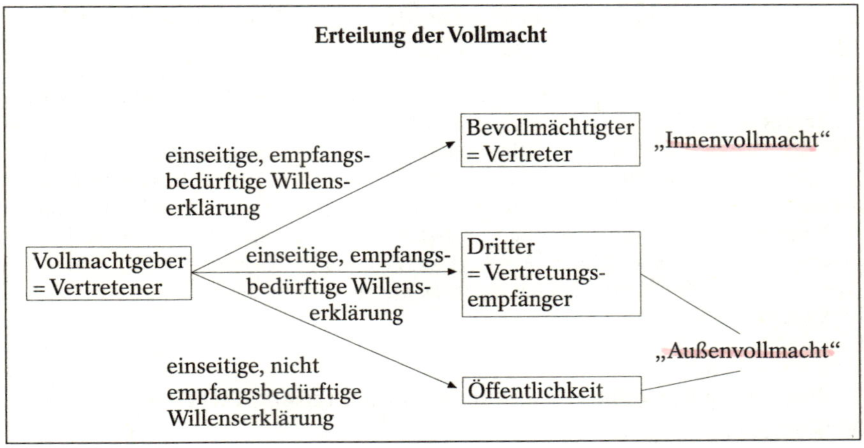

Die Formulierungen Innen- und Außenvollmacht sind insofern etwas missverständlich, als sie nur auf die Art und Weise der Erteilung der Vollmacht bezogen werden dürfen. Die **Wirkung** dagegen bezieht sich immer auf das **Außenverhältnis**.

Bemerkenswert erscheint, dass die Erteilung der Vollmacht durch **einseitige** 2
Erklärung, nicht durch einen Vertrag erfolgt. Also kommt es nicht darauf an, ob sich der zu Bevollmächtigende mit der Erlangung der Vertretungsmacht einverstanden erklärt. Doch ist ihm analog § 333 ein Zurückweisungsrecht zuzubilligen.[4] Da sich aus der Vollmacht als solcher keinerlei Verpflichtungen ergeben, ist die einseitige Erteilung unproblematisch. Verpflichtungen ergeben sich erst aus dem (vertraglichen) Grundgeschäft, das regelmäßig der Vollmacht zugrunde liegt, s. Rn. 16. Die Vollmacht begründet nur die Legitimation, für einen anderen rechtsgeschäftlich handeln zu können. Ein subjektives Recht des Bevollmächtigten soll darin nach ü.M.[5] nicht liegen.

II. Form der Vollmacht

1. Grundsätzliche Formfreiheit und gesetzliche Ausnahmen

Die Vollmacht kann in der Regel formfrei erteilt werden. Nur wenige gesetz- 3
liche Bestimmungen machen hiervon eine **Ausnahme**, so § 1945 Abs. 3 (Voll-

4 Wolf/Neuner § 50 Rn. 11; Schack Rn. 468; MünchKomm/Schubert § 167 Rn. 5.

5 BayObLGZ 2004, 159, 161 = FamRZ 2005, 239, 240 (daher keine Beschwerdeberechtigung des Inhabers einer Generalvollmacht des Erblassers gegen die Bestellung eines Nachlasspflegers).

macht zur Ausschlagung einer Erbschaft), § 2 Abs. 2 GmbHG (Vollmacht zur Unterzeichnung eines Gesellschaftsvertrags).

Eine vom Verbraucher erteilte **Vollmacht zum Abschluss eines Verbraucherdarlehensvertrages** bedarf kraft ausdrücklicher Vorschrift (§ 492 Abs. 4 Satz 1) derselben Form wie der Darlehensvertrag selbst (besonders ausgestaltete Schriftform, § 492 Abs. 1).[6] Die Rechtsfolgen bei Nichteinhaltung der Form sind in § 494 besonders geregelt: Zwar ist die nicht formgerechte Vollmacht nichtig (§ 494 Abs. 1), doch wird ein mittels dieser Vollmacht abgeschlossener Verbraucherdarlehensvertrag gültig, wenn der Darlehensnehmer das Darlehen empfängt oder in Anspruch nimmt – er braucht aber, wenn es insoweit an Angaben in der Vollmacht fehlte, nur den gesetzlichen Zinssatz zu zahlen, § 494 Abs. 2.

2. Bedeutung der Vollmachtsurkunde; Zurückweisungsrecht bei einseitigen Rechtsgeschäften

4 Eine schriftliche Erteilung in Form einer **Vollmachtsurkunde** ist nicht nötig. Jedoch gelten bei Erteilung einer Vollmachtsurkunde besondere Vorschriften, die das Vertrauen auf eine solche Urkunde schützen, s. Rn. 29 ff. Außerdem räumt das Gesetz bei einem **einseitigen Rechtsgeschäft**, das der Vertreter vornimmt, dem Empfänger der Willenserklärung ein **Zurückweisungsrecht**[7] ein, wenn der Vertreter keine Vollmachtsurkunde vorlegt und der Vollmachtgeber den anderen auch nicht von der Bevollmächtigung in Kenntnis gesetzt hat, § 174 Satz 1 und 2. Dadurch wird (ebenso wie durch § 111 Satz 2 und 3 bei Vornahme eines einseitigen Rechtsgeschäfts durch einen Minderjährigen) das Interesse des Gegners an Rechtssicherheit geschützt.[8] Die Vollmacht muss im Original (Urschrift) vorgelegt werden – eine beglaubigte Abschrift genügt nicht, weil dem Erklärungsempfänger dadurch keine Sicherheit über das Weiterbestehen der Vollmacht vermittelt wird.[9]

---

6 Wie sich aus § 492 Abs. 4 Satz 1 ergibt, muss die Vollmacht des Verbrauchers auch die in § 492 Abs. 2 i. V. m. Art. 247 §§ 6 bis 13 EGBGB vorgeschriebenen Angaben enthalten, es sei denn, dass sie notariell beurkundet wird.

7 Die Zurückweisung muss gerade wegen der nicht vorgelegten Vollmachtsurkunde erklärt werden, BAG NJW 2012, 1677. Sie muss unverzüglich (§ 121 Abs. 1 Satz 1) erfolgen, und da sie selbst ein einseitiges Rechtsgeschäft darstellt, kann sie ihrerseits bei Abgabe durch einen Vertreter ohne Vorlage einer Vollmachtsurkunde zurückgewiesen werden, BAG NZA 2012, 495.

8 Wegen der vergleichbaren Interessenlage kann man § 174 analog anwenden, wenn ein Vertragsangebot, das unmittelbar gegenüber dem Vertretenen erklärt wurde, durch einen Vertreter angenommen wird, vgl. MünchKomm/Schubert § 174 Rn. 3.

9 BGHZ 145, 343, 350 = NJW 2001, 289, 291. Der BGH wendet hier § 174 auch auf geschäftsähnliche Handlungen analog an. Im konkreten Bereich (Anmeldung von Ersatzansprüchen gegen einen Reiseveranstalter) gilt dies jedoch nicht mehr, da seit einer Gesetzesänderung 2001 in § 651g Abs. 1 Satz 2 ausdrücklich § 174 für unanwendbar erklärt wird.

Auf Rechtsgeschäfte eines **gesetzlichen Vertreters** ist § 174 nicht anwendbar. Dasselbe gilt in der Regel für **organschaftliche Vertretung**, weil man sich über die Bestellung zum Organ einer juristischen Person aufgrund der Eintragung in ein öffentliches Register (insbesondere im Handelsregister) informieren kann. Bei der BGB-Gesellschaft gibt es dagegen kein Register, aus dem sich die Vertretungsverhältnisse entnehmen lassen. Daher gilt § 174 auch bei einer namens einer BGB-Gesellschaft abgegebenen, einseitigen empfangsbedürftigen Willenserklärung, wenn weder eine Vollmacht vorgelegt wurde noch etwa der Gesellschaftsvertrag oder eine Erklärung der anderen Gesellschafter, woraus sich die Vertretungsmacht ergibt.[10] Ebenso ist § 174 nach seinem Schutzzweck auf einseitige Rechtsgeschäfte anzuwenden, die der **Verwalter einer Wohnungseigentümergemeinschaft** aufgrund einer Vereinbarung oder eines Beschlusses der Wohnungseigentümer (§ 27 Abs. 3 Satz 1 Nr. 7 WEG) im Namen der Gemeinschaft der Wohnungseigentümer vornimmt.[11] 4a

3. Formbedürftigkeit aufgrund Geschäftseinheit

Mittelbar kann sich die Formbedürftigkeit der Vollmachtserteilung daraus ergeben, dass diese zusammen mit einem formbedürftigen Geschäft (z. B. einem Grundstückskauf, § 311b Abs. 1 Satz 1) ein **einheitliches Rechtsgeschäft** im Sinne des § 139 bildet, weil sie etwa zur Abwicklung des Vertrages erteilt wurde. In einem solchen Fall führt eine Nichtigkeit des Grundstückskaufvertrages wegen Formmangels (§ 125 Satz 1) im Zweifel auch zur Nichtigkeit der Vollmacht.[12] 5

4. Ausstrahlung der Form des abzuschließenden Geschäfts

a) Grundsätzlich keine Anwendung auf Vollmacht

Die Erteilung der Vollmacht bedarf grundsätzlich **nicht der Form des Geschäfts, das von dem Vertreter abgeschlossen werden soll**, § 167 Abs. 2. Daher kann z. B. eine Vollmacht zum Verkauf oder Erwerb eines Grundstücks formfrei erteilt werden, obwohl der Grundstücksverkauf selbst nach § 311b Abs. 1 Satz 1 der notariellen Beurkundung bedarf. Auch die Vollmacht zur Erklärung oder Annahme der Auflassung (§ 925 Abs. 1 Satz 1) ist nach materiellem Recht nicht formbedürftig; sie muss aber dem Grundbuchamt gegenüber durch öffentliche oder öffentlich beglaubigte Urkunde nachgewiesen werden,[13] § 29 6

---

10 BGH NJW 2002, 1194.

11 BGHZ 200, 195 = NJW 2014, 1587.

12 Beispiel: BGH NJW 1997, 312 (zugleich zur auch in solchen Fällen in Betracht kommenden Duldungsvollmacht, s. Rn. 33 f.).

13 Vgl. BGHZ 29, 366 = NJW 1959, 883 (ist die Vollmacht zunächst formfrei erteilt worden, so genügt eine nachträgliche Bestätigung in der Form des § 29 GBO). Nach § 34 GBO kann der Nachweis auch durch eine notarielle Bescheinigung über eine durch Rechtsgeschäft begründete Vertretungsmacht (§ 21 Abs. 3 BNotO) erfolgen.

Abs. 1 Satz 1 GBO. – Zur Ausnahme beim Verbraucherdarlehensvertrag s. Rn. 3.

b) Ausnahmen aufgrund des Zwecks der Form

7 Von der Formfreiheit einer Vollmacht zum Abschluss eines Grundstückskaufvertrags wird jedoch eine Ausnahme gemacht, wenn die Vollmacht **unwiderruflich** erteilt wird.[14] Andernfalls würde der Schutzzweck des § 311b Abs. 1 Satz 1 vereitelt, da die unwiderrufliche Vollmacht bereits auf eine Bindung des Vollmachtgebers hinausläuft. Dies gilt auch, wenn die unwiderrufliche Vollmacht zum Grundstückskauf zeitlich befristet ist.[15] Formbedürftigkeit einer Vollmacht zur Grundstücksveräußerung wird ferner bei einer Befreiung des Vertreters vom Verbot des Selbstkontrahierens nach § 181 angenommen, wenn sich der Vollmachtgeber dadurch nach den Umständen des Einzelfalles rechtlich oder tatsächlich bereits binden wollte.[16]

8 Um die Warnfunktion der Form auch dann zu wahren, wenn der Bürge einen Vertreter einschaltet, bedarf auch die **Vollmacht zur Übernahme einer Bürgschaft** (und ebenso die Ermächtigung zur Ausfüllung einer Blanketterklärung des Bürgen) der Schriftform,[17] soweit die Bürgschaftserklärung selbst formbedürftig ist (§ 766 Satz 1; anders, wenn die Bürgschaft auf der Seite des Bürgen ein Handelsgeschäft darstellt, § 350 HGB).

9 Insgesamt wird auf diese Weise § 167 Abs. 2 wesentlich eingeschränkt: Die Vollmacht ist (auch ohne ausdrückliche gesetzliche Bestimmung) entgegen § 167 Abs. 2 formbedürftig, soweit der **Schutzzweck der Formbestimmung** dies verlangt. Doch lehnte es der BGH ab, generell Formvorschriften mit Warnfunktion entgegen § 167 Abs. 2 auf die Erteilung einer Vollmacht zu erstrecken, und erklärte z. B. die formfreie Erteilung einer widerruflichen Vollmacht zum Abschluss eines Ehevertrages (Vertrag über den Güterstand, formbedürftig nach § 1410) für wirksam.[18]

---

14 Wobei es nach BayObLG DNotZ 1997, 312 nicht genügt, wenn nur die Vollmacht notariell beurkundet ist; es muss das Grundgeschäft, aus dem sich die Unwiderruflichkeit ergibt, beurkundet werden, s. auch Fn. 35.

15 RGZ 108, 125.

16 BGH NJW 1979, 2306 (dazu genügt es nicht bereits, dass der Vollmachtgeber entschlossen ist, die Vollmacht nicht zu widerrufen).

17 BGHZ 132, 119 = NJW 1996, 1467; BGH NJW 2000, 1179, 1180.

18 BGHZ 138, 239 = NJW 1998, 1857. – A. M. Einsele NJW 1998, 1206.

III. Arten der Vollmacht

1. Spezialvollmacht, Gattungsvollmacht und Generalvollmacht

Der Inhalt der Vollmacht bestimmt sich nach der Willenserklärung, durch die sie erteilt wird. Die Vollmacht kann für ein einzelnes Rechtsgeschäft erteilt werden (Spezialvollmacht), aber auch für Geschäfte bestimmter Art (Gattungsvollmacht) oder gar für alle Rechtsgeschäfte (Generalvollmacht). 10

2. Einzelvollmacht und Gesamtvollmacht

Sache des Vollmachtgebers ist es auch, ob er jemand zum Handeln als Einzelner bevollmächtigen will (Einzelvollmacht) oder ob nur mehrere Bevollmächtigte zusammen die Vollmacht sollen ausüben können (Gesamtvollmacht, auch in Form der Gesamtprokura, § 48 Abs. 2 HGB). 11

3. Haupt- und Untervollmacht

Zu unterscheiden ist ferner zwischen Hauptvollmacht und Untervollmacht. Ob der Hauptbevollmächtigte eine Untervollmacht erteilen kann, hängt vom Inhalt seiner eigenen Vertretungsmacht ab. Der Unterbevollmächtigte vertritt den ursprünglich Vertretenen. Probleme ergeben sich im Rahmen der Haftung nach § 179, wenn die Hauptvollmacht oder die Untervollmacht nicht wirksam ist. Näher s. § 26 Rn. 22 ff. 12

4. Handelsrechtliche Vollmachtsarten

Das Handelsrecht stattet die **Prokura** (§ 49 HGB) und die (weniger weitgehende) **Handlungsvollmacht** (§ 54 HGB) mit einem gesetzlich vorgegebenen Inhalt aus. Im Interesse der Sicherheit des Rechtsverkehrs ist eine Beschränkung dieses Inhalts mit Außenwirkung nur teilweise möglich. Von der Bevollmächtigung eines Ladenangestellten ist nach § 56 HGB auszugehen. Diese **Ladenvollmacht** kann nur durch einen klaren Hinweis ausgeschlossen werden.[19] 13

5. Vorsorgevollmacht

Wer einer Vertrauensperson, oft einem engen Angehörigen, die Wahrnehmung seiner Interessen für den Fall späterer Gebrechlichkeit anvertrauen will, kann 14

19 Baumbach/Hopt, HGB, 37. Aufl., § 56 Rn. 5.

eine (Alters)Vorsorgevollmacht erteilen. Dadurch kann die Bestellung eines Betreuers entbehrlich werden, § 1896 Abs. 2 Satz 2.[20] Der Inhalt einer solchen Vollmacht sollte, da eine gesetzliche Typisierung fehlt, möglichst präzise umschrieben werden. Es ist auch möglich, die Vollmacht unter der Bedingung[21] des späteren Eintritts der Geschäftsunfähigkeit oder der Unfähigkeit eigenen Handelns aufgrund Behinderung zu erteilen. Wegen der damit verbundenen tatsächlichen Unklarheit über das Bestehen der Vollmacht ist dies jedoch nicht empfehlenswert.[22] Besser ist es, die Vollmacht unbedingt zu erteilen und den Bevollmächtigten nur im Innenverhältnis (s. Rn. 19) schuldrechtlich zu verpflichten, von der Vollmacht nur unter bestimmten Voraussetzungen Gebrauch zu machen.[23]

14a Eine wichtige Variante der Vorsorgevollmacht ist eine Vollmacht zur Entscheidung über Durchführung oder Unterbleiben von **ärztlichen Maßnahmen** für den Fall, dass der Vollmachtgeber darüber nicht mehr verantwortlich entscheiden kann. Der Bevollmächtigte hat insoweit, insbesondere bei der Anwendung einer **Patientenverfügung,** dieselben Aufgaben wie ein Betreuer, s. § 1901a Abs. 5. Geht es um gravierende Folgen, so bedarf die Einwilligung oder Nichteinwilligung in ärztliche Behandlungen der Genehmigung durch das Betreuungsgericht, § 1904 Abs. 5. Solche Vollmachten können in das von der Bundesnotarkammer geführte **Zentrale Vorsorgeregister** (§ 78a BNotO) aufgenommen werden.

6. Prozessvollmacht

15 Der Prozessbevollmächtigte (in der Regel ein Rechtsanwalt) bedarf einer vom Mandanten erteilten Prozessvollmacht, um den Rechtsstreit im Namen des Mandanten führen zu können. Die Stellung des Prozessbevollmächtigten, der Nachweis der Prozessvollmacht und ihr regelmäßiger Inhalt sind in §§ 78 ff. ZPO geregelt. Da es sich hierbei um ein Sonderrecht handelt, sind die Vorschriften des BGB über die Vollmacht nur insoweit anwendbar, als die ZPO darauf verweist oder als in ihnen allgemeine Rechtsgedanken der Stellvertretung zum Ausdruck kommen. Die Anwendbarkeit auf eine Prozessvollmacht ist z. B. hinsichtlich des Zurückweisungsrechts nach § 174[24] (s. Rn. 4) und

---

20 Die nach § 1896 Abs. 3 zulässige Bestellung eines Kontrollbetreuers darf nur angeordnet werden, wenn konkrete Anhaltspunkte dafür bestehen, dass das Handeln des Bevollmächtigten dem Betreuungsbedarf nicht genügt, BGH NJW 2011, 2137.

21 Die Erteilung einer (nicht handelsrechtlichen) Vollmacht ist nach h. M. nicht bedingungsfeindlich, MünchKomm/Schubert § 167 Rn. 6.

22 Vgl. OLG Köln ZEV 2007, 592 (grundbuchmäßiger Nachweis des Eintritts der Bedingung nicht möglich); Bühler FamRZ 2001, 1585, 1591 (praktisch nicht verwendbar).

23 Dies empfehlen OLG Köln ZEV 2007, 592, 594; G. Müller ZEV 2007, 596, 597. Eine notariell beurkundete Vollmacht kann dann auch im Grundbuchverkehr (§ 29 GBO) verwendet werden. Die Beschränkung der Anweisungen des Vollmachtgebers auf das Innenverhältnis sollte sich möglichst eindeutig aus dem Vollmachtstext ergeben, OLG Frankfurt DNotZ 2011, 745.

24 BGH NJW 2003, 963, 964.

hinsichtlich der §§ 172 ff.[25] (Rechtsscheinsvollmacht, s. Rn. 28 ff.) vom BGH verneint worden.

IV. Vollmacht und Grundgeschäft

1. Abstrakte Natur der Vollmacht

16 Eine Vollmacht wird in aller Regel in Zusammenhang mit einem bestimmten Grundgeschäft erteilt, weil der Bevollmächtigte die Vertretungsmacht benötigt, um seine Aufgaben erfüllen zu können. So liegt der Bevollmächtigung eines Verkäufers in einem Ladengeschäft (vgl. § 56 HGB) der Arbeitsvertrag zwischen dem Inhaber und dem Verkäufer zugrunde. In anderen Fällen stellen ein (unentgeltlicher) Auftrag (§ 662) oder ein entgeltlicher Geschäftsbesorgungsvertrag (§ 675) das schuldrechtliche Grundgeschäft dar. Trotz dieses sachlichen Zusammenhangs sind aber Grundgeschäft und Vollmachterteilung verschiedene Rechtsgeschäfte, die in ihren Rechtsfolgen und in ihrer Wirksamkeit sorgfältig zu unterscheiden sind. Die **Wirksamkeit der Vollmacht** ist grundsätzlich **von der Gültigkeit des Grundgeschäfts unabhängig**; die Vollmacht ist in diesem Sinne abstrakt. So ist die einem beschränkt Geschäftsfähigen erteilte Vollmacht wirksam, da sie für sich gesehen lediglich rechtlich vorteilhaft ist (§ 131 Abs. 2 Satz 2). Das zugrunde liegende Rechtsgeschäft (z. B. ein Auftrag, § 662, oder ein entgeltlicher Geschäftsbesorgungsvertrag, § 675) ist dagegen wegen der daraus resultierenden Verpflichtungen des Minderjährigen nur mit Einwilligung oder Genehmigung der gesetzlichen Vertreter wirksam, §§ 107 f.

17 Allerdings erfährt die Abstraktion Einschränkungen, soweit es um das **Erlöschen der Vollmacht** geht: nach § 168 Satz 1 findet mit dem Grundgeschäft auch die Vollmacht ihr Ende. Außerdem ist zu beachten, dass es Unwirksamkeitsgründe, insbesondere **gesetzliche Verbote** i. S. v. § 134, gibt, die sowohl das Grundgeschäft als auch die Vollmacht erfassen und daher auch die Vollmacht unwirksam machen.[26]

18 Die Unterscheidung zwischen Grundgeschäft und Vollmacht geht einher mit der Unterscheidung zwischen **Innen-** und **Außenverhältnis** (nicht zu verwechseln mit Innen- und Außenvollmacht, s. Rn. 1). Für die Frage, ob das rechtgeschäftliche Handeln des Vertreters im Verhältnis zum Geschäftspartner für und gegen den Vertretenen wirkt (Außenverhältnis), ist allein die Vollmacht maßgebend.

---

25 BGH NJW 2004, 59, 60.

26 Dies wurde z. B. bei Verstößen gegen Art. 1 § 1 Rechtsberatungsgesetz (zur jetzigen Rechtslage s. § 20 Rn. 5 Fn. 8) bejaht, dazu BGH NJW 2003, 2088 u. 2091.

Merksatz:
Die Vollmacht bestimmt das rechtliche Können des Vertreters, während für sein rechtliches Dürfen das Grundgeschäft maßgebend ist.

2. Missbrauch der Vollmacht

19 Im Außenverhältnis spielt es grundsätzlich keine Rolle, ob der Vertreter bei der Verwendung der Vertretungsmacht seinen **Verpflichtungen gegenüber dem Vertretenen** gerecht geworden ist. Dies ist allein für das **Innenverhältnis** bedeutsam. Ein Verstoß des Vertreters gegen seine vertraglichen Verpflichtungen gegenüber dem Vertretenen, auch z.B. gegen Weisungen des Arbeitgebers, kann zu Schadensersatzpflichten des Vertreters gegenüber dem Vertretenen führen, ändert aber nichts an der Wirksamkeit des pflichtwidrig abgeschlossenen Geschäfts gegenüber dem Vertragspartner.

20 Von diesem Grundsatz gibt es wesentliche Ausnahmen. Wirkt der Vertreter bei dem pflichtwidrigen Gebrauch der Vollmacht einverständlich mit dem Geschäftspartner zum Nachteil des Vertretenen zusammen (**Kollusion**), so ist das Rechtsgeschäft wegen Sittenwidrigkeit nichtig (§ 138 Abs. 1).[27] Die Abstraktheit der Vollmacht soll dem Dritten ermöglichen, sich auf die Vollmacht zu verlassen, doch verdient er einen solchen Schutz nicht, wenn er mit dem Vertreter arglistig zusammenarbeitet.

21 Die Rechtsprechung geht aber in der Einschränkung des Vertrauensschutzes für den Vertragspartner noch einen Schritt weiter und lässt unter Berufung auf § 242 (Verbot des Rechtsmissbrauchs) den Fehlgebrauch der Vollmacht auch dann auf die Gültigkeit des Geschäfts im Außenverhältnis durchschlagen, wenn der **Vertragspartner den Missbrauch kannte** oder wenn sich ihm **geradezu aufdrängen musste**, dass die Vertretungsmacht missbraucht wird.[28] In solchen Fällen einer „massive Verdachtsmomente voraussetzenden **objektiven Evidenz**" des Vollmachtsmissbrauchs[29] braucht der Vertretene das abgeschlossene Geschäft nicht gegen sich gelten zu lassen,[30] d.h. es ist im Außenverhältnis **unwirksam.**[31] Die Rechtsprechung betont aber den Ausnahmecharakter dieser Regel und bekräftigt, dass das Risiko des Missbrauchs der Vertretungsmacht grundsätzlich vom Vertretenen zu tragen ist und den Vertragspartner im Allgemeinen keine besondere Prüfungspflicht trifft.[32] Diese Grundsätze gelten auch

---

27 BGH NJW 2002, 1497, 1498.
28 BGH NJW 1988, 3012; BGHZ 113, 315, 320 = NJW 1991, 1812, 1813.
29 BGHZ 127, 239, 241 = NJW 1995, 250, 251; BGH NJW-RR 2016, 1138 Rn. 24.
30 BGH NJW 1999, 2883, 2884.
31 Wenn es nicht etwa vom Vertretenen genehmigt wird, was analog § 177 möglich ist, Wolf/Neuner § 49 Rn. 104.
32 BGH NJW-RR 1992, 1135, 1136; BGHZ 127, 239, 241 = NJW 1995, 250, 251; BGH NJW-RR 2016, 1138 Rn. 23.

bei einer Vollmacht mit gesetzlich umrissenem Inhalt, insbesondere bei der Prokura.

Die objektive Evidenz bejaht der BGH insbesondere, wenn sich für den Vertragspartner nach den Umständen die **Notwendigkeit einer Rückfrage** bei dem Vertretenen (ob es mit dem Geschäft seine Richtigkeit hat) **geradezu aufdrängt**, so z. B. wenn der Hausarzt eine ihm von einem älteren Patienten erteilte umfassende Kontovollmacht dazu benutzt, ein hohes Sparguthaben des Vertretenen aufzulösen, um mit den Mitteln eigene Verbindlichkeiten gegenüber der Sparkasse zu tilgen.[33] 22

Merksatz:
Unwirksamkeit des vom Vertreter vorgenommenen Rechtsgeschäfts aufgrund Missbrauchs der Vollmacht tritt ein, wenn der Vertreter und der Vertragspartner einvernehmlich zum Nachteil des Vertretenen zusammenarbeiten (Kollusion) oder wenn der Missbrauch dem Vertragspartner bekannt war bzw. sich ihm geradezu aufdrängen musste (objektive Evidenz des Missbrauchs).

V. Erlöschen der Vollmacht

1. Durch Befristung, auflösende Bedingung oder Zweckerreichung

Die Vollmacht kann für einen bestimmten Zeitraum (befristet) erteilt werden oder mit einer auflösenden Bedingung (§ 158 Abs. 2) versehen werden. Sie erlischt außerdem durch Zweckerreichung, wenn sie nur für ein einzelnes Geschäft erteilt wurde und dieses Geschäft vorgenommen wurde. 23

2. Mit Erlöschen des Grundgeschäfts

Grundgeschäft und Vollmacht sind hinsichtlich des Erlöschens zu unterscheiden. So kann in den bei Rn. 23 genannten Fällen das Grundgeschäft (etwa ein Arbeitsverhältnis) durchaus fortbestehen, obwohl die Vollmacht erloschen ist. Wie sich aus § 168 Satz 1 ergibt, führt aber umgekehrt das **Erlöschen des Grundgeschäftes** im Allgemeinen zugleich zum **Erlöschen der Vollmacht**. Dies entspricht im Regelfall dem Willen des Vollmachtgebers, da die Vollmacht dazu dienen soll, die Aufgaben aus dem Grundgeschäft zu erfüllen. Wenn also z. B. ein Arbeitsvertrag durch Kündigung oder aufgrund Befristung sein Ende findet, so erlischt damit regelmäßig auch die Vollmacht, die der Arbeitgeber dem Arbeitnehmer erteilt hat, ohne dass es dazu einer Widerrufserklärung bedarf. – Kraft gesetzlicher Vorschrift (§ 117 InsO) erlischt mit der Eröffnung eines Insolvenzverfahrens eine vom Insolvenzschuldner erteilte Vollmacht, die sich auf 24

33 BGH NJW 1999, 2883.

die Insolvenzmasse bezieht, sofern nicht der zugrunde liegende Auftrag oder Geschäftsbesorgungsvertrag nach § 115 Abs. 2 InsO noch fortbesteht.

25 Auch die Frage, wie sich der Tod des Bevollmächtigten oder des Vollmachtgebers auf die Vollmacht auswirkt, ist vom Grundgeschäft aus zu beurteilen. Mit dem **Tod des Bevollmächtigten** erlischt in der Regel das Grundgeschäft, so etwa im Zweifel der Auftrag (§ 673 Satz 1), und damit endet auch die Vollmacht. Beim **Tod des Vollmachtgebers** ist die Situation anders. Oft besteht gerade ein Interesse daran, dass der Bevollmächtigte auch nach dem Tod des Vollmachtgebers noch rechtsgeschäftlich handeln kann. Der Auftrag[34] erlischt im Zweifel nicht mit dem Tod des Auftraggebers, § 672 Satz 1, und entsprechend wirkt auch die Vollmacht im Zweifel fort. Der Bevollmächtigte vertritt in einem solchen Fall die Erben des Vollmachtgebers; diese können ihrerseits die Vollmacht widerrufen. Es ist sogar möglich, eine Vollmacht nur für den Todesfall zu erteilen, um damit z. B. die Abwicklung eilbedürftiger Geschäfte zu erleichtern, auch wenn hinsichtlich der Erbfolge Unklarheiten entstehen sollten (**postmortale Vollmacht**).

3. Widerruf der Vollmacht

a) Grundsätzliche Widerruflichkeit

26 Die Vollmacht ist grundsätzlich für sich widerruflich, auch wenn das Grundgeschäft (etwa der Arbeitsvertrag) fortbesteht, § 168 Satz 2. Der Widerruf der Vollmacht erfolgt durch eine **einseitige empfangsbedürftige Willenserklärung des Vollmachtgebers** an den Bevollmächtigten oder an den Dritten, gegenüber dem die Vertretung stattfinden sollte, § 168 Satz 3 i. V. m. § 167 Abs. 1.

b) Unwiderrufliche Vollmacht

27 Der Widerruf der Vollmacht kann jedoch eingeschränkt werden, wie sich aus § 168 Satz 2 ergibt. Aus der darin enthaltenen Verweisung auf den Inhalt des Grundgeschäfts („sofern sich nicht aus diesem ein anderes ergibt") folgert die h. M., dass die **Unwiderruflichkeit** der **vertraglichen Vereinbarung** zwischen Vollmachtgeber und Vertreter bedarf.[35] Eine unwiderrufliche Vollmacht kann etwa zu dem Zweck erteilt werden, dem Vertreter Sicherheit darüber zu geben, dass er ein bestimmtes Geschäft, an dem er selbst interessiert ist, wirksam wird vornehmen können. In solchen Fällen kann sich die Unwiderruflichkeit auch aus einer stillschweigenden Vereinbarung ergeben. Die Unwiderruflichkeit ist

---

34 Dasselbe gilt nach § 675 i. V. m. § 672 für einen entgeltlichen Geschäftsbesorgungsvertrag.

35 Eine unwiderruflich erteilte Vollmacht, der keine Kausalvereinbarung zugrunde liegt, ist also frei widerruflich, BGH NJW 1988, 2603; BayObLG DNotZ 1997, 312.

jedoch nicht im absoluten Sinn zu verstehen, denn sonst würde sie zu einer zu weitgehenden Bindung des Vollmachtgebers führen. Eine unwiderruflich erteilte Vollmacht kann vielmehr bei Vorliegen eines **wichtigen Grundes** gleichwohl widerrufen werden.[36] Dies entspricht einem allgemeinen Rechtsgrundsatz (§ 314), der bei Dauerschuldverhältnissen regelmäßig eine außerordentliche Kündigung aus wichtigem Grund gestattet.

VI. Vollmacht kraft Rechtsscheins (gesetzliche Bestimmungen)

1. Grundgedanke

Ob eine Vollmacht wirksam erteilt wurde und ob sie noch fortbesteht, ist für den Geschäftspartner oft nicht klar erkennbar, nicht zuletzt wegen der Koppelung des Erlöschens mit der Beendigung des Grundgeschäfts, § 168 Satz 1. Wurde aber vom Vollmachtgeber durch bestimmte nach außen gerichtete Handlungen die Vollmacht kundgetan, so wird das **Vertrauen** eines anderen auf dieses Verhalten durch die §§ 170 ff. geschützt. Soweit der Vollmachtgeber den **Rechtsschein des Entstehens oder Fortbestehens der Vollmacht** hervorgerufen hat, gilt nach diesen Bestimmungen die Vollmacht gegenüber dem Gutgläubigen als bestehend, auch wenn sie in Wirklichkeit nicht erteilt oder bereits erloschen ist.[37] 28

2. Entstehung der Vollmacht kraft Rechtsscheins

So führt nach § 171 Abs. 1 die **Kundgebung** (Mitteilung), man habe einen anderen bevollmächtigt (gegenüber der Öffentlichkeit oder gegenüber einem Dritten), zur Vertretungsmacht (wiederum gegenüber der Öffentlichkeit oder dem Dritten), auch wenn man in Wirklichkeit keine wirksame Vollmacht erteilt hat. 29

Dasselbe gilt nach § 172 Abs. 1, wenn dem Vertreter eine **Vollmachtsurkunde** ausgehändigt wurde, d. h. ein vom Vollmachtgeber eigenhändig mit Namensunterschrift unterzeichnetes Schriftstück, aus dem sich die Vollmacht ergibt. Hat der Vertreter die Urkunde eigenmächtig an sich gebracht, so gilt § 172 nicht, selbst wenn der Vertretene die Entwendung der Urkunde fahrlässig ermöglicht hat.[38] Weiter ist erforderlich, dass der Vertreter diese Urkunde (im 30

36 BGH WM 1985, 646, 647; BGH NJW 1988, 2603; MünchKomm/Schubert § 168 Rn. 29.

37 Anders vor allem Flume § 49, 2 u. 3, der in den Fällen der §§ 171, 172 und ebenso bei der Duldungsvollmacht keine Rechtsscheinstatbestände, sondern eine rechtsgeschäftliche Erteilung der Vollmacht für gegeben ansieht.

38 BGHZ 65, 13 = NJW 1975, 2101.

Original[39]) dem Dritten spätestens bei Vertragsschluss[40] vorlegt. Hier gilt die Vertretungsmacht als entstanden, auch wenn die Willenserklärung des Vollmachtgebers nichtig war oder etwa durch Anfechtung nachträglich vernichtet wurde.

31 Allerdings gelten diese Wirkungen nur gegenüber dem **gutgläubigen Geschäftspartner**, der nicht weiß oder wissen muss (d.h. fahrlässig nicht weiß, vgl. § 122 Abs. 2), dass die Vertretungsmacht nicht besteht. Dies ergibt sich aus § 173. Zwar wird in dieser Bestimmung nur der gute Glaube hinsichtlich des Erlöschens der Vertretungsmacht angesprochen, doch muss dasselbe auch in den Fällen gelten, in denen es um die Entstehung der Vollmacht durch Rechtsschein geht.[41]

3. Fortbestehen der Vollmacht kraft Rechtsscheins

32 Die Vertretungsmacht bleibt bestehen, bis der Vertretene den von ihm geschaffenen **Vertrauenstatbestand wieder beseitigt**. Dies gilt bei Vollmachtserteilung durch Erklärung gegenüber einem Dritten bis zur Anzeige des Erlöschens der Vollmacht, § 170. Wurde die Erteilung der Vollmacht der Öffentlichkeit oder einem Dritten mitgeteilt, so besteht sie fort, bis die Kundgebung in derselben Weise widerrufen wurde, § 171 Abs. 2. Hat der Vertretene eine Vollmachtsurkunde erteilt, so behält die Vollmacht ihre Wirkung bis zur Rückgabe oder Kraftloserklärung der Urkunde, § 172 Abs. 2. Alle diese Rechtsfolgen gelten jedoch nur gegenüber dem gutgläubigen Dritten, § 173. Das Erlöschen der Prokura muss in das Handelsregister eingetragen werden, § 53 Abs. 2 HGB. Solange dies nicht geschehen ist, wird der Dritte, der das Erlöschen nicht kennt, gemäß § 15 Abs. 1 HGB in seinem Vertrauen auf das Weiterbestehen der Prokura geschützt.

VII. Duldungs- und Anscheinsvollmacht

1. Duldungsvollmacht

33 Das **Vertrauen des Geschäftspartners auf das Bestehen einer Vollmacht** hat sich auch in anderen Fällen als schutzwürdig erwiesen, in denen nicht die Vollmachtsurkunde, wohl aber andere Umstände den Vertrauenstatbestand bilden.

---

39 BGH NJW 2006, 1957, 1958 (eine Durchschrift kann aber ein – weiteres – Original darstellen).

40 BGH NJW 2008, 3355 (bei Abschluss des Darlehensvertrages, nicht erst bei Auszahlung des Darlehens).

41 BGH NJW 1985, 730; h.M.

Die zu diesem Zweck entwickelten Rechtsinstitute der Duldungs- und der Anscheinsvollmacht knüpfen an die Grundgedanken der gesetzlichen Regelungen an.

Eine **Duldungsvollmacht** kommt in Betracht, wenn jemand, der an sich nicht zur Vertretung berechtigt ist, während einer gewissen Dauer (wiederholt) als Vertreter des Geschäftsherrn auftritt, und der Geschäftsherr dieses Verhalten kennt und nicht dagegen einschreitet, obwohl ihm dies möglich gewesen wäre.[42] Es muss hinzukommen, dass der Geschäftsgegner die Duldung dahin wertet und nach Treu und Glauben auch werten darf, dass der Handelnde eine Vollmacht habe.[43] Die Duldungsvollmacht kann sich nur aus Umständen ergeben, die vor oder bei Vertragsschluss vorlagen;[44] spätere Umstände können aber als Genehmigung des Vertrags zu bewerten sein. Die Duldungsvollmacht ist eng benachbart mit einer stillschweigenden Bevollmächtigung; von manchen wird sie sogar mit einer solchen gleichgestellt, also nicht als Rechtsscheinstatbestand angesehen.[45] Jedoch setzt eine sei es auch stillschweigende Vollmachtserteilung ein Verhalten des Vertretenen voraus, aus dem sich eine auf Erteilung der Vollmacht gerichtete Willenserklärung ergibt.[46] Daran fehlt es, wenn der Vertretene lediglich nichts gegen das Handeln eines anderen unternimmt.[47] – Eine Duldungsvollmacht (oder auch Anscheinsvollmacht) kommt dagegen nicht in Betracht, wenn eine dem Vertreter erteilte Vollmacht nichtig war und der Vertretene dies nicht wusste oder hätte wissen müssen.[48] 34

Merksatz:
Duldungsvollmacht ist gegeben, wenn jemand wiederholt als Vertreter des Geschäftsherrn auftritt, der Geschäftsherr trotz Kenntnis nicht dagegen einschreitet und der Vertragspartner nach Treu und Glauben auf das Bestehen einer Vollmacht schließen darf.

---

42 BGH NJW 2005, 2985, 2987. Im Anschluss an Larenz/Wolf § 48 Rn. 23 (jetzt Wolf/Neuner § 50 Rn. 86) spricht der BGH hier von der Duldungsvollmacht als einer bewusst hingenommenen Anscheinsvollmacht.

43 BGH NJW 2002, 2325, 2327; BGHZ 189, 346 = NJW 2011, 2421 Rn. 15.

44 BGH NJW 2002, 2325, 2327.

45 So vor allem Flume § 49, 3.

46 Allerdings stellt BGH NJW 2015, 1510 Rn. 11 in erster Linie darauf ab, ob der Vertragspartner den Umständen „bei objektivierter Betrachtung" eine Vollmacht entnehmen darf. Vom Erfordernis einer Erklärung des Vollmachtgebers bleibt auf diese Weise auch bei der stillschweigend erteilten Vollmacht kaum etwas übrig.

47 Wolf/Neuner § 50 Rn. 86; Bork Rn. 1556 f. Dass die Duldungsvollmacht keine Willenserklärung des Vertretenen oder eine dem gleichzusetzende Willensbetätigung verlangt, wird z. B. in BGH NJW 1997, 312, 314 besonders betont.

48 BGH NJW 2005, 2985, 2987.

2. Anscheinsvollmacht

35 Noch einen Schritt weiter geht die Lehre von der **Anscheinsvollmacht**. Zum Unterschied von der Duldungsvollmacht weiß hier der Vertretene nicht, dass ein anderer, den er nicht bevollmächtigt hat, als Vertreter für ihn auftritt. Der BGH[49] bejaht in ständiger Rechtsprechung eine Anscheinsvollmacht, wenn der Vertretene das Handeln des Scheinvertreters zwar nicht kannte, es aber bei pflichtgemäßer Sorgfalt hätte erkennen und verhindern können, und wenn der Geschäftsgegner nach Treu und Glauben annehmen durfte, der Vertretene kenne und billige das Handeln des Vertreters. Das Verhalten des Vertretenen muss dabei, um den Rechtsschein einer Bevollmächtigung zu erzeugen, im Allgemeinen von einer gewissen Häufigkeit und Dauer sein.[50] Daran fehlt es z.B. bei der erstmaligen Verwendung des Nutzerkontos einer anderen Person bei einer Internet-Versteigerung.[51]

36 In der Literatur ist die Lehre von der Anscheinsvollmacht **umstritten.**[52] Man wendet ein, es müsse zunächst eine Grundlage für bestimmte Sorgfaltsanforderungen an den Vertretenen gefunden werden. Außerdem führe ein Verstoß gegen derartige Sorgfaltspflichten allenfalls zu einer Haftung auf Schadensersatz, aber nicht zu der Fiktion einer Willenserklärung. So könne sich in solchen Fällen etwa eine Haftung aus culpa in contrahendo ergeben, nicht aber ein den Vertretenen auf Erfüllung verpflichtendes Rechtsgeschäft. Manche wollen auch die Anscheinsvollmacht nur im Bereich des Handelsverkehrs gelten lassen, weil dort ein gesteigertes Interesse an Vertrauensschutz besteht. Aufgrund der langjährigen Rechtsprechung wird man heute das Rechtsinstitut der Anscheinsvollmacht grundsätzlich als **Gewohnheitsrecht** ansehen können.[53] Allerdings ist bei der Anwendung durchaus Vorsicht geboten, und zumindest insofern verdienen die erwähnten Einwände Berücksichtigung.[54] Es muss also jeweils sorgfältig geprüft werden, ob die Zurechnung des entstandenen Anscheins einer Vollmacht nach den Umständen des konkreten Falles zu rechtfertigen ist. Oft handelt es sich auch um Grenzfälle zwischen einer Duldungs- und einer Anscheinsvollmacht; die Anscheinsvollmacht erspart dann den möglicherweise

---

49 Zusammenfassend BGHZ 189, 346 Rn. 16 = NJW 2011, 2421; ebenso BGH NJW 1998, 1854. Die h.M. stimmt der Rspr. zu, so Palandt/Ellenberger § 172 Rn.11; Bork Rn. 1565; Brox/Walker Rn. 566.

50 BGHZ 208, 331 Rn. 61 = NJW 2016, 2024; st. Rspr.

51 BGHZ 189, 346 Rn. 18 = NJW 2011, 2421.

52 Ablehnend u.a. Flume § 49, 4; Medicus/Petersen, Bürgerliches Recht, Rn. 100f.; Marburger, Klausurenkurs BGB – Allgemeiner Teil, 8. Aufl., Rn. 260ff.

53 Gegen die Annahme von Gewohnheitsrecht Marburger (vorige Fn.), Rn. 266f.

54 Auch besondere gesetzliche Regeln können einer Anwendung der Grundsätze der Anscheinsvollmacht entgegenstehen, so z.B. BGHZ 208, 351 Rn. 58 = NJW 2016, 2024 (zu Zahlungsaufträgen eines Dritten unter missbräuchlicher Verwendung eines Authentifizierungsinstruments).

schwierigen Nachweis, dass dem Vertretenen das Handeln des Vertreters bekannt geworden ist.

Merksatz:
Anscheinsvollmacht ist gegeben, wenn jemand, ohne bevollmächtigt zu sein, als Vertreter auftritt, der Vertretene dies zwar nicht wusste, es aber bei pflichtgemäßer Sorgfalt hätte erkennen und verhindern können und der Vertragspartner nach Treu und Glauben annehmen durfte, der Vertretene habe das Verhalten des Vertreters erkannt.

VIII. Vollmacht und Anfechtung

1. Vor Ausübung der Vollmacht

Als einseitige, empfangsbedürftige Willenserklärung kann die Erteilung der 37
Vollmacht wegen eines **Willensmangels** (§§ 119, 123) in der Person des Vollmachtgebers **anfechtbar** sein. Solange die Vollmacht noch nicht verwendet wurde, bedarf es der Anfechtung durch den Vollmachtgeber jedoch nur, wenn die Vollmacht nicht ohnehin frei widerruflich ist. Die Anfechtungserklärung ist gemäß § 143 Abs. 3 Satz 1 bei einer durch Erklärung gegenüber dem Vertreter erteilten Vollmacht (Innenvollmacht) an den Vertreter zu richten, bei einer Außenvollmacht dagegen an den Dritten. Durch die Anfechtung wird die Vollmacht rückwirkend (ex tunc) nichtig, § 142 Abs. 1. Aus §§ 171 f., insbesondere bei Aushändigung einer Vollmachtsurkunde, kann sich ein Schutz für den gutgläubigen Dritten ergeben, wenn von der Vollmacht gleichwohl nach der Anfechtung Gebrauch gemacht wird. Der Vollmachtgeber muss also in solchen Fällen daran denken, auch den Rechtsschein einer Vollmacht zu beseitigen.

2. Nach Abschluss eines Rechtsgeschäfts durch den Vertreter

Hat der Vertreter bereits ein Rechtsgeschäft vorgenommen, insbesondere ei- 38
nen Vertrag geschlossen, so nutzt ein Widerruf der Vollmacht nichts mehr, da er erst für die Zukunft wirkt. Wenn aber bei Erteilung der Vollmacht ein zur Anfechtung berechtigender Willensmangel vorlag, so kann auf dem Wege über die Anfechtung der Vollmacht auch die Bindung des Vertretenen an das bereits abgeschlossene Rechtsgeschäft beseitigt werden. Durch wirksame Anfechtung der Vollmacht wird diese mit rückwirkender Kraft (§ 142 Abs. 1) nichtig und das mit dem Dritten abgeschlossene Rechtsgeschäft stellt sich nun als Geschäft eines vollmachtlosen Vertreters dar. Es ist dem Vertretenen gegenüber unwirksam, wenn dieser es nicht genehmigt (§ 177 Abs. 1, s. § 26 Rn. 1). Manche verneinen in einem solchen Fall die Anfechtbarkeit der Vollmacht, weil der Wil-

lensmangel, der der Vollmacht anhaftet, nichts mit dem Inhalt des mit dem Dritten abgeschlossenen Geschäfts zu tun habe.[55] Auf diese Weise den Willensmangel im Ergebnis unbeachtlich zu machen, ist aber mit den gesetzlichen Wertungen nicht vereinbar. Es genügt, die besondere Interessenlage bei der Ausgestaltung der Anfechtung und ihrer Rechtsfolgen zu berücksichtigen.

39 Abweichend von § 143 Abs. 3 Satz 1 ist auch dann, wenn die Vollmacht gegenüber dem Vertreter erteilt worden war (Innenvollmacht), die Anfechtung gegenüber dem Dritten zu erklären, gegenüber dem von der Vollmacht Gebrauch gemacht wurde. Schließlich ist dieser der eigentlich von der Anfechtung Betroffene. Aus demselben Grund ist dem Dritten, wenn die Anfechtung der Vollmacht zur Unwirksamkeit des mit ihm abgeschlossenen Geschäfts führt, im Fall der Irrtumsanfechtung der Anspruch aus § 122 auf Ersatz des Vertrauensschadens unmittelbar[56] gegen den Vollmachtgeber zuzubilligen.[57] Die ausgeübte Innenvollmacht ist also insoweit mit einer Außenvollmacht gleichzustellen.

3. Anfechtung bei Rechtsscheinsvollmacht

40 Auch die Mitteilung von einer erfolgten Bevollmächtigung (§ 171) oder die Aushändigung einer Vollmachtsurkunde (§ 172) – beide Male, ohne dass eine wirksame Vollmachtserteilung vorliegt – können durch einen Willensmangel des Vertretenen beeinflusst sein. Obgleich die Kundgabe der Vollmacht nicht wie die Vollmachtserteilung eine Willenserklärung darstellt, wollen manche die Anfechtung zulassen, da der Schutz des Dritten hier nicht stärker ausfallen könne, als wenn ihm gegenüber durch eine Willenserklärung die Vollmacht erteilt worden wäre.[58] Wenn man aber die Mitteilung von der Bevollmächtigung und die Aushändigung der Urkunde als Rechtsscheinstatbestände auffasst, wird man Willensmängeln nicht im Wege der Anfechtung, sondern nur insoweit Bedeutung zumessen können, als deshalb die **Zurechenbarkeit des**

---

55 So Brox/Walker Rn. 574 ff. Brox/Walker lässt aber die Anfechtung dann zu, wenn der Willensmangel bei der Vollmachtserteilung auch den Inhalt des mit dem Dritten abgeschlossenen Geschäfts beeinflusst. Ähnlich, aber in der Bejahung der Anfechtbarkeit etwas weiter gehend Petersen AcP Bd. 201 (2001), 375, 380 ff. – Grundsätzlich für die Anfechtbarkeit Schwarze JZ 2004, 588.

56 Die Alternative wäre eine Anspruchskette: Anspruch des Vertragspartners gegen den aufgrund der Anfechtung vollmachtlosen Vertreter aus § 179, Regressanspruch des Vertreters gegen den Vollmachtgeber aus § 122.

57 So u. a. Flume § 52, 5 c; den Anspruch des Geschäftsgegners gegen den Vollmachtgeber aus § 122 bejaht auch Schwarze JZ 2004, 588, 594 f. (die Anfechtung sei aber allein gegenüber dem Bevollmächtigten zu erklären). – A. M. Bork Rn. 1476 ff., der keinerlei Anlass zur Modifizierung der gesetzlichen Regeln sieht.

58 Medicus/Petersen, Bürgerliches Recht, Rn. 97; MünchKomm/Schubert § 171 Rn. 9.

Rechtsscheins zu verneinen ist. Dies mag bei arglistiger Täuschung oder Drohung der Fall sein, aber nicht in den Irrtumsfällen.

Damit verwandt ist die Frage, ob auch in den Fällen einer **Duldungsvollmacht** eine Anfechtung durch den Quasi-Vollmachtgeber bei Vorliegen eines Willensmangels i. S. der §§ 119 ff. möglich ist.[59] Die bejahende Antwort[60] ist für denjenigen klar, der in der Duldungsvollmacht nichts anderes als eine stillschweigend erteilte Vollmacht sieht. Unterscheidet man aber mit der h. M. die Duldungsvollmacht von einer stillschweigend erteilten Vollmacht und betrachtet sie als Rechtsscheinstatbestand (s. Rn. 34), so sollte man auch hier (ebenso wie zu den Fällen der §§ 171, 172 ausgeführt, s. Rn. 40) nicht auf die Anfechtungsregeln zurückgreifen, sondern allein auf die Zurechenbarkeit des entstandenen Rechtsscheins abstellen. 41

Lösung zu Fall 38: a) Der Text der Vollmacht umfasst ausdrücklich auch die Abtretung von Grundpfandrechten und lässt mit dem Hinweis auf Finanzierungszwecke nicht hinreichend deutlich werden, dass nur Geschäfte in Verbindung mit Kreditgeschäften der Mutter erfasst werden. Daher war das vom Bevollmächtigten vorgenommene Geschäft (Abtretung der Grundschuld an die Zentralbank) vom Inhalt der Vollmacht gedeckt. Jedoch verstieß der bevollmächtigte Sohn gegen seine Verpflichtungen aus dem Innenverhältnis, indem er sich die Vollmacht zur Sicherung einer eigenen Kreditaufnahme zunutze machte. Der Bank war dies aber nicht bekannt, und eine Sicherung des Kredits durch eine Grundschuld am Grundstück eines Dritten ist gerade unter Familienangehörigen auch keineswegs besonders ungewöhnlich. Der BGH[61] stellte daher fest, der Missbrauch der Vollmacht durch den Sohn sei für die Bank nicht evident gewesen und es habe für die Bank aufgrund der Umstände auch kein Anlass bestanden, etwa bei der vertretenen Mutter noch zurückzufragen. Die Abtretung der Grundschuld an die Zentralbank ist somit wirksam erfolgt. 42

b) Durch den Widerruf, der seinerseits keiner Form bedarf, ist die Vertretungsmacht des Sohnes an sich erloschen. Da aber eine Vollmachtsurkunde ausgestellt und vorgelegt wurde, gilt die Vertretungsmacht gegenüber dem Vertragspartner gemäß § 172 Abs. 2 als weiterbestehend, solange dieser das Erlöschen der Vollmacht weder kennt noch fahrlässig nicht kennt, § 173. Da die Bank gutgläubig war, ist also die Abtretung der Grundschuld trotz des Widerrufs der Vollmacht wirksam erfolgt.

---

59 Dieses Problem wird ausführlich erörtert bei Werner/Neureither, 22 Probleme aus dem BGB, Allgemeiner Teil, 7. Aufl. (2005), 14. Problem.

60 So z. B. Medicus/Petersen, Bürgerliches Recht, Rn. 101.

61 Der Fall ist BGH NJW-RR 1992, 1135 nachgebildet.

Kontrollfragen und Fälle zu §24

1) Wie wird eine Vollmacht erteilt?

2) Ist die Vollmachtserteilung formbedürftig, wenn für das vom Vertreter abzuschließende Geschäft eine Form vorgeschrieben ist?

3) Der Unternehmer Weit lässt neue Werkhallen errichten. Die gesamte Planung und Bauleitung übertrug er dem selbständigen Bauingenieur Leitner, dem er Vollmacht für alle mit dem Bau zusammenhängenden Rechtsgeschäfte erteilte. Die Überprüfung der Schlussrechnungen der beteiligten Firmen behielt sich Weit ausdrücklich vor. Die Baufirma Stein wurde von Leitner mit der Errichtung des Rohbaus beauftragt. Bei der Überprüfung der von Stein gestellten Rechnungen durch Weit stellte sich heraus, dass zum Teil überhöhte Massen (d.h. tatsächlich nicht erbrachte Leistungen) abgerechnet wurden. Stein erklärt, dies sei mit Leitner so vereinbart worden, um unerwartete Zusatzarbeiten und Erschwernisse bei der Ausführung der Leistungen auszugleichen, ohne deshalb das vereinbarte Leistungsverzeichnis ändern zu müssen. Ist Weit an eine derartige Vereinbarung gebunden?

4) Frau Reis ist bei dem Großhändler Gern (Sport- und Spielwaren) mit dem Einkauf von Spielzeug für Kleinkinder beschäftigt und hat hierfür auch eine Vollmacht erhalten. Sie besucht zu diesem Zweck verschiedene Importeure. Da ihr das Angebot sehr günstig erscheint, kauft sie bei Leicht einen Posten Federballschläger und einige Tage später Laufschuhe, beides für Erwachsene. Gern akzeptiert die Lieferung und bezahlt die Rechnungen. Er weist aber Frau Reis darauf hin, eigentlich habe sie hier ihre Befugnisse überschritten und in Zukunft müsse sie damit rechnen, dass er solche Abschlüsse nicht mehr akzeptiere. Gleichwohl bestellt Frau Reis wenig später im Namen des Gern bei Leicht noch Sporttaschen, die zu den Schlägern passen, und Federbälle. Gern weigert sich, diese Waren abzunehmen und zu bezahlen. Wie ist die Rechtslage?

Lösungen

43 1) Die Vollmacht wird durch **einseitige, empfangsbedürftige Willenserklärung** des Vollmachtgebers erteilt, und zwar entweder gegenüber dem zu Bevollmächtigenden oder gegenüber dem Dritten, dem gegenüber die Vertretung stattfinden soll, § 167 Abs. 1.

44 2) Grundsätzlich bedarf die Vollmacht nach § 167 Abs. 2 **nicht der Form**, die für das vom Vertreter abzuschließende Rechtgeschäft vorgeschrieben ist. Davon werden aber wesentliche **Ausnahmen** gemacht, wenn der **Zweck der Formvorschrift** sonst vereitelt werden könnte. So bedarf insbesondere eine unwiderrufliche Vollmacht zum Abschluss eines Grundstückskaufs der Form des § 311b Abs. 1 Satz 1 (notarielle Beurkundung). Auch eine Vollmacht zur Übernahme einer Bürgschaft (oder auch zur Ausfüllung einer vom Bürgen unterzeichneten Blanketterklärung) bedarf der Schriftform, wenn diese für die Bürgschaftserklärung vorgeschrieben ist (§ 766 Satz 1, anders nach § 350 HGB).

45 3) Mit einer Vereinbarung, es dürften überhöhte Massen abgerechnet werden, handelt Leitner pflichtwidrig im Verhältnis zu Weit, da dadurch zumindest die Überprüfung der Schlussrechnung erschwert, wenn nicht sogar betrügerisches Verhalten ermöglicht wurde. Im Allgemeinen ändert eine solche Pflichtverletzung des Vertreters gegenüber dem Vertretenen (Innenverhältnis) nichts an der Wirksamkeit des mittels der Vollmacht abgeschlossenen Vertrages (Außenverhältnis). Anders ist es aber, sofern die Grundsätze über den Vollmachtsmissbrauch eingreifen. Hier musste es sich nach den Umständen dem Stein geradezu aufdrängen, dass Leitner seine Vollmacht missbrauchte. Aufgrund dieser **objektiven Evidenz des Vollmachtsmissbrauchs** ist Stein in seinem Vertrauen auf den Bestand der Vertretungsmacht des Leitner nicht schutzwürdig. Die Vereinbarungen über die Zusatzleistungen sind somit für Weit nicht bindend.[62]

46 4) Der von Frau Reis im Namen des Gern geschlossene Kaufvertrag ist für Gern gemäß § 164 Abs. 1 Satz 1 bindend, wenn Frau Reis Vertretungsmacht zum Abschluss dieses Geschäfts hatte. Die ihr erteilte Vollmacht (§ 167 Abs. 1) erstreckt sich nicht auf Geschäfte dieser Art. Jedoch könnte eine **Duldungsvollmacht** zu bejahen sein. Diese im Gesetz nicht geregelte Rechtsfigur wurde im Anschluss an die Rechtsscheinstatbestände der §§ 170 bis 172 entwickelt, um in von der Interessenlage her vergleichbaren Fällen das Vertrauen eines Dritten auf das Bestehen einer Vertretungsmacht zu schützen. Voraussetzung ist, dass jemand während einer gewissen Dauer als Vertreter aufgetreten ist und der Vertretene dieses Verhalten kannte, ohne dagegen einzuschreiten. Auch muss hinzukommen, dass der Vertragspartner nach Treu und Glauben aus den ihm bekannten Umständen auf das Vorliegen einer Vertretungsmacht schließen durfte. Hier ist durch den Kauf der Federballschläger und der Laufschuhe, den Gern nicht beanstandet hat, ein solcher Rechtsschein entstanden. Gern hat auch nicht genügend unternommen, um diesen Rechtsschein zu unterbinden. Er hätte dem Leicht eine Mitteilung darüber machen müssen, dass Frau Reis keine Vertretungsmacht für solche Einkäufe besitzt. Somit ist der Vertrag kraft Duldungsvollmacht für Gern wirksam zustande gekommen. Gern ist zur Abnahme und Zahlung der Waren gemäß § 433 Abs. 2 verpflichtet.

---

62 Vgl. BGHZ 113, 315, 320 = NJW 1991, 1812.

§ 25 Wirkungen der Stellvertretung

Fall 39: Wiefke ist bevollmächtigter Vertreter des Bauunternehmers Stark. Er hat im Namen des Stark dem Zeisig einen gebrauchten Baukran verkauft und für den Abschluss dieses Vertrages von Stark eine erhebliche Provision erhalten. Wiefke räumte dem Zeisig eine mehrmonatige Zahlungsfrist ein. Da Zeisig besonderen Wert auf das Alter des Krans legte, erklärte Wiefke bei Vertragsabschluss, er wisse genau, dass der Kran nicht älter als zwei Jahre sei. Dies traf freilich nicht zu; Wiefke hatte das Baujahr falsch geschätzt und die ihm von Stark übergebenen Unterlagen nicht genau angesehen, aus denen sich ergab, dass der Kran schon vor vier Jahren in Betrieb genommen worden war.

a) Kann Zeisig von Stark und von Wiefke Schadensersatz verlangen?

b) Kann Stark den Vertrag anfechten, wenn sich Zeisig am Rande der Insolvenz befindet, was zum Zeitpunkt des Vertragsschlusses zwar dem Stark, nicht aber dem Wiefke bekannt war?

I. Wirkungen des vom Vertreter abgeschlossenen Rechtsgeschäfts

1. Geltung für und gegen den Vertretenen

1 Nimmt der Stellvertreter im Rahmen der ihm zustehenden Vertretungsmacht ein Rechtsgeschäft im Namen des Vertretenen vor, so **treffen die Wirkungen allein den Vertretenen**, § 164 Abs. 1 Satz 1. Schließt also der Vertreter einen **schuldrechtlichen Vertrag** ab, so stehen die Ansprüche hieraus dem Vertretenen zu, und ebenso treffen nur ihn die Verpflichtungen aus dem Vertrag. Die unmittelbare Wirkung des Vertreterhandelns für und gegen den Vertretenen tritt genauso bei **dinglichen Rechtsgeschäften** ein. Erwirbt der Vertreter eine bewegliche oder unbewegliche Sache im Namen des Vertretenen, so wird dieser unmittelbar Eigentümer.

2. Kollision von Vertreter- und Eigengeschäft

2 Denkbar ist, dass sowohl der Vertreter als auch der (geschäftsfähige) Vertretene Rechtsgeschäfte über denselben Gegenstand abschließen, denn die Erteilung einer Vollmacht (auch einer unwiderruflichen) nimmt dem Vollmachtgeber nicht die Fähigkeit, weiterhin Rechtsgeschäfte in eigenem Namen abzuschließen. In solchen Fällen der Kollision von Vertretergeschäft und Eigengeschäft entscheidet bei **Verfügungen** die **zeitliche Reihenfolge** (Prioritätsprinzip): hat der Vertreter eine dem Vertretenen zustehende Forderung

wirksam abgetreten, so ist eine spätere Abtretung durch den Vertretenen an einen anderen Erwerber wirkungslos, weil dem Vertretenen die Forderung nicht mehr zusteht. **Verpflichtungsgeschäfte** (etwa die Vermietung ein und derselben Wohnung an unterschiedliche Mieter) sind **nebeneinander wirksam,** doch kann nur eines davon erfüllt werden, während hinsichtlich des anderen die Regeln über vertragliche Pflichtverletzungen (z.B. §§ 275, 280, 283) eingreifen.

Merksatz:
Bei Kollision von Vertreter- und Eigengeschäft gilt bei Verfügungen das Prioritätsprinzip, während Verpflichtungsgeschäfte nebeneinander wirksam sind.

3. Eigenhaftung des Vertreters in Sonderfällen

3 In der Regel kann der Stellvertreter aus seinem rechtsgeschäftlichen Handeln **nicht selbst vom Vertragspartner in Anspruch genommen werden**, wenn er im Rahmen seiner Vertretungsmacht handelte. Er haftet dem Vertragspartner auch nicht für die Verletzung vertraglicher Pflichten, die sich aus dem von ihm im Wege der Stellvertretung geschlossenen Vertrag ergeben. Auch die Haftung für Verschulden beim Vertragsschluss (culpa in contrahendo) trifft grundsätzlich den Vertretenen (dem das Verschulden des Vertreters nach § 278 zuzurechnen ist), nicht den Vertreter.[1]

4 Davon macht die Rechtsprechung[2] aber seit längerem wesentliche Ausnahmen und lässt den Stellvertreter in bestimmten Fällen unter dem Gesichtspunkt des **Verschuldens beim Vertragsschluss** (§ 311 Abs. 2 i. V. m. § 241 Abs. 2, § 280 Abs. 1, s. § 6 Rn. 45) persönlich haften. In diesen Fällen haftet der Vertreter als Gesamtschuldner neben dem Vertretenen.[3] Diese **Eigenhaftung des Vertreters** (und darüber hinaus auch anderer beim Vertragsschluss eingeschalteter Personen) wurde von Rechtsprechung und h.M. bejaht, wenn der Vertreter mit erheblichem Eigeninteresse an dem Vertrag, bei wirtschaftlicher Betrachtungsweise also gleichsam in eigener Sache handelte, oder wenn er in besonderem Maß persönliches Vertrauen des Geschäftspartners in Anspruch nahm und den Eindruck erweckte, er werde persönlich die ordnungsgemäße Abwicklung des Geschäfts gewährleisten.[4] Bei der zuletzt angesprochenen Fallgruppe wird auch von **Sachwalterhaftung**[5] gesprochen. Dieser Haftungstatbestand ist seit

---

1 BGHZ 88, 67 = NJW 1986, 2696.

2 Zusammenfassend BGH NJW 1990, 1907, 1908 (zur persönlichen Haftung eines Unternehmenssanierers).

3 MünchKomm/Emmerich § 311 Rn. 174.

4 Zu diesem Erfordernis BGH NJW 1990, 389.

5 Zusammenfassend BGH NJW 1997, 1233; zu den verschiedenen Fallkonstellationen MünchKomm/Emmerich § 311 Rn. 178 f.; Jauernig/Stadler § 311 Rn. 64.

der Schuldrechtsreform 2001 ausdrücklich in § 311 Abs. 3 Satz 2 formuliert. Dass dabei die Formel der Rechtsprechung nicht wörtlich übernommen wurde, sondern nur verlangt wird, dass der Dritte in besonderem Maße Vertrauen für sich in Anspruch genommen hat, macht keinen sachlichen Unterschied.[6] Auch wird durch § 311 Abs. 3 Satz 2 die Weitergeltung der anderen genannten Variante (Handeln gleichsam in eigener Sache) nicht berührt, da § 311 Abs. 3 Satz 1 allgemein die Möglichkeit eines Schuldverhältnis ohne primäre Leistungspflichten (vor allem aus Vertragsverhandlungen) mit einem Dritten (der nicht selbst Vertragspartei werden soll) anerkennt.

Insgesamt sollte aber, auch nach der Schaffung des § 311 Abs. 3, der **Ausnahmecharakter** dieser Eigenhaftung nicht außer Acht gelassen werden.[7]

Merksatz:
Vertreter und sonstige beim Vertragsschluss eingeschaltete Personen haften ausnahmsweise persönlich für vorvertragliche Pflichtverletzungen (culpa in contrahendo), wenn sie gleichsam in eigener Sache gehandelt oder in besonderem Maße persönliches Vertrauen in Anspruch genommen haben.

II. Willensmängel und Kenntnis von Umständen bei der Vertretung

1. Maßgeblichkeit der Person des Vertreters

Der Stellvertreter gibt eine eigene Willenserklärung ab, die von seinem Willen 5
und seiner Erklärung geprägt ist. Dementsprechend kommt es nach § 166 Abs. 1 für **Willensmängel** auf die **Person des Vertreters** an. Eine Irrtumsanfechtung durch den Vertretenen ist also begründet, wenn in der Person des Vertreters ein nach § 119 Abs. 1 oder 2 relevanter Irrtum vorgelegen hat. Die Person des Vertreters, nicht des Vertretenen, ist auch dann entscheidend, wenn es um das **Kennen** oder **Kennenmüssen** bestimmter Umstände ankommt. So ist etwa für die Frage eines gutgläubigen Erwerbs einer beweglichen Sache (§ 932 Abs. 2) oder eines Grundstücks (§ 892 Abs. 1) die Kenntnis des Vertreters vom fehlenden Eigentum des Veräußerers, nicht diejenige des Vertretenen maßgebend. Auch im Rahmen des § 442 Abs. 1 Satz 1 (keine Mängelansprüche, wenn der Käufer bei Vertragsschluss den Mangel der gekauften Sache kennt) ist die Kenntnis des Stellvertreters des Käufers entscheidend.[8] Bei der Auslegung

6 Vgl. zur Weitergeltung der von der Rechtsprechung entwickelten Kriterien BGH NJW-RR 2006, 993, 994; MünchKomm/Emmerich § 311 Rn. 173.

7 Ebenso Lorenz/Riehm, Lehrbuch zum neuen Schuldrecht (2002), Rn. 376.

8 Beispiel (zu § 439 Abs. 1 aF, jetzt § 442 Abs. 1 Satz 1): BGH NJW 2000, 1405 (Zurechnung des Vertreterwissens zu Lasten des Käufers selbst dann, wenn der Stellvertreter des Käufers zuvor als Verhandlungsführer des Verkäufers aufgetreten war, es sei denn, dass ein arglistiges Zusammenwirken des Verkäufers mit dem Vertreter des Käufers vorlag).

eines Vertrages ist nach § 166 Abs. 1 ebenfalls die Kenntnis des Stellvertreters und dessen Verständnis vom Inhalt der abgegebenen Erklärungen maßgebend.[9]

2. Ausnahme bei Handeln auf Weisung

6 Hat der Vertreter ein **Rechtsgeschäft auf Weisung des Vertretenen** abgeschlossen, so kann sich der Vertretene nicht auf die Unkenntnis des Vertreters bezüglich solcher Tatsachen berufen, die er selbst kannte, § 166 Abs. 2. Der Grund ist, dass hier zwar eine echte Stellvertretung vorliegt, der Entschluss zur Vornahme des konkreten Geschäfts aber gleichwohl unmittelbar vom Vertretenen stammt. So verhindert § 166 Abs. 2 auch, dass der Vertretene den Vertreter als gutgläubiges Werkzeug einsetzt. Sonst könnte jemand, der das Nichteigentum des Veräußerers kennt, einen Vertreter zwischenschalten und dadurch einen gutgläubigen Erwerb herbeiführen.

3. Erweiterte Wissenszurechnung: Wissensvertreter und Aktenwissen

7 Über den unmittelbaren Anwendungsbereich hinaus wird § 166 Abs. 1 analog angewendet, wenn sich der Geschäftsherr im Zusammenhang mit dem Abschluss eines Rechtsgeschäfts der Hilfe anderer Personen zwar nicht als rechtsgeschäftlicher Vertreter, aber in vergleichbarer Weise bedient. Dies gilt zunächst für das Wissen von Personen, die der Geschäftsherr als Vermittler oder Verhandlungsbeauftragte eingeschaltet hat und die dem Vertragspartner gegenüber in einer solchen Funktion in Erscheinung getreten sind.[10] Weitergehend wird § 166 Abs. 1 aber auch auf Personen erstreckt, die nicht gegenüber dem Vertragspartner bei den Vertragsverhandlungen aufgetreten sind, die aber der Geschäftsherr in seinem Bereich mit der Entgegennahme von Informationen beauftragt hat. Die entsprechende Anwendung des § 166 Abs. 1 dient dem Verkehrsschutz; der Geschäftsherr kann sich nicht durch eine Funktionsaufteilung von der Wissenszurechnung befreien. Für den erfassten Personenkreis hat sich die Bezeichnung **Wissensvertreter** eingebürgert. Nach der Rechtsprechung des BGH[11] ist darunter jede Person zu verstehen, die nach der Arbeitsorganisation des Geschäftsherrn bestimmte Aufgaben in eigener Verantwortung zu erledigen und die dabei angefallenen Informationen entgegenzunehmen und gegebenenfalls weiterzuleiten hat.

---

9 BGH NJW 2000, 2272 (auch wenn der Vertreter zunächst ohne Vertretungsmacht gehandelt hat, der Vertrag aber vom Vertretenen nachträglich genehmigt wurde, § 177 Abs. 1).
10 Dazu MünchKomm/Schubert § 166 Rn. 19 f.
11 BGHZ 117, 104, 106 f. = NJW 1992, 1099, 1100; BGH NJW 2005, 365, 367.

Diese erweiterte Wissenszurechnung spielt nicht zuletzt bei **juristischen Personen** des Privatrechts (Aktiengesellschaft, GmbH usw.) oder auch des öffentlichen Rechts (Gemeinde, Staat) eine erhebliche Rolle. Beispielsweise können Kenntnisse, die ein Filialleiter einer Bank bei Kreditverhandlungen erworben hat, der Bank auch bei einer späteren Kreditvergabe durch eine andere Filiale zuzurechnen sein, wenn ein Informationsaustausch beider Filialen möglich und nahe liegend war.[12] Wenn der Einkaufsvertreter eines mit Gebrauchtwagen handelnden Unternehmens bestimmte Umstände kennt, ist dem Unternehmen diese Kenntnis auch zuzurechnen (etwa im Rahmen des §311a Abs. 2 Satz 2 oder des §438 Abs. 3 Satz 1), wenn der mit dem Verkauf beauftragte Vertreter davon nichts wusste.[13] Andererseits ist aber einer juristischen Person nicht etwa schlechthin das Wissen aller Mitarbeiter zuzurechnen. So braucht eine Gemeinde, die ein mit einem Fehler behaftetes Grundstück verkauft, sich nicht das Wissen eines Sachbearbeiters im Bauaufsichtsamt zurechnen zu lassen, wenn dieses Amt mit dem Verkauf nichts zu tun hatte.[14] Der Wissenszurechnung kann auch eine Verschwiegenheitspflicht des Mitarbeiters gegenüber einem anderen Unternehmen entgegenstehen.[15] 8

Über den auf bestimmte Personen bezogenen Begriff des Wissensvertreters hinaus kommt auch die Zurechnung des bei einer juristischen Person bzw. einem Unternehmen vorhandenen **Aktenwissens** in Betracht, also von Informationen, die in Akten oder auch elektronischen Datenspeichern verfügbar sind. Der Grundgedanke hierbei ist, dass aus der Nutzung einer arbeitsteiligen Organisation auch eine Pflicht zur ordnungsgemäßen Organisation der internen Kommunikation besteht. Die Zurechnung setzt voraus, dass es sich um Informationen handelt, die typischerweise aktenmäßig festgehalten werden, und dass ein besonderer Anlass bestand, sich in der konkreten Situation der gespeicherten Information zu vergewissern.[16] 9

Merksatz:
Im Rahmen arbeitsteiliger Organisationen (juristische Personen, Unternehmen) wird in entsprechender Anwendung des §166 Abs. 1 auch das Wissen von Wissensvertretern sowie vorhandenes und nach den konkreten Umständen abzurufendes Aktenwissen dem Geschäftsherrn zugerechnet.

Auch wenn es nicht um die Folgen von Willenserklärungen geht, also **außerhalb des rechtsgeschäftlichen Bereichs**, wird §166 als Ausdruck eines allgemeinen Rechtsgedankens der Wissenszurechnung analog angewendet, wenn die Zurechnung des Wis- 10

12 Vgl. BGH NJW 1989, 2877.
13 BGH NJW 1996, 1205 (zu arglistigem Verschweigen eines Mangels als Voraussetzung der längeren Verjährungsfrist nach §477 aF, jetzt §438 Abs. 3 Satz 1).
14 BGHZ 117, 104 = NJW 1992, 1099.
15 So ist einer Bank das Wissen ihres Prokuristen, das dieser als Mitglied des Aufsichtsrats eines anderen Unternehmens erworben hat, nicht zuzurechnen, wenn es der Verschwiegenheitspflicht nach §116 Sätze 1 u. 2 i.V.m. §93 Abs. 1 Satz 3 AktG unterliegt, BGH NJW 2016, 2569.
16 BGHZ 132, 30, 37ff. = NJW 1996, 1339, 1341; BGHZ 135, 202 = NJW 1997, 1917 (zur Sorgfaltspflicht einer Bank bei der Hereinnahme von Schecks); Medicus/Petersen Rn. 904 b u. c; Köhler §11 Rn. 54.

sens von Hilfspersonen in Frage steht und keine speziellere Regelung vorhanden ist. So hat der BGH im Rahmen des § 990 Abs. 1 Satz 1, der im Eigentümer-Besitzer-Verhältnis die Haftung des Besitzers von dessen Bösgläubigkeit bei Besitzerwerb abhängig macht, das Wissen eines Besitzdieners (§ 855) bei Besitzerwerb dem Geschäftsherrn analog § 166 zugerechnet,[17] wenn er den Besitzdiener vollkommen selbständig im Rechtsverkehr für sich handeln ließ. Geht es um die Frage, ob der Empfänger einer Leistung das Fehlen des rechtlichen Grundes kannte (so dass er nach § 819 Abs. 1 verschärft haftet und sich nicht auf den Wegfall der Bereicherung berufen kann, s. § 8 Rn. 13), so ist ihm ebenfalls das Wissen eines rechtsgeschäftlichen Vertreters oder eines Wissensvertreters zuzurechnen.[18] Zur Wissensvertretung, soweit es für den **Beginn der Verjährung** auf die Kenntnis oder grob fahrlässige Unkenntnis des Gläubigers von den anspruchsbegründenden Tatsachen ankommt (§ 199 Abs. 1 Nr. 2) s. § 35 Rn. 11b.

11 **Lösung zu Fall 39:** a) Das Alter des Baukrans (nicht älter als zwei Jahre) ist, da Zeisig besonderen Wert auf diesen Umstand legte, aufgrund der Angabe des Wiefke als **vereinbarte Beschaffenheit** i. S. des § 434 Abs. 1 Satz 1 anzusehen. Die Vereinbarung durch Wiefke als bevollmächtigten Stellvertreter wirkt ebenso wie der gesamte Kaufvertrag unmittelbar für und gegen Stark, § 164 Abs. 1 Satz 1. Der Kran weist somit einen Sachmangel auf. Eine Nacherfüllung, d. h. eine Beseitigung des Mangels oder die Lieferung einer mangelfreien Sache (§ 439 Abs. 1), ist hier nicht möglich, da der Kaufvertrag sich auf den konkreten gebrauchten Kran des Stark beschränkt.[19] Vielmehr ist der Verkäufer, da ein anfänglicher unbehebbarer Mangel vorliegt, nach § 275 Abs. 1 von der Pflicht zur Leistung einer mangelfreien Sache befreit.[20] Zeisig kann nach § 311a Abs. 2 Satz 1 u. 2 von Stark **Schadensersatz statt der Leistung** verlangen, es sei denn, dass Stark das Leistungshindernis weder kannte noch kennen musste. Dabei kommt es nach § 166 Abs. 1 auf die Kenntnis oder das Kennenmüssen des Vertreters an. Wiefke kannte den Mangel fahrlässigerweise nicht, da er die Angaben des Stark nicht genau genug gelesen hatte. Damit sind die Voraussetzungen des Schadensersatzanspruchs des Zeisig gegen Stark aus § 311a Abs. 2 erfüllt.

12 Dagegen ist Wiefke als Stellvertreter **nicht Vertragspartner** des Zeisig und kann daher grundsätzlich nicht aus dem Vertrag in Anspruch genommen werden. Allerdings haftet ein Stellvertreter ausnahmsweise auch persönlich aus culpa in contrahendo, wenn er beim Vertragsschluss besonderes Vertrauen für sich in Anspruch genommen und dadurch die Vertragsverhandlungen oder den Vertragsschluss erheblich beeinflusst hat (§ 311 Abs. 3 Satz 2). Diese Voraussetzungen sind aber hier nicht gegeben. Dass Wiefke so getan hat, als wisse er über das Alter des Krans Bescheid, bedeutet nicht, dass er für sich besonderes Vertrauen in Anspruch genommen hat oder gar den Eindruck erweckt hat, er wolle persönlich die ordnungsgemäße Erfüllung gewährleisten. Eine Eigenhaftung des Vertreters wird ferner bejaht, wenn der Vertreter an dem Vertrag ein erhebliches wirtschaftliches Eigeninteresse hat, so dass er gleichsam in eigener Sache handelt. Wiefke war hier im Hinblick auf seine Provision an dem Ver-

17 BGHZ 32, 53; a. M. etwa Medicus/Petersen Rn. 903, der § 831 analog anwendet. Zum Unterschied von § 166 eröffnet dies dem Geschäftsherrn die Möglichkeit der Exkulpation.

18 BGH NJW 2014, 1294.

19 Auf die Frage, unter welchen Voraussetzungen bei einem Stückkauf eine Nacherfüllung durch Lieferung einer anderen Sache möglich ist (dazu Jauernig/Berger § 439 Rn. 24), braucht hier nicht eingegangen zu werden.

20 Lorenz/Riehm (Fn. 7), Rn. 514, 532.

tragsschluss wirtschaftlich besonders interessiert. Deswegen kann aber noch nicht von einem Handeln gleichsam in eigener Sache gesprochen werden;[21] hierzu müsste vielmehr ein eigenes wirtschaftliches Interesse am Inhalt des Vertrages vorliegen. Somit stehen Zeisig keine Ansprüche gegen Wiefke zu.

b) Der Irrtum über die wirtschaftliche Leistungsfähigkeit des Schuldners ist bei einem Geschäft mit Krediteinräumung, wie es hier vorliegt, ein **Irrtum über eine verkehrswesentliche Eigenschaft des Vertragspartners** und stellt daher nach § 119 Abs. 2 einen Anfechtungsgrund dar. Bei Abschluss durch einen Stellvertreter kommt es nach § 166 Abs. 1 auf die Kenntnis oder Unkenntnis des Vertreters, nicht des Geschäftsherrn an. Eine Ausnahme besteht nach § 166 Abs. 2, wenn der Vertreter beim Abschluss des konkreten Vertrages auf Weisung des Vertretenen gehandelt hat. Davon sagt der Sachverhalt jedoch nichts. Die Anfechtung des Kaufvertrags durch Stark ist daher aufgrund des Irrtums des Wiefke möglich, ohne dass die Kenntnis des Stark entgegensteht. 13

21 BGHZ 88, 67, 70 = NJW 1983, 2696, 2697; BGH NJW 1990, 389, 390.

Kontrollfragen und Fälle zu § 25

1) Wer wird aus einem Vertrag, den ein Stellvertreter im Rahmen seiner Vertretungsmacht für einen anderen abgeschlossen hat, verpflichtet:

a) der Vertretene,
b) der Vertreter,
c) beide?

2) Unter welchen Voraussetzungen kommt eine Eigenhaftung des Stellvertreters in Betracht?

3) Kling kaufte von der Beck AG durch notariellen Vertrag, den Kling persönlich abschloss, eine Eigentumswohnung. Die Vorverhandlungen hatte Kling in vollem Umfang seinem Angestellten Dreier überlassen. Diesem war bekannt geworden, dass die Wohnung noch für mehrere Jahre fest vermietet war. Er hatte aber diesem Umstand keine Bedeutung zugemessen und Kling nicht darüber informiert. Als Kling nach Abschluss des Kaufvertrages von der Vermietung erfährt, möchte er den Kauf rückgängig machen, da er mit der Wohnung anderes vor hatte. Wie ist die Rechtslage?

4)* Schön möchte ein von Bunt angebotenes Ölgemälde aus dem 19. Jahrhundert erwerben. Bei einem Telefongespräch mit Schön erklärt Bunt bewusst wahrheitswidrig, für vergleichbare Bilder desselben Künstlers würden auf dem Kunstmarkt etwa 150 000 € bezahlt; in Wirklichkeit liegen die Preise höchstens bei 50 000 €. Schön beauftragt seinen Angestellten Eifrig, dem er vor kurzem Generalvollmacht erteilt hat, das Bild bei Bunt für ihn zu erwerben, aber keinesfalls mehr als 140 000 € zu bezahlen. Das Telefonat mit Bunt erwähnt Schön dabei nicht. Eifrig kauft das Bild für 130 000 € im Namen des Schön. Noch vor Übergabe des Bildes erfährt Schön die wahren Preisverhältnisse. Muss er gleichwohl das Bild abnehmen und bezahlen?

Lösungen

14 1) Richtig ist gemäß § 164 Abs. 1 Satz 1 die Antwort a).

15 2) Die Rechtsprechung bejahte in den Fällen eines Verschuldens bei Vertragsschluss (culpa in contrahendo) eine Eigenhaftung des Stellvertreters, wenn dieser entweder selbst in besonderem Maße an dem Geschäft interessiert war, so dass er **wirtschaftlich gesehen gleichsam in eigener Sache abschloss**, oder wenn er **besonderes persönliches Vertrauen in Anspruch nahm** und in dem Vertragspartner den Eindruck erweckte, er gewährleiste persönlich die ordnungsgemäße Abwicklung des Vertrages. Die zuletzt genannte Variante ist seit der Schuldrechtsreform 2001 in § 311 Abs. 3 Satz 2 (mit nicht völlig übereinstimmender Formulierung, aber ohne Abweichung in der Sache) ausdrücklich normiert. Die Weitergeltung auch der erstgenannten Variante bleibt davon unberührt, s. auch § 311 Abs. 3 Satz 1.

16 3) Kling könnte ein **Rücktrittsrecht** nach § 437 Nr. 2 zustehen. Erste Voraussetzung hierfür ist, dass die verkaufte Wohnung einen Mangel aufweist. Der bestehende Mietvertrag wirkt nach § 566 Abs. 1 auch gegenüber einem Erwerber der Wohnung. Daher liegt ein **Rechtsmangel** vor, § 435 Satz 1. Ansprüche hieraus sind jedoch ausgeschlossen, wenn der **Käufer bei Vertragsschluss den Mangel kannte,** § 442 Abs. 1 Satz 1. Kling selbst hatte keine Kenntnis, wohl aber Dreier. Dieser ist beim Abschluss des Kaufvertrags nicht als Stellvertreter des Kling tätig geworden, so dass seine Kenntnis dem Kling nicht nach § 166 Abs. 1 in unmittelbarer Anwendung zugerechnet werden kann. Da aber Kling die Verhandlungen, die zum Vertrag führten, in vollem Umfang dem Dreier überlassen hatte, ist die Interessenlage derjenigen bei Einschaltung eines Stellvertreters vergleichbar. Daher ist hier **in entsprechender Anwendung des § 166 Abs. 1** die Kenntnis des Dreier dem Kling zuzurechnen. Somit steht Kling kein Rücktrittsrecht zu.

17 4) Eifrig schloss den Kaufvertrag als bevollmächtigter Stellvertreter des Schön, so dass die Verpflichtung zur Zahlung des Kaufpreises und zur Abnahme des Bildes (§ 433 Abs. 2) nach § 164 Abs. 1 Satz 1 den Schön trifft. Diese Verpflichtung könnte durch **Anfechtung** des Kaufvertrages entfallen. Als Anfechtungsgrund kommt eine arglistige Täuschung, § 123 Abs. 1, in Betracht. Der Stellvertreter Eifrig, auf dessen Person nach § 166 Abs. 1 hinsichtlich des Vorliegens von Willensmängeln abzustellen ist, wurde nicht getäuscht, wohl aber der Vertretene Schön, der aufgrund dieser Täuschung die Weisung zum Vertragsschluss erteilte. § 166 Abs. 2 ist hierfür nach dem Wortlaut nicht einschlägig, da es nicht darum geht, dass der Vertretene sich auf die Unkenntnis des Vertreters berufen möchte. In Betracht kommt aber eine **analoge Anwendung des § 166 Abs. 2**. Diese Vorschrift beruht wie § 166 Abs. 1 auf dem Gedanken, jeweils auf diejenige Person abzustellen, auf deren Interessenbewertung und Entschließung der Geschäftsabschluss beruht. Mit dieser Begründung hat der BGH[22] die entsprechende Anwendung des § 166 Abs. 2 bejaht, wenn der Vertretene vom Geschäftspartner arglistig getäuscht wurde und der Vertrag durch den Vertreter aufgrund einer Weisung des Vertretenen abgeschlossen wurde. Danach kann Schön aufgrund § 123 Abs. 1 anfechten und durch eine Anfechtungserklärung gegenüber Bunt (§ 143 Abs. 1) die Nichtigkeit des Vertrages (§ 142 Abs. 1) herbeiführen. Damit entfällt die Verpflichtung aus § 433 Abs. 2.

---

22 BGHZ 51, 141 = NJW 1969, 925.

§ 26 Das Handeln eines Vertreters ohne Vertretungsmacht

Fall 40: Oscar weiß, dass sein Freund Gerhard als Gärtnereibesitzer stets große Mengen an Blumentöpfen benötigt. Auf einer Reise erfährt Oscar zufällig von einem günstigen Angebot. Sogleich bestellt er bei dem Ziegeleiunternehmen Rot GmbH 10 000 Blumentöpfe eines bestimmten Typs im Namen des Gerhard, wobei er davon ausgeht, Gerhard werde über den Kauf sehr erfreut sein. Als aber Oscar den Gerhard informiert, will dieser von dem Geschäft nichts wissen, hat er sich doch soeben bereits anderweitig mit dieser Sorte von Blumentöpfen eingedeckt. Gerhard fügt hinzu, Oscar möge dies der Rot GmbH mitteilen. Dies tut Oscar sogleich, wobei er sein Bedauern über das Missverständnis ausdrückt und betont, der Vertrag sei somit hinfällig. Stehen der Rot GmbH Ansprüche gegen Gerhard und Oscar zu?

I. Das ohne Vertretungsmacht abgeschlossene Rechtsgeschäft

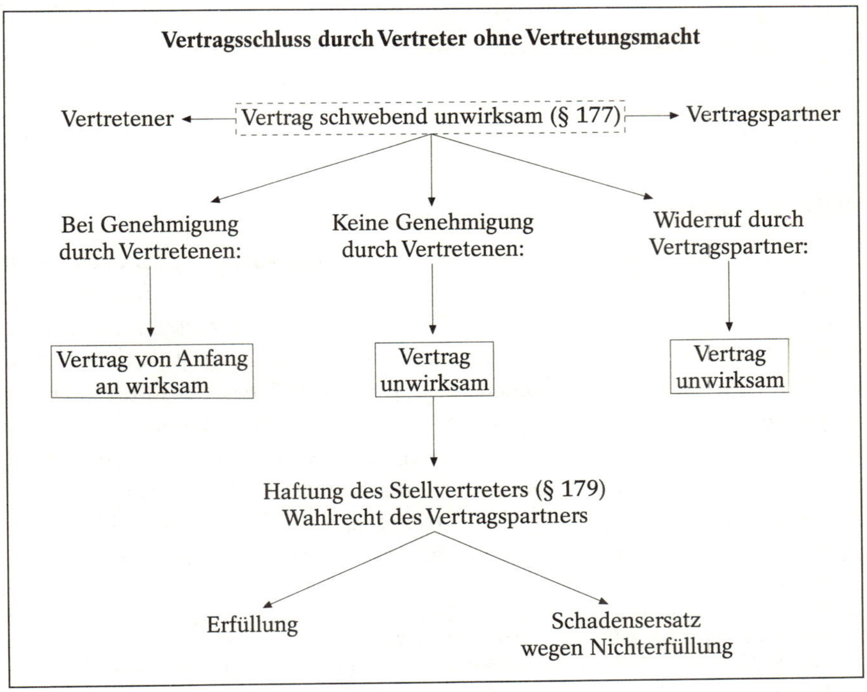

1. Verträge

a) Schwebende Unwirksamkei

1 Hat der **Vertreter ohne Vertretungsmacht** (als sog. **falsus procurator**) gehandelt,[1] so kann das von ihm vorgenommene Rechtsgeschäft zunächst nicht für und gegen den Vertretenen wirken. Bei Verträgen tritt jedoch eine **schwebende Unwirksamkeit** ein. Der Vertretene kann nach § 177 den Vertrag genehmigen, ohne freilich dazu verpflichtet zu sein. Die Regelung ähnelt der schwebenden Unwirksamkeit eines nicht lediglich rechtlich vorteilhaften Vertrages, der von einem Minderjährigen ohne Einwilligung des gesetzlichen Vertreters geschlossen wurde, §§ 108 f., s. § 11 Rn. 48 ff.

b) Rechte des Vertragspartners

2 Bis zur Genehmigung des Vertrages ist der andere Teil (der Vertragspartner) zum **Widerruf** berechtigt, allerdings nur, wenn er den Mangel der Vertretungsmacht bei Abschluss des Vertrages nicht kannte, § 178 Satz 1.

3 Um Klarheit über das Schicksal des Vertrages zu gewinnen, kann der Vertragspartner den Vertretenen nach § 177 Abs. 2 Satz 1 **zur Erklärung über die Genehmigung auffordern.**[2] Eine vorher bereits gegenüber dem Vertreter erklärte Genehmigung oder Verweigerung wird dadurch unwirksam. Wenn die Genehmigung nicht innerhalb von zwei Wochen nach Empfang der Aufforderung erteilt wird, gilt sie nach § 177 Abs. 2 Satz 2 als verweigert.

c) Genehmigung

4 Die **Genehmigung** durch den Vertretenen kann ausdrücklich oder auch durch schlüssiges Verhalten erfolgen, vorausgesetzt, dass der Genehmigende die schwebende Unwirksamkeit kennt oder zumindest damit rechnet und dass in seinem Verhalten der Wille zum Ausdruck kommt, das Geschäft verbindlich zu machen.[3] Die Genehmigung bedarf nach § 182 Abs. 2 **nicht der Form**, die für das ohne Vertretungsmacht abgeschlossene Rechtsgeschäft vorgeschrieben ist. Ob davon, ähnlich wie bei der Erteilung einer Vollmacht hinsichtlich § 167 Abs. 2 (s. § 24 Rn. 7 ff.), mit Rücksicht auf den Schutzzweck von Formvorschriften, Ausnahmen zu machen sind, ist streitig. Der BGH[4] lehnt dies in Übereinstimmung mit der h. M. ab und hält insbesondere daran fest, dass die Genehmi-

---

1 Diese Situation liegt auch vor, wenn der Handelnde Vollmacht hat, davon aber ausdrücklich keinen Gebrauch macht, BGH NJW 2009, 3792.

2 Dazu BGH NJW 2000, 3128: die Aufforderung muss nicht auf Erteilung der Genehmigung gerichtet sein, sondern kann ergebnisoffen erfolgen.

3 BGH NJW 1988, 1199, 1200.

4 BGHZ 125, 218 = NJW 1994, 1344; MünchKomm/Schubert § 177 Rn. 39; Wolf/Neuner § 51 Rn. 6 f. – A. M. z. B. Flume § 54, 6 b; Medicus/Petersen Rn. 976; Köhler § 11 Rn. 66.

gung eines Grundstückskaufvertrags nicht der Form des § 311b Abs. 1 Satz 1 (notarielle Beurkundung) bedarf.

Genehmigt der Vertretene das Rechtsgeschäft, so wirkt diese nachträgliche 5
Zustimmung auf den Zeitpunkt des Abschlusses des Vertrages zurück, § 184 Abs. 1. Der Vertrag ist dann **von Anfang an für und gegen den Vertretenen wirksam**.

2. Einseitige Rechtsgeschäfte

Die schwebende Unwirksamkeit des vom Vertreter ohne Vertretungsmacht ab- 6
geschlossenen Geschäfts gilt grundsätzlich nur bei Verträgen. Hier hat sich der Geschäftspartner in gewissem Sinne die Unsicherheit selbst zuzuschreiben, da er sich auf den Abschluss mit einem Stellvertreter einließ. Einseitigen Rechtsgeschäften (z. B. einer Kündigung, einem Rücktritt) des Vertreters kann der andere Teil dagegen nicht ausweichen. Daher sind **einseitige Rechtsgeschäfte**, die **ohne Vertretungsmacht** abgeschlossen werden, von vornherein **nichtig**. § 180 Satz 1 will dies mit der Formulierung, hier sei eine Vertretung ohne Vertretungsmacht unzulässig, zum Ausdruck bringen. Dies gilt auch für einseitige, nicht empfangsbedürftige Willenserklärungen wie die Gründung einer Einpersonen-GmbH.[5]

Ausnahmsweise gelten aber doch wieder die Regeln über Verträge, wenn der 7
Gegner die **behauptete Vertretungsmacht nicht beanstandet** hat.[6] Dasselbe gilt, wenn der Geschäftspartner sogar mit dem Handeln ohne Vertretungsmacht **einverstanden** war. In beiden Fällen sind nach § 180 Satz 2 die Vorschriften über Verträge entsprechend anzuwenden. Es tritt also ein Schwebezustand ein, und der Vertretene hat es in der Hand, ob er dem in seinem Namen vorgenommenen einseitigen Rechtsgeschäft (etwa einer Kündigung) durch Genehmigung die Wirksamkeit verschaffen will. Ebenso ist es, wenn **gegenüber einem Vertreter ohne Vertretungsmacht** (also bei passiver Stellvertretung) mit dessen Einverständnis ein einseitiges Rechtsgeschäft vorgenommen wurde, § 180 Satz 3.

---

5 OLG Stuttgart GmbHR 2015, 487; OLG Frankfurt GmbHR 2017, 371. Die Gründung kann durch den Vertretenen nicht genehmigt, sondern nur durch Neuvornahme mit Wirkung ex nunc bestätigt werden, § 141 Abs. 1.

6 Die Beanstandung nach § 180 Satz 2 (wegen fehlender Vertretungsmacht) kann auch neben einer Zurückweisung nach § 174 Satz 1 (wegen fehlender Vorlage einer Vollmachtsurkunde, s. § 24 Rn. 4) erklärt werden, BGH NJW 2013, 297.

II. Haftung des Vertreters ohne Vertretungsmacht

1. Grundsätzliche Haftung des Vertreters

8 Wird die Genehmigung des Vertrages oder des einseitigen Rechtsgeschäfts (in den Fällen des § 180 Satz 2 u. 3, s. Rn. 7) durch den Vertretenen verweigert, so ist der **Vertreter ohne Vertretungsmacht**[7] nach § 179 Abs. 1 **selbst verpflichtet**. Wie sich schon aus dem Wortlaut des § 179 Abs. 1 ergibt, trägt dabei der Vertreter die Beweislast für das Bestehen der Vertretungsmacht. Der Vertragsgegner kann nach seiner Wahl vom Vertreter ohne Vertretungsmacht **Erfüllung** oder **Schadensersatz (wegen Nichterfüllung)** verlangen. Diese weitreichende Haftung gilt aber, wie aus § 179 Abs. 2 hervorgeht, nur, wenn der Vertreter den Mangel der Vertretungsmacht kannte. Die Formulierung des BGH,[8] es handle sich um eine gesetzliche Garantiehaftung, die dem Vertreter das verschuldensunabhängige Risiko auferlegt, seine Erklärung, er habe Vertretungsmacht, sei richtig, bedarf insoweit der Relativierung. Eine Haftung des Vertreters wegen seines vollmachtlosen Handelns aus Verschulden beim Vertragsschluss (culpa in contrahendo) wird durch § 179 als spezieller Regelung ausgeschlossen.[9]

9 Die Haftung nach § 179 greift nicht ein, wenn der Geschäftspartner den Vertrag nach § 178 widerrufen hat;[10] denn damit entfiel auch die Möglichkeit einer Genehmigung durch den Vertretenen.

2. Inhalt

a) Wahlrecht des Gläubigers

10 Aus § 179 Abs. 1 ergibt sich eine **Wahlschuld** i. S. v. § 262, jedoch mit Wahlrecht des Gläubigers. Die Wahl hat durch Erklärung gegenüber dem Vertreter zu erfolgen, § 263 Abs. 1.

b) Erfüllung

11 Wählt der Geschäftspartner **Erfüllung**, so kann er von dem Vertreter ohne Vertretungsmacht die vollen vertraglichen Leistungen verlangen. Durch das Erfüllungsverlangen entsteht zwar kein Vertrag mit dem Vertreter, aber ein gesetz-

---

7 Daran fehlt es, wenn eine Rechtsscheinsvollmacht zu bejahen ist; der Gegner kann dann nicht wahlweise den Vertreter aus § 179 in Anspruch nehmen, BGH NJW 1983, 1308.

8 BGH NJW 2000, 1407, 1408.

9 MünchKomm/Schubert § 177 Rn. 55; offen lassend BGH NJW 2000, 1407, 1408. – Eine Haftung des vollmachtlosen Vertreters wegen anderweitigen Verschuldens beim Vertragsschluss kommt unter den besonderen Voraussetzungen der Eigenhaftung des Stellvertreters (s. § 25 Rn. 4) in Betracht.

10 Brox/Walker Rn. 605; MünchKomm/Schubert § 178 Rn. 10. – A.M. Köhler § 11 Rn. 69.

liches Schuldverhältnis mit dem Inhalt des abgeschlossenen Vertrages. Dem Geschäftspartner können gegenüber dem Vertreter ohne Vertretungsmacht nicht mehr Rechte zustehen, als er sie bei bestehender Vertretungsmacht gegenüber dem Vertretenen hätte. Daher kann der Vertreter ohne Vertretungsmacht ebenfalls die Rechte aus dem Vertrag geltend machen, z. B. die Einrede des nicht erfüllten gegenseitigen Vertrages erheben (§ 320)[11] oder Ansprüche wegen mangelhafter Leistung geltend machen. Auch ein Anfechtungsrecht, z. B. wegen arglistiger Täuschung (§ 123 Abs. 1), steht dem in Anspruch genommenen Vertreter ohne Vertretungsmacht selbständig zu.[12] Ebenso kann er ein verbraucherschützendes Widerrufsrecht ausüben, das dem Vertretenen (etwa bei einem außerhalb von Geschäftsräumen geschlossenen Vertrag, § 312g) zustehen würde.[13]

c) Schadensersatz wegen Nichterfüllung

Wählt der Geschäftspartner **Schadensersatz wegen Nichterfüllung**, so kann er vom Vertreter ohne Vertretungsmacht vor allem **Ersatz des entgangenen Gewinns** (§ 252) verlangen, da er so zu stellen ist, wie er bei ordnungsgemäßer Erfüllung des Vertrages stehen würde. War der Vertretene vermögenslos, so dass von ihm nichts zu holen gewesen wäre, so lehnt die h. M. auch eine Haftung des falsus procurator (auf Erfüllung oder Schadensersatz) ab, da der Geschäftspartner nicht besser gestellt werden solle als bei bestehender Vertretungsmacht.[14] 12

d) Verjährung

Da die Ansprüche aus § 179 an die Stelle der eigentlich intendierten Vertragsansprüche treten, ist es konsequent, die **Verjährung** nach den Regeln zu bestimmen, die für die vertraglichen Ansprüche gelten, wobei als Zeitpunkt der Anspruchsentstehung (§ 199 Abs. 1 Nr. 1) die Verweigerung der Genehmigung des Vertrags durch den Vertretenen anzusehen ist.[15] 13

---

11 Während darüber Einigkeit besteht, gibt die wohl h. M. dem Vertreter ohne Vertretungsmacht einen eigenständig geltend zu machenden Erfüllungsanspruch erst, wenn er selbst auf Erfüllung in Anspruch genommen wurde und geleistet hat, so z. B. MünchKomm/Schubert § 179 Rn. 37; Wolf/Neuner § 51 Rn. 25.

12 BGH NJW 2002, 1867.

13 BGH NJW-RR 1991, 1074.

14 MünchKomm/Schubert § 179 Rn. 40; Rüthers/Stadler § 32 Rn. 7. Zweifelnd Medicus/Petersen Rn. 987.

15 BGHZ 73, 266 = NJW 1979, 1161; BGH MDR 2004, 268.

3. Einschränkungen der Haftung

a) Unkenntnis des Vertreters

14 Die Schadensersatzpflicht des Vertreters ohne Vertretungsmacht beschränkt sich auf das **Vertrauensinteresse** (negatives Interesse), wenn der **Vertreter** selbst den **Mangel seiner Vertretungsmacht nicht kannte**, § 179 Abs. 2. Diese Begünstigung kommt dem Vertreter etwa zugute, wenn er einen Unwirksamkeitsgrund nicht erkannte, der der Vollmachtserteilung anhaftete.

b) Kenntnis oder fahrlässige Unkenntnis des anderen Teils

15 Eine noch weitergehende Ausnahme von der Haftung enthält § 179 Abs. 3 Satz 1. War dem anderen Teil der **Mangel der Vertretungsmacht bekannt** oder beruhte seine Unkenntnis auf **Fahrlässigkeit** (kennen müssen, Legaldefinition in § 122 Abs. 2), so haftet der Vertreter überhaupt nicht. Es fehlt hier an einem schutzwürdigen Vertrauen des anderen auf die Vertretungsmacht.

16 Fraglich ist allerdings, wie weit die Sorgfaltspflichten des Geschäftspartners gehen. Da es sich bei § 179 um eine im Interesse der Verkehrssicherheit geregelte Vertrauenshaftung handelt, kann sich der Geschäftspartner grundsätzlich auf das Bestehen der vom Vertreter behaupteten Vertretungsmacht verlassen. Wenn sich aus dem Auftreten des Vertreters und den Umständen keine Verdachtsmomente ergeben, braucht der Geschäftspartner also keine Nachforschungen über das Bestehen der Vertretungsmacht anzustellen.[16]

c) Beschränkt geschäftsfähiger Vertreter

17 Ein **beschränkt Geschäftsfähiger** kann zwar wirksam als Vertreter handeln (§ 165); er haftet aber bei Fehlen der Vertretungsmacht nicht, sofern nicht der gesetzliche Vertreter diesem Handeln zugestimmt hatte, § 179 Abs. 3 Satz 2.

4. Analoge Anwendung des § 179

18 Analog § 179 haftet auch ein Vertreter, der für eine **nicht existierende Person** als Vertreter aufgetreten ist,[17] ebenso derjenige, der **unter fremdem Namen** ein Rechtsgeschäft geschlossen hat, wenn dieses nicht als Eigengeschäft zu behandeln ist und vom Namensträger nicht genehmigt wird, s. § 22 Rn. 16. Eine Rechtsscheinhaftung entsprechend § 179 hat die Rechtsprechung für die Fälle eines **fehlenden oder täuschenden Rechtsformzusatzes** entwickelt. Wer also

---

16 BGH NJW 2000, 1407, 1408; BGH NJW 2001, 2626, 2627.

17 S. Fälle und Kontrollfragen zu § 26, Fall 3. – Zur Haftung bei Handeln für eine mangels Eintragung in das Handelsregister noch nicht bestehende AG oder GmbH s. § 41 Abs. 1 Satz 2 AktG, § 11 Abs. 2 GmbHG.

z. B. als Vertreter für eine GmbH handelt, ohne diesen in § 4 GmbHG vorgeschriebenen Zusatz zu verwenden, haftet dem gutgläubigen Vertragspartner gegenüber persönlich (neben der GmbH).[18] § 179 gilt ferner entsprechend, wenn sich der Vertreter bei Vertragsschluss die Benennung der vertretenen Person vorbehält und später trotz Aufforderung den Vertretenen nicht benennt.[19] Auch wenn jemand beim Vertragsschluss bewusst als **Bote** eines anderen auftritt (zur Abgrenzung vom Stellvertreter s. § 22 Rn. 10 ff.), ohne von diesem beauftragt zu sein, erscheint eine Haftung analog § 179 sachgerecht, wenn der angebliche Erklärende nicht den Vertrag analog § 177 genehmigt.[20]

Lösung zu Fall 40:

I. Anspruch der Rot GmbH gegen Gerhard auf Zahlung des Kaufpreises und Abnahme der Blumentöpfe aus § 433 Abs. 2

Voraussetzung ist, dass zwischen der Rot GmbH und Gerhard ein Kaufvertrag zustande gekommen ist. Oscar schloss den Kaufvertrag als Stellvertreter des Gerhard, hatte jedoch **keine Vertretungsmacht**. Daher wirkt die Willenserklärung des Oscar nicht nach § 164 Abs. 1 Satz 1 für und gegen Gerhard. Vielmehr hängt die Wirksamkeit des Vertrages, den Oscar ohne Vertretungsmacht abgeschlossen hat, für und gegen Gerhard nach § 177 Abs. 1 von der Genehmigung durch Gerhard ab. Die Genehmigung wie deren Verweigerung können sowohl gegenüber Oscar als auch gegenüber der Rot GmbH erfolgen, § 182 Abs. 1. Durch seine Äußerung gegenüber Oscar hat Gerhard die **Genehmigung verweigert**. Nach § 177 Abs. 2 Satz 1 kann der Vertragspartner den Vertretenen zur Erklärung über die Genehmigung auffordern, und die Verweigerung gegenüber dem Vertreter wird dadurch unwirksam. Hier ist aber die Verweigerung der Genehmigung über Oscar (als Bote) bereits der Rot GmbH mitgeteilt worden. Daher ist § 177 Abs. 2 Satz 1 nicht mehr anwendbar. Im Übrigen wäre ein Vorgehen nach dieser Bestimmung auch aussichtslos, denn Gerhard würde erneut die Genehmigung verweigern. Somit ist kein Kaufvertrag zwischen Gerhard und der Rot GmbH zustande gekommen; der Anspruch aus § 433 Abs. 2 besteht nicht. 19

II. Ansprüche der Rot GmbH gegen Oscar

1. Auf Zahlung des Kaufpreises und Abnahme der Blumentöpfe, § 179 Abs. 1, § 433 Abs. 2

Oscar kann keine Vertretungsmacht nachweisen, und der von ihm abgeschlossene Vertrag wurde vom Vertretenen auch nicht genehmigt. Daher ist Oscar selbst der Rot GmbH nach deren Wahl zur **Erfüllung** oder zum **Schadensersatz** verpflichtet, § 179 Abs. 1. 20

Oscar hat zwar auf die Billigung des Vertrags durch Gerhard vertraut, aber sehr wohl gewusst, dass ihm keine Vertretungsmacht zustand. Die Haftung des Oscar wird daher nicht durch § 179 Abs. 2 beschränkt. Die Rot GmbH kannte den Mangel der

---

18 Zusammenfassend BGH NJW 2012, 2871 (die Rechtsscheinhaftung trifft nach dieser Entscheidung auch denjenigen, der für eine Unternehmergesellschaft [haftungsbeschränkt] gehandelt hat und statt dieses durch § 5a Abs. 1 GmbHG vorgeschriebenen Zusatzes den Zusatz GmbH verwendet hat).

19 BGH NJW 1995, 1739, 1742.

20 MünchKomm/Schubert § 177 Rn. 7; Medicus/Petersen Rn. 997.

Vertretungsmacht nicht und hatte auch keinen Grund, an der Vertretungsmacht des Oscar zu zweifeln. Daher entfällt die Haftung nicht nach § 179 Abs. 3 Satz 1.

Man könnte noch an eine Anfechtung der vertraglichen Erklärung des Oscar denken, weil er irrtümlich mit der Genehmigung durch Gerhard rechnete. Abzustellen wäre insoweit in der Tat auf die Person des Oscar als Vertreter, § 166 Abs. 1. Jedoch ist keiner der Anfechtungstatbestände des § 119 erfüllt; es liegt lediglich ein unbeachtlicher Motivirrtum vor.

Somit bleibt es bei der Haftung des Oscar nach § 179 Abs. 1. Wenn die Rot GmbH von Oscar Erfüllung verlangt, muss er den Kaufpreis bezahlen und die Blumentöpfe abnehmen, § 433 Abs. 2.

2. Auf Schadensersatz wegen Nichterfüllung

21 Wahlweise kann die Rot GmbH von Oscar **Schadensersatz wegen Nichterfüllung** verlangen, § 179 Abs. 1. Hiernach kann Ersatz des Gewinns gefordert werden, den die Rot GmbH bei Ausführung der Lieferung gemacht hätte.

III. Haftung bei mehrstufiger Vertretung (Untervollmacht)

Fall 41: Flink ist als Zeitschriftenwerber für den Verlag Buntbild tätig. Als der vom Verlag gestellte PKW wegen eines Unfallschadens nicht zur Verfügung steht, bittet Flink seine Freundin Schnipp, der er besonderes Verhandlungsgeschick zutraut, für eine Woche einen geeigneten PKW für den Verlag zu mieten; der Verlag werde damit gewiss einverstanden sein. Schnipp mietet das Fahrzeug bei Glanz GmbH im Namen des Buntbild Verlages,

a) wobei sie erklärt, dass sie von Flink um diese Hilfe gebeten worden sei.

b) wobei sie Flink nicht erwähnt.

Von Glanz GmbH in Anspruch genommen, lehnt der Verlag Buntbild die Zahlung des Mietpreises ab, weil weder Flink noch Schnipp dazu berechtigt gewesen seien, im Namen des Verlages zu handeln, zumal man ohnehin noch ein anderes Fahrzeug zur Verfügung gehabt habe.

An wen kann sich Glanz GmbH wegen des Mietpreises halten?

1. Begriff und Zulässigkeit

22 Von einer mehrstufigen Vertretung spricht man, wenn ein **Hauptbevollmächtigter** und ein **Unterbevollmächtigter** beteiligt sind (auch eine weitere Stufung – Unterunterbevollmächtigter – ist möglich). Der Unterbevollmächtigte kann wirksam für den Vertretenen handeln, wenn der Hauptbevollmächtigte seinerseits über eine wirksame Vollmacht verfügt und – von der Hauptvollmacht gedeckt – eine wirksame Untervollmacht erteilt hat. Ob sich ein späteres Erlöschen der Hauptvollmacht auf das Weiterbestehen der Untervollmacht auswirkt, hängt vom Inhalt der erteilten Untervollmacht ab; eine zwingende Koppelung besteht insoweit nicht.[21]

---

21 KG 14.2.2017 – 1 W 20–32/17, juris = BeckRS 2017, 106532. – Der Hauptbevollmächtig-

23 Teils werden bei der Erteilung der Untervollmacht zwei verschiedene Arten unterschieden, je nachdem ob der Unterbevollmächtigte im Namen des ursprünglichen Vertretenen (also des Hauptvollmachtgebers) handeln oder im Namen des Hauptbevollmächtigten, also als „Vertreter des Vertreters" tätig werden solle.[22] Jedoch erscheint diese konstruktive Unterscheidung wenig einleuchtend, denn letztlich muss der Unterbevollmächtigte immer zum Ausdruck bringen, dass die Wirkungen des Geschäfts den ursprünglichen Vollmachtgeber (den Geschäftsherrn) treffen sollen.[23] Zur Differenzierung bei Anwendung des § 179 s. Rn. 26.

2. Haftung des Untervertreters bei wirksamer Hauptvollmacht, aber fehlender Untervollmacht

24 Fehlt es zwar nicht an der Hauptvollmacht, wohl aber an der wirksamen Erteilung einer Untervollmacht, so haftet (insoweit besteht Einigkeit) der Unterbevollmächtigte nach § 179, wenn der Vertretene den Vertrag nicht genehmigt.

3. Haftung bei fehlender Hauptvollmacht

25 Nicht ganz so klar ist, ob der Unterbevollmächtigte auch dann aus § 179 in Anspruch genommen werden kann, wenn zwar die Unterbevollmächtigung als solche in Ordnung war, es aber bereits an der Hauptvollmacht fehlte.

26 Der BGH[24] differenziert bei der Anwendung des § 179 danach, ob der aufgetretene Unterbevollmächtigte **offen gelegt** hat, dass seine Vollmacht von einem Hauptbevollmächtigten stammt. In diesem Fall weiß der Geschäftspartner, dass es auf zwei Vollmachtserteilungen ankommt. Ist die Untervollmacht in Ordnung, während es an der Hauptvollmacht fehlt, so haftet hier nach Ansicht des BGH lediglich der Hauptbevollmächtigte aus § 179. Bei einer nicht offen gelegten mehrstufigen Stellvertretung trifft dagegen die Haftung aus § 179 den als Vertreter Handelnden, also den Unterbevollmächtigten, auch wenn der Mangel seiner Vertretungsmacht letztlich auf den Mangel der Hauptvollmacht zurückgeht.

27 Dieser Lösung kann man freilich entgegenhalten, der Unterbevollmächtigte müsse immer für den Bestand der von ihm in Anspruch genommenen Befugnis

te kann die Untervollmacht widerrufen, nicht dagegen der Unterbevollmächtigte die Hauptvollmacht, BGH 11.5.2017 – IX ZR 238/15, juris = BeckRS 2017, 115081.

22 BGHZ 32, 250, 253 = NJW 1960, 1565, 1566.

23 Ablehnend u. a. MünchKomm/Schubert § 167 Rn. 79.

24 BGHZ 68, 391 = NJW 1977, 1535. Ebenso Jauernig/Mansel § 179 Rn. 3; Wolf/Neuner § 51 Rn. 34 ff.; Medicus/Petersen Rn. 996; Bork Rn. 1452. Der BGH geht von der bei Rn. 23 dargestellten Unterscheidung zweier verschiedener Arten der Unterbevollmächtigung aus, doch ist seine Entscheidung nicht zwingend mit dieser Konstruktion verbunden.

eintreten, einen Vertrag mit Wirkung für den Geschäftsherrn zu schließen. Sieht man die gesamte Regelung des § 179 in erster Linie als Risikozuweisung an, so liegt es m.E. näher, das Risiko, die Wirksamkeit der Hauptvollmacht richtig eingeschätzt zu haben, stets dem Unterbevollmächtigten aufzuerlegen, auch wenn er die Mehrstufigkeit nach außen offen gelegt hat.[25]

28 **Lösung zu Fall 41:**[26] Flink hatte selbst keine Vertretungsmacht zum Abschluss des Mietvertrages im Namen des Buntbild Verlages und konnte schon deshalb auch der Schnipp keine wirksame Untervollmacht erteilen. Der zunächst schwebend unwirksame Vertrag ist durch Verweigerung der Genehmigung durch den vertretenen Verlag **endgültig unwirksam** geworden, § 177 Abs. 1. Fraglich ist, gegen wen sich die Ansprüche aus § 179 Abs. 1 auf Erfüllung des Vertrages oder Schadensersatz wegen Nichterfüllung richten.

Bei der **Alternative a)** haftet Schnipp nicht nach § 179 Abs. 1, wenn man mit dem BGH darauf abstellt, dass die Mehrstufigkeit der Vertretung offen gelegt wurde und der Mangel der Vollmacht nur die Hauptvollmacht betraf. Vielmehr stehen der Glanz GmbH die Ansprüche aus § 179 Abs. 1 gegen Flink zu. Entgegen dieser Ansicht lässt sich jedoch für eine Haftung (nur) der Schnipp anführen, dass die Einschätzung, ob Flink eine wirksame Hauptvollmacht hatte, in ihren Risikobereich fällt, denn schließlich hat sie das Ergebnis – eine Vertretungsmacht für den Buntbildverlag – gegenüber der Glanz GmbH in Anspruch genommen.

Bei der **Alternative b)** wurde dagegen die Mehrstufigkeit der Vertretung von Schnipp nicht offen gelegt. Hier kann sich nach beiden Ansichten die Glanz GmbH gemäß 179 Abs. 1 nur an Schnipp halten und von ihr Zahlung des Mietpreises verlangen.

25 Ebenso MünchKomm/Schubert § 167 Rn. 88.
26 Fall nach BGHZ 68, 391 (Fn. 24).

Kontrollfragen und Fälle zu §26

1) Was versteht man unter einem falsus procurator?

2) Welche Rechtsfolgen ergeben sich, wenn
a) ein sechsjähriges
b) ein zehnjähriges Kind
im Namen seiner Eltern, die aber davon nichts wissen, telefonisch die Lieferung von zwei Kästen Zitronenlimonade bestellt hat, und der Lieferant nun mit der Limonade vor den erstaunten Eltern steht?

3)* Rasch ist als Treuhänder noch zu werbender Bauherren vorgesehen. Er schließt im Namen der „Mitglieder der Bauherrengemeinschaft" mit der Firma Hoch einen Vertrag, in dem die Firma Hoch die schlüsselfertige Errichtung einer Wohnanlage zum Pauschalfestpreis von 1,5 Millionen € übernimmt. Dabei erklärt Rasch, die Bauherrengemeinschaft werde alsbald entstehen und Vertragspartner der Firma Hoch werden. Die Firma Hoch beginnt mit dem Bau und verlangt nach einigen Tagen die erste Rate der Vergütung in Höhe von 100 000 €. Jedoch war es nicht gelungen, Bauherren zu finden, und auch Bankdarlehen stehen nicht zur Verfügung. Nunmehr stellte die Firma Hoch den Bau ein und verlangt von Rasch Ersatz des entgangenen Gewinns in Höhe von 200 000 €. Mit Recht?

4) Schnell, der nicht über eine allgemeine Vollmacht seiner Arbeitgeberin Klar verfügt, hatte eines Tages nicht richtig zugehört und daher eine Äußerung der Klar, man brauche demnächst wieder Heizöl, zu Unrecht dahin aufgefasst, er solle eine entsprechende Bestellung aufgeben. Als das von Schnell im Namen der Klar bei der Erd GmbH bestellte Öl geliefert werden soll, verweigert Klar die Abnahme. Die Erd GmbH verlangt von Schnell Schadensersatz in Höhe des entgangenen Gewinns, zumindest die Kosten für die vergebliche Anlieferung. Wie ist die Rechtslage?

5)* Herr und Frau Gold haben ihre Tochter in die Privatschule des Klug gegeben. Frau Gold kündigt gegenüber Klug den zwischen dem Ehepaar Gold und Klug abgeschlossenen Vertrag zum nächsten zulässigen Termin, wobei sie erklärt, ihr Mann habe dem zugestimmt und sie gebeten, die Kündigung in beider Namen auszusprechen. Dies trifft zwar nicht zu, doch als Frau Gold ihrem Mann von der Kündigung berichtet, erklärt er sich einverstanden. Ist die Kündigung wirksam geworden?

Lösungen

29 1) Ein falsus procurator ist ein Vertreter, der **ohne Vertretungsmacht** gehandelt hat.

30 2) a) Das sechsjährige Kind ist **geschäftsunfähig,** § 104 Nr. 1. Daher ist die von ihm abgegebene Willenserklärung nichtig, § 105 Abs. 1. Daran ändert sich auch dadurch nichts, dass die Erklärung im Namen der Eltern abgegeben wurde. Da ein Vertrag über die Lieferung der Limonade schon wegen der Geschäftsunfähigkeit des Kindes nicht zustande kam, entsteht **kein Schwebezustand** nach § 177, so dass es nicht auf die Genehmigung des Vertrages oder deren Verweigerung ankommt. Sollten die Eltern sich mit der Lieferung der Limonade einverstanden erklären, so läge darin der Abschluss eines neuen Vertrages.

31 b) Die hier gegebene **beschränkte Geschäftsfähigkeit** (§ 106) steht nach § 165 dem Handeln des Kindes als Stellvertreter seiner Eltern nicht entgegen. Jedoch fehlte es an der Vertretungsmacht. Der Vertrag ist daher zunächst **schwebend unwirksam**, § 177 Abs. 1. Genehmigen die Eltern, so ist der Vertrag von Anfang an wirksam. Sie können dann die Lieferung der Limonade und der andere Teil die Zahlung verlangen. Genehmigen sie nicht, so wird der Vertrag endgültig unwirksam. Das Kind haftet in diesem Fall nicht nach § 179 Abs. 1, da es nicht mit Zustimmung seiner Eltern gehandelt hat, § 179 Abs. 3 Satz 2. Der Lieferant muss wieder abziehen, ohne irgendwelche Ansprüche zu haben.

32 3) Die Besonderheit des Falles liegt darin, dass der **Vertretene** zum Zeitpunkt des Vertragsschlusses noch **nicht existierte**, da es noch keine Bauherrengemeinschaft gab. Die h. M.[27] wendet in solchen Fällen **§ 179 analog** an. Danach haftet Rasch auf Erfüllung oder Schadensersatz, § 179 Abs. 1. Allerdings könnte seine Haftung nach § 179 Abs. 3 Satz 1 ausgeschlossen sein. Die Hoch GmbH wusste, dass die Bauherrengemeinschaft noch nicht existierte. Dies könnte – im Rahmen der entsprechenden Anwendung des § 179 – der Kenntnis vom Fehlen der Vertretungsmacht gleichzustellen sein. Jedoch hatte Rasch zugleich den Anschein erweckt, als werde die Bauherrengemeinschaft binnen kurzem entstehen. Ob sie zustande kam, war allein seine Sache, ohne dass die Hoch GmbH darauf Einfluss nehmen konnte. Diese Umstände rechtfertigen es, dem Rasch das Risiko des Nichtentstehens der Bauherrengemeinschaft zuzuweisen, also § 179 Abs. 3 Satz 1 nicht entsprechend anzuwenden.[28] Der Anspruch auf Ersatz des Erfüllungsschadens in Form des entgangenen Gewinns von 200 000 € ist somit begründet.

33 4) Schnell hat den Vertrag im Namen der Klar als Stellvertreter ohne Vertretungsmacht abgeschlossen. Durch die Ablehnung der Genehmigung wurde der zunächst schwebend unwirksame Vertrag (§ 177 Abs. 1) zwischen Klar und der Erd GmbH endgültig unwirksam. Nach § 179 Abs. 1 wäre Schnell nach Wahl der Erd GmbH zur Erfüllung oder zum Schadensersatz wegen Nichterfüllung verpflichtet. Dem steht aber entgegen, dass Schnell selbst vom Bestehen der Vollmacht ausging. Daher haftet er nach § 179 Abs. 2

27 BGHZ 63, 45, 48 = NJW 1974, 1905; BGHZ 105, 283, 285 = NJW 1989, 894 (Vorbild des Falles). Ist dagegen der im Namen einer nicht existierenden Gesellschaft Handelnde dabei ausdrücklich als Vertreter ohne Vertretungsmacht aufgetreten, so ist seine Haftung nach § 179 Abs. 3 Satz 1 ausgeschlossen, auch wenn dem Vertragspartner die Nichtexistenz der Gesellschaft nicht bekannt war, BGHZ 178, 307 = NJW 2009, 215.

28 BGHZ 105, 283, 287 = NJW 1989, 894.

nur auf das **negative Interesse**, nicht auf das Erfüllungsinteresse. Dass Schnell den Mangel seiner Vertretungsmacht fahrlässig nicht kannte, spielt dabei keine Rolle. Damit ist nur der Anspruch auf Ersatz der Anlieferungskosten (negatives Interesse), nicht des entgangenen Gewinns (positives Interesse) begründet.

5) Die Eltern sind nach § 1626 Abs. 1, § 1629 Abs. 1 Satz 1 und 2 im Rahmen der ihnen 34
zustehenden elterlichen Sorge nur **gemeinsam** zur Vertretung des Kindes berechtigt. Soweit Frau Gold im Namen ihres Mannes die Kündigung erklärt, braucht sie dazu eine Bevollmächtigung durch ihn. Da diese fehlte, ist Frau Gold insoweit als **Stellvertreterin ohne Vertretungsmacht** aufgetreten. § 180 Satz 1 erklärt die Vertretung ohne Vertretungsmacht bei einseitigen Rechtgeschäften, zu denen auch die Kündigungserklärung gehört, für unwirksam. Daraus würde die Unwirksamkeit der Kündigung folgen. Frau Gold hat aber behauptet, Vertretungsmacht für ihren Mann zu haben, und Klug hat dies nicht beanstandet. Er hätte die Möglichkeit gehabt, das Rechtsgeschäft mangels Vorlage einer Vollmachtsurkunde zurückzuweisen, § 174 Satz 1. Zwar gilt § 174 nur für die rechtsgeschäftliche Vertretungsmacht (Vollmacht), nicht für die gesetzliche Vertretungsmacht, aber bei der von Frau Gold behaupteten, durch ihren Ehemann erteilten Vertretungsmacht handelt es sich um eine Vollmacht. Da Klug die **Vertretungsmacht nicht beanstandet** hat, gelten nach § 180 Satz 2 die Vorschriften über Verträge entsprechend. Dies bedeutet hier, dass die Kündigung nach § 177 Abs. 1 durch Genehmigung seitens Herrn Gold wirksam geworden ist.

§ 27 Das Insichgeschäft

Fall 42: Bevor er auf Weltreise ging, erteilte Max Fern seinem Vater Moritz Fern eine notariell beurkundete Generalvollmacht und bat ihn, sich während seiner Abwesenheit um alle seine Angelegenheiten zu kümmern.
a) Kann Moritz Fern den Pkw des Max Fern, den er in seinem Unternehmen gerade gut gebrauchen könnte, zu einem angemessenen Preis erwerben?
b) Kann Moritz Fern, um der drohenden Erhöhung der Schenkung- und Erbschaftsteuer vorzubeugen, ein eigenes Grundstück unentgeltlich auf Max Fern übertragen?

I. Begriff des Insichgeschäfts

1 **Die Begriffe Insichgeschäft** und **Selbstkontrahieren** werden oft gleichbedeutend gebraucht; genau genommen ist Insichgeschäft der übergeordnete Begriff. Es geht um Fälle, in denen auf beiden Seiten eines Rechtsgeschäfts dieselbe Person beteiligt ist. Diese Situation liegt vor, wenn jemand als Stellvertreter eines anderen mit sich selbst im eigenen Namen ein Rechtsgeschäft vornimmt (**Selbstkontrahieren**), aber auch dann, wenn jemand Stellvertreter zweier verschiedener Personen ist und dann zwischen den beiden Vertretenen ein Rechtsgeschäft zustande bringen möchte (**Mehrvertretung**). Beide Fälle sind in § 181 ausdrücklich angesprochen.

2 Im Vordergrund steht der Abschluss von **Verträgen**, doch kann ein Insichgeschäft auch bei **einseitigen empfangsbedürftigen Rechtsgeschäften** vorliegen,[1] sei es, dass ein Stellvertreter im Namen des Vertretenen eine Erklärung an sich selbst abgibt oder dass er umgekehrt eine eigene Erklärung an sich selbst als Vertreter eines anderen richtet. Auch eine Mehrvertretung bei einseitigen empfangsbedürftigen Willenserklärungen ist möglich, indem jemand als Vertreter der einen Person an sich selbst als Vertreter einer anderen Person eine Willenserklärung abgibt.

1 BGH NJW-RR 1991, 1441 (Mehrvertretung bei Kündigung).

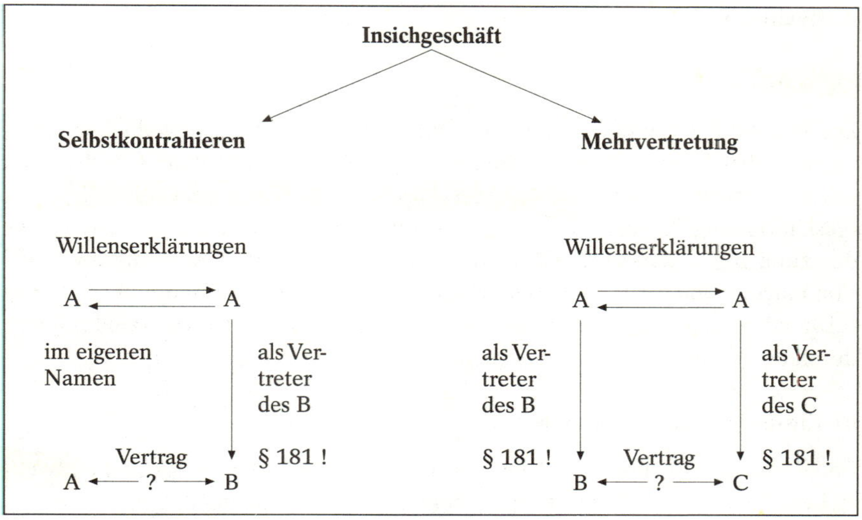

II. Grundsätzliche Unwirksamkeit von Insichgeschäften

1. Zweck und Voraussetzungen

Nach § 181 kann ein Vertreter in der Regel Insichgeschäfte nicht wirksam vor- 3
nehmen. Solche Geschäfte sind zunächst einmal schon deshalb problematisch, weil leicht Zweifel über die Vornahme des Geschäfts entstehen können. Dem lässt sich aber dadurch vorbeugen, dass eine äußere Erkennbarkeit des Insichgeschäfts gefordert wird, so wie dies im Bereich der ausnahmsweise zulässigen Insichgeschäfte der Fall ist (s. Rn. 8). Der hauptsächliche Zweck des Verbots des Insichgeschäfts liegt in dem Schutz des Vertretenen vor einem möglichen Interessenkonflikt. Ist der Stellvertreter an dem Geschäft in eigener Person beteiligt oder zugleich als Vertreter eines Dritten tätig, so ist nicht auszuschließen, dass die eigenen Interessen oder die des Dritten bevorzugt werden. Dabei genügt die **Gefahr eines Interessenkonflikts**, d.h. es kommt grundsätzlich nicht darauf an, ob das abgeschlossene Rechtsgeschäft im konkreten Fall für den Vertretenen wirtschaftlich mehr oder weniger günstig ist. Eine teleologische Reduktion ist jedoch gerechtfertigt, wenn das Geschäft für den Vertretenen lediglich rechtlich vorteilhaft ist, s. Rn. 9.

2. Rechtsfolge

a) Verträge

4 Die Rechtsfolge bei einem unzulässigen Insichgeschäft ist, obwohl § 181 dies nicht ausdrücklich sagt, bei **Verträgen** nicht in der Nichtigkeit des Geschäfts zu sehen, sondern in einer **schwebenden Unwirksamkeit** entsprechend § 177.[2] Der (geschäftsfähige[3]) Vertretene hat es also in solchen Fällen in der Hand, ob er das zunächst unwirksame Geschäft durch nachträgliche Genehmigung wirksam machen will. Er kann dabei prüfen, ob das Geschäft seinem Interesse hinreichend gerecht wird. Liegt eine Mehrvertretung vor, so ist die Genehmigung durch beide Vertretenen erforderlich.

b) Einseitige Rechtsgeschäfte

5 Bei einseitigen Rechtsgeschäften ist entsprechend § 180 im Allgemeinen **Nichtigkeit** der als Insichgeschäft abgegebenen Willenserklärung anzunehmen.

III. Gesetzliche Ausnahmen vom Verbot des Insichgeschäfts

1. Gestattung

6 Nach § 181 ist ein Insichgeschäft zulässig, wenn es dem Vertreter gestattet ist. Diese **Gestattung** muss (von seltenen gesetzlichen Gestattungen abgesehen) **durch den Vertretenen** erfolgen, sei es bei der Erteilung der Vollmacht oder später. Bei juristischen Personen oder Personenhandelsgesellschaften findet sich eine Gestattung nicht selten in der **Satzung** oder im **Gesellschaftsvertrag** (s. zur GmbH Rn. 10). Die Gestattung kann auch stillschweigend erfolgen, sich etwa aus dem Zweck der erteilten Vollmacht ergeben.

Zum Teil wird auch angenommen, die Gestattung könne sich **aus allgemeiner Verkehrsübung** ergeben.[4] Diese Lösung wurde früher überwiegend gewählt, um Schenkungen durch die Eltern als gesetzliche Vertreter an minderjährige Kinder im Wege des Insichgeschäfts zu ermöglichen; heute arbeitet man insoweit überwiegend mit einer teleologischen Reduktion des § 181 (s. Rn. 9).

---

2 BGHZ 65, 123, 125 f. = NJW 1976, 104.

3 Steht einem Rechtsgeschäft zwischen dem Geschäftsunfähigen oder beschränkt Geschäftsfähigen und dem gesetzlichen Vertreter § 181 entgegen (etwa wenn zwischen den Eltern und ihrem minderjährigen Kind ein Mietvertrag abgeschlossen werden soll), so muss nach § 1909 Abs. 1 Satz 1 ein Ergänzungspfleger für das Kind bestellt werden, vgl. § 23 Rn. 4.

4 So Jauernig/Mansel § 181 Rn. 9.

2. Erfüllung einer Verbindlichkeit

Außerdem ist nach § 181 ein Insichgeschäft zulässig, wenn es ausschließlich in 7
der **Erfüllung einer Verbindlichkeit** besteht. Das Gesetz geht davon aus, dass durch die Verbindlichkeit der Inhalt des Erfüllungsgeschäfts vorgezeichnet ist, so dass hier die Gefahr einer Interessenkollision nicht besteht. Es kann sich entweder um die Erfüllung einer Verbindlichkeit des Vertreters gegenüber dem Vertretenen handeln oder umgekehrt um die Erfüllung eines Anspruchs, den der Vertreter gegen den Vertretenen hat.

Zur Nichtanwendung dieser Ausnahme bei Vertretung eines **beschränkt Geschäftsfähigen**, wenn zwar das Verpflichtungsgeschäft, nicht aber das Erfüllungsgeschäft lediglich rechtlich vorteilhaft ist, s. Kontrollfragen und Fälle zu § 11, Fall 5.

3. Erkennbarkeit des Insichgeschäfts als ungeschriebene Voraussetzung

Soweit ein Insichgeschäft zulässig ist, muss es **nach außen erkennbar vorge-** 8
nommen werden,[5] so dass ein mit den Verhältnissen vertrauter Dritter die Vornahme des Rechtsgeschäfts erkennen könnte. Dazu wird in der Regel eine schriftliche Aufzeichnung des Geschäfts erforderlich sein.[6] Die bloße Behauptung, man habe gewissermaßen in seinem Kopf einen Vertrag abgeschlossen, genügt also nicht.

IV. Ungeschriebene Ausnahme für lediglich rechtlich vorteilhafte Geschäfte

Früher ging die h.M. dahin, § 181 sei eine *formale Ordnungsvorschrift* und 9
daher keiner Einschränkung zugänglich, die hinter dem Wortlaut zurückbleibt. Daran ist sicher richtig, dass die Anwendung des § 181 im Interesse der Rechtssicherheit nicht davon abhängig gemacht werden kann, ob im konkreten Fall eine Interessenkollision vorliegt bzw. zu befürchten ist. Eine andere Frage ist, ob bestimmte Geschäfte nach allgemeinen Kriterien vom Verbot des Insichgeschäfts ausgenommen werden können. Die Frage ergibt sich z.B. bei **Schenkungen** durch den gesetzlichen Vertreter an geschäftsunfähige oder beschränkt geschäftsfähige Kinder im Wege des Insichgeschäfts. Die heute h.M. nimmt unter der Führung des BGH[7] für Geschäfte, die **dem Vertretenen lediglich einen rechtlichen Vorteil bringen**, eine ungeschriebene Ausnahme vom Verbot

5 BGH NJW 1991, 1730 (jedoch gelten auch hier die Regeln über die Unschädlichkeit einer falsa demonstratio, dazu s. § 15 Rn. 29 ff.). S. auch § 35 Abs. 3 Satz 2 GmbHG.
6 OLG Rostock NZG 2016, 382.
7 BGHZ 59, 236 = NJW 1972, 2262; BGHZ 94, 232 = NJW 1985, 2407.

des Insichgeschäfts an. Damit wird an die Regelung in § 107 angeknüpft, die lediglich rechtlich vorteilhafte Geschäfte dem beschränkt Geschäftsfähigen allein überlässt, weil insofern keine Gefahren entstehen können. Methodisch lässt sich diese ungeschriebene Ausnahme als **teleologische Reduktion** des § 181 rechtfertigen, d. h. als eine hinter den Wortlaut zurückgehende Anwendung des Gesetzes, weil sonst Fälle in den Anwendungsbereich der Norm fallen würden, die vom Zweck der Vorschrift nicht gedeckt sind. Für den Begriff des **rechtlichen Vorteils** gilt dasselbe wie zu § 107, s. § 11 Rn. 26 ff., 79 ff.

Merksatz:
Insichgeschäfte sind zulässig, wenn sie für den Vertretenen lediglich rechtlich vorteilhaft sind.

10 Eine interessante Entwicklung vollzog sich im Recht der **GmbH**. Bei Geschäften, die der einzige Gesellschafter der GmbH (sog. Einpersonen-GmbH) einerseits im Namen der GmbH, andererseits mit sich selbst abschloss, nahm der BGH[8] früher ebenfalls eine Ausnahme von § 181 an, weil das Interesse des Alleingesellschafters mit dem der GmbH wirtschaftlich identisch sei. Diese Rechtsprechung war problematisch, weil durch solche Geschäfte (etwa bei Vermögensverlagerungen zwischen GmbH und Alleingesellschafter!) auch die Interessen von Gläubigern der GmbH erheblich betroffen sein können. Der Gesetzgeber hat daher später ausdrücklich vorgeschrieben, dass auf Geschäfte, die der einzige Gesellschafter einer GmbH als deren alleiniger Geschäftsführer in Vertretung der GmbH mit sich selbst vornimmt, **§ 181 anwendbar** ist, § 35 Abs. 3 Satz 1 GmbHG. Der **Gesellschaftsvertrag** der GmbH (in der Praxis meist als Satzung bezeichnet) kann dem Geschäftsführer und Alleingesellschafter jedoch die **Vornahme von Insichgeschäften gestatten;**[9] dies muss, um wirksam zu sein, als Regelung der Vertretungsbefugnis des Geschäftsführers (§ 10 Abs. 1 Satz 2 GmbHG) im Handelsregister eingetragen werden.[10]

V. Analoge Anwendung des § 181

11 Zweifelhaft ist, ob das Verbot des Selbstkontrahierens auch bei der **Einschaltung eines Unterbevollmächtigten** gilt, z. B. wenn der von A bevollmächtigte Vertreter einem anderen Untervollmacht erteilt und dann in eigenem Namen mit dem Unterbevollmächtigten, der im Namen des A handelt, einen Vertrag abschließt. Eine andere Variante ist, dass der von A Bevollmächtigte **für sich selbst einen Stellvertreter bestellt** und dann im Namen des A mit diesem Stellvertreter seiner selbst einen Vertrag abschließt. In beiden Fällen ist § 181 dem Wortlaut nach nicht erfüllt. Da aber ein vom Vertreter eingeschalteter Unter-

---

8 BGHZ 56, 97 = NJW 1971, 1355.

9 BGH NJW 2000, 664, 665. Ein einfacher Beschluss des Alleingesellschafters und Geschäftsführers, sich selbst das Selbstkontrahieren zu gestatten, genügt dagegen nicht, da auf die Gestattung wiederum § 181 anwendbar wäre, BGHZ 33, 189 = NJW 1960, 2285.

10 BGHZ 87, 59 = NJW 1983, 1676.

vertreter bzw. eigener Vertreter regelmäßig den Weisungen des Vertreters untersteht, liegt hier die **Gefahr einer Interessenkollision** genauso nahe wie im unmittelbaren Anwendungsbereich des § 181. Daher ist in den genannten Fällen § 181 analog anzuwenden.[11]

Merksatz:
Ein Vertreter kann nicht durch Einschaltung eines Unterbevollmächtigten oder eines Eigenvertreters der Anwendung des § 181 ausweichen.

Ähnliche Probleme entstehen, wenn einer von zwei Gesellschaftern einer OHG, die nur 12
gemeinsam zur Vertretung der OHG berechtigt sind (**Gesamtvertreter**), den anderen ermächtigt, die OHG allein zu vertreten, und dann mit diesem im eigenen Namen ein Geschäft abschließt. Der BGH[12] hält dies jedoch für wirksam, weil eine Ermächtigung eines der Gesamtvertreter zur Einzelvertretung in § 125 Abs. 2 Satz 2 HGB vorgesehen sei. Es handelt sich nach Ansicht des BGH nicht um eine Übertragung der Vertretungsmacht, und der Ermächtigte ist – anders als ein Untervertreter – auch nicht von Weisungen des Ermächtigenden abhängig.

Lösung zu Fall 42:

a) Moritz Fern müsste den Kaufvertrag (§ 433) und das Übereignungsgeschäft 13
(§ 929) auf der einen Seite als Vertreter des Max Fern, auf der anderen Seite im eigenen Namen vornehmen. Es läge also ein Selbstkontrahieren vor, das nach § 181 nicht zulässig ist. Als Ausnahme käme hier nur eine Gestattung durch Max Fern in Frage. Eine ausdrückliche Gestattung liegt nicht vor, und auch für eine stillschweigende Gestattung gibt der Sachverhalt zu wenig her. Die Frage ist also zu verneinen.

b) Hier würde es sich um eine Schenkung handeln, bei der Moritz Fern auf der einen Seite als Schenker im eigenen Namen, auf der anderen Seite als Stellvertreter des Beschenkten auftritt. Vom Wortlaut her würde auch hier das Verbot des Selbstkontrahierens in § 181 entgegenstehen. Da es sich aber um ein für den Vertretenen lediglich rechtlich vorteilhaftes Geschäft handelt, ist die Gefahr einer Interessenkollision von vornherein nicht gegeben. § 181 ist daher im Wege der teleologischen Reduktion auf diesen Fall nicht anzuwenden. Moritz Fern kann die Schenkung und auch die Übereignung des Grundstücks an Max Fern somit aufgrund der notariell beurkundeten Vollmacht vornehmen.

---

11 BGH NJW 1991, 691, 692 (zum Unterbevollmächtigten); MünchKomm/Schubert § 181 Rn. 43; Wolf/Neuner § 49 Rn. 123.
12 BGHZ 64, 72 = NJW 1964, 1117. Krit. MünchKomm/Schubert § 181 Rn. 23.

Kontrollfragen und Fälle zu § 27

1) Welche Fälle umfasst der Begriff des Insichgeschäfts?

2) Gilt das Verbot des Insichgeschäfts ausnahmslos?

3) S schließt als bevollmächtigter Stellvertreter der Fuhrpark AG einen Werkvertrag mit sich selbst ab, ohne dass ihm dies seitens der AG gestattet worden wäre. Welche Rechtsfolgen treten ein?

4) A ist Generalbevollmächtigter der Blech AG und zugleich einer der (allein vertretungsberechtigten) Geschäftsführer der Stein GmbH. Zwischen der Blech AG und der Stein GmbH besteht seit längerem ein wirksamer Mietvertrag über eine der Stein GmbH gehörende Werkhalle.
a) Kann A für die Blech AG die laufenden Mietzahlungen an die Stein GmbH vornehmen?
b) Kann A den Mietvertrag im Namen der Blech AG kündigen?

5) Die Hotelinhaberin Valeria Grand muss sich einer komplizierten Operation unterziehen und daher einen langen Klinikaufenthalt antreten. Sie erteilt ihrer Tochter Monika Grand eine notariell beurkundete Generalvollmacht, damit diese sich um alle mit dem Hotel zusammenhängenden Angelegenheiten kümmern kann. Monika Grand nimmt bei Selbstmann, der über die Zusammenhänge Bescheid weiß, für private Anschaffungen einen Kredit in Höhe von 30 000 € auf und schließt zur Sicherung mit Selbstmann im Namen ihrer Mutter einen schriftlichen Vertrag, wonach Valeria Grand die selbstschuldnerische Bürgschaft übernimmt. Kann Selbstmann bei Fälligkeit des Darlehens Zahlung von Valeria Grand verlangen?

Lösungen

14 1) Das Insichgeschäft umfasst das **Selbstkontrahieren** und die **Mehrvertretung**. Beim Selbstkontrahieren nimmt jemand als Vertreter eines anderen mit sich selbst ein Rechtsgeschäft vor, bei Mehrvertretung vertritt jemand sowohl den einen als auch den anderen an einem Rechtsgeschäft Beteiligten. Beide Fälle werden von § 181 erfasst.

15 2) Nein; schon nach dem Wortlaut des § 181 gilt das Verbot nicht, wenn der Abschluss eines Insichgeschäfts dem Vertreter **gestattet** ist oder das Rechtsgeschäft ausschließlich in der **Erfüllung einer Verbindlichkeit** besteht. Darüber hinaus nimmt die h. M. im Hinblick auf den Schutzzweck des § 181 solche Verträge aus, die für den Vertretenen lediglich rechtlich vorteilhaft sind (s. Rn. 9).

16 3) Hier liegt ein Fall unzulässigen Selbstkontrahierens nach § 181 vor. Entsprechend § 177 hängt die Wirksamkeit des Vertrages davon ab, ob er von der Fuhrpark AG **genehmigt** wird. Zunächst ist der Vertrag also **schwebend unwirksam**.

17 4) a) Bei der Zahlung liegt **Mehrvertretung** vor, da A sowohl als Vertreter der Blech AG als auch der Stein GmbH auftritt. Es handelt sich jedoch um die **Erfüllung einer bestehenden Verbindlichkeit**. Daher kann A nach § 181 das Geschäft wirksam vornehmen.

b) Bei der Kündigung, die eine einseitige, empfangsbedürftige Willenserklärung darstellt, ist A auf der einen Seite als **Vertreter des Erklärenden** (der Blech AG), auf der anderen Seite als **Vertreter des Erklärungsempfängers** (der Stein GmbH) beteiligt. Auch solche Fälle werden vom Verbot des § 181 erfasst.[13] Die Kündigung kann daher nicht wirksam von A vorgenommen werden.

18 5) Der Bürgschaftsvertrag ist ein Vertrag zwischen dem Gläubiger und dem Bürgen, § 765 Abs. 1. Hier hat Monika Grand den Bürgschaftsvertrag als Stellvertreterin ihrer Mutter (Bürgin) mit Selbstmann (Gläubiger) abgeschlossen. Monika Grand ist daher **nur als Stellvertreterin der Bürgin** beteiligt. Ein Fall des § 181 liegt nicht vor[14]. Da aber das Geschäft eindeutig außerhalb des Vollmachtszwecks lag und der Vertragspartner Selbstmann darüber Bescheid wusste, greifen die Grundsätze über den **Missbrauch der Vertretungsmacht** (näher s. § 24 Rn. 19 ff.) ein. Danach ist das Rechtsgeschäft, wenn es von Valeria Grand nicht genehmigt wird, unwirksam; Valeria Grand ist nicht zur Zahlung an Selbstmann verpflichtet.

---

13 BGH NJW-RR 1991, 1441; MünchKomm/Schubert § 181 Rn. 14.
14 Jauernig/Mansel § 181 Rn. 8; Wolf/Neuner § 49 Rn. 124.

§ 28 Verfügungen eines Nichtberechtigten

Fall 43: Klepp ist von Eigen beauftragt worden, dessen Mobiliar an seinen neuen Wohnsitz zu befördern. Klepp entnimmt aus einer Kommodenschublade eine Perlenkette, die er für 3 000 € an Glänzer veräußert. Glänzer erkennt zwar aus den Begleitumständen, dass die Kette nicht dem Klepp gehört, lässt sich aber dadurch nicht vom Kauf abhalten.

a) Kann Eigen von Glänzer die Perlenkette herausverlangen?

b) Kann er stattdessen von Klepp die 3 000 € verlangen (wenn es sich dabei z. B. um einen sehr günstigen Preis handelt)?

I. Begriffsmerkmale der Verfügung eines Nichtberechtigten

1. Verfügung

§ 185 bezieht sich nur auf **Verfügungsgeschäfte**. Dies sind Rechtsgeschäfte, die unmittelbar auf ein bestehendes Recht einwirken, sei es durch Übertragung, inhaltliche Änderung, Belastung oder Aufhebung eines Rechts (s. § 8 Rn. 2). Verfügender ist dabei derjenige, auf dessen Recht eingewirkt wird. Verfügungen sind also die Übereignung beweglicher und unbeweglicher Sachen, die Abtretung von Forderungen, aber auch der Erlass oder die Herabsetzung eines Anspruchs, die Verpfändung einer beweglichen Sache oder die Begründung von Grundschulden oder Hypotheken (Belastung des Grundstücks). 1

Verpflichtungsgeschäfte (insbesondere schuldrechtliche Verträge) werden von § 185 nicht erfasst. Sie sind auch dann wirksam, wenn sie sich auf ein fremdes Recht beziehen. Verkauft z. B. ein Dieb die gestohlene Sache an einen gutgläubigen Erwerber, so ist der Kaufvertrag wirksam. Kann ihn der Dieb nicht erfüllen, weil der Eigentumserwerb des Käufers an § 935 scheitert, so ist der Dieb zum Schadensersatz nach §§ 275, 280 ff. verpflichtet. 2

2. Nichtberechtigter

Entscheidend ist die **Berechtigung zur getroffenen Verfügung**. Die Berechtigung steht in der Regel dem Inhaber desjenigen Rechts zu, über das verfügt wird, also z. B. dem Eigentümer einer veräußerten Sache, während der Nichteigentümer ein zur Verfügung Nichtberechtigter ist. Die **Rechtsinhaberschaft** und die **Verfügungsbefugnis** können aber auch **auseinander fallen**. So steht nach Eröffnung eines Insolvenzverfahrens die Verfügungsbefugnis über die 3 zur Insolvenzmasse gehörenden Gegenstände dem Insolvenzverwalter, nicht mehr dem Insolvenzschuldner zu (§ 80 Abs. 1 InsO). Der Insolvenzschuldner bleibt aber Rechtsträger, z. B. Eigentümer. Sollte er jetzt noch über einen Gegenstand verfügen, der zur Insolvenzmasse gehört, so handelt es sich um die Verfügung eines Nichtberechtigten im Sinne des § 185.

3. Rechtsgeschäft im eigenen Namen

4 Bei den Verfügungen eines Nichtberechtigten handelt der **Verfügende** stets **im eigenen Namen**. Darin liegt der wichtige Unterschied zur (unmittelbaren) Stellvertretung (§ 164 Abs. 1 Satz 1). Die Verbindung zu einem Dritten (dem Verfügungsberechtigten) wird im Fall des § 185 nicht durch das Auftreten des Handelnden für den anderen, sondern durch den objektiven Bezug auf einen fremden Gegenstand hergestellt.

II. Wirksamkeitsvoraussetzungen

1. Anfängliche Wirksamkeit

a) Bei Einwilligung des Berechtigten (Verfügungsermächtigung)

5 Die Verfügung eines Nichtberechtigten ist nach § 185 Abs. 1 wirksam, wenn der Berechtigte seine **Einwilligung** dazu, also seine **vorherige Zustimmung** (Legaldefinition in § 183 Satz 1) gegeben hat. Der Berechtigte hat mit anderen Worten eine **Verfügungsermächtigung** erteilt.

Ein wichtiger Anwendungsfall findet sich beim **Eigentumsvorbehalt** an Waren, die zur Veräußerung im Geschäft des Vorbehaltskäufers bestimmt sind. Hier erteilt der Vorbehaltsverkäufer dem Vorbehaltskäufer häufig eine (ausdrückliche oder zumindest stillschweigende) Einwilligung (Ermächtigung) zur **Weiterveräußerung** nach § 185 Abs. 1, da aus der Weiterveräußerung die Mittel stammen sollen, mit denen der Vorbehaltskäufer schließlich an den Vorbehaltsverkäufer bezahlt. Die Einwilligung bezieht sich in der Regel nur auf eine Veräußerung im Rahmen des ordnungsgemäßen Geschäftsbetriebs, also z. B. nicht auf eine Sicherungsübereignung des Vorbehaltskäufers an einen Kreditgeber. Häufig wird zusammen mit dem Eigentumsvorbehalt eine Vorausabtretung der Forderungen aus dem Weiterverkauf an den Vorbehaltsverkäufer vereinbart (**verlängerter Eigentumsvorbehalt**); darin kann **stillschweigend** zugleich die erwähnte Einwilligung nach § 185 Abs. 1 zur Weiterveräußerung der unter Eigentumsvorbehalt stehenden Sachen liegen.

b) Bei gutgläubigem Erwerb

Auch ohne Einwilligung des Berechtigten können Verfügungen eines Nichtberechtigten wirksam sein, wenn das Gesetz den guten Glauben des Erwerbers an die Berechtigung des Verfügenden schützt. Die Einzelvoraussetzungen finden sich in den Gutglaubensregeln, also beim Erwerb des Eigentums an beweglichen Sachen in § 932, bei unbeweglichen Sachen in § 892. Bei einer Verfügung über Forderungen durch einen Nichtberechtigten ist im Allgemeinen kein gutgläubiger Erwerb möglich. 6

2. Späteres Wirksamwerden der Verfügung

§ 185 Abs. 2 Satz 1 nennt drei Fälle, in denen die vom Nichtberechtigten getroffene Verfügung **nachträglich Wirksamkeit** erlangt. 7

a) Genehmigung des Berechtigten

Liegt weder eine Einwilligung des Berechtigten vor noch ein Fall des gutgläubigen Erwerbs, so tritt bei **vertraglichen Verfügungen** zunächst ein **Schwebezustand** ein. Die Verfügung des Nichtberechtigten ist unwirksam, kann aber noch durch eine **Genehmigung** (nachträgliche Zustimmung, Legaldefinition in § 184 Abs. 1) des Berechtigten wirksam werden, § 185 Abs. 2 Satz 1, erster Fall. Voraussetzung dafür ist, dass der Genehmigende zum Zeitpunkt der Genehmigung noch die Verfügungsmacht besitzt.[1] Die Genehmigung wirkt **auf den Zeitpunkt der Verfügung zurück**, § 184 Abs. 1. Verfügungen, die der Berechtigte in der Zwischenzeit getroffen hat oder die im Wege der Zwangsvollstreckung (z. B. eine Pfändung) u. ä. erfolgt sind, bleiben aber wirksam, § 184 Abs. 2. 8

Bei Verfügungen durch **einseitige Erklärung** ist dagegen im Hinblick auf das Rechtssicherheitsinteresse analog § 180 Satz 1 keine Genehmigung möglich.[2]

Geschah die Verfügung des Nichtberechtigten entgeltlich, so kann sich der Berechtigte durch Genehmigung der Verfügung einen **Anspruch auf den Erlös** verschaffen, den der Nichtberechtigte erlangt hat. Dieser Anspruch ergibt sich aus § 816 Abs. 1 Satz 1. Der Erlös ist nach h. M.[3] auch insoweit herauszugeben, als er den objektiven Wert der Sache übersteigt, da der unberechtigt Verfügende auch diesen Mehrwert nur durch den Eingriff in das ihm nicht zustehende Recht erzielen konnte. 9

---

1 BGHZ 107, 340 = NJW 1989, 2049.

2 Bei einseitigen Verfügungsgeschäften muss also bei Vornahme des Rechtsgeschäfts die Einwilligung des Berechtigten vorliegen (MünchKomm/Schubert § 185 Rn. 17), so z. B. bei einer Ermächtigung zur Kündigung eines fremden Mietverhältnisses im eigenen Namen (zur Zulässigkeit der Ermächtigung BGH NJW 1998, 896).

3 BGHZ 29, 157 = NJW 1959, 668; Palandt/Sprau § 816 Rn. 10. – A. M. MünchKomm/Schwab § 816 Rn. 45.

b) Erwerb des Gegenstandes durch den Verfügenden

10 Nach § 185 Abs. 2 Satz 1, zweiter Fall wird die Verfügung eines Nichtberechtigten **wirksam**, wenn er (nach der Verfügung) den **Gegenstand erwirbt**. Anders als bei der Genehmigung durch den Berechtigten (s. Rn. 8) tritt hier **keine Rückwirkung** ein. Dieser und auch der bei Rn. 11 erläuterte Fall wird als **Konvaleszenz** (Heilung) bezeichnet. Sollten mehrere Verfügungen miteinander konkurrieren, so wird in diesen Fällen nur die **frühere Verfügung wirksam,** § 185 Abs. 2 Satz 2.

Ein Beispiel zu § 185 Abs. 2 Satz 1 ist, dass der Verfügende zunächst nur unter aufschiebender Bedingung berechtigt war, während danach die **aufschiebende Bedingung seines eigenen Erwerbs** eintritt. So wird die Veräußerung durch einen Vorbehaltseigentümer wirksam, wenn ihm zwar keine Einwilligung zur Weiterveräußerung erteilt war, er aber nachträglich durch Zahlung des Restkaufpreises seinen eigenen Erwerb herbeiführt. Dadurch wird aber die Weiterveräußerung erst vom Eintritt des eigenen Erwerbs an wirksam. Wiederum eine andere Situation ist es, wenn in einem solchen Fall nicht über das Eigentum, sondern über das Anwartschaftsrecht verfügt wird. Hier tritt der Eigentumserwerb bei Zahlung des Restkaufpreises unmittelbar beim Erwerber des Anwartschaftsrechts ein, näher s. § 29 Rn. 20.

c) Beerbung des Verfügenden durch den Berechtigten

11 Der in § 185 Abs. 2 Satz 1 an dritter Stelle geregelte Fall wird oft bei flüchtigem Lesen missverstanden. Es geht nicht um den erbrechtlichen Erwerb des Gegenstandes, über den verfügt wurde; dieser Fall ist bereits durch § 185 Abs. 2 Satz 1, zweiter Fall (s. Rn. 10) erfasst. Vielmehr ist gemeint, dass der Berechtigte **denjenigen beerbt, der zu Unrecht verfügt hat**, und für dessen Verbindlichkeiten uneingeschränkt einstehen muss. Wenn er also ohnehin die Verpflichtung des Erblassers zur Verfügung erfüllen müsste, dann zieht es das Gesetz vor, die Verfügung gleich wirksam werden zu lassen (auch hier ohne Rückwirkung).

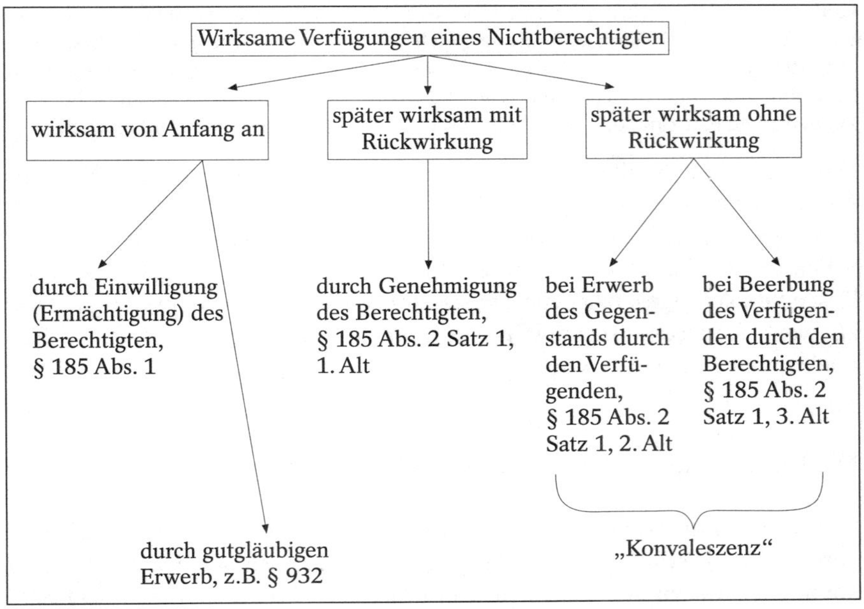

III. Einziehungsermächtigung und Prozessführungsermächtigung

Bei der Einziehungsermächtigung verschafft der Gläubiger einer Forderung 12
einem anderen das Recht, diese **Forderung im eigenen Namen einzuziehen**. Die Einziehungsermächtigung ist streng von einer **Inkassozession** zu unterscheiden. Darunter versteht man eine **Abtretung** der Forderung an einen neuen Gläubiger (§ 398), verbunden mit der Vereinbarung, dass die Abtretung zum Zweck der Einziehung erfolgt. Auch von der Erteilung einer Vollmacht ist die Einziehungsermächtigung klar abzugrenzen. Während die Vollmacht zu einer Geltendmachung der Forderung im fremden Namen berechtigt, kann bei der Einziehungsermächtigung der Ermächtigte im eigenen Namen handeln. Die **Zulässigkeit der Einziehungsermächtigung** wird von der h. M. aus § 185 Abs. 1 in zumindest entsprechender Anwendung i. V. m. § 362 Abs. 2[4] hergeleitet.

Die Einziehungsermächtigung spielt z. B. beim verlängerten Eigentumsvorbehalt eine Rolle. Wenn die Forderungen aus Weiterveräußerung der unter Vorbehaltseigentum stehenden Sachen zur Sicherheit im Voraus an den Vorbehaltsverkäufer abgetreten werden, so verbindet man damit oft die **Ermächtigung des Vorbehaltskäufers**, gleichwohl diese Forderungen im eigenen Namen einziehen zu können, so lange der Vorbehalts-

---

4 § 362 Abs. 2 regelt die Erfüllungswirkung, ergibt aber nicht, dass der ermächtigte Dritte die Leistung verlangen kann.

käufer seinen Verpflichtungen gegenüber dem Vorbehaltsverkäufer nachkommt.[5] Auf diese Weise wird die Vorausabtretung gleichsam unter der Decke gehalten. Erst wenn etwa der Vorbehaltskäufer in Zahlungsschwierigkeiten kommt, steht ihm das Recht zur Einziehung der im Voraus abgetretenen Forderungen gegen seine Kunden nicht mehr zu. In diesem Fall kann der Vorbehaltsverkäufer die Forderungen geltend machen.

13 Die prozessuale Parallele zur Einziehungsermächtigung liegt in einer **Prozessführungsermächtigung**, die zu einer sog. gewillkürten Prozessstandschaft führt. Der Ermächtigte kann dann eine **Klage im eigenen Namen** gegen den Schuldner erheben, obwohl ihm selbst die Forderung nicht zusteht. Die h. M.[6] lässt eine solche (gesetzlich nicht geregelte) Prozessführungsermächtigung nur zu, wenn ein eigenes schutzwürdiges Interesse des Ermächtigten an der Geltendmachung der Forderung besteht.

IV. Unzulässigkeit einer Verpflichtungsermächtigung

14 Eine Verpflichtungsermächtigung würde bedeuten, dass der ermächtigte Dritte durch Rechtsgeschäft im eigenen Namen den Ermächtigenden verpflichten könnte. Dem steht aber regelmäßig das Interesse des Partners des Rechtsgeschäfts entgegen, die Person des Verpflichteten zu kennen. Daher lehnt die h.M. eine solche Verpflichtungsermächtigung mit Recht ab. Wer beim Abschluss eines Verpflichtungsgeschäfts die Verpflichtungen nicht auf sich, sondern auf einen anderen lenken will, muss als dessen Stellvertreter, also im fremden Namen auftreten, damit auch der Vertragspartner Bescheid weiß.[7]

Lösung zu Fall 43: a) Der Herausgabeanspruch könnte sich aus § 985 ergeben. Glänzer erkannte das Nichteigentum des Klepp und erwarb daher das Eigentum **nicht gutgläubig** nach § 932 Abs. 1 und Abs. 2. Damit ist Eigen Eigentümer geblieben, und der Herausgabeanspruch ist begründet.

15 b) Die Verfügung, die Klepp getroffen hat, ist eine Verfügung eines Nichtberechtigten im Sinne des § 185. Nach § 185 Abs. 2 Satz 1, erster Fall wird die Verfügung wirksam, wenn Eigen sie **genehmigt**. Zugleich erlangt Eigen dann den Anspruch aus § 816 Abs. 1 Satz 1 gegen Klepp auf Herausgabe des Erlöses. Dabei spielt es keine Rolle, ob der Erlös höher ist als der objektive Wert der veräußerten Sache (s. Rn. 9).

---

5 Vgl. BGHZ 32, 357, 360 f. = NJW 1960, 1712. Allg. zur Einziehungsermächtigung BGHZ 4, 153, 164 f. = NJW 1952, 337, 340.

6 BGHZ 100, 217, 218 = NJW 1987, 2018; BGH NJW 1990, 1117; Jauernig/Hess, Zivilprozessrecht, 30. Aufl. (2011), § 22 Rn. 14 ff. – Zum Widerruf der Prozessführungsermächtigung (§ 183 analog) BGH NJW 2015, 2425.

7 Nur in sehr begrenztem Umfang wird das Offenkundigkeitsprinzip bei der Stellvertretung durch die Regeln über das Geschäft für den, den es angeht, aufgelockert (s. dazu § 22 Rn. 24 ff.).

Kontrollfragen und Fälle zu § 28

1) Leicht hält sich für den Eigentümer eines Bootes und hat dieses für zwei Wochen an Lee vermietet. Kann der wahre Eigentümer des Bootes den Mietvertrag genehmigen und dadurch erreichen, dass die vertraglichen Beziehungen zwischen ihm und Lee bestehen?

2) In welchen Fällen ist eine vom Nichtberechtigten getroffene Verfügung von Anfang an wirksam?

3) Kann der Gläubiger einer Forderung einen anderen ermächtigen,
   a) die Forderung im eigenen Namen einzuziehen?
   b) die Forderung im eigenen Namen gerichtlich geltend zu machen?

4)* Der Firma Fuchs wurde durch einen Unbekannten Leder im Werte von 80 000 € gestohlen. Glanz kaufte dieses Leder für 70 000 €, ohne etwas von dem Diebstahl zu wissen oder auch nur Anhaltspunkte dafür zu haben, und veräußerte es für 90 000 € an verschiedene Handwerksbetriebe, die das Material mittlerweile zu aufwendigen Mänteln und Taschen verarbeitet und diese größtenteils weiterverkauft haben. Kann Fuchs von Glanz Zahlung von 90 000 € verlangen?

Lösungen

16 1) Nach § 185 Abs. 2 Satz 1, erster Fall werden **Verfügungen**, die ein Nichtberechtigter getroffen hat, durch Genehmigung des Berechtigten wirksam. Eine Verfügung ist ein Rechtsgeschäft, das unmittelbar auf ein bestehendes Recht einwirkt, sei es durch Übertragung, inhaltliche Änderung, Belastung oder Aufhebung eines Rechts. Der Mietvertrag zwischen Leicht und Lee hat keine derartige Wirkung; er stellt ein **Verpflichtungs-, kein Verfügungsgeschäft** dar. Eine Genehmigung nach § 185 Abs. 2 Satz 1 ist daher nicht möglich. Ebenso wenig kann der Mietvertrag vom Eigentümer nach § 177 Abs. 1 genehmigt werden, da Leicht den Vertrag im eigenen Namen, nicht als Stellvertreter des Eigentümers abgeschlossen hat. Möglich ist im Rahmen der schuldrechtlichen Vertragsfreiheit eine Vertragsübernahme, wozu aber die Zustimmung von Leicht und von Lee erforderlich ist. Der Eigentümer kann außerdem einen neuen Mietvertrag mit Lee abschließen, wenn dieser einverstanden ist.

17 2) Eine von einem Nichtberechtigten getroffene Verfügung ist von Anfang an wirksam, wenn sie mit **Einwilligung** des Berechtigten erfolgt, § 185 Abs. 1. Sie ist ferner wirksam, wenn die Voraussetzungen eines **gutgläubigen Erwerbs** vorliegen, z. B. nach § 932 oder § 892.

18 3) a) Eine solche **Einziehungsermächtigung** ist in analoger Anwendung des § 185 Abs. 1 (i. V. m. § 362 Abs. 2) zulässig.

b) Eine **Prozessführungsermächtigung**, die zu einer sog. gewillkürten Prozessstandschaft führt, lässt die h. M. nur eingeschränkt zu. Voraussetzung ist, dass der Ermächtigte ein **eigenes schutzwürdiges Interesse** an der gerichtlichen Geltendmachung der Forderung hat.

19 4) Der Zahlungsanspruch der Firma Fuchs gegen Glanz könnte als Anspruch auf Herausgabe des Erlöses nach § 816 Abs. 1 Satz 1 begründet sein. Voraussetzung ist, dass Glanz als Nichtberechtigter über das Leder verfügt hat und diese Verfügung der Firma Fuchs gegenüber wirksam ist. Da das Leder gestohlen war, konnte Glanz trotz seines guten Glaubens das Eigentum nicht erwerben, § 935 Abs. 1. Bei der Weiterübereignung an die Handwerksbetriebe verfügte Glanz daher als **Nichtberechtigter**. Auch diese Übereignungen waren aber zunächst wegen § 935 Abs. 1 unwirksam. Verfügungen eines Nichtberechtigten werden nach § 185 Abs. 2 Satz 1 wirksam, wenn sie der Berechtigte genehmigt. Es ist anerkannt, dass auf diese Weise der Berechtigte den Anspruch auf den Erlös zur Entstehung bringen kann. Die Besonderheit des Falles liegt darin, dass mittlerweile die Handwerksbetriebe das **Eigentum** an den neu entstandenen Sachen, den Mänteln und Taschen, **erlangt** haben, § 950 Abs. 1. Nach dem Sachverhalt kann davon ausgegangen werden, dass der Wert der Verarbeitung nicht erheblich geringer als der Wert des Leders war. Das Eigentum der Firma Fuchs ging im selben Moment unter. Wollte man aber aus diesem Grunde die Genehmigungsmöglichkeit und damit die Entstehung des Anspruchs auf den Erlös verneinen, so stünde Fuchs schlechter, als wenn die Verfügungen durch Glanz von Anfang an wirksam gewesen wären. Dem Zweck des § 816 Abs. 1 Satz 1, der dem Schutz des Eigentümers dient und ihm an Stelle des Herausgabeanspruchs den Anspruch auf den Erlös einräumt, entspricht es vielmehr, auch in dieser Situation die **Genehmigungsmöglichkeit** zu bejahen.[8] Glanz hat bei der Weiterveräußerung 90 000 € und damit mehr als den Wert des Leders erzielt. Die Möglichkeit dazu hatte er aber nur, indem er unberechtigt, d. h. unter objektiver Verletzung des Eigentums der Firma Fuchs, verfügte. Nach h. M. hat er daher den **vollen Erlös** herauszugeben.

---

8 BGHZ 56, 131 = NJW 1971, 1452.

§ 29 Bedingte und befristete Rechtsgeschäfte

Fall 44: Kurz verkauft und übereignet im Oktober 2016 eine Präzisionsbohrmaschine an Lang unter der Bedingung, dass es dem Lang gelingt, bis zum 1. Dezember 2016 eine Halle anzumieten, die für die von ihm geplante Produktion geeignet ist. Dabei wird vereinbart, dass Kurz die Maschine weiterhin unentgeltlich für Lang verwahrt. Am 15. November 2016 veräußert Kurz die Maschine gegen Barzahlung an Schnell, der das Gerät auch gleich abtransportieren lässt. Als Lang am 28. November 2016 unter Hinweis auf die am 22. November 2016 erfolgte Anmietung einer geeigneten Halle zum 1. Dezember 2016 die Bohrmaschine bei Kurz gegen Zahlung des Kaufpreises abholen will, erklärt ihm dieser, die Sache habe sich mit der Veräußerung an Schnell erledigt. Kann Lang die Maschine von Schnell herausverlangen,
a) wenn Schnell über die Abmachungen zwischen Kurz und Lang informiert war?
b) wenn Schnell hiervon nichts wusste?

I. Begriff der Bedingung

Oft lässt sich beim Abschluss eines Rechtsgeschäfts die künftige Entwicklung des Sachverhalts nicht voll übersehen. Bedingungen eröffnen die Möglichkeit, die Rechtsfolgen an späteren Ereignissen auszurichten. Der Begriff der Bedingung, den das BGB in den §§ 158 ff. zugrunde legt, ist enger als nach dem allgemeinen Sprachgebrauch. Bedingungen gibt es nur bei Rechtsgeschäften, vor allem bei schuldrechtlichen und sachenrechtlichen Verträgen. 1

Definition:
Eine Bedingung ist eine Nebenbestimmung eines Rechtsgeschäfts, durch die die Wirkungen des Rechtsgeschäfts von einem zukünftigen ungewissen Ereignis abhängig gemacht werden.

Hängt das Ereignis, an das die Bedingung anknüpft, nicht oder jedenfalls nicht allein vom Willen der Beteiligten ab, so spricht man von einer **Zufallsbedingung**. Zulässig sind aber auch sog. **Potestativbedingungen**, bei denen es einer der Beteiligten in der Hand hat, den Umstand, der die Bedingung auslöst, herbeizuführen. Hierher gehört etwa die Bedingung, dass eine Partei den Wohnort wechselt oder eine bestimmte Sache veräußert. Zum Teil werden davon sog. **Wollensbedingungen** unterschieden, bei denen allein schon ein Willensentschluss, den ein Beteiligter erklärt, die Bedingung auslöst. Ein gesetzliches Beispiel stellt der Kauf auf Probe dar, der im Zweifel unter der aufschiebenden Bedingung der Billigung des Gegenstands durch den Käufer geschlossen wird, 2

§ 454 Abs. 1 Satz 2. Auch sonst sind mit der h. M.[1] Wollensbedingungen als zulässig anzusehen. Allerdings ist zunächst, auch im Wege der Auslegung, zu klären, ob bereits eine vertragliche Bindung gewollt war oder ob erst die spätere Äußerung die zum Vertragsschluss notwendige Willenserklärung darstellt. Der Unterschied spielt bei formbedürftigen Verträgen eine Rolle. Liegt ein Vertragsschluss unter einer Wollensbedingung vor, so braucht nur der ursprüngliche Vertrag, nicht die spätere Äußerung, der Form zu genügen.[2]

3 Es gibt auch Fälle, in denen sich die Ungewissheit auf vergangene oder gegenwärtige Umstände bezieht, da etwa die Vertragsparteien nicht genau wissen, ob eine bestimmte Situation bereits eingetreten ist. Auf solche sog. **Gegenwartsbedingungen** können die §§ 158 ff. analog angewandt werden, da das Gesetz insoweit eine Lücke enthält und die Interessenlage durchaus vergleichbar ist.

4 Missverständlich, aber immer noch gebräuchlich ist der Begriff der **Rechtsbedingung.** Man versteht darunter Fälle, in denen im Rechtsgeschäft eine Voraussetzung wiederholt wird, die ohnehin kraft der gesetzlichen Regeln gilt. Es handelt sich dann gerade nicht um eine Bedingung im Sinne der §§ 158 ff.

5 Schreibt z. B. jemand in sein Testament, der Ehegatte solle ihn beerben, falls er ihn überlebe, so ist dies eine solche Rechtsbedingung; denn wenn der andere Ehegatte vorverstirbt, scheidet ein Erbrecht schon wegen § 1923 Abs. 1 aus. Ebenso handelt es sich um eine Rechtsbedingung (und keine rechtsgeschäftliche Bedingung), wenn ein Minderjähriger einen Kaufvertrag unter der Bedingung abschließt, dass seine Eltern den Vertrag genehmigen – die Genehmigung ist nach §§ 107, 108 schon kraft Gesetzes erforderlich.

Die **allgemeinen Geschäftsbedingungen** im Sinne des § 305 stellen ebenfalls keine Bedingungen nach § 158 ff. dar. Es handelt sich hier vielmehr um vorformulierte Bestandteile des Rechtsgeschäfts, die ihrerseits einen ganz unterschiedlichen Inhalt haben können. Der Unterschied ist hier auch sprachlich erkennbar; ein Rechtsgeschäft wird *zu* den in AGB enthaltenen Bedingungen abgeschlossen, nicht *unter* einer Bedingung.

II. Arten und Wirkungen der Bedingung

1. Die aufschiebende Bedingung (Suspensivbedingung)

a) Inhalt

6 Mit einer **aufschiebenden Bedingung** werden die **Wirkungen** eines Rechtsgeschäfts **hinausgeschoben, bis das bedingende Ereignis eintritt**, § 158 Abs. 1. Zwar ist das Rechtsgeschäft bereits zustande gekommen, aber hinsichtlich der

---

1 BGH NJW-RR 1996, 1167; Köhler § 14 Rn. 17. Einschränkend Wolf/Neuner § 52 Rn. 18 f. (nur gebundene, nicht völlig freie Wollensbedingung sei zulässig).

2 BGH NJW-RR 1996, 1167 (zur Einräumung eines Ankaufsrechts für ein Grundstück).

mit einer Bedingung verknüpften Rechtsfolge tritt zunächst ein **Schwebezustand** ein.

Das praktisch wichtigste Beispiel ist der Verkauf einer beweglichen Sache unter Eigentumsvorbehalt. Darin liegt die Übereignung (im Regelfall nach § 929 Satz 1) unter der aufschiebenden Bedingung der vollständigen Zahlung des Kaufpreises, s. die Auslegungsregel in § 449 Abs. 1. Bedingt ist also das dingliche Erfüllungsgeschäft des Verkäufers, während der Kaufvertrag nicht unter einer Bedingung steht.

Wenn streitig ist, ob ein Vertrag unbedingt oder unter einer aufschiebenden 7
Bedingung geschlossen wurde, trägt diejenige Partei die **Beweislast**, die aus dem **unbedingten Vertrag** Rechte, insbesondere Ansprüche, herleitet.[3] Liegt ein aufschiebend bedingter Vertrag vor, so hat den **Eintritt der Bedingung** zu beweisen, wer sich auf das Wirksamwerden der bedingten Rechtsfolge beruft.

b) Rechtsfolgen bei Eintritt der Bedingung

Tritt die Tatsache ein, die als Bedingung festgelegt wurde, so gilt **von nun an (ex** 8
nunc) auch die Rechtsfolge. Mit Zahlung des Kaufpreises erlangt also der Vorbehaltskäufer das Eigentum an der Sache. Eine **Rückwirkung** ist mit dem Eintritt der Bedingung dagegen **nicht** verbunden. Möglich ist jedoch, auf schuldrechtliche Weise dieselben Rechtsfolgen eintreten zu lassen, als wenn die Bedingung schon von Anfang an eingetreten gewesen wäre, § 159. Die Leistungen, z. B. der Mietpreis bei einem aufschiebend bedingten Mietvertrag, sind im Falle einer solchen Vereinbarung, wenn die Bedingung eintritt, bereits vom Zeitpunkt des Vertragsschlusses an zu berechnen.

c) Ausfall der Bedingung

Der Schwebezustand endet auch, wenn das zur Bedingung gemachte Ereignis 9
endgültig nicht mehr eintreten kann (Ausfall der Bedingung). Damit steht fest, dass die aufschiebend bedingte Rechtsfolge nicht wirksam wird.

d) Verzicht auf die Bedingung

Wenn die Bedingung allein im Interesse der einen Seite vereinbart wurde, 10
kann diese einseitig auf die Bedingung verzichten.[4] Wenn z. B. der Vorbehaltsverkäufer nach Vertragsschluss auf die Bedingung der vollständigen Zahlung durch den Käufer verzichtet, so erlangt der Käufer nunmehr das Eigentum.

---

3 BGH NJW 1985, 497; Stein/Jonas/Leipold, ZPO, 22. Aufl., § 286 Rn. 104.

4 BGH NJW 1994, 3227, 3228.

2. Auflösende Bedingung (Resolutivbedingung)

11 Bei der auflösenden Bedingung (§ 158 Abs. 2) ist die Rechtslage gerade umgekehrt. Die rechtsgeschäftliche **Wirkung** tritt zunächst ein, **entfällt** jedoch (auch hier **ohne Rückwirkung**), wenn sich die zum Auslöser der Bedingung gemachte Tatsache später ereignet. So kann durch entsprechende Vereinbarung (diese ist nicht etwa zwingend mit der Sicherungsübereignung verbunden) eine Sicherungsübereignung mit der auflösenden Bedingung der vollständigen Zahlung der gesicherten Forderung verknüpft werden. Mit der Schlusszahlung erlangt in einem solchen Fall der Sicherungsgeber das Eigentum von selbst wieder zurück. Für die Vereinbarung einer auflösenden Bedingung und für deren Eintritt trägt derjenige die **Beweislast**, der den Wegfall der bedingten Rechtsfolge geltend macht.[5]

III. Zulässigkeit der Bedingung

1. Grundsatz der Bedingungsfreundlichkeit und Ausnahmen

12 Das Gesetz geht vom Grundsatz der rechtsgeschäftlichen Privatautonomie und daher von der **Bedingungsfreundlichkeit** aus. Es können also **alle Rechtsgeschäfte** unter einer aufschiebenden oder auflösenden Bedingung vorgenommen werden, es sei denn, aus dem Gesetz ginge ausnahmsweise die Unzulässigkeit einer Bedingung hervor.

13 Manche Rechtsgeschäfte, bei denen ein besonderes Interesse der Öffentlichkeit oder eines Beteiligten an Rechtssicherheit besteht, sind ausdrücklich für **bedingungsfeindlich** erklärt. Dies gilt z.B. für die Auflassung einer unbeweglichen Sache, § 925 Abs. 2. Auch die Eheschließung kann nicht unter einer Bedingung erfolgen, § 1311 Satz 2 BGB.

14 Darüber hinaus ist anerkannt, dass **einseitige, rechtsgestaltende Rechtsgeschäfte**, die in die Rechtsstellung des Empfängers eingreifen, im Allgemeinen nicht mit einer Bedingung verknüpft werden können, da der Geschäftsgegner hier Rechtssicherheit darüber beanspruchen kann, ob die Veränderung der Rechtslage nun eingetreten ist oder nicht.[6] Bedingungsfeindlich sind daher die Erklärungen der **Anfechtung,**[7] des **Rücktritts** oder der **Kündigung,**[8] auch der **Aufrechnung** (hier ist dies sogar ausdrücklich im Gesetz bestimmt, § 388

5 BGH NJW 2002, 2862; Stein/Jonas/Leipold, ZPO, 22. Aufl., § 286 Rn. 109.
6 BGH NJW 2004, 284, 285.
7 BGH NJW-RR 2007, 1282, 1284.
8 Beispiel: Die Kündigung eines Arbeitsverhältnisses durch den Arbeitgeber, die nicht gelten soll, sofern ein bestimmter Auftrag an das Unternehmen erteilt wird, steht unter einer auflösenden Bedingung und ist daher unwirksam, BAG NJW 2001, 3355.

Satz 2). Bei Verträgen bedarf es einer solchen Rücksicht auf die Interessen des anderen Teils in der Regel nicht, weil es Sache des Vertragspartners ist, ob er sich auf den bedingten Vertrag einlässt. Aus dieser Erwägung heraus sind auch bei einseitigen, rechtsgestaltenden Rechtsgeschäften Bedingungen ausnahmsweise dann zulässig, wenn ihr Eintritt allein vom Willen des Erklärungsempfängers abhängt; denn in einem solchen Fall entsteht für ihn keine unzumutbare Rechtsunsicherheit.[9] Ein Beispiel dafür sind **Änderungskündigungen** bei Miet- oder Arbeitsverträgen, wonach die Kündigung des bestehenden Vertragsverhältnisses nur unter der Bedingung gelten soll, dass sich der Empfänger der Kündigung nicht mit einer Änderung des Miet- oder Arbeitsvertrages einverstanden erklärt.

2. Sittenwidrigkeit als allgemeine Grenze

Das Verbot sittenwidriger Rechtsgeschäfte, § 138 Abs. 1, spielt vor allem bei 15
sog. **Potestativbedingungen** eine Rolle. Dies sind Bedingungen, deren Auslösung vom Willen eines Beteiligten abhängt. Eine Bedingung dieser Art verstößt gegen die guten Sitten, wenn sie einen unzulässigen Druck auf einen anderen ausüben soll. Hierher gehören beispielsweise erbrechtliche Zuwendungen unter der Bedingung, dass der Empfänger die Religion wechselt, eine bestimmte Ehe eingeht oder nicht eingeht, sich scheiden lässt und Ähnliches. Es sind dies alles Verhaltensweisen, die dem persönlichen freien Entschluss vorbehalten sein sollen.

Problematisch sind die Konsequenzen, die sich aus § 138 Abs. 1 bei solchen sittenwid- 16
rigen Bedingungen ergeben. Sieht man in der Aufrechterhaltung als unbedingtes Rechtsgeschäft eine Umdeutung, so ist nach § 140 der hypothetische Wille des Erblassers maßgebend. Bei diesem Ausgangspunkt kommt man in vielen Fällen zur Unwirksamkeit der ganzen Verfügung, da man davon ausgehen muss, dass der Erblasser die Verfügung ohne die Bedingung nicht getroffen hätte. Richtiger erscheint es, in solchen Fällen lediglich die **Bedingung gewissermaßen wegzustreichen** und die unbedingte Verfügung übrig zu lassen. Dies wird dem Schutzzweck des § 138 Abs. 1 besser gerecht.[10]

IV. Schutzvorschriften für die Schwebezeit

1. Treuwidrige Vereitelung oder Herbeiführung des Bedingungseintritts

Es ist nicht ausgeschlossen, dass ein am Rechtsgeschäft Beteiligter, den die Ver- 17
einbarungen später reuen, den Eintritt der für ihn nachteiligen Bedingung **treu-**

---

9 BGHZ 97, 264, 267 = NJW 1986, 2245, 2246.
10 Näher s. MünchKomm/Leipold § 2074 Rn. 27 f.

widrig verhindert. In diesem Fall gilt nach § 162 Abs. 1 die Bedingung als eingetreten. Dasselbe gilt umgekehrt, wenn eine Bedingung von dem, dem sie zum Vorteil gereicht, **treuwidrig herbeigeführt** wird, § 162 Abs. 2. Diese Regeln sind spezielle Ausprägungen des allgemeinen Grundsatzes von Treu und Glauben (§ 242).

Ein **Beispiel** bildet der Abschluss eines Kaufvertrages über ein Grundstück samt älterer Villa unter der Bedingung, dass nach einem vom Käufer auszuführenden Umbau der Betrieb einer Gastwirtschaft in diesem Gebäude genehmigt wird.[11] Der Käufer führt aber den vorgesehenen Umbau nur teilweise durch, weshalb schließlich keine Genehmigung erteilt wird. War dieses Verhalten treuwidrig (weil der Käufer nur dem Vertrag entkommen wollte), so gilt die Bedingung nach § 162 Abs. 1 als eingetreten, und der Verkäufer kann Erfüllung verlangen.

2. Schadensersatz bei schuldhafter Beeinträchtigung

18 Während der Schwebezeit hat derjenige, dessen Recht von einer aufschiebenden Bedingung abhängt oder der die Sache aufgrund einer auflösenden Bedingung zurückerhält, an der Sache selbst kein Recht. Er wäre also schutzlos, wenn in dieser Zeit der andere Teil das **bedingte Recht schuldhaft beeinträchtigt** oder vereitelt. Hier greift § 160 ein, der in einem solchen Fall einen **Schadensersatzanspruch** gewährt, vorausgesetzt freilich, dass die aufschiebende bzw. auflösende Bedingung später auch eintritt.

3. Unwirksamkeit von Zwischenverfügungen

19 Einen Schutz vor rechtsgeschäftlichen Verfügungen in der Schwebezeit bewirkt § 161. **Weitere Verfügungen** des bisherigen Berechtigten sind **unwirksam**, wenn er bereits aufschiebend bedingt verfügt hat und später die Bedingung eintritt, § 161 Abs. 1 Satz 1. Dasselbe gilt von Verfügungen dessen, der auflösend bedingt berechtigt ist, § 161 Abs. 2. Allerdings macht davon § 161 Abs. 3 zugunsten eines gutgläubigen Erwerbers eine Ausnahme. Vorausgesetzt, dass überhaupt Vorschriften über den gutgläubigen Erwerb eingreifen, kann durch guten Glauben auch die Wirkung der bedingt vorgenommenen Verfügung überspielt werden.

4. Das Anwartschaftsrecht beim Kauf unter Eigentumsvorbehalt

20 Schon nach dem Gesetz besitzt ein bedingt Berechtigter nach §§ 160 ff. eine geschützte Stellung. Daran anknüpfend wurde seit langem die Figur des An-

---

11 Vgl. RGZ 79, 96.

wartschaftsrechts entwickelt. Besonders bedeutsam ist das Anwartschaftsrecht des Käufers beim Kauf einer beweglichen Sache[12] unter Eigentumsvorbehalt. In der Rechtsstellung des Käufers steckt ein wirtschaftlicher Wert, der umso höher ist, je mehr von dem Kaufpreis bereits bezahlt ist. Die Rechtsfigur des Anwartschaftsrechts ermöglicht es, diesen Wert bereits zu nutzen bzw. auf ihn zuzugreifen. Das Anwartschaftsrecht des Vorbehaltskäufers wird als **dingliches Recht** behandelt, das dem Eigentum ähnlich ist. Es stellt, so eine verbreitete Formulierung, kein „aliud", sondern eine Vorstufe, ein „wesensgleiches minus" zum Vollrecht dar.[13] Das Anwartschaftsrecht des Vorbehaltskäufers ist bereits **übertragbar**, aber auch **verpfändbar** und **pfändbar**. Insoweit werden die für die Übertragung des Vollrechts, also des Eigentums, geltenden Vorschriften entsprechend angewandt, nicht etwa § 413 i.V.m. § 398. Die **Übertragung** des Anwartschaftsrechts des Vorbehaltskäufers erfolgt also entsprechend §§ 929 ff. Wird das Anwartschaftsrecht auf einen Dritten übertragen und später durch Zahlung des Restkaufpreises die Bedingung für den Eigentumserwerb ausgelöst, so erlangt der Erwerber des Anwartschaftsrechts unmittelbar (ohne sogenannten Durchgangserwerb) das Eigentum an der Sache.[14]

V. Befristete Rechtsgeschäfte

Bei befristeten Rechtsgeschäften ist der **Beginn** der Rechtswirkung oder deren **Ende** an ein **bestimmtes Datum** geknüpft, so etwa wenn ein Mietvertrag, der im Januar abgeschlossen wird, erst ab 1. Juli Wirkungen erzeugen soll, oder wenn ein Schenkungsversprechen für den Zeitpunkt des Eintritts der Volljährigkeit des Beschenkten abgegeben wird. Zum Unterschied zur Bedingung entsteht hier keine Unsicherheit hinsichtlich des Eintritts oder Wegfalls der Rechtsfolge; der Anfangs- oder Endtermin stellt ein künftiges *gewisses* Ereignis dar. Nach § 163 gelten aber die **Vorschriften über bedingte Rechtsgeschäfte entsprechend**. Die bedingungsfeindlichen Rechtsgeschäfte (s. Rn. 13 f.) können im Allgemeinen auch nicht mit einer Befristung (Zeitbestimmung) versehen werden,[15] s. z.B. § 388 Satz 2, § 925 Abs. 2. – Zur **Berechnung von Fristen und Terminen** s. § 37 Rn. 1 ff. 21

---

12 Bei unbeweglichen Sachen ist eine entsprechende Vertragsgestaltung nicht möglich, da § 925 Abs. 2 eine bedingte Übereignung ausschließt. Das Grundstücksrecht bietet aber genügend andere Sicherungsmöglichkeiten, indem etwa zunächst nur eine Auflassungsvormerkung für den Käufer eingetragen oder zugunsten des Verkäufers eine Hypothek oder Grundschuld zur Sicherung des Kaufpreisanspruchs bestellt wird.

13 BGHZ 28, 16, 21 = NJW 1958, 1133, 1134.

14 Dies ist seit BGHZ 20, 88 = NJW 1956, 665 allgemein anerkannt; zusammenfassend BGH NJW 1984, 1184, 1185.

15 Vgl. BGH NJW 2004, 284, 285 (vom Mieter ausgesprochene Kündigung für den – noch

22 Vom befristeten Rechtsgeschäft ist die **betagte Forderung** zu unterscheiden. Hier ist der Anspruch, anders als beim befristeten Rechtsgeschäft, bereits entstanden, lediglich die **Fälligkeit** ist hinausgeschoben. Wenn z.B. ein Kaufpreisanspruch gestundet ist, geht es nicht mehr um die Frage, wann der Anspruch überhaupt entsteht, sondern nur darum, dass er vorläufig noch nicht geltend gemacht werden kann. Der Unterschied zwischen einer befristeten und einer lediglich betagten (noch nicht fälligen) Forderung ist allerdings nicht unstreitig. Eine Auswirkung zeigt sich bei § 813 Abs. 2. Nach h. M.[16] kann derjenige, der auf einen befristeten Anspruch vorzeitig geleistet hat, die Leistung mangels rechtlichen Grundes zurückverlangen, da § 813 Abs. 2 nur die Leistung auf eine betagte Verbindlichkeit betrifft und hier die Rückforderung ausschließt.

23 **Lösung zu Fall 44:** a) Sowohl der Kaufvertrag als auch die nach §§ 929, 930 iVm § 868 (unentgeltliche Verwahrung als Besitzkonstitut) erfolgte Übereignung der Maschine an Lang stehen unter der aufschiebenden Bedingung der Anmietung geeigneter Räume zum 1. Dezember 2016. Kurz war also noch Eigentümer, als er die Maschine am 15. November 2016 an Schnell übereignete, so dass Schnell nach § 929 das Eigentum erlangte. Mit dem Eintritt der Bedingung am 22. November 2016 wurde jedoch die Übereignung an Schnell nach § 161 Abs. 1 Satz 1 unwirksam. Also hat Lang am 22. November 2016 das Eigentum erlangt. Seinem Herausgabeanspruch aus § 985 kann Schnell nicht den (wirksamen!) Kaufvertrag mit Kurz entgegenhalten, da der Kaufvertrag nur gegenüber Kurz, nicht gegenüber Schnell ein Recht zum Besitz (§ 986 Abs. 1 Satz 1) ergibt. Der Herausgabeanspruch ist somit begründet.

24 b) Nach § 161 Abs. 3 finden bei Verfügungen, die in der Schwebezeit vor Eintritt der Bedingung über das bedingte Recht vorgenommen wurden, die Vorschriften zugunsten derjenigen, die Rechte von einem Nichtberechtigten herleiten, entsprechende Anwendung. Hier ist § 932 zugunsten des Schnell entsprechend anzuwenden, wobei an die Stelle des Nichteigentums der Umstand tritt, dass bereits bedingt über das Eigentum verfügt worden war. Wenn Schnell nicht wusste, dass Kurz bereits bedingt über das Eigentum verfügt hatte und diese Unkenntnis auch nicht auf grober Fahrlässigkeit des Schnell beruhte (§ 932 Abs. 2), so wird sein Eigentumserwerb durch den Bedingungseintritt nicht unwirksam. Hier besteht also mangels Eigentums des Lang kein Herausgabeanspruch gegen Schnell. (Lang ist auf Schadensersatzansprüche gegen Kurz aus dem Kaufvertrag, §§ 275, 280 ff., beschränkt.)

---

unbestimmten – Zeitpunkt, zu dem er andere Geschäftsräume beziehen kann, ist unwirksam).

16 Vgl. Jauernig/Mansel § 163 Rn. 4.

Kontrollfragen und Fälle zu § 29

1) Worin liegt der Unterschied zwischen einer aufschiebenden und einer auflösenden Bedingung?

2) Liegt beim Kauf unter Eigentumsvorbehalt eine Bedingung vor?

3) Welche Rechtsgeschäfte können unter einer Bedingung abgeschlossen werden?

4)* Kimme hat zusammen mit Korn von einer Gebirgsgemeinde einen Jagdbezirk gepachtet. Demnächst läuft der Pachtvertrag aus. Kimme und Korn haben vereinbart, wenn einer von ihnen mit der Gemeinde einen neuen Pachtvertrag abschließe, werde er den anderen jeweils beteiligen. Nun schließt die (selbst wenig jagdbegeisterte) Ehefrau des Kimme auf Veranlassung ihres Mannes einen neuen Pachtvertrag mit der Gemeinde ab. Korn verlangt die Einräumung eines Mitpachtrechts, wozu die Gemeinde, nicht aber Herr und Frau Kimme bereit sind. Steht Korn gegen Herrn Kimme ein Anspruch auf Beteiligung an der Jagd zu?

Lösungen

25 1) Bei aufschiebenden Bedingungen tritt die bedingte Rechtsfolge zunächst nicht ein; sie wird erst durch den Eintritt der Bedingung **ausgelöst**, § 158 Abs. 1. Bei auflösenden Bedingungen ist es gerade umgekehrt: das Rechtsgeschäft entfaltet zunächst seine Wirkung; diese **entfällt** aber, wenn die Bedingung eintritt, § 158 Abs. 2.

2) Beim Kauf unter Eigentumsvorbehalt ist die Übereignung der gekauften beweglichen Sache aufschiebend bedingt durch die vollständige Zahlung des Kaufpreises, s. die Auslegungsregel in § 449 Abs. 1. Der Kaufvertrag ist nicht bedingt.

3) Grundsätzlich können alle Rechtsgeschäfte mit einer Bedingung verknüpft werden (**Grundsatz der Bedingungsfreundlichkeit**). Anders ist es, wenn sich aus ausdrücklichen gesetzlichen Vorschriften oder aus allgemeinen Erwägungen die Bedingungsfeindlichkeit bestimmter Rechtsgeschäfte ergibt. So sind **einseitige, rechtsgestaltende Rechtsgeschäfte** (insbesondere Anfechtung, Aufrechnung, Kündigung) bedingungsfeindlich, soweit durch die Bedingung eine dem Erklärungsempfänger nicht zumutbare Unsicherheit entstünde.

26 4) Der Anspruch des Korn gegen Herrn Kimme[17] auf Beteiligung an der Jagd steht unter der aufschiebenden Bedingung, dass Kimme einen Pachtvertrag mit der Gemeinde abschließt. Diese Bedingung ist jedoch nicht eingetreten. Wenn aber der Vertragsabschluss durch Frau Kimme durch ihren Mann veranlasst wurde und erkennbar den Zweck hat, in erster Linie Herrn Kimme die Jagd zu ermöglichen, dann muss man davon ausgehen, dass diese Gestaltung gewählt worden ist, um den Eintritt der Bedingung zu verhindern. Damit hat Kimme **treuwidrig** gehandelt. Nach § 162 Abs. 1 **gilt** daher die **Bedingung als eingetreten**. Also hat Korn einen Anspruch gegen Kimme auf Aufnahme in den Pachtvertrag mit der Gemeinde. Allerdings fragt es sich, ob Herr Kimme überhaupt in der Lage ist, diesen Anspruch zu erfüllen. Wenn aber seine Ehefrau nur auf seine Veranlassung hin den Pachtvertrag abgeschlossen hat, dann liegt ein Auftragsverhältnis zwischen beiden vor, in dessen Rahmen die Ehefrau an Weisungen des Ehemannes gebunden ist. Der Ehemann hat es also in der Hand, von seiner Ehefrau die Zustimmung zur Beteiligung des Korn an der Pacht zu verlangen. Damit liegt keine Unmöglichkeit der Leistung des Kimme vor; der Anspruch des Korn ist begründet.[18]

---

17 Gegen Frau Kimme kann Korn keine vertraglichen Ansprüche geltend machen, da sie den Vertrag mit ihm nicht abgeschlossen hat. Hier käme allenfalls ein Schadensersatzanspruch nach § 826 in Betracht. Danach ist aber nicht gefragt.

18 BGH NJW 1982, 2552 (Vorbild des Falles).

2. Abschnitt: Die Rechtssubjekte

§ 30 Die Rechtsfähigkeit des Menschen

Fall 45: Marcos Beruf als Stuntman ist nicht ganz ungefährlich. Als seine Frau Elvira ein Kind erwartet, überlegt Marco, ob er schon jetzt ein Hausgrundstück auf das Kind übertragen oder in anderer Weise für den Fall eines Unfalltodes Vorsorge zugunsten des Kindes treffen könne.

a) Wie ist die Rechtslage?

b) Durch Verschulden des Harsch wird Elvira bei einem Verkehrsunfall erheblich verletzt. Infolge des Unfalls kommt ihr Kind mit einer Behinderung zur Welt. Kann das Kind von Harsch Schadensersatz verlangen?

I. Begriff der Rechtsfähigkeit

Unter der **Rechtsfähigkeit**, die in § 1 nicht definiert ist, versteht man die **Fähigkeit, Träger von Rechten und Pflichten zu sein**. Es geht mit anderen Worten um die Fähigkeit, Rechtssubjekt zu sein. Die Rechtsfähigkeit ist von der Handlungsfähigkeit zu unterscheiden, d.h. von der Fähigkeit, durch eigene Handlungen Rechte zu erwerben oder Pflichten auf sich zu ziehen. Die Handlungsfähigkeit besteht im Bereich rechtsgeschäftlichen Handelns in der **Geschäftsfähigkeit** (§§ 104ff., im Bereich der unerlaubten Handlungen in der **Deliktsfähigkeit** (§§ 827f.); s. zu diesen Begriffen § 11 Rn. 4, 10. 1

Im Prozessrecht findet die Rechtsfähigkeit ihre Parallele in der **Parteifähigkeit**, § 50 ZPO. Darunter ist die Fähigkeit zu verstehen, Kläger oder Beklagter eines Zivilprozesses zu sein. Die Voraussetzungen der Parteifähigkeit decken sich weitgehend mit denen der Rechtsfähigkeit. Die Parallele zur Geschäftsfähigkeit stellt im Zivilprozess die **Prozessfähigkeit** dar, s. § 52 ZPO. 2

II. Arten der Rechtssubjekte

Rechtssubjekte sind die natürlichen und die juristischen Personen. Natürliche **Person** ist der Mensch. Man spricht von einer natürlichen Person, weil die Existenz des Menschen durch die Natur vorgegeben ist und die Rechtsfähigkeit als zur menschlichen Natur gehörig anzusehen ist. **Juristische Personen** sind Personenvereinigungen (z.B. der rechtsfähige Verein) oder organisatorisch verselbständigte Vermögen (z.B. rechtsfähige Stiftungen), denen die Rechts- 3 ordnung die Rechtsfähigkeit zubilligt. Juristisch heißen diese Personen, weil ihre rechtliche Existenz auf rechtlichen Akten beruht und die Rechtsfähigkeit erst durch bestimmte Rechtssätze verliehen wird.

4 Darüber hinaus werden heute auch die **Personengesellschaften** weitgehend als *rechtsfähig* angesehen. Dies gilt für die Offene Handelsgesellschaft (OHG) und die Kommanditgesellschaft (KG), nach der neueren Rechtsprechung des BGH (s. § 31 Rn. 4) auch für die Gesellschaft des bürgerlichen Rechts (GbR, § 705), soweit diese Gesellschaftsvermögen besitzt. Diese Gesellschaften werden gleichwohl aufgrund ihrer andersartigen Struktur (Gesamthand) nicht als juristische Personen betrachtet, näher s. § 31 Rn. 5. Folgt man dieser Begriffsbildung, so sind als rechtsfähig (d. h. als Rechtssubjekt) die natürlichen Personen, die juristischen Personen und die rechtsfähigen Personengesellschaften anzusehen.

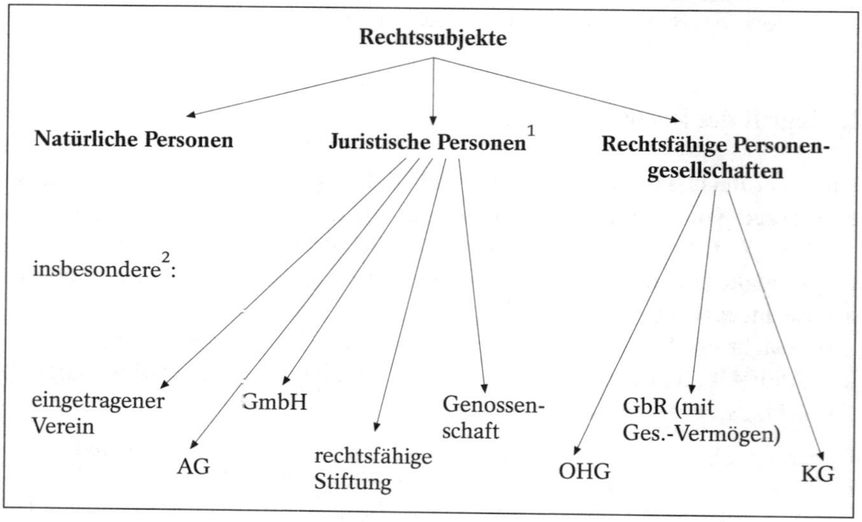

5 Alle anderen Gegenstände können nach geltendem Recht nicht Rechtssubjekt, sondern nur **Rechtsobjekt** sein. Dies gilt für **Sachen** (körperliche Gegenstände, s. § 38 Rn. 2) und **Rechte**, ebenso für **Tiere**, die zwar in § 90a Satz 1 von den Sachen unterschieden werden, aber nach § 90a Satz 3 dennoch nach den für Sachen geltenden Vorschriften zu beurteilen sind, soweit nichts anderes bestimmt ist, s. auch § 38 Rn. 3. Diskutiert wird, ob es zur Effektivierung des auch von Art. 20a GG geforderten Tierschutzes zweckmäßig sein könnte, Tierrechte

zuzubilligen[1] bzw. eine „tierliche Person“[2] anzuerkennen. – Zu Überlegungen über eine Rechtsfähigkeit von autonomen Systemen (Robotern) s. § 10 Rn. 21a.

III. Der Beginn der Rechtsfähigkeit des Menschen

1. Beginn der Rechtsfähigkeit mit Vollendung der Geburt

Die Rechtsfähigkeit des Menschen wird in § 1 **vorausgesetzt**. Sie ist heute für jeden Menschen selbstverständlich. Dass Menschen als Sklaven oder Leibeigene und daher nicht als Rechtssubjekt, sondern als Rechtsobjekt behandelt werden, gehört der Geschichte an. 6

Nach § 1 beginnt die Rechtsfähigkeit mit der **Vollendung der Geburt.**[3] Dazu sind zwei Voraussetzungen erforderlich. Der Körper des Kindes muss vollständig aus dem Mutterleib ausgetreten sein. Eine Trennung vom Leib der Mutter (also eine Lösung der Verbindung durch den Nabelstrang) ist dazu nicht erforderlich. Das Kind muss zu diesem Zeitpunkt gelebt haben. Als Anzeichen des Lebens werden Herzschlag, Pulsieren der Nabelschnur oder natürliche Lungenatmung, aber auch der Nachweis einer anderen sicheren Lebensfunktion, z. B. von Hirnströmen, gewertet. Dauerhafte Lebensfähigkeit ist nicht erforderlich. Auch wenn das neugeborene Kind nach wenigen Sekunden verstirbt, war es in der Zwischenzeit rechtsfähig und konnte (vor allem auf erbrechtlichem Wege) bereits Rechte und Pflichten erwerben. 7

Das **Strafrecht** wählt für die Abgrenzung zwischen Schwangerschaftsabbruch und Tötungsdelikten einen früheren Zeitpunkt: es stellt auf den Beginn des Geburtsvorganges (den Beginn der Wehen) ab. Schon von diesem Zeitpunkt an gelten die strafrechtlichen Bestimmungen über Tötungsdelikte (Mord, Totschlag, fahrlässige Tötung), nicht mehr der Straftatbestand des Abbruchs der Schwangerschaft (§ 218 StGB).[4]

---

1 Zurückhaltend Hager, Das Tier in Ethik und Recht (2015), 56 ff.

2 Dafür Raspe, Die tierliche Person (2013), 337 ff. (Zusammenfassung). Die rechtliche (insbesondere verfassungsrechtliche) Zulässigkeit der Anerkennung einer Rechtssubjektivität von Tieren bejaht Kersten JZ 2015, 1, 7. Dagegen schließt nach Maunz/Dürig/Scholz, GG (Stand September 2016), Art. 20a Rn. 75 die „Anthropozentrik“ des GG jede Form der Rechtssubjektivierung von Sachen, auch von Tieren, aus.

3 Die Geburt eines Menschen wird vom Standesbeamten in das Geburtenregister (eines der Personenstandsregister) eingetragen, §§ 18 ff. PStG, auf dessen Grundlage Geburtsurkunden (§ 59 PStG, zur Beweiskraft § 54 PStG) erstellt werden.

4 Schönke/Schröder/Eser/Sternberg-Lieben, StGB, 29. Aufl. (2014), Vorbem. zu §§ 211 ff. Rn. 13.

2. Bestimmungen zugunsten Ungeborener

a) Zugunsten des bereits gezeugten Kindes

8 Das Gesetz enthält verschiedene Schutzbestimmungen zugunsten des **gezeugten**, aber **noch nicht geborenen Kindes** (Leibesfrucht, lat. **nasciturus**). Besonders erwähnenswert ist § 1923 Abs. 2. Während grundsätzlich nur derjenige Erbe werden kann, der zum Zeitpunkt des Erbfalls lebt, gilt der bereits gezeugte, aber noch nicht geborene Mensch nach dieser Vorschrift als vor dem Erbfall geboren. Es handelt sich um eine sog. Fiktion: eine nicht vorhandene Tatsache wird hinsichtlich bestimmter Rechtsfolgen als bestehend angenommen. Dadurch wird vor allem ermöglicht, dass das gezeugte Kind seinen Vater auch dann beerbt, wenn dieser vor der Geburt des Kindes verstirbt. – S. ferner z. B. § 844 Abs. 2 S. 2 (Schadensersatz wegen Verlusts eines Unterhaltsanspruchs). Zur vorgeburtlichen Verletzung s. Rn. 14.

9 Schon während der Schwebezeit bis zur Geburt ist eine rechtliche Fürsorge für den nasciturus durch Eltern (§ 1912 Abs. 2) oder Pfleger (§ 1912 Abs. 1) vorgesehen, um zu verhindern, dass etwa der erbrechtliche Erwerb in tatsächlicher Hinsicht zunichte gemacht wird. Da auf diese Weise schon für das gezeugte Kind schutzbedürftige rechtliche Beziehungen anerkannt werden und das noch nicht geborene Kind insoweit durch Eltern oder Pfleger vertreten werden kann, erscheint es angemessen, bereits von einer **beschränkten Rechtsfähigkeit** und (im Prozess) Parteifähigkeit des nasciturus zu sprechen.[5] Ob dies auch für einen extrakorporal aufbewahrten Embryo in Betracht kommt, erscheint noch offen.[6]

b) Zugunsten noch nicht gezeugter Personen

10 **Noch nicht gezeugte Personen** (lat. **nondum conceptus**) können bereits als Nacherbe (vgl. die Auslegungsregel in § 2101 Abs. 1) oder als Vermächtnisnehmer eingesetzt werden (§ 2178) oder auch in Form eines Vertrags zugunsten Dritter bedacht werden (vgl. § 331 Abs. 2). Der Rechtserwerb tritt in diesen Fällen mit der Geburt des bedachten Kindes ein. Auch für eine noch nicht gezeugte Person kann aber bereits zur Wahrung ihrer Rechte ein Pfleger bestellt werden, § 1913 Satz 2. Insofern kann man auch hier von einer **beschränkten Rechts- und Parteifähigkeit** sprechen.[7]

---

5 OLG Schleswig NJW 2000, 1271, 1272; MünchKomm/Schmitt § 1 Rn. 31.

6 Dass eine Feststellung der Vaterschaft an einem kryokonservierten (tiefgefrorenen) Embryo nicht möglich ist (BVerfG NJW 2017, 948; BGH NJW 2016, 3174), steht der Anerkennung einer beschränkten Rechtsfähigkeit nicht entgegen, sofern die Rechtsordnung dem Embryo bereits subjektiven Schutz gewährt.

7 Ebenso z. B. MünchKomm/Schmitt § 1 Rn. 45.

IV. Das Ende der Rechtsfähigkeit des Menschen

1. Tod des Menschen

Das BGB sagt nicht ausdrücklich, dass die Rechtsfähigkeit mit dem Tod des Menschen[8] endet, setzt dies aber z. B. in § 1922 (Übergang des Vermögens mit dem Tod des Erblassers auf seine Erben) als selbstverständlich voraus. 11

Probleme wirft aufgrund der modernen medizinischen Möglichkeiten zur künstlichen Aufrechterhaltung des Lebens die genaue Festlegung des **Zeitpunktes des Todes** auf. Der Todeszeitpunkt kann auch für zivilrechtliche (vor allem erbrechtliche) Folgen eine entscheidende Rolle spielen. Herkömmlicherweise stellte man auf den endgültigen Stillstand der Herz- und Atmungstätigkeit ab. In den Fällen, in denen diese Funktionen künstlich aufrechterhalten werden, empfiehlt es sich, den sog. Hirntod als maßgeblich zu betrachten, also den Zeitpunkt, in dem nach medizinisch anerkannten Kriterien ein endgültiger Ausfall der für das Leben kennzeichnenden Hirnfunktionen festzustellen ist.[9]

2. Die Bedeutung der Todeserklärung

Nach den Vorschriften des Verschollenheitsgesetzes (VerschG) ist eine **Todeserklärung** durch das Amtsgericht möglich, wenn der Aufenthalt einer Person während längerer Zeit unbekannt ist und nach den Umständen ernstliche Zweifel an ihrem Fortleben bestehen. Die Todeserklärung führt nicht zur Beendigung der Rechtsfähigkeit. Sie begründet jedoch die **Vermutung**, dass der Verschollene in dem im Todeserklärungsbeschluss festgestellten Zeitpunkt gestorben ist, § 9 Abs. 1 Satz 1 VerschG. Diese Vermutung stellt eine Beweislastregel dar. Es ist zunächst einmal vom Versterben im angegebenen Zeitpunkt auszugehen, und derjenige, der andere Rechtsfolgen geltend machen will, weil der für tot Erklärte in Wirklichkeit noch lebe, muss das Leben nachweisen. 12

Lösung zu Fall 45: a) Da das gezeugte, aber noch nicht geborene Kind noch keine (volle) Rechtsfähigkeit besitzt, ist eine **Eigentumsübertragung** auf das Kind zu diesem Zeitpunkt noch nicht möglich.[10] Auch eine durch die spätere Geburt aufschiebend 13

---

8 Der Tod eines Menschen wird in das Sterberegister eingetragen, §§ 28 ff. PStG.

9 So generell OLG Köln FamRZ 1992, 860. Für eine differenzierende Betrachtung (Beibehaltung der herkömmlichen Kriterien, wenn die Körperfunktionen nicht künstlich aufrechterhalten wurden) dagegen MünchKomm/Leipold § 1922 Rn. 12 f. mwN. – Die Voraussetzungen, unter denen eine Organtransplantation vorgenommen werden darf, sind im Transplantationsgesetz geregelt. Dieses Gesetz definiert die Kriterien der Todesfeststellung nicht, doch ist eine Transplantation nicht vor der Feststellung des endgültigen Ausfalls der wesentlichen Hirnfunktionen zulässig.

10 Denkbar wäre allerdings, analog § 1923 Abs. 2 bereits Schenkungen an den nasciturus (vertreten durch seine Eltern bzw. einen Pfleger) für den Fall der Geburt zuzulassen, so z. B. MünchKomm/Schmitt § 1 Rn. 34. Im konkreten Fall würde aber m. E. gleichwohl § 925 Abs. 2 entgegenstehen.

bedingte Übereignung des Hausgrundstücks kann wegen der Bedingungsfeindlichkeit der Auflassung (§ 925 Abs. 2) nicht vorgenommen werden.

Marco kann jedoch das gezeugte Kind durch Testament bereits als Erben (oder Miterben) einsetzen und damit z. B. eine Teilungsanordnung (§ 2048) verbinden, wonach das Kind bei der Nachlassteilung ein bestimmtes Grundstück erhalten soll. Verstirbt Marco noch vor der Geburt des Kindes, so kann dieses gleichwohl, wenn es später geboren wird, Erbe werden, § 1923 Abs. 2. Auch ein Vermächtnis (es verschafft dem Kind einen Anspruch gegen die Erben auf Übertragung des Grundstücks, vgl. § 1939) kann dem Kind durch Testament bereits in dieser Phase zugewandt werden.

14 b) Der Anspruch aus § 823 Abs. 1 setzt voraus, dass Körper oder Gesundheit eines anderen rechtswidrig und schuldhaft verletzt wurden. Obgleich das ungeborene Kind zum Zeitpunkt der Schädigung noch keine Rechtsfähigkeit besaß, entspricht es doch dem Schutzzweck des § 823 Abs. 1, dem Kind in solchen Fällen einer **vorgeburtlichen Schädigung** Schadensersatzansprüche, hier gegen den Schädiger Harsch, zuzusprechen. Das Kind erwirbt diese Schadensersatzansprüche, wenn es lebend geboren wird.[11] Es handelt sich sodann um eigene Ansprüche des Kindes, die jedoch, da dem Kind noch die Geschäftsfähigkeit fehlt, von seinen gesetzlichen Vertretern im Namen des Kindes geltend gemacht werden müssen (§ 1629 Abs. 1).

---

11 BGHZ 58, 48, 51 = NJW 1972, 1126; BGHZ 93, 351 = NJW 1985, 1390 (auch wenn die Schädigung durch einen Schock der Schwangeren verursacht wurde). – Auch wenn die Schädigung auf einen Umstand zurückgeht, der sich bereits vor der Zeugung ereignet hat (z. B. Infektion der Mutter bei einer Bluttransfusion), erlangt das Kind Schadensersatzansprüche, BGHZ 8, 243 = NJW 1953, 417.

Kontrollfragen und Fälle zu § 30

1) Worin liegt der Unterschied zwischen der Rechtsfähigkeit und der Geschäftsfähigkeit?

2) Welche Arten der Rechtssubjekte sind zu unterscheiden?

3) Ist ein gezeugtes, aber noch nicht geborenes Kind bereits rechtsfähig?

4) Nicole hängt sehr an ihrem Reitpferd. Um sein Wohlergehen zu sichern, falls ihr etwas zustoßen sollte, kommt sie auf die Idee, ein Sparkonto mit dem Zusatz zu eröffnen, bei ihrem Ableben solle das gesamte Guthaben dem Pferd zustehen. Was halten Sie davon?

Lösungen

15 1) Die Rechtsfähigkeit ist Voraussetzung der **Zuordnung von Rechten und Pflichten** an das rechtsfähige Subjekt. Die Geschäftsfähigkeit ist dagegen Teil der **rechtlichen Handlungsfähigkeit**. Sie ist Voraussetzung dafür, durch eigene rechtsgeschäftliche Handlungen Rechtsfolgen herbeiführen zu können.

16 2) Arten der Rechtssubjekte sind einerseits die **natürlichen Personen** (der Mensch, dem von Natur aus Rechtsfähigkeit zukommt), andererseits die **juristischen Personen** und die **rechtsfähigen Personengesellschaften**, d.h. Vereine, Gesellschaften und Stiftungen, denen die Rechtsordnung die Rechtsfähigkeit zubilligt.

17 3) Das Kind im Mutterleib (sog. nasciturus) ist noch nicht im vollen Sinne rechtsfähig, da die Rechtsfähigkeit nach § 1 erst mit der Vollendung der Geburt erworben wird. In bestimmten rechtlichen Zusammenhängen, z.B. im Erbrecht, gibt es jedoch Bestimmungen zum Schutz der Interessen bereits gezeugter, aber noch nicht geborener Personen. Insoweit ist dem nasciturus bereits eine **begrenzte Rechtsfähigkeit** zuzubilligen.

18 4) Die Rechtsfigur eines Vertrages zugunsten Dritter auf den Todesfall erlaubt es an sich, zu bewirken, dass die Ansprüche aus einem Sparkonto (Vertrag mit der Bank oder Sparkasse) mit dem Tode des Konto-Inhabers einem anderen (dem Dritten) zustehen. Da eine solche Vertragsgestaltung in § 331 Abs. 1 ausdrücklich vorgesehen ist, wird sie von der ganz h.M. auch ohne Einhaltung der erbrechtlichen Formen (Testament oder Erbvertrag) als wirksam betrachtet. Das Pferd kommt aber **mangels Rechtsfähigkeit** nicht als zu begünstigender Dritter in Betracht; es könnte den Anspruch gegen die Bank oder Sparkasse nicht erwerben. Nicole kann aber z.B. eine Vertrauensperson als Treuhänder einschalten, die den Anspruch aus dem Konto erwerben soll, und mit dieser vereinbaren, dass sie das Guthaben zum Wohle des Pferdes zu verwenden hat.

§ 31 Juristische Personen, insbesondere der rechtsfähige (eingetragene) Verein

Fall 46: Ost beabsichtigt die Gründung eines Vereins zur Förderung der deutsch-indonesischen Beziehungen. Der Verein soll vor allem die kulturellen und wissenschaftlichen Kontakte unterstützen. Allerdings möchte Ost auch entgeltliche Veranstaltungen, z. B. mit indonesischer Musik, durchführen.

a) Wie kann die Rechtsfähigkeit für diesen Verein erlangt werden?

b) Drei Monate nach Eintragung des Vereins in das Vereinsregister stellt sich heraus, dass Jung, eines der sieben Gründungsmitglieder, erst 17 Jahre alt ist und seine Eltern mit der Mitgliedschaft im Verein nicht einverstanden sind. Sie verlangen sogar die 10 € Mitgliedsbeitrag, die Jung für das erste Vierteljahr bereits bezahlt hat, wieder zurück. Der Verein hat noch keine weiteren Mitglieder gewonnen. Welche Rechtsfolgen ergeben sich für den Verein und für Jung?

I. Funktion, Begriff und Arten der juristischen Person

1. Funktion und Begriff

Zusammenschlüsse mehrerer Personen zur Erreichung gemeinsamer Zwecke 1
spielen auf vielen Gebieten eine wichtige Rolle. Das gilt im Bereich der Freizeitgestaltung wie im Wirtschaftsleben, werden doch die meisten Unternehmen heute in Form von Gesellschaften betrieben. Die Struktur solcher Personenvereinigungen ist sehr unterschiedlich. Sie reicht von lockeren Gruppen (Stammtischrunde) über dauernde Zusammenschlüsse mit starken personalen Elementen (Lotto-Spielgemeinschaft) bis zu großen Sportvereinen oder Aktiengesellschaften mit Tausenden von Aktionären. Einen besonderen Grad der Selbständigkeit erreicht eine derartige Organisationsform, wenn die Rechtsordnung sie als Rechtssubjekt, als **juristische Person**, anerkennt. Damit wird das Vermögen der Vereinigung, also deren Rechte und Verbindlichkeiten, von dem Vermögen der Mitglieder getrennt. Die juristische Person, z. B. der eingetragene Verein, ist dann selbst Träger des Vermögens, also Eigentümer, Gläubiger oder Schuldner. Regelmäßig ist mit dieser Vermögenstrennung eine **Beschränkung der Haftung** auf das Vermögen der juristischen Person verbunden: die Mitglieder haften nicht persönlich für Schulden der juristischen Person.

Definition: Die juristische Person ist eine verselbständigte Organisation von Personen und Vermögensgütern, die einem gemeinsamen Zweck dient und von der Rechtsordnung als eigenes Rechtssubjekt anerkannt wird.

2 Die Frage nach Begriff und Wesen einer juristischen Person, die vor allem im 19. Jahrhundert sehr umstritten war,[1] ist angesichts der eingehenden gesetzlichen Regelung der juristischen Personen in den Hintergrund getreten. Heute stellt man, wie in der angegebenen Definition, vor allem die **zweckgebundene Organisation** als Wesensmerkmal in den Vordergrund.

2. Arten der juristischen Person

a) Juristische Personen des Privatrechts (und rechtsfähige Personengesellschaften)

3 Dies sind juristische Personen, deren Organisation durch Normen des Privatrechts geregelt wird und die privaten Zwecken dienen, s. auch die Übersicht bei § 30 Rn. 4. Den Grundtyp bildet der rechtsfähige Verein des BGB. Darauf bauen die **Kapitalgesellschaften** als juristische Personen des Handelsrechts auf. Dazu gehören die Gesellschaft mit beschränkter Haftung (GmbH), einschließlich der Rechtsanwaltsgesellschaft nach §§ 59c ff. BRAO und der Unternehmergesellschaft (§ 5a GmbH),[2] die Aktiengesellschaft (AG),[3] die Kommanditgesellschaft auf Aktien (KGaA) und die Genossenschaft. Zu den juristischen Personen des Privatrechts zählen ferner die **rechtsfähigen Stiftungen** (§§ 80 ff.), bei denen ein bestimmtes Vermögen einem Stiftungszweck gewidmet wird (näher s. Rn. 53 ff.).

4 Schwierigkeiten bereitet die Einordnung der **Personengesellschaften**. Deren Grundtyp bildet die **Gesellschaft des bürgerlichen Rechts** (§§ 705 ff.), wie sie etwa bei der erwähnten Lotto-Spielgemeinschaft, aber auch bei einer Anwalts-Sozietät oder einer Arbeitsgemeinschaft (sog. ARGE) mehrerer an einem größeren Bauprojekt beteiligter Unternehmen vorliegen kann. Hinzu kommen die handelsrechtlichen Personengesellschaften, nämlich die **Offene Handelsgesellschaft** (OHG – § 105 HGB) und die **Kommanditgesellschaft** (KG – § 161 HGB). Die OHG und die KG werden seit längerem von der h. M. als **rechtsfähig** angesehen, wofür auch § 124 Abs. 1 HGB (für die KG anwendbar über § 161 Abs. 2 HGB) spricht. Nach dieser Vorschrift können OHG und KG unter ihrer Firma Rechte und Verbindlichkeiten eingehen, auch Eigentum und andere Rechte an Grundstücken erwerben. Ob man auch die **BGB-Gesellschaft** als rechtsfähig

---

1 Zusammenfassend zu den damals vertretenen Theorien MünchKomm/Reuter vor § 21 Rn. 1.

2 Diese als „Unternehmergesellschaft (haftungsbeschänkt)" oder „UG (haftungsbeschränkt)" firmierende Gesellschaft wird ohne das für eine GmbH vorgeschriebene Mindestkapital von 25 000 € gegründet.

3 Daneben gibt es eine Europäische Aktiengesellschaft (Societas Europaea, SE), dazu Henssler/Strohn/Servatius, Gesellschaftsrecht, 3. Aufl. (2016), Internationales Gesellschaftsrecht, Rn. 225 ff.

anzusehen hat, war lange Zeit umstritten. Der BGH[4] hat sodann ihre **Rechtsfähigkeit bejaht**, soweit sie – als sog. **Außengesellschaft** – durch Teilnahme am Rechtsverkehr eigene Rechte und Pflichten begründet. Dabei wird vielfach von einer bloßen **Teilrechtsfähigkeit** gesprochen. Ob diese Begriffsbildung sinnvoll ist, erscheint zweifelhaft.[5] Bei einer im allgemeinen Rechtsverkehr tätigen Gesellschaft sollte die Rechtsfähigkeit entweder bejaht oder verneint werden. Soweit die Rechtsordnung trotz Rechtsfähigkeit den Erwerb bestimmter Rechte nicht zulässt (juristische Personen können nicht heiraten!), geht es um die Voraussetzungen dieser Rechte, nicht um die Rechtsfähigkeit. Eher kann man von Teilrechtsfähigkeit sprechen, wenn die Rechtsfähigkeit von vornherein nur zum Abschluss bestimmter, eng begrenzter Arten von Rechtsgeschäften zugesprochen werden soll.[6]

Obgleich heute die Rechtsfähigkeit der Personengesellschaften weitgehend 5
anerkannt wird, ordnet man diese überwiegend nicht den juristischen Personen zu.[7] Dies hängt mit der anderen Struktur der Vermögenszuordnung und der Haftung bei den Personengesellschaften zusammen. Als Träger des Gesellschaftsvermögens, also der Rechte und der Verbindlichkeiten, wird die Gesamtheit der Mitglieder in einer besonderen, durch den Gesellschaftszweck bestimmten Bindung betrachtet: die Mitglieder bilden mit anderen Worten eine sog. **Gesamthandsgesellschaft**. Damit ist, anders als bei den juristischen Personen, vielfach auch eine persönliche Haftung der Mitglieder für die Verbindlichkeiten der Gesellschaft verbunden (s. vor allem §128 Satz 1 HGB). Diese Unterscheidung zwischen **juristischen Personen** und **rechtsfähigen Personengesellschaften** findet sich im Übrigen auch in §14 Abs. 1 (s. §10 Rn. 32).

---

4 BGHZ 146, 341 = NJW 2001, 1056; bestätigt durch BGH NJW 2002, 1207. – Die zunächst sehr umstrittene Grundbuchfähigkeit der BGB-Gesellschaft (Eintragung unter dem Namen der Gesellschaft) wurde von BGHZ 179, 102 = NJW 2009, 594 mit Recht bejaht. Neuere gesetzliche Regeln (§47 Abs. 2 Satz 1 GBO) verlangen aber, dass auch die Namen aller Gesellschafter in das Grundbuch eingetragen werden. Eines grundbuchmäßigen Nachweises (§29 GBO) der Gesellschaftereigenschaft und der Identität der Gesellschaft bedarf es dazu nicht, BGHZ 189, 274 = NJW 2011, 1958. Für Gesellschaften mit großem (und wechselndem) Mitgliederbestand verliert durch die Notwendigkeit der Eintragung aller Gesellschafter die Rechtsfähigkeit der Gesellschaft hinsichtlich Immobilien praktisch ihre Bedeutung. – Dass die Eintragung der Gesellschafter nach §899a vom öffentlichen Glauben des Grundbuchs erfasst wird, macht kaum einen Sinn, da die Gesellschaft selbst der Rechtsträger ist, näher s. Altmeppen NJW 2011, 1905.

5 Näher Leipold, FS Canaris (2007) Bd. II, 221, 224 ff.; Lehmann AcP 207 (2007), 225, 233 ff. Ausführliche Kritik (sowohl am Begriff als auch in der Sache) übt Tolani, „Teilrechtsfähigkeit" von Personenvereinigungen (2009).

6 So BGHZ 195, 174 = NJW 2013, 464 zur Fähigkeit des Betriebsrats, zur Erfüllung seiner Aufgaben einen Vertrag mit einem Beratungsunternehmen zu schließen.

7 Auch BGHZ 146, 341, 347 (Fn. 4) folgt der Ansicht, wonach OHG und KG (und ebenso nunmehr die BGB-Außengesellschaft) „rechtsfähig sind, ohne als Gesamthandsgemeinschaften den Status einer juristischen Person zu besitzen". Näher s. K. Schmidt, Gesellschaftsrecht, 4. Aufl., §8 III u. IV; Windbichler, Gesellschaftsrecht, 23. Aufl., (2013), §11 Rn. 6. – Krit. zur eingetretenen Verwirrung der Grundbegriffe Beuthien NJW 2005, 855.

6 Personengesellschaften sind auch die **Europäische Wirtschaftliche Interessenvereinigung** (EWIV)[8], die einer grenzüberschreitenden wirtschaftlichen Zusammenarbeit dienen soll, und die **Partnerschaftsgesellschaft**[9] (zur gemeinsamen Ausübung freier Berufe). Beide werden, wie die OHG, als **rechtsfähig**, aber nicht als juristische Person betrachtet.

7 Weder juristische Person noch rechtsfähig sind die **eheliche Gütergemeinschaft** (sie entsteht nur durch ehevertragliche Vereinbarung dieses Güterstands, § 1415) und die **Miterbengemeinschaft**[10] (§ 2032 Abs. 1). In beiden Fällen haben wir es vielmehr mit **Gesamthandsgemeinschaften** zu tun, bei denen die Rechte und Pflichten den Mitgliedern, also den Ehegatten (hinsichtlich des sog. Gesamtguts) bzw. den Miterben (hinsichtlich des Nachlasses) gemeinsam in der aus dem Gemeinschaftszweck resultierenden Bindung zugeordnet sind.

8 Keine juristischen Personen sind ferner die **Bruchteilsgemeinschaften** (§§ 741 ff., für das **Miteigentum** ergänzt durch §§ 1008 ff.), bei denen ein Recht verschiedenen Personen zu (ideellen) Bruchteilen zusteht. So kann etwa das Eigentum an einem Grundstück dem A zu 1/2, dem B und der C zu je 1/4 als Miteigentümern zustehen. Über seinen Anteil kann in diesen Fällen jeder Teilhaber einzeln verfügen, § 747 Satz 1. Die **Wohnungseigentümergemeinschaft**[11] ist dagegen bei der Verwaltung des gemeinschaftlichen Vermögens rechtsfähig nach Maßgabe des § 10 Abs. 6 WEG. Sie ist keine juristische Person, sondern ein rechtsfähiger Verband sui generis.[12]

b) Juristische Personen des öffentlichen Rechts

9 Dies sind juristische Personen, deren Organisation durch Normen des öffentlichen Rechts geregelt wird und die der Erfüllung öffentlicher Aufgaben dienen. Hierher gehören die **Gebietskörperschaften** (Gemeinden, Bundesländer, die Bundesrepublik Deutschland), sonstige **Körperschaften** (z. B. Universitäten, Kirchen), **Anstalten** (z. B. die öffentlichrechtlichen Rundfunk- und Fernsehanstalten) und **Stiftungen** des öffentlichen Rechts. Die juristischen Personen des öffentlichen Rechts sind Rechtssubjekte auch für den Bereich des Privatrechts. Zur privatrechtlichen Haftung s. Rn. 56 f.

---

8 Sie beruht auf einer Verordnung der Europäischen Gemeinschaft (1985) und einem deutschen Ausführungsgesetz (1988), näher s. MünchKomm/Schäfer vor § 705 Rn. 21 f.

9 Eingeführt durch das Partnerschaftsgesellschaftsgesetz (PartGG) aus dem Jahre 1994. Seit 2013 gibt es nach § 8 Abs. 4 PartGG auch die Partnerschaftsgesellschaft mit beschränkter Berufshaftung (PartGmbB), die den Abschluss einer Berufshaftpflichtversicherung voraussetzt.

10 So die h. M., bestätigt durch BGH NJW 2002, 3389; 2006, 3715. In der Lit. wollen manche auch der Erbengemeinschaft (im Anschluss an die neuere Entwicklung bei der BGB-Gesellschaft) Rechtsfähigkeit zuerkennen, dagegen Leipold, Erbrecht, 21. Aufl., Rn. 721 mwN.

11 Zum Inhalt des Wohnungseigentums s. § 38 Rn. 12 Fn. 9.

12 BGH NJW 2015, 3228 Rn. 32 (in Zusammenhang mit der möglichen Verbrauchereigenschaft, dazu s. § 10 Rn. 31c).

II. Der rechtsfähige Verein

1. Begriff und Arten

a) Begriff

Wenngleich das BGB keine ausdrückliche Definition des Vereins enthält, so kann man doch aus der (recht ausführlichen) gesetzlichen Regelung die Begriffsmerkmale entnehmen. 10

Definition:
Ein Verein ist eine freiwillige Personenvereinigung, die zur Erreichung eines gemeinschaftlichen Zwecks gegründet, auf Dauer angelegt, körperschaftlich organisiert, vom Wechsel der Mitglieder unabhängig und mit einem Gesamtnamen versehen ist.

b) Systeme des Erwerbs der Rechtsfähigkeit; unterschiedliche Behandlung des wirtschaftlichen Vereins und des Idealvereins

Die **Vereinigungsfreiheit** ist in Art. 9 Abs. 1 GG als **Grundrecht** garantiert. 11
Gleichwohl sind für den Erwerb der Rechtsfähigkeit unterschiedliche Systeme denkbar. Bei einem **System der freien Körperschaftsbildung** würde die Rechtsfähigkeit ganz ohne Mitwirkung des Staates erlangt. Von einer unsoliden Gründung einer juristischen Person können aber ganz erhebliche Gefahren für den Rechtsverkehr ausgehen. Daher verzichtet der Staat nicht auf eine gewisse Kontrolle des Gründungsvorgangs. Das Gegenstück würde ein reines **Konzessionssystem** bilden, bei dem die Rechtsfähigkeit erst durch eine staatliche Verleihung erlangt wird. Das BGB folgt diesem System nur für den (wenig bedeutsamen) **wirtschaftlichen Verein** (§ 22).

Die **wirtschaftlichen Vereine** (ein Beispiel bildet immerhin die GEMA[13]) 12
spielen keine größere Rolle, da für den Bereich wirtschaftlicher Betätigung im Allgemeinen die Formen der Handelsgesellschaften zur Verfügung stehen. Die Erteilung der Rechtsfähigkeit liegt zwar an sich im Ermessen der (Landes-)Behörde;[14] sie kommt aber nach der Rechtsprechung des Bundesverwaltungsgerichts[15] nur in Betracht, wenn es wegen der besonderen Umstände des Einzelfalls für die Vereinigung unzumutbar ist, sich in einer der üblichen Rechts-

---

13 Die GEMA (Gesellschaft für musikalische Aufführungs- und mechanische Vervielfältigungsrechte) hat die Aufgabe, die Rechte der Urheber und Verleger von Musikwerken zu wahren.

14 Die Zuständigkeit der Behörden für die Erteilung der Rechtsfähigkeit an wirtschaftliche Vereine richtet sich nach dem Landesrecht, näher s. MünchKomm/Reuter §§ 21, 22 Rn. 72.

15 BVerwG NJW 1979, 2261. Dabei handelt es sich um eine Schranke der Verleihungsbefugnis, nicht bloß um einen im Rahmen der Ermessensausübung zu beachtenden Gesichtspunkt, MünchKomm/Reuter §§ 21, 22 Rn. 74f.

formen (z.B. als AG oder GmbH) zu organisieren, die für rechtsfähige wirtschaftliche Zusammenschlüsse bundesgesetzlich bereitgestellt sind. Dies wird aus den Worten „in Ermangelung besonderer bundesgesetzlicher Vorschriften" in § 22 Satz 1 gefolgert.

12a Durch einen 2017 vorgelegten Gesetzentwurf[16] sollte § 22 erheblich geändert werden, um die Rechtsform des wirtschaftlichen Vereins auch für wirtschaftliche Geschäftsbetriebe geringeren Umfangs, die auf **bürgerschaftlichem Engagement** beruhen (Stichwort „Dorfladen"), zu eröffnen. Darauf wurde nunmehr verzichtet, weil aufgrund der starken Erweiterung des Nebenzweckprivilegs durch den BGH (s. Rn. 15) in solchen Fällen die Eintragung als Idealverein möglich sei.

13 Für den Idealverein gilt dagegen das **System der Normativbestimmungen**. Danach ist kein besonderer staatlicher Verleihungsakt erforderlich, so dass auch ein verwaltungsbehördliches Ermessen von vornherein nicht in Betracht kommt. Jedoch müssen bei der Gründung des Vereins verschiedene normativ (d.h. durch Rechtssätze) festgelegte Erfordernisse erfüllt werden, die dem Schutz der Beteiligten und des Rechtsverkehrs dienen. Sind diese Voraussetzungen gegeben, so ist der Verein **in das Vereinsregister einzutragen** und erlangt dadurch die Rechtsfähigkeit (§ 21).

c) Die Unterscheidung zwischen wirtschaftlichem und nichtwirtschaftlichem Verein

14 Da nur der Idealverein die Rechtsfähigkeit durch Eintragung in das Vereinsregister erlangen kann, kommt der **Abgrenzung zum wirtschaftlichen Verein** erhebliche Bedeutung zu. Entscheidend ist, ob der Zweck des Vereins auf einen **wirtschaftlichen Geschäftsbetrieb** gerichtet ist. Darunter versteht man eine auf Erwerb wirtschaftlicher Vorteile für den Verein oder die Mitglieder gerichtete geschäftliche Tätigkeit nach außen. Maßgebend ist dabei der **Haupt- und Endzweck des Vereins**, so wie er tatsächlich ausgeübt wird.

15 Eine mittelbare Förderung der wirtschaftlichen Interessen der Mitglieder macht den Verein daher noch nicht zu einem wirtschaftlichen Verein. So sind etwa ein Arbeitgeberverband,[17] eine Gewerkschaft[18] oder ein Haus- und Grundbesitzerverein als nicht wirtschaftlich anzusehen, ein Darlehens- und Rentenverein (Zweck ist die Erbringung von Leistungen an die Mitglieder) dagegen als wirtschaftlicher Verein. Da es auf den Hauptzweck ankommt (man spricht insoweit auch von einem **Nebenzweckprivileg**[19]),

---

16 RegE BT-Drs. 18/11506; vom Bundestag beschlossen in der Fassung BT-Drs. 18/12998, die sich auf Änderungen des Genossenschaftsrechts beschränkt.

17 Beispiel BGH NJW 2014, 3239.

18 Die Gewerkschaften sind aber in der Regel als nicht eingetragene Vereine organisiert, s. § 32 Rn. 2.

19 Vgl. BGHZ 85, 84 = NJW 1983, 569 (ADAC); OLG Hamm NJW-RR 2008, 350 (Behindertensportverein ist Idealverein, auch wenn er Kurse auch für Nichtmitglieder anbietet und dafür öffentliche Fördergelder in Anspruch nimmt).

ist ein Sportverein auch dann noch ein Idealverein, wenn er durch Veranstaltungen erhebliche Einnahmen erzielt oder auch, wenn er gelegentlich seine Räume für andere Zwecke vermietet. Das Nebenzweckprivileg wurde zuletzt durch den BGH[20] am Beispiel eines Vereins, der entgeltliche Kitas betreibt, sehr stark ausgedehnt. Nach Ansicht des BGH schadet es nicht, wenn der ideelle Zweck unmittelbar durch die wirtschaftliche Aktivität erfüllt wird, und auch auf die Größe des wirtschaftlichen Geschäftsbetriebs soll es nicht ankommen. Entscheidend für die Beurteilung als Idealverein ist, dass keine Gewinnausschüttung an die Mitglieder erfolgt. Ein wichtiges Indiz für die Beurteilung als Idealverein sieht der BGH darin, dass der Verein als gemeinnützig anerkannt wurde. – Auch die Bundesliga-Fußballvereine werden von der Praxis nicht als wirtschaftliche Vereine angesehen, soweit sie über die Bundesligamannschaft hinaus der Förderung des Fußballsportes als ideellem Hauptzweck dienen,[21] doch kann man sich, wie praktische Beispiele (Borussia Dortmund) zeigen, für den Bundesligabetrieb auch der Rechtsform der AG bedienen.

2. Gründung und Erwerb der Rechtsfähigkeit beim nichtwirtschaftlichen Verein (Idealverein)

a) Gründungsbeschluss und Aufstellung einer Satzung

Die Gründer (bei der Anmeldung sollen es mindestens sieben sein, § 56) müssen die Gründung des Vereins und eine Satzung beschließen. Die **Satzung** (§ 25) regelt die Verfassung des Vereins. Ihr Mindestinhalt für den eingetragenen Verein ergibt sich aus § 57 (Zweck, Name, Sitz, angestrebte Eintragung). Soll-Erfordernisse stellt § 58 auf. 16

Der Gründungsakt wird heute durchweg als **Gründungsvertrag** angesehen. Er besitzt rechtsgeschäftlichen Charakter. Allerdings ergeben sich bei der Anwendung der allgemeinen Vorschriften Besonderheiten, wenn der Verein bereits ins Leben getreten ist. So wird man einer Anfechtung wegen Willensmängeln durch einen Gründer nicht die rückwirkende Vernichtung des Vereins zuschreiben können, sondern nur ein Recht des Mitglieds zum Austritt aus dem Verein daraus ableiten.[22] Fehlt es dagegen dem Mitglied an der Geschäftsfähigkeit, so ist zwar von der Unwirksamkeit der Mitwirkung dieses Mitglieds von Anfang an auszugehen, doch besteht auch hier der Verein mit den übrigen Mitgliedern weiter. 17

b) Bestellung des Vorstands

Wie sich aus § 59 ergibt, muss der Verein bei der Anmeldung zur Eintragung bereits einen **Vorstand** haben. Der Vorstand wird durch **Beschluss der Mitglie-** 18

---

20 BGH NJW 2017, 1943 unter Aufhebung von KG Rpfleger 2016, 423. Dazu Leuschner NJW 2017, 1915.

21 Dies ist freilich umstritten, a. M. z. B. MünchKomm/Reuter §§ 21, 22 Rn. 44 mwN.

22 Vgl. MünchKomm/Reuter §§ 21, 22 Rn. 66 (in Anlehnung an die Grundsätze der fehlerhaften Gesellschaft), § 25 Rn. 22.

derversammlung bestellt, § 27 Abs. 1, sofern nicht die Satzung etwas anderes bestimmt, § 40. Die Vorschrift des § 40 verdient besondere Beachtung: aus ihr lässt sich entnehmen, welche Vorschriften des Vereinsrechts zwingend und welche dispositiv (durch die Satzung abdingbar) sind.

c) Anmeldung zur Eintragung und Prüfung durch das Amtsgericht

19 Die Anmeldung, § 59, hat beim Amtsgericht zu erfolgen, das für die Eintragung in das Vereinsregister zuständig ist.

Das Amtsgericht überprüft, ob den in den §§ 56 bis 59 genannten Erfordernissen Rechnung getragen ist. Fehlt es daran, so wird der Eintragungsantrag zurückgewiesen. **Verboten** sind Vereinigungen, deren Zweck oder Tätigkeit den **Strafgesetzen** zuwiderlaufen oder die sich gegen die **verfassungsmäßige Ordnung** oder gegen den Gedanken der Völkerverständigung richten, Art. 9 Abs. 2 GG. Sollte sich dergleichen aus den eingereichten Eintragungsunterlagen, vor allem aus der Satzung, ergeben, so hat das Amtsgericht den Eintragungsantrag zurückzuweisen.[23]

d) Eintragung in das Vereinsregister

20 Die Eintragung (zum Inhalt s. § 64) in das beim Amtsgericht (auch elektronisch) geführte Vereinsregister hat **konstitutive** (rechtsbegründende) **Wirkung**, da mit dieser Eintragung der Verein die **Rechtsfähigkeit erwirbt**, § 21. Den Gegensatz dazu bildet eine lediglich **deklaratorische,** d. h. rechtsbekundende **Wirkung** einer Eintragung. Der Name des Vereins erhält den Zusatz eingetragener Verein (abgekürzt e.V.), § 65. Ein Recht zur **Einsicht** in das Vereinsregister hat nach § 79 jedermann ohne besondere Voraussetzung, nicht etwa nur bei Nachweis eines rechtlichen Interesses.

e) Mängel bei der Gründung

21 Sind bei der Eintragung des Vereins Fehler unterlaufen, so spielt die Unterscheidung zwischen **Sollvorschriften** und **Mussvorschriften** eine entscheidende Rolle. Wenn lediglich Sollvorschriften nicht erfüllt wurden, so bleibt dies ohne Auswirkung. Aber auch beim Fehlen zwingender Eintragungserfordernisse (Mussvorschriften) ist nach allgemeiner Meinung der Verein **bis zur Löschung** (§ 395 FamFG) als **rechtsfähig** anzusehen. Dies erfordert die Klarheit für den Rechtsverkehr. Die fehlerhafte Eintragung ist danach im Regelfall nur **vernichtbar**, ohne dass damit eine Rückwirkung verbunden wäre. Eine Nichtigkeit von Anfang an wird man allerdings annehmen müssen, wenn tatsächlich überhaupt keine Personenvereinigung vorliegt, so dass der Eintragung jegliche Grundlage fehlt.[24]

---

23 Vgl. Palandt/Ellenberger § 60 Rn. 1.
24 Soergel/Hadding vor § 55 Rn. 5; MünchKomm/Arnold § 55 Rn. 6.

g) Der Vorverein

Wenngleich die Rechtsfähigkeit erst mit der Eintragung entsteht, so ist doch der Verein als Personenzusammenschluss bereits **im Gründungsstadium existent**, sobald die Gründung beschlossen ist. Es können auch, gerade um die Gründung durchzuführen, bereits Rechtsgeschäfte erforderlich sein. Im Gründungsstadium ist ein so genannter **Vorverein** gegeben. Dieser ist nicht rechtsfähig. Die für ihn Handelnden haften nach § 54 S. 2 persönlich für die eingegangenen Verbindlichkeiten. 22

Die Rechte und Pflichten des Vorvereins gehen von selbst auf den rechtsfähig gewordenen Verein über, soweit es sich um durch den Gründungszweck gedeckte Rechtsvorgänge handelt.[25] Problematisch ist, wie sich die Entstehung der juristischen Person auf die **Haftung** für schon **im Gründungsstadium entstandene Verbindlichkeiten** auswirkt. Bei der GmbH hat der BGH[26] angenommen, mit Eintragung der GmbH erlösche grundsätzlich die persönliche Haftung der Handelnden, doch seien die Gründungsgesellschafter verpflichtet, dafür zu sorgen, dass der GmbH zum Zeitpunkt der Eintragung das Haftungskapital (Stammkapital) ungeschmälert zur Verfügung stehe (sog. Differenz- oder Vorbelastungshaftung). Nimmt man dementsprechend auch beim rechtsfähigen Verein an, dass mit Erwerb der Rechtsfähigkeit die bisherige persönliche Haftung der für den Vorverein handelnden Gründer (§ 54 Satz 2) entfällt,[27] so wird man aber diesen Personen auch die Pflicht auferlegen müssen, dem Verein soviel an Mitteln zuzuführen, dass er nicht überschuldet ins Leben tritt.[28] 23

Lösung zu Fall 46: a) Der Verein kann die Rechtsfähigkeit durch Eintragung in das Vereinsregister erlangen, wenn sein Zweck nicht auf einen wirtschaftlichen Geschäftsbetrieb gerichtet ist, § 21. Entscheidend ist dabei der Hauptzweck des Vereins. Dieser ist auf die Förderung kultureller und wissenschaftlicher Kontakte gerichtet und daher ideeller Natur. Dass im Zusammenhang mit der Verfolgung des Hauptzweckes auch wirtschaftliche Geschäfte betrieben werden, hindert die Beurteilung als Idealverein nicht (sog. **Nebenzweckprivileg**). Die Absicht, gelegentlich entgeltliche Veranstaltungen durchzuführen, steht daher der Anerkennung als Idealverein und damit der Erlangung der Rechtsfähigkeit durch Eintragung in das Vereinsregister nicht entgegen. 24

b) Der Gründungsakt ist als **Vertrag** zu beurteilen, so dass grundsätzlich die allgemeinen Vorschriften über Rechtsgeschäfte zur Anwendung kommen. Da durch die Mitgliedschaft im Verein auch Verpflichtungen, insbesondere zur Zahlung des Mitgliedsbeitrags, begründet werden, ist der Gründungsvertrag nicht lediglich rechtlich vorteilhaft. Der minderjährige Jung hätte also der Einwilligung (§ 107) oder der Genehmigung (§ 108) durch seine Eltern als gesetzliche Vertreter bedurft. Da es daran fehlt, ist seine Willenserklärung endgültig **unwirksam**.

Die Gründung des Vereins erweist sich damit als fehlerhaft. Da aber der Verein durch Eintragung in das Vereinsregister bereits existent geworden ist, erscheint es im 25

25 Vgl. bereits RGZ 85, 256.

26 BGHZ 80, 129 = NJW 1981, 1373. Auf die umstrittenen Einzelheiten der Haftung der Gesellschafter einer Vor-GmbH ist hier nicht einzugehen.

27 So z. B. K. Schmidt, Gesellschaftsrecht, 4. Aufl., § 24 II 3 (S. 682 ff.).

28 Dafür MünchKomm/Reuter §§ 21, 22 Rn. 85.

Interesse der Sicherheit des Rechtsverkehrs nicht angemessen, aufgrund der Mitwirkung des Minderjährigen den Verein von Anfang an als nicht entstanden anzusehen. Grundsätzlich ist vielmehr auch ein **fehlerhaft gegründeter Verein** mit Eintragung in das Vereinsregister als **entstanden** zu betrachten (Lehre vom fehlerhaften Verein bzw. der fehlerhaften Gesellschaft). Ein bei der Gründung unterlaufener Fehler kann aber die Beendigung des Vereins rechtfertigen. Dass bei der Gründung nur sechs Mitglieder in rechtswirksamer Weise mitgewirkt haben, verstößt gegen § 56. Dabei handelt es sich aber lediglich um eine Soll-Vorschrift, deren Nichtbeachtung folgenlos bleibt. Erst wenn die Mitgliederzahl weniger als drei beträgt, ist dem Verein nach § 73 die Rechtsfähigkeit zu entziehen.

26 Eine andere Frage ist aber, welche Rechtsfolgen sich aus der beschränkten Geschäftsfähigkeit für den Minderjährigen ergeben. Der Minderjährigenschutz genießt Vorrang vor den Grundsätzen über die fehlerhafte Gesellschaft.[29] Soweit es daher um Verpflichtungen des Jung geht, sind die allgemeinen Regeln über die beschränkte Geschäftsfähigkeit uneingeschränkt anzuwenden. Jung war daher von Anfang an nicht zur Leistung von Mitgliedsbeiträgen verpflichtet. Die bereits bezahlten 10 € kann er nach § 812 Abs. 1 Satz 1 wegen Fehlens eines rechtlichen Grundes für die Leistung zurückverlangen.

III. Organe des Vereins und Haftung

Fall 47: Schnell ist alleiniger Vorstand des TV Frischauf Burgenstein e.V. Er kauft in dieser Eigenschaft bei Sport-Fröhlich Sportgeräte im Wert von 5 800 €. Für seine Tätigkeit als Vorstand erhält Schnell vom Verein lediglich Ersatz seiner Aufwendungen.

a) Von wem kann Sport-Fröhlich Zahlung verlangen, wenn die Mitgliederversammlung beschlossen hatte, in diesem Jahr sollten keine Geräte mehr gekauft werden, Schnell aber diesen Beschluss für nicht sachgerecht hielt?
b) Kann der Verein, falls er an Sport-Fröhlich zahlen muss, Rückgriff gegen Schnell nehmen?
c) Wie ist es, wenn Schnell zum Zeitpunkt des Kaufs nicht mehr Vorstand war, ohne dass Fröhlich dies wusste und ohne dass die Änderung im Vereinsregister eingetragen war?

1. Organe des Vereins

27 Um im Rechtsverkehr handeln zu können, braucht jede juristische Person Organe, d. h. Personen oder Personengruppen, deren Handlungen der juristischen Person zugerechnet werden. Die zwingend vorgeschriebenen Organe eines rechtsfähigen Vereins sind die **Mitgliederversammlung**[30] und der **Vorstand**. Daneben kann die Satzung weitere Vereinsorgane vorsehen. Die Mitglieder-

---

29 Vgl. BGH NJW 1993, 1503 (zum Ausscheiden aus einer KG).
30 Die Satzung kann auch eine virtuelle (online durchgeführte) Mitgliederversammlung vorsehen, OLG Hamm NJW 2012, 940.

versammlung ist das oberste Organ des Vereins. Ihre Zuständigkeit umfasst alle Angelegenheiten, soweit nicht die Satzung etwas anderes bestimmt (§ 32). Das Handeln nach außen obliegt jedoch dem Vorstand.

2. Vertretung des Vereins

Der **Vorstand vertritt den Verein** gerichtlich und außergerichtlich, § 26 Abs. 1 Satz 2. Dies bedeutet, dass die vom Vorstand abgeschlossenen Rechtsgeschäfte dem Verein zugerechnet werden. Wenn also der Vorstand einen Kaufvertrag im Namen des Vereins abschließt, so wird nur der Verein Vertragspartner. Sofern der Vorstand aus mehreren Personen besteht, wird der Verein durch die Mehrheit der Vorstandsmitglieder vertreten, § 26 Abs. 2 Satz 1 (gemäß § 40 Satz 1 vorbehaltlich einer anderen Regelung in der Satzung, die auch Gesamtvertretung oder Einzelvertretung vorsehen kann). Wenn eine Willenserklärung gegenüber dem Verein abzugeben ist, genügt aber die Abgabe gegenüber einem Mitglied des Vorstands, § 26 Abs. 2 Satz 2. 28

Ob der Vorstand als Stellvertreter auftritt (**Vertretertheorie**) oder ob man sein Handeln als eigenes Handeln des Vereins zu betrachten hat (**Organtheorie**), ist eine vor allem früher viel diskutierte Frage. Das Gesetz lässt mit der Formulierung „er hat die Stellung eines gesetzlichen Vertreters" (§ 26 Abs. 1 Satz 2) die Frage offen. Wenngleich keine unmittelbare Verbindung zu konkreten Rechtsfolgen besteht, spricht doch mehr für die Organtheorie.[31] Sie erklärt besser, dass das Verhalten des Organs und sein Wissen grundsätzlich (auch außerhalb des Abschlusses von Rechtsgeschäften) dem Verein zuzurechnen sind. Hat z. B. der Vorstand in dieser Eigenschaft die tatsächliche Gewalt über eine Sache inne, so ist der Verein als Besitzer anzusehen. Auch die umfassende Zurechnung schädigender Handlungen des Vorstands an den Verein durch § 31 spricht für die Organtheorie. 29

Die Satzung kann die **Vertretungsmacht** des Vorstands **beschränken**, § 26 Abs. 1 Satz 3. Gutgläubigen Dritten gegenüber wirkt dies jedoch nur, wenn die Beschränkung im Vereinsregister eingetragen ist, §§ 70, 68. Außerdem gilt die Vertretungsmacht nicht für Rechtsgeschäfte, die für den Vertragspartner erkennbar völlig außerhalb des Vereinszwecks liegen. 30

3. Haftung gegenüber dem Verein und den Vereinsmitgliedern; Einschränkungen bei Ehrenamtlichkeit

Der Vorstand wird nach § 27 Abs. 3 Satz 2 **unentgeltlich** tätig; die Satzung kann aber davon abweichen, § 40 Satz 1. Hat der Vorstand durch Verletzung seiner Pflichten den Verein geschädigt, so richtet sich die Haftung gegenüber dem Verein gemäß § 27 Abs. 3 Satz 1 nach den (unmittelbar für den Auftrag geltenden) §§ 664 bis 670. In diesen Vorschriften ist zwar keine Schadensersatzpflicht geregelt, aber da zwischen Verein und 30a

31 MünchKomm/Reuter § 26 Rn. 11 spricht der Organtheorie die größere Sachgerechtigkeit bei der Schließung von Gesetzeslücken zu.

Vorstand, wie sich aus § 27 Abs. 3 i. V. m. §§ 664 ff. ergibt, ein **Schuldverhältnis** besteht, sind auch die allgemeinen Vorschriften über die Verletzung schuldrechtlicher Pflichten anzuwenden. Bei einer von ihm zu vertretenden Pflichtverletzung haftet daher der Vorstand dem Verein nach § 280 Abs. 1 auf Schadensersatz. Diese **Haftung** wird durch § 31a Abs. 1 Satz 1 **eingeschränkt**: wer unentgeltlich oder für nicht mehr als 720 € jährlich als Organmitglied (insbes. als Vorstand) oder besonderer Vertreter tätig ist, haftet dem Verein gegenüber nur bei Vorsatz und grober Fahrlässigkeit.[32] Dasselbe gilt nach § 31a Abs. 1 Satz 2 für die Haftung gegenüber einem Mitglied. Sofern der ehrenamtliche Vorstand aufgrund seines Handelns als Vorstand einem Dritten haftbar ist (an dieser Haftung ändert § 31a nichts), kann er gemäß § 31a Abs. 2 vom Verein Freistellung von dieser Haftung verlangen, wenn er weder vorsätzlich noch grob fahrlässig gehandelt hat. Eine entsprechende Regelung enthält § 31b auch für die Haftung von gewöhnlichen Vereinsmitgliedern, die unentgeltlich oder für ein Entgelt von nicht mehr als 720 € für den Verein tätig sind.

4. Eintragung in das Vereinsregister und Gutglaubensschutz

31 Die Mitglieder des Vorstands werden in das Vereinsregister eingetragen (§ 64), ebenso spätere Änderungen (§ 67). Diese Eintragungen sind jedoch nicht konstitutiv. Auch kann man sich nur begrenzt auf das Vereinsregister verlassen, denn dieses genießt nach § 68 Satz 1 nur einen **negativen öffentlichen Glauben.** Man kann sich mit anderen Worten nur auf das Schweigen des Registers, nicht auf die positiv darin enthaltenen Eintragungen verlassen.

Der Unterschied zeigt sich in Folgendem: Wenn jemand als Vorstand eingetragen wird, der in Wirklichkeit nicht Vorstand geworden ist, so wird der gute Glaube an die Richtigkeit dieser Eintragung nicht geschützt. Der Schutz des öffentlichen Glaubens ist also hier wesentlich schwächer ausgestaltet als etwa beim Grundbuch, auf dessen Richtigkeit man sich auch in positiver Hinsicht verlassen kann (§ 892).

32 Darüber hinaus wird nach § 68 Satz 2 der Dritte auch geschützt, wenn eine **Änderung des Vorstands** zwar in das Vereinsregister eingetragen, aber dem Dritten nicht bekannt ist, und wenn diese Unkenntnis nicht auf Fahrlässigkeit beruht. Hier liegt aber die Beweislast, anders als nach § 68 Satz 1, auf Seiten des Dritten. Der Beweis wird kaum zu erbringen sein, da das Unterlassen der Einsicht in der Regel als Fahrlässigkeit zu bewerten ist.[33]

33 **Lösung zu Fall 47:** a) Da der Vorstand bei Abschluss des Kaufvertrages den Verein vertritt, kommt der Vertrag nur mit dem Verein, nicht mit dem Vorstand zustande. Also ist auch **nur der Verein**, nicht der Vorstand zur Zahlung des Kaufpreises verpflichtet. Soweit die Satzung nichts anderes vorsieht, kann die Mitgliederversamm

---

32 Diese Regelung ist nur insoweit zwingend (§ 40), als sie durch die Satzung nicht zu Ungunsten des Organmitglieds usw. verändert werden kann, doch kann die Haftung weitergehend auch für Fälle grober Fahrlässigkeit ausgeschlossen werden, OLG Nürnberg NJW-RR 2016, 153.

33 Vgl. Köhler § 21 Rn. 23.

lung dem Vorstand Weisungen erteilen. Diese ändern aber nichts an der Vertretungsmacht des Vorstands im Außenverhältnis. Daher ist der Kauf auch dann für den Verein bindend, wenn der Vorstand einem Beschluss der Mitgliederversammlung zuwiderhandelte.

b) Von der Frage, von wem Fröhlich Zahlung verlangen kann, ist die Frage zu un- 34
terscheiden, ob der Vorstand dem Verein haftet, weil er sich über den Beschluss der Mitgliederversammlung hinweggesetzt hat. Für das Innenverhältnis zwischen dem Verein und dem Vorstand gelten gemäß § 27 Abs. 3 Satz 1 die Vorschriften über den Auftrag, §§ 664 bis 670. Es besteht grundsätzlich eine Bindung an Weisungen (vgl. § 665); die schuldhafte Abweichung verpflichtet den Vorstand gemäß § 280 Abs. 1 zum Schadensersatz gegenüber dem Verein.[34] Dem könnte § 31a Abs. 1 Satz 1 entgegenstehen. Die Aufwandsentschädigung ist kein Entgelt, so dass diese Vorschrift anzuwenden ist. Der Vorstand haftet somit nur für Vorsatz und grobe Fahrlässigkeit. Aber da sich Schnell bewusst über den Beschluss der Mitgliederversammlung hinweggesetzt hat, verstieß er vorsätzlich gegen seine dem Verein gegenüber bestehenden Pflichten. Es bleibt daher bei seiner Ersatzpflicht gegenüber dem Verein.

c) Wenn die Änderung des Vorstands nicht im Vereinsregister eingetragen war und 35
wenn Sport-Fröhlich die Änderung nicht kannte, so kann sie ihm nicht entgegengesetzt werden, § 68 Satz 1. Dies bedeutet, dass Schnell weiterhin als Vorstand anzusehen ist und damit der von ihm abgeschlossene Vertrag den Verein bindet.

4. Haftung des Vereins in Schadensfällen

Fall 48: Zum Vereinsheim des TSV Holzberg e.V. führt ein allgemein zugänglicher Weg über das vereinseigene Grundstück. Trotz durchgängiger starker Vereisung war auf dem Weg am 10. Januar nicht gestreut worden. Pech, der seine Freundin von einer Sportveranstaltung abholen wollte, stürzte und brach sich den Arm. Kann er von dem Verein Schadensersatz verlangen,

a) wenn der Hausmeister, ein ansonsten zuverlässiger Mann, an diesem Tag nicht gestreut hatte, weil ihm die Tätigkeit bei der herrschenden Kälte zu beschwerlich war?
b) wenn ein für die Aufsicht zuständiges Vorstandsmitglied dem Hausmeister andere Aufträge erteilte und ihm sagte, er brauche heute nicht zu streuen?
c) wenn kein Hausmeister vorhanden ist und auch von den Vorstandsmitgliedern niemand die Aufgabe hat, sich um das Vereinsheim und den Zugang zu kümmern?

a) Die Haftung für den Vorstand und für verfassungsmäßige Vertreter

aa) Grundsatz

Die wichtige Vorschrift des § 31 legt fest, dass der Verein für seinen **Vorstand,** 36
einzelne Vorstandsmitglieder oder andere **verfassungsmäßig** (d.h. durch die Satzung bzw. aufgrund der Satzung) **berufene Vertreter** haftet, ohne dass irgendeine Exkulpationsmöglichkeit vorgesehen wäre. Hier wird deutlich, dass

34 Vgl. MünchKomm/Arnold § 27 Rn. 38, 42.

das Handeln des Vorstands als Handeln des Vereins angesehen wird. Man kann daher § 31 als Bestätigung für die Organtheorie verwenden.

37 § 31 ist ein **allgemeiner Grundsatz**, der nicht nur für den rechtsfähigen Verein, sondern auch für die anderen juristischen Personen gilt. Er wird darüber hinaus bei nichtrechtsfähigen Vereinen (s. § 32 Rn. 8) und auch bei der OHG, der KG und der BGB-Gesellschaft[35] analog angewandt.

bb) Begriff des verfassungsmäßigen Vertreters

38 Die Reichweite des § 31 hängt stark davon ab, wie man den Begriff des **verfassungsmäßigen Vertreters** auslegt. Nach h.M. ist nicht unbedingt erforderlich, dass die Tätigkeit der Person in der Satzung vorgesehen ist, und auch rechtsgeschäftliche Vertretungsmacht braucht nicht notwendig gegeben zu sein. Vielmehr genügt es, wenn einer Person **bedeutsame, wesensmäßige Funktionen** der juristischen Person **zur selbständigen, eigenverantwortlichen Tätigkeit zugewiesen** sind, wenn sie also die juristische Person auf diese Weise im Rechtsverkehr repräsentiert.[36] Diese über den Wortlaut des § 31 („Vertreter") hinausgehende Haftung wird auch als **Repräsentantenhaftung** bezeichnet.[37]

cc) Reichweite der Haftung

39 § 31 gilt nur, wenn das Vereinsorgan **in Ausführung der ihm zustehenden Verrichtungen** gehandelt hat. Den Gegensatz dazu bildet ein Handeln bloß **bei Gelegenheit** der Verrichtung, also ohne inneren Zusammenhang mit den Aufgaben des Organs.

40 Die Haftung nach § 31 gilt sowohl im Rahmen vertraglicher als auch außervertraglicher, insbesondere deliktischer Rechtsverhältnisse. Einer weiteren Zurechnungsnorm (§ 278 oder § 831) bedarf es nicht, da das Handeln des Organs als Handeln des Vereins, also des Rechtssubjekts selbst, angesehen wird. Ein Teil der Literatur greift dagegen bei vertraglicher Haftung auch für das Organ auf § 278 zurück.[38] Dem ist jedoch nicht zuzustimmen;[39] vielmehr erscheint die in § 31 vorgesehene volle Gleichsetzung des Organhandelns mit einem Handeln des Vereins (Organtheorie) auch für den Bereich der vertraglichen Haf-

---

35 BGHZ 154, 88 = NJW 2003, 1445 (Haftung für deliktisches Handeln der geschäftsführenden Gesellschafter); BGHZ 172, 169 = NJW 2007, 2490 (Anwaltssozietät haftet entsprechend § 31 BGB, § 128 HGB auch für deliktisches Handeln eines Scheinsozius).

36 BGHZ 49, 19, 21 = NJW 1968, 391, 392 (zum Filialleiter einer Auskunftei; der BGH bejahte die Haftung des Unternehmens nach § 31 bei Erteilung falscher Auskünfte); BGH NJW 1998, 1854, 1856; BGH NJW 2007, 2490, 2491 (Fn. 35) (bei Anwaltssozietät in Form der BGB-Gesellschaft ist jeder Sozius verfassungsmäßiger Vertreter).

37 BGH NJW 1998, 1854, 1856. Man kann es auch so ausdrücken, dass sich die Organhaftung zur Repräsentantenhaftung entwickelt hat, so z.B. MünchKomm/Arnold § 31 Rn. 3.

38 So Medicus/Petersen Rn. 1135.

39 Wolf/Neuner § 17 Rn. 68 ff.; Köhler § 21 Rn. 30a.

tung angemessen. Aus der Nichtanwendung des § 278 folgt, dass es (anders als nach § 278 Satz 2) bei § 276 Abs. 3 bleibt und damit die Haftung für vorsätzliches Handeln von Vereinsorganen nicht im Voraus ausgeschlossen werden kann.[40]

b) Haftung für sonstige Hilfspersonen

Die Haftung für solche Hilfspersonen, die keine satzungsmäßigen Vertreter i. S. 41
des § 31 sind, richtet sich nach den allgemeinen Vorschriften. Es gilt also im Rahmen bereits bestehender Schuldverhältnisse, insbesondere vertraglicher Beziehungen, § 278 (Haftung für **Erfüllungsgehilfen**), im Bereich der unerlaubten Handlungen dagegen § 831 (Haftung für **Verrichtungsgehilfen**) mit der Möglichkeit der Exkulpation im Rahmen des § 831 Abs. 1 Satz 2.

c) Haftung für Organisationsmängel

Falls es der Verein bereits unterlassen hat, für bestimmte Aufgaben ein verant- 42
wortliches Organ einzusetzen, so kann man § 31 dem Wortlaut nach nicht anwenden, eben weil es an einem schuldhaft handelnden Organ fehlt. Doch entspricht es dem Sinn und Zweck des § 31, auch in solchen Fällen die Haftung zu bejahen. Die Rechtsprechung hat daher eine **Haftung für Organisationsmängel** anerkannt.[41] Wenn das Fehlen eines verfassungsmäßig berufenen Vertreters für einen bestimmten Aufgabenkreis den verkehrsüblichen Sorgfaltsanforderungen nicht genügt, dann ist der Verein in entsprechender Anwendung des § 31 haftbar.

Lösung zu Fall 48:

a) Der Anspruch kann sich aus § 831 Abs. 1 Satz 1 ergeben. Es liegt eine Körperver- 43
letzung durch fahrlässiges und rechtswidriges Unterlassen vor, da der allgemeinen Verkehrssicherungspflicht (es geht hier um einen privaten Weg!) nicht genügt wurde.[42] Damit ist der objektive Tatbestand des § 823 Abs. 1 erfüllt. Der Hausmeister ist nicht **Organ** des Vereins i. S. v. § 31, da er keine herausgehobenen, wesensmäßigen Funktionen des Vereins wahrzunehmen hat. Vielmehr ist er **Verrichtungsgehilfe** i. S. des § 831 Abs. 1 Satz 1. Der Verein kann sich jedoch exkulpieren, wenn er nachweist, dass die dafür zuständigen Vereinsorgane bei der Auswahl des Hausmeisters und bei dessen Anleitung die im Verkehr erforderliche Sorgfalt beachtet haben, § 831 Abs. 1 Satz 2.

b) Da Verschulden in der Person eines **Vorstandsmitglieds** vorliegt, ergibt sich die Schadensersatzpflicht des Vereins aus § 31 i. V. m. § 823 Abs. 1 BGB (ohne Exkulpationsmöglichkeit).

---

40 Wolf/Neuner § 17 Rn. 70; Köhler § 21 Rn. 30a; Jauernig/Mansel § 31 Rn. 1.

41 Beispiel: BGHZ 24, 200, 212 (GmbH).

42 Die auf Verkehrseröffnung beruhende Streupflicht setzt eine konkrete Gefahrenlage voraus, die bei allgemeiner Glätte, nicht schon bei vereinzelten Glättestellen, zu bejahen ist, BGH NJW 2012, 2727.

c) Hier greifen die Grundsätze der **Haftung für Organisationsmängel** in Verbindung mit § 823 Abs. 1 ein. Wenn der Verein ein Vereinsheim betreibt, dann muss er auch dafür sorgen, dass sich ein Organ des Vereins um die entsprechenden Angelegenheiten kümmert. Die Schadensersatzpflicht ist damit zu bejahen.

IV. Mitgliedschaft und Vereinsautonomie

1. Mitgliedschaft

44 Die **Mitgliedschaft** ist der **Inbegriff der Rechte und Pflichten**, die sich aus der Mitgliedsstellung im Verhältnis zum Verein ergeben. Bei den Rechten kann man zwischen **Organschaftsrechten** (z. B. dem Recht zur Teilnahme an der Mitgliederversammlung, dem Stimmrecht usw.) und **Genussrechten** (Recht auf Gebrauch von Vereinseinrichtungen, Inanspruchnahme satzungsmäßiger Vergünstigungen usw.) unterscheiden.

44a Zu den Pflichten des Mitglieds gehört vor allem die **Verpflichtung zur Beitragsleistung** (vgl. § 58 Nr. 2 – Bestimmung in der Satzung). Dagegen haften die Mitglieder nicht persönlich für die Verbindlichkeiten des Vereins. Eine **Durchgriffshaftung** kommt nur in Ausnahmefällen in Betracht, wenn die rechtliche Verschiedenheit zwischen dem Verein als juristischer Person und den dahinter stehenden Personen (den Mitgliedern) rechtmissbräuchlich ausgenutzt wurde.[43]

45 Die Mitgliedschaft stellt ein **Rechtsverhältnis zwischen dem Verein und dem Mitglied** dar. Bei einer Verletzung von Mitgliedschaftsrechten durch ein Vereinsorgan, insbesondere den Vorstand, können Schadensersatzansprüche des Mitglieds nach den Grundsätzen der Haftung für Pflichtverletzungen (§§ 280 ff.) gegen den Verein (Haftung nach § 31) entstehen.[44] Außerdem ist die Mitgliedschaft als **sonstiges Recht** i. S. v. § 823 Abs. 1 anzusehen, dessen Verletzung (auch durch Dritte) deliktische Schadensersatzansprüche auslösen kann.[45]

46 **Mitglieder** eines Vereins können sowohl natürliche als auch juristische Personen oder rechtsfähige Personengesellschaften[46] sein. Der **Erwerb der Mitgliedschaft** erfolgt durch Beteiligung an der Gründung oder durch den späteren Beitritt, s. Rn. 48. Die **Mitgliedschaft endet** durch Austritt (§ 39 – das Austrittsrecht ist zwingend vorgeschrieben, s. § 40), durch Ausschluss (s. Rn. 49 f.) oder

---

43 BGHZ 175, 12 = JZ 2008, 516 (eine bewusste Überschreitung des Nebenzweckprivilegs [s. Rn. 15] löst keine Durchgriffshaftung aus).

44 BGHZ 110, 323, 327 = NJW 1990, 2877, 2878 (Nichtzulassung einer Yacht zu einer Regatta).

45 BGHZ 110, 323, 327 u. 334 (Fn. 44).

46 Also insbesondere die OHG und die KG, aber auch die (Außen-)Gesellschaft bürgerlichen Rechts, zu dieser zusammenfassend BGH NJW 2001, 3121, 3122 (kann auch Kommanditistin einer KG sein).

durch Tod des Mitglieds (§ 38 Satz 1 – keine Vererbung oder Übertragung der Mitgliedschaft, doch handelt es sich hier um eine durch die Satzung abdingbare Vorschrift, s. § 40).

2. Inhalt und Grenzen der Vereinsautonomie

a) Begriff

Der Begriff **Vereinsautonomie** bezeichnet die Kompetenz des Vereins, seine Angelegenheiten grundsätzlich in eigener Verantwortung zu regeln. Grenzen der Vereinsautonomie ergeben sich jedoch aus den zwingenden Vorschriften des Vereinsrechts und aus sonstigen Rechtsnormen. 47

b) Aufnahme von Mitgliedern

Der Erwerb der Mitgliedschaft setzt einen **Aufnahmevertrag** zwischen dem Beitretenden und dem Verein voraus, der aber auch stillschweigend zustande kommen kann.[47] Bei der Aufnahme eines neuen Mitglieds ist der Verein grundsätzlich frei. Eine **Pflicht zur Aufnahme** eines Unternehmens in eine Wirtschafts- oder Berufsvereinigung kann sich aus § 20 Abs. 6 GWB ergeben. Darüber hinaus wird unter ursprünglicher Berufung auf § 826[48] eine Aufnahmepflicht bejaht, wenn in der Nichtaufnahme eine sittenwidrige Schädigung liegen würde. Eine solche Aufnahmepflicht kommt in Betracht, wenn der Verein eine **Monopolstellung** besitzt oder jedenfalls eine **überragende Machtstellung im wirtschaftlichen oder sozialen Bereich** hat und die Mitgliedschaft für den Bewerber von wesentlicher Bedeutung ist. Einen Ausschnitt hieraus regelt § 18 Abs. 1 u. 2 AGG.[49] Aus diesen Bestimmungen ergibt sich ein Anspruch auf Mitgliedschaft in einer Tarifvertragspartei (Arbeitgeberverbände und Gewerkschaften) sowie (bei einem grundlegenden Interesse an einer Mitgliedschaft) einer Berufsgruppenvereinigung oder einer Vereinigung mit überragender Machtstellung im wirtschaftlichen oder sozialen Bereich, wenn die Ablehnung eine nach §§ 1, 7 AGG **verbotene Diskriminierung** (etwa aus Gründen des Geschlechts, der ethnischen Herkunft oder der Religion) darstellen würde. 48

Nach allgemeinen Grundsätzen hat der BGH[50] etwa eine Verpflichtung zur Aufnahme in einen Sportverband (Dachverband) bejaht, weil dieser eine Monopolstellung hatte,

---

47 BGH NJW 2014, 3239 (zu Nr, 10).
48 Heute handelt es sich um einen Kontrahierungszwang kraft richterlicher Rechtsfortbildung, näher s. MünchKomm/Reuter, vor § 21 Rn. 112 f.
49 Dazu MünchKomm/Reuter, vor § 21 Rn. 109.
50 BGHZ 63, 282 = NJW 1975, 771; zusammenfassend und präzisierend BGHZ 140, 74 = NJW 1999, 1326: da die grundsätzliche Freiheit des Vereins, über die Aufnahme zu entscheiden, durch Art. 9 Abs. 1 GG geschützt sei, bestehe ein Aufnahmeanspruch aber nur, wenn

aber auch die Pflicht zur Aufnahme in eine Gewerkschaft[51] wegen der besonderen Bedeutung der Mitgliedschaft für den Arbeitnehmer. Anders ist es bei politischen Parteien: hier lehnt der BGH[52] eine allgemeine Aufnahmepflicht unter Berufung auf § 10 Abs. 1 ParteienG ab, wonach die Parteiorgane nach Maßgabe der Satzung frei über die Aufnahme von Mitgliedern entscheiden und die Ablehnung eines Aufnahmeantrags nicht begründet zu werden braucht.

c) Disziplinarmaßnahmen, insbesondere Ausschluss von Mitgliedern

49 Disziplinarmaßnahmen gegenüber einem Vereinsmitglied bedürfen einer Grundlage in der Satzung des Vereins, während es nicht genügt, dass sie in der Satzung eines übergeordneten Vereins (Dachverband) vorgesehen sind, dem der Betroffene selbst nicht angehört.[53] Auch der **Ausschluss** eines Mitglieds ist im Vereinsrecht des BGB nicht ausdrücklich geregelt,[54] sondern nach der Satzung zu beurteilen, soweit diese Bestimmungen darüber enthält. Selbst ohne Satzungsbestimmung ist der Ausschluss zulässig, wenn ein **wichtiger Grund** vorliegt. Man greift insofern auf den allgemeinen Rechtsgrundsatz zurück, der sich bei Dauerschuldverhältnissen auch sonst zeigt: eine Kündigung ist aus wichtigem Grund möglich, § 314 sowie §§ 626, 723 usw. Ein wichtiger Grund liegt z. B. in einer schweren Verletzung von Vereinspflichten. Zuständig für den Ausschluss ist – soweit die Satzung nichts anderes bestimmt – die Mitgliederversammlung, § 32 Abs. 1 Satz 1.

50 Der Betroffene kann sich, auch wenn bereits ein Vereins- oder Verbandsgericht[55] entschieden hat, weiter gegen den Ausschluss zur Wehr setzen und bei dem zuständigen **staatlichen Gericht** auf Feststellung klagen, dass der Ausschluss unwirksam sei. Das staatliche Gericht **überprüft** jedenfalls, ob beim Ausschluss das in der Satzung vorgeschriebene **Verfahren** eingehalten wurde, insbesondere auch, ob dem Betroffenen **rechtliches Gehör** gewährt wurde, ferner ob die zugrunde gelegten **Tatsachen** zutreffend festgestellt wurden. Die Subsumtion des Sachverhalts unter die maßgebende Satzungsbestimmung wird dagegen grundsätzlich nur begrenzt nachgeprüft, nämlich darauf, ob der Ausschluss **gesetzwidrig, offenbar unbillig** oder **sittenwidrig** ist.[56] Bei Vereinen, die einem **Aufnahmezwang** unterliegen (also Monopolvereinigungen oder

---

nach Abwägung der beiderseitigen Interessen die Zurückweisung des Bewerbers unbillig erscheine.

51 BGHZ 93, 151 = NJW 1985, 1216.

52 BGHZ 101, 193 = NJW 1987, 2503.

53 BGH NJW 2017, 402 (unwirksamer Zwangsabstieg des SV Wilhelmshaven).

54 Für den Ausschluss aus einer politischen Partei enthält § 10 Abs. 4 u. 5 PartG nähere Bestimmungen.

55 Anders ist es, wenn ein satzungsgemäßes Schiedsgericht i. S. der §§ 1025 ff. ZPO entschieden hat. Die Vereins- oder Verbandsgerichte sind aber (mangels institutioneller Unabhängigkeit und Unparteilichkeit) im Allgemeinen keine „echten" Schiedsgerichte, sondern Vereinsorgane, BGHZ 159, 207 = NJW 2004, 2226.

56 Zusammenfassend BGH NJW 1997, 3368. – Die eingeschränkte gerichtliche Kontrolle genügt nach BVerfG NJW 2002, 2227 dem verfassungsrechtlichen Justizgewährungsanspruch.

Vereinigungen mit überragender Machtstellung im wirtschaftlichen oder sozialen Bereich, s. Rn. 48), wird aber der Ausschluss auch dahin überprüft, ob ein sachlicher Grund dafür vorliegt, wobei nur ein eng begrenzter Beurteilungs- und Ermessensspielraum des Vereins anerkannt wird.[57]

V. Die Beendigung des Vereins

Beendigungsgründe sind vor allem Auflösungsbeschluss (§41), Wegfall aller Mitglieder, Entziehung der Rechtsfähigkeit, z.B. wenn weniger als drei Mitglieder vorhanden sind (§73), unanfechtbares Verbot nach dem Vereinsgesetz (dort sind auch die Folgen geregelt, z.B. Vermögensbeschlagnahme). 51

Nach Auflösung oder Entziehung der Rechtsfähigkeit findet regelmäßig eine **Liquidation** (Abwicklung) statt, s. zu den Einzelheiten §§47ff. Für die Dauer der Liquidation besteht der Verein als juristische Person fort, §49 Abs. 2. Den Zeitpunkt, in dem der Verein als juristische Person zu existieren aufhört, bildet also erst der Abschluss der Liquidation. 52

VI. Die rechtsfähige Stiftung

1. Zweck und Rechtsgrundlagen

Durch eine Stiftung wird ein bestimmtes **Vermögen** für einen vom Stifter festgelegten **Zweck** auf Dauer zur Verfügung gestellt. Es handelt sich nicht um eine Personenvereinigung, sondern um ein rechtlich verselbständigtes Vermögen.[58] Die **rechtsfähige Stiftung des Privatrechts** (es gibt auch Stiftungen des öffentlichen Rechts) ist in den §§80ff. geregelt. 53

2. Entstehung

Zur Entstehung einer rechtsfähigen Stiftung sind als rechtsgeschäftlicher Gründungsakt das **Stiftungsgeschäft** und daneben die **behördliche Anerkennung** durch die zuständige Landesbehörde erforderlich, §80 Abs. 1. Wenn die Anforderungen an das Stiftungsgeschäft erfüllt sind, die dauernde Erfüllung des Stiftungszwecks gesichert erscheint und der Stiftungszweck nicht das Gemeinwohl 54

---

57 Vgl. BGHZ 102, 265, 277 = NJW 1988, 552, 555; BGH NJW 1997, 3368, 3370. – Zum Recht der Gewerkschaft, ein Mitglied wegen der Kandidatur auf einer konkurrierenden Liste bei der Betriebsratswahl auszuschließen, s. BVerfGE 100, 214 = NJW 1999, 2657.

58 Davon zu unterscheiden sind unselbständige Stiftungen, bei denen das Stiftungsvermögen einem anderen Rechtssubjekt zu einem bestimmten Zweck (unter gesonderter Verwaltung) zugewandt wird. Dazu näher MünchKomm/Weitemeyer vor §80 Rn. 199ff.

gefährdet, so besteht nach § 80 Abs. 2 ein **Rechtsanspruch auf Anerkennung**, also auf die Zuerkennung der Rechtsfähigkeit. Das Stiftungsgeschäft kann unter Lebenden durch **einseitige, nicht empfangsbedürftige Willenserklärung** (zu Form und Inhalt s. § 81) oder als Stiftungsgeschäft von Todes wegen in einem Testament oder einem Erbvertrag vorgenommen werden, § 83. § 84 erlaubt dann bereits die Erbeinsetzung der Stiftung: Die Stiftung gilt insoweit, wenn sie nach dem Tod des Stifters behördlich als rechtsfähig anerkannt wird, als vor dem Tod des Stifters entstanden.

3. Verfassung der Stiftung

55 Die **Verfassung** der Stiftung wird durch das Stiftungsgeschäft (§ 85) und durch die im Stiftungsgeschäft (also vom Stifter) festzulegende Satzung der Stiftung bestimmt, § 81 Abs. 1 Satz 3. Die Stiftung wird durch ihren **Vorstand** verwaltet, § 86 i. V. m. den dort genannten Vorschriften des Vereinsrechts, zu denen auch § 31 (Haftung für den Vorstand als Organ) gehört. Die Bestellung des Vorstands richtet sich nach der Satzung der Stiftung.

VII. Haftung juristischer Personen des öffentlichen Rechts

56 Die wichtige Vorschrift des § 89 Abs. 1 erklärt § 31 auch bei juristischen Personen des öffentlichen Rechts (Bundesrepublik Deutschland, Bundesland, Stadt usw.) für anwendbar. Dies gilt aber nur im Bereich **privatrechtlichen Handelns** (insoweit wird der Staat als **Fiskus** bezeichnet), während bei hoheitlichem Handeln die Staatshaftung nach § 839 i. V. m. Art. 34 GG für Amtspflichtverletzungen eingreift.

57 Der Begriff des **verfassungsmäßigen Vertreters** spielt auch hier die entscheidende Rolle. Die Berufung zur Tätigkeit innerhalb eines Geschäftsbereichs muss auf denjenigen Bestimmungen beruhen, die die Organisation der öffentlich-rechtlichen juristischen Person regeln; diese **Organisationsnormen** treten an die Stelle der Satzung beim Verein. Rechtsgeschäftliche Vertretungsmacht wird auch hier nicht verlangt. Es ist aber eine nach außen hervortretende **gewisse Selbständigkeit des Aufgabenkreises** erforderlich.

So kann etwa ein weisungsfrei arbeitender Chefarzt eines städtischen Krankenhauses als verfassungsmäßiger Vertreter der Stadt i. S. v. § 89 i. V. m. § 31 anzusehen sein,[59] mit der Folge, dass für einen Behandlungsfehler des Chefarztes die Stadt sowohl aus dem Behandlungsvertrag als auch nach Deliktsrecht ohne Exkulpationsmöglichkeit haftet.

---

59 Vgl. BGH NJW 1980, 1901.

Kontrollfragen und Fälle zu § 31

1) Welche Arten von Vereinen unterscheidet das BGB und wie erlangen sie die Rechtsfähigkeit?

2) Welchen Sinn hat eine Ein-Personen-GmbH?

3) Grau ist seit langem Mitglied des einzigen Tennisclubs (e.V.) in der Stadt.
a) Kann er seine Mitgliedschaft auf seine Tochter Ute übertragen?
b) Kann Ute verlangen, in den Tennisclub aufgenommen zu werden?

4) Ein Skiclub (e.V.) bietet entgeltlichen Skiunterricht für Nichtmitglieder an, der durch den vom Skiclub angestellten, erfahrenen Skilehrer Toni Steil (selbst kein Vereinsmitglied) erteilt wird. An dem Skiunterricht nimmt mit Einwilligung seiner Eltern auch der 16-jährige Horst Forsch teil. Da Horst, obwohl Anfänger, arg vorlaut auftritt, lässt ihn Toni Steil eine für einen Anfänger viel zu schwierige Abfahrtsstrecke hinunterfahren. Prompt stürzt Horst schwer und bricht sich dabei den Arm. Kann Horst von Toni Steil und vom Skiclub Ersatz der Arztkosten und ein Schmerzensgeld verlangen?

Lösungen

58 1) Das BGB unterscheidet den **wirtschaftlichen Verein** und den **Idealverein**. Ein wirtschaftlicher Verein erlangt die Rechtsfähigkeit durch behördliche Genehmigung, § 22. Dies kommt aber nur selten in Betracht, da in aller Regel andere Formen (z. B. die Handelsgesellschaften wie AG und GmbH) zur Verfügung stehen. Ein nicht wirtschaftlicher Verein (Idealverein) erlangt die Rechtsfähigkeit durch Eintragung in das Vereinsregister, § 21. 58

59 2) Man könnte zunächst denken, die Gründung einer Ein-Personen-GmbH (durch § 1 GmbHG ausdrücklich zugelassen) mache keinen Sinn, da der einzige Gesellschafter das Unternehmen genauso gut als natürliche Person betreiben könne. Die Einschaltung einer GmbH erlaubt aber eine **Haftungsbeschränkung** auf das Kapital, das in diese Gesellschaft eingebracht wird. Aus von der GmbH abgeschlossenen Rechtsgeschäften haftet, eben weil die GmbH eine juristische Person ist, grundsätzlich nur die GmbH, nicht die Gesellschafter (§ 13 Abs. 2 GmbHG). Dies gilt auch für eine Ein-Mann-GmbH. 59

60 3) a) Die Mitgliedschaft in einem rechtsfähigen Verein ist nach § 38 Satz 1 **nicht übertragbar**. Etwas anderes gilt nur, wenn es in der Satzung bestimmt ist, was § 40 zulässt. 60

b) Für die **Aufnahme** in einen rechtsfähigen Idealverein gilt grundsätzlich die **Vereinsautonomie**, d. h. es ist Sache des Vereins, wer als Mitglied aufgenommen wird. Einen Anspruch auf Aufnahme gibt es nur ausnahmsweise, so wenn der Verein tatsächlich eine Monopolstellung oder eine überragende Machtstellung im wirtschaftlichen oder sozialen Bereich hat und der Bewerber auf die Mitgliedschaft in ganz besonderem Maße angewiesen ist. Dies ist aber hier, selbst wenn es sich um den einzigen Tennisclub am Ort handelt, nicht anzunehmen.

4) **I. Ansprüche des Horst Forsch gegen den Skiclub**

61 1. Zwischen dem minderjährigen Horst Forsch und dem Skiclub kam aufgrund der Einwilligung seiner Eltern (§ 107) ein **wirksamer Vertrag** über die entgeltliche Erteilung des Skiunterrichts zustande. Im Rahmen der schuldrechtlichen Vertragsfreiheit bestehen gegen den Vertragsschluss keine Bedenken, auch wenn er keinem der gesetzlich geregelten Vertragstypen genau entspricht, sondern wohl einen Vertrag sui generis darstellt. Hier kommt es auf die Rechtsnatur des Vertrages nicht weiter an, denn als Rechtsgrundlage für einen Schadensersatzanspruch greifen die für alle schuldrechtlichen Verträge geltenden Regeln über **Schadensersatz wegen Pflichtverletzung** (§ 280 Abs. 1) ein. Eine Pflichtverletzung liegt darin, den Anfänger Forsch eine für ihn zu schwierige Abfahrtsstrecke hinunterfahren zu lassen. Das Verschulden des Steil (zumindest Fahrlässigkeit) ist dem Verein ohne Möglichkeit der Exkulpation nach § 278 zuzurechnen, da Steil in Erfüllung der Verbindlichkeit des Vereins, d. h. als **Erfüllungsgehilfe**, tätig geworden ist. Der Anspruch umfasst sowohl die Arztkosten (§ 249 Abs. 2 Satz 1) als auch eine billige Entschädigung für den Nichtvermögensschaden (Schmerzensgeld), § 253 Abs. 2. 61

2. Der Anspruch auf Ersatz der Arztkosten und auf Schmerzensgeld könnte auch aus § 831 bestehen. Steil ist **Verrichtungsgehilfe** des Vereins, da er bei der Ausführung seiner Tätigkeit als Arbeitnehmer des Vereins an dessen Weisungen gebunden ist. Jedoch steht dem Verein nach § 831 der Exkulpationsbeweis nach § 831 Abs. 1 Satz 2 offen, wenn ihm weder bei der Auswahl des Gehilfen noch bei dessen Anleitung ein Verschul-

den zur Last fällt. Nach den Angaben im Sachverhalt ist davon auszugehen, dass diese Entlastung gelingt. Damit besteht kein Anspruch aus § 831 gegen den Verein.

62 Anders wäre es, wenn Steil als **verfassungsmäßiger** (satzungsmäßiger) **Vertreter** des Skiclubs anzusehen wäre. Dann müsste der Verein sich dessen Verschulden nach § 31 anrechnen lassen, ohne dass eine Exkulpationsmöglichkeit bestünde. Die Haftung würde sich dann aus § 31 in Verbindung mit § 823 Abs. 1 ergeben. Jedoch enthält der Sachverhalt keine Anhaltspunkte dafür, dass es sich bei Steil um einen verfassungsmäßigen Vertreter des Vereins handelt.

II. Ansprüche des Horst Forsch gegen Toni Steil

63 Ansprüche gegen Steil persönlich bestehen nicht aus Vertrag, da er nicht Vertragspartner ist, wohl aber aus § 823 Abs. 1 (fahrlässige Körperverletzung). Der Schadensersatzanspruch gegen Steil umfasst sowohl die Arztkosten als auch ein angemessenes Schmerzensgeld nach § 253 Abs. 2.

Sowohl hinsichtlich der Arztkosten als auch hinsichtlich des Schmerzensgeldes haften der Verein und Toni Steil dem Forsch als **Gesamtschuldner**, § 840 Abs. 1. (Hinweis: § 31b Abs. 2, aus dem sich ein Befreiungsanspruch gegen den Verein ergeben könnte, greift schon deshalb nicht ein, weil Toni Steil kein Vereinsmitglied ist.)

§ 32 Der nichtrechtsfähige (nicht eingetragene) Verein

Fall 49: Laut hat vor einigen Jahren den Gesangverein Frohe Stimmen gegründet, den er seither als Vorstand leitet. Der Verein hat eine Satzung, wurde aber nicht in das Vereinsregister eingetragen, da dies den Mitgliedern unnötig erschien. Im Namen des Vereins vereinbart Laut mit dem Busunternehmer Rasch, dass dieser für den Verein eine dreitägige Österreichreise durchführt. Als Entgelt werden 4 500 € vereinbart. Da unerwartet wenige Vereinsmitglieder an der Reise teilnehmen, ergeben sich Finanzierungsschwierigkeiten. Kann Rasch von Laut, von dem Verein und von dem vermögenden Vereinsmitglied Gold Zahlung verlangen?

I. Regelung im BGB und weitere Entwicklung

1. Unpassende Verweisung auf das Recht der BGB-Gesellschaft

1 Der Gesetzgeber des BGB wollte auf eine Eintragung der Idealvereine in das Vereinsregister, also auf den Erwerb der Rechtsfähigkeit, hinwirken. Damit wurde damals auch der Zweck verfolgt, die staatliche Kontrolle religiöser, politischer und wirtschaftlicher Vereinigungen zu sichern. Dem nicht eingetragenen Verein wurde nur eine einzige Bestimmung (§ 54) gewidmet. § 54 Satz 1 verweist auf das Recht der BGB-Gesellschaft (§§ 705 ff.). Diese Vorschriften gehen von einer engen persönlichen Zusammenarbeit der Gesellschafter aus und sehen dementsprechend u. a. die gemeinschaftliche Geschäftsführung durch alle Gesellschafter (§ 709 Abs. 1), die unbeschränkte persönliche Haftung der Gesellschafter für die Gesellschaftsverbindlichkeiten (s. Rn. 6), die jederzeitige Kündbarkeit der Gesellschaft (§ 723 Abs. 1 Satz 1) und die Auflösung durch den Tod eines Gesellschafters (§ 727 Abs. 1) vor. Mit dem Zweck und der körperschaftlichen Struktur eines Vereins sind diese Regeln jedoch nicht zu vereinbaren.

2. Analoge Anwendung von Bestimmungen für den rechtsfähigen Verein

2 Die Erwartung, aufgrund dieser Regelung würden nichtrechtsfähige Vereine keine wesentliche Bedeutung erlangen, hat sich jedoch nicht erfüllt. So haben es die **Gewerkschaften** zumeist bis heute abgelehnt, sich in das Vereinsregister eintragen zu lassen, und zwar vor allem aus prinzipiellen Erwägungen, um kein Einfallstor für eine staatliche Beaufsichtigung zu öffnen. Auch manche **poli-**

tische Parteien[1] sind weiterhin als nichtrechtsfähige Vereine organisiert (so die SPD). Als Vermögensträger können sich Gewerkschaften oder politische Parteien einer zwischengeschalteten AG oder GmbH bedienen, auch für die Eintragung im Grundbuch.[2]

Die Entwicklung ist geradezu umgekehrt verlaufen, als sie der Gesetzgeber sich vorstellte. Da die gesetzlich vorgegebene Regelung der Struktur eines nichtrechtsfähigen Vereins in wesentlichen Punkten nicht gerecht wird, hat man sich mehr und mehr davon gelöst und in weitem Umfang die **Vorschriften über den rechtsfähigen Verein** auch auf den nichtrechtsfähigen Verein übertragen. Zur Begründung lässt sich anführen, in der **Satzung** eines nichtrechtsfähigen Vereins liege ein stillschweigender Ausschluss der Anwendung gesellschaftsrechtlicher Regeln. Zutreffender erscheint es jedoch, jedenfalls nach dem heutigen Stand der Entwicklung, von einer **analogen Anwendung** der Vorschriften über den rechtsfähigen Verein auszugehen, ohne dass es dazu einer (eher fiktiven) Grundlage in der Satzung bedarf. 3

II. Haftung des für den nichtrechtsfähigen Verein Handelnden

Von der Entwicklung unberührt blieb § 54 Satz 2. Danach haftet der für einen nichtrechtsfähigen Verein **Handelnde** (z.B. der **Vorstand**) mit seinem Privatvermögen aus dem Geschäft, das er für den nichtrechtsfähigen Verein abgeschlossen hat. Dadurch soll der Vertragspartner geschützt werden, da beim nichtrechtsfähigen Verein die Vermögenslage oft unübersichtlich ist. Ein ausdrücklicher Ausschluss dieser Haftung im konkreten Rechtsgeschäft ist möglich. Dagegen ist ein stillschweigender Haftungsausschluss (etwa schon deshalb, weil für einen nichtrechtsfähigen Verein gehandelt wurde) nicht anzunehmen, da er weder dem Zweck des Gesetzes noch dem Interesse des Vertragspartners entspricht. Aus demselben Grund wäre selbst ein ausdrücklicher Ausschluss dieser Haftung in der Satzung des Vereins unwirksam. 4

Etwas anderes gilt bei **politischen Parteien**. Bei diesen ist nach § 37 ParteienG § 54 Satz 2 BGB nicht anzuwenden. 5

III. Die Haftung der Vereinsmitglieder

Da der Verein als solcher kein Rechtssubjekt ist, schließt der Vorstand das Rechtsgeschäft in Vertretung der Mitglieder ab. Bei der BGB-Gesellschaft folgt 6

1 Für die politischen Parteien enthält das ParteienG auch auf privatrechtlichem Gebiet einige Sondervorschriften, s. Rn. 5 und 10 (Fn. 9).

2 Zum Streit über die Grundbuchfähigkeit des nicht eingetragenen Vereins s. Rn. 12.

daraus weiter, dass die Gesellschafter mit ihrem vollen Vermögen für die Verbindlichkeiten haften (zur Vertretungsmacht s. § 714, zur Haftung nach heutiger Ansicht §§ 128 ff. HGB analog). Durch die Verweisung des § 54 Satz 1 würde diese Regelung auch für die Mitglieder des nichtrechtsfähigen Vereins gelten. Sie wird aber der Struktur des Vereins und der Interessenlage der Mitglieder nicht gerecht. Wer einem derartigen Verein beitritt, möchte sich lediglich zur Zahlung der Beiträge verpflichten, nicht aber (anders als bei der BGB-Gesellschaft oder der OHG) sein ganzes Vermögen als Haftungsgrundlage für den Verein zur Verfügung stellen. Es besteht daher Einigkeit darüber, dass die Mitglieder eines nichtrechtsfähigen Vereins nicht persönlich für die Verbindlichkeiten des Vereins haften. Die Haftung ist vielmehr auf das **Vereinsvermögen** als Gesamthandsvermögen der Mitglieder beschränkt. Dies kann man heute als **gewohnheitsrechtliche Regelung** ansehen.[3]

7 Unberührt bleibt die persönliche Haftung des für den Verein Handelnden nach § 54 Satz 2, s. Rn. 4. Außerdem gilt die dargestellte Beschränkung der Haftung nur für nichtrechtsfähige Idealvereine. Bei nichtrechtsfähigen **wirtschaftlichen Vereinen** (die selten sind) bleibt es bei der unbeschränkten persönlichen Haftung der Mitglieder.[4] Man geht davon aus, insoweit sei der Wille des Gesetzgebers nicht überholt; außerdem solle die wirtschaftliche Betätigung ohnehin möglichst in die Formen des Handelsrechts gelenkt werden.[5]

IV. Die Haftung für Vereinsorgane

8 Der nichtrechtsfähige Verein (d. h. die Gesamtheit der Mitglieder mit dem Vereinsvermögen) haftet analog § 31 für schadensstiftende Handlungen der Organe (und „Repräsentanten", s. § 31 Rn. 38) des Vereins in Ausführung der ihnen zustehenden Verrichtungen. Auch insoweit trägt man der Struktur des nichtrechtsfähigen Vereins Rechnung, der, obwohl er nicht rechtsfähig ist, doch im Verkehr als handelnde Einheit auftritt. Für die Haftung unentgeltlich handelnder Vorstandsmitglieder oder sonstiger Vereinsmitglieder gegenüber dem Verein und deren Freistellungsanspruch bei Haftung nach außen sind §§ 31a, b analog anzuwenden (s. dazu § 31 Rn. 30a).

---

3 Wolf/Neuner § 17 Rn. 138; Hübner Rn. 263, 270.
4 BGHZ 146, 190, 201 = NJW 2001, 748, 750.
5 Vgl. Medicus/Petersen Rn. 1155.

V. Sonstige Regeln

Rechtsprechung und Lehre haben den nichtrechtsfähigen Verein in einer ganzen Reihe weiterer Punkte dem rechtsfähigen Verein angenähert. Der Struktur des Vereins entsprechend (körperschaftliche Organisation) werden die Bestimmungen der §§ 723, 727, 728 Abs. 2 (im Regelfall Auflösung der Gesellschaft durch Kündigung, Tod eines Gesellschafters oder Insolvenzverfahren über das Vermögen eines Gesellschafters) nicht angewandt, auch wenn sich die Satzung dazu nicht ausdrücklich äußert. Es wird also davon ausgegangen, dass auch ein nichtrechtsfähiger Verein **vom Wechsel seiner Mitglieder grundsätzlich unabhängig** ist. Anstelle des § 708 (Haftung für eigenübliche Sorgfalt) wird angenommen, dass die Mitglieder des Vorstands dem Verein gegenüber für **normale Sorgfalt** haften.[6] Die Begründung liegt darin, dass das enge persönliche Zusammenwirken, auf dem § 708 bei der BGB-Gesellschaft beruht, beim nichtrechtsfähigen Verein nicht vorhanden ist. Zur Haftung des ehrenamtlichen Vorstands und anderer Vereinsmitglieder s. aber jetzt § 31a, b. Auch das Recht zum Gebrauch eines eigenen **Namens** und der entsprechende Schutz durch § 12 (s. § 33 Rn. 14) ist dem nichtrechtsfähigen Verein zuzugestehen. 9

VI. Die Zuerkennung der aktiven Parteifähigkeit und die Diskussion über die Rechtsfähigkeit des nicht eingetragenen Vereins

Seit der BGH den BGB-Gesellschaften, die Gesellschaftsvermögen besitzen (sog. Außengesellschaften), die Rechts- und Parteifähigkeit zubilligte (s. § 31 Rn. 4), wurde zunehmend auch für den nicht eingetragenen Verein dasselbe Ergebnis gefordert,[7] da der nicht eingetragene Verein nach § 54 Satz 1 den für die BGB-Gesellschaft geltenden Regeln unterstehe. Der BGH[8] schloss sich dem hinsichtlich der Parteifähigkeit an und billigte im Gegensatz zu seiner früheren Rechtsprechung[9] allen nicht eingetragenen Vereinen auch die **aktive Parteifähigkeit** (nicht die Rechtsfähigkeit) zu, obwohl § 50 Abs. 2 ZPO in der damals 10

---

6 Vgl. RGZ 143, 212, 214 f.

7 Für Rechtsfähigkeit KG MDR 2003, 1197; K. Schmidt NJW 2001, 993, 1002 f.; Brox/Walker Rn. 770; Wolf/Neuner § 17 Rn. 125; Palandt/Ellenberger § 54 Rn. 2 u. 7; MünchKomm/Arnold § 54 Rn. 19. – Gegen die Rechtsfähigkeit Schöpflin, Der nichtrechtsfähige Verein (2003), 83 ff., 356 ff.; BeckOK BGB/Schöpflin (Stand 1.2.2017), § 54 Rn. 21. – Meine eigenen Bedenken gegen eine Übertragung der Rechtsprechung zur BGB-Gesellschaft auf den nicht eingetragenen Verein habe ich in Festschr. für Canaris (2007), Bd. II, 221, 240 ff. dargelegt.

8 BGH NJW 2008, 69, 74. Der BGH bejahte die aktive Parteifähigkeit „über den Wortlaut des § 50 Abs. 2 ZPO hinaus", ohne dazu Stellung zu nehmen, ob man das Gesetz einfach beiseite schieben darf.

9 Zuvor war die aktive Parteifähigkeit entgegen § 50 Abs. 2 ZPO aF nur für die Gewerkschaften (aufgrund ihrer besonderen, auch verfassungsrechtlich geschützten Stellung) bejaht worden. Grundlegend BGHZ 42, 210 = NJW 1965, 29; BGHZ 50, 325 = NJW 1968, 1830. Für

geltenden Fassung dem nicht rechtsfähigen Verein ausdrücklich nur die Fähigkeit, verklagt zu werden (also die passive Parteifähigkeit), zusprach. 2009 legalisierte der Gesetzgeber[10] diese Rechtsprechung durch entsprechende Änderung des § 50 Abs. 2 ZPO.

11 Was dies für die Frage der **Rechtsfähigkeit** bedeutet, erscheint zweifelhaft. Man kann aus der Zubilligung der vollen Parteifähigkeit nicht einfach auf den Willen des Gesetzgebers schließen, den nicht eingetragenen Verein generell und daher auch hinsichtlich der Rechtsfähigkeit mit der BGB-Gesellschaft (Außengesellschaft) gleichzustellen. Denn wenn der Gesetzgeber dieses Ergebnis gewollt hätte, hätte er in § 50 Abs. 2 ZPO nicht die Formulierung „ein Verein, der nicht rechtsfähig ist" beibehalten dürfen. Ebenso ist in § 54 BGB sowohl in der Gesetzesüberschrift als auch in Satz 1 weiterhin ausdrücklich vom nicht rechtsfähigen Verein die Rede. Die Erlangung der Rechtsfähigkeit durch einen Idealverein ist unverändert gemäß § 21 BGB an die Eintragung in das Vereinsregister geknüpft. Dem Gesetz entspricht es also eher, es bei der Verneinung der Rechtsfähigkeit bewenden zu lassen und weiterhin die Gesamtheit der Mitglieder in gesamthänderischer Verbundenheit als Träger der Rechte und Verbindlichkeiten des Vereins zu betrachten.

12 Praktisch macht dies allerdings in den meisten Fällen keinen Unterschied, da ohnehin seit langem eine Haftung der Vereinsmitglieder nur mit dem Vereinsvermögen bejaht wird, s. Rn. 6 (abgesehen von der persönlichen Haftung handelnder Vorstandsmitglieder nach § 54 Satz 2, die aber auch bei Anerkennung der Rechtsfähigkeit unberührt bliebe).

Auch für die **Grundbuchfähigkeit** des nicht eingetragenen Vereins, spielt es im Ergebnis keine Rolle, ob man ihn als rechtsfähig ansieht oder nicht. Der BGH ließ die Rechtsfähigeitsfrage in diesem Zusammenhang offen und stellte klar, dass der nicht eingetragene Verein jedenfalls nicht allein unter seinem Vereinsnamen eingetragen werden kann.[11] Betrachtet man den nicht eingetragenen Verein weiterhin als nicht rechtsfähig, so müssen alle Mitglieder als gemeinsame Eigentümer eines dem Verein gehörenden Grundstücks (§ 47 Abs. 1 GBO) eingetragen werden. Sieht man den nicht eingetragenen Verein als rechtsfähig an, so steht zwar das Eigentum dem Verein als solchem zu, aber gleichwohl müssen, ebenso wie bei einer rechtsfähigen BGB-Gesellschaft, neben dem Vereinsnamen auch sämtliche Mitglieder in das Grundbuch eingetragen werden (§ 47 Abs. 2 GBO). Für Vereine mit größerer Mitgliederzahl ist damit die Grundbuchfähigkeit ohnehin praktisch bedeutungslos.

---

politische Parteien ergab sich die aktive und die passive Parteifähigkeit schon bisher aus § 3 ParteienG, auch wenn es sich um nichtrechtsfähige Vereine handelte.

10 Art. 3 des Gesetzes zur Erleichterung elektronischer Anmeldungen zum Vereinsregister und anderer vereinsrechtlicher Änderungen vom 24. 9. 2009, BGBl. I S. 3145.

11 BGH FGPrax 2016, 97 = JuS 2016, 646 (mit Anm. K. Schmidt).

Billigt man die Rechtsfähigkeit zu, so darf nicht mehr vom nichtrechtsfä- 13
higen Verein, sondern nur noch vom nicht eingetragenen Verein gesprochen werden, denn die paradoxe Aussage „der nicht rechtsfähige Verein ist rechtsfähig" ist selbst in der Juristensprache nicht akzeptabel!

Lösung zu Fall 49: 14

a) Da der Verein (nach dem Gesetzestext und der herkömmlichen Auffassung) nicht rechtsfähig ist, Laut aber kraft seiner Vorstandseigenschaft Vertretungsmacht für alle Mitglieder des Vereins hat, kommt der Vertrag zwischen Rasch und allen Mitgliedern zustande. Jedoch beschränkt sich nach heute bereits gewohnheitsrechtlich anerkannter Auffassung die Haftung der Vereinsmitglieder auf das Vereinsvermögen. Auch gegen das wohlhabende Mitglied Gold hat Rasch keinen weitergehenden Anspruch. Rasch kann, wenn keine freiwillige Zahlung erfolgt, auch nur in das Vereinsvermögen vollstrecken. Dazu bedarf es eines Titels gegen den Verein, § 735 ZPO, oder gegen alle Vereinsmitglieder, entsprechend § 736 ZPO.

b) Geht man dagegen von der Rechtsfähigkeit des nicht eingetragenen Vereins aus, so kommt der Vertrag zwischen Rasch und dem von Laut vertretenen Verein zustande. Am Ergebnis ändert sich nichts – dem Rasch haftet nur das Vereinsvermögen.

c) Anders ist es hinsichtlich des Laut: Da dieser als Vorstand für den nicht eingetragenen Verein gehandelt hat, kann ihn Rasch nach § 54 Satz 2 persönlich auf Zahlung in Anspruch nehmen (was er nicht könnte, wenn Laut als Vorstand eines eingetragenen Vereins gehandelt hätte!). Laut haftet für diese Verbindlichkeit unbeschränkt mit seinem gesamten Vermögen. Für einen mit Rasch vereinbarten Ausschluss der persönlichen Haftung ergibt der Sachverhalt keine Anhaltspunkte (vgl. Rn. 4). Die Haftung nach § 54 Satz 2 besteht auch dann, wenn man den nicht eingetragenen Verein als rechtsfähig ansieht.

Kontrollfragen und Fälle zu § 32

1) Inwiefern ist die tatsächliche Entwicklung über die gesetzliche Bestimmung des § 54 Satz 1 hinweggegangen?

2) Bunt ist Vorstand eines nicht in das Vereinsregister eingetragenen Kunstvereins.

a) Er möchte für eine Ausstellung einen Saal anmieten, aber dabei vermeiden, persönlich in Anspruch genommen zu werden. Ist dies erreichbar?

b) Bunt hängt selbst die zur Ausstellung eingereichten Bilder auf, lässt aber ein Ölgemälde der Frau Schigull (nicht Vereinsmitglied) fallen, so dass es zerstört wird. Kann Frau Schigull von Bunt und von den übrigen Vereinsmitgliedern Schadensersatz verlangen?

c) Der Saal wurde entgegen der vertraglichen Vereinbarung vom Vermieter Spar nicht hinreichend geheizt, so dass die Besucherzahl sehr niedrig blieb. Kann Bunt den Vermieter auf Schadensersatz wegen entgangener Eintrittsgelder verklagen?

Lösungen

15 1) Obgleich nach §54 Satz1 auf den nicht eingetragenen Verein die Vorschriften über die Gesellschaft des bürgerlichen Rechts (§§705ff.) angewendet werden sollen, ging die Entwicklung in Rechtsprechung und Lehre dahin, weitgehend die **Vorschriften über den rechtsfähigen Verein entsprechend anzuwenden**, da sie der Struktur des nicht eingetragenen Vereins besser gerecht werden.

16 Heute wird darüber hinausgehend vielfach die Meinung vertreten, der nicht eingetragene Verein sei **als rechtsfähig anzusehen** (s. Rn. 10ff.).

17 2) a) Nach §54 Satz2 haftet derjenige, der für einen nicht eingetragenen Verein ein Rechtsgeschäft abschließt, dem Vertragspartner persönlich, hier auf Zahlung des Mietpreises. Diese **persönliche Haftung** ist **abdingbar**, wird aber nicht schon dadurch stillschweigend ausgeschlossen, dass bei Vertragsschluss das Handeln für den Verein zum Ausdruck gebracht wird; denn dies ist nichts anderes als die Voraussetzung des §54 Satz2. Jedoch kann, wenn sich der Vertragspartner darauf einlässt, ausdrücklich ein Ausschluss der persönlichen Haftung des Handelnden vereinbart werden.

18 b) Die Haftung des **nicht eingetragenen Vereins** für schadensverursachendes Verhalten des **Vorstands** wird analog §31 beurteilt. Daher kann Frau Schigull nach §31 in Verbindung mit §823 Abs.1 (Eigentumsverletzung) vom nicht eingetragenen Verein Schadensersatz verlangen, ohne dass etwa eine Exkulpationsmöglichkeit des Vereins besteht. Bejaht man die Rechtsfähigkeit des nicht eingetragenen Vereins, so richtet sich der Anspruch allein gegen den Verein, der mit dem Vereinsvermögen haftet. Bleibt man bei der Ablehnung der Rechtsfähigkeit, so haftet zwar die Gesamtheit der Mitglieder, aber auch deren Haftung ist **auf das Vereinsvermögen beschränkt**, weil nur dies der Struktur eines Vereins entspricht.

19 Gegen **Bunt persönlich** hat Frau Schigull einen **Anspruch aus §823 Abs.1**, und da insoweit Bunt nicht aufgrund seiner Mitgliedschaft, sondern aufgrund seiner eigenen deliktischen Handlung haftet, tritt hier keine Beschränkung auf das Vereinsvermögen ein. (Ein Freistellungsanspruch des Bunt gegen den Verein kommt nach denselben Regeln wie beim rechtsfähigen Verein in Betracht, s. §31 Rn.30a).

20 c) Der nicht eingetragenen Verein besitzt gemäß §50 Abs.2 ZPO auch die **aktive Parteifähigkeit**. Bunt kann also im Namen des Vereins, den er als Vorstand vertritt, Klage gegen Spar erheben und die (wenn man die Rechtsfähigkeit bejaht) dem Verein zustehenden Ansprüche – hier: auf Schadensersatz wegen Pflichtverletzung gemäß §280 Abs.1 BGB – geltend machen. Verneint man dagegen die Rechtsfähigkeit, so macht der Vorstand die der Gesamtheit aller Mitglieder zustehenden Ansprüche geltend.

§ 33 Namensrecht

Fall 50: Hertha Vogel tritt seit geraumer Zeit als Schlagersängerin unter dem Namen Evita Paloma auf. Ihre Konzerte erhalten großen Zulauf und werden auch im Fernsehen mehrfach übertragen. Als Frau Vogel erfährt, dass sich unlängst an einem Nachwuchswettbewerb eine andere Sängerin namens Evita Paloma beteiligt hat, ist sie empört. Allerdings stellt sich heraus, dass diese zweite Sängerin schon seit ihrer Geburt Evita Paloma heißt. Kann Hertha Vogel gleichwohl verlangen, dass die Nachwuchskünstlerin nicht unter dem Namen Evita Paloma auftritt?

I. Der Name

1. Bestandteile des Namens

Der **bürgerliche Name**, also der Name der natürlichen Person, besteht aus **Vorname** (bzw. Vornamen) und **Familienname**. Adelsbezeichnungen (von, Graf, Freiherr usw.) gelten als Bestandteil des Namens und dürfen nicht mehr verliehen werden (Art. 109 Abs. 3 der Weimarer Verfassung). Akademische Grade, insbesondere der Doktortitel, sind keine Namensbestandteile. Sie werden jetzt auch nicht mehr in die Personenstandsregister und Personenstandsurkunden aufgenommen.[1] 1

2. Erwerb des Familiennamens

Das Recht des Familiennamens wurde in neuerer Zeit **häufig geändert**. Der Gesetzgeber löste sich nur zögernd von den tradierten Regeln, während das BVerfG[2] immer wieder verfassungsrechtliche Defizite aufzeigte. 2

1 BGH NJW 2014, 387. Nach Ansicht des BGH ist das frühere Gewohnheitsrecht, auf dem die Eintragungsfähigkeit beruhte, entweder durch die Reform des Personenstandsgesetzes (2009) oder durch seitdem veränderte ständige Übung der Standesämter aufgehoben worden.

2 So z.B. BVerfG NJW 2004, 1155, wonach es verfassungswidrig war, den durch Ehe erworbenen und nach Scheidung beibehaltenen Namen in einer neuen Ehe nicht zum gemeinsamen Ehenamen bestimmen zu können. Später wurde § 1355 Abs. 2 entsprechend geändert. – Eine ehevertragliche Abrede, in der sich ein Ehegatte verpflichtet, im Fall der Scheidung seinen Geburtsnamen wieder anzunehmen, ist nach BGH NJW 2008, 1528 nicht sittenwidrig, jedenfalls wenn für den Verzicht auf den mit der Eheschließung erworbenen Namen kein Entgelt vereinbart wurde.

Aus einer Ehe hervorgehende Kinder erhalten nach § 1616 als Familiennamen (Geburtsnamen) den **Ehenamen** der Eltern. Wenn die Eltern keinen gemeinsamen Ehenamen führen und ihnen die elterliche Sorge gemeinsam zusteht, so müssen sie gemeinsam bestimmen, welchen der beiden elterlichen Namen[3] ihre Kinder erhalten sollen, § 1617 Abs. 1 Satz 1. Dies gilt auch bei nicht verheirateten Eltern. Andernfalls erhält das Kind in der Regel den Namen des sorgeberechtigten Elternteils, § 1617a Abs. 1. Bei Eheschließung, Scheidung (s. auch Fn. 2) und Wiederheirat bestehen verschiedene Wahlmöglichkeiten. Für die **eingetragene Lebenspartnerschaft** (zweier Personen gleichen Geschlechts) gelten inhaltlich mit dem Recht des Ehenamens übereinstimmende Regeln (Lebenspartnerschaftsname), § 3 LPartG. Hinsichtlich aller Einzelheiten ist auf die Lehrbücher zum Familienrecht zu verweisen.

3. Erwerb des Vornamens

3 Der **Vorname** eines Kindes wird durch die zur Personensorge berechtigten Personen bestimmt. Dies sind beim ehelichen Kind in der Regel die Eltern gemeinsam, § 1626. Eltern, die bei Geburt des Kindes nicht miteinander verheiratet sind, sind gemeinsam sorgeberechtigt, wenn sie auf die gemeinsame Übernahme der Sorge gerichtete Erklärungen abgegeben haben oder das Familiengericht den Eltern die gemeinsame Sorge übertragen hat, § 1626a Abs. 1. Andernfalls ist die Mutter sorgeberechtigt, § 1626a Abs. 2. Die Angabe des Vornamens erfolgt zusammen mit der Anzeige der Geburt beim Standesamt.[4] In der **Wahl des Vornamens** sind die Eltern prinzipiell frei.

4 Auch hier kommt der **verfassungsrechtlichen Dimension** große Bedeutung zu. Grundrechtlichen Schutz[5] genießen sowohl das Recht der Eltern zur Bestimmung des Vornamens als Teil des Elternrechts nach Art. 6 Abs. 2 Satz 1 GG als auch das Recht des Kindes auf Erhalt eines Vornamens und dessen Schutz als Bestandteil des Persönlichkeitsrechts,[6] Art. 2 Abs. 1 i. V. m. Art 1 Abs. 1 GG. Beschränkungen des Bestimmungsrechts der Eltern sind nur zulässig, wenn eine **Beeinträchtigung des Kindeswohls** droht, nicht

---

3 Ein aus den beiden Elternnamen gebildeter Doppelname ist als Kindesname nicht zulässig. Wurde allerdings in einem anderen Mitgliedstaat der EU für einen dort wohnenden deutschen Staatsangehörigen ein Doppelname registriert, so muss dieser laut EuGH NJW 2009, 135 auch in Deutschland anerkannt werden. Der später geschaffene Art. 48 EGBGB gewährt ein Wahlrecht, wenn eine dem deutschen Namensrecht unterliegende Person während des gewöhnlichen Aufenthalts in einem anderen Mitgliedstaat der EU einen vom deutschen Recht abweichenden Namen erworben hat. – Zur gewillkürten Namensänderung s. Rn. 5a.

4 Die Führung der Personenstandsregister – Heiratsregister, Lebenspartnerschaftsregister, Geburtenregister, Sterberegister – sowie die Ausstellung der entsprechenden Personenstandsurkunden, z. B. von Geburtsurkunden, ist im Personenstandsgesetz geregelt. Zuständig ist das Standesamt, eine Gemeindebehörde.

5 BVerfG NJW 2004, 1586; NJW 2006, 1414.

6 S. auch BVerfGE 115, 1 = JZ 2006, 513 zum Schutz des Vornamens, der einem Transsexuellen nach den Bestimmungen des Transsexuellengesetzes entsprechend seinem empfundenen Geschlecht zugebilligt worden war. Nach Ansicht des BVerfG muss die Eingehung einer rechtlich gesicherten Partnerschaft mit einem Partner des empfundenen Geschlechts möglich sein, ohne dass ein Verlust des geänderten Vornamens eintritt.

aufgrund öffentlicher Belange.[7] Die von der früher h.M. verwendete Formulierung, der gewählte Vorname dürfe nicht die allgemeine Sitte und Ordnung verletzen, kann nicht aufrechterhalten werden. Auch das bisher anerkannte Erfordernis, der Vorname müsse grundsätzlich[8] dem Geschlecht des Kindes entsprechen, wurde vom BVerfG[9] insofern aufgelockert, als auch ausschließlich Namen gewählt werden können, die für beide Geschlechter Verwendung finden (so dass das Geschlecht aus dem Vornamen nicht erkennbar ist).

Auch die Verwendung von **Phantasienamen** und **ausländischen Namen** wird heute allgemein zugelassen. Im Interesse des Kindes sind aber solche Namen unzulässig, die das Kind der Lächerlichkeit oder Missachtung preisgeben.[10] Es können auch **mehrere Vornamen** gegeben werden, ohne dass nach bürgerlichem Recht der sogenannte Rufname eine rechtliche Sonderstellung hätte. Die Zahl der Vornamen ist allerdings nicht völlig unbegrenzt; sie darf nicht das Wohl des Kindes beeinträchtigen.[11] Geschwister dürfen nicht denselben Vornamen erhalten, auch wenn noch andere Vornamen hinzutreten sollen. 5

4. Änderung des Namens

a) Gewillkürte Namensänderung

Eine freie (gewillkürte) Änderung des Familien- oder Vornamens lässt das deutsche Recht[12] nicht zu. Ein in einem anderen Mitgliedstaat der EU während des dortigen gewöhnlichen Aufenthalts[12a] nach dortigem Recht durch einseitige Erklärung geänderter Name muss aber zur Wahrung der Personenfreizügigkeit (Art. 21 AEUV) grundsätzlich auch in Deutschland anerkannt werden; dem trägt das Wahlrecht nach Art. 48 EGBGB Rechnung. Dies gilt aber nicht – inso- 5a

7 BVerfG NJW 2002, 1256, 1257; NJW 2004, 1586, 1587; NJW 2006, 1414, 1415 (zum Vornamen „Anderson“; das BVerfG hob die ablehnenden Vorentscheidungen auf, weil zur Verwechslungsgefahr mit dem Familiennamen keine hinreichenden Feststellungen getroffen worden waren); BGH FamRZ 2008, 1331 (Familienname des Vaters – „Lütke“ – ist zulässig als weiterer Vorname des Kindes, das den Familiennamen der Mutter führt).

8 Eine Ausnahme bildet der Name Maria, der als zusätzlicher männlicher Vorname verwendet werden kann.

9 BVerfG NJW 2009, 663 („Kiran“).

10 Manche Eltern verwenden viel Energie darauf, um recht befremdliche Namen durchzusetzen; dem Kind wird damit nicht gedient. Die Rechtsprechung ist sehr großzügig, vgl. (die Zulässigkeit des Namens bejahend) OLG Zweibrücken NJW 1984, 1360 (Philipp Pumuckl); BayObLGZ 1994, 191 (Sonne als weiterer weiblicher Vorname). Immerhin lehnte OLG Bremen NJW-RR 2014, 1156 den Vornamen „Waldmeister“ ab, da er das Kind der Lächerlichkeit preisgebe.

11 BVerfG NJW 2004, 1587 (zulässige Beschränkung auf 5 Vornamen statt 12, noch dazu mit ungewöhnlicher Schreibweise).

12 Gemäß Art. 10 Abs. 1 EGBGB wird das auf den Namen einer Person anwendbare Recht grundsätzlich von der Staatsangehörigkeit bestimmt. Für Ehegatten bestehen Wahlmöglichkeiten nach Art. 10 Abs. 2 EGBGB.

12a Auch ohne diese Voraussetzung muss bei doppelter Staatsangehörigkeit eine im anderen Mitgliedstaat erfolgte behördliche Namensänderung auch in Deutschland anerkannt werden, EuGH 8.6.2017 – C-541/15.

fern werden einem „Namenstourismus in Europa“[13] Grenzen gezogen -, wenn die Wahl des nach ausländischem Recht erworbenen Namens offensichtlich mit wesentlichen Grundsätzen des deutschen Rechts unvereinbar ist. Bei im Ausland gewillkürt erworbenen Scheinadelstiteln hält der EuGH[14] eine solche Einschränkung der Namensanerkennung für möglich.

b) Änderung des Namens durch Verwaltungsakt

6 Das Gesetz über die Änderung von Familien- und Vornamen vom 5.1. 1938 gestattet die Namensänderung auf Antrag des Namensträgers durch einen **Verwaltungsakt**. Es muss aber ein **wichtiger Grund** für eine solche Änderung vorliegen, z.B. ein anstößiger oder lächerlich wirkender Name. Dabei muss das private Interesse an einer Namensänderung gegen das öffentliche Interesse an der Beibehaltung des ursprünglichen Namens abgewogen werden. Das gilt auch bei der Änderung des Vornamens, doch kommt hier dem öffentlichen Interesse am Fortbestand des Namens geringeres Gewicht zu als bei einer Änderung des Familiennamens.[15] Die Entscheidung obliegt bei der Änderung von Vornamen der unteren, bei der Änderung von Familiennamen der höheren Verwaltungsbehörde.

c) Angleichung ausländischer Namen

6a Nach **ausländischem Recht** erworbene Namen können nach Maßgabe des Art. 47 EGBGB durch Erklärung gegenüber dem Standesamt dem deutschen Schema angepasst bzw. entsprechend ergänzt werden, wenn sich der Name jetzt nach deutschem Recht richtet. Dies ist vor allem bei einem Wechsel zur deutschen Staatsangehörigkeit der Fall, Art. 10 Abs. 1 EGBGB.

---

13 Dazu näher Dutta FamRZ 2016, 1213.

14 EuGH NJW 2016, 2093.

15 BVerwG NJW 2016, 2761 Rn. 11. Die Hinzufügung eines weiblichen Vornamens bei einer männlichen Person (beantragt, um wechselnd als Mann oder als Frau auftreten zu können) wurde in dieser Entscheidung unter Hinweis auf die Ordnungsfunktion auch des Vornamens abgelehnt. Erfolgreich war dagegen ein Antrag, die Schreibweise des Vornamens Josef in Joseph zu ändern, um Schwierigkeiten bei Reisen in die USA zu vermeiden, BVerwG NJW 2017, 101.

II. Funktionen und Schutz des Namens

1. Funktionen des Namens und persönlichkeitsrechtlicher Charakter des Namensrechts

Der Name dient der Unterscheidung eines Menschen von anderen Personen 7
und besitzt damit zunächst eine **äußere Ordnungsfunktion**. Da aber die Persönlichkeit eines Menschen, seine Stellung in der Gemeinschaft, seine beruflichen, künstlerischen oder sportlichen Leistungen, sein Ansehen usw. untrennbar mit dem Namen verknüpft sind, ist der Name als **Wesensmerkmal der Person** anzusehen. Der Name eines Menschen (Vorname und Familienname) ist als Ausdruck seiner Identität und Individualität auch durch Art. 2 Abs. 1 i. V. m. Art. 1 Abs. 1 GG,[16] auf europäischer Ebene durch Art. 7 der Charta der Grundrechte und durch Art. 8 EMRK geschützt.[17] Das Namensrecht wird allgemein als ein **Persönlichkeitsrecht** aufgefasst. Dies wirkt sich auf die Reichweite des Schutzes des Namensrechts aus. Dieser besteht nicht nur in einem Schutz vor Verwechslung mit anderen Personen, sondern bezieht auch den persönlichkeitsrechtlichen Bereich mit ein.[18]

Das Namensrecht ist ein gesetzlich geregeltes **besonderes Persönlichkeitsrecht**, ebenso 8
wie das Recht am eigenen Bild (§§ 22 ff. KunstUrhG). Das **allgemeine Persönlichkeitsrecht** ist nicht gesetzlich geregelt. Es wurde von der Rechtsprechung in Anknüpfung an den grundrechtlichen Schutz der Menschenwürde (Art. 1 GG) und der freien Entfaltung der Persönlichkeit (Art. 2 GG) entwickelt und ist heute allgemein anerkannt. Das allgemeine Persönlichkeitsrecht ist ein sonstiges Recht i. S. v. § 823 Abs. 1. Hinsichtlich aller Einzelheiten ist auf die Darstellungen des Deliktsrechts (als Teil des besonderen Schuldrechts) zu verweisen.

2. Schutz des Namensrechts

a) Voraussetzungen

Ansprüche aus § 12 setzen voraus, dass das Recht zum Gebrauch des Namens 9
von einem anderen bestritten wird (**Namensbestreitung**) oder dass ein anderer unbefugt den gleichen Namen gebraucht und dadurch eine Identitäts- oder Zuordnungsverwirrung eintritt (**Namensanmaßung**). In beiden Fällen ist ferner die **Verletzung eines schutzwürdigen Interesses** des Namensträgers erforderlich. Dabei kann es sich um ein wirtschaftliches, aber auch um ein rein persön-

---

16 BVerfG 109, 256, 266 = NJW 2004, 1155; BVerfG NJW 2007, 671.
17 EuGH NJW 2016, 2093 Rn. 35.
18 Zum verfassungsrechtlichen Schutz des Rechts, den eigenen Namen auch öffentlich zu nennen, s. BVerfGE 97, 391 = NJW 1998, 2889 (zur Namensnennung im Fall des sexuellen Missbrauchs durch den Vater).

liches oder ein ideelles Interesse handeln.[19] Der für eine Namensanmaßung erforderliche unbefugte Gebrauch eines fremden Namens kann auch darin liegen, dass der Namensträger zu Einrichtungen oder Produkten in Beziehung gesetzt wird, mit denen er nichts zu tun hat.[20] Eine Verunglimpfung oder Verballhornung eines Namens stellt keine Verletzung des Namensrechts dar,[21] ebenso wenig die Nennung eines Namens etwa in einem Zeitungsartikel ohne Zustimmung des Namensträgers. In solchen Fällen kommen jedoch Ansprüche aufgrund einer Verletzung der Ehre, des allgemeinen Persönlichkeitsrechts oder (im wirtschaftliche Bereich) des Rechts am eingerichteten und ausgeübten Gewerbebetrieb in Betracht.

10 Der Namensschutz bezieht sich im Allgemeinen nicht auf den **Vornamen** in Alleinstellung, da dieser in der Regel nicht zur Individualisierung der Person geeignet ist. Anders ist es aber, wenn der Vorname als Bezeichnung einer bestimmten Person, etwa eines Künstlers oder Sportlers, individualisierende Kraft erlangt hat.[22]

10a Das Namensrecht **erlischt mit dem Tod** des Namensträgers. Jedoch können bei Verunglimpfung oder unberechtigter Nutzung des Namens des Verstorbenen Ansprüche aufgrund Verletzung des **postmortalen Persönlichkeitsrechts**, auch seiner vermögenswerten Bestandteile, bestehen.[23]

b) Ansprüche

11 Wer in seinem Namensrecht verletzt ist, kann nach § 12 von dem Störer die **Beseitigung** und – bei Wiederholungsgefahr – die künftige **Unterlassung der Beeinträchtigung** verlangen. Es kann außerdem ein **Schadensersatzanspruch** aufgrund rechtswidriger und schuldhafter Verletzung des Namensrechts entstehen, da das Namensrecht als subjektives, absolut geschütztes Recht ein **sonstiges Recht** im Sinne des § 823 Abs. 1 darstellt. Wurde das Namens- oder Firmenrecht im geschäftlichen Verkehr verletzt, etwa durch Gebrauch einer verwechslungsfähigen Bezeichnung, so kann der Verletzte, ebenso wie bei der Verletzung von Urheber- und Patentrechten, seinen **Schaden auf dreifache Weise berechnen**: nicht nur durch Nachweis des konkret entgangenen Gewinns, sondern wahlweise auch nach Maßgabe einer ihm entgangenen Lizenzgebühr oder nach dem Gewinn, den der Verletzer erzielt hat.[24] Auch aus Berei-

---

19 BGHZ 124, 173, 181 = NJW 1994, 245, 247 (zum Namensschutz der katholischen Kirche bei der Bezeichnung von Einrichtungen und Veranstaltungen als katholisch oder römisch-katholisch). S. auch Kontrollfragen und Fälle zu § 33, Fall 4.

20 BGH GRUR 2006, 957, 958.

21 BGHZ 98, 94 = NJW 1986, 2951; OLG Frankfurt NJW 1982, 648 („Lusthansa").

22 BGH NJW 1983, 1184 („Uwe" für den bekannten Fußballspieler Uwe Seeler).

23 Zusammenfassend BGHZ 169, 193 = NJW 2007, 684; näher s. Leipold, Erbrecht, 21. Aufl., Rdnr. 635 f.

24 BGHZ 60, 206 = NJW 1973, 622; MünchKomm/Säcker § 12 Rdnr. 166 ff.

cherungsrecht (§812 Abs.1 Satz1 – Eingriffskondiktion) kann sich ein Anspruch auf Zahlung einer angemessenen Lizenzgebühr ergeben.

III. Erweiterter Anwendungsbereich des §12

Der Schutz des §12 wurde in verschiedener Hinsicht über den bürgerlichen Namen hinaus ausgedehnt. Er umfasst z.B. auch die **Firma**, die nach §17 Abs.1 HGB den Handelsnamen des Kaufmanns darstellt. Die Firma braucht nicht mit dem bürgerlichen Namen des Inhabers eines Handelsgeschäfts übereinzustimmen, s. zur Wahl der Firma §§18f. HGB. Bei Erwerb eines Handelsgeschäfts darf die bisherige Firma mit Zustimmung des bisherigen Geschäftsinhabers weitergeführt werden, §22 HGB. 12

Große praktische Bedeutung besitzt, dass auch die Verwendung eines Namens in einer **Internet-Domain** in den Schutzbereich des §12 fällt. Wenn jemand unbefugt den Namen eines anderen (auch den einer Stadt, s. Fn.30) als Internet-Domain verwendet, so kann der Berechtigte nach §12 z.B. Unterlassung verlangen. Bei Gleichnamigkeit entscheidet grundsätzlich die **Priorität der Domainregistrierung**[25]; der andere Namensträger darf dann seinen Namen als Bestandteil seiner Internet-Domain nur verwenden, wenn er einen unterscheidungskräftigen Zusatz hinzufügt. Die Priorität gilt aber nicht ausnahmslos. So kann ein Unternehmen, dessen Namen bzw. Firma **überragende Bekanntheit** erlangt hat, auch bei fehlender Priorität von einem anderen Namensträger Unterlassung der Verwendung desselben Namens (ohne unterscheidungskräftigen Zusatz) verlangen.[26] Selbst bei Verwendung eines Vornamens als Internetadresse besteht der Namensschutz, sofern der Namensträger eine überragende Bekanntheit unter dem Vornamen genießt oder es sich um einen sehr ausgefallenen und daher kennzeichnungskräftigen Vornamen handelt.[27] Die zum Schutz des Namens in Betracht kommenden Ansprüche richten sich in der Regel gegen den Verwender der Internet-Domain, nicht gegen die Registrierungsstelle (DENIC).[28] Der Domainname selbst ist nach Ansicht des BGH[29] kein absolut geschütztes Recht i.S.v. §823 Abs.1, sondern ein vertragliches Nutzungsrecht am Domainnamen gegenüber der DENIC. – Der Schutz von **Marken** ist dagegen in §§14ff. MarkenG besonders geregelt. 13

25 Ausführlich (auch zum grundsätzlichen Vorrang des Kennzeichenschutzes nach dem MarkenG vor §12) BGHZ 149, 191 = NJW 2002, 2031 („Shell.de"); ferner BGHZ 155, 273 = NJW 2003, 2978; BGH GRUR 2016, 2093

26 BGHZ 149, 191 (Fn.25).

27 BGH NJW 2009, 1756 („raule.de").

28 OLG Dresden CR 2001, 408.

29 BGHZ 192, 204 = NJW 2012, 2034 (gewinn.de). Bei Rechtsverletzungen durch Dritte können aber bereicherungsrechtliche Ansprüche (Eingriffskondiktion) bestehen.

14 Geschützt ist auch der Name **juristischer Personen** des Privatrechts und des öffentlichen Rechts (z.B. einer Stadt[30]) sowie nichtrechtsfähiger Vereine.[31] Auch selbst gewählte Künstler- oder Decknamen (**Pseudonym**) genießen den Namensschutz, wenn sie in weiteren Kreisen als Bezeichnung eines bestimmten Künstlers bekannt geworden sind, also tatsächlich diese Persönlichkeit für einen größeren Kreis von Personen kennzeichnen.[32] Auch ein Wappen oder ein Universitätsemblem[33] wird unter der Voraussetzung einer entsprechenden Unterscheidungskraft analog §12 geschützt.

15 **Lösung zu Fall 50:** Anspruchsgrundlage für einen Unterlassungsanspruch der Hertha Vogel gegen Evita Paloma ist §12 Satz 2 BGB. Nicht nur der bürgerliche Name, sondern auch ein selbst gewählter Künstlername ist durch diese Vorschrift geschützt, wenn er tatsächlich Geltung in dem Sinne erlangt hat, dass das Pseudonym die Persönlichkeit für einen weiteren Kreis von Personen kennzeichnet. Diese Voraussetzungen sind hier für den von Hertha Vogel gewählten Künstlernamen gegeben. Voraussetzung eines Anspruchs ist weiter, dass das Recht zur Führung des Namens bestritten wird (was hier nicht vorliegt) oder dass ein anderer unbefugt den gleichen Namen gebraucht und dadurch die Interessen des Namensträgers verletzt. Durch das Auftreten der Nachwuchssängerin unter dem gleichen Namen werden die ideellen und wirtschaftlichen Interessen der „etablierten" Evita Paloma verletzt, da die Gefahr einer Verwechslung der beiden Sängerinnen und ihrer Leistungen nahe liegt. Auf der anderen Seite ist aber der Gebrauch des Namens Evita Paloma durch die Nachwuchssängerin insofern nicht unbefugt, als es sich um ihren bürgerlichen Namen handelt. Ihr kann daher der Gebrauch dieses Namens nicht schlechthin untersagt werden. Wenn sie aber, wie hier, öffentlich auftritt, so genießt das von Hertha Vogel erlangte Namensrecht insoweit Priorität, als es Sache der Nachwuchssängerin ist, durch einen unterscheidungskräftigen Zusatz die Verwechslungsgefahr zu beseitigen. Dafür gilt das in §30 Abs.2 HGB für die Firma Gesagte entsprechend. Hertha Vogel kann somit verlangen, dass es Evita Paloma unterlässt, bei Auftritten als Sängerin diesen Namen ohne einen unterscheidungskräftigen Zusatz zu verwenden.

---

30 Zur Verletzung durch Gebrauch des Namens der Stadt als Internet-Adresse durch einen unbefugten Dritten BGH NJW 2007, 682 („solingen.info"); LG Braunschweig NJW 1997, 2687 („Braunschweig.de"); LG Ansbach NJW 1997, 2688 („Ansbach.de"); zur Verletzung durch Namensanmaßung in Anzeigen BGH GRUR 2006, 957 („Stadt Geldern").

31 S. auch zum Namensschutz für politische Parteien §4 ParteienG. Zum Namensschutz für Wählervereinigungen BGH GRUR 2012, 539.

32 BGHZ 155, 273 = NJW 2003, 2978.

33 BGHZ 119, 237, 245 = NJW 1993, 918, 920.

Kontrollfragen und Fälle zu § 33

1) Welche Ansprüche können bei Verletzung des Namensrechts geltend gemacht werden?

2) Was ist eine Firma?

3) Wie kann ein Unternehmen, dessen Firma von einem Konkurrenzunternehmen rechtswidrig verwendet wurde, seinen Schaden berechnen?

4) Ein Buchverlag wirbt für sein Verlagsprogramm religiöser Schriften mit der Bezeichnung „Pro Fide Catholica“ und mit dem Aufruf, die Verbreitung „guter katholischer Literatur“ zu fördern. Der Verlag arbeitet nicht mit der römisch-katholischen Kirche zusammen. Eine Diözese der römisch-katholischen Kirche (Körperschaft des öffentlichen Rechts) verlangt von dem Verlag, die Verwendung der Bezeichnungen „catholica“ oder „katholisch“ zu unterlassen. Mit Recht?

Lösungen

16 1) Der Verletzte kann nach § 12 Satz 1 die **Beseitigung der Namensverletzung** und nach § 12 Satz 2 bei Wiederholungsgefahr die **Unterlassung einer künftigen Verletzung** verlangen. Außerdem entsteht bei rechtswidriger und schuldhafter Verletzung des Namensrechts ein Anspruch auf **Ersatz entstandenen Schadens** nach § 823 Abs. 1, da das Namensrecht ein sonstiges Recht i. S. dieser Vorschrift darstellt.

17 2) Die Firma ist der **Handelsname des Kaufmanns**, d. h. der Name, unter dem er seine Geschäfte betreibt und seine Unterschrift abgibt, § 17 Abs. 1 HGB.

18 3) Der Schaden kann auf **drei verschiedene Weisen** berechnet werden: durch Nachweis des konkret entgangenen Gewinns; nach dem Gewinn, den der Verletzer erzielt hat; oder nach Maßgabe einer angemessenen Lizenzgebühr.

19 4) Das Namensrecht der katholischen Kirche bzw. der Diözese der katholischen Kirche genießt Namensschutz nach § 12, der auch auf den Namen juristischer Personen des öffentlichen Rechts entsprechende Anwendung findet. Der Buchverlag bestreitet nicht das Recht der katholischen Kirche, diesen Namen zu gebrauchen. Es könnte jedoch ein Fall der **Namensanmaßung** vorliegen. Voraussetzung ist, dass ein Dritter den Namen unbefugt gebraucht, dadurch eine Namensverwirrung auslöst und schutzwürdige Interessen des Namensträgers verletzt. Der Verlag verwendet jedoch nicht den Namen „Katholische Kirche", sondern die Wörter „catholica" bzw. „katholisch". Diese Wörter gehören zum allgemeinen Sprachgebrauch und ergeben nicht zwingend einen Zusammenhang zur römisch-katholischen Kirche oder ihren Diözesen. Der Verlag hat auch nicht bestimmte Einrichtungen oder Veranstaltungen als katholisch oder römisch-katholisch bezeichnet und dadurch den Eindruck ihrer Zugehörigkeit zur katholischen Kirche erweckt[34]. Der BGH hat daher eine Namensanmaßung und damit den Unterlassungsanspruch verneint.[35]

---

34 Anders als im Sachverhalt der in Fn. 19 genannten Entscheidung.
35 BGH NJW 2005, 978; dazu abl. Tillmanns NJW 2006, 3180. Die Entscheidung geht auch näher auf die Rechtsstellung der Diözesen ein.

§34 Der Wohnsitz

Fall 51: Vera Klar verlässt nach einem heftigen Streit mit ihrem Ehemann die gemeinsame Wohnung in Baden-Baden und begibt sich mit der gemeinsamen 6-jährigen Tochter Olga in ein Frauenhaus in Karlsruhe. Sie beabsichtigt, dort etwa zwei Wochen zu bleiben, bis sich die Verhältnisse geklärt haben. Wo haben Vera Klar und Olga Klar jetzt ihren Wohnsitz?

I. Bedeutung

Der Wohnsitz ist die rechtlich bedeutsamste räumliche Beziehung des Menschen. Man versteht darunter den **räumlichen Schwerpunkt der Lebensverhältnisse einer Person.**[1] Der Wohnsitz dient als Anknüpfungspunkt für verschiedene Rechtsfolgen. Im Schuldrecht liegt der **Leistungsort (Erfüllungsort)** gemäß §269 Abs.1 am Wohnsitz des Schuldners, wenn keine andere Bestimmung (vertragliche Vereinbarung) getroffen wurde und sich auch aus den Umständen nichts anderes ergibt. Geld hat der Schuldner im Zweifel an den Wohnsitz des Gläubigers zu übermitteln, §270 Abs.1 (Schickschuld). Für den Zivilprozess begründet der Wohnsitz des Beklagten dessen **allgemeinen Gerichtsstand**, §13 ZPO. Der Beklagte ist also, soweit nicht besondere Vorschriften eingreifen, bei dem Gericht zu verklagen, in dessen Bezirk der Wohnsitz liegt. 1

Einen Wohnsitz haben nur natürliche Personen. Bei **juristischen Personen** und rechtsfähigen Gesellschaften tritt an die Stelle des Wohnsitzes der **Sitz**. Dies ist der Ort der Verwaltung oder ein in der Satzung bestimmter Ort, vgl. §24 für den Verein.

Das **öffentliche Recht** verwendet zum Teil, z.B. im Wahlrecht, einen eigenen, allein auf objektive Merkmale abstellenden Begriff.[2] In anderen Bereichen übernimmt aber auch das öffentliche Recht den Wohnsitzbegriff des BGB.[3]

---

1 MünchKomm/Schmitt §7 Rn.9.

2 Vgl. Palandt/Ellenberger §7 Rn.5. Zum vom öffentlichen Recht verwendeten Begriff der Hauptwohnung s. §22 Bundesmeldegesetz; zum Unterschied vom zivilrechtlichen Wohnsitz OVG Berlin-Brandenburg NJW 2008, 2663, 2664. Im Steuerrecht ist der Wohnsitz nach §8 AO zu bestimmen.

3 Vgl. z.B. BVerfG NJW 1990, 2193, 2194 (zum Staatsangehörigkeitsrecht).

II. Begründung und Aufhebung des Wohnsitzes

1. Begründung

2 Gemäß § 7 Abs. 1 wird der Wohnsitz durch ständige Niederlassung an einem Ort begründet. Darunter ist die Begründung des Aufenthalts mit dem Willen zu verstehen, den Ort zum ständigen Schwerpunkt der Lebensverhältnisse zu machen. Es ist also sowohl der **tatsächliche Akt** als auch der entsprechende **Wille** (Domizilwille) notwendig. Der Wohnsitz ist damit nicht gleichbedeutend mit dem Aufenthaltsort, für den es nicht auf den Willen einer Wohnsitzbegründung ankommt. Der **Domizilwille fehlt**, wenn nur ein Aufenthalt für kürzere Dauer geplant ist, etwa bei Aufenthalt in einem Ferien- oder Kurort, auch bei Unterbringung in einer Strafanstalt, je nach den konkreten Gegebenheiten auch beim Aufenthalt eines Studenten am Hochschulort.

Die **Anmeldung bei der Meldebehörde**, die nach § 17 Bundesmeldegesetz bei jedem Beziehen einer Wohnung vorgeschrieben ist, ist zivilrechtlich nicht entscheidend, ergibt aber ein Indiz für den Willen zur Wohnsitzbegründung. Trotz der Anmeldung wird aber kein Wohnsitz begründet, wenn sich der Wohnungsinhaber an dem Ort nicht dauernd niederlassen will. Andererseits wird der Wohnsitz, wenn die Voraussetzungen des bürgerlichen Rechts vorliegen, auch ohne behördliche Anmeldung begründet.

Merksatz:
Die Begründung eines Wohnsitzes setzt die ständige Niederlassung an einem Ort und den Domizilwillen (Willen, den Ort zum Schwerpunkt der Lebensverhältnisse zu machen) voraus.

3 Die Rechtsnatur der Begründung des Wohnsitzes ist umstritten. Manche nehmen einen Realakt, andere eine **rechtsgeschäftsähnliche Handlung**[4] an, da zwar eine Willensbetätigung, im Unterschied zu einem Rechtsgeschäft aber kein auf bestimmte Rechtsfolgen bezogener Wille erforderlich sei. Dass jedenfalls zur Begründung des Wohnsitzes **Geschäftsfähigkeit erforderlich** ist, ergibt sich aus § 8 Abs. 1. Eine Ausnahme besteht gemäß § 8 Abs. 2 für verheiratete Minderjährige.

2. Aufhebung

4 Die Aufhebung des Wohnsitzes erfordert nach § 7 Abs. 3 die **tatsächliche Aufgabe der Niederlassung** und einen entsprechenden **Willen**. Wiederum ist die behördliche Abmeldung nicht entscheidend; der Wohnsitz besteht dennoch fort, wenn sich die betreffende Person weiterhin an diesem Ort ständig befindet. Die Abwesenheit allein, auch eine längere, hebt den Wohnsitz nicht auf. Die Aufhebung des Wohnsitzes ist auch ohne Begründung eines neuen Wohn-

---

4 Vgl. MünchKomm/Schmitt § 7 Rn. 18 mwN.

sitzes möglich (wohnsitzlose Person). In diesen Fällen wird dann in den meisten Zusammenhängen hilfsweise an den Aufenthaltsort angeknüpft.

3. Mehrfacher Wohnsitz

Nach §7 Abs. 2 sind **mehrere Wohnsitze zulässig.** Dies sind aber Ausnahmefälle. Der Schwerpunkt der gesamten Lebensverhältnisse muss dann gleichzeitig an mehreren Orten bestehen. 5

4. Wohnsitz minderjähriger Kinder

Minderjährige Kinder teilen nach §11 Satz 1 den **Wohnsitz der Eltern**, wenn diesen die Personensorge zusteht. Es handelt sich also um einen abgeleiteten, gesetzlichen Wohnsitz. Bei getrenntem Wohnsitz der Eltern kommt es zu einem doppelten Wohnsitz des Kindes, wenn beiden Eltern die Personensorge zusteht und keine Einigung über den dauernden Aufenthalt des Kindes bei einem der Elternteile erzielt wurde.[5] 6

Lösung zu Fall 51: Vera Klar hat den Wohnsitz in Baden-Baden noch nicht aufgegeben und noch keinen Wohnsitz in Karlsruhe begründet, da weder objektiv noch subjektiv eine dauerhafte Verlagerung des Lebensmittelpunktes nach Karlsruhe vorliegt.[6] Olga Klar teilt nach §11 Satz 1 den Wohnsitz der sorgeberechtigten Eltern; auch ihr Wohnsitz ist daher Baden-Baden geblieben. 7

---

5 BGHZ 48, 228, 237 = NJW 1967, 2253.

6 Vgl. BGH NJW 1995, 1224. Anders ist es, wenn der Wille erkennbar ist, den Ort, an dem sich das Frauenhaus befindet, zum Mittelpunkt der Lebensführung zu machen, OLG Nürnberg FamRZ 1997, 1400; OLG Hamm FamRZ 1997, 1294.

3. Abschnitt: Grenzen der Rechtsdurchsetzung

§ 35 Die Verjährung

→ Unter dem Prüfungspunkt „Durchsetzbarkeit d. Anspr." prüfen!

Fall 52: Der Baustoffhändler Kling hat dem Bauunternehmer Beck am 5.12.2012 Isoliermaterial verkauft und geliefert. Der Kaufpreis von 18 000 € ist nach dem Vertrag spätestens bis zum 15.2.2013 zu zahlen. Beck zahlt auch nach diesem Termin nicht, und bei Kling gerät die Sache zunächst in Vergessenheit. Am 31.12.2016 reicht Kling nach erfolgloser Zahlungsaufforderung beim zuständigen Landgericht Klage gegen Beck auf Zahlung von 18 000 € ein. Die Klage wird dem Beck am 8.1.2017 zugestellt. Wie sind die Erfolgsaussichten der Klage zu beurteilen?

I. Allgemeines

1. Zweck

1 Ein **Anspruch**, d.h. ein Recht, von einem anderen ein Tun oder Unterlassen zu verlangen (§ 194 Abs. 1), ist kein statisches, sondern ein dynamisches, auf Verwirklichung zielendes Recht. Um seinen Anspruch auch gegen den Willen des Schuldners durchzusetzen, kann sich der Gläubiger an die staatlichen Gerichte und Vollstreckungsorgane oder an eine Streitbeilegungsstelle wenden. Tut er dies über einen längeren Zeitraum hinweg nicht, so kann man daraus auf **mangelndes Interesse** an der Leistung schließen, und mit der Zeit erwartet auch der Schuldner nicht mehr, noch in Anspruch genommen zu werden. Zugleich wird durch den Zeitablauf die **Beweislage** erschwert. Dies gilt vor allem für den Gegner des – angeblichen – Anspruchs; man kann auch nicht verlangen, dass Belege für die Abwicklung geschäftlicher Beziehungen (etwa Quittungen) zeitlich unbegrenzt aufbewahrt werden. Zum Schutz des Schuldners vor Beweisnöten, aber auch im Interesse der **Rechtssicherheit** und des **Rechtsfriedens**[1] unterliegen daher Ansprüche **nach Ablauf einer gewissen Zeit** der Verjährung und können dann, selbst wenn sie an sich begründet sein sollten, nicht mehr gegen den Willen des Schuldners durchgesetzt werden.

---

1 Zu den Zwecken des Verjährungsrechts BGH NJW 2015, 1014 Rn. 46; BGHZ 208, 210 Rn. 38 = NJW 2016, 629.

2. Anwendungsbereich

a) Beschränkung auf Ansprüche; Unverjährbarkeit als Ausnahme

Von der Verjährung werden, wie aus § 194 Abs. 1 folgt, **nur Ansprüche erfasst.** 2
Die Verjährbarkeit der Ansprüche bildet die Regel. Einige wenige Ansprüche sind aber durch ausdrückliche Vorschrift von der Verjährung ausgenommen. **Unverjährbar** sind z.B. Ansprüche auf Herstellung des einem familienrechtlichen Verhältnis entsprechenden Zustands für die Zukunft sowie auf Einwilligung in eine genetische Untersuchung zur Klärung der leiblichen Abstammung (§ 194 Abs. 2), Ansprüche auf Grundbuchberichtigung (§ 898), bestimmte nachbarrechtliche Ansprüche (§ 924) sowie Ansprüche auf Aufhebung von Rechtsgemeinschaften (§ 758 für die Bruchteilsgemeinschaft, § 2042 Abs. 2 i.V.m. § 758 für die Erbengemeinschaft). Auch ohne ausdrückliche Gesetzesbestimmung kann ein Anspruch unverjährbar sein, weil er ständig neu entsteht. So ist etwa der Anspruch des Mieters auf Mangelbeseitigung während der Mietzeit unverjährbar.[2]

Merksatz:
Nur Ansprüche unterliegen der Verjährung.

b) Absolute Rechte

Absolute Rechte (z.B. das **Eigentum**) können nicht verjähren, wohl aber die 3
aus dem Eigentum hervorgehenden Ansprüche, z.B. der Herausgabeanspruch des Eigentümers gegen den Besitzer der Sache (§ 985). Ist aber das Eigentum oder ein anderes Recht an einem Grundstück **im Grundbuch eingetragen**, so verjähren selbst die Ansprüche aus dem eingetragenen Recht nicht, § 902 Abs. 1 Satz 1 (zur Verwirkung s. Rn. 27). Bei **absoluten Rechten** kann aber der Zeitfaktor auf andere Weise eine Rolle spielen und zum Rechtserwerb für einen anderen (zugleich zum Rechtsverlust des bisherigen Rechtsträgers) führen. So kann das Eigentum an beweglichen Sachen durch **Ersitzung** (§ 937), bei unbeweglichen Sachen durch **Buchersitzung** (§ 900) erworben werden.

c) Gestaltungsrechte

Auch **Gestaltungsrechte** unterliegen nicht der Verjährung. Hier bestehen aber 4
zum Teil **Ausschlussfristen**, deren Ablauf zum Erlöschen des Gestaltungsrechts führt, so z.B. die Jahresfrist des § 124 Abs. 1 für das Recht zur Anfechtung einer Willenserklärung wegen arglistiger Täuschung oder Drohung, s. § 19 Rn. 23.

---

2 BGH NJW 2010, 1292.

II. Die Verjährungsfristen

1. Dauer

a) Regelmäßige Frist

5 Soweit nichts anderes bestimmt ist, gilt gemäß § 195 eine **dreijährige Verjährungsfrist**. Der Beginn dieser Verjährungsfrist ist **kenntnisabhängig**, wird aber durch kenntnisunabhängige **Höchstfristen** ergänzt, s. Rn. 12. Sonderregeln, die für bestimmte Ansprüche teils kürzere, teils längere Verjährungsfristen vorsehen, finden sich sowohl im Allgemeinen Teil als auch in anderen Büchern des BGB.

b) Besondere kürzere Verjährungsfristen

6 Wichtige Sonderregeln gelten für die Verjährung der **Mängelansprüche** beim Kaufvertrag und beim Werkvertrag. Beim **Kauf** von beweglichen Sachen beträgt die Verjährungsfrist im Allgemeinen **zwei Jahre**, beginnend mit der Ablieferung der Sache, § 438 Abs. 1 Nr. 3 u. Abs. 2. Mängelansprüche aus **Werkvertrag** verjähren, soweit es um Herstellung, Wartung oder Veränderung beweglicher Sachen geht, in zwei Jahren, beginnend mit der Abnahme des Werks, § 634a Abs. 1 Nr. 1 u. Abs. 2. Für Mängelansprüche bei **Bauwerken** gilt sowohl im Werkvertragsrecht (§ 634a Abs. 1 Nr. 2) als auch im Kaufrecht (§ 438 Abs. 1 Nr. 2) eine **fünfjährige** Verjährungsfrist.

c) Längere Verjährungsfristen für Ansprüche auf Grundstücksübereignung, dingliche Herausgabeansprüche sowie für einzelne erbrechtliche Ansprüche

7 Nach § 196 gilt eine **zehnjährige Verjährungsfrist** für Ansprüche auf Übertragung des **Eigentums an einem Grundstück** sowie für Ansprüche hinsichtlich sonstiger Rechte an Grundstücken, aber auch für die Ansprüche auf die jeweilige **Gegenleistung.**[3] Also verjähren bei einem Grundstückskaufvertrag sowohl der Anspruch des Käufers auf Übertragung des Eigentums als auch der Anspruch des Verkäufers auf Zahlung des Kaufpreises erst in zehn Jahren (ab Entstehung des Anspruchs, § 200 Satz 1).

8 **Schadensersatzansprüche** wegen **vorsätzlicher Verletzung** des Lebens, der Gesundheit, der Freiheit oder der sexuellen Selbstbestimmung verjähren nach § 197 Abs. 1 Nr. 1 erst in **dreißig Jahren**. Ebenso verjähren **Herausgabeansprüche aus Eigentum** (an beweglichen oder unbeweglichen Sachen, wobei aber der Ausschluss der Verjährung bei Eintragung im Grundbuch zu beachten ist, § 902 Abs. 1 Satz 1) oder anderen dinglichen Rechten erst in **dreißig Jahren**, § 197

3 Auch die beiderseitigen Ansprüche aus der Rückabwicklung nichtiger Grundstücksverträge werden von § 196 erfasst, BGH NJW-RR 2008, 824.

Abs. 1 Nr. 2. Dasselbe gilt für erbrechtliche Ansprüche aus §§ 2018, 2130, 2362, während die zuvor geltende grundsätzlich dreißigjährige Verjährung für alle familien- und erbrechtlichen Ansprüche mit Wirkung zum 1. 1. 2010 zugunsten der dreijährigen Regelfrist aufgehoben wurde.[4]

d) Verjährung festgestellter Ansprüche

In **dreißig Jahren** verjähren **rechtskräftig festgestellte Ansprüche**, Ansprüche aus vollstreckbaren Vergleichen (Prozessvergleich, § 794 Abs. 1 Nr. 1 ZPO, vollstreckbarer Anwaltsvergleich, §§ 796 a bis c ZPO) oder vollstreckbaren Urkunden (§ 794 Abs. 1 Nr. 5 ZPO) sowie Ansprüche, die durch Feststellung im Insolvenzverfahren (§§ 178, 201 Abs. 2 InsO) vollstreckbar geworden sind, § 197 Abs. 1 Nr. 3 bis 5. (Eine Ausnahme gilt nach § 197 Abs. 2 für künftig fällig werdende wiederkehrende Leistungen; hier bleibt es bei der regelmäßigen Verjährungsfrist.) Der Gläubiger kann also über einen langen Zeitraum hinweg von dem Vollstreckungstitel Gebrauch machen, um seinen Anspruch durchzusetzen.[5] Dem Schuldner ist dies zuzumuten, da durch die Feststellung des Anspruchs Klarheit geschaffen wurde. Die **Verjährung beginnt** in diesen Fällen mit der Rechtskraft des Urteils bzw. der Errichtung des vollstreckbaren Titels oder der Feststellung im Insolvenzverfahren, § 201 Satz 1. Auch Ansprüche auf Erstattung von **Kosten der Zwangsvollstreckung** verjähren erst nach dreißig Jahren, § 197 Abs. 1 Nr. 6. 9

e) Vereinbarungen

Vereinbarungen über die Verjährung sind grundsätzlich zulässig, wobei die gesetzlichen Verjährungsfristen sowohl **abgekürzt** als auch **verlängert** werden können. Jedoch ist es nach § 202 Abs. 1 nicht möglich, die Verjährung von Ansprüchen, die auf eine Haftung für Vorsatz zurückgehen, im Voraus zu erleichtern. Eine vereinbarte Erschwerung der Verjährung kann nicht über eine dreißigjährige Verjährung (ab dem gesetzlichen Verjährungsbeginn) hinausgehen, § 202 Abs. 2. Es ist also nicht möglich, etwa die Verjährung durch Vereinbarung gänzlich auszuschließen. 10

Zu beachten ist ferner, dass in den **besonderen Bestimmungen über Verjährungsfristen** zum Teil auch die Zulässigkeit vertraglicher Modifizierungen geregelt ist. So kann z. B. beim **Verbrauchsgüterkauf** die Verjährung von Mängelansprüchen nicht unter zwei Jahre, bei gebrauchten Sachen nicht unter ein Jahr herabgesetzt werden, § 475 Abs. 2. 10a

---

4 Näher zur Verjährung erbrechtlicher Ansprüche Leipold, Erbrecht, 21. Aufl., Rn. 641a ff.

5 Nach BGH NJW 2016, 3158 = JZ 2017, 313 (mit Anm. Claudia Mayer) = JuS 2017, 166 (mit Anm. Riehm) verliert auch ein Bürge das Recht, sich auf die Regelverjährung der Hauptforderung zu berufen, wenn gegenüber dem Hauptschuldner ein rechtskräftiges Urteil ergangen ist. Ob dies mit den auf die Parteien beschränkten subjektiven Grenzen der Rechtskraft vereinbar ist, erscheint zweifelhaft, abl. z. B. Claudia Mayer JZ 2017, 317.

Soweit nicht schon diese Schranke eingreift, darf jedenfalls durch **AGB** bei Verträgen über die Lieferung neu hergestellter Sachen und über Werkleistungen die Verjährung von Mängelansprüchen gegen den AGB-Verwender bei Bauwerken überhaupt nicht erleichtert, im übrigen die Verjährungsfrist nicht unter ein Jahr herabgesetzt werden, näher s. § 309 Nr. 8 b), ff).

10b Von Vereinbarungen über die Dauer der Verjährungsfrist zu unterscheiden ist ein befristeter **Verzicht des Schuldners auf die Erhebung der Verjährungseinrede**. Er ändert nichts am Ablauf der Verjährungsfrist. Der Gläubiger kann sich aber, auch wenn die Verjährung bereits eingetreten ist, mit der gerichtlichen Geltendmachung seines Anspruchs bis zum Ablauf der Verzichtsfrist gedulden.

f) Wechsel des Berechtigten oder Verpflichteten

10c Die Verjährung eines Anspruchs läuft unverändert weiter, wenn der Gläubiger (z. B. aufgrund Abtretung) oder der Schuldner (z. B. durch Übergang der Verbindlichkeit auf den Erben) wechseln. Bei Erwerb des Besitzes an einer Sache durch Rechtsnachfolge kommt die bereits verstrichene Verjährungszeit hinsichtlich dinglicher Ansprüche (z. B. § 985) dem neuen Besitzer zugute, § 198.

2. Beginn der Verjährung

a) Bei der regelmäßigen Verjährungsfrist

11 Die regelmäßige (dreijährige) Verjährungsfrist beginnt mit dem Schluss des Jahres, in dem der **Anspruch entstanden** ist (dazu s. Rn. 13) und der **Gläubiger** von den anspruchsbegründenden Tatsachen und der Person des Schuldners **Kenntnis erlangt** (oder aufgrund grober Fahrlässigkeit[6] nicht erlangt) hat, § 199 Abs. 1. Dadurch wird verhindert, dass der Anspruch bereits verjährt ist, bevor der Gläubiger überhaupt Kenntnis von seinem Recht erhalten hat.

11a Auf eine zutreffende rechtliche Würdigung der Tatsachen kommt es dagegen grundsätzlich nicht an, sofern nicht eine unübersichtliche oder zweifelhafte Rechtslage besteht, die selbst ein rechtskundiger Dritter nicht zuverlässig einzuschätzen vermag.[7] Es fehlt dann an der **Zumutbarkeit der Klageerhebung**, erst recht, wenn der Durchsetzbarkeit des Anspruchs eine gegenteilige höchstrichterliche Rechtsprechung entgegensteht.[8] Der BGH sieht in der Zumutbarkeit der Klageerhebung eine ungeschriebene, übergreifende Voraussetzung des Verjährungsbeginns. Die vom Verjährungsrecht bezweckte Rechtssicherheit

---

6 Die grobe Fahrlässigkeit ist im Gesetz nicht definiert. Sie setzt – mit den Worten des BGH NJW 2012, 1789 Rn. 17 – „einen objektiv schwerwiegenden und subjektiv nicht entschuldbaren Verstoß gegen die Anforderungen der im Verkehr erforderlichen Sorgfalt voraus". Grobe Fahrlässigkeit iSv § 199 Abs. 1 Nr. 2 verlangt demnach, dass „dem Gläubiger die Kenntnis deshalb fehlt, weil er ganz nahe liegende Überlegungen nicht angestellt und nicht beachtet hat, was im gegebenen Fall jedem hätte einleuchten müssen" (BGH aaO).

7 BGH NJW-RR 2008, 1237.

8 Dazu ausführlich BGH NJW 2014, 3713.

wird allerdings durch dieses Erfordernis gefährdet. Einschränkend betont der BGH,[9] der Verjährungsbeginn sei nicht schon dann hinausgeschoben, wenn durch spätere Rechtsprechung die Erfolgschancen für eine Klage verbessert worden seien – für den Verjährungsbeginn genüge es, wenn der Gläubiger „aussichtsreich, wenn auch nicht risikolos" Klage erheben könne[10].

Das Wissen eines gesetzlichen Vertreters ist dem Gläubiger zuzurechnen. **11b**
Bedient sich der Gläubiger eines sog. **Wissensvertreters** (s. § 25 Rn. 7, 10), den er mit der Verfolgung des Anspruchs und der Kenntnisnahme der zugehörigen Tatsachen betraut hat, so muss er sich dessen Wissen ebenfalls entsprechend § 166 Abs. 1 zurechnen lassen.[11]

Die Festlegung des Beginns der Verjährung auf den **Schluss des Jahres** erleichtert dem Gläubiger die Überwachung des Verjährungseintritts. **11c**

Andererseits soll aber die Verjährung durch mangelnde Kenntnis des Gläubigers auch nicht auf immer aufgeschoben werden. Daher gelten – im Interesse des Rechtsfriedens – von der Kenntnis des Gläubigers unabhängige **Höchstfristen**, die je nach Anspruchsinhalt unterschiedlich gestaltet sind. Ohne Rücksicht auf die Kenntnis des Gläubigers verjähren z. B. **Schadensersatzansprüche** wegen Verletzung des Lebens, des Körpers, der Gesundheit oder der Freiheit in dreißig Jahren von der Begehung der Handlung an (§ 199 Abs. 2; bei vorsätzlicher Verletzung gilt schon nach § 197 Abs. 1 Nr. 1 weitgehend die dreißigjährige Verjährung), sonstige Schadensersatzansprüche innerhalb von zehn Jahren nach ihrer Entstehung oder jedenfalls dreißig Jahre nach der Begehung der Handlung, § 199 Abs. 3. Ansprüche, die auf einem **Erbfall** beruhen oder deren Geltendmachung die Kenntnis einer Verfügung von Todes wegen voraussetzt, verjähren gemäß § 199 Abs. 3a ohne Rücksicht auf die Kenntnis des Gläubigers dreißig Jahre nach der Entstehung. **12**

Wichtig ist, den Begriff der **Entstehung des Anspruchs** (sowohl in § 199 als auch in § 200) richtig zu verstehen. Damit ist die **volle Wirksamkeit** des Anspruchs gemeint, so dass ihn der Gläubiger auch geltend machen kann. Es muss daher nicht nur bei einem aufschiebend bedingten Anspruch die **Bedingung eingetreten** sein, sondern auch die **Fälligkeit** des Anspruchs ist grundsätzlich vorausgesetzt. Ist ein Anspruch auf **wiederkehrende Leistungen** gerichtet, so entscheidet jeweils die Fälligkeit der einzelnen Leistung. **13**

Anders werden jedoch **Schadensersatzanprüche** behandelt. Sie entstehen mit dem Schadenseintritt, aber der gesamte auf einem bestimmten Verhalten beruhende Schaden wird als **Einheit** betrachtet (Grundsatz der **Schadenseinheit**). Für den Beginn der Verjährung genügt es, wenn der Schadensersatzan-

---

9 BGHZ 208, 210 Rn. 38 ff. = NJW 2016, 629.
10 BGH NJW 2014, 3092 Rn. 22, 44.
11 BGH NJW 2014, 1294, 1295. – Ein Ehegatte ist nicht schlechthin Wissensvertreter des anderen Teils, sondern nur, wenn ihm die Kenntnisnahme von bestimmten Tatsachen oder die Tatsachenfeststellung übertragen worden war, BGH NJW 2013, 448.

spruch mit einer Feststellungsklage geltend gemacht werden kann, auch wenn Umfang und Höhe des Schadens noch ungewiss sind.[12]

Merksätze:
Entstehung des Anspruchs bedeutet im Verjährungsrecht die volle Wirksamkeit des Anspruchs, einschließlich der Fälligkeit. Bei Schadensersatzansprüchen genügt es aber, wenn sie durch Feststellungsklage geltend gemacht werden können.

b) Bei besonderen Verjährungsfristen

14 Soweit eine **besondere Verjährungsfrist** gilt, ist zum Teil auch der **Beginn** der Verjährungsfrist speziell geregelt, etwa in § 201 Satz 1 hinsichtlich der festgestellten Ansprüche oder in § 438 Abs. 2 für die Mängelansprüche beim Kaufvertrag. Gibt es keine solche Sonderregel, so beginnt der Lauf der Verjährungsfrist nach § 200 Satz 1 mit der **Entstehung des Anspruchs**. Der Verjährungsbeginn ist hier nicht auf das Jahresende hinausgeschoben, und es kommt auch nicht auf die Kenntnis des Gläubigers an.

c) Unterlassungsansprüche; Ansprüche auf Nebenleistungen

15 Bei **Unterlassungsansprüchen** beginnt die Verjährung erst mit der Zuwiderhandlung, da vorher kein Anlass zur Geltendmachung des Anspruchs bestand, § 199 Abs. 5, § 200 Satz 2, § 201 Satz 2.

Für **Ansprüche auf Nebenleistungen** (z. B. Zinsen, Nutzungen) gelten an sich eigene Verjährungsfristen. Wenn aber der Hauptanspruch verjährt ist, so gilt dies nach § 217 auch für die davon abhängigen Nebenansprüche, selbst wenn insoweit die Verjährung noch nicht eingetreten ist. Unberührt bleibt aber die selbständige Hemmung der Verjährung hinsichtlich bereits eingeklagter Nebenansprüche.[13]

III. Die Wirkung der Verjährung

16 Die Verjährungsfrist ist keine Ausschlussfrist, d. h. der Anspruch erlischt **nicht** mit ihrem Ablauf. Es entsteht jedoch ein **Recht für den Schuldner, die Leistung zu verweigern,** § 214 Abs. 1. Dabei handelt es sich um eine **materiell-rechtliche Einrede**, die nur dann wirkt, wenn sie vom Schuldner geltend gemacht wird. Dem (angeblichen) Schuldner will das Gesetz die Wirkung der Verjährung

---

12 BGH NJW 2011, 1799 Rn. 8; MDR 2017, 149; ständige Rspr.; ausführlich zum Grundsatz der Schadenseinheit MünchKomm/Grothe § 199 Rn. 9 ff.

13 BGHZ 128, 74, 82 f. (zur früher geltenden Unterbrechung der Verjährung); Palandt/Ellenberger § 217 Rn. 1.

nicht aufdrängen; er kann also z.B. den Anspruch aus anderen Gründen bestreiten, ohne sich auf die Wirkung des Zeitablaufs berufen zu wollen. Die Erhebung der Einrede ist eine rechtsgeschäftliche Erklärung und muss daher durch den Schuldner oder seinen gesetzlichen oder gewillkürten Vertreter erfolgen.[14] Im **Prozess** prüft das Gericht **nicht von Amts wegen**, ob ein eingeklagter Anspruch bereits verjährt ist, sondern erst dann, wenn sich der Schuldner (sei es innerhalb oder außerhalb des Prozesses) auf die Verjährung berufen hat.[15] Zur ausnahmsweisen Unzulässigkeit der Berufung auf Verjährung wegen Rechtsmissbrauchs s. §36 Rn. 2. Materiell-rechtliche Einreden unterscheiden sich auf diese Weise von materiell-rechtlichen **Einwendungen,** wie etwa dem Erlöschen des Anspruchs durch Erfüllung (§362 Abs. 1), die das Gericht von Amts wegen zu beachten hat (sofern im Zivilprozess der entsprechende Sachverhalt vorgetragen wurde). Die Verjährung begründet eine **dauerhafte (peremptorische) Einrede** im Gegensatz zu den aufschiebenden (dilatorischen) Einreden wie etwa dem Zurückbehaltungsrecht nach §273 Abs. 1 oder der Einrede des nicht erfüllten Vertrages nach §320 Abs. 1 Satz 1. Zum befristeten Verzicht auf die Geltendmachung der Verjährung s. Rn. 10b.

Auch wenn die Verjährung **geltend gemacht** wird, führt dies **nicht zum Erlöschen des Anspruchs**, sondern nur zu dessen **dauerhafter Hemmung**. Wenn trotz der bereits eingetretenen Verjährung, sei sie geltend gemacht worden oder nicht, der **Anspruch erfüllt** wird, so hat der Schuldner **keinen Anspruch auf Rückgabe** der Leistung, §214 Abs. 2 Satz 1 (eine Ausnahme von §813 Abs. 1 Satz 1, wie §813 Abs. 1 Satz 2 klarstellt).

Merksatz:
Die Verjährung begründet eine materiell-rechtliche Einrede des Schuldners. Sie führt nicht zum Erlöschen des Anspruchs, sondern, sofern sie vom Schuldner geltend gemacht wird, zur dauerhaften Hemmung des Anspruchs.

Eine bereits verjährte Forderung bleibt für den Gläubiger insofern wertvoll, als er damit weiterhin gegen einen Anspruch seines Schuldners **aufrechnen** kann, falls die Aufrechnungslage bereits vor der Verjährung eingetreten ist, §215. Ebenso kann ein **Zurückbehaltungsrecht** aufgrund der Gegenforderung, das bereits vor deren Verjährung entstanden war, nach §215 weiterhin geltend gemacht werden. Die Verjährung des gesicherten Anspruchs hindert den Gläubiger auch nicht daran, auf dingliche Sicherheiten zuzugreifen, die für den Anspruch bestellt wurden, so etwa auf **Hypotheken** und **Pfandrechte**, aber auch auf **Sicherungseigentum**, §216 Abs. 1 und 2 Satz 1. Bei einem **Eigentumsvorbehalt** behält der Eigentümer (Vorbehaltsverkäufer) gemäß §216 Abs. 2 Satz 2 trotz 17

14 BGH NJW 2012, 3509 Rn. 14.

15 Ob das Gericht den Beklagten auf die von ihm möglicherweise übersehene Verjährung hinweisen darf oder gar muss (§139 Abs. 1 ZPO) oder ob es dadurch seine Pflicht zur Unparteilichkeit verletzt, war lange Zeit umstritten. BGHZ 156, 269 = NJW 2004, 164 hat eine solche Hinweispflicht mit Recht verneint und in einem Hinweis einen Grund für die Ablehnung des Richters wegen Besorgnis der Befangenheit (§42 Abs. 2 ZPO) gesehen. Näher s. Stein/Jonas/Leipold, ZPO, 22. Aufl., §139 Rn. 53ff.

Verjährung seines Anspruchs auf Zahlung des Kaufpreises das Recht (nach § 323) vom Vertrag zurückzutreten, um auf diese Weise die unter Eigentumsvorbehalt stehende Sache vom nicht zahlenden Käufer herausverlangen zu können, § 449 Abs. 2.

IV. Hemmung, Ablaufhemmung und Neubeginn der Verjährung

1. Hemmung der Verjährung

a) Wirkung der Hemmung

18 Der **Zeitraum**, während dessen die Verjährung gehemmt ist, wird **nicht in die Verjährungsfrist eingerechnet**, § 209. Nach Beendigung der Hemmung läuft aber die Frist weiter und die vor der Hemmung bereits verstrichene Zeit ist dabei mit zu berücksichtigen.

b) Voraussetzungen der Hemmung

aa) Hemmung aufgrund von Verhandlungen über den Anspruch

19 Wenn Gläubiger und Schuldner über den Anspruch verhandeln,[16] so wäre es nicht angemessen, während dieses Zeitraums die Verjährung eintreten zu lassen. Der Gläubiger wäre sonst genötigt, die Durchsetzung des Anspruchs zu betreiben, etwa eine Klage gegen den Schuldner zu erheben, obwohl noch eine Chance zur gütlichen Regelung besteht. Die Verjährung ist daher nach § 203 Satz 1 gehemmt, bis ein Teil die Fortsetzung der Verhandlungen verweigert.[17] Damit auch dann noch genügend Zeit für die Einleitung der Rechtsverfolgung bleibt, tritt die Verjährung frühestens drei Monate nach dem Ende der Hemmung, also nach dem Ende der Verhandlungen, ein, § 203 Satz 2.

bb) Hemmung durch Rechtsverfolgung

20 Die Hemmung durch Rechtsverfolgung tritt ein, wenn der Anspruch **gerichtlich geltend gemacht** wird. Dies kann vor allem durch **Erhebung der Klage** auf Leistung oder Feststellung des Anspruchs durch den Gläubiger[18] oder durch

---

16 Der Begriff der Verhandlungen wird weit ausgelegt. Es genügt jeder Meinungsaustausch über den Anspruch, wenn dieser nicht sofort und eindeutig abgelehnt wird; Signalisierung von Vergleichsbereitschaft ist nicht erforderlich, BGH NJW 2007, 587. – Auch ein widerruflicher Vergleich führt zur Hemmung nach § 203 Satz 1, BGH NJW 2005, 2004, 2006.

17 Es genügt auch, wenn der Gläubiger oder der Schuldner die Verhandlungen einschlafen lässt, BGH NJW 2017, 949. Eine spätere Wiederaufnahme der eingeschlafenen Verhandlungen führt nicht zu einer rückwirkenden Hemmung der Verjährung, BGH MDR 2017, 199.

18 Eine negative Feststellungsklage des Schuldners oder die Verteidigung des Gläubigers gegen eine solche Klage hemmen die Verjährung dagegen nicht, da der Gläubiger damit nicht versucht, seinen Anspruch durchzusetzen, BGH NJW 2012, 3633.

Zustellung eines **Mahnbescheids** geschehen, § 204 Abs. 1 Nr. 1 u. 3. Dem sind eine ganze Reihe weiterer verfahrensrechtlicher Akte gleichgestellt, etwa die Geltendmachung des Anspruchs bei einer **Streitbeilegungsstelle**,[19] die Aufrechnung im Prozess, die Zustellung der Streitverkündung, die Zustellung des Antrags auf selbständiges Beweisverfahren, die Anmeldung des Anspruchs im Insolvenzverfahren oder die Einleitung des schiedsrichterlichen Verfahrens, s. im Einzelnen den Katalog des § 204 Abs. 1. Eine bloße **außergerichtliche Mahnung** hemmt die Verjährung dagegen nicht.

Eine **Klage** wird im Zivilprozess nicht schon durch Einreichung der Klageschrift, sondern erst durch deren **Zustellung** an den Beklagten erhoben, § 253 Abs. 1 ZPO. Es erfolgt jedoch eine **Rückdatierung** auf den Zeitpunkt der Einreichung der Klageschrift bei Gericht, wenn die Zustellung „demnächst" erfolgt, § 167 ZPO.[20] Dasselbe gilt bei rechtzeitiger Einreichung des Antrags auf Mahnbescheid. Auf diese Weise soll der Kläger bzw. der Antragsteller (Gläubiger) des Mahnverfahrens nicht von der Schnelligkeit des gerichtlichen Handelns bei Zustellung der Klage oder des Mahnbescheids abhängig sein. 21

Die **Hemmung** der Verjährung durch Klageerhebung usw. **endet** sechs Monate nach der rechtskräftigen Entscheidung oder nach einer anderweitigen Beendigung des eingeleiteten Verfahrens, § 204 Abs. 2 Satz 1. Für einen rechtskräftig festgestellten Anspruch gilt aber dann die dreißigjährige Verjährungsfrist, § 197 Abs. 1 Nr. 3.

cc) Hemmung bei Leistungsverweigerungsrecht

Die Verjährung wird auch dann gehemmt, wenn dem Schuldner aufgrund einer Vereinbarung mit dem Gläubiger ein **vorübergehendes Leistungsverweigerungsrecht** zusteht, § 205. Dies ist z.B. der Fall, wenn der Gläubiger dem Schuldner nachträglich eine **Stundung** des Anspruchs (einen Zahlungsaufschub) gewährt. Wenn allerdings, wie dies oft der Fall sein wird, in einer solchen Vereinbarung zugleich eine Anerkennung des Anspruchs durch den Schuldner liegt, so führt dies weitergehend zu einem Neubeginn der Verjährung nach § 212 Abs. 1 Nr. 1, s. Rn. 25. Zur Hemmung schon aufgrund von Verhandlungen (§ 203) s. Rn. 19. 22

dd) Weitere Hemmungsgründe

Das Gesetz führt eine Reihe weiterer, hier nicht im Einzelnen zu besprechender Hemmungsgründe auf: 23

---

19 Näher zu den Voraussetzungen § 204 Abs. 1 Nr. 4. Anders ist es aber, wenn die Anrufung der Streitbeilegungsstelle zum Zweck der Verjährungshemmung rechtsmissbräuchlich ist, was BGHZ 208, 216 = NJW 2016, 233 annimmt, wenn von vornherein feststeht, dass der Antragsgegner nicht zur Mitwirkung an einem Güteverfahren bereit ist.

20 Diese Rückdatierung gilt nicht nur, wenn bei Zustellung die Verjährung bereits eingetreten wäre, sondern generell, so dass der Zeitraum der Hemmung stets mit der Einreichung der (später zugestellten) Klage beginnt, BGH NJW 2010, 856.

– Hemmung bei höherer Gewalt, § 206;
– Hemmung aus familiären und ähnlichen Gründen, § 207;
– Hemmung bei Ansprüchen wegen Verletzung der sexuellen Selbstbestimmung, § 208.

2. Ablaufhemmung

24 Wenn ein **Gläubiger geschäftsunfähig oder beschränkt geschäftsfähig** ist und **keinen gesetzlichen Vertreter** hat, so ist er nicht in der Lage, seinen Anspruch gerichtlich geltend zu machen und auf diese Weise die Verjährung zu hemmen. Die Verjährung läuft, um dem Gläubiger genügend Zeit für die Rechtsverfolgung zu gewähren, in solchen Fällen frühestens sechs Monate nach Bestellung eines gesetzlichen Vertreters oder nach Eintritt der vollen Geschäftsfähigkeit ab, § 210 Abs. 1 Satz 1.

3. Neubeginn der Verjährung

25 Eine **Anerkennung** des Anspruchs durch den Schuldner, auch durch Abschlagszahlung, Sicherheitsleistung u. ä., führt nach § 212 Abs. 1 Nr. 1 zum **Neubeginn** der Verjährung. Hier beginnt also mit der Anerkennung die Verjährungsfrist in vollem Umfang neu zu laufen. Dasselbe gilt, wenn gerichtliche oder behördliche **Vollstreckungshandlungen** zur Durchsetzung des Anspruchs vorgenommen oder beantragt wurden, § 212 Abs. 1 Nr. 2.

26 **Lösung zu Fall 52:** Die Klage wäre als unbegründet abzuweisen, wenn Beck aufgrund Verjährung ein Recht zur Verweigerung der Leistung (§ 214 Abs. 1) hat und dieses geltend macht. Für den Anspruch auf Zahlung des Kaufpreises (§ 433 Abs. 2) gilt, da keine Sondervorschriften eingreifen, die allgemeine Verjährungsfrist von drei Jahren, § 195. Die **Verjährungsfrist beginnt** mit dem Schluss des Jahres, in dem der Anspruch entstanden ist und der Gläubiger von den anspruchsbegründenden Tatsachen und der Person des Schuldners Kenntnis erlangt hat (bzw. ohne grobe Fahrlässigkeit hätte erlangen müssen), § 199 Abs. 1 Nr. 1 u. 2. Während die Kenntnis der anspruchsbegründenden Tatsachen und des Schuldners unzweifelhaft bereits am 5.12.2012 vorlag, setzt die Entstehung des Anspruchs i. S. v. § 199 Abs. 1 Nr. 1 voraus, dass der Anspruch fällig wurde, da der Gläubiger erst dann die Leistung verlangen kann. Aufgrund der im Vertrag gewährten Zahlungsfrist (einer Bestimmung der Zeit für die Leistung i. S. v. § 271 Abs. 1 u. 2) wurde der Kaufpreisanspruch erst am 15.2.2013 fällig. Die Verjährungsfrist begann daher mit Ablauf des 31.12.2013 und endete mit dem 31.12. 2016.

Fraglich ist, ob die Verjährung durch die von Kling erhobene Klage **gehemmt** wurde, § 204 Abs. 1 Nr. 1. Die Klageerhebung erfolgt nach § 253 Abs. 1 ZPO erst durch Zustellung der Klage. Zu diesem Zeitpunkt (8.1.2017) war die Verjährungsfrist bereits abgelaufen, so dass eine Hemmung der Verjährung nicht mehr möglich wäre. Jedoch ist zu beachten, dass die Klageschrift bereits am 31.12.2016 beim zuständigen Gericht eingereicht wurde. Da die Zustellung demnächst erfolgte, tritt die Hemmung der Verjährung nach §167 ZPO bereits zum Zeitpunkt der Klageeinreichung ein. Die Hemmung ist auch noch nicht nach §204 Abs. 2 beendet. Daher wird der seit der Hemmung am 31. 12. 2016 verstrichene Zeitraum in die Verjährung nicht eingerechnet (§209), so dass die Verjährung bisher nicht eingetreten ist. Die Klage wird daher Erfolg haben.

V. Die Verwirkung

Fall 53: Frau Wirth pachtete von Herrn Haus 2008 ein Hotel, wobei als monatlich zu entrichtender Pachtzins ein Prozentsatz des Umsatzes, mindestens aber ein Betrag von 1 000 € festgelegt wurden. 2010 wurde die Mindestpacht durch einen Zusatzvertrag mit Wirkung ab 1.1.2010 auf 1 500 € erhöht. Frau Wirth zahlte aber weiterhin die am Umsatz orientierte Pacht, die nie 1 500 € erreichte. Auch in verschiedenen Schreiben von Frau Wirth an Herrn Haus war immer von einer Mindestpacht von 1 000 € die Rede. Am 1.11.2016 verlangt Haus die Nachzahlung der Differenz für die vergangenen Jahre, insgesamt 8 000 €. Frau Wirth beruft sich auf Verjährung. Wie ist die Rechtslage?

Von der Verjährung ist die **Verwirkung** eines Rechts, auch eines Anspruchs, zu 27 unterscheiden. Ein Anspruch kann aus besonderen Gründen verwirkt sein, obwohl die Verjährung noch nicht eingetreten ist. Die Verwirkung ist nicht ausdrücklich im Gesetz geregelt, stellt aber eine allgemein anerkannte Form des **Rechtsmissbrauchs** dar und findet daher ihre Grundlage in §242, s. auch §36 Rn. 2. Auch die Verwirkung knüpft an den Ablauf einer längeren Zeit an (**„Zeitmoment“**), doch genügt dieser allein nicht, sondern es müssen besondere Umstände hinzutreten (**„Umstandsmoment“**), so dass der Gegner aufgrund des Verhaltens des Berechtigten nach Treu und Glauben annehmen durfte, der Anspruch (oder ein anderes Recht, s. nächster Abs.) würden nicht mehr geltend gemacht werden.[21] Die späte Geltendmachung des Rechts muss mit anderen Worten mit Treu und Glauben unvereinbar und für den Verpflichteten unzumutbar sein. Bei Ansprüchen, die der kurzen dreijährigen Regelverjährung (§195) unterliegen, kommt eine früher eintretende Verwirkung nur sehr selten in Betracht, denn im Allgemeinen soll dem Gläubiger die mit der Regelverjährung verbundene Zeitspanne zur Geltendmachung seines Anspruchs erhalten bleiben.[22] Eine etwas größere Rolle spielt die Verwirkung bei langen Verjährungsfristen Aber auch hier ist bei der Annahme einer Verwirkung Vorsicht geboten; es muss sich, will man nicht die Anforderungen an die Verjährung unterlaufen, um Ausnahmesituationen handeln, in denen nach den Umständen des konkreten Falles ein **schutzwürdiges Vertrauen** für den Verpflichteten ent-

21 Zusammenfassend BGH NJW 2014, 1230 Rn. 13.
22 BGH NJW 2014, 1230 Rn. 13.

standen ist. Erklärt das Gesetz einen Anspruch für **unverjährbar**, wie etwa den Herausgabeanspruch des im Grundbuch eingetragenen Eigentümers (§ 902 Abs. 1 Satz 1), so darf, um nicht den Gesetzeszweck beiseite zu schieben, eine Verwirkung nur bejaht werden, wenn die Verpflichtung zur Herausgabe für den Besitzer schlechthin unerträglich wäre.[23]

28 Im Gegensatz zur Verjährung kommt eine Verwirkung auch bei anderen Rechten als Ansprüchen in Betracht, z. B. bei **Gestaltungsrechten.**[24] Die Verwirkung wird nach h. M. anders als die Verjährung **von Amts wegen berücksichtigt**. Auch sie führt aber nicht zu einem Erlöschen des Anspruchs, sondern zu seiner dauernden Hemmung.

Merksatz:
Die Verwirkung eines Rechts setzt voraus, dass sich der Gegner aufgrund des Zeitablaufs und des Verhaltens des Berechtigten nach Treu und Glauben ausnahmsweise darauf einstellen durfte, das Recht werde nicht mehr geltend gemacht.

29 **Lösung zu Fall 53:** Die Frist für die **Verjährung** des Anspruchs auf die Mindestpacht von monatlich 1500 € beträgt nach § 195 drei Jahre. Die Verjährung beginnt aber erst jeweils zum Ende des Jahres, in dem die Ansprüche fällig geworden sind, § 199 Abs. 1 Nr. 1. Also sind am 1.11.2016 nur die Ansprüche aus den Jahren 2010 bis 2012 verjährt. Für die Ansprüche aus der Folgezeit kommt aber eine **Verwirkung** in Betracht. Aufgrund des Verhaltens des Haus, der widerspruchslos die aufgrund des Umsatzes berechneten Pachtzahlungen entgegennahm, obwohl sie unter der eigentlich vereinbarten Mindestpacht lagen, entstand für Frau Wirth ein Vertrauenstatbestand, aufgrund dessen sie davon ausgehen durfte, ihre Verbindlichkeiten abschließend erfüllt zu haben. Es ist daher eine Verwirkung der weitergehenden Ansprüche für die Vergangenheit zu bejahen.[25]

Anderes gilt aber für die Zukunft: ab 1.11.2016 kann Haus die seinerzeit erhöhte Mindestpacht verlangen. Insoweit unterscheidet sich die Verwirkung der in der Vergangenheit fällig gewordenen Ansprüche von einer stillschweigenden Aufhebung des Zusatzvertrages, für die der Sachverhalt keine genügenden Anhaltspunkte liefert: Das Verhalten der Beteiligten lässt zwar erkennen, dass man die erfolgte Vertragsänderung in der Folgezeit vergessen hatte, ergibt aber nicht den beiderseitigen Willen, den Zusatzvertrag wieder aufzuheben.

---

23 BGH NJW 2007, 2183.

24 Vgl. zur Verwirkung eines nicht fristgebundenen vertraglichen Rücktrittsrechts BGH NJW 2002, 669. Zur Verwirkung des Widerrufsrechts des Verbrauchers s. § 13 Rn. 18a. – Ob es auch eine Verwirkung von Einwendungen gibt, lässt BGH NJW 2004, 3330, 3331 offen.

25 Vgl. zu einer entsprechenden Fallgestaltung BGH LM § 242 BGB (Cc) Nr. 22 = JZ 1965, 682. – Dagegen lehnt KG MDR 2005, 28 eine Verwirkung ab, wenn eine vereinbarte automatische Mietanpassung viele Jahre nicht praktiziert wird, ohne dass dies von einer Vertragspartei angesprochen wird.

Kontrollfragen und Fälle zu § 35

1) Erläutern Sie die Wirkung der Verjährung!

2) Kann die Verjährung eines Anspruchs durch vorherige Vereinbarung zwischen Gläubiger und Schuldner abgekürzt, verlängert oder völlig ausgeschlossen werden?

3) Worin unterscheiden sich Verjährung und Verwirkung?

4) Horch war bis 30.9.2015 bei der Telekrax GmbH als Abteilungsleiter tätig, wobei ihm nach dem Anstellungsvertrag u.a. eine bei Beendigung des Anstellungsverhältnisses fällige Gewinnbeteiligung zustand. Deren Höhe wurde nach einigen Auseinandersetzungen durch Vereinbarung vom 1.2.2016 auf 60 000 € festgelegt. Zahlungen erfolgten jedoch trotz mehrerer Mahnungen nicht. Horch fragt Ende 2016, wie lange er Zeit hat, um den Anspruch gegen die Telekrax GmbH durch eine Zahlungsklage durchzusetzen. Wie lautet die Antwort?

Lösungen

30 1) Die Verjährung begründet für den Schuldner das **Recht, die Leistung zu verweigern**, § 214 Abs. 1. Dabei handelt es sich um eine echte Einrede, d. h. die Wirkung der Verjährung wird nur berücksichtigt, wenn sie der Verpflichtete geltend macht. Der Anspruch erlischt nicht durch die Verjährung, sondern wird dauerhaft gehemmt. Leistet der Verpflichtete nach Eintritt der Verjährung, so kann er die Leistung nicht zurückfordern, auch wenn ihm die Verjährung unbekannt war, § 214 Abs. 2.

31 2) Sowohl eine **Verkürzung** als auch eine **Verlängerung** der Verjährungsfristen durch vertragliche Vereinbarung ist grundsätzlich möglich. Nach § 202 Abs. 1 kann allerdings bei Haftung wegen Vorsatzes die Verjährung nicht im Voraus durch eine rechtsgeschäftliche Abrede erleichtert werden. Auch durch besondere Vorschriften sind zuweilen der Verkürzung von Verjährungsfristen Grenzen gesetzt, so durch § 475 Abs. 2 hinsichtlich der Mängelansprüche beim Verbrauchsgüterkauf. Weitere Schranken gelten für die Erleichterung der Verjährung von Mängelansprüchen durch AGB, § 309 Nr. 8 b) ff).

Eine vertragliche Verlängerung der Verjährung kann nach § 202 Abs. 2 nicht über eine Verjährungsfrist von 30 Jahren hinaus erfolgen. Also ist auch ein **völliger Ausschluss** der Verjährung **unwirksam**.

32 3) Die **Verjährung** ist gesetzlich geregelt; sie bezieht sich nur auf **Ansprüche** und ist an feste Verjährungsfristen geknüpft. Das Rechtsinstitut der **Verwirkung** wurde ohne ausdrückliche gesetzliche Vorschrift als Fall des Verbots rechtsmissbräuchlichen Verhaltens aus dem **Grundsatz von Treu und Glauben** (§ 242) heraus entwickelt. Hier genügt nicht allein der Ablauf einer längeren Zeit (**Zeitmoment**), ohne dass der Berechtigte sein Recht geltend gemacht hat, sondern es muss nach den konkreten Umständen (**Umstandsmoment**) für den anderen Teil eine Situation entstanden sein, in der er nach Treu und Glauben nicht mehr damit rechnen musste, noch in Anspruch genommen zu werden, so dass die verspätete Geltendmachung des Rechts für ihn unzumutbar ist. Die Verwirkung kommt nicht nur bei Ansprüchen, sondern auch bei sonstigen Rechten in Betracht. Sie gibt dem Verpflichteten nicht nur ein Einrederecht, sondern wird von Amts wegen berücksichtigt.

33 4) Die Verjährungsfrist für den Anspruch auf die Abfindung beträgt nach § 195 drei Jahre. Sie beginnt gemäß § 199 Abs. 1 mit dem Ende des Jahres, in dem der Anspruch entstanden ist und der Gläubiger Kenntnis von den entsprechenden Umständen erlangt hat, hier also mit dem Ablauf des 31.12.2015. In der Vereinbarung vom 1.2.2016 liegt jedoch eine **Anerkennung** des Anspruchs, die zum **Neubeginn** der Verjährung führt, § 212 Abs. 1 Nr. 1. Für diese erneute Verjährungsfrist gilt nicht wiederum § 199 Abs. 1.[26] Somit läuft die Verjährung mit dem 1.2.2019 ab. Sie kann nach § 204 Abs. 1 Nr. 1 durch eine **Klageerhebung** gehemmt werden, wenn die Klageschrift bis einschließlich 1.2.2019 bei Gericht eingereicht und demnächst dem Beklagten zugestellt wird, da insoweit nach § 167 ZPO der Zeitpunkt der Klageeinreichung maßgebend ist (obwohl die Erhebung der Klage erst durch die Zustellung der Klageschrift bewirkt wird, § 253 Abs. 1 ZPO).

---

26 MünchKomm/Grothe § 212 Rn. 23; BAG NJW 1997, 3461 (zum früheren Recht).

§ 36 Regeln der Rechtsausübung: Schikaneverbot, Notwehr, Notstand und Selbsthilfe

I. Unzulässige Rechtsausübung

1. Schikaneverbot

Subjektive Rechte, seien es absolute Rechte, Forderungsrechte oder Gestaltungsrechte, schützen bestimmte Interessen des Rechtsträgers und müssen daher von anderen Personen grundsätzlich akzeptiert werden. Wenn jedoch die Ausübung eines Rechts *nur* dem **Zweck** dienen kann, einen anderen zu **schädigen**, so verstößt ein solches Verhalten gegen das Schikaneverbot des § 226. Die Voraussetzungen dieser Vorschrift sind aber so eng formuliert, dass ihr Anwendungsbereich gering ist. Selbst in bedenklichen Fällen der Rechtsausübung kann man zumeist nicht leugnen, dass vom Berechtigten auch eigene Interessen verfolgt werden, wenn auch in einer unter den konkreten Umständen nicht hinnehmbaren Art und Weise. 1

Als Beispiel für die Anwendung des § 226 wird oft ein vom RG[1] entschiedener Fall angeführt, in dem der Vater seinem Sohn, mit dem er verfeindet war, das Betreten des Grundstücks – eines Schlossparks – verwehrte, auf dem sich auch das Grab der Mutter befand. Wenn aber der Vortrag des Vaters zutraf, er sei krank und könne die Aufregung durch den Anblick seines Sohnes nicht ohne gesundheitliche Nachteile ertragen, hatte das Verbot (in Ausübung seines Eigentumsrechts) nicht allein den Zweck einer Schädigung[2] des Sohnes.[3]

2. Verbot sittenwidriger und treuwidriger Rechtsausübung

Wesentlich größere Bedeutung hat das allgemeine Verbot des Rechtsmissbrauchs. Dabei ist zwischen dem **Verbot sittenwidriger Rechtsausübung** (entsprechend § 826) und dem **Verbot treuwidriger Rechtsausübung** (Verstoß ge- 2

---

1 RGZ 72, 251. Das RG gestattete dem Sohn den Besuch zu eng umrissenen Zeiten. – Erwähnenswert ist auch RGZ 96, 184, wonach es gegen § 226 verstößt, wenn jemand auf der Rückgabe derselben Aktiennummern besteht, die er verpfändet hat, obwohl die Aktien ohnehin keinen Wert mehr haben.

2 Zu beachten ist dabei, wie das RG aaO ausführt, dass § 226 nicht auf Vermögensschäden beschränkt ist, sondern auch bei Verletzung ideeller Werte und Interessen eingreift. Der Begriff des Schadens umfasst materielle und immaterielle Schäden, wie auch aus § 253 Abs. 1 hervorgeht.

3 Abl. zur Anwendung des § 226 daher z. B. Wolf/Neuner § 20 Rn. 78 (aber sittenwidrige Rechtsausübung).

gen § 242) zu unterscheiden, mögen die Grenzen zum Teil auch fließend sein. Das Verbot sittenwidriger Rechtsausübung stellt den gröberen Maßstab dar. Aus Treu und Glauben ergeben sich höhere Anforderungen an die Redlichkeit des Verhaltens; dabei ist aber das Bestehen einer Sonderverbindung (insbesondere eines Vertrags oder jedenfalls eines vorvertraglichen Verhältnisses) zwischen den Beteiligten vorausgesetzt.[4]

Als **treuwidrige** und daher **unzulässige Rechtsausübung** kann es sich z.B. darstellen, wenn von einem Rücktrittsrecht, das für den Fall nicht termingerechter Erfüllung vereinbart wurde, Gebrauch gemacht wird, obgleich nur noch ein ganz geringfügiger Rest der Leistung offen steht. Auch die Berufung auf einen Formmangel kann unter besonderen Umständen treuwidrig und daher unbeachtlich sein, näher s. § 16 Rn. 25 f. Bei einem groben Verstoß[5] gegen Treu und Glauben kann ferner die Berufung auf die bereits eingetretene Verjährung unzulässig sein, wenn der Schuldner den Berechtigten durch sein Verhalten von einer rechtzeitigen (die Verjährung hemmenden) Klageerhebung abgehalten hat. Umgekehrt kann treuwidriges, insbesondere widersprüchliches Verhalten des Berechtigten zu einer **Verwirkung** seines Rechts (s. § 35 Rn. 27) führen.

II. Notwehr

Fall 54: Greif ist nachts in das Reihenhaus des Ernst eingestiegen und hat 200 € Bargeld an sich genommen. Als Greif das Haus verlässt und durch den Garten zu seinem Motorrad läuft, wird er von Ernst entdeckt. Ernst ruft: „Stehen bleiben!", doch Greif besteigt sein Motorrad und fährt los. Daraufhin zieht Ernst die Pistole und schießt auf das Motorrad. Da der Hinterreifen platzt, fährt Greif gegen eine Mauer. Greif wird erheblich verletzt, das Motorrad schwer beschädigt.

a) Kann Greif von Ernst Schadensersatz verlangen?

b) Wie ist es, wenn Greif versehentlich in den Garten des Ernst gestiegen ist, weil er einer Freundin einen Besuch abstatten wollte, dabei aber die Häuser verwechselt hatte und nun von Ernst aufgrund der Umstände für einen mit Beute fliehenden Einbrecher gehalten wird?

---

4 MünchKomm/Schubert § 242 Rn. 93 ff.; Brox/Walker, Allgemeines Schuldrecht, 40. Aufl. (2016), § 7 Rn. 1. Nach anderer Ansicht besteht dagegen keine klare Abgrenzung zwischen Treu und Glauben und den guten Sitten, so Medicus/Lorenz, Schuldrecht, Allgemeiner Teil, 20. Aufl. (2012), Rn. 144; im Ergebnis auch Looschelders, Schuldrecht, Allgemeiner Teil, 14. Aufl. (2016), Rn. 63 f.

5 Dass hier an den Einwand der unzulässigen Rechtsausübung besonders strenge Anforderungen zu stellen sind, begründet der BGH mit dem Zweck der Verjährungsregelung, BGH NJW 1988, 2245, 2247; NJW 1996, 1895, 1897. – Andererseits kann nach BGH NJW 2002, 3110, 3111 auch unabsichtliches Verhalten des Schuldners, durch das der Gläubiger an der Klageerhebung gegen den richtigen Schuldner gehindert wurde, die Berufung auf die Verjährung als rechtsmissbräuchlich erscheinen lassen.

1. Bedeutung

3 Die Notwehr (§ 227) erlaubt es, einen gegenwärtigen rechtswidrigen Anspruch sowohl von sich als auch von einem anderen (Nothilfe) abzuwenden. Sie ist im Zivilrecht wie im Strafrecht (§ 32 StGB) ein **Rechtfertigungsgrund**. Wird der Angreifer verletzt oder sein Eigentum beschädigt, so kann er mangels Widerrechtlichkeit der Verletzung keine Schadensersatzansprüche, etwa aus § 823 Abs. 1, geltend machen.

2. Voraussetzungen der Notwehr[6]

a) Rechtswidriger Angriff

4 Ein Angriff im Sinne des Notwehrtatbestands kann nur **von Personen**, nicht von Tieren oder Sachen ausgehen. Angreifer können jedoch auch Kinder oder Geisteskranke sein (u. U. ist aber die Notwehr dagegen rechtsmissbräuchlich, s. Rn. 6). Gegen welches Rechtsgut (Körper, Eigentum, Freiheit) sich der Angriff richtet, spielt keine Rolle. Rechtswidrig ist der Angriff auf fremde Rechtsgüter in aller Regel, es sei denn, er wäre seinerseits durch einen Rechtfertigungsgrund gedeckt. Gegen den Gerichtsvollzieher, der im Rahmen der Zwangsvollstreckung eine Sache pfändet und mitnimmt, darf sich der Schuldner z. B. nicht zur Wehr setzen, da der Gerichtsvollzieher nicht rechtswidrig handelt.

b) Gegenwärtiger Angriff

5 Der **Angriff** muss **begonnen** haben, doch braucht noch keine Verletzung erfolgt zu sein. Es kann schon genügen, wenn jemand auf den anderen in feindlicher Absicht losgeht. Andererseits darf der Angriff noch nicht beendet sein.

c) Erforderliche Verteidigung

6 Gerechtfertigt ist nur die **objektiv notwendige Abwehr**. Sind mehrere Abwehrmöglichkeiten gegeben (z. B. ein Schlag mit der Hand oder ein Stich mit dem Messer), so muss das am wenigsten schädliche Mittel gewählt werden. Eine Güterabwägung zwischen dem Wert des angegriffenen Gutes und dem bei der Abwehr verletzten Gut des Angreifers ist dagegen grundsätzlich nicht notwendig.[7] Anders ist es allerdings bei sehr erheblichen Diskrepanzen zwischen dem geschützten und dem nunmehr verletzten Gut. Liegt geradezu ein unerträgliches Missverhältnis vor, so stellt sich die Notwehr als **unzulässiger Rechts-**

---

6 Da die Voraussetzungen der Notwehr im Strafrecht mit denen im Zivilrecht übereinstimmen, genügen hier einige knappe Bemerkungen; im Übrigen ist auf die ausführliche Darstellung des Notwehrrechts in den Lehrbüchern des Strafrechts zu verweisen.

7 Dazu und zur Grenze bei Rechtsmissbrauch MünchKomm/Grothe § 227 Rn. 17, 19 ff.

missbrauch dar. Bei Angriffen von Kindern, Geisteskranken oder sonst ohne Schuld Handelnden (z.B. Betrunkenen) kann es ebenfalls geboten sein, auf die Abwehr zu verzichten und lieber das Weite zu suchen. Auch dies kann man aus dem Verbot eines Rechtsmissbrauchs entnehmen.

3. Irrtümliche Annahme einer Notwehrsituation

7 Die Rechtfertigung durch Notwehr setzt voraus, dass deren Voraussetzungen objektiv vorliegen. Werden dagegen die Grenzen der erforderlichen Verteidigung überschritten (**Notwehrexzess**) oder wird irrtümlich ein Notwehrtatbestand angenommen (**Putativnotwehr**), so bleibt das Abwehrverhalten rechtswidrig. Schadensersatzansprüche (z.B. nach § 823 Abs. 1) setzen aber über die Rechtswidrigkeit der Verletzung hinaus auch Verschulden des Täters – Vorsatz oder Fahrlässigkeit – voraus. Zivilrechtlich[8] kommt es also darauf an, ob der Notwehrexzess bzw. die irrtümliche Annahme einer Notwehrsituation auf Verschulden des Abwehrenden beruhen; nur dann ist er zum Schadensersatz verpflichtet.

8 **Lösung zu Fall 54:** a) Greif könnte einen Schadensersatzanspruch aus § 823 Abs. 1 oder auch aus § 823 Abs. 2 i.V. mit § 223 StGB (Körperverletzung) als Schutzgesetz gegen Ernst haben. Dazu müsste eine widerrechtliche Verletzung des Körpers bzw. der Gesundheit vorliegen. Da der **rechtswidrige Angriff** des Greif **noch nicht beendet** war (die Beute war noch nicht in Sicherheit gebracht), stand dem Ernst jedoch das Recht zur Notwehr (§ 227) zu. Die **Abwehrhandlung** war **erforderlich**, da es für Ernst keine andere Möglichkeit mehr gab, den Diebstahl zu verhindern. Dass das verletzte Rechtsgut (Geldbetrag von 200 €) wesentlich geringwertiger war als die nun verletzten Rechtsgüter des Angreifers (die Rechtsordnung bewertet vor allem die körperliche Integrität prinzipiell höher als bloße Vermögenswerte), steht der Rechtfertigung nicht entgegen. Es liegt auch kein derart krasser Fall eines Missverhältnisses zwischen geschütztem und verletztem Rechtsgut vor, dass ein Rechtsmissbrauch anzunehmen wäre. Somit bestehen mangels Rechtswidrigkeit der Verletzung keine Schadensersatzansprüche.

b) Hier lag kein Angriff des (fliehenden) Greif vor, so dass eine Rechtfertigung durch Notwehr ausscheidet. Doch nahm Ernst irrtümlich das Vorliegen einer Notwehrsituation an, und aufgrund der Umstände beruhte dieser Irrtum nicht auf Fahrlässigkeit, zumal Greif auf Anruf nicht stehen blieb. Hier scheitern also Ansprüche des Greif aus § 823 Abs. 1 oder 2 zwar nicht an der fehlenden Rechtswidrigkeit, wohl aber am fehlenden Verschulden (keine Fahrlässigkeit) des Ernst.

---

8 Im Strafrecht ergibt sich ähnliches aus der analogen Anwendung von § 16 StGB, die jedenfalls bei „Erlaubnistatbestandsirrtum" bejaht wird, vgl. Schönke/Schröder/Perron, StGB, 29. Aufl. (2014), § 32 Rn. 65. Die Einordnung eines Irrtums über die rechtlichen Grenzen der Notwehr ist dagegen streitig. Nach Schönke/Schröder/Perron aaO handelt es sich insoweit („Erlaubnisnormirrtum") um einen Verbotsirrtum im Sinne des § 17 StGB.

III. Defensiv- und Aggressivnotstand

1. Defensivnotstand (Verteidigungsnotstand)

Zum Unterschied von der Notwehrsituation geht beim **Notstand** nach § 228 die Gefahr von einer **Sache** aus. Dazu gehört auch der Fall eines Angriffs durch Tiere (§ 90a Satz 3), z. B. durch einen Hund. Die Abwehrhandlung (etwa eine Verletzung des Hundes durch einen kräftigen Fußtritt) ist nicht widerrechtlich, wenn sie zur Gefahrenabwendung erforderlich ist. Hinzukommen muss, dass der **Schaden nicht außer Verhältnis zu der Gefahr** steht. Man darf also z. B. den in den Garten eingedrungenen Rassehund des Nachbarn nicht erschießen, um die ersten Schneeglöckchen zu retten. Hat der Bedrohte selbst die Gefahr verschuldet (etwa den Angriff des Hundes durch Steinwürfe herbeigeführt), so ist er nach § 228 Satz 2 schadensersatzpflichtig. 9

2. Aggressivnotstand (Angriffsnotstand)

Der Aggressivnotstand nach § 904 stellt das Gegenstück zum Notstand des § 228 dar. Bei § 904 geht es um **Einwirkungen auf eine andere Sache**, d. h. auf eine Sache, die selbst keine Gefahr begründet. Um einen Brand zu löschen, darf man z. B. in ein Nachbarhaus einbrechen und sich den dortigen Feuerlöscher herausholen. Die Güterabwägung verläuft jedoch bei § 904 anders als bei § 228: Der **drohende Schaden** (hier durch den Brand) muss gegenüber dem Schaden, den man durch die Abwehrhandlung verursacht (zerschlagene Fensterscheibe, Benutzung des Feuerlöschers) **unverhältnismäßig groß** sein. Ein zweiter sehr wichtiger Unterschied besteht darin, dass der Handelnde[9] nach § 904 Satz 2 für die Verwendung der fremden Sache **Schadensersatz** zu leisten hat. 10

Neben den in § 228 und § 904 geregelten Notstandsfällen ist auch im Privatrecht der rechtfertigende **Notstand nach § 34 StGB** anwendbar.[10] 11

IV. Selbsthilfe

Wer seine Rechte schützen und durchsetzen will, muss sich dazu regelmäßig der Hilfe der Staatsorgane (also vor allem der Gerichte und der Polizei) bedienen. Es gilt ein grundsätzliches **Verbot der Selbsthilfe** oder gar des Faustrechts. In manchen Fällen käme aber die Hilfe der staatlichen Organe zu spät. Deshalb 12

---

9 Ein durch die Gefahrabwendung begünstigter Dritter ist nicht ersatzpflichtig, wenn nicht etwa auf dessen Weisung hin gehandelt wurde, str., näher s. Palandt/Herrler § 904 Rn. 5.

10 Näher s. Palandt/Ellenberger § 228 Rn. 2; einschränkend MünchKomm/Grothe § 228 Rn. 2.

gestattet das Recht ausnahmsweise eine eigenmächtige Rechtsdurchsetzung in Gestalt der Selbsthilfe. Die Selbsthilfe nach § 229 umfasst die eigenmächtige **Durchsetzung** oder **Sicherung eines Anspruchs**. Die Wegnahme einer Sache oder die Festnahme einer Person ist nach § 229 nicht rechtswidrig, wenn obrigkeitliche (z. B. polizeiliche) Hilfe nicht rechtzeitig zu erlangen ist und ohne sofortiges Eingreifen die Gefahr besteht, dass man den Anspruch nicht mehr durchsetzen kann.

So darf der Gläubiger einer fälligen Forderung einen Schuldner, der im Begriffe ist, sich ins Ausland abzusetzen, auf dem Flughafen festhalten oder ihm einen Wertgegenstand abnehmen. Ein Taxifahrer ist, wenn der Fahrpreis nicht bezahlt wird und der Fahrgast sich weigert, seine Personalien anzugeben, nach § 229 berechtigt, den Fahrgast auch unter Anwendung körperlicher Gewalt bis zum Eintreffen der Polizei festzuhalten.[11]

13 Nach der Selbsthilfe muss unverzüglich eine gerichtliche Zwangsmaßnahme (insbesondere dinglicher oder persönlicher **Arrest**) beantragt werden, § 230 Abs. 2 und 3. Wer **irrtümlich** die Voraussetzungen der Selbsthilfe annimmt, ist dem anderen nach § 231 zum **Schadensersatz** verpflichtet, ohne dass es dabei auf Verschulden ankäme.[12] Das Risiko der nicht berechtigten Selbsthilfe trägt also in vollem Umfang der Handelnde.

---

11 AG Grevenbroich NJW 2002, 1060 (ebenso bei Streit über den geschuldeten Fahrpreis; das Gericht bejaht auch ein Festnahmerecht aus § 127 Abs. 1 Satz 1 StPO).

12 BGH NJW 2010, 3434 (verschuldensunabhängige Haftung des Vermieters bei eigenmächtiger Räumung der Wohnung).

Kontrollfragen und Fälle zu § 36

1) Welche Rechtsinstitute haben dem Schikaneverbot praktisch den Rang abgelaufen und aus welchem Grund?

2) Welche Rechtswirkung hat die Notwehr im Bürgerlichen Recht?

3) Was versteht man unter dem Defensiv- und Aggressivnotstand und worin unterscheiden sich beide?

4) Fred hat dem Zock für einige Tage sein Mountain-Bike geliehen, doch hat es Zock abredewidrig nicht zurückgebracht. Daher sucht Fred das Haus des Zock auf, öffnet die Gartentür und sieht dann auch gleich sein Fahrrad unversperrt an der Hauswand lehnen. So schwingt er sich auf das Rad und fährt fröhlich nach Hause. Hat Fred rechtlich korrekt gehandelt?

Lösungen

14 1) Größere Bedeutung als das Schikaneverbot haben das **Verbot sittenwidrigen Handelns** und das **Verbot treuwidrigen Verhaltens**. Das Schikaneverbot (§ 226) setzt voraus, dass die Ausübung eines Rechts nur dem Zweck dienen kann, einen anderen zu schädigen. Diese Voraussetzung ist selten erfüllt. Dagegen können die genannten anderen Verbote eingreifen, auch wenn der Handelnde mit der Rechtsausübung eigene Interessen verfolgt, sie aber in einer mit den guten Sitten (§ 138 Abs. 1) oder den Anforderungen von Treu und Glauben (§ 242) nicht zu vereinbarenden Art und Weise gegenüber einem anderen durchzusetzen versucht.

15 2) Die Notwehr (§ 227) ist im Bürgerlichen Recht ebenso wie im Strafrecht (§ 32 StGB) ein **Rechtfertigungsgrund**. Wer in Ausübung seines Notwehrrechts die Rechte oder Rechtsgüter eines anderen verletzt, ist nicht nach § 823 Abs. 1 zum Ersatz des dadurch entstehenden Schadens verpflichtet, da es an der Voraussetzung einer widerrechtlichen Verletzung fehlt.

16 3) Beim **Defensivnotstand** (§ 228) geht es um die Abwehr einer Gefahr, die von einer Sache droht. Wer dagegen vom **Aggressivnotstand** (§ 904) Gebrauch macht, benutzt eine gewissermaßen neutrale fremde Sache, um eine Gefahr abzuwehren. Beim Defensivnotstand ist das Handeln schon dann gerechtfertigt, wenn der dadurch entstehende Schaden nicht außer Verhältnis zu der Gefahr steht. Dagegen greift der Aggressivnotstand nur ein, wenn der drohende Schaden gegenüber dem durch die Abwehr verursachten unverhältnismäßig groß ist. Außerdem ist in diesem Fall zwar das Verhalten rechtmäßig, aber gleichwohl ist für den entstandenen Schaden Ersatz zu leisten, § 904 Satz 2. Beim Defensivnotstand braucht der Abwehrende dagegen nur Schadensersatz zu leisten, wenn er die Gefahr schuldhaft herbeigeführt hat, § 228 Satz 2.

17 4) Fred hat einen **Herausgabeanspruch** aus dem Leihvertrag (§ 604 Abs. 1) und aus Eigentum (§ 985), ist aber gleichwohl **nicht berechtigt, den Anspruch eigenmächtig durchzusetzen**. Auch wenn das Fahrrad unversperrt an der Hauswand lehnte, war es nach den Umständen doch noch im **Besitz** des Zock. Ein Recht zur Selbsthilfe nach § 229 ist aus den im Sachverhalt geschilderten Umständen kaum herzuleiten. Fred hätte klingeln und den Zock zur Herausgabe auffordern müssen. Hätte sich dann allerdings niemand gemeldet, so wäre die Mitnahme des Fahrrads nach § 229 als gerechtfertigt anzusehen, da sonst die erhebliche Gefahr besteht, dass sich jemand anderer rechtswidrig des Mountain-Bikes bemächtigt. Anschließend müsste Fred dann den dinglichen Arrest beantragen (§ 230 Abs. 2), wenn er sich mit Zock nicht einig wird.

§ 37 Berechnung von Fristen und Terminen

I. Inhalt und Geltungsbereich

Da Fristen der unterschiedlichsten Art im Rechtsleben eine erhebliche Rolle 1
spielen, kommt dem Abschnitt „Fristen, Termine" (§§ 186 ff.) große praktische Bedeutung zu. Diese Vorschriften regeln allerdings nicht, in welchen Fällen eine Frist einzuhalten ist und welche Länge (in Tagen, Wochen, Monaten) sie hat, sondern lediglich, wie der **Ablauf** solcher Fristen im Einzelnen zu **berechnen** ist.

Die §§ 186 ff. gelten sowohl für **gesetzliche** (d. h. unmittelbar aus dem Gesetz hervorge- 2
hende) Fristen als auch für **richterlich gesetzte** sowie **in Rechtsgeschäften enthaltene Fristen**. Hinsichtlich der zivilprozessualen Fristen verweist § 222 Abs. 1 ZPO ausdrücklich auf die Bestimmungen des BGB. Dessen Regeln über die Fristberechnung sind auch im Bereich des öffentlichen Rechts anwendbar,[1] soweit dort keine abweichenden Bestimmungen gelten.

Es handelt sich bei den §§ 187 ff., wie § 186 ausdrücklich sagt, durchweg um **Auslegungsregeln**, d. h. wenn sich aus gesetzlichen Bestimmungen oder aus rechtsgeschäftlichen Vereinbarungen eine andere Berechnungsmethode ergibt, so hat diese den Vorrang.

II. Berechnung

1. Berechnung nach vollen Tagen

Die Fristen werden grundsätzlich **nach vollen Tagen** gerechnet, also nicht von 3
der Uhrzeit des fristauslösenden Ereignisses bis zur entsprechenden Uhrzeit am Tag des Fristendes.

2. Fristbeginn

Der **Tag des Ereignisses**, das die Frist auslöst, wird nach § 187 Abs. 1 **nicht mit-** 4
gezählt. Läuft also z. B. eine Frist ab Zustellung eines Schriftstücks (etwa eines Urteils), so zählt der Tag, an dem die Zustellung erfolgte, nicht mit. Anders ist es nach § 187 Abs. 2 Satz 1, wenn der Beginn eines Tages selbst den fristauslösenden Umstand darstellt, etwa bei der Formulierung: Miete für 14 Tage ab 1. April. Mitgerechnet wird auch der Tag der Geburt bei der Berechnung des **Le-**

---

1 BGHZ 59, 396, 397 = NJW 1972, 2035.

bensalters, § 187 Abs. 2 Satz 2. Wer also am 15.9.1999 geboren ist, wird mit Ende des 14.9.2017 volljährig.

3. Fristende

5 Bei einer **nach Tagen** bestimmten Frist muss man die Tage abzählen, § 188 Abs. 1. Eine vom 2.1. an gesetzte Frist von vier Tagen endet also mit dem 6.1.

Eine **nach Wochen** oder **Monaten** bemessene Frist endet mit dem entsprechenden Tag der Woche oder des Monats, § 188 Abs. 2. So läuft beispielsweise eine Frist von einer Woche, die durch Zustellung am Dienstag, 3. Februar, ausgelöst wird (§ 187 Abs. 1), mit Ablauf des Dienstag, 10. Februar ab. Bei Monatsfristen spielt die unterschiedliche Länge der Kalendermonate keine Rolle. Daher endet eine am 13. Februar beginnende Monatsfrist mit dem 13. März, eine am 31. Januar beginnende Monatsfrist mit Ablauf des 28. Februar (bzw. im Schaltjahr des 29. Februar), § 188 Abs. 3.

6 Fällt das **Fristende** für eine Leistung oder eine Willenserklärung auf einen **Samstag, Sonntag** oder staatlich anerkannten allgemeinen **Feiertag**, so wird die Frist verlängert, § 193. Der nächste Werktag tritt dann an die Stelle des Tages, an dem die Frist abgelaufen wäre. Dies gilt sowohl für Fristen, nach deren Ablauf die Fälligkeit eintritt, als auch für solche, nach deren Ende der Verzug beginnt.[2] Dasselbe gilt nach § 222 Abs. 2 ZPO für prozessuale Fristen, z. B. Rechtsmittelfristen. – Auf den Ablauf einer Verjährungsfrist wird § 193 analog angewandt,[3] so dass bei einer eigentlich am Samstag endenden Frist noch am darauf folgenden Montag eine Hemmung der Verjährung (s. § 35 Rn. 18 ff.) bewirkt werden kann.

III. Weitere Auslegungsregeln

7 Wie Fristbestimmungen von einem halben Jahr, einem Vierteljahr oder einem halben Monat auszulegen sind, legt § 189 Abs. 1 fest. Was unter Anfang, Mitte oder Ende des Monats zu verstehen ist, ergibt sich aus § 192.

IV. Wiedereinsetzung in den vorigen Stand (Hinweis)

8 Nicht immer ist mit dem Fristablauf, so wie er sich aus den §§ 187 ff. ergibt, die versäumte Handlung endgültig ausgeschlossen: bei manchen **prozessualen Fristen**, vor allem bei Rechtsmittelfristen, ist noch nach deren Ablauf auf Antrag eine „Wiedereinsetzung in den vorigen Stand“ möglich, wenn die **Frist ohne Verschulden versäumt** wurde, § 233 ZPO.

---

2 BGHZ 171, 33 = NJW 2007, 1581.
3 BGH NJW-RR 2008, 459, 460.

4. Abschnitt: Sachen

§ 38 Sachen, Bestandteile, Zubehör und Nutzungen

Fall 55: Die Mammut AG stellt serienmäßig Traktoren her. Dazu bezog sie von der Dieselkraft GmbH eine Anzahl gleichfalls serienweise gefertigter Motoren, die in die Traktoren eingebaut wurden. Die Motoren können (allerdings mit erheblichem Arbeitsaufwand) wieder aus den Traktoren ausgebaut und anderweitig verwendet werden. Die Lieferung der Motoren erfolgte unter Eigentumsvorbehalt; sie sind noch nicht bezahlt. Als über das Vermögen der Mammut AG das Insolvenzverfahren eröffnet wird, macht die Dieselkraft GmbH geltend, ihr stehe nach wie vor das Eigentum an den Motoren zu, die in neue, noch nicht an Kunden ausgelieferte Traktoren eingebaut sind. Trifft dies zu?

I. Bedeutung des Gesetzesabschnitts

Bei den Vorschriften über Sachen und Nutzungen (§§ 90 bis 103) handelt es 1
sich durchweg um **Begriffsbestimmungen**, also um typische, vor die Klammer gezogene Rechtssätze des Allgemeinen Teils. Rechtsfolgen ergeben sich erst im Zusammenwirken mit Vorschriften aus anderen Büchern des BGB, vor allem aus dem **Sachenrecht**. Besonders wichtig sind die Abgrenzung wesentlicher von unwesentlichen Bestandteilen sowie der Begriff des Zubehörs.

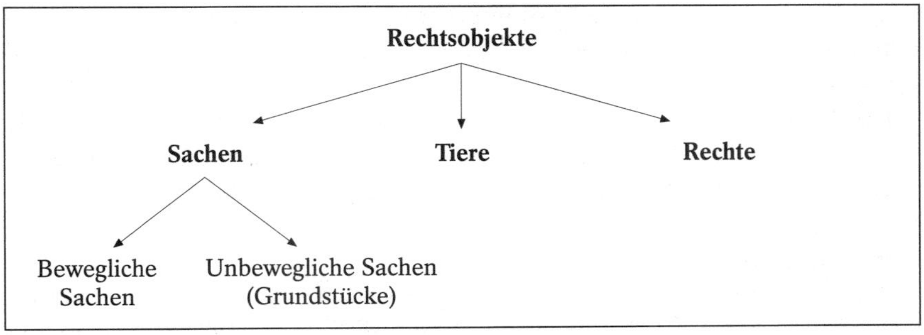

II. Begriff und Arten der Sachen

1. Nur körperliche Gegenstände

2 § 90 beschränkt den Begriff der **Sache** im Sinne des BGB auf **körperliche Gegenstände. Gegenstand** ist der Oberbegriff, der neben den Sachen auch die Rechte umfasst (z.B. schuldrechtliche Forderung, Persönlichkeitsrecht, Urheberrecht, Patentrecht).

2a Eine Sache kann festen, flüssigen oder gasförmigen Zustand aufweisen. Sie muss **abgegrenzt** und **greifbar (beherrschbar)** sein. Luft oder Grundwasser[1] sind z.B. als solche keine Sachen, wohl aber Benzin in einem Kanister, Gas in einer Druckflasche. Wasser, Gas, elektrischer Strom oder Fernwärme, die leitungsgebunden geliefert werden, sind mangels Abgrenzbarkeit keine körperlichen Gegenstände. Zur Behandlung als „**Waren**" (§ 241a Abs. 1) s. Rn. 8b.

2b Sachen sind auch **Datenträger** (Disketten, USB-Sticks) mit darauf gespeicherten Programmen oder sonstigen digitalen Inhalten. Dagegen haben das **Programm** oder die **Daten** als solche, die einen rein gedanklichen (geistigen) Inhalt aufweisen, nach h.M. keine Sachqualität.[2] Das schließt aber nicht aus, Vorschriften, die unmittelbar für Verträge über die Lieferung (Kauf) oder Gebrauchsüberlassung (Miete) von Sachen gelten, ihrem Zweck entsprechend auch auf Computerprogramme entsprechend anzuwenden. So ist der Kauf eines Computerprogramms gemäß § 453 Abs. 1 als Kauf eines sonstigen Gegenstands anzusehen und entsprechend den Vorschriften über den Kauf einer Sache zu beurteilen.[3] Die Haftung des Verkäufers für inhaltliche Mängel eines verkauften Standardprogramms richtet sich nach § 434 (Haftung für Sachmängel).[4]

3 **Tiere** sind nach § 90a Satz 1 keine Sachen. § 90a Satz 3 erklärt aber die für Sachen geltenden Vorschriften grundsätzlich für entsprechend anwendbar. Daher gelten z.B. für den Erwerb des Eigentums an Tieren dieselben bürgerlich-rechtlichen Regeln wie für das Eigentum an beweglichen Sachen, §§ 929 ff. (s. § 7 Rn. 15 ff.). Daneben sind die Bestimmungen des Tierschutzrechts zu beachten (§ 90a Satz 2). Zu weitergehenden Überlegungen („tierliche Person"?) s. § 30 Rn. 5.

4 Der **Körper** des lebenden Menschen ist Teil der Person und schon deshalb keine Sache. Über die dogmatische Einordnung des Körpers eines **Verstorbenen** besteht Streit. Die wohl h.M. nimmt eine – nicht verkehrsfähige – Sache

---

1 BGH MDR 1977, 1002.

2 BeckOK BGB/Fritzsche § 90 Rn. 25 ff.; Faust, Verhandlungen des 71. Deutschen Juristentags, Bd. I, Gutachten (2016) Teil A S. 72 ff. Abschließend geklärt ist die Frage aber noch nicht, wie der auf dem genannten Juristentag gefasste Beschluss I 8 c zeigt, wonach der Gesetzgeber die Erweiterung des Sachbegriffs des § 90 auf digitale Inhalte prüfen solle.

3 Vor der Erweiterung des Textes des § 453 Abs. 1 auf „sonstige Gegenstände" begründete der BGH die Anwendbarkeit von Kauf- oder Mietrecht auf die Überlassung von Software damit, die auf einem Datenträger verkörperte Software sei als bewegliche Sache anzusehen, BGH NJW 2007, 2394.

4 BGHZ 102, 135 = NJW 1988, 406; BGHZ 109, 97 = NJW 1990, 320.

an; richtiger erscheint es, auch hierin noch den Restbestand der Persönlichkeit zu sehen.[5]

2. Bewegliche und unbewegliche Sachen

5 Unbewegliche Sachen sind die **Grundstücke** samt ihren Bestandteilen, insbesondere den **Gebäuden** (s. Rn. 14). Alle anderen körperlichen Gegenstände sind bewegliche Sachen.

Daneben gibt es **grundstücksgleiche Rechte,** auf die die für Grundstücke geltenden Vorschriften weitgehend entsprechend anzuwenden sind, insbesondere das Erbbaurecht (§ 11 ErbbauRG). Zum Wohnungseigentum s. Fn. 9. **Schiffe** und **Schiffsbauwerke** sowie **Luftfahrzeuge** werden kraft ausdrücklicher Vorschriften ähnlich wie Grundstücke behandelt, wenn sie in die dafür vorgesehenen Register (Schiffsregister, Luftfahrzeugrolle) eingetragen sind.

Den **Begriff des Grundstücks** im Rechtssinne definiert das BGB nicht. Maßgebend ist nicht die natürliche oder wirtschaftliche Einheit eines Teils der Erdoberfläche (ein Parkplatz, ein Feld), sondern die Eintragung in das Grundbuch. Es gilt somit ein formeller Grundstücksbegriff.

Der **Erwerb des Eigentums** folgt bei beweglichen und unbeweglichen Sachen jeweils eigenen Regeln, näher s. § 7 Rn. 15 ff. u. 26 ff.

3. Vertretbare und nicht vertretbare Sachen

6 Unter **vertretbaren Sachen** versteht das Gesetz bewegliche Sachen, die im Verkehr (also nach der Verkehrsanschauung) nach **Zahl, Maß** oder **Gewicht** bestimmt zu werden pflegen, § 91. Konservendosen, Kleiderstoffe, serienmäßig hergestellte Fahrräder sind danach vertretbare Sachen, während ein Gemälde oder ein Maßanzug nicht dazu gehören. Zu den vertretbaren Sachen ist auch das Bargeld zu rechnen. Auf den Begriff der vertretbaren Sache greift das Schuldrecht an verschiedenen Stellen zurück. So wird ein **Sachdarlehen** nach § 607 Abs. 1 in Gestalt vertretbarer Sachen gewährt.

7 Von der Unterscheidung zwischen vertretbaren und nicht vertretbaren Sachen sind die Begriffe **Gattungsschuld** und **Stückschuld** zu trennen. Für die Gattungsschuld (§ 243) kommt es darauf an, ob die Leistung nach dem Vertrag nur nach Gattungsmerkmalen bestimmt ist, während sich bei einer Stückschuld der Vertrag auf eine individuell bestimmte Sache bezieht. Entscheidend ist also hier der Inhalt der vertraglichen Vereinbarung, für deren Auslegung dann freilich auch wieder die Verkehrsauffassung eine Rolle spielt.

---

5 Näher s. MünchKomm/Leipold § 1922 Rn. 139.

4. Verbrauchbare bewegliche Sachen

8 Zu den **verbrauchbaren Sachen** rechnet § 92 Abs. 1 Sachen, deren bestimmungsgemäßer Gebrauch im **Verbrauch** (z. B. Lebensmittel) oder auch in der **Veräußerung** liegt. Aufgrund dieses zweiten Merkmals gehört auch Bargeld zu den verbrauchbaren beweglichen Sachen.

Der Begriff der verbrauchbaren Sache spielt bei **Nutzungsrechten** eine Rolle. Da man verbrauchbare Sachen ohne Eingriff in die Substanz nicht nutzen kann, spricht das Gesetz dem Nutzungsberechtigten in verschiedenen Bestimmungen Eigentum an den vom Nutzungsrecht erfassten verbrauchbaren Sachen zu, so z. B. § 1067 Abs. 1 Satz 1 für den Fall des Nießbrauchs.

5. Waren

8a Die Europäische Verbraucherrechte-Richtlinie enthält in Art. 2 Nr. 3 eine Definition des Begriffs „Ware". Daher wurde bei der Umsetzung dieser Richtlinie in das deutsche Recht (s. § 4 Rn. 19) auch in § 241a Abs. 1, der die unbestellte Lieferung regelt (s. § 14 Rn. 24), eine **Definition** dieses Begriffs eingefügt. Sowohl die Europäische als auch die deutsche Definition der Ware umfassen die **Lieferung beweglicher Sachen**, die nicht aufgrund von Zwangsvollstreckungsmaßnahmen oder anderen gerichtlichen Maßnahmen verkauft werden.

8b Unklar ist die Einordnung der Lieferung von **Wasser, Gas, Strom und Fernwärme**. Nach der Definition der Richtlinie gelten auch Wasser, Gas und Strom als Ware, wenn sie in begrenztem Volumen oder in einer bestimmten Menge zum Verkauf angeboten werden. Andere Verträge über die Lieferung von Wasser, Gas, Strom oder Fernwärme, also über die laufende leitungsgebundene Lieferung, werden dagegen von der Verbraucherrechte-Richtlinie weder als Kaufverträge noch als Dienstleistungsverträge behandelt,[6] sondern im jeweiligen Sachzusammenhang gesondert erwähnt, so z. B. in Art. 27 hinsichtlich der unbestellten Lieferung, in Art. 5 Abs. 2 hinsichtlich der Informationspflichten im stationären Handel und in Art. 6 Abs. 2 hinsichtlich der Informationspflichten bei außerhalb von Geschäftsräumen geschlossenen Verträgen und Fernabsatzverträgen. Der deutsche Gesetzgeber glaubte, auf eine Erwähnung in der Definition der Ware verzichten zu können, weil nach der bisherigen Rechtsprechung und Praxis klar sei, dass es sich auch bei der leitungsgebundenen Lieferung von Wasser, Gas, Strom und Fernwärme um Waren handle.[7] Aber während es bisher keine gesetzliche Definition der Ware gab, erfasst die jetzt eingefügte Begriffsbestimmung nach ihrem Wortlaut nur bewegliche Sachen, und dies setzt gemäß § 90 voraus, dass es sich um körperliche Gegenstände handelt. Dies ist bei der leitungsgebundenen Lieferung von Wasser, Gas, Strom und Fernwärme mangels körperlicher Abgrenzung nicht der Fall. Man muss also die gesetzliche Definition unter Rückgriff auf die Gesetzgebungsgeschichte erst einmal **erwei-**

---

6 Dies wird in Erwägungsgrund Nr. 19 der Richtlinie ausdrücklich hervorgehoben.

7 Begr. zum Regierungsentwurf des Gesetzes zur Umsetzung der Verbraucherrechte-Richtlinie usw., BT-Drs. 17/12637, S. 44 unter Hinweis auf BGH ZIP 2009, 1013.

ternd auslegen, um auch die leitungsgebundene Lieferung von Wasser usw. in den Begriff der Ware einbeziehen zu können.

Verträge über die **Lieferung digitaler Inhalte** sind nach der Richtlinie nur dann als Lieferung einer Ware anzusehen, wenn die Inhalte auf einem körperlichen Datenträger wie CD oder DVD bereitgestellt werden. Ansonsten sollen sie auch nicht als Dienstleistungsverträge im Sinne der Richtlinie angesehen werden,[8] sondern es gelten jeweils besondere Bestimmungen. Im deutschen Recht wird man die Lieferung verkörperter digitaler Inhalte ebenfalls als Warenlieferung, nicht verkörperte digitale Inhalte dagegen als Erbringung sonstiger Leistungen im Sinne des § 241a Abs. 1 einzuordnen haben. S. auch Rn. 2b; zum Vorschlag einer Richtlinie über die vertragliche Bereitstellung digitaler Inhalte s. § 4 Rn. 25. **8c**

III. Sachbestandteile

1. Einzelsache und Mehrheit von Sachen

9 Die sachenrechtlichen Vorschriften des BGB beziehen sich grundsätzlich jeweils auf eine **einzelne Sache**. Es gibt also z. B. kein einheitliches Eigentum an einer Lieferung von 100 Gartenstühlen, vielmehr besteht das Eigentum an jedem einzelnen Stuhl. Entsprechend muss bei der Übereignung jeder Stuhl übereignet werden, d. h. es müssen die Voraussetzungen des Eigentumswechsels (im einfachsten Fall Einigung und Übergabe, § 929 Satz 1) für jeden der Stühle erfüllt sein. Ob eine einzelne Sache vorliegt, ist zum einen nach der **körperlichen Beschaffenheit** zu beurteilen. So stellt eine Pflanze, die aus Wurzelballen, Stamm, Blättern und Blüten besteht, eine einheitliche Sache dar. Aber auch wenn nach der körperlichen Beschaffenheit keine derartige feste Verbindung besteht, kann eine einheitliche, wenngleich zusammengesetzte Sache aufgrund der **Verkehrsanschauung** vorliegen. So ist etwa eine Kommode mit Schubladen, die sich leicht herausnehmen lassen, gleichwohl nach der Verkehrsauffassung eine einheitliche Sache.

10 Wenn es um die Frage geht, ob an einem Objekt nur ein einheitliches Recht oder auch besondere Rechte bestehen bzw. bestehen können, ist zunächst zu klären, ob eine **einheitliche Sache** vorliegt. Ist schon dies zu verneinen, so kann z. B. das Eigentum verschiedenen Personen zustehen. Erst wenn eine einheitliche Sache vorliegt, ergibt sich die weitere Frage, ob Teile dieser Sache als **wesentlicher** oder **unwesentlicher Bestandteil** zu qualifizieren sind.

---

8 Erwägungsgrund Nr. 19 der Richtlinie.

2. Wesentliche und unwesentliche Bestandteile

a) Bedeutung des Unterschieds

11 Alle Bestandteile einer einheitlichen Sache teilen in der Regel das Schicksal der gesamten Sache, werden also z.B. mit dieser zusammen übereignet oder belastet, wenn nichts anderes vereinbart wird. Zwingend ist diese einheitliche rechtliche Beurteilung jedoch nur bei den wesentlichen Bestandteilen. Denn an einem Teil einer Sache, der einen **wesentlichen Bestandteil** darstellt, **kann** nach § 93 **kein besonderes Recht begründet werden.**[9] Man kann also z.B. einen solchen Teil nicht gesondert belasten oder (etwa zur Sicherheit) übereignen. Das gilt natürlich nur, solange der Bestandteil mit der Sache verbunden ist. Wenn man ihn von der bislang einheitlichen Sache trennt, verliert er seine Bestandteilseigenschaft und wird dann als eigenständige Sache behandelt.

12 Die **Verbindung zweier Sachen** führt zu Veränderungen in der Eigentumslage, wenn die verbundenen, bisher selbständigen Sachen nunmehr **wesentliche Bestandteile einer einheitlichen Sache** werden. Bei unbeweglichen Sachen erstreckt sich das Eigentum am Grundstück auch auf die mit diesem als wesentliche Bestandteile verbundenen Sachen, § 946 (s. auch § 7 Rn. 30). Bei beweglichen Sachen entsteht an der neuen Sache entweder Miteigentum (§ 947 Abs. 1) oder, wenn eine der verbundenen Sachen als Hauptsache anzusehen ist, Alleineigentum des Eigentümers der Hauptsache, § 947 Abs. 2. Der bisherige Eigentümer muss sich in solchen Fällen mit einem Geldanspruch als Entschädigung für den Rechtsverlust begnügen, § 951 Abs. 1. Wenn eine Sache dagegen durch die Verbindung lediglich zu einem **unwesentlichen Bestandteil** der anderen Sache wird, so ändert sich nichts an der vorherigen Eigentumslage.

b) Begriff des wesentlichen Bestandteils im Allgemeinen

13 Nach § 93 ist entscheidend, ob der Bestandteil und die restliche Sache voneinander **getrennt** werden können, ohne dass der eine oder der andere **zerstört** oder **in seinem Wesen verändert** wird. Nicht entscheidend ist, ob durch die Trennung die bislang einheitliche Sache zerstört wird. Auch bei der Veränderung des Wesens kommt es auf die Bestandteile, nicht auf die gesamte Sache an. Hier ist eine wirtschaftliche Betrachtungsweise maßgebend. Es ist entscheidend, ob die Bestandteile trotz der Trennung noch in der bisherigen Art wirtschaftlich genutzt werden können. Kann die Restsache durch eine andere Sache gleicher Funktion ergänzt und der abgetrennte Bestandteil an anderer Stelle in gleicher Weise verwendet werden, so handelt es sich nicht um einen wesentlichen Bestandteil.[10] Auch die Kosten der Trennung sind grundsätzlich

---

9 Eine wichtige gesetzliche Ausnahme von den §§ 93, 94 stellt das Wohnungseigentum dar. Es ist eine Verbindung von Miteigentum (Bruchteilseigentum) am Grundstück und Sondereigentum an der Wohnung, § 1 Abs. 2 u. 5 WEG.

10 BGH NJW 2012, 778, 779 (Stromerzeugungsmodul). Wie der BGH klarstellt, können

nicht entscheidend, sofern sie nicht im Verhältnis zum Wert des abzutrennenden Bestandteils unverhaltnismäßig sind.[11]

Wesentliche Bestandteile sind beispielsweise bei einem Fahrzeug die angeschweißten oder geklebten Karosserieteile oder auch der aufgespritzte Lack. Dagegen stellen die Reifen des Fahrzeugs keine wesentlichen Bestandteile dar.

c) Wesentliche Bestandteile eines Grundstücks

Unter den Voraussetzungen des § 93 liegen auch bei einem Grundstück wesentliche Bestandteile vor. Der Begriff des wesentlichen Bestandteils wird aber für Grundstücke durch § 94 stark erweitert. Nach § 94 Abs. 1 Satz 1 gehören zu den Bestandteilen des Grundstücks alle **mit dem Grund und Boden fest verbundenen Sachen**, insbesondere **Gebäude**. 14

Bei **Gebäuden** ist die erforderliche **feste Verbindung mit dem Grundstück** in der Regel gegeben, auch etwa wenn ein Pavillon in Fertigbauweise auf einem festen Fundament errichtet ist; denn das Fundament ist bereits Teil des Gebäudes, so dass seine feste Verbindung mit dem Grundstück ausreicht.[12] Auch Mauern oder Zäune mit einbetonierten Pfählen sind mit dem Grundstück fest verbunden, nicht dagegen Maschinen, die in einer Fabrik auf Betonfundamente geschraubt sind.

Wesentliche Bestandteile eines Grundstücks sind ferner die **Erzeugnisse**, solange sie mit dem Boden zusammenhängen (die ungepflückten Äpfel etwa), aber auch **ausgesäter Samen** oder **eingesetzte Pflanzen**, § 94 Abs. 1 Satz 2.

Darüber hinaus gehören zu den wesentlichen Bestandteilen eines Gebäudes 15
(und damit in der Regel des Grundstücks, auf dem das Gebäude steht) die **zu seiner Herstellung eingefügten Sachen**, § 94 Abs. 2. Dies gilt nicht nur für die Baustoffe oder Bauelemente, sondern für alle Gegenstände, die dem Gebäude das seiner Zweckbestimmung entsprechende Gepräge geben. Dabei spielt auch eine Rolle, ob nach der Verkehrsanschauung ein Gebäude bestimmter Art erst fertig gestellt ist, wenn es eine bestimmte Ausstattung enthält.[13] Bei einem Wohngebäude ist beispielsweise die Zentralheizungsanlage als zur Herstellung eingefügt anzusehen,[14] bei einem großen Hotel auch ein Diesel-Notstromaggregat,[15] bei einem Flughafengebäude die Gepäckförderanlage (einschließlich der elektronischen Steuerung).[16]

Wichtig: Neben § 94 brauchen die Voraussetzungen des § 93 nicht erfüllt zu sein. Vor allem stellen die zur Herstellung eines Gebäudes eingefügten Sachen

---

diese Voraussetzungen auch bei einem nicht serienmäßig hergestellten Bestandteil erfüllt sein.

11 BGH NJW 2012, 778, 779.

12 BGH NJW 1978, 1311.

13 BGH NJW 1987, 3178.

14 BGHZ 53, 324 = NJW 1970, 895.

15 BGH NJW 1987, 3178.

16 OLG Frankfurt 17.1.2017 – 10 U 91/15, juris = BeckRS 2017, 102016.

auch dann wesentliche Bestandteile des Gebäudes dar, wenn man sie durchaus ohne Zerstörung des Teils oder des restlichen Gebäudes wieder entfernen könnte, wie dies etwa bei einem Heizkessel oder den Heizkörpern in der Regel der Fall wäre.

d) Scheinbestandteile bei Grundstücken

16 Eine wichtige Einschränkung der Bestandteilseigenschaft bei Grundstücken ergibt sich aus § 95. Sachen, die nur zu einem **vorübergehenden Zweck** mit dem Grund und Boden verbunden sind, gelten nach § 95 Abs. 1 Satz 1 nicht als Bestandteil des Grundstücks, bleiben also rechtlich selbständige bewegliche Sachen, auch wenn die Voraussetzungen der §§ 93, 94 erfüllt sind. Dasselbe gilt für Sachen, die nur zu einem vorübergehenden Zweck in ein Gebäude eingefügt wurden, § 95 Abs. 2. Ob solche **Scheinbestandteile** vorliegen, hängt nur von der Zweckrichtung ab, die bei der Verbindung verfolgt wurde, nicht von der losen oder festen Verbindung mit dem Grundstück oder dem Gebäude. Ein vorübergehender Zweck ist gegeben, wenn von Anfang an die **spätere Wegnahme** beabsichtigt war, sei es auch nach einem längeren Zeitraum.[17] Selbst ein massiv gebautes Zweifamilienhaus ist danach als Scheinbestandteil anzusehen, wenn es nur als Behelfsheim errichtet und das Grundstück nur zu diesem Zweck bis auf weiteres zur Verfügung gestellt worden war.[18]

17 Auch was ein **Mieter** oder **Pächter** zum Zweck der Nutzung während der Miet- oder Pachtzeit mit dem Grundstück oder dem Gebäude verbindet, wird gemäß § 95 Abs. 1 Satz 1 oder Abs. 2 **nicht Bestandteil des Grundstücks**. Wenn also ein Mieter in der gemieteten Wohnung einen Teppichboden legen lässt, so bleibt dieser rechtlich eine selbständige (bewegliche) Sache, so dass der Mieter das Eigentum an dem Teppich mit dem Einbau nicht verliert. Nach Beendigung des Mietverhältnisses ist der Mieter grundsätzlich (§ 539 Abs. 2, s. aber die Einschränkung durch § 552 Abs. 1) berechtigt, die von ihm angebrachte Sache, hier den Teppichboden, wieder zu entfernen.

IV. Zubehör

1. Bedeutung des Begriffs

18 Beim Zubehör (§ 97) handelt es sich um bewegliche Sachen, die nicht Bestandteile der Hauptsache sind, aber deren wirtschaftlichem Zweck dienen. Zubehörgegenstände können im Eigentum eines anderen als des Eigentümers der Hauptsache stehen. Sie werden aber wegen der **wirtschaftlichen Zuordnung**

---

17 BGH 23.9.2016 – V ZR 110/15 Rn. 16, juris, Rn. 16 f. = BeckRS 2016, 116034 (dies kann auch bei einem vom Mieter in Restauranträumen errichteten Wintergarten der Fall sein); BGH NJW 2017, 2099 (mit Anm. Stieper) (Windkraftanlage auf gepachtetem Grundstück).
18 BGHZ 8, 1 = NJW 1953, 137.

zur Hauptsache vom Gesetz in verschiedener Hinsicht auch rechtlich der Hauptsache zugeordnet, teils durch Auslegungsregeln. So erfasst der Verkauf einer Sache (auch eines Grundstücks) im Zweifel zugleich das Zubehör, § 311c. Sind die Beteiligten darüber einig, dass sich die Veräußerung (das dingliche Geschäft) auf das Zubehör eines Grundstücks erstrecken soll, so geht das Eigentum an den Zubehörgegenständen mit dem Eigentum am Grundstück über, § 926. Wichtig ist der Begriff des Zubehörs auch zur Abgrenzung des **Haftungsverbandes** (also des Bereichs der haftenden Sachen) bei **Hypothek** oder **Grundschuld**. Nach § 1120 erstreckt sich die Hypothek (und über § 1192 Abs. 1 auch die Grundschuld) auf die Zubehörgegenstände, die in das Eigentum des Grundstückseigentümers gelangt sind.

2. Voraussetzungen der Zubehöreigenschaft

19 Beim Zubehör muss es sich um körperlich selbständige, bewegliche Sachen handeln. Diese müssen dazu bestimmt sein, dem **wirtschaftlichen Zweck der Hauptsache** zu dienen, und sie müssen auch in einem entsprechenden **räumlichen Verhältnis** zur Hauptsache stehen, § 97 Abs. 1 Satz 1. Dabei darf die Verkehrsanschauung (die regional durchaus unterschiedlich sein kann[19]) der Zubehöreigenschaft nicht entgegenstehen, § 97 Abs. 1 Satz 2.

Eine Erläuterung zu der erforderlichen **Zweckbestimmung** gibt § 98. Danach sind vor allem die Maschinen und Gerätschaften in einem für einen Gewerbebetrieb dauerhaft eingerichteten Gebäude[20] (einer Fabrik) als dem wirtschaftlichen Zweck der Hauptsache dienend anzusehen. Aus § 98 ergibt sich aber nur die Zweckbestimmung; die sonstigen Voraussetzungen des § 97 müssen daneben gegeben sein.

20 Nach der Rechtsprechung fordert § 97 ein Abhängigkeitsverhältnis im Sinne einer **Überordnung der Hauptsache** und einer Unterordnung der Hilfssache, also des Zubehörs. Zubehör eines Hotels sind etwa die Möbel, mit denen die Zimmer und sonstigen Räume ausgestattet sind, aber auch ein Kleinbus, der zur Abholung der Gäste dient. Dagegen hat der BGH[21] den Kraftfahrzeugpark eines größeren Transportunternehmens nicht als Zubehör des Grundstücks angesehen, von dem aus das Unternehmen geführt wird, weil nicht davon gesprochen werden könne, dass der wirtschaftliche Schwerpunkt des Betriebs auf diesem Grundstück liege.

---

19 Vgl. BGH NJW 2009, 1078 zur Frage, ob eine vom Mieter eingebrachte Einbauküche als Zubehör anzusehen ist.

20 Ein Gebäude kann nicht nur aufgrund seiner baulichen Beschaffenheit, sondern auch aufgrund seiner Ausstattung mit Maschinen dauernd für einen gewerblichen Betrieb eingerichtet sein, BGH NJW 2006, 993.

21 BGHZ 85, 234 = NJW 1983, 746.

V. Nutzungen

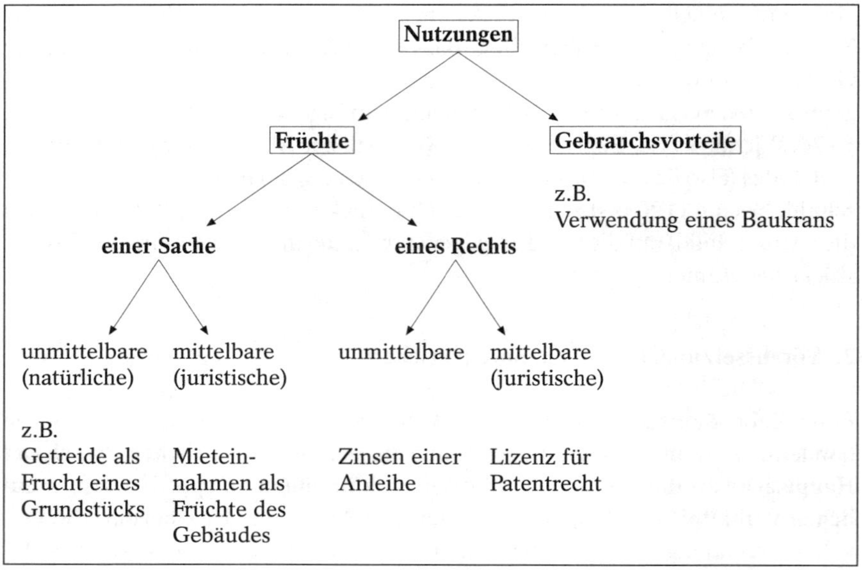

1. Begriffe

21 **Nutzungen** stellt den Oberbegriff dar, § 100. Die Nutzungen zerfallen in die **Früchte** sowie in die **Gebrauchsvorteile**. Gebrauchsvorteil ist z. B. die Möglichkeit, mit einem Pkw zu fahren. Bei den Früchten lassen sich die **natürlichen** oder **unmittelbaren Früchte** einer Sache (§ 99 Abs. 1) von den **juristischen** oder **mittelbaren Früchten** (§ 99 Abs. 3) unterscheiden. Natürliche Früchte sind etwa die Äpfel, die auf einem Plantagengrundstück wachsen, oder der Kies, der aus einer Kiesgrube gewonnen wird. Mittelbare (juristische) Früchte sind die Erträge, die man durch Vermietung oder Verpachtung einer Sache erlangt. Auch bei den Früchten eines Rechts (**Rechtsfrüchte**) gibt es unmittelbare und mittelbare Früchte. Unter den unmittelbaren Früchten sind hier nach § 99 Abs. 2 die Erträge zu verstehen sind, die das Recht seiner Bestimmung gemäß gewährt. Besteht z. B. ein Nießbrauchsrecht an einem Feld, so ist das Getreide, das von diesem Feld hervorgebracht wird, als Frucht des Nießbrauchsrechts anzusehen.

Den Begriff der **Lasten** (u. a. verwendet in § 103) definiert das Gesetz nicht. Man versteht darunter Leistungspflichten, die den Eigentümer einer Sache oder den Inhaber eines Rechts als solchen treffen.

2. Bedeutung dieser Begriffe

Im Schuldrecht (z. B. § 581 Abs. 1 – Pächter) und im Sachenrecht (z. B. § 987 Abs. 1, § 988, § 990 – Eigentümer-Besitzer-Verhältnis) finden sich eine Reihe von Vorschriften darüber, wer jeweils zur **Ziehung der Nutzungen** aus einer Sache **berechtigt** ist oder wer umgekehrt gezogene Nutzungen herauszugeben hat. Was dabei unter den Nutzungen und Früchten zu verstehen ist, muss nach den §§ 99 ff. des Allgemeinen Teils beurteilt werden. Von der Frage, wer die Früchte und sonstigen Nutzungen ziehen und behalten darf, ist die andere Frage zu unterscheiden, wer bei der Trennung von Früchten und sonstigen Bestandteilen einer Sache **Eigentümer** wird. Dies richtet sich nach den § 953 ff. Im Regelfall wird der Eigentümer der bisherigen Sache auch Eigentümer der bisherigen Bestandteile und Erzeugnisse, wenn diese von der Sache getrennt werden, § 953 (Ausnahmen in §§ 954 ff.). 22

Lösung zu Fall 55:[22] Da die **aufschiebende Bedingung** (§ 158 Abs. 1) für den Eigentumserwerb der Mammut AG, nämlich die vollständige Zahlung des Kaufpreises (s. die Auslegungsregel in § 449 Abs. 1), nicht eingetreten ist, hat die Dieselkraft GmbH das Eigentum an den gelieferten Motoren nicht durch Übertragung nach § 929 Satz 1 an die Mammut AG verloren. Jedoch könnte sich die Eigentumslage gemäß § 947 Abs. 1 oder 2 durch den Einbau der Motoren in die Traktoren verändert haben. Voraussetzung ist, dass die Motoren zu **wesentlichen Bestandteilen** der Traktoren als einheitlicher Sachen geworden sind. Ob eine einheitliche Sache entstanden ist, richtet sich nach den tatsächlichen Gegebenheiten und nach der Verkehrsanschauung. Hiernach ist ein Traktor samt Motor als eine Sache zu betrachten. Damit ist aber noch nicht gesagt, dass der Motor einen wesentlichen Bestandteil darstellt. Dafür ist nach § 93 entscheidend, ob die beiden Teile voneinander getrennt werden können, ohne dass sie zerstört oder in ihrem Wesen verändert werden. Hier können die Motoren wieder ausgebaut werden, ohne dass dadurch die Motoren oder der restliche Traktor zerstört werden. Beide Teile können auch ungeachtet der Trennung ihrer ursprünglichen Funktion entsprechend wiederverwendet werden; die Motoren insbesondere durch Einbau in andere Traktoren. Dass für die Trennung erheblicher Arbeitsaufwand erforderlich ist, spielt dabei keine Rolle, zumal der Aufwand jedenfalls nicht außer Verhältnis zum Wert des abgetrennten Teiles steht. Da § 93 auf die Zerstörung oder Wesensveränderung der Bestandteile, nicht der gesamten Sache abstellt, kommt es nicht darauf an, dass die Traktoren durch Ausbau der Motoren nicht mehr funktionsfähig sind. Da die Motoren somit durch den Einbau nicht zu wesentlichen Bestandteilen der Traktoren geworden sind, kam es nicht zu einer Veränderung der Eigentumslage nach § 947. 23

Denkbar wäre noch ein Eigentumserwerb der Mammut AG durch **Verarbeitung**, § 950. Dem steht aber entgegen, dass der Wert der Verarbeitung, also der dazu erfor-

22 S. zum gesamten Fall BGHZ 18, 226 = NJW 1955, 1793. Der BGH beschränkte in dieser Entscheidung seine Ansicht auf Fahrzeuge, die (wie hier) noch im Eigentum des Herstellers standen. Nach BGH NJW 1973, 1454 gilt aber dasselbe z. B. für einen serienmäßig hergestellten Motor, der als Austauschmotor in ein Gebrauchtfahrzeug eines Kunden eingebaut wird.

derlichen Leistung, erheblich geringer ist als der Wert der „Stoffe“, hier der zusammengefügten Teile.

Ergebnis: Das Eigentum[23] an den Motoren steht auch nach deren Einbau weiterhin der Dieselkraft GmbH zu.

23 Auf die Auswirkungen des Insolvenzverfahrens ist nach der Fragestellung nicht einzugehen, daher nur als Hinweis: Im Insolvenzverfahren ergibt sich aus dem weiter bestehenden Eigentum ein Aussonderungsrecht der Dieselkraft GmbH, § 47 InsO, sofern nicht der Insolvenzverwalter die Erfüllung des Vertrages wählt (§ 103 Abs. 1, § 107 Abs. 2 InsO) und den restlichen Kaufpreis aus der Insolvenzmasse zahlt.

Kontrollfragen und Fälle zu § 37

1) Erläutern Sie die Begriffe „Sache" und „Gegenstand"!

2) Bedeuten die Begriffe vertretbare Sachen und Gattungsschuld (Gattungssachen) dasselbe?

3) Die Gemeinde Binsensee verpachtet einen in ihrem Eigentum stehenden Campingplatz für 25 Jahre an die Kurzglück GmbH. Im Pachtvertrag heißt es u. a.: „Die von der Pächterin während der Pachtzeit erstellten neuen baulichen Anlagen gehen in das Gemeindeeigentum über. Ersatzansprüche der Pächterin sind ausgeschlossen." Nachdem der vorhandene Verkaufskiosk abgebrannt war, ließ die Kurzglück GmbH ein finnisches Blockhaus auf einem Streifenfundament und mit einem 0,50 m hohen verblendeten Sockel errichten, wobei der Schornstein in massiver Bauweise außerhalb des Hauses hochgeführt wurde. Um eine beabsichtigte Kreditaufnahme abzusichern, bietet die Kurzglück GmbH der Bank Hartgeld an, ihr das Blockhaus zur Sicherheit zu übereignen. Kann man der Bank empfehlen, sich darauf einzulassen?

4)* Grün betreibt auf einem ihm gehörenden Grundstück eine große Gärtnerei. Er kauft einen Kleintransporter, um seine Kunden rasch beliefern zu können, und bezahlt nach Lieferung den vollen Kaufpreis von 22 000 €. Später veräußert Grün das Fahrzeug für 20 000 € an die Treuleih GmbH, vereinbart aber zugleich, es gegen eine monatliche Mietzahlung weiterhin nutzen zu dürfen. Für das Bankhaus Niebling, das dem Grün laufend Kredit gewährt, ist zur Sicherheit seit längerem (schon vor dem Erwerb des Kleintransporters durch Grün) eine Grundschuld im Grundbuch eingetragen. Erstreckt sich die Grundschuld auch auf den Kleintransporter?

Lösungen

24 1) Der Begriff Gegenstand umfasst **Sachen** und **Rechte**, stellt also im Verhältnis zum Sachbegriff den **Oberbegriff** dar. „Sachen" i.S. des BGB sind dagegen nach § 90 nur körperliche (bewegliche und unbewegliche) Gegenstände.

25 2) **Vertretbare Sachen** sind solche, die im Verkehr nach Zahl, Maß oder Gewicht bestimmt zu werden pflegen, § 91. Eine **Gattungsschuld** liegt vor, wenn nicht eine konkrete Sache, sondern eine nach allgemeinen Merkmalen umschriebene Sache zu leisten ist. Während es für den Begriff der vertretbaren Sache allein auf die Verkehrsauffassung ankommt, hängt das Vorliegen einer Gattungsschuld vom Inhalt des Schuldverhältnisses ab. Die Begriffe sind daher nicht identisch.

26 3) Die Kurzglück GmbH kann das Blockhaus nur dann zur Sicherheit an die Bank Hartgeld übereignen (nach §§ 929, 930), wenn es sich dabei um eine **bewegliche Sache** im Eigentum der Kurzglück GmbH handelt. Wenn das Blockhaus dagegen **wesentlicher Bestandteil des Grundstücks** ist, so ist es keine bewegliche Sache und kann nach § 93 nicht Gegenstand besonderer Rechte sein. Vielmehr erstreckt sich dann das Eigentum der Gemeinde Binsensee an dem Grundstück gemäß § 946 auch auf das Blockhaus. Wesentlicher Bestandteil eines Grundstücks sind die damit fest verbundenen Sachen, insbesondere Gebäude. Eine hinreichend feste Verbindung liegt hier aufgrund des Fundaments (das bereits Teil des Gebäudes ist) und des Sockels vor. Denkbar wäre, dass es sich um einen **Scheinbestandteil** i.S. des § 95 Abs. 1 handelt. Da aber im Pachtvertrag vereinbart ist, dass das Eigentum auf die Gemeinde übergehen soll, fehlt es an dem für § 95 Abs. 1 erforderlichen Willen der Kurzglück GmbH, das Blockhaus nur zu einem vorübergehenden Zweck mit dem Grundstück zu verbinden. Somit liegt ein wesentlicher Bestandteil des Grundstücks vor.[24] Eine Sicherungsübereignung ist rechtlich ausgeschlossen, so dass die Bank Hartgeld gut daran tut, sich hierauf nicht einzulassen.

27 4) Die Grundschuld erstreckt sich nach § 1120, der gemäß § 1192 Abs. 1 auch für die Grundschuld gilt, auf den Kleintransporter, wenn es sich dabei um **Zubehör des Grundstücks** handelt und das Fahrzeug in das **Eigentum** des Grün gelangt ist. Die Voraussetzungen der Zubehöreigenschaft sind aus § 97 Abs. 1 zu entnehmen. Der Kleintransporter dient dem wirtschaftlichen Zweck der Hauptsache, d.h. der Gärtnerei. Er steht zu dieser auch in einem entsprechenden räumlichen Verhältnis, da das Fahrzeug von den Fahrten jeweils zur Gärtnerei zurückkehrt. Eine vorübergehende Trennung von der Hauptsache, wie sie hier vorliegt, steht der Zubehöreigenschaft nicht entgegen, § 97 Abs. 2 Satz 2. Der Kleintransporter ist durch Übereignung nach § 929 Satz 1 auch in das Eigentum des Grün gelangt. Allerdings hat Grün später das Eigentum durch die Übereignung an die Treuleih GmbH, die nach §§ 929, 930 erfolgte, wieder verloren. Eine **Enthaftung** nach § 1121 Abs. 1 ist dadurch jedoch **nicht eingetreten**, da hierzu neben der Veräußerung auch die Entfernung vom Grundstück erforderlich wäre. Somit erstreckt sich die Grundschuld auf den Kleintransporter, obwohl dieser nunmehr im Eigentum der Treuleih GmbH steht. Wenn das Bankhaus Niebling aus der Grundschuld die Zwangsvollstreckung betreibt (dies kann durch Zwangsverwaltung oder Zwangsversteigerung geschehen), so wird davon auch der Kleintransporter erfasst.

---

24 Vgl. BGHZ 104, 298 = NJW 1988, 2789.

Dritter Teil

Arbeitshinweise

§ 39 Hinweise zur schriftlichen Bearbeitung zivilrechtlicher Fälle

I. Vorbemerkung

Abstrakte Hinweise zur Methode der Falllösung sind nur von begrenztem Nutzen. Besser ist „**learning by doing**“, und in diesem Sinne wird der Leser, wenn er die in dieses Buch eingebauten Fälle durcharbeitet und als Wiederholungsmaterial verwendet, auch mit der Lösungsmethode zunehmend vertraut werden. Einige allgemeine Hinweise, die freilich die ausführlichen Anleitungswerke[1] nicht ersetzen können, sollen aber hier gegeben werden. 1

II. Schritte der Bearbeitung

Wer einen Fall zur Lösung vorgelegt bekommt, sei es in einer Übung oder auch im Examen, tut gut daran, in folgenden Schritten vorzugehen: 2

1. Zweimaliges Lesen der am Ende des Sachverhalts gestellten Frage

Das mag manchem Leser als unlogisch erscheinen – muss man sich nicht zuerst mit dem Sachverhalt vertraut machen? Es ist aber vorteilhaft, wenn man bei der Lektüre des Sachverhalts schon im Kopf hat, um **welche Fragen** es letztlich geht – davon wird die Art und Weise beeinflusst, in der man den Sachverhalt aufnimmt. Der Vorteil ist umso größer, wenn konkrete Fragen gestellt sind, etwa danach, ob A von B Herausgabe eines PKW verlangen kann. Wenn die Frage ganz allgemein gestellt ist (Wie ist die Rechtslage?), wird man bei der Aneignung des Sachverhalts immerhin beachten, dass man an Ansprüche eines jeden gegen jeden und mit jedem Inhalt zu denken hat. 3

---

1 Beispielsweise Diederichsen/Wagner/Thole, Die Zwischenprüfung im Bürgerlichen Recht, 4. Aufl. (2011); Diederichsen/Wagner, Die BGB-Klausur, 9. Aufl., 1998; Olzen/Maties, Zivilrechtliche Klausurenlehre und Fallrepetitorium, 8. Aufl. (2015); Braun, Der Zivilrechtsfall, 5. Aufl. (2012); Schwab/Löhnig, Falltraining im Zivilrecht, Bd. 1, Ein Übungsbuch für Anfänger, 6. Aufl. (2016). Allg. z. B. Möllers, Juristische Arbeitstechnik und wissenschaftliches Arbeiten, 8. Aufl. (2016).

2. Zweimaliges Lesen des Sachverhalts

4 Viele Fehler bei der Bearbeitung von Übungs- und Examensfällen rühren daher, dass der **Sachverhalt nicht richtig erfasst** wurde. Bevor man sich an die rechtliche Prüfung macht, sollte man daher den Sachverhalt mindestens zweimal sehr sorgfältig lesen und dabei auf alle Einzelheiten achten.

3. Anfertigung einer Skizze

5 In den meisten Fällen ist es empfehlenswert, parallel zur Lektüre des Sachverhalts eine **Skizze** anzufertigen, in der die einzelnen Vorgänge (Vertragsschluss, Übereignung, Zahlung, Abtretung usw.) anschaulich wiedergegeben werden und auch die zu prüfenden Ansprüche gezeichnet werden. Besonders wichtig ist dies, wenn **mehrere Personen** beteiligt sind. Es kann auch nötig sein, für ein und denselben Fall mehrere Skizzen anzufertigen, wenn der Sachverhalt verschiedene Ereignisse umfasst, etwa zunächst eine Gesellschaftsgründung und danach einen Erbfall. Zusätzlich kann man eine zeitliche Tabelle der Ereignisse anlegen.

6 Welcher **Symbole** man sich bei der Zeichnung bedient (z.B. A —> B für einen Anspruch des A gegen B, A < —> B für einen Vertrag zwischen A und B), ist dabei zweitrangig; die meisten Studierenden legen sich wohl ihre eigene Zeichnungsmethode zurecht. Die Skizze ist nicht Bestandteil der „offiziellen“, d.h. in Übung und Examen abzugebenden Lösung, sondern nur eine Vorarbeit des Bearbeiters.

4. Stichworte zur Lösung

7 Von der gestellten Frage ausgehend, wird die Rechtslage zunächst in **Stichworten** skizziert. Dabei kann man in manchen Fällen schon von einer bestimmten **Gliederung** ausgehen, aber vielfach ergibt sich die Gliederung doch erst, wenn man weiß, welche Rechtsfragen überhaupt erwägenswert sind. Es ist also genau genommen so, dass das Erarbeiten der rechtlichen Gesichtspunkte und die Erstellung der Gliederung jedenfalls im ersten Schritt miteinander Hand in Hand gehen. Näher zur Gliederung s. Rn. 20ff.

5. Erstellen einer (vorläufigen) Gliederung

8 Sobald man aber in etwa überblickt, welche rechtlichen Fragen zu erörtern sind (im typischen Fall: welche Ansprüche und welche Anspruchsgrundlagen), sollte man eine **Gliederung** entwerfen und die weitere, genauere Prüfung an dieser Gliederung orientieren.

6. Niederschrift der Lösung

Aufgrund des Gliederungsentwurfs und der Stichworte macht man sich schließlich an die **Niederschrift der ausformulierten Lösung**. Das muss dann aber bereits die für die Abgabe bestimmte Lösung sein; die in Übungen und im Examen zur Verfügung gestellte Zeit reicht nicht dazu aus, etwa zuerst die Lösung im Rohentwurf aufs Papier zu bringen und sie dann fein säuberlich abzuschreiben. Weil aber das (leserliche!) Schreiben seine Zeit kostet, muss man die verfügbaren Stunden auch bewusst einteilen. Im Allgemeinen benötigt man mehr als die Hälfte der Bearbeitungszeit für das bloße Niederschreiben der Lösung. Da einem kaum etwas Unangenehmeres (bei einer Übungs- oder Examensklausur) passieren kann, als sein Wissen aus Zeitmangel nicht zu Papier bringen zu können, sollte man diese Regel von Anfang an beherzigen. **9**

7. Sorgfältiges Durchlesen der Lösung

Wer die Bearbeitungszeit perfekt eingeteilt hat, sollte zum Schluss noch hinreichend Zeit haben, seine **Lösung nochmals sorgfältig durchzulesen**. Man kann dabei nicht nur Schreibversehen oder Formulierungsschwächen korrigieren, sondern wird nicht selten auch noch auf zusätzliche Erwägungen stoßen, die sich noch in die Lösung einfügen lassen. Wenn selbst dann noch Zeit übrig ist, empfiehlt es sich nicht, vorzeitig abzugeben und erleichtert den Raum zu verlassen; denn manchmal kommt einem erst zum Schluss noch ein wichtiger Gedanke, der den Wert der Lösung entscheidend zu steigern vermag. **10**

III. Bedeutung des Sachverhalts

Privatrechtliche Fälle werden im Rahmen des Studiums in aller Regel durch Schilderung eines Sachverhalts gestellt. Die darin angegebenen **Tatsachen** sind als feststehend zu betrachten. Über die Frage, ob diese Tatsachen auch beweisbar sind und wer etwa den Beweis zu erbringen hat, braucht man sich also bei privatrechtlichen Fällen (ohne prozessrechtliche Komponente) keine Gedanken zu machen. Die Angaben im Sachverhalt sind grundsätzlich als vollständig und abschließend anzusehen. Es ist mit anderen Worten **nicht zulässig, Vermutungen über das tatsächliche Geschehen anzustellen** und weitere Fakten, etwa unter Berufung auf allgemeine Üblichkeit oder auf die Lebenserfahrung, in den Sachverhalt hineinzuinterpretieren. **11**

Gelegentlich kommt es vor, dass man über bestimmte Tatsachen, auf die es nach dem erarbeiteten Lösungsweg ankommt, keine Angaben im Sachverhalt findet. Das muss man zunächst zum Anlass nehmen, die rechtlichen Erwä- **12** gungen nochmals zu durchdenken; denn wahrscheinlich hat man jedenfalls nicht den Lösungsweg gefunden, der dem Verfasser der Aufgabe vorschwebte. Bleibt es aber auch danach dabei, dass man tatsächliche Angaben vermisst, so kommt man nicht um eine **Alternativ-Lösung** herum, also um eine Darlegung, welche Rechtsfolgen sich bei der einen, welche bei der anderen Tatsachenlage ergeben.

13 Dies sind, genau betrachtet, keine durch die Logik vorgegebenen Regeln, sondern es ist eine stillschweigende Konvention, wie ein Übungs- oder Prüfungssachverhalt zu verstehen ist. Auch dabei braucht man eine gewisse Erfahrung. Tatsachen, die in aller Regel gegeben, also gewissermaßen selbstverständlich sind, werden im Sachverhalt nicht angegeben. Erst wenn sie ausnahmsweise fehlen, muss dies im Sachverhalt stehen. Das einfachste Beispiel bilden die **Voraussetzungen der Geschäftsfähigkeit:** Solange im Sachverhalt nichts anderes steht, hat man davon auszugehen, dass alle auftretenden Personen volljährig und nicht von geistigen Erkrankungen betroffen sind.

IV. Ansprüche und Anspruchsgrundlagen

14 Die meisten privatrechtlichen Fälle zielen auf eine Prüfung von **Ansprüchen** ab, mögen diese auf Zahlung von Schadensersatz, auf Herausgabe einer Sache, auf Unterlassung einer Patentverletzung oder auf anderes gerichtet sein. Dies gilt nicht nur, wenn ausdrücklich nach bestimmten Ansprüchen gefragt ist, sondern auch, wenn die abschließende Frage allgemein formuliert ist, etwa: Wie ist die Rechtslage? Man sagt oft, in diesem Fall seien alle nach dem Sachverhalt in Betracht kommenden Ansprüche zu prüfen. Das stimmt aber nur, wenn nicht zuvor bereits im Rahmen des Sachverhalts bestimmte Begehren wiedergegeben sind, also z.B. bereits geschildert ist, dass A von B Herausgabe eines Buches, B von A dagegen Zahlung des Kaufpreises verlangt. Wenn sich daran die Frage nach der Rechtslage anknüpft, ist gemeint, dass die konkret angegebenen Ansprüche zu prüfen sind.

15 Wenn ein Anspruch zu prüfen ist, muss stets von der Anspruchsgrundlage ausgegangen werden. Die **Anspruchsgrundlage** ist nichts anderes als eine Rechtsnorm, aus der sich als Rechtsfolge ein Anspruch ergibt, also ein Recht, von einem anderen ein Tun oder Unterlassen zu verlangen, § 194. So ist § 433 Abs. 1 Satz 1 Anspruchsgrundlage für den Anspruch des Käufers gegen den Verkäufer einer Sache auf Übergabe der Sache und Verschaffung des Eigentums. § 823 Abs. 1 ist eine Anspruchsgrundlage für den Anspruch eines körperlich Verletzten gegen den Verletzer auf Schadensersatz. (Ein genereller Hinweis: Alle gesetzlichen Bestimmungen sind **so genau wie möglich zu zitieren**, also nicht nur nach Paragraph, sondern, soweit vorhanden, auch nach Abs. und Satz, manchmal auch noch nach Halbsatz oder Alternative.)

16 Die Kunst bei der Falllösung besteht zunächst darin, **die in Betracht kommenden Anspruchsgrundlagen** zu finden. Es ist nicht der Sinn einer juristischen Fall-

erörterung, Anspruchsgrundlagen zu prüfen, die von vornherein nicht in Frage kommen. Eine logische Abgrenzung ist freilich nicht möglich. Man braucht rechtliche Kenntnisse und Erfahrung, um den Kreis der Anspruchsgrundlagen, die jedenfalls zu erwägen sind, richtig abzugrenzen. Die geschriebene Lösung darf sich nicht auf die Erörterung derjenigen Anspruchsgrundlagen beschränken, die man am Ende bejahen kann. Es wird mit anderen Worten auch erwartet, dass man darlegt, warum bestimmte Ansprüche nicht gegeben sind.

Wenn man eine ernsthaft in Betracht kommende Anspruchsgrundlage gefunden hat, ist das weitere Vorgehen auf den ersten Blick einfach. Man muss nur herausarbeiten, von welchen **Tatbestandsvoraussetzungen** der Anspruch abhängt und bei jeder Voraussetzung prüfen, ob sie durch den gegebenen Sachverhalt erfüllt ist, also die vorgegebenen Tatsachen unter die Norm subsumieren (**Subsumtion**). Auf diese Weise rollt man den Sachverhalt gewissermaßen von hinten auf und zielt damit ganz genau auf die rechtlich relevanten Fragen. Untersucht man z.B. den Anspruch aus § 433 Abs. 1 Satz 1, so ist als Voraussetzung der Abschluss eines Kaufvertrages zu prüfen, während die Eigentumslage für die Entstehung dieses Anspruchs regelmäßig ohne jede Bedeutung ist. 17

Wenn die Prüfung privatrechtlicher Fälle doch häufig mit großen Schwierigkeiten verbunden ist, so vor allem aus folgendem Grund: Schon die Entstehungsvoraussetzungen eines Anspruchs sind oft nicht oder jedenfalls nicht vollständig aus einer einzelnen Norm des Gesetzes herauszulesen. Man muss vielmehr, von der Anspruchsgrundlage ausgehend, **auf andere Rechtsnormen zurückgreifen**, um das Bestehen oder Nichtbestehen der Anspruchsvoraussetzungen klären zu können. Die Vorschriften des BGB sind mit anderen Worten eng miteinander verzahnt, und es bedarf juristischen Wissens, um diesen Zusammenhängen nachgehen zu können. So kann einen die Frage nach dem Abschluss eines Kaufvertrages zu den Vorschriften über die Sittenwidrigkeit von Rechtsgeschäften oder über die Geschäftsfähigkeit führen, wenn davon im konkreten Fall die Wirksamkeit des Vertrages abhängt. 18

Darüber hinaus darf man sich oft auch nicht mit der Feststellung begnügen, ein Anspruch sei entstanden. Er kann später **weggefallen** sein, sei es durch Vertragsanfechtung, durch Erfüllung oder durch ein Erfüllungssurrogat wie etwa die Aufrechnung, oder seinen Inhalt verändert haben, etwa aufgrund von Leistungsstörungen. Auch kann dem Anspruch eine **Einrede** entgegenstehen, etwa aufgrund eingetretener Verjährung (§ 214 Abs. 1), s. § 35 Rn. 16. Die Prüfung des einzelnen Anspruchs erfolgt (soweit Anlass dazu besteht) in folgenden Schritten: 19

– Entstehung des Anspruchs

- rechtsbegründende Voraussetzungen (z.B. Vertragsschluss durch Angebot und Annahme)
- rechtshindernde Einwendungen[2] (z.B. beschränkte Geschäftsfähigkeit)

2 Die Unterscheidung zwischen rechtsbegründenden und rechtshindernden Tatbestands-

- **Erlöschen (Wegfall) des Anspruchs** (rechtsvernichtende Einwendungen) (z.B. Erfüllung, Erlass)

- **Durchsetzbarkeit des Anspruchs** (rechtshemmende Einwendungen = materiell-rechtliche Einreden) (z.B. Verjährung, Zurückbehaltungsrecht)

V. Aufbau (Gliederung) und Überschriften

20 Die Gliederung einer „Anspruchsklausur" orientiert sich an folgender Formel:

Wer (Gläubiger) kann von wem (Schuldner) was (Anspruchsgegenstand) woraus (Anspruchsgrundlage) verlangen?

21 **1.** Wenn **Ansprüche zwischen verschiedenen Personen** (wer gegen wen?) zu prüfen sind, so sind diese im Aufbau strikt zu trennen. Die oberste Gliederungsebene stellt sich also etwa so dar:

A. Ansprüche A gegen B
B. Ansprüche B gegen A
C. Ansprüche A gegen C usw.

22 **2.** Zwischen denselben Personen als Anspruchsgläubiger und Anspruchsschuldner kommen oft **verschiedene Anspruchsinhalte** (was?) in Betracht. Diese bilden die zweite Gliederungsebene. Das sieht z.B. so aus:

A. Ansprüche A gegen B
  I. Auf Zahlung von 20 000 €
  II. Auf Herausgabe eines Baukrans
  III. Auf Räumung einer Wohnung usw.

23 **3.** Schließlich können für einen nach Personen und Gegenstand umrissenen Anspruch **verschiedene Anspruchsgrundlagen** (woraus?) erwägenswert sein. Dadurch wird die dritte Gliederungsebene gebildet. Hier gilt als Grundregel für die Prüfungsreihenfolge: Ansprüche aus **Vertrag** sind **stets an erster Stelle** zu prüfen. Hierher gehören auch Ansprüche aus der Verletzung vertraglicher Pflichten. Danach kommen, da sie **vertragsähnlichen Charakter** haben, die Ansprüche aus Verschulden beim Vertragsschluss (culpa in contrahendo), aus § 179 (Haftung eines Vertreters ohne Vertretungsmacht) oder aus Geschäftsführung ohne Auftrag. Dingliche Ansprüche, z.B. den Herausgabeanspruch des Eigentümers gegen den Besitzer (§ 985), prüft man an nächster Stelle. Es

---

merkmalen ist für die Beweislast wichtig: rechtsbegründende Tatsachen muss der Anspruchssteller, rechtshindernde der Anspruchsgegner beweisen. Wenn (wie meistens in den Übungs- und Prüfungsaufgaben) ein feststehender Sachverhalt zu beurteilen ist, spielt dies weiter keine Rolle.

folgen etwaige Ansprüche aus ungerechtfertigter Bereicherung und aus unerlaubter Handlung. Dass Ansprüche aller dieser Arten in Frage kommen (nur dann ist eine Prüfung gerechtfertigt), ist freilich selten. So kann sich etwa folgendes Bild ergeben:

A. Ansprüche A gegen B
  I. Auf Zahlung von 20 000 €
    1. Aus Dienstvertrag, § 611 Abs. 1
    2. Aus Auftrag, § 670
    3. Aus Geschäftsführung ohne Auftrag, § 683 Satz 1 mit § 670
    4. Aus ungerechtfertigter Bereicherung, § 812 Abs. 1 Satz 1 (Leistungskondiktion)

4. Diese Gliederungsziffern und -buchstaben sind unbedingt auch als **Überschriften** in die geschriebene Lösung einzufügen. In aller Regel kommt dann eine Feingliederung mit weiteren Überschriften hinzu, die sich an den einzelnen zu prüfenden Anspruchsvoraussetzungen und den in Frage kommenden Erlöschensgründen oder Einreden orientieren. So mag es zum Anspruch aus Dienstvertrag so weitergehen: 24

1. Aus Dienstvertrag, § 611 Abs. 1
  a) Entstehung des Anspruchs (Abschluss des Vertrages)
  b) Erlöschen (Wegfall) des Anspruchs
    aa) Anfechtung wegen arglistiger Täuschung
    bb) Einvernehmliche Aufhebung des Vertrages
  c) Durchsetzbarkeit (z. B. Einrede der Verjährung)

Man sollte **möglichst viele solche Gliederungspunkte** unterscheiden und sie jeweils durch **Überschriften** kenntlich machen. Dadurch zwingt man sich auch dazu, sich darüber klar zu werden, was man jeweils genau prüft. Man vermeidet dadurch, einfach drauflos zu schreiben und wichtige Punkte zu übergehen. Zusätzlich ergeben Überschriften den Vorteil, dass der spätere Leser (der Prüfer!) genau weiß, was jetzt eigentlich erörtert wird. Und nicht zuletzt erspart man sich durch Überschriften weitestgehend die stereotypen Einleitungssätze wie: Zwischen A und B könnte ein Dienstvertrag zustande gekommen sein. Man kann nach der Überschrift ohne Umschweife in die Sacherörterung einsteigen. 25

VI. Gutachtenstil und Sprache

Die zu bearbeitenden Fälle sind (wenn nichts anderes gesagt ist) in Form eines juristischen Gutachtens zu lösen. Darin sollen alle in Betracht kommenden rechtlichen Gesichtspunkte erörtert werden, insbesondere alle erwägens- 26 werten **Anspruchsgrundlagen**, ebenso alle ernsthaft in Frage kommenden Gründe für ein Erlöschen des entstandenen Anspruchs. Das ist bei einem Urteil anders, da sich das Gericht z.B. mit der Bejahung einer einzigen Anspruchsgrundlage begnügen und darauf seine Entscheidung stützen kann. Auch dürfen im Gutachten grundsätzlich keine Fragen offen gelassen werden, etwa indem man dahingestellt sein lässt, ob ein Anfechtungsgrund vorhanden war und sich mit der Feststellung begnügt, dass die Anfechtung jedenfalls nicht rechtzeitig erklärt wurde. Ein Gericht kann dagegen durchaus so vorgehen, da es hier nur auf das Ergebnis ankommt.

Warum das im Gutachten anders ist, wird verständlich, wenn man sich die praktische Funktion einer Erörterung in Form eines Gutachtens vor Augen hält. Dadurch soll regelmäßig eine Entscheidung oder auch ein anwaltlicher Schriftsatz vorbereitet werden. Deshalb kommt es auf eine möglichst umfassende Erörterung an, zumal man auch damit rechnen muss, dass der Empfänger des Gutachtens in einzelnen Punkten vielleicht nicht von der vorgetragenen Lösung überzeugt ist.

27 Der Unterschied in der Funktion eines Gutachtens und eines Urteils wirkt sich auch im **Argumentationsstil** aus. Beim Urteil steht das Ergebnis, die Verurteilung oder die Abweisung der Klage, vorne an, und es wird gewissermaßen nachträglich begründet (sog. **Urteilsstil**). Ein Gutachten dagegen geht von den Rechtsproblemen aus, erörtert diese, gegebenenfalls unter Abwägung verschiedener Lösungsmöglichkeiten, und kommt erst am Ende zu einem bestimmten Ergebnis. In diesem sog. **Gutachtenstil** sollen auch die Falllösungen abgefasst werden.[3] Freilich muss man dabei auch beachten, ob überhaupt eine nähere Erörterung erforderlich ist. Bei unproblematischen Fragen kann man auch in einer Falllösung apodiktisch formulieren.

28 Der Wert einer juristischen Falllösung wird nicht in erster Linie davon bestimmt, ob man das „richtige" Ergebnis findet. Oft genug sind verschiedene Ergebnisse vertretbar. Entscheidend ist vielmehr die Vollständigkeit und die inhaltliche Qualität der Argumentation. Diese wird auch von der **sprachlichen Darstellung** beeinflusst. Dass dabei die Regeln der Grammatik einzuhalten sind, versteht sich von selbst. Vor allem aber sind Klarheit und Genauigkeit anzustreben. Schon deshalb verbieten sich allzu lange, in sich verschachtelte Satzgebilde. Im Übrigen ist das Juristendeutsch notwendigerweise eine Fachsprache, bei der Präzision den Vorrang vor sprachlicher Eleganz genießt. Aber trotzdem lässt sich oft die typische Umständlichkeit juristischer Floskeln durch eine einfachere und verständlichere Formulierung vermeiden.

---

3 Bei den in diesem Buch enthaltenen Lösungen bin ich freilich im Interesse einer knappen Darstellung zuweilen vom Gutachtenstil abgewichen.

§ 40 Definitionen, die man sich einprägen sollte

Anspruch	das Recht, von einem anderen ein Tun oder Unterlassen zu verlangen
Bedingung	Nebenbestimmung eines Rechtsgeschäfts, durch die die Wirkungen des Rechtsgeschäfts von einem künftigen, ungewissen Ereignis abhängig gemacht werden
Deliktsfähigkeit (Verschuldensfähigkeit)	die Fähigkeit, für eigene unerlaubte Handlungen oder eigene Pflichtverletzungen im Rahmen von Schuldverhältnissen verantwortlich zu sein
Drohung	Ankündigung eines zukünftigen Übels, das der Drohende herbeiführen kann oder auf dessen Eintritt er jedenfalls Einfluss zu haben vorgibt
Einwilligung	vor der Vornahme eines Rechtsgeschäfts erteiltes Einverständnis
Erfüllungsschaden (= Schadensersatz statt der Leistung)	der Berechtigte ist so zu stellen, wie er stehen würde, wenn der Vertrag ordnungsgemäß erfüllt worden wäre
Genehmigung	nach der Vornahme eines Rechtsgeschäfts erteiltes Einverständnis
Geschäftsfähigkeit	die Fähigkeit, Willenserklärungen wirksam abzugeben oder entgegenzunehmen
Geschäftsgrundlage	die bei Vertragsschluss bestehenden gemeinsamen Vorstellungen beider Parteien oder die dem Geschäftsgegner erkennbaren und von ihm nicht beanstandeten Vorstellungen der einen Vertragspartei vom Vorhandensein oder dem zukünftigen Eintritt gewisser Umstände, sofern der Geschäftswille der Parteien auf dieser Vorstellung aufbaut
Leistung	eine bewusste und zweckgerichtete Vermehrung fremden Vermögens
Mahnung	eindeutige und bestimmte Aufforderung des Gläubigers an den Schuldner, die Leistung jetzt zu erbringen
Negatives Interesses	s. Vertrauensschaden
Öffentliches Recht	liegt vor, wenn an einem Rechtsverhältnis ein Träger hoheitlicher Gewalt als solcher beteiligt ist

Positives Interesse	s. Erfüllungsschaden
Privatrecht	liegt vor, wenn an einem Rechtsverhältnis kein Träger hoheitlicher Gewalt als solcher beteiligt ist
Rechtsfähigkeit	die Fähigkeit, Träger von Rechten und Pflichten, also Rechtssubjekt, zu sein
Rechtsgeschäft	ein Tatbestand, der mindestens eine Willenserklärung enthält und dessen Wirkungen sich nach dem Inhalt der Willenserklärungen bestimmen
Rechtsverhältnis	eine rechtlich geregelte Beziehung einer Person zu einer anderen Person oder zu einem Sachgut
Schaden	eine unfreiwillige Einbuße an Rechten oder Rechtsgütern
Schuldverhältnis	ein Rechtsverhältnis, aufgrund dessen der Gläubiger vom Schuldner eine Leistung fordern kann
Schutzgesetz	eine Rechtsnorm, die ein bestimmtes Verhalten gebietet oder verbietet, um dadurch zumindest auch Einzelpersonen in ihren Rechten und Rechtsgütern zu schützen
Stellvertretung	rechtsgeschäftliches Handeln in fremdem Namen, sei es aktive Stellvertretung (Abgabe einer Willenserklärung im Namen des Vertretenen) oder passive Stellvertretung (Entgegennahme einer Willenserklärung im Namen des Vertretenen)
Verfügung	ein Rechtsgeschäft, das unmittelbar auf ein bestehendes Recht einwirkt, sei es durch Übertragung, inhaltliche Änderung, Belastung oder Aufhebung eines Rechts
Vermögen	der Inbegriff der geldwerten Rechte, die einer Person zustehen
Vertrauensschaden	der Berechtigte ist so zu stellen, wie er stehen würde, wenn er nicht auf die Wirksamkeit des Rechtsgeschäfts vertraut hätte
Willenserklärung	die Äußerung eines privaten Willens, der unmittelbar auf die Herbeiführung einer Rechtswirkung (Rechtsfolge) gerichtet ist
Zustimmung	vor oder nach der Vornahme eines Rechtsgeschäfts erklärtes Einverständnis

Paragraphenregister

Die fett gedruckten Zahlen bezeichnen die Paragraphen der Gliederung, die weiteren (mageren) Zahlen die Randnummern

Sachregister

Die fett gedruckten Zahlen bezeichnen den Paragraphen der Gliederung, die weiteren (mageren) Zahlen die Randnummern.